El viñedo de la luna

Carla Montero nació en Madrid en 1973. Es licenciada en Derecho y diplomada en Administración de Empresas por ICADE. Su gran afición siempre ha sido escribir, y el sueño de ver una novela suya publicada lo cumplió al ganar el Premio de Novela Círculo de Lectores con *Una dama en juego* (Círculo de Lectores/Debolsillo), que tuvo una espectacular respuesta por parte de los lectores. Con su segunda novela, *La Tabla Esmeralda*, se consolidó como una de las nuevas voces de mayor éxito entre el público de nuestro país, con más de 250.000 ejemplares vendidos y ediciones traducidas en países como Francia, Alemania, Polonia e Italia. Desde entonces ha publicado *La piel dorada* (2014), *El invierno en tu rostro* (2016), *El jardín de las mujeres Verelli* (2019), *El medallón de fuego* (2021) y *El viñedo de la luna* (2024), todas ellas en Plaza & Janés.

CARLA MONTERO

El viñedo de la luna

DEBOLS!LLO

Papel certificado por el Forest Stewardship Council®

MIXTO
Papel | Apoyando la silvicultura responsable
FSC® C117695
FSC www.fsc.org

Penguin Random House Grupo Editorial

Primera edición en esta colección: mayo de 2025

Printed in Spain – Impreso en España

ISBN: 978-84-663-7799-7
Depósito legal: B-4.596-2025

Compuesto en Mirakel Studio, S. L. U.
Impreso en Liberdúplex
Sant Llorenç d'Hortons (Barcelona)

P377997

A ti, que te asomas a estas páginas.
Confío en que disfrutes del viaje

Debemos aprender de ello, no destruirlo ciegamente como si pudiéramos cambiar todo lo que ha sucedido.

Maurice Drouhin
Vinicultor y administrador de los
Hospicios de Beaune, Borgoña

Prólogo

Octubre de 1943

Enseguida le llamó la atención la puerta abierta de par en par. Estaba seguro de haberla dejado bien cerrada. Pierre Brocan, orgulloso *maître de chai*, acumulaba muchos años de experiencia y no cometía errores con un asunto tan serio. Acababan de vaciar el mosto fermentado de las cubas de aquella sala y hasta que no fueran a limpiarlas no quería que entrase nadie allí. Se trataba de una de las salas más antiguas de la bodega, con depósitos viejos, de boca estrecha, que no contaba con ventilación adecuada. Los restos de mosto fermentado podían generar todavía una cantidad de dióxido de carbono suficiente para desplazar todo el oxígeno del interior del depósito y asfixiar al que se aventurase cerca de él. Era muy peligroso. Él no se la jugaba con esas cosas. Si alguien había abierto esa puerta tendría que ponerse muy serio con el culpable.

Se aproximó al acceso portando una vela encendida por seguridad. Comprobó aliviado que la llama no se extinguía. El lugar debía de llevar un tiempo abierto y ventilando y parecía haber oxígeno suficiente en el aire. Entonces, vio la escalera apoyada en uno de los depósitos. Eso sí que era extraño. Claramente, alguien había estado husmeando por allí. ¿Quién podría ser el insensato?

Prendió la tenue iluminación eléctrica y, aferrado a la vela y a su llama temblorosa, se aventuró hacia el interior con un mal presentimiento amargándole en la boca. No, esa escalera no debía estar ahí. Subió los peldaños con el corazón acelerado, los músculos en tensión y la vista en la llama. La muerte dulce, la llamaban. Podría caer ahí mismo fulminado sin darse cuenta. Dormirse hasta morir.

Una vez hubo alcanzado la plataforma, se asomó al interior de la cuba. Al principio, sus pupilas contraídas no distinguieron nada en aquel fondo oscuro como la boca del lobo. Mas, poco a poco, el espanto se perfiló ante sus ojos.

Un hombre yacía bocarriba, semienterrado en la pasta viscosa de hollejos, pepitas y pulpa de las uvas. Entre las lías gordas y espesas, distinguió su rostro hinchado y amoratado y reconoció su uniforme. Su uniforme alemán.

Pierre permaneció inmóvil, con la vista clavada en el cuerpo, presa de una fascinación morbosa. Seguramente el boche estaba muerto, pocos escapaban a la muerte dulce. Pero si aún le quedaba un hálito de vida, no sería él quien moviera un dedo para salvársela. Bien muerto estaba aquel bastardo.

El *maître de chai* bajó con parsimonia las escaleras. Lo único que lamentaba en aquel momento era la cantidad de problemas que se les vendrían encima. Lo único que temía eran las consecuencias que esto tendría para la bodega. Y para madame.

Septiembre de 1939

Auguste de Fonneuve, marqués de Montauban, se adentró en la penumbra de la bodega. Hacía ya varios años que había instalado un circuito eléctrico para llevar luz a unas cuantas bombillas, pero en aquel intrincado laberinto de túneles muchos rincones permanecían sin iluminar. Uno de ellos era el que el marqués llamaba «la Cripta».

Allí se dirigía, más guiado por la intuición de quien conoce bien el camino que por la lámpara de petróleo que colgaba de su mano. A su paso, la llama azul y vacilante iba dejando un reguero de claroscuros sobre los antiguos muros de piedra, sobre las grandes barricas de madera como gigantes dormidos y sobre el suelo terroso que crujía con suavidad bajo sus pies.

Al llegar frente a una cancela cubierta de herrumbre, sacó una gran llave del bolsillo de su chaqueta y la introdujo en la cerradura, que, recién engrasada, cedió sin chistar. No se podía decir lo mismo de los goznes, los cuales profanaron el silencio sepulcral de aquel lugar con un prolongado chirrido. Tenía que acordarse de engrasarlos también.

La Cripta, situada al fondo de la bodega tras unos toneles, era el único resto de una capilla románica del siglo XII que el duque de Borgoña Hugo III había mandado erigir a su regreso de Tierra Santa. Se trataba de un espacio estrecho y de techos abovedados tan bajos que una persona muy alta no hubiera podido erguirse en su interior. Auguste no lo era y, con todo, la tosca mampostería le rozó el cabello ya escaso de la coronilla. El marqués se sentó en un tocón que había sido la muela de un molino y que, aunque le había servido de asiento desde que tenía memoria, no sabía muy bien cómo había llegado hasta allí. Dejó el candil a su lado en el suelo y abarcó con la vista el panorama familiar.

Pese a su nombre, la Cripta no albergaba tumba ni sarcófago alguno, sino botellas de vino que reposaban apiladas en oquedades como nichos, cubiertas por una gruesa capa de polvo y telarañas. Trescientas setenta y tres botellas, ni una más ni una menos, de los mejores vinos que había dado Francia, llevaban años allí dormidas sin que nada alterase su sueño. Todas hubieran podido contar una historia. Unas, por viejas; las había que se remontaban a antes de 1871, cuando la filoxera llegó al país y hubo que arrancar las viejas vides francesas y sustituirlas por otras americanas para combatir aquella horrible plaga que estaba acabando con los viñedos; se trataba de las únicas botellas de auténtico vino francés. Otras, por excepcionales, porque pertenecían a las mejores añadas y a los mejores viñedos de Burdeos, Borgoña, Champagne, el valle del Loira... Algunas, porque eran especiales para el linaje de los marqueses de Montauban: las de la primera cosecha en 1827, las del año en el que Auguste contrajo matrimonio, las de cuando nacieron sus hijos...

Todas tenían un motivo para ser singulares. Pero, entre ellas, había ocho botellas a las que Auguste tenía en especial estima.

Con la vista fija en las bases de vidrio redondas y sucias que asomaban por la oscura cavidad en la que reposaban, el marqués de Montauban sonrió. Siempre le había fascinado la historia de aquellos vinos desde que su padre se la contara siendo él sólo un niño de siete años que ya disfrutaba de un sorbo de vino dulce después de comer.

Auguste se sabía la lista de memoria. Un madeira de 1846, un jerez de 1821, un borgoña Chambertin de 1846, un champán Roederer y cuatro burdeos: un Château Margaux, un Château Latour y un Château d'Yquem, todos de 1847, y un Château Lafite de 1848. Los vinos de los tres emperadores.

Aquel tesoro de valor incalculable reposaba intacto en su morada, arropado por el tiempo y la calma de la Cripta.

—Padre...

Auguste, que empezaba a sumergirse una vez más en el recuerdo de la fascinante historia de aquellos vinos, se sobresaltó ante semejante interpelación que, aunque suave, lo sacaba de repente de la nebulosa de sus reflexiones. Se volvió.

—Octave. No te he oído llegar.

—Siento si te he asustado. Se te veía tan ensimismado que no sabía cómo...

Auguste se levantó y abrazó a su hijo, quien, más alto que él, se encorvaba ligeramente bajo el techo de la Cripta. Fue un abrazo largo, amoroso, cálido en aquel ambiente fresco y húmedo que había enfriado sus manos y la punta de su nariz.

—No te preocupes. Me alegro mucho de que hayas vuelto a casa.

—Sabía que te encontraría aquí. Siempre te refugias en este lugar cuando algo te inquieta.

Auguste esbozó una sonrisa triste.

—Es cierto que este lugar me devuelve la calma. La misma luz, la misma temperatura, el mismo aire y las mismas botellas. Todo estático e inalterable, ajeno a la locura del mundo, ahí arriba. Al menos, hasta ahora.

Auguste sacudió la cabeza. En veinte años, no había podido olvidar los horrores de la guerra; la penuria de las trincheras, lo salvaje del combate, los rostros de los compañeros abatidos, los del enemigo.

—Ya combatimos la guerra que iba a acabar con todas las guerras. Eso dijeron. Y, ahora, ¿otra vez? Dios bendito...

—No puede durar. Todo es un gran farol de Hitler. No tiene sentido pensar que puede enfrentarse al resto de Europa y ganar. En cuanto llegue a la línea Maginot, le haremos dar la vuelta, ya lo verás.

«Lo mismo creíamos en 1914», pensó Auguste, pero se abstuvo de compartir su pesimismo con quien tenía que partir para el frente. Por experiencia propia, sabía que, en ocasiones, era mejor para el ánimo sucumbir al engaño de la falsa esperanza.

—Lo que siento es no estar para la vendimia —se lamentó Octave.

—Ay, la vendimia de este año... Ya me has oído decirlo más de una vez: la naturaleza también sufre a cuenta nuestra. ¿No somos un todo, al fin y al cabo? Por eso, será mala la cosecha del año en el que empieza una guerra y buena la del que termina. Esta es la altura en la que la uva se encuentra aún lejos de estar en su punto, ni siquiera en las parcelas de habitual más precoces. No sé cuándo podremos vendimiar. Y como enfríe mucho el tiempo, ya metidos en otoño... No, éste no va a ser un buen año.

Octave observó con preocupación el estado de abatimiento de su padre. De ordinario, el marqués se caracterizaba por ser un hombre enérgico, de aspecto imponente y de talante animoso. En aquel instante, se mostraba físicamente encorvado por el peso de los años y las tribulaciones. Si bien, ¿qué otra cosa podía esperarse de alguien que había sobrevivido a una guerra devastadora y ahora se encontraba a las puertas de otra de consecuencias inciertas?

Con el estómago encogido, el joven pensó que ojalá las circunstancias hubieran sido más propicias a la noticia que traía consigo.

Auguste se dio cuenta de que el gesto de Octave se tornaba grave y tenso, y de que su hijo escondía las manos detrás de la espalda; siempre lo hacía cuando estaba nervioso. El marqués frunció el ceño.

—Padre... —su voz brotó ahogada, aún más desentonada e infantil de lo habitual—. Yo... Tengo algo muy importante que decirte.

Aldara se sentía abrumada. Incluso notaba el estómago algo revuelto a causa de los nervios. Se secó las palmas sudorosas de las manos en la falda del vestido e inmediatamente se maldijo por su torpeza. Sólo le faltaba haber manchado la delicada tela de seda. Por suerte, no vio rastro alguno en el tejido. Sin embargo, estaba claro que ella no estaba acostumbrada a llevar prendas tan refinadas. Todo el mundo se daría cuenta.

Observó su reflejo en un gran espejo de marco dorado que había sobre la chimenea, en cuyo hogar casi hubiera cabido ella de pie. Constató que se trataba de un vestido maravilloso, un corte camisero sin mangas de un color azul porcelana que hacía juego con sus ojos y destacaba su piel bronceada y su cabello oscuro. Además, le sentaba como un guante a su figura alta y delgada, en la que ella siempre echaba de menos más busto y más caderas, como las que lucían las actrices de cine americanas. Aquel vestido ya le había encantado desde el primer momento en que lo vio expuesto en aquel escaparate de una *boutique* de Lyon, ciudad que años atrás había resultado ser la capital mundial de la seda. Aunque la ciudad entonces había perdido gran parte de ese esplendor, todavía conservaba algunos telares artesanales que confeccionaban maravillas como aquel tafetán que crujía suavemente a cada uno de sus movimientos.

¿Se darían cuenta de que era la primera vez que ella llevaba un vestido tan exquisito como aquél? ¿Se darían cuenta de que ella no era quien decía ser? En aquel instante de temor, se sentía expuesta en todas sus falsedades. No debería haber llevado aquel arrebato tan lejos. Era una locura. ¿Sería en verdad el amor lo que le había nublado el juicio o había sido otro sentimiento mucho menos noble? La mera posibilidad le encogía el estómago. En el reflejo de su propia imagen vislumbraba recovecos tan oscuros…

Con un resoplido se apartó del espejo y se acercó al gran balcón. En aquel salón todo era grande y estaba pensado para impresionar por la riqueza de sus materiales: los techos altos decorados con molduras y plafones que lucían las iniciales del propietario, las lámparas de cristal tallado, las alfombras de fina urdimbre, los muebles de maderas nobles, las cortinas de damasco, los cuadros dignos de museo…

Una vasta extensión de terreno se desplegaba ante sus ojos: primero, la explanada de gravilla que precedía al jardín, el cual consistía en un conjunto ordenado de árboles centenarios, arbustos bien recortados, parterres de flores y un estanque rodeado de estatuas. Inmediatamente después, empezaba el viñedo: una gran extensión de vides plantadas en perfectas hileras, frondosas y cargadas de racimos en aquella época del año, y que se asemejaba a una colcha verde y mullida. Al fondo, los tejados de las pequeñas localidades circundantes entre las que destacaba la ciudad de Beaune, la capital del vino de Borgoña. Y, más allá, en el horizonte, en aquel día claro y despejado, se podían vislumbrar incluso las puntas más altas de la cordillera de los Alpes. La situación privilegiada del *château*, en lo alto de una colina, permitía aquellas vistas que quitaban el habla.

Cuando Aldara oyó la palabra *château*, «castillo» en francés, lo primero que le vino a la mente fue una recia construcción medieval con torres, almenas y foso. Sin embargo, el lugar en el que se hallaba no tenía nada que ver con aquello. Se trataba, por el contrario, de un elegante edificio construido a finales del siglo XVIII, compuesto por un pabellón central y otros dos laterales. Todo ello formaba un conjunto de color claro que contrastaba con los oscuros tejados de pizarra y que estaba sobriamente adornado por elementos neoclásicos como frontones sobre las ventanas, una columnata en la entrada y el escudo nobiliario sobre ella. A aquel palacio, tan francés, se sumaban una capilla, los establos y las bodegas. Aquel complejo, sumado a más de ochenta hectáreas de terreno, componía el llamado Domaine de Clair de Lune.

El Domaine de Clair de Lune era, de hecho, una de las propiedades vinícolas más importantes de la Côte d'Or, la gran región productora de algunos de los mundialmente afamados vinos de Borgoña. En su camino hacia allí, mientras el automóvil surcaba con la capota abierta los viñedos, Aldara había oído hablar de *climats*, grand cru, pinot noir... Todo resultaba demasiado extraño y complicado. Así que, finalmente, había cerrado los ojos y se había dedicado a disfrutar de la brisa y el sol en la cara.

Claro que, ahora, en el corazón de aquel lugar, se preguntaba con desasosiego qué pintaba ella allí, temiendo haberse dejado llevar por el arrebato y la precipitación, por un espejismo que se había ido desvaneciendo nada más cruzar la imponente cancela del Domaine de Clair de Lune.

El chasquido de la manija de la puerta casi le hizo dar un brinco dado el estado de nervios en que se encontraba. Se volvió.

—Aldara...

Octave, con una sonrisa no menos tensa que la suya propia, se acercó a ella y la cogió suavemente de la mano. Sin embargo, a quien Aldara miraba por encima del hombro del joven era a la imponente figura que aguardaba tras él. Un hombre elegante, de cabello canoso y ralo pegado al cráneo, cuyos labios apretados parecían desaparecer bajo un fino bigote negro; sus ojos claros eran grandes, de mirada penetrante. En conjunto, su expresión no resultaba en absoluto afable. Vestía con formalidad un traje de chaqueta con chaleco, camisa almidonada y corbata; la cadena de un reloj brillaba sobre la tela gris de su atuendo.

Guiada por Octave, llegó hasta él. Tragó saliva. Se esforzó en mantener la sonrisa.

—Padre, te presento a Aldara Saurí. Mi esposa.

Aldara le tendió la mano confiando en que no se notase que le temblaba.

—Es un placer conocerle al fin, señor marqués —saludó en un francés perfecto.

El hombre le estrechó brevemente la mano, mas no pronunció palabra alguna ni alteró el gesto.

—Aunque ahora debería decir Aldara de Fonneuve, ¿no es cierto? No termino de acostumbrarme—. Octave emitió una risilla que sonó a chirrido metálico.

Su torpe intento por destensar el ambiente había resultado en balde.

Aldara sintió que el marqués, todavía mudo e impasible, la escrutaba como si quisiera traspasarla con la mirada, como si pretendiera conocer su pasado y dilucidar sus intenciones antes de que ella pudiera engañarle. Finalmente, como todo el mundo acababa haciendo, se detuvo en su cicatriz, aquel surco que le recorría la mejilla izquierda desde cerca de la comisura de los labios hasta la oreja.

—¿Cómo se hizo esa cicatriz?

Al contrario que la de su hijo, la voz del marqués resonó grave y profunda como la de un ogro.

Octave carraspeó intentando así deshacerse de su desasosiego. Apretó la mano de su esposa. Quiso intervenir en su defensa, pero en tanto se hacía con el valor para ello, Aldara, sin un ápice de vacilación, respondió:

—Bombardearon nuestro automóvil cuando nos dirigíamos a atravesar la frontera. Yo iba junto a la ventana y un pedazo de cristal me rasgó la cara.

—Aldara es española. Llegó a Francia huyendo de la Guerra Civil —se apresuró a aclarar Octave.

Hasta entonces, y pese a la insistencia de su padre durante

el breve trayecto desde la bodega hasta la mansión, no le había querido anticipar una palabra sobre la importante noticia que tenía que darle. Ni que en el salón aguardaba una mujer que era su esposa, ni quién era ella, ni cuáles habían sido las circunstancias de aquel matrimonio precipitado. Octave se había convencido a sí mismo de que era una buena idea sorprenderle; en realidad, lo que estaba era muerto de miedo y creyó que, soltando la bomba delante de ella, el marqués se abstendría de montar una escena y todo sería más fácil. Craso error.

Auguste lo miró con dureza.

—Octave, tengo que hablar contigo. En privado.

El joven asintió y se dirigió a su esposa, contrito.

—Si nos disculpas. No tardaré...

Hubiera deseado abrazarla, rogarle que no se preocupase porque todo iba a salir bien, porque su padre, aunque severo e impresionado por la noticia, era un buen hombre. Hubiera deseado besarla y decirle que la quería.

Sin embargo, ante la presencia apremiante e intimidante de Auguste, el joven se limitó a acariciarle la mano antes de soltársela para después abandonar el salón, escoltado por su padre como un reo.

Una vez sola, Aldara sintió que le flaqueaban las piernas y buscó asiento. Escondió el rostro entre las manos. Había cometido una gran equivocación al casarse con Octave. Ella no pertenecía a aquel lugar ni a aquel ambiente. Todo en ella era una farsa que no tardaría en descubrirse. ¿Qué ocurriría entonces? Aquella aventura inconsciente no podía acabar bien para ninguno de los dos. Y, encima, la guerra estaba a punto de separarlos.

Alzó el rostro enrojecido y miró hacia la puerta. ¿Estaría aún a tiempo de marcharse y deshacer el camino andado hasta allí? ¿Estaría a tiempo de enmendar aquel despropósito?

—Pero ¿tú has perdido la cabeza? ¿Cómo se te ha ocurrido casarte así, sin más? ¿Cómo se te ha ocurrido meter a una desconocida en esta casa y en esta familia sin ni siquiera consultármelo? ¿En qué demonios estabas pensando, Octave?

Parapetado tras el escritorio de su despacho como un toro tras el toril, Auguste de Fonneuve apenas podía contener el tono de voz y su ira parecía escaparse por cada uno de los poros de su rostro congestionado.

Octave, a quien siempre habían amedrantado los arranques de genio de su padre, no se arredró aquella vez. Se tragó el miedo, como si tragara una nuez atascada en la garganta, y respondió con aplomo:

—En que estoy enamorado de ella. En que, por primera vez en la vida, sé, sin atisbo de duda, que Aldara es la mujer con la que deseo pasar el resto de mis días. En que pasado mañana parto para el frente y, si Dios quiere que no regrese, al menos moriré feliz sabiendo que la he hecho mi esposa.

—¿Y te has parado a pensar que si tal desgracia sucediera ella se convertiría en mi responsabilidad?

—¿Eso es todo lo que te preocupa si yo muero? Pues no te angusties, padre, que ahora mismo Aldara y yo nos marchamos de aquí para no ser una carga.

—¡No te pongas dramático, que no es ésa la cuestión!

Auguste resopló como una fiera. Cogió la licorera que había sobre la mesa y un par de vasos y sirvió en ambos una buena cantidad de coñac. El marqués dio un sorbo. Su hijo, en cambio, apuró de un trago cuanto le había servido.

—¿Todo este apresuramiento no se deberá a que la joven está encinta? —espetó de repente Auguste.

—¡No! ¡Estoy enamorado de ella! ¿Tanto te cuesta entenderlo?

—¡Señor! Cuando uno es joven se enamora todos los días de una chica diferente. Eso está bien, ¡es natural! La llevas a bailar, te diviertes con ella, la besas... Pero ¡no te casas si no

Sin tiempo apenas para llorar su pérdida, la metieron en un tren con destino a Clermont-Ferrand, donde ha estado viviendo estos últimos meses, en la prisión Gribeauval, que ahora es un centro para refugiados. Allí fue donde yo la conocí.

—¿En una prisión?

—No, en una mercería.

—¿Y qué demonios hacías tú en una mercería de Clermont-Ferrand?

—Fue Dios quien me llevó hasta allí, no hay otra explicación. Dios quería que me encontrase con ella. —Con el semblante soñador, Octave se miró el puño de la camisa—. Dios y un botón.

Ante aquel sinsentido, Auguste se removió impaciente en la silla.

—¿Qué tontería es esa de un botón? Explícate, hijo.

—A mi regreso de visitar la bodega de Labastide, me detuve en Clermont-Ferrand a hacer noche y allí me di cuenta de que había perdido el botón de un puño de la única camisa que me quedaba limpia. De modo que se me ocurrió ir a una mercería a ver si hacían el favor de cosérmelo. Y, estando allí, llegó ella. Iba a entregar unos arreglos.

—¿Unos arreglos?

—Sí, las refugiadas de Gribeauval hacen trabajos de costura para ganarse unos francos. Aldara los llevaba de vuelta. Entonces, la mercera, aprovechando su providencial presencia, le pidió que me cosiera el botón allí mismo. Fue verla, fue que me tomase el puño para coserle el botón, y ya no me la pude quitar de la cabeza. Nunca me había sucedido nada igual...

—Ya, ya... —atajó Auguste con impaciencia.

Octave sabía que a su padre le incomodaban las sensiblerías. Tampoco es que él se sintiera muy cómodo detallando los pormenores de cómo había conocido a la mujer de sus sueños, de las emociones únicas que había experimentado en ese momento. Eso se lo reservaba para él. Sólo con recordarlo le

brotó una sonrisa bobalicona. La misma que seguramente lucía cuando le preguntó a la mercera quién era aquella chica y si volvería por allí. La mujer le respondió que solía pasarse cada dos o tres días para recoger nuevos trabajos y entregar los terminados. Dos o tres días... Le parecieron una eternidad. Para entonces, él ya no estaría en la ciudad. Tenía que reemprender el camino a casa. Sin embargo, no podía marcharse sin volver a verla. En un arranque de decisión e improvisación impropios de él, regresó al hotel, se descosió el botón del otro puño y se quedó en la ciudad, rondando la mercería y confiando en que la chica se presentase. Lo hizo al tercer día. Y, tras ella, entró él con el botón en la mano. Por un momento, estuvo seguro de que la mercera se había percatado de su treta, pero por suerte no lo delató. La joven volvió a tomarle el puño; mientras cosía se encontraba cerca, muy cerca de él, tanto que Octave escuchaba su respiración y percibía su aroma cálido e indefinido, reconfortante como el aroma de la lluvia, del fuego en la chimenea o de la hierba recién cortada. Cada una de las puntadas de Aldara sobre el puño de su camisa se le antojaron como el tictac de un reloj en su cuenta atrás. Tenía que hacer algo antes de que terminase y la perdiese para siempre. Sólo se le ocurrió preguntarle por un buen sitio para comer. Ella le habló de un local cercano. «Está limpio y la comida es casera. Además, no es caro», le dijo. Entonces terminó de coser. Él le dio las gracias y le pagó el trabajo como la última vez, añadiendo algunas monedas más. Se dispuso a irse. No quería hacerlo, pero ¿qué otra excusa podía retenerlo allí? Agarró el pomo de la puerta, aunque se detuvo antes de empujarlo. Se volvió. Y, armándose de valor, le preguntó: «¿Tiene usted hambre? ¿Le gustaría acompañarme?». O algo así; estaba tan nervioso que ni recordaba lo que dijo. Sólo podía asegurar que balbuceó y trastabilló, que le hizo la misma pregunta dos veces. Ella no respondió al instante. También parecía cohibida. Por un momento, miró de reojo a la mercera, como si buscase la aprobación de una autoridad. Finalmente, tras un lapso que sería de segundos, pero que a él se le hicieron siglos, sonrió y dijo: «Sí, me gustaría acompañarlo».

Octave saboreó el recuerdo dulce de aquellas palabras. Le parecía estar viendo la sonrisa tímida de Aldara y la de arrobo de la mercera tras el mostrador, quien, sin duda, se trataba de una romántica empedernida que no había perdido ripio de la escena. Una semana después, no pudieron por menos que hacerla testigo del enlace.

Saliendo de su ensimismamiento, se dirigió a su padre con la misma sonrisa boba y una breve certeza:

—Fue un botón, padre, un simple botón. Dime si eso no es la Providencia.

—Y dale con el dichoso botón. Un condenado botón no explica cómo un encuentro fortuito te lleva a convertir a una desconocida en tu esposa. ¡El matrimonio es algo mucho más serio que un instante de embeleso!

Octave suspiró.

—Admito que he obrado con precipitación, que no he hecho bien casándome sin consultarte antes. Y te pido perdón por ello.

Al joven no se le pasaba por alto cómo le hubiera gustado a su padre que se hicieran las cosas. Según el rígido y anticuado criterio del marqués, lo correcto hubiera sido que la pareja se carteara durante meses; al cabo, invitarían a la joven a visitarlos para obtener su aprobación y, después, continuarían algún tiempo con el cortejo, al menos un año más. Por último, tendría lugar la visita al párroco, las amonestaciones durante tres semanas consecutivas y una fastuosa boda digna de la casa de Montauban.

—Pero, padre, dentro de dos días, la vida que ahora conocemos se suspende hasta Dios sabe cuándo. Yo no podía marcharme de Clermont-Ferrand y dejarla allí, sabiendo que quizá no volvería a verla. Ella es una refugiada, su situación aquí pendía de un hilo, de que a las autoridades francesas no se les ocurriese invitarla a abandonar el país. Ni siquiera tenía la documentación necesaria para circular fuera de la ciudad.

—Lo que me demuestra que la que más tiene que ganar con este arreglo es ella. Por lo pronto, esa cicatriz...

—¡Por Dios, padre! ¿Cómo se te ha ocurrido preguntarle por ella, así, de sopetón? Ha sido tan embarazoso...

—¡Esa cicatriz! —interrumpió el marqués las protestas de su hijo—. Dudo mucho que se la hiciera, como ella afirma, a causa de un bombardeo. Desgraciadamente, yo he tenido la ocasión de ver numerosas heridas producto de las bombas y la metralla y, créeme, no son tan limpias como esa, que parece más bien causada por una hoja afilada.

Octave renunció a enzarzarse con su padre en un debate estéril sobre la cicatriz de Aldara. ¿Qué demonios importaba eso ahora? Aquella conversación empezaba a cansarle. Ya no tenía sentido seguir dándoles vueltas a las mismas cosas, de modo que hizo por zanjarla.

—Está bien. No te pido que confíes en ella porque no la conoces. Pero te ruego que confíes en mí. Hasta ahora no te he defraudado, ¿no es cierto? Dame tiempo, danos tiempo para demostrarte que, pese a la precipitación, no ha habido error. Acabarás queriéndola como a una hija. Es imposible no quererla.

Auguste vaciló. Se debatió un instante entre continuar exponiendo su completo desacuerdo con la situación o morderse la lengua. En realidad, ya estaba todo dicho y los hechos, consumados. Finalmente, emitió un gruñido por toda forma de asentimiento.

Octave se levantó del asiento.

—Ahora, si me disculpas, voy a regresar con mi mujer. Seguramente, esté muy disgustada después de un recibimiento tan... poco amable.

El marqués lo despidió en silencio, haciendo un displicente gesto con la mano.

Una vez que su hijo le hubo dejado solo, volvió a servirse de la botella de coñac y sacó un purito de la caja de madera que siempre tenía sobre la mesa. Mientras disfrutaba del tabaco y la bebida y notaba cómo empezaban a sosegarle, contempló el retrato de su difunta esposa. Ella le observaba solemne desde el marco de plata. Lucienne siempre había sido una mujer muy solemne. También guapa y elegante, perfecta para lucir en sociedad. Pero extremadamente caprichosa y con tendencia a la melancolía y el ensimismamiento. La había querido, sí, muy al principio, cuando la pasión aún sostenía el amor. Pero la relación no tardó en desgastarse y Auguste nunca llegó a encontrar en ella a una auténtica compañera en la que apoyarse. Seguramente, tampoco él llegara a ser el compañero ideal para Lucienne.

No quería una esposa como ella para Octave. Ni una madre como ella para sus nietos. Quizá eso era lo que más le asustaba de haber perdido el control sobre el matrimonio de su hijo. Porque si Lucienne no había sido una buena esposa para Auguste, tampoco había sido una buena madre para Octave. Exigente, puntillosa, desapegada, desdeñosa... Parte de los complejos y la inseguridad del chico se debían a la relación con su madre. Y parte de su fortaleza, también, a base de crecerse frente a ella, eso tenía que admitirlo.

Abrió entonces uno de los cajones del escritorio y, del fondo de una pila de documentos sacó otra fotografía. Su hermana Marguerite le sonrió desde el papel satinado. Joven y hermosa entre las buganvillas. Tenía el cabello suelto e impregnado de sal y la piel tostada por el sol. Claro que eso no se apreciaba en la imagen de color sepia, pero Auguste lo sabía, podía recordarla más allá de la impresión de la fotografía. Seguramente Marguerite le habría aconsejado que permitiera al muchacho dejarse llevar por la pasión porque la vida era demasiado corta para tomársela muy en serio. Su hermana siempre había sido una cabeza loca... Devolvió la fotografía a su lugar.

Lucienne, no obstante, seguía observándolo. Casi parecía pedirle explicaciones, recriminarle que aquel era un disgusto que podría haberse ahorrado si hubiera obrado con rectitud desde el primer momento. «Ningún hijo mío haría algo semejante», le habría echado en cara.

—Cosas peores, Lucienne, cosas peores ha hecho un hijo tuyo, ya lo ves —murmuró Auguste.

El marqués dio una calada a su cigarro y venció el marco sobre la mesa.

Aunque sólo fuera por llevarle la contraria a su esposa, debería apoyar a Octave como siempre había hecho. Además, el chico tenía razón: en dos días, la vida tal y como la conocían quedaría interrumpida. Y ojalá que la tragedia no llamase a la puerta de los Montauban.

Aldara no podía dormir. Aquella cama grande y aquellas sábanas suaves sólo conseguían agobiarla. Y la habitación inmensa y la oscuridad inquietante y el silencio absoluto... Intentó no dar muchas vueltas para no despertar a Octave, que descansaba plácidamente a su lado. Al final, desesperada, se levantó.

Fuera de la colcha, sintió un escalofrío y se cubrió con una bata; de seda, como casi todo el ajuar que Octave le había regalado durante su pequeña luna de miel en Lyon. Se aproximó al balcón. Desde que había llegado, sólo buscaba asomarse a las ventanas como un pájaro enjaulado. Por el cristal entreabierto se colaba la brisa húmeda y fresca de la noche. Lo cierto era que hacía demasiado frío para la época del año, a final del verano. Por eso no se había podido vendimiar todavía, le había explicado Octave, porque con las bajas temperaturas y las lluvias del estío la uva no había concentrado suficiente azúcar. Al parecer, los viticultores, y todo el mundo en una zona que dependía de las uvas y el vino, estaban preocupados porque no iban a poder vendimiar antes de que los hombres partiesen para el frente y comenzasen los combates.

Antes de que los hombres partiesen al frente. Antes de que Octave partiese al frente. Se le encogía el estómago sólo de pensarlo.

Sentía que si Octave se iba, se llevaría con él aquel ensueño en el que se hallaba inmersa. Y el engaño quedaría finalmente expuesto sin los mimbres que lo sustentaban. ¿Cuánto podría ella mantenerlo? Había sido una tonta al no pensar en eso antes de enredarse en él. Había sido una tonta al no pensar en que el matrimonio va mucho más allá de la luna de miel...

¿Qué haría ella a partir de ese momento? ¿Qué haría sola en aquel lugar extraño, rodeada de gente extraña, teniendo siempre que fingir ser quien no era? ¿Cuánto tiempo tardaría su pasado en darle caza y que todo se viniera abajo?

Ella no tenía ni idea de uvas ni de vinos ni de nada de eso. Tampoco podría dedicar sus días a hacer lo único que sabía hacer, pues en una casa con tres doncellas, dos cocineras y un mayordomo, ¿qué sentido tendría limpiar, cocinar o remendar? No podía imaginarse cómo pasaría los días en aquel caserón bajo la atenta vigilancia de su adusto suegro. Pensaba en la cena de esa misma noche y se estremecía al aventurar que todas a partir de entonces serían así, o peor, sin la presencia tranquilizadora de Octave.

¡Qué cena, señor! Los tres sentados a una mesa en la que hubieran cabido otras once personas. Las cortinas echadas, las luces tenues y la conversación tensa. Sobre todo, al principio, cuando nadie quería abordar los temas que parecían flotar como espectros sobre la mesa: la guerra, Aldara, la boda que no había sido boda. Por suerte, al final, padre e hijo encontraron algo sobre lo que conversar: algo acerca de un viñedo en

Armañac que estaban interesados en comprar y un congreso de vinos en Bad Kreuznach, que había terminado de mala manera con todos los asistentes desalojados. Padre e hijo coincidían en que había sido una idea nefasta reunir a representantes del mundo del vino procedentes de veinticinco países en Alemania el 20 de agosto, a menos de dos semanas de que Hitler atacara Polonia. El marqués clamó a viva voz la vergüenza del suceso y cómo se había sentido prácticamente deportado. Aldara podía imaginárselo vociferando en la frontera.

Por fin, ella pudo concentrarse no ya en comer, pues no había podido probar bocado, sino al menos en juguetear con la comida sin sentirse observada. Entretanto, escuchó a su suegro despotricar contra los nazis. No era que al marqués los alemanes le cayeran especialmente bien; después de todo, había tenido que combatir contra ellos en la anterior guerra y estaba ya hasta el gorro de su manía expansionista. No obstante, si podía dar por bueno a algún alemán aislado, que igual lo habría, desde luego a los nazis no los toleraba; ellos representaban lo peor de los alemanes. Al menos, su suegro y ella estaban de acuerdo en algo.

La joven suspiró. Ahora que, tras la fantasía de la luna de miel, era consciente de la realidad de su matrimonio, se preguntaba si no se habría equivocado al aceptar la propuesta de Octave. No era que no lo amase. Lo amaba, o eso creía, porque nunca había sentido nada semejante por un hombre. Desde el primer momento, Octave le había inspirado una inmensa ternura. Sentía la necesidad de protegerle como a un niño, pero, a la vez, se sentía segura y protegida a su lado. Era extraño. Y desde luego que nunca ningún hombre la había tratado con el cariño, la devoción y el respeto con los que la trataba Octave. Quizá su padre, pero de eso hacía ya tanto tiempo que casi lo había olvidado.

Claro que, ¿eran aquellas razones suficientes para lanzarse a un matrimonio con un hombre al que acababa de conocer?

Aldara había sufrido tanto, lo había pasado tan mal, que temía haberse agarrado a la primera tabla de salvación con la que se había topado con tal de no ahogarse.

«No», pensó sacudiendo la cabeza. Ella amaba a Octave. Octave era un buen hombre. No se había casado con él por salir del albergue de Gribeauval. De acuerdo que aquel lugar no era el Ritz, pero tampoco se estaba tan mal, sobre todo si lo comparaba con los horribles rumores que se escuchaban acerca de las condiciones de los campos de refugiados al este del país. Al contrario, en Gribeauval tenían dormitorios con camas y mantas, una cocina en la que las mujeres españolas preparaban como podían los platos que recordaban a la tierra, una escuela para los niños, un médico y una enfermera que los visitaban cada poco. Podían ganar algo de dinero haciendo trabajos aquí y allá y gastarlo cuando salían a pasear por la ciudad en un café con pastel o en unas medias de seda en los almacenes Uniprix. En Gribeauval, había hecho buenas amigas, compañeras de desgracias con las que compartir cuitas y una partida del cinquillo después de cenar. Cierto que no tenía mucho futuro, pero era joven y, cuando se es joven, el futuro está a la vuelta de cualquier esquina.

No, no se había casado con Octave por salir de Gribeauval... Aunque no estaba segura de no haberlo hecho por ocultarse en un lugar y en un estatus en el que sería difícil que sus fantasmas dieran con ella.

—¿Qué haces levantada?

Octave apenas había susurrado, pero ella se encontraba tan absorta en sus pensamientos que no pudo evitar sobresaltarse.

—Me has asustado.

—Lo siento. ¿Te encuentras bien? —preguntó con dulzura y un deje de preocupación.

—Sí, es sólo que no podía dormir y me he asomado a contemplar esos viñedos tuyos de los que tanto me has hablado.

El joven se colocó a su lado y le rozó tímidamente la mano hasta cogérsela por fin.

—Son preciosos, ¿verdad?

Contradiciendo sus propias palabras, Aldara se fijó por primera vez en el panorama nocturno al otro lado del balcón. Una luna casi llena, a la que sólo le faltaba un mordisco, brillaba en un cielo completamente despejado, derramando sobre la alfombra de vides su luz de plata.

—Ahora entiendo por qué se llama el Domaine de Clair de Lune. Me parece que la luna es más dueña del viñedo que tú.

Octave rio.

—Tienes razón. Y más de lo que tú crees. La luna decide cuándo se poda, cuándo se injerta, cuándo se vendimia... Ella rige los trabajos en el viñedo y en la bodega.

—Es bonito...

Aldara notó el frío subirle desde los pies descalzos. Se estremeció y se acercó un poco más a su esposo. Él se decidió entonces a rodearla con el brazo. Era extraño cómo ansiaba tocarla, besarla y abrazarla y, al mismo tiempo, su timidez le cohibía. En verdad se conocían desde hacía tan poco tiempo... La besó en el cabello como para demostrarse a sí mismo que aquellos gestos de intimidad eran naturales en un matrimonio, que ella no le rechazaría; nunca lo hacía, al revés: solía buscarle, mimosa.

—Vas a enfriarte aquí. Volvamos a la cama. Te subiré un vaso de leche caliente, a ver si te ayuda a conciliar el sueño —propuso Octave—. Hoy ha sido un día de muchas emociones, pero todo va a salir bien, te lo prometo. Mi padre es un buen hombre, sólo necesita un poco de tiempo para digerir la noticia.

Aldara se volvió entre sus brazos. Al tenerle cara a cara, le invadió de nuevo esa sensación de ternura, como cada vez que lo contemplaba. Le acarició el cabello rubio y lacio.

—No quiero que te vayas.

La joven se arrepintió al instante de su franqueza. Se había prometido a sí misma que no le haría más difícil a Octave la partida con llantos ni sensiblerías.

—Lo siento… No quería… Sé que tienes que hacerlo. Bastante duro es ya que tengas que hacerlo como para que yo no colabore.

Octave pensó que el pecho le estallaría de tanto como la amaba en aquel instante.

—Pronto estaré de vuelta, ya lo verás.

—Sí… Todo va a salir bien.

—Bueno, ¿qué? ¿Te apetece ese vaso de leche caliente?

Aldara se pegó aún más a su marido.

—Sí…

Le besó en los labios. Un beso largo y jugoso.

—Pero luego… —dijo deslizando las manos por debajo de la camisa de su pijama perfectamente abotonado—. Luego… —repitió en un susurro a su oído según notaba cómo la piel de Octave se erizaba bajo las yemas de sus dedos.

—Sí… Luego —corroboró él con la voz ronca mientras la buscaba, lleno de deseo.

Amaneció un día luminoso. La casa estaba llena de ruidos que ascendían por el hueco de las escaleras y el jardín, lleno de trinos que se colaban por las ventanas. Aldara se sentía descansada y animada pese a todo. Procuraba no pensar más allá del siguiente paso que tenía que dar para llegar al comedor, donde esperaba encontrarse con Octave.

Cuando la joven había abierto los ojos después de un sueño profundo, aún era temprano, pero su marido ya no estaba en la cama. Ahora, lo único que deseaba era reunirse con él para desayunar juntos.

Consiguió recordar el camino desde su dormitorio hasta el comedor sin perderse y, según lo recorría, volvía a admirarse de la belleza y la riqueza de aquel palacio, patente en todos los rincones, también en corredores y escaleras. En la planta baja y ya cerca de su destino, empezó a percibir los deliciosos aromas del pan tostado y el café recién hecho.

Abrió la puerta. Y el entusiasmo se le vino abajo.

Al final de la mesa engalanada con porcelana, mantel de hilo y flores frescas, su suegro levantó la mirada de su desayuno al sentirla entrar. Junto a él, un hombre grande y fuerte como pocos había visto Aldara se apostaba como una columna y la observaba inexpresivo. Algo en su rostro oscuro, moldeado a pliegues y de rasgos deformes, la intimidó, así como un cierto ademán de ir a atacar a quien se acercase, del mismo modo que hubiera hecho un perro guardián.

—Buenos días —saludó con un hilo de voz—. ¿No está Octave aquí?

—Mi hijo está en los viñedos desde el alba. Ya tendrá ocasión de comprobar que aquí siempre hay mucho trabajo que hacer. Y más ahora, que hay que tomar decisiones muy importantes antes de que se marche. Como si de una mujer en estado de buena esperanza se tratara, es necesario acompañar a la vid hasta el momento de la vendimia.

Aldara, inmóvil, no hizo comentario alguno. Su suegro dio un sorbo de su taza de café.

—Siéntese. Llamaré para que le sirvan el desayuno. Puede ir comiendo algún cruasán. Aún están calientes.

La joven obedeció. Se sentó tiesa como un palo, las manos sobre el regazo y la mirada gacha, como si estuviera en el comedor de un reformatorio.

Auguste tocó un timbre y continuó untándose una tostada de mantequilla. El hombre grande y fuerte no movió un músculo.

—Ahora que estamos a solas por primera vez —la voz del marqués irrumpió como la de un orador espontáneo—, seré franco con usted. Quienes me conocen saben que no me ando con rodeos. Por el bien de nuestra relación, impuesta tanto para usted como para mí, conviene que las cartas estén sobre la mesa cuanto antes.

El marqués dejó el cuchillo de la mantequilla sobre el plato y olvidó la tostada. Miró fijamente a su nuera como un juez a un reo antes de emitir su sentencia:

—No apruebo este matrimonio. Y no por usted, ya que no puedo juzgar lo que desconozco. Eso es precisamente lo que no apruebo: que mi hijo se haya casado con una desconocida. No obstante, y ya que él así me lo ha pedido, estoy dispuesto a darle a usted un voto de confianza antes de imponer cualquier veto a su entrada en esta casa. Si de eso depende la felicidad de Octave, que así sea. Eso sí, espero que lo que hoy es causa de su dicha no se torne en un futuro en la de su desdicha. En ese caso, no habrá miramientos para quien se la propicie. ¿Me he expresado con suficiente claridad?

Claridad no era la palabra con la que Aldara hubiera definido el dictamen de su suegro, aunque de su intención no cabía duda. Asintió.

En ese momento, llegó una doncella que se acercó a la joven.

—¿Madame tomará té o café?

Aldara no contestó. Ante semejante silencio, Auguste la miró: ¿sería posible que no hubiera entendido tan sencilla pregunta?

—¿Madame...? —insistió con cortesía una no menos sorprendida doncella.

Y, entonces, como si hubiera despertado de un letargo, Aldara le devolvió una sonrisa.

—No tomaré nada, muchas gracias. La verdad es que no tengo apetito.

Bajo la atónita mirada de suegro y doncella —el hombre grande y fuerte apenas había parpadeado—, Aldara se puso en pie y, cogiendo un par de cruasanes de la cesta que había sobre la mesa, anunció:

—Con su permiso, voy a ir a buscar a mi marido.

—¿Cómo que a buscar a su marido? Pero ¿qué...?

—Quiero hacerle compañía mientras él acompaña a la vid —aclaró saliendo por la puerta.

—¡Será posible! Pero ¿qué se ha pensado, criatura? La finca tiene ochenta hectáreas, ¿cómo cree que va a encontrarle?

Las exclamaciones del marqués se dirigieron a una puerta cerrada. Aldara ya no estaba allí para escucharlas.

—¡Por el amor de Dios! ¡Valiente insensata!

Auguste se volvió al hombre que era como su sombra y empezó a gesticular con las manos en tanto hablaba despacio y vocalizando.

—Ve con ella, Pascal. Llévala con Octave.

El otro obedeció al instante.

Auguste cerró los ojos y se frotó las sienes.

—Empezamos bien si se empeña en demostrar que no hay cerebro dentro de esa bonita cabeza —se lamentó para sí antes de llevarse la taza de café a los labios—. ¡Maldita sea, esto está helado! ¡Traiga más café, haga el favor!

—Sí, señor marqués.

Octubre de 1939

Las primeras semanas de Aldara en el Domaine de Clair de Lune, marcadas por el comienzo de la guerra y la movilización de los hombres hacia el frente, habían resultado extrañas para todos, no sólo para ella. Mientras los demás parecían pendientes de un futuro incierto, la joven se encontraba desubicada sin Octave, habitando un lugar que sin él parecía no tener sentido.

Se sabía además observada y fiscalizada, juzgada en cada palabra y en cada movimiento por todos los que poblaban el Domaine. Sobre todo, por ese inquietante criado, Pascal. Aquella mole de hombre era como la sombra de Aldara. Una sombra inquietante. Afirmar que la seguía a todas partes quizá hubiera sido una exageración, pero lo cierto era que la joven tenía esa sensación, pues más de una vez se lo había encontrado al volver la cabeza o al doblar una esquina. Parecía que su suegro le hubiera asignado un vigilante carcelario. Resultaba siniestro por inexpresivo, con aquel rostro grande en el que se juntaban una nariz y una boca torcidas y pequeñas y un par de ojos sin cejas ni pestañas, redondos y negros como diminutos botones sobre una piel tirante en la que se apreciaban cicatrices de quemaduras. Y también por silencioso.

—No esperes que te hable —le había advertido Octave antes de marcharse—. Es sordomudo. Perdió el oído y el habla en la guerra; se quemó con gas mostaza. Pero no debes temerle. Es buena persona.

Puede que lo fuera. No obstante, se trataba de un hombre extraño, como extrañas resultaban para ella muchas cosas en lo que ahora era su nuevo hogar. Aun así, estaba acostumbrada a adaptarse a nuevos hogares y no iba a dejar que las circunstancias la sobrepasasen.

Con tal determinación, aquella mañana se había levantado dispuesta a visitar la bodega. Octave se había marchado apenas dos días después de llegar al Domaine y ella ya estaba cansada de merodear por la mansión sin más que hacer que echarle de menos. Como nadie se había molestado en mostrarle los rincones y pormenores de aquel inmenso dominio en el que ahora vivía, decidió empezar a descubrirlos por sí sola.

Fue así como, tras asearse y desayunar en su habitación, se encaminó hacia los edificios que, situados detrás de la mansión residencial, completaban el complejo del *château*. Se trataba de unas construcciones en piedra con el tejado de pizarra, grandes y funcionales, donde se encontraban los establos, el garaje, los almacenes y la bodega.

Al llegar frente a uno de ellos, lo primero que hizo fue escudriñar el panorama a su espalda. No vio rastro del criado vigilante, de modo que se animó a empujar el gran portalón medio abierto, que cedió suavemente, sin emitir el más leve chirrido. Con cautela, accedió a una sala profunda, apenas iluminada por la luz mortecina de una mañana encapotada que se colaba a través de las ventanas cenitales. Había cierta actividad en el interior. Distinguió a algunos obreros trajinando entre los depósitos y las máquinas. Por lo demás, el lugar estaba relativamente tranquilo.

Procurando pasar desapercibida, se dirigió a unas escaleras que supuso que conducían a las cavas subterráneas. En aquella primera incursión a la bodega, prefería explorarla sola, sin la mirada inquisitoria y seguramente desdeñosa de los que allí trabajaban.

Nada más descender bajo tierra, se encontró ante un largo túnel abovedado del que pendían unas pocas bombillas prendidas con una luz pobre y amarillenta que proyectaba sombras picudas entre las bóvedas. Paralizada en la embocadura de la cavidad, con la vista puesta en las grandes barricas tumbadas que la flanqueaban y que parecían perderse en la oscuridad, experimentó un escalofrío. Juntó las manos frente a la boca y exhaló una bocanada de aire tibio para calentarlas. No era que allí la temperatura fuera muy baja, pero apenas se había abrigado con una fina chaqueta y parecía tener el frío metido en el cuerpo.

O quizá fuera la impresión que le causaba aquel lugar, donde estaba segura de que podría perderse si se adentraba demasiado. Era como encontrarse en otro mundo. Un mundo en el que el tiempo y el espacio parecían encapsulados, ajenos a todo. El aire era húmedo y espeso, cargado de olores penetrantes a alcohol, moho, tierra y madera. Se percibía un silencio extraño, que no era silencio en realidad, pues estaba quebrado de goteos y crujidos, de roces y rumores.

—¿Lo oye? Es el espíritu del vino, que susurra constantemente.

Aldara dio un respingo. Aquella declamación a voz cascada justo en su espalda le había dado un susto de muerte. Con el corazón a todo latir, se volvió.

—Lo siento mucho, madame. No pretendía asustarla. Además, bromeaba. Lo que se oye son sólo los ratones. A los condenados les encanta el vino. ¿Ha visto usted alguna vez a un ratón borracho? Es todo un espectáculo.

Aún recuperándose del susto, Aldara miró confusa el rostro redondo y arrugado que le sonreía con afabilidad. Entre los pliegues de la piel, asomaban unos ojos chispeantes, ligeramente achinados por la sonrisa. El hombre se quitó la boina y descubrió una cabeza cubierta de un espeso cabello blanco.

—Permítame que me presente, madame. Soy Pierre Brocan, *maître de chai*.

—¿*Maître de chai*?

—El jefe de la bodega. Puede echarme a mí la culpa si no le gusta nuestro vino.

—No creo que pueda echarle a nadie la culpa de eso. Yo no entiendo mucho de vinos.

—Ah, pero no hace falta entender de vino para disfrutarlo. Y para disfrutarlo sólo hay que beberlo. Cuanto más, mejor. Con moderación, claro. No como los ratones. —Rio como un entrañable abuelo. Después, se dirigió a ella con la misma ternura—: ¿Quiere probar un poco?

—¿Ahora?

—¿Por qué no? Siempre es buen momento para una copa de vino.

Fue con Pierre Brocan con quien Aldara empezó a apreciar el vino. Sus visitas a la bodega se hicieron diarias. El viejo maestro le enseñó también cómo se elaboraba el preciado caldo, desde que las uvas entraban en la bodega hasta que su elixir salía dentro de una botella. Aparentemente era un proceso sencillo, con pocos pasos: estrujar la uva en el caso de los vinos tintos, prensarla si eran blancos; dejar fermentar el mosto; remontarlo a intervalos; trasladarlo después a la barrica para su crianza, trasegarlo de cuando en cuando, clarificarlo y finalmente embotellarlo. No obstante, en cada uno de aquellos pasos intervenían cientos de matices, se aplicaban siglos de sabiduría y tradición. Elaborar vino, sobre todo vino de gran calidad, como el que se hacía en el Domaine de Clair de Lune, tenía mucho de alquimia.

Sabiendo esto y guiada por las indicaciones del maestro bodeguero, a Aldara le resultó más fácil apreciar cada sorbo de las copas que le servía Brocan. Aprendió así a saborear la acidez, el metal y la madera, la fruta siempre presente; a percibir esa sensación rugosa en el paladar o, por el contrario, suave y mantecosa, según el vino; a reconocer aromas y colores, a distinguir los vinos jóvenes de los viejos.

Aldara decidió entonces completar sus conocimientos con los libros de la biblioteca y, después, comentaba sus lecturas con Brocan: sobre el cultivo de la vid, la producción del vino, los vinos de Francia, los de Borgoña… Siempre había sido inquieta y curiosa, apenas necesitaba una chispa para apasionarse.

En aquel camino casi autodidacta, también convirtió los paseos por el viñedo en una rutina diaria. Sintió la tierra crujir bajo los pies, acarició los pámpanos de un verde intenso, sostuvo los racimos de uvas entre las manos, prietos y henchidos, casi listos para la vendimia, y palpó los retorcidos sarmientos de la vid. A menudo, conversaba con los agricultores que vigilaban las vides en su momento más crítico. Alternando la mirada entre el suelo y el cielo, se preparaban para el momento más importante del año, en el que se recogería el fruto de su duro trabajo. Ellos respondían a sus preguntas, le mostraban la tierra entre sus manos como si fuera un tesoro y estrujaban la uva con sus dedos callosos para enseñarle el hollejo, las pepitas y la pulpa, para darle a probar el fruto áspero y ácido.

Al llegar la noche, Aldara daba cuenta de todas aquellas impresiones, descubrimientos y emociones en largas cartas que escribía a Octave. Y así se sentía más cerca de él.

Quizá fuera que la mañana había amanecido soleada después de varios días de lluvia. O que había recibido carta de Octave anunciándole un permiso en las próximas fechas. Quizá simplemente disfrutaba de su visita diaria a la bodega y estaba deseando contarle a Pierre Brocan algo que había leído sobre la filoxera y descubrir con qué vinos la sorprendería ese día.

Sea como fuere, entró en la bodega con brío, tarareando una canción con la que ya se había despertado, una canción francesa que Octave solía cantar mientras se afeitaba y de la que ella no se sabía más que unos acordes de la melodía. Saludó a un par de trabajadores que siempre estaban por allí y a los que ya conocía por sus nombres y se encaminó derecha al barril junto a la pequeña oficina de monsieur Brocan, sobre el que hacían las catas.

Sin embargo, todo su buen ánimo se vino abajo cuando se topó con el marqués de Montauban, apostado tras la desordenada mesa de trabajo del *maître de chai*.

La relación con su suegro no podía definirse de cordial, ya había anticipado que así sería, de modo que evitaba coincidir con él en la medida de lo posible. Por suerte para ella, el marqués se había presentado voluntario para la intendencia militar en Dijon y pasaba la mayor parte del tiempo fuera del Domaine. Obviamente, aquel día se había ausentado de su puesto.

Aldara frenó en seco ante la mirada severa del marqués de Montauban y, como si la hubieran sorprendido cometiendo una falta, farfulló una excusa.

—Yo... Estaba buscando a monsieur Brocan.

—Lo sé, lo sé. Estoy de sobra al tanto de vuestras catas.

Aldara bajó la vista, contrita. Había vivido la mayor parte de su vida bajo el yugo de la autoridad y la autoridad siempre la amedrantaba. Al menos, en un primer momento, hasta que reunía la firmeza para no dejarse avasallar.

—Lo siento.

—¿Lo siente? ¿Por qué lo siente?

—No lo sé...

—No se disculpe si no ha hecho nada malo. Una disculpa fuera de lugar es un signo de debilidad de carácter y no creo que ése sea precisamente uno de sus defectos.

La joven lo observó intrigada, guardando un silencio prudente.

—No hay nada malo en querer aprender sobre el negocio de la que ahora es su familia —continuó el marqués—. Admito que no es habitual que una dama ronde por la bodega y alterne con los operarios y los agricultores. Pero no es usted la primera. Desde que era niña, Marguerite adquirió el vicio de mezclarse con los obreros, de curiosear aquí y allá, de beber vino como un hombre. A mi padre se le llevaban los demonios.

—¿Marguerite?

—Era mi hermana. Falleció. Hace ya mucho. Más de veinte años. Cómo pasa el tiempo... Sí... Marguerite poseía talento; un buen paladar y un buen olfato. Le puse su nombre a uno de los chardonnay: *Caves de Marguerite*.

—No lo sabía. Octave no me ha hablado de ella.

—Tiene que haber infinidad de cosas de las que Octave no le ha hablado. Apenas ha tenido tiempo de conocerle, ni él a usted.

Aldara calló ante el dardo de su suegro. No tenía intención de enfrentarse a él, llevaba todas las de perder. Entonces Auguste de Fonneuve salió de detrás de la mesa y se aproximó a ella.

—Brocan dice que usted también tiene talento y que aprende rápido.

—No soy yo quién para juzgarlo. Pero le aseguro que pongo empeño porque eso hace feliz a Octave.

—No diga lo que cree que quiero escuchar. ¿La hace feliz a usted? Ningún matrimonio se sostiene sobre la felicidad de uno solo.

Aldara sonrió.

—Me estoy aficionando a esto mucho más de lo que pensaba.

El marqués esbozó un gesto de satisfacción.

—Venga. Quiero mostrarle algo.

La joven le siguió hasta el barril en torno al que hacían las catas. Enseguida se fijó en los montoncitos dispuestos de forma ordenada sobre él: corcho desmenuzado, pedacitos de cuero, virutas de madera quemada, unos granos de pimienta y otros tantos de café.

—En esta familia no nos conformamos con ser aficionados al vino, tenemos que ser expertos —declaró con orgullo el marqués—. Si va a convertirse en una experta, hay que hacer bien las cosas desde el principio. Le enseñaré a penetrar en el cuerpo y el alma del vino del mismo modo que me enseñó mi padre. Y como yo a su vez enseñé a Octave. Confío en que sepa aprovechar las lecciones. Hoy vamos a empezar a entrenar el olfato.

Por la noche, suegro y nuera cenaron juntos en el inmenso y frío comedor. Una costumbre que se establecería a partir de entonces.

Durante aquellas cenas, era el marqués quien conducía la conversación. Empezaban hablando sobre los progresos de Aldara en su conocimiento del vino, el viñedo y la bodega. Después, Auguste indagaba sobre el pasado de la joven con preguntas breves y directas; no era un hombre de andarse por las ramas. Ella respondía como una alumna aplicada, que sabe bien la lección. No podía permitirse que asomara la duda o la contradicción. Debía mostrarse convincente. Y sabía que, a base de repetirlo, el relato iría calando en ella cada vez con más naturalidad. De cuando en cuando, Auguste corregía su francés.

Cuando Aldara ya no pudo seguir hablando de sí misma sin repetirse, empezó ella a hacer las preguntas. Descubrió que a Auguste no le gustaba hablar de la guerra, ni de la de antes, cuando había combatido como capitán de infantería, ni de la de ahora. Le gustaba hablar de Octave, eso sí; estaba realmente orgulloso de su hijo. Y del Domaine, que era parte de su esencia, su razón de existir.

Poco a poco, entre lecciones y veladas, la relación entre ambos se fue suavizando. Incluso su suegro comenzó a tutearla, un pequeño detalle del lenguaje que suponía un gran gesto:

Auguste le concedía entrada en la familia. Al marqués empezaba a agradarle su compañía. Como hombre al que le complacía transmitir su sabiduría y su experiencia, encontró en Aldara a alguien que sabía callar y escuchar mientras él sentaba cátedra, algo que le satisfacía enormemente. Y es que la joven hacía mucho que había aprendido que, en ocasiones, ser discreta era lo más inteligente.

El marqués estaba dispuesto a darle una oportunidad, por su hijo, pero también porque había visto en ella cierta disposición, cierta actitud que a veces le recordaba a sí mismo. Y porque aquella muchacha le intrigaba.

A mediados de octubre, el marqués decidió que la joven estaba preparada para presentarla a las damas del lugar. Más bien fueron las damas las que lo decidieron, manifestando hasta el hastío su enorme interés por conocer a la nueva señora del Domaine de Clair de Lune. Aunque aquel era un título que Auguste no estaba dispuesto a otorgarle con tanta ligereza a su inopinada nuera, acabó por claudicar. Organizó un té con las tenaces damas y se marchó a Dijon, dejando a Aldara sola ante un panorama muy poco halagüeño. La joven sospechó que su suegro la estaba poniendo a prueba.

A las cinco en punto de la tarde de un jueves, llegaron al *château* seis señoras y tres señoritas muy emperifolladas, de nombres rimbombantes y apellidos muy compuestos, con sus sonrisas falsas y sus lenguas bien afiladas. Aldara se sintió como un cachorro de león atrapado entre una manada de hienas.

—¡Qué magnífica sorpresa nos ha dado Octave con su matrimonio! Lo único que no podemos perdonarle es que nos haya privado del placer de disfrutar de una gran boda. ¿Qué manera de casarse es ésa de tapadillo?

Quien hablaba agitando levemente un *petit four* de bizcocho glaseado suspendido entre el índice y el pulgar era Madeleine Perroux. Aldara no tardó en darse cuenta de que aquella dama era la líder indiscutible del grupo. Ella acaparaba toda la conversación, mientras que las demás se limitaban a corear sus comentarios, reírle las gracias o asentir con un gesto complaciente a la vez que se atiborraban de té y pasteles.

—Este Octave... Confieso que empezaba a pensar que no tenía interés por las mujeres y el matrimonio. Siempre tan volcado en sus vinos y sus viñedos... Debe usted de poseer multitud de encantos para haberle enamorado de una manera tan fulminante.

Aldara, por alusiones, abrió la boca para restarse importancia, pero madame Perroux no le dejó ocasión. Casi lo agradeció. Más que escuchándola, continuó observándola. Se trataba de una mujer dotada de elegancia y refinamiento. Alta y delgada, debió de haber gozado de cierto atractivo en su juventud, si bien, ahora, su rostro afilado, enjuto y surcado de arrugas, y un cabello gris que recogía en un adusto moño le conferían el aspecto de una agria institutriz. Ni siquiera cuando sonreía se suavizaba su gesto altivo.

—¡Oh, el ardor juvenil! —declamó la verbosa dama—. Admito que a veces lo añoro. Aprovechad estos años de gozo, jovencitas. El amor romántico es una ilusión que se agota con el matrimonio, creedme. ¿O no es así, señoras?

Su corte la secundó con breves comentarios asertivos. Sólo Blandine, su hija, una espigada joven de ademán desganado, que solía poner los ojos en blanco al hablar, aportó la nota discordante.

—Por Dios, madre, no seas cínica. Siempre lloras con esos horribles folletines que te gusta leer.

Madame le dirigió una mirada fulminante.

—No creo que tú me hayas visto llorar jamás. Además, esta conversación ya resulta un hastío. Demasiado empalagosa.

Madeleine se metió el *petit four* en la boca y lo engulló sin saborearlo con ayuda de un sorbo de té. Parecía querer evitar que comer le restase la menor la oportunidad de hablar.

—Cambiemos de tema. ¿Es cierto que es usted una refugiada, madame de Fonneuve? ¡Oh, qué experiencia tan traumática! Yo conozco a otra refugiada de la guerra en España como usted. Pacita Jordá. Es una mujer cultísima y una pintora excelente. Está casada con el que fue agregado comercial en la embajada de Bruselas. Supongo que aun así se la puede considerar refugiada... Claro que ella no ha pasado por uno de esos horribles campos. ¿Usted sí? Es escalofriante lo que se lee en la prensa sobre esos lugares. Pero, claro, ¿cómo puede acoger Francia a toda esa gente que nos ha llegado de golpe? Gente sin formación, sin estudios... Obreros. ¡Comunistas! No será usted comunista, ¿verdad, madame? Oh, no, no puede serlo, Auguste no lo permitiría.

—Por el amor de Dios, Madeleine, coma otro pastel y cierre durante un instante la boca.

De pronto, se hizo un silencio en el que podía palparse el pasmo de la concurrencia. Aldara dirigió una mirada de admiración y agradecimiento a la mujer que había saltado de aquella forma tan poco diplomática como oportuna. Creía recordar que se había presentado como Sabine Jourdan. Repantingada en su asiento y bebiendo té con deleite, no parecía darle mayor importancia a su proeza.

Madeleine Perroux, por su parte, guardaba la compostura, rígida como un palo, sin rastro de emoción en el rostro. A ella le habían enseñado que una dama nunca se muestra ofendida en público.

—Que hable alguien, entonces. De lo contrario, será muy incómodo que estemos aquí todas mirándonos las caras en silencio. ¿No opina como yo, madame de Fonneuve? Después de todo, usted es la anfitriona.

—Sí, supongo que sí. Aunque yo soy nueva aquí. No sabría de qué hablarles para no aburrirlas.

—Oh, no creo que usted sea en absoluto aburrida.

Finalmente, alguien sacó el tema de las múltiples actividades caritativas en las que aquel grupo de damas participaban y en las que estaban deseando incluir a Aldara. Con el transcurrir de la tarde, la conversación derivó hacia lugares en los que ella nunca había estado, espectáculos que no había visto y personas a las que no conocía, todas ellas reputadísimas. Y, sí, también hicieron mención a su cicatriz, pero a eso Aldara ya estaba acostumbrada.

—¿De verdad que eso no puede disimularse con maquillaje? —preguntó verdaderamente intrigada una de las jóvenes.

—Pero cuántas tonterías dices a veces, Véronique —zanjó Blandine, como si aquella reunión también hubiera agotado su paciencia—. Eso es imposible de disimular.

Cuando la comitiva se retiró al fin, Aldara se sentía agotada, igual que si hubiera pasado la tarde corriendo alrededor del *château* en lugar de sentada en un sillón tomando el té.

A la tarde siguiente, cuando Aldara se había refugiado en la soledad de la biblioteca y en su lectura, oyó que llamaban a la puerta. Al rato, escuchó los pasos pausados del mayordomo en su camino a abrirla y, enseguida, una voz femenina. Se le pusieron los pelos de punta ante la perspectiva de una visita como la del día anterior.

Se sentía tremendamente frustrada desde entonces, sin poder quitarse de encima la desagradable sensación de que ella no encajaba en ese lugar. A menudo la había experimentado antes, iba y venía según los días y los acontecimientos. Sin embargo, el rechazo explícito de aquellas mujeres la había humillado especialmente, la había hecho sentirse insignificante, una impostora fuera de sitio. Justo lo que era. De buena gana hubiera salido por la puerta de ese pomposo *château* para no volver jamás. Si no fuera por Octave... A veces maldecía la hora en la que se habían enamorado el uno del otro, tan diferentes, tan inapropiados.

—Madame Jourdan está aquí. ¿La hago pasar? —anunció el mayordomo antes de que ella encontrase una salida airosa.

—Sí... sí.

Casi al tiempo asomó la cara sonriente de rasgos un tanto masculinos de Sabine Jourdan.

—No se asuste. Le aseguro que vengo en son de paz, dispuesta a enmendar los desastres de ayer por la tarde. Y he traído pastel de melocotón.

Aldara sonrió aliviada.

—En ese caso, yo pongo el café.

No habían terminado la primera taza cuando ya se tuteaban y Aldara sabía que Sabine estaba casada con el administrador del Domaine de Clair de Lune, que tenía seis hijos, todos varones, de entre siete y dieciséis años, y que su mayor preocupación en aquel momento era que la guerra no acabara antes de que Vincent, el primogénito, alcanzara la edad de ser movilizado.

Aunque ya lo había intuido la tarde anterior, la joven enseguida constató que Sabine no tenía nada que ver con las otras damas que prácticamente la habían acosado durante el aciago té. Aquella mujer, que daba la impresión de sentirse incómoda en su vestido de tarde y sus zapatos de tacón, parecía simplemente una mujer normal.

—En general, son todas bastante estiradas —sentenció Sabine refiriéndose a madame Perroux y su séquito—. Esta es una comunidad muy cerrada. A veces parecen una secta, la verdad. Pero es que contigo tienen además una deuda pendiente.

—¿Conmigo? Si no me conocen de nada.

—No necesitan conocerte, querida, les basta con que te hayas casado con Octave de Fonneuve de Montauban. Me parece que tú no lo sabes, pero las tres señoritas de garras afiladas de ayer fueron candidatas a esposas de Octave. Sobre todo, Blandine, la hija de Madeleine Perroux.

—No, no lo sabía.

—Pues Auguste debería haberte informado. Para que fueras preparada antes de soltarte a las fieras.

—Sospecho que lo que quería era soltarme a las fieras sin estar preparada.

—Quizá... A Auguste le gusta poner a prueba a la gente. Bueno, supongo que por eso me convocó a mí también, para que acudiera en tu rescate antes de que la sangre llegara al río —bromeó.

—¡Qué considerado!

—A lo mejor acabas por agradecérselo. Aquí me tienes a mí. Poniéndote al día. Y lo primero que tienes que saber es que madame Perroux es una mujer... buf, ¡de armas tomar!, ya lo has visto.

—Vaya que si lo he visto...

—A ella le gusta rodearse de una corte de aduladoras y ser la gallina que más cacarea del gallinero. Mete sus narices en todo: en el ayuntamiento, en la escuela, en la iglesia, en casa ajena... Es miembro de todas las asociaciones locales y si no, las crea ella para serlo. Si quieres un consejo, no te dejes enredar en ninguna de ellas o te volverá loca.

—No tenía intención, la verdad.

—Madeleine no hace más que seguir la estela de su marido, que también pincha y corta en todas partes. Los Perroux no tienen tierras, pero han hecho una fortuna exportando vino, tanto de Borgoña como de Champagne y Burdeos. Digamos que lo único que les faltaba era la bodega y un título nobiliario, que pensaban tomar prestados de los Montauban.

—Ya entiendo...

—Vamos, que le has quitado el marido a Blandine. O más bien el yerno a Madeleine. Porque no es que Blandine bebiera los vientos por Octave, para qué nos vamos a engañar. De hecho, siempre ha tonteado con el hijo del veterinario. Pero, claro, lo que su madre quiere es emparentar con la nobleza, no con quien a diario mete la mano por el culo a los animales. —Sabine se rio a carcajadas de su propia vulgaridad.

Tras tomar un trozo de pastel y un sorbo de café, la mujer continuó con su crónica:

—Corren rumores de que las Perroux incluso habían visitado a una modista de París para ir eligiendo el vestido de novia. Estoy segura de que madame Perroux nunca va a perdonarte que le hayas arrebatado a su hija el trono del Domaine de Clair de Lune.

—No resulta un panorama muy halagüeño, la verdad.

—No. Pero, por lo menos, ahora ya sabes a lo que te enfrentas. Y, después de todo, eres tú la que se sienta en ese trono, no ellas —concluyó con una sonrisa pícara.

Desde aquel café con pastel de melocotón, Aldara encontró una amiga y una aliada, ambas tan necesarias estando la joven tan sola.

Aunque Sabine era al menos veinte años mayor que ella, Aldara enseguida congenió con aquella estrafalaria mujer que lucía el cabello canoso cortado como un hombre y siempre vestía pantalones y calzaba botas, salvo los domingos y fiestas de guardar, que se ponía un vestido para ir a misa. Enérgica, divertida, sencilla, sin pelos en la lengua y tremendamente práctica, Sabine se convirtió en la perfecta compañera y consejera.

No había podido aguardarse a la luna nueva para recoger la uva. Una gran nevada había trastocado la vendimia. La nieve comenzó a caer el 28 de octubre a las cuatro de la tarde y, en menos de dos horas, había dejado sobre los viñedos a lo largo de la Côte d'Or un manto blanco de treinta centímetros de espesor. «*Vendange sous la neige*», vendimia bajo la nieve, la llamaron.

Había que cosechar lo más rápido posible antes de que el fruto de un año de duro trabajo se congelase. Con la mano de obra en el frente y el trabajo a cargo de ancianos, mujeres y niños incapaces de abordar semejante tarea, aquella situación se convirtió prácticamente en una emergencia nacional. Se solicitó ayuda al Gobierno, quien concedió permisos especiales a los trabajadores y movilizó algunos refuerzos más del ejército. El vino en Francia era una cuestión de Estado: el elixir del pueblo, el combustible del soldado.

Por otra parte, no parecía haber demasiado problema en prescindir temporalmente de algunos efectivos en un frente donde apenas habían tenido lugar algunas escaramuzas aisladas. Los franceses, que tan descorazonados como envalentonados aguardaban enfrentarse de nuevo a aquellas sangrientas batallas del verano de 1914, contemplaban ahora atónitos una guerra sin combates. Una guerra que sólo parecía una amenaza.

Mientras Aldara leía en los periódicos las arengas patrióticas, las burlas a Hitler, la preocupación ante su avance en Polonia, la alternancia de críticas y alabanzas hacia el Gobierno y el ejército francés, no podía evitar sentir alivio ante esa *drôle de guerre*, como la llamaban, la guerra de broma. Ella ya había tenido bastante guerra y el simple sonido de las sirenas de Beaune durante los simulacros de ataque aéreo le alteraban los nervios al recordarle a los bombardeos reales de Madrid.

La nieve también había traído a Octave de regreso a casa. Llegó a través de los copos que caían suavemente sobre el viñedo. Aldara lo vio por la ventana y se precipitó al exterior para recibirlo al pie de la escalera, lanzándose a sus brazos con tal ímpetu que casi lo tira al suelo. Por mucho que los del lugar se lamentasen de aquella vendimia helada, ella no podía evitar sentirse feliz. Octave había vuelto con la ventisca, al menos, por un tiempo. El tiempo de vendimia.

Fueron unos días mágicos, con aquel panorama de colinas blancas y chimeneas humeantes; de las hogueras prendidas en el campo con las que se calentaban los vendimiadores; de sus cantos mientras trabajaban o al caer la noche, al son del acordeón y la guitarra; de las idas y venidas de capazos, cuévanos y carretas cargadas de racimos, entre las risas de los recolectores para compensar tanta fatiga. El ajetreo y la algarabía animaban la finca. El tiempo de vendimia siempre ha sido un tiempo de fiesta, le aseguraba Octave.

Pese a todo, también lo fue aquel octubre de 1939.

Aldara salió como los demás al viñedo y Octave le enseñó a seleccionar los racimos listos para vendimiar y a cortarlos con unas tijeras de podar. Juntos llenaron varios capazos, que luego se volcaban en los cuévanos y, de ahí, en las carretas para llevarlos a la bodega, donde la uva se estrujaba para extraer el mosto y se dejaba reposar en grandes tinajas para que fermentase.

—Aquí es donde empieza todo —le indicó Octave mientras ella sumergía las manos en aquel amasijo de jugo, pulpa, pepitas y hollejos, frío y suave.

Aldara también quiso ayudar a preparar y a servir las comidas para los vendimiadores: a cortar decenas de hogazas de pan, otros tantos salchichones, quesos, verduras y carne para el potaje… A Simone, la cocinera, no le hacía mucha gracia verla por allí. La mujer estaba convencida de que la cocina no era lugar para la señora de la casa. Claro que aquella chiquilla no se parecía en nada a las señoras que ella había conocido: no tenía reparos en remangarse y era curiosa, siempre haciendo preguntas aquí y allá. Semejante actitud la incomodaba por inapropiada. Pero era una muchacha sonriente y agradable, eso tenía que admitirlo. Y guapa. Qué lástima esa horrible cicatriz que le afeaba el rostro, pobre criatura. Ya fuera por piedad o por ternura, o porque, qué demonios, la chica tenía mano para la cocina, Simone pensó que tal vez accediera a dejarla entrar en su santuario de fogones y cazuelas para enseñarle a preparar el *boeuf bourguignon* tal y como le gustaba al señorito Octave. Tal vez.

Tras diez días agotadores, al cabo de cada uno de los cuales Octave y Aldara se hacían el uno junto a la otra un ovillo en la cama y, después de hacer el amor, caían en un sueño profundo, llegó el final de la vendimia. Se celebró, como era tradición, con una gran fiesta, *la Paulée*. Hubo música, baile, mucha comida y, por supuesto, aún más vino. La compañía, el hogar y el alcohol ayudaron a anestesiar los ánimos de los hombres y a olvidar, por un instante, que la guerra y el frente les aguardaban.

Por su parte, Octave sorprendió a Aldara con un gran ramo de dalias que había encargado de París.

—Al terminar la vendimia, es tradición decorar las carretas con flores y también se hacen coronas con ellas para las mujeres, que luego adornarán las puertas de las bodegas durante todo el año. Esta temporada, la nieve ha sepultado las flores, pero no podía permitir que la señora de la casa se quedase sin ellas.

Aldara lo abrazó y lo cubrió de besos. Entonces, llevada por la emoción, ella también quiso hacerle un regalo. Se apretó aún más contra él.

—Yo también tengo algo para ti…

—¿Para mí? Pero no es tradición agasajar a los hombres…

—A los hombres, no. Sólo a ti.

—Eso tampoco es tradición.

Aldara le puso un dedo sobre la boca al tiempo que le chistaba. Le dirigió una mirada chispeante de ilusión. Y, por fin, susurró:

—Estoy embarazada.

Octave se separó. La observó con los ojos muy abiertos.

Sólo acertó a repetir «Pero ¿de verdad? Pero ¿de verdad?» con un torpe balbuceo, hasta que las lágrimas de emoción lo vencieron y se le mezclaron con la sonrisa.

—De verdad —aseguró ella, secándole las mejillas con los dedos—. El doctor lo ha confirmado.

Octave no pudo añadir más; un nudo en la garganta le impedía hablar. Llevó las manos al vientre de su mujer, quería sentir a la criatura, asegurarse de que estaba allí. Aldara rio.

—Aún no se nota nada. Sabine dice que apenas es un huevito. Y con tanto hijo como ha tenido, ella sabe mucho de eso.

Octave se arrodilló y la besó a la altura del ombligo todavía plano.

—Ya crecerá.

—Tan inteligente como su padre —añadió la joven mientras le acariciaba el cabello.

—Como su madre. Y tan guapo y fuerte como ella.

—O guapa.

—Sí... Una preciosa niña que dará sus primeros pasos entre las vides. Hay que comprar la cuna, y muchos juguetes, y un caballo sólo para ella; mejor un poni hasta que crezca. Y escoger un buen colegio, pero nada de mandarla lejos de casa, no podría separarme de ella. Y...

Octave hubiera seguido parloteando de no ser porque Aldara le acalló con un beso.

La separación fue dura. Otra vez. Sin embargo, en aquella ocasión, Octave llevaba consigo el talismán del regalo de Aldara. Nada malo podría sucederle en esta guerra porque Dios le había encomendado la tarea más importante: ser padre.

Más adelante, el joven disfrutó de algunos días libres en Navidad y unos pocos más en marzo. Por entonces, ya pudo sentir las patadas del bebé al apoyar la mano en el vientre abultado de su esposa.

Aquel fue su último permiso. El 10 de mayo, la guerra dejó de ser de broma. Los alemanes lanzaron una ofensiva repentina y total en el frente occidental. En tres semanas, se rindieron Luxemburgo, los Países Bajos y Bélgica. El 14 de junio, las tropas de la *Wehrmacht* desfilaban por París. El poderoso ejército francés había sido aplastado por la Alemania nazi.

Junio de 1940

Aldara se puso de parto cuando el ejército alemán bombardeaba la Côte d'Or.

Las carreteras llevaban semanas colapsadas por columnas de refugiados que huían del avance enemigo, primero, y por vehículos y tropas militares, después. Las líneas telefónicas estaban cortadas.

A medida que la guerra se había ido aproximando a Borgoña, su suegro le había insistido para que ella también viajase hacia el sur.

—No, no me iré sin Octave. Sin saber nada de él. ¿Y si regresase a casa? —preguntó pensando en aquellos soldados que ya se veían en retirada.

—Mi hijo no va a regresar sin cumplir su deber. No es un cobarde. Lo que él quisiera es que garantizases la seguridad del bebé.

—No me iré sin Octave —repitió obstinada.

—¡La cabezonería es el peor defecto de los necios! —zanjó Auguste con impotencia.

Ahora, angustiada y entre dolores, temiendo por la vida de su hijo, pensaba que había sido un error no seguir su consejo. Daba gracias de que Auguste, en su puesto en Dijon, no estuviera allí para reprochárselo.

Ni la comadrona ni el médico pudieron llegar al Domaine

de Clair de Lune. Fue Pascal quien acudió a la casa de los Jourdan en busca de Sabine. Condujo el automóvil cinco kilómetros de ida y otros cinco de vuelta escoltando a la mujer del administrador entre el caos y el peligro. El panorama de Beaune desde el camino no podía ser más desolador. Aún se divisaban las llamas devorando el tejado de la estación, recién bombardeada, y se escuchaban los disparos de los violentos combates entre los tenaces defensores franceses y el invasor alemán. Cuando, exhaustos y aturdidos, llegaron al Domaine, Aldara ya no podía soportar el dolor de las contracciones.

Pascal desapareció entonces y Sabine tomó el control de la situación. Encargó a Simone, la cocinera, y a dos doncellas paralizadas por el espanto que trajesen agua caliente y toallas limpias. Se colocó junto a Aldara y le secó el sudor de la frente.

—Estate tranquila. Sólo hay que dejar que la naturaleza siga su curso. Tú respira y empuja cuando yo te diga.

Al caer la noche, Dijon se rindió y pocas horas después lo hizo Beaune. En el Domaine ya no se escuchaban explosiones a los lejos. Los gritos de Aldara también cesaron cuando Sabine sacó de entre sus piernas un cuerpecito viscoso y blanquecino. Rápidamente, cortó el cordón umbilical, lo sujetó por los tobillos sobre su regazo y le dio unas palmadas en el trasero.

Un llanto vibrante rompió el silencio y el alivio se dibujó en el rostro de las mujeres allí presentes. A Aldara se le saltaron las lágrimas. A Simone también, aunque siempre lo negaría. Sabine envolvió al bebé en una manta y llevó aquel fardito lloroso con su madre.

—Es una niña —anunció emocionada, dejándosela entre los brazos.

Aldara la estrechó contra su pecho y la cría se calmó al instante. Era ella la que no podía parar de llorar ni de sonreír.

Sabine le retiró el pelo pegajoso de la frente con una caricia.

—Demonios, seis partos y seis chicazos he tenido yo, y a ti te sale la niña a la primera. Y tan bonita...

Aldara envolvió con una mirada de ternura a su hija. Sí que era bonita. Pero hubiera dado igual que no lo fuera. Sentía una plenitud, una felicidad, una conexión con aquel pequeño ser tan intensas que casi le oprimía el pecho como si de angustia se tratase; tal era el revoltijo de recuerdos, traumas y sensaciones que la invadía.

—Nunca te dejaré. Pase lo que pase, nunca te dejaré —murmuró en español a su pequeña cabecita pelona.

Auguste contempló el rostro plácido y sonrosado de su nieta. Casi tuvo que buscar asiento porque pensó que las piernas no le sujetarían. Recomponiéndose, acunó al bebé entre los brazos mientras se esforzaba por digerir un torrente de emociones sin que ello afectase a su apostura.

Había regresado a casa cuando despuntaba el alba. Agotado, demacrado y con la moral por los suelos. No podía dar crédito a cuanto había sucedido, a cuanto estaba sucediendo. Los tanques y las tropas por doquier, las ciudades humeantes, las banderas francesas arriadas. Los alemanes en su patria, en sus tierras, a la puerta de su casa. Era una pesadilla.

En aquel instante, sintiendo el calor y la blandura del cuerpecito de su nieta en el pecho, escuchando su respiración pausada, dejando que le apretara con su manita el dedo meñique, no sabía si sentía alegría o tristeza, angustia o esperanza, ira o calma.

—¿Qué nombre has pensado para ella?

Aldara cambió de postura buscando acomodo en los almohadones de la cama. Notó una punzada de dolor entre las piernas, aún estaba resentida del parto, pero no alteró el gesto.

—Octave y yo habíamos pensado en llamarla Claire. Si a usted le parece bien.

Auguste esbozó una sonrisa.

—Claire... Claire de Fonneuve de Montauban. Sí, me parece bien. Es un buen nombre para ella.

Tras un breve silencio y sin dirigir la vista a otra cosa que no fuera la criatura, declamó:

—Mírala bien, Pascal. Ella es ahora nuestro tesoro. Y, maldita sea, no sé cómo voy a esconderla de los alemanes.

El criado, situado a la espalda de su amo como era habitual, alargó una mano grande y áspera para rozar con timidez la cabecita del bebé. Era su forma de dejar claro que, mientras él viviese, no consentiría que nada malo le sucediera a aquella niña.

Finalmente, Auguste devolvió a la pequeña con su madre.

—Gracias —pronunció con solemnidad después de hacerlo.

Aldara asintió conmovida, otorgando un inmenso valor a tan sencilla palabra.

El sonido era rítmico. Un par de roces ásperos de yeso y un par de golpecitos en el ladrillo. Una y otra vez.

Podría haber resultado sedante y, sin embargo, Auguste tenía la sensación de que aquel ruido profanaba el silencio sagrado de su bodega y le ponía los nervios de punta. O quizá es que ya los traía así. Lo único que deseaba era quitarse aquel uniforme sucio y desprovisto de toda gloria y meterse en la cama para no abandonarla jamás.

—Señor Auguste, ¿quiere que vaya por la bodega a cazar arañas? —Auguste dirigió una mirada perezosa al pequeño Jean, el quinto de los Jourdan, que siempre andaba merodeando por el Domaine. Se llevaba bien con Pascal—. He traído mi tarro de cristal para meterlas dentro. Ayer mismo, Gaston y yo las estuvimos cazando para el muro que construyó su padre en su bodega. Dice Gaston que un puñado de arañas sólo necesitan unos días para cubrirlo con sus telas y que parezca un muro viejo.

Bendita inocencia. Pensar que unas pocas arañas harían que el muro pareciese antiguo... Qué ocurrencias. De todos modos, no tenía ganas de discutir con el chaval.

—Sí, hijo. Ve, ve. Trae las arañas.

El niño salió corriendo a desempeñar tan importante misión y Auguste volvió a concentrarse en el dichoso muro. Pascal lo levantaba afanosamente, ladrillo a ladrillo. Pasada de yeso y golpe de pala. El fiel criado se había empeñado en acometer semejante tarea. Le hizo saber a su amo que todos los vecinos estaban haciendo lo mismo en sus bodegas para ocultar sus mejores vinos de la rapiña de los alemanes.

Auguste pensó que, desde luego, no hacía falta ser un niño como Jean para pecar de ingenuidad. También los adultos en ocasiones se comportaban como si hubieran nacido el día antes. Ni que los alemanes fueran idiotas y no supieran que las bodegas están para guardar vino, precisamente el mejor. Y ése es el que irían a buscar con ahínco. ¿En qué cabeza cabía pensar que una simple pared se le iba a poner por delante al ejército que acababa de aplastar Francia entera?

El marqués tenía claro que no iba a rendir ni una sola gota de su vino a los alemanes, ni del mejor, ni del peor. Pero no lo lograría construyendo un muro, sino por la fuerza si era necesario. Cualquier teutón cabeza cuadrada que quisiera su vino, tendría que pasar antes de conseguirlo por encima de su cadáver.

No obstante, tanto insistió el obstinado criado, con gestos dramáticos y exasperantes sonidos guturales, que el marqués acabó por claudicar con tal de no aguantarlo. Tampoco pasaba nada por escoger unas cuantas botellas y meterlas detrás de una pared cubierta de telarañas. Sin embargo, Pascal, no contento con sólo eso, se empeñó también en tapiar la Cripta.

—Adelante, tapia la Cripta —le concedió ya cansado—. Total, si llegan hasta aquí será porque yo esté muerto.

Ahora bien, había algo que a Auguste le preocupaba sobremanera, algo que ni siquiera estando él muerto querría que cayese en manos de los alemanes. El tesoro de los Montauban. Y para ponerlo a salvo tenía que pensar en algo rápido y totalmente seguro.

—Hará falta mucho más que una pared para protegerlo —le hizo saber a Pascal como si se lo recordara a sí mismo.

Ahora, clavaba la vista en una cavidad vacía de la Cripta que iba desapareciendo tras una pila de ladrillos. Sus preciadas ocho botellas ya no descansaban allí. Y sólo él y su fiel Pascal, convenientemente mudo para los secretos, sabían dónde se encontraban.

Eso era lo único que le tranquilizaba en aquel momento.

El 22 de junio de 1940, Francia y Alemania firmaron el armisticio que ponía fin a las hostilidades entre ambos países. En el bosque de Compiègne, en el mismo lugar y en el mismo vagón, incluso, donde Alemania había firmado hacía veintidós años la capitulación de la Gran Guerra. Un gesto más para humillar a Francia.

El país quedó dividido en zonas. Dos de ellas las administraba un gobierno alemán; el resto, al sudeste, un gobierno títere presidido por el mariscal Pétain desde la nueva capital en Vichy. El ejército francés quedó reducido a un número simbólico de efectivos, despojados de armamento pesado. Más de un millón y medio de prisioneros de guerra franceses continuarían en cautividad hasta que se concretase un supuesto acuerdo de paz. Francia debía además sufragar los costes de la ocupación.

Desde el corazón de una Borgoña ocupada, a pocos kilómetros de la línea de demarcación que los separaba de la zona libre, Auguste no podía contener su frustración ni su indignación. Le costaba creer que el mariscal Pétain se hubiera prestado tan fácilmente al juego de los alemanes. Y lo peor, se daba cuenta de que su parecer, no era el de la mayoría de los franceses.

Sin ir más lejos, en la comunidad de viticultores, productores y comerciantes de vino, eran muchos, por no decir casi todos, los que apoyaban la actitud servil del mariscal Pétain. Auguste contemplaba atónito ese rápido cambio de postura, tan rápido como la propia *blitzkrieg*, entre gentes que de un día para otro habían pasado de combatir al enemigo en las calles a creer firmemente que lo mejor era transigir con él y sus exigencias. ¿Qué otra cosa podía hacer Francia después de tan fulminante derrota?, argumentaban. Nadie quería un conflicto largo y con un altísimo precio en vidas humanas como el de 1914. Además, ¿no sería mejor estar del lado de quien con toda seguridad iba a ganar la guerra? A la larga, aquel acuerdo sería ventajoso para el país. Siempre es ventajoso estar del lado de los vencedores. Dadas las circunstancias, Pétain había buscado la mejor salida para Francia y los franceses, se notaba que lo había hecho pensando en ellos, en su bienestar y el de sus familias. Eso decían.

Superado el estupor y el miedo inicial de ver a las tropas alemanas desfilar ruidosa y ordenadamente frente a las puertas de sus casas y de escuchar por megafonía con un fuerte acento alemán la imposición del toque de queda y la obligación de entregar las armas y las radios, los franceses parecían haber asumido la derrota con naturalidad y continuaban con su vida. Los alemanes, con sus impecables uniformes y sus exquisitos modales, no parecían tan feroces. Aquellos hombres reían y disfrutaban de los placeres mundanos como cualquier francés. ¡Y vaya que si lo hacían! Traían los bolsillos repletos de marcos que no tenían reparo en gastar en comida, mujeres y vino, mucho vino. ¿Por qué no habrían ellos de vendérselo? Después de todo, aquél era su negocio, el medio de subsistencia de sus familias. Se imponía sobrevivir, eso era lo más importante. Y, de paso, prosperar. No había nada de malo en ello.

¿Cuántas veces había tenido que escuchar Auguste semejantes razonamientos? ¿Cuántas discusiones había mantenido intentando hacer ver lo erróneo de aquellos planteamientos? No había nada de glorioso ni ventajoso en ceder la soberanía a otro país, someterse a sus principios, a sus normas, a sus exigencias, y tirar por la borda ciento cincuenta años de igualdad, libertad y fraternidad. ¡Y encima costearles la fiesta!

—La guerra ha terminado, Auguste. Todo va a ir bien —zanjaban cuando el marqués ya estaba arrebatado de ira contenida—. Nuestros hijos han regresado a casa. Todo va a ir bien.

Sin embargo, ¿cómo iba a encontrar él consuelo en aquello cuando aún seguían sin noticias de Octave? Y, a cada minuto que pasaba sin ellas, la angustia y el temor a tener que enfrentarse al peor desenlace iban en aumento.

El marqués ya no sabía a quién acudir, nadie le daba razón de nada. Incluso, escudriñaba los rostros de aquellos soldados que pasaban por la comarca en su triste regreso a casa, demacrados, harapientos, derrotados, mendigando un plato de comida, cobijo para una noche y algo de ropa para deshacerse del uniforme de los vencidos. Buscaba en ellos a Octave. Pero Octave no aparecía.

Y cada vez que entraba en el salón tenía que enfrentarse a su nuera. Con la hija de Octave en brazos, a aquella muchacha le bastaba con levantar la vista sin pronunciar una palabra para transmitirle su anhelo. Auguste, entonces, negaba con la cabeza y bajaba los párpados para no tener que contemplar la desilusión y la tristeza de su semblante. Así, un día. Y otro. Y otro.

Julio de 1940

Desde que los alemanes habían ocupado Francia, Aldara había permanecido en su torre de cristal con sólo dos preocupaciones: cuidar de su hija y esperar ansiosa noticias de Octave. Lo primero, aunque agotador, le procuraba una inmensa satisfacción: ver crecer a Claire, ser testigo de su primera sonrisa, escuchar sus gorgojeos, quedarse las dos dormidas mientras la niña mamaba, contemplarla durante horas... En cuanto a lo segundo, aquella espera infructuosa estaba a punto de acabar con sus nervios. A diario se enfrentaba a una marea de emociones que iban desde no poder contener las lágrimas al pensar que cada día que pasaba disminuían las posibilidades de que su marido se encontrase sano y salvo, a mostrarse decidida a no desesperar, confiando en que la ausencia de noticias fuera una buena noticia. Octave le había prometido volver y no faltaría a su promesa, se decía.

Por lo demás, aquellos primeros meses de ocupación habían discurrido, cuando menos, de forma extraña. Unas veces, parecía que se imponía la cotidianeidad y nada había cambiado. En especial, estando recluida en el Domaine, donde los días transcurrían marcados simplemente por el amanecer y el atardecer, el sol, el viento o la lluvia, los ritmos inalterables de la naturaleza tan visibles en el viñedo.

Otros, sobre todo cuando recibía la visita de Sabine con noticias del exterior o escuchaba las protestas de su suegro, el mundo parecía haberse vuelto del revés. El toque de queda, la censura, el control, hombres armados y de uniforme por doquier, vehículos militares aquí y allá, los edificios más emblemáticos tomados por hordas de tropas alemanas, las banderas nazis ondeando en cada rincón, los carteles de propaganda en cada esquina... Y, pese a todo, cierto caos en la administración de una ocupación que, por repentina, a veces parecía írseles de las manos a los propios alemanes.

—¿Recuerdas que te dije que habían convertido el *château* de Veougeot en un depósito de armas? —le recordó un día su suegro durante la cena, momento que solía escoger para despotricar de los invasores. Aldara no estaba segura de que lo hiciera tanto por tenerla a ella al tanto de los acontecimientos como por simplemente desahogarse en alto—. Tendremos que pasar por que se apropien de nuestro patrimonio, qué remedio, pero lo menos que podían hacer era apreciar su valor y respetarlo. Pero no, ¡son unos zopencos! ¿Puedes creerte que pretendían hacer trizas la antigua prensa de uva para convertirla en leña? ¡Se trata de una pieza de museo, por Dios bendito! Suerte que hemos llegado a tiempo de pararles los pies, cuando ya tenían las hachas en la mano.

Con todo, no parecía que se estuvieran produciendo los saqueos y pillajes masivos que los más agoreros habían anunciado. En cualquier caso, se trataba de episodios aislados, especialmente, en viviendas abandonadas y por parte de efectivos que se saltaban la disciplina o, incluso, de los propios refugiados o soldados franceses a la fuga, víctimas de la desesperación. Y porque malas personas hay en todos los bandos, aseguraba Sabine.

La primera vez que Aldara vio a los alemanes fue a la puerta del *château*. Ella estaba en la biblioteca, leyendo a la vez que mecía con un pie el capazo de Claire para que se durmiera. Desde allí los escuchó conversar con el mayordomo, que había acudido a una discreta llamada al timbre. Eran tres, dos muy jóvenes y el tercero, el que parecía el oficial, algo más mayor. Fue este último el que, en un torpe francés con un marcado acento alemán, le dio a entender al mayordomo que querían comprar vino, a la vez que señalaba un camión a su espalda. Querían comprar mucho vino, de hecho. El mayordomo decidió avisar al marqués y a su suegro le faltó el tiempo para presentarse allí con actitud de pocos amigos.

—Aquí no se vende vino —anunció sin más, con un amago de cerrarles la puerta en las narices.

El oficial avanzó unos pasos para impedírselo y, sacando un fajo de billetes tan abultado que Aldara pudo verlo desde lejos, insistió:

—Tenemos marcos. Muchos marcos. Pagamos bien.

El gesto del oficial era desafiante y los dos soldados a su espalda, tan desafiantes como él, no contribuían a relajar el ambiente. Aldara anticipó lo peor, sobre todo conociendo la obstinación y el mal genio de su suegro. Rogó por que no se pusiera muy burro y que una tontería acabase en tragedia. Después de todo, ¿qué problema había en venderles unas cuantas botellas?

—He dicho que aquí no se vende vino —zanjó—. Ahora, les ruego que se marchen de mi casa.

¡Qué segundos tan largos aquellos durante los cuales los alemanes no se movieron de su sitio ni el marqués de Montauban tampoco! Parecían fieras midiendo sus fuerzas. Aldara se temió que los soldados sacaran sus armas y obligaran al marqués a entregarles lo que habían ido a buscar, convenciéndole con balas de lo que no habían logrado convencerle con marcos.

Pero no lo hicieron. Simplemente, salieron, se subieron en el camión y se marcharon.

—¿Qué se habrán creído? ¡Ni todos los marcos del mundo pueden comprar mi vino! —gritó Auguste envalentonado mientras cerraba con un portazo.

Ahí quedó la cosa: en una mera escaramuza ganada. Porque no tardarían en tener que volver a hacer frente a los alemanes. Y, entonces, las cosas no se resolverían tan felizmente.

Agosto de 1940

Sucedió una noche a primeros de mes, cuando parecía que la anomalía de la ocupación daba señales de encauzarse. Los civiles que habían huido de los combates empezaban a regresar a sus casas y a sus quehaceres. También los soldados franceses, que habían sido licenciados de un ejército vencido y desmantelado. Los servicios religiosos se reanudaron con normalidad. Las escuelas tenían previsto iniciar su actividad en pocas semanas. Y, en cuanto a las tropas alemanas, tras los primeros momentos de euforia y de celebración de la victoria, la disciplina volvía a imponerse. O eso habían creído.

Aldara acababa de terminar la toma de Claire y se preparaba para acostarse. Siempre se acostaba con una sensación de melancolía, de agotamiento, que veía claramente reflejada en su imagen en el espejo mientras se cepillaba el cabello. Era una sensación que perduraba durante todo el día, pero que se acrecentaba sobre todo después de cenar con su suegro; el fantasma de la angustiosa ausencia de noticias de Octave parecía flotar sobre la mesa del comedor.

La joven empezaba a trenzarse la melena cuando oyó el rugido de un vehículo que circulaba a toda velocidad. Alarmada, apagó las luces, abrió el balcón y se asomó, pero sólo alcanzó a atisbar los faros traseros de un automóvil que giraba hacia la parte de atrás del *château*. Aun sin verlo, supo que era alemán. Sólo los vehículos alemanes estaban autorizados a desplazarse después del toque de queda.

Antes de tener tiempo de dar muchas vueltas a la inquietante visita, se vio sobresaltada por las detonaciones de unos cuantos disparos. Su potente eco se coló por todos los rincones de la casa. A partir de ese momento, todo se precipitó. Portazos, carreras por los pasillos, voces. Claire se despertó y empezó a llorar. Ella salió al corredor y vio a Auguste bajar las escaleras.

—¿Qué ocurre? ¿Qué han sido esos disparos? He visto un auto...

—¡Vuelve a tu habitación y no salgas de ahí! —le espetó su suegro.

Obedeció. Sacó a Claire de la cuna y la abrazó, intentando calmarle el llanto. Pero cómo iba a hacerlo estando ella misma tan agitada. Se aproximó de nuevo al balcón al tiempo que mecía al bebé, aunque desde donde se encontraba no se veía ni escuchaba nada. Si acaso, el rumor lejano de voces y lo que parecían golpes.

No podía seguir allí, comida por la incertidumbre. Y esa niña que no había forma de callar... Se estaba poniendo de los nervios.

Olvidando la orden de su suegro, abandonó la habitación, atravesó el corredor, bajó las escaleras y llegó hasta el recibidor. Allí estaba Jacques, el mayordomo, alertado también por el jaleo pero inmóvil en la puerta, como un pasmarote.

—Madame, el señor marqués ha ordenado permanecer dentro de la casa —anunció con un hilo de voz muy poco contundente.

—Ya, ya.

Sin prestarle demasiada atención, Aldara pasó de largo en dirección a las escaleras de servicio. Iba camino de la cocina, que daba a la parte trasera, justo frente a la bodega, situada al otro lado de una gran explanada y, mientras bajaba los peldaños, susurraba de forma mecánica palabras de calma para Claire; de nada servía, pues la niña seguía berreando sin consuelo

En la cocina reinaba la penumbra. Nada más entrar, el jaleo del exterior se hizo manifiesto incluso sobre el llanto de su hija. Se escuchaban exclamaciones en alemán, los gritos de Auguste y el inconfundible sonido de botellas de vidrio chocando entre sí.

—Madre del amor hermoso, pero ¿qué hace usted aquí? ¡Y con la niña!

Aldara se sobresaltó. No había visto a la cocinera salir del rincón oscuro desde el que asistía al espectáculo de la explanada.

—Qué susto me ha dado, Simone…

—Por Dios, calle a esa criatura o la van a oír. ¡Como les dé por venir a esos salvajes! ¡Virgen santísima! ¡Unos criminales indecentes, eso es lo que son!

—Pero ¿qué está ocurriendo?

—¡Los boches, que han abierto a tiros la puerta de la bodega y se están llevando el vino!

En ese momento, se oyó un fuerte golpe y el ruido de cristales rotos. Los gritos, en alemán y en francés, llegaron a un punto álgido.

A la desesperada, Aldara se mojó el nudillo del dedo meñique en miel y se lo metió a Claire en la boca. La niña se calló al instante.

—Vaya a buscar a Jacques —le ordenó entonces a la cocinera—. Está en el recibidor. Dígale que telefonee a la policía. A la alemana, la *Feldgendarmerie*. Y si no lo encuentra, llame usted misma…

—¿Yo? ¿A los boches?

—¡Vamos, corra!

—Sí, sí… Ay, bendito…

La azarosa cocinera desplazó su humanidad escaleras arriba mientras farfullaba y lloriqueaba.

Una vez sola, Aldara se asomó discretamente a un ventanuco que daba a la explanada. Desde allí pudo ver nítidamente lo que estaba sucediendo. Pese a la prohibición de encender luces, el gran foco que iluminaba la entrada de la bodega esparcía su potente luz por todo el entorno. Había un vehículo de la *Wehrmacht* aparcado allí mismo, una pequeña camioneta y, de las puertas abiertas de par en par de la cava, salían soldados alemanes portando cajas de vino que cargaban en el volquete. La joven contó hasta cuatro, más un quinto que, con una botella en la mano de la que daba un tiento tras otro, parecía dirigir la operación. Entretanto, Auguste de Fonneuve intentaba impedir el saqueo a base de gritos. A su lado, Pascal mostraba un ademán agresivo, como un perro que enseña los dientes sin llegar a morder. Por el momento, los alemanes no parecían demasiado impresionados por las amenazas verbales y no verbales de ninguno de ellos y continuaban a lo suyo, soltándoles de cuando en cuando un grito o un empellón como si se trataran de un par de enojosas moscas. Aldara supuso que durante uno de esos altercados se habría caído la caja de vino que ahora yacía en el suelo con buena parte de las botellas rotas y del líquido derramado.

—Déjalos. Déjalos que se lleven el vino, Auguste —murmuró la joven para sí—. No merece la pena jugársela por unas pocas cajas...

Pero el marqués de Montauban no era de los que dejaban las cosas pasar, ya debería ella saberlo. En un momento dado, Auguste entró en la bodega, de la que no tardó en salir blandiendo una barra de hierro. Con el corazón en un puño, Aldara fue testigo de cómo su suegro iba derecho a atacar a uno de los soldados que se llevaba una caja de su vino. Sin embargo, no llegó ni a alcanzarle. Uno de sus camaradas se abalanzó sobre él para impedírselo. Tiró a Auguste al suelo y forcejeó con él, empleó toda su ventaja de hombre mucho más joven y lo hubiera machacado de no ser porque Pascal se apresuró a defender a su amo: cargó contra el alemán, lo agarró del cuello y lo alzó como si fuera una pluma. En ese instante, otro de los soldados desenfundó su pistola y, entre gritos, apuntó a la sien del criado, quien, sin embargo, no cedió ni un ápice y mantuvo al nazi suspendido en el aire mientras lo estrangulaba.

Aldara no podía creerlo. Sin pensárselo dos veces y olvidando que tenía a Claire en brazos como si la niña fuera una prolongación de ella misma, se separó del ventanuco y se precipitó al exterior. Atravesó corriendo la explanada y llegó gritando al escenario del drama.

—¡Basta! ¡Basta ya! ¡Esto es una locura! ¡Que se lleven el maldito vino!

Todos se volvieron hacia ella. También Pascal.

—¡Suéltalo! ¡Suéltalo! —le gritó ella a pleno pulmón como si así pudiera oírla.

Ya fuera porque la había entendido o por otro motivo, el criado arrojó a su presa al suelo, que empezó a toser y a boquear.

La escena pareció entonces congelarse a causa del estupor de cuantos allí estaban. Hasta que Claire rompió de nuevo a llorar. Aquel llanto de bebé casi tierno irrumpió discordante entre tanta tensión, aumentando el desconcierto.

El nazi que blandía la pistola fue el primero en reaccionar: con el ademán de una fiera, se dirigió a grandes zancadas hacia madre e hija. Aldara, presa del miedo, apenas fue capaz de retroceder un par de pasos.

—*Warum weint das Baby?* —le gritó a la cara entre esputos de saliva, agitando el arma—. *Lassen Sie es nicht weinen! Lassen Sie es nicht weinen!*

Aldara apretó a Claire contra su pecho y se encogió ella misma, a punto de llorar también. Aterrada, vio cómo el soldado estiraba el brazo hacia ella.

—¡No! —aulló el marqués, todavía en el suelo tras la trifulca.

Aldara se temió lo peor. Una descarga de pánico le recorrió el cuerpo.

Entonces, el alemán posó la palma de la mano en la cabecita de la pequeña y comenzó a gimotear.

—*Lassen Sie es nicht weinen... Lassen Sie es nicht weinen...* —repetía mientras unos grandes lagrimones le recorrían las mejillas—. *Es ist nur ein Baby... Ein Baby...*

Finalmente, el soldado se dejó caer de rodillas al suelo, donde continuó llorando y musitando para sí.

Aldara sintió flaquear las piernas. Cuando creyó que acabaría por caer junto al desconsolado alemán, el chillido estridente de una sirena la espabiló. A ella y a todos los que acababan de presenciar, perplejos, aquel extraño episodio.

La *Feldgendarmerie*, la policía militar alemana, detuvo a los cinco soldados saqueadores, y un suceso que podía haber terminado en tragedia se saldó con unas cuantas botellas de vino rotas, varias magulladuras en el cuerpo del marqués y los nervios de todo el mundo destrozados.

—Pero ¡en qué demonios estabas pensando! ¿No te dije que te quedaras en tu habitación?

Una vez que la policía se hubo marchado y que la calma parecía regresar al Domaine, Auguste esperó a que Claire durmiera por fin en su cuna y llamó a capítulo a Aldara en el salón, donde alivió con ella parte de la tensión acumulada.

—¡Eres una insensata! ¡Mal está que tú te pongas en riesgo, pero exponer así a la niña! ¡Por el amor de Dios!

—Le aseguro que yo soy la primera que lo siente, pero cuando vi a ese alemán apuntar a Pascal...

—¡Eso no es excusa! ¿Quién te has creído que eres? ¿Juana de Arco? ¡Ante todo eres madre! ¡Y ser madre no es jugar a las muñecas! ¡Tu mayor responsabilidad es proteger a tu hija!

Aquel ataque que ponía en duda su capacidad para cuidar de Claire sacó el genio hasta ahora contenido de Aldara.

—¿Cree que no lo sé? ¡Claire es quien más quiero del mundo! ¡Jamás permitiría que le pasara nada malo!

—¡Pues esta noche pareces haberte olvidado de eso!

—La niña está bien, ¿no?

—¡Podría no estarlo!

En aquel momento, sonaron unos golpes en la puerta a los que Auguste respondió con un desabrido «¡Pase!».

El mayordomo asomó vacilante por el quicio.

—Ya está todo recogido en la bodega, señor marqués. Y las puertas de la casa, aseguradas. ¿Ordena usted algo más?

—No, no, muchas gracias —lo despachó Auguste, aún acalorado por la discusión con su nuera—. Puede retirarse.

—Gracias, señor. Buenas noches.

—Espere. Una cosa más, Jacques: ¿está Simone en la cocina?

—No, señor, ya se ha retirado. ¿Desea que la avise?

—Déjelo, no es necesario. Vaya, vaya a descansar usted también. Por cierto, le felicito por su actuación esta noche. Ha sido un acierto avisar a la policía.

—Gracias, señor, pero yo sólo me limité a seguir las instrucciones de madame —puntualizó el mayordomo, mirando brevemente a la joven.

—Ah... Bueno. Bien. Bien hecho en cualquier caso. Buenas noches, Jacques.

—Buenas noches, señor. Madame. —Le dirigió una leve inclinación de cabeza a Aldara que ella respondió con una sonrisa.

El suave golpe de la puerta al cerrarse tras Jacques dejó de nuevo a suegro y nuera a solas con la tensión saturando el aire.

—Tu acierto no te redime de tu insensatez —le espetó Auguste, sin gritar esta vez, pero con idéntica severidad a la que había empleado hasta entonces con ella.

—No es menos insensato poner en riesgo la vida de las personas por unas cuantas botellas de vino.

—¿Cómo te atreves a censurarme? ¡Eres una insolente!

—Tal vez. Pero no deja de ser cierto lo que digo.

—¡Basta! ¿Qué sabrás tú del peso que cargo sobre mis hombros? ¡Maldita sea!

Tras lanzarle una mirada llena de furia e impotencia, Auguste se dio media vuelta y abandonó el salón dando un portazo.

Subió a zancadas las escaleras, se refugió en sus habitaciones y, pegada la espalda contra la puerta cerrada, resopló igual que un toro bravo para recobrar la serenidad.

Cuando su respiración se hubo normalizado, se encaminó a la mesilla de noche, donde siempre dejaba su biblia. Se sentó en el borde del colchón y empezó a hojearla. Pasó la vista rápidamente por todos aquellos pasajes que con los años había ido marcando por significativos. Pasajes a los que volvía una y otra vez en busca de inspiración y consuelo. Se detuvo en Proverbios 14, 29 y leyó con un murmullo:

—«El que tarda en airarse es grande de entendimiento, pero el impaciente de espíritu engrandece la necedad».

Mantuvo la vista sobre la diminuta escritura en el papel fino y amarillento. Cerró el libro sagrado al fin y se pasó la mano por la frente con inquietud. A menudo el ímpetu le nublaba el discernimiento, ése era uno de sus vicios.

¡Por todos los diablos, ella tenía razón! ¿Acaso podía echarle en cara ser tan impulsiva como él mismo? Después de todo, la muchacha demostraba tener principios. Y valor. «Y que me aspen si todo el que tiene valor no actúa de vez en cuando con insensatez», se recordaba a sí mismo.

Además, ella había resuelto la crisis de aquella noche poniendo cabeza donde a él le había faltado.

Auguste suspiró, se puso en pie y regresó al salón, confiando en que su nuera todavía siguiera allí.

La encontró sentada en un sillón, más bien hundida, como si le hubieran caído toneladas encima.

—Lo siento —dijo.

Aldara se irguió para recuperar la compostura.

—Ha sido una noche... difícil —continuó el marqués—. Estamos nerviosos. Decimos cosas que no queremos decir. Esa niña... Es mi nieta. Es la hija de Octave... Y él... Yo... Si le pasara algo a Claire... No podría soportarlo. Sé que tú eres una buena madre. No he pretendido decir lo contrario. Sólo estaba asustado.

La joven asintió conmovida.

—Ahora, será mejor que nos vayamos a descansar. Buenas noches, Aldara.

El marqués hizo por marcharse, pero ella lo detuvo:

—Auguste... Déjeme que le prepare yo la infusión. Y que le desinfecte esos raspones del brazo.

Su suegro esbozó una sonrisa cansada.

—Me parece bien. Siempre que uses un poquito de alcohol en ambos casos.

—¿Que el nazi se echó a llorar?

Sabine, que había acudido al Domaine para prestar apoyo moral tras el incidente de la noche anterior, miró a Aldara con los ojos como platos. Después del relato de latrocinio y violencia que la joven acababa de hacerle, lo último que se esperaba era semejante desenlace.

—Como un niño.

—Pero... ¿por qué?

—Vete tú a saber... ¿Porque iba borracho como una cuba? Farfullaba algo de «*baby, baby*».

—Quizá Claire le recordó a su propio bebé. ¿Y si ese hombre hubiera perdido a su hijo? —elucubró la mujer, quien poseía una imaginación tendente al dramatismo—. Después de todo, los alemanes también son personas.

—Eso parece.

—¿Y qué ocurrió después?

—Nada. Vino la *Feldgendarmerie* y se los llevó detenidos. Esta misma mañana los ha juzgado un tribunal militar y los han condenado a muerte.

—¿A muerte? Caramba...

—Sí, aunque al momento los han indultado y han ordenado su traslado inmediato al frente. Casi me alegro, la verdad; me parecía desproporcionado matarlos por intentar llevarse unas cajas de vino.

—Supongo que les son más útiles de carne de cañón que colgados de una soga. En cualquier caso, parece una sentencia ejemplarizante. Tiene pinta de que las autoridades alemanas no están dispuestas a tolerar el pillaje.

—¿Cómo iban a tolerarlo? Habiendo dejado bien claro que todo lo que se produce en Francia pertenece al Reich, no van a permitir que sean sus propios soldados los que les roben el botín.

—Sí, eso dice Antoine —convino Sabine refiriéndose a su marido—. En fin, bien está lo que bien acaba. Ojalá no haya que lamentar más incidentes como ése.

Aldara apenas pudo pegar ojo. Bien cierto era que Claire no solía dejarla dormir más de tres horas seguidas. Sin embargo, desde el aciago suceso del asalto, la niña había estado llorona e inquieta; ni comer ni los brazos terminaban de calmarla. Y lo de esa noche en especial había sido un tormento. Aldara temió que estuviera enferma y a punto estuvo de llamar al médico en mitad de la noche. Entonces recordó lo que Sabine le había contado sobre los cólicos que con frecuencia sufrían los bebés. Eso la tranquilizó un poco. Comenzó a darle masajes en la barriguita y, al rato, la pequeña se calmó y se durmió. Despuntaba el alba cuando ella también cogió finalmente el sueño.

Fue un sueño ligero, inquieto, del que se despertó sobresaltada y sudando. Había soñado con Octave, no recordaba exactamente qué, pero se sentía muy angustiada, con una incómoda presión en el pecho.

Comprobó que Claire seguía dormida. No le tocaba comer hasta dentro de dos horas, así que, incapaz de volver a conciliar el sueño con aquella horrible sensación que aún conservaba tras la pesadilla, decidió asearse y bajar, si no a desayunar, pues tenía el estómago cerrado, al menos, a tomar algo caliente que apaciguase su inquietud.

Dejó a Claire al cuidado de una de las doncellas y se encaminó hacia el comedor. No tuvo ocasión de llegar hasta allí.

Si ella hubiera sido de esas personas que creen en el sexto sentido, en las premoniciones, quizá lo hubiera anticipado. Después de aquella pesadilla de angustia indefinida, podría haberlo anticipado. Pero no fue así, la noticia le cayó de sopetón cuando Auguste salió de su despacho con el semblante descompuesto y un papel en la mano.

—Han publicado una lista de prisioneros.

Aldara, paralizada, no podía pronunciar una palabra.

—¿Y?

Auguste meneó la cabeza.

—No aparece en ella.

—¿Y qué significa eso? —preguntó con un hilo de voz.

El marqués se limitó a seguir moviendo la cabeza como un autómata.

—¿Qué significa eso?

Su suegro, cabizbajo, se dio media vuelta y cerró la puerta tras de sí.

Ella empezó a golpearla.

—¿Qué significa eso? ¡Auguste! ¡Auguste!

Empezó a faltarle el aliento hasta para protestar. Desistió y enfiló las escaleras a toda prisa, buscando el refugio de su dormitorio. Una vez allí, apenas encontró la voz para pedirle a la doncella que se marchase; la joven salió asustada. Aldara tomó a Claire entre los brazos y se acostó con ella. Al cabo, rompió a llorar sin consuelo.

El marqués de Montauban se recluyó en la capilla de donde sólo salía al final del día, para malcenar en su habitación y maldormir en su cama.

Aldara se esforzaba por continuar con su vida haciendo frente al derrotismo. En tanto nadie le confirmase que su esposo yacía en una tumba, para ella seguía estando vivo. No podía entender aquel ánimo desesperanzado de su suegro, aquel rendirse sin más. En todo caso, ella lo que sentía era odio.

Hasta entonces, tenía que admitir que había permanecido ajena a aquella guerra que había contemplado como si fuera la espectadora de una película que, de cuando en cuando, la emocionaba y la conmovía pero que, en realidad, no tenía que ver con ella. Sólo la marcha de Octave al frente la vinculaba al conflicto. Cierto que eso la había dejado sola, pero casi siempre había estado sola y se había buscado la vida por sí misma, ya estaba acostumbrada. Además, concebía tal separación como temporal. Estaba segura de que Octave regresaría, no contemplaba otra opción.

Sin embargo, tal determinación empezaba a resquebrajarse a medida que se iban publicando nuevas listas de prisioneros: el 16 de agosto, el 20, el 22, el 24... Y Octave no figuraba en ellas. Aquello, además de inquietud, le provocaba ira. Ahora la guerra era también suya y la odiaba como había odiado la guerra en España, si no más. Y odiaba a los alemanes y a los franceses en connivencia con ellos. Y al sinsentido de un tiempo en el que los seres humanos parecían empeñados en matarse unos a otros. ¿A qué clase de mundo miserable había traído a su hija? No era posible que Octave la abandonase en eso; él tenía que ayudarla a proteger a Claire.

Pero las listas de prisioneros seguían saliendo y Octave no estaba en ellas.

Fue así como llegó el tiempo de vendimiar. Todo el mundo anticipaba una mala cosecha. Debido a la falta de mano de obra y a los combates sobre el terreno de la Côte d'Or, no se habían podido trabajar bien los viñedos y la producción había sido escasa. Tampoco el clima había servido de gran ayuda, con una serie de días secos y calurosos al comienzo de primavera y demasiado frescos y lluviosos cuando la uva estaba madurando, lo que había resultado en un fruto bajo en azúcares y pobre en levaduras. No habría buenos vinos aquel año.

No obstante, para finales de mes, casi todos los viñedos ya estaban vendimiados, menos los del Domaine de Clair de Lune, donde los racimos aún colgaban de las vides amenazando con arrugarse y secarse. Y es que, a pesar de las sugerencias, casi ruegos, del administrador, los agricultores, el *maître de chai* y hasta del fiel Pascal, el marqués de Montauban se negaba a vendimiar.

—La vendimia es una fiesta —decía—. Ahora mismo, no hay nada que celebrar.

Aldara, indignada ante semejante cerrazón y animada por cuantos le pedían que intercediese ante su suegro, decidió tomar cartas en el asunto. Sabía que ella sería la última persona a la que el marqués escucharía y quizá en otras circunstancias se habría achantado; sin embargo, no fue la razón, sino la frustración, la que la llevó a hacerle frente.

El 27 de agosto se acababa de publicar la séptima lista oficial de prisioneros franceses. Tras empezar a revisarla con el corazón en un puño y terminarla con el alma en los pies, la joven salió corriendo hacia la capilla y entró como una exhalación en aquel lugar sagrado. Se plantó ante Auguste, arrodillado en el primer banco frente al pequeño altar:

—Hay que vendimiar ya o la uva se pudrirá. Si no lo ordena usted, lo ordenaré yo. Tengo los poderes firmados por Octave.

El marqués alzó lentamente la mirada como si descendiese del mismísimo cielo para atenderla.

—En esta casa se hace lo que yo digo. No lo olvides. Tus poderes no valen nada mientras yo viva.

Aldara no se amedrantó. Al contrario, sentía que la ira la envalentonaba.

—¿Por qué se empeña en matar a su hijo? ¡Octave no está muerto! Y si estuviera aquí no consentiría que la cosecha se echase a perder. ¡Él no querría esto!

Auguste se puso en pie con tal violencia que empujó el reclinatorio y lo tiró al suelo con un estruendo que resonó en las paredes del templo.

—¿Qué sabrás tú lo que querría Octave? ¡Yo soy su padre y lo conozco mejor que nadie porque lo crie, lo protegí y lo convertí en un hombre de valía! ¿Quién te has creído que eres tú, que apenas has compartido con él un puñado de días de toda su existencia? ¡Yo lo quiero más que a mi vida, ¿entiendes?! ¡Es mi hijo! ¡Y lo he perdido! ¡Lo he perdido!

El hombre se derrumbó sobre el banco, con la cabeza enterrada entre las manos para ocultar su congoja.

Tras un instante de duda, Aldara se agachó junto a él.

—No lo ha perdido —susurró con dulzura, pero con firmeza—. Y la única forma de no perderlo para siempre es conservando todo cuanto él adora.

La vendimia comenzó al día siguiente. Apenas duró tres días. En algunas parcelas, la falta de poda había hecho que las vides dieran racimos escasos y de pobre calidad. En otras, las plagas habían atacado la uva a causa de una mala fumigación. Sólo en unos pocos terrenos se pudieron recolectar unas cuantas toneladas de uvas que se estrujaron y se pusieron a fermentar con vagas esperanzas de lograr un buen vino.

Ese año no hubo fiesta de la vendimia.

Aquel 31 de agosto el sol brillaba en un cielo azul surcado de nubes deshilachadas. El jardín estallaba en colores y aromas. Hacía calor para ser final de verano y apenas soplaba el aire. Acababan de publicar una nueva lista de prisioneros. La novena.

Aldara no había comido casi, nada más que un par de tenedores de ensalada y un bocado de empanada de carne. Llevaba días con el estómago cerrado. Y eso que se forzaba a alimentarse porque Sabine le había dicho que tenía que hacerlo o dejaría de dar leche buena para Claire.

Como el silencio y la soledad de aquel caserón y el ambiente lúgubre que parecía haberse instalado en él, a veces, se le hacían insoportables, metió a Claire en el carrito y se fue a pasear por el jardín hasta que la niña cogió el sueño. Después, cansada, se dejó caer en una tumbona de mimbre bajo el tilo, junto al estanque. Mientras su hija dormía la siesta a la sombra moteada de sol que proyectaba el frondoso árbol, ella, dejándose llevar también por la modorra y la pesadumbre, cerró los ojos. Los sonidos alrededor se hicieron más patentes: el zumbido de los insectos, la brisa entre las hojas, el movimiento tranquilo del agua… Aquella paz y aquella belleza no tenían sentido cuando el mundo se desmoronaba. Parecían tan fuera de lugar.

Aldara ya no podía más. Ya no tenía fuerzas para mantener el ánimo. El pesimismo ganaba terreno con cada día que pasaba: quizá Octave hubiera muerto.

Perder a su marido le rompía al corazón, ella misma se sorprendía de hasta qué punto cuando, y ahí su suegro tenía razón, apenas se conocían. Tal vez eso fuera estar enamorada. Además, y en un orden más práctico de las cosas, no podía evitar preguntarse qué sería de ella si Octave no regresaba. ¿Abandonaría el Domaine de Clair de Lune? Después de todo, era una extraña allí, cuya presencia sólo tenía sentido ligada a la de Octave.

No era que la asustase empezar de nuevo; tantas veces lo había tenido que hacer antes... Sin embargo, ahora un pequeño ser dependía de ella. Y ella de él. Aldara estaba convencida de que ella podría salir adelante de cualquier manera, pero ¿sería además capaz de mantener a su hija? En cualquier caso, nunca lograría darle todo cuanto la niña tenía por ser hija de Octave. Eso, en el remoto supuesto de que el marqués consintiese que se llevase a su nieta. Y, desde luego, que ella no podía ni pensar en vivir sin Claire. Jamás la abandonaría.

En ese instante, sintió que le tocaban el brazo y levantó los párpados perezosamente. Pascal la observaba con la gravedad de siempre, mas algo en su rostro de piedra denotaba cierta agitación. Aldara se incorporó bruscamente. El criado le tendió un papel.

Se trataba de una tarjeta postal preimpresa en la que lo primero que distinguió fue el sello del águila y la esvástica junto a su nombre. Cuando la giró para ver el reverso, ya le temblaba la mano, el cuerpo entero. Casi no pudo terminar de leerla antes de que las lágrimas le nublaran los ojos.

> POSTKARTE – CARTE POSTALE
>
> *(Kriegsgefangenen-Sendung – Envoi des prisonniers de guerre)*
>
> *Je suis prisonnier de guerre et en bonne santé. Dans une prochaine lettre je vous ferai part de mon adresse. Inutile d'écrire avant la réception de la nouvelle adresse.*
>
> *Mon affectueux souvenir.*
>
> *Nom et prénom: Fonneuve, Octave*
>
> *Degré militaire: Lieutenant*
>
> *Désignation de la formation militaire: 329e RI*

Septiembre de 1940

Querido Octave:

El 17 de junio por la noche, con luna creciente como tú habías intuido, nació nuestra hija Claire, sana y preciosa. Cuánto me hubiera gustado que estuvieras aquí para que ambas nos hubiéramos podido acurrucar entre tus brazos.

Ahora, después de la angustia de no saber de ti durante tanto tiempo, miramos adelante con el anhelo de volver a reunirnos y de que conozcas a tu pequeña, a quien ya le hablo de su padre, mientras ella me mira con unos ojos muy abiertos que están aprendiendo a enfocar el mundo…

En cuanto Aldara recibió la dirección del campo de prisioneros en el que se encontraba internado Octave, algo tan escueto como «Oflag X-B barracón 7», se sentó a escribirle. Varias líneas en las que no sólo le daba la buena nueva de que se había convertido en padre, sino que le hablaba del Domaine y del viñedo, de la bodega y todas las cosas que podrían hacer que Octave se trasladase a su hogar durante la lectura. Le rogaba que se cuidase y le deseaba que la esperanza de regresar a casa mantuviese vivo su espíritu.

Fue la primera de las muchas cartas que le escribiría y que

alternaría con el envío de paquetes y fotografías. Aquella correspondencia se convertiría en el fino hilo que la uniría a su marido. Y cada vez que la invadieran la tristeza, la incertidumbre y el desaliento, pensaría: «Octave está vivo. Eso es lo importante».

Los alemanes no tardaron mucho en poner fin al caos de los primeros meses de ocupación. Si Francia había de convertirse en la despensa de Alemania, no se podía permitir que dicha despensa fuera vaciada por sus propios soldados, ya no sólo con saqueos indiscriminados, tampoco con compras fuera del control de las autoridades.

El mariscal Hermann Göring, a quien se había encomendado la política económica de los territorios ocupados por el Tercer Reich, lo tenía muy claro: exprimir hasta la última gota de los recursos económicos, materiales y humanos de Francia requería ser organizado y sistemático.

De inmediato, el vino se convirtió en uno de los productos prioritarios del plan de adquisiciones de Alemania. No en vano, se trataba de una de las joyas nacionales de Francia; para algunos, la más preciada. Y es que, aparte de los innegables beneficios económicos derivados de su comercialización, el vino era un símbolo de prestigio, sofisticación y poder. Por ello, no fue casualidad que Burdeos, Borgoña y Champagne, las tres grandes regiones vinícolas del país, quedaran dentro de la zona controlada por la administración alemana. Y hasta cada una de ellas se envió desde Berlín a auténticos expertos en vino cuya misión sería organizar compras masivas de la preciada bebida, que se derivarían a Alemania para su reventa al extranjero o para consumo interno.

La denominación oficial de estos delegados fue *Beauftragter für den Weinimport Frankreich*. Un nombre demasiado complicado para los franceses, quienes no tardaron en rebautizarlos, con bastante sorna, como *Weinführers*, los *führers* del vino.

De este modo, en septiembre, viajó hasta Beaune Friedrich Doerrer, el *Weinführer* para la zona de Borgoña, quien se instaló con toda su camarilla en el Hotel de la Poste, el más lujoso de la ciudad.

Aquello supuso una pequeña revolución en la comunidad vinícola de la Côte d'Or, que temió que llegaran a su fin aquellos dos meses de ventas masivas a precios como nunca habían visto en un mercado que antes de la guerra había estado sometido a tasas, topes y regulaciones. Pero como adaptarse es de sabios y de supervivientes, comerciantes y productores no tardaron en rendir pleitesía a quien sabían que se había convertido en su mayor comprador.

No fue el caso de Auguste de Fonneuve de Montauban. Él conocía bien a herr Doerrer, un reputado comerciante de Múnich que antes de la guerra había importado los mejores vinos del Domaine de Clair de Lune. Era un buen profesional; personalmente, no tenía nada en contra de él. Pero en aquella situación de dominación, el marqués no iba a rendir sus vinos para mayor deleite del enemigo. Y no tuvo ningún reparo en dejar bien claras sus intenciones desde el primer momento. Se negó a acudir a las reuniones con la delegación comercial alemana e ignoró las circulares en las que le pedían que aportase su oferta de botellas y precios.

No es que aquella rebeldía le quitase el sueño a Friedrich Doerrer, pues fueron tantos los que abrieron de par en par las puertas de sus bodegas a las demandas alemanas que el *Weinführer* no necesitó rogar nadie. No obstante, poco le importó eso a Auguste.

—Allá los traidores y sus conciencias —desdeñó cuando Antoine Jourdan, el administrador, le expuso la situación—. Mejor para mí. Así no tendré que gastar mi energía peleando con los teutones.

Lo que entonces no sabía Auguste es que pronto iba a tener que enfrentarse a alguien mucho más difícil de eludir que el *Weinführer* Doerrer junto a toda su organización. Y dentro de los muros de su propia casa.

Noviembre de 1940

Un automóvil negro se adentró en la avenida que conducía al Domaine de Clair de Lune y, tras virar en la rotonda, frenó frente a la puerta principal del *château*. Un joven vestido con ropas civiles se apeó del asiento del copiloto, descargó un par de maletas de la parte trasera y despidió con un gesto al conductor, quien, con un acelerón, se marchó por donde había venido.

Acto seguido, subió la escalinata y se detuvo en lo alto. Soltó las maletas que cargaba y, girando sobre los talones, dedicó un instante a observar el panorama que le rodeaba, quieto y silencioso ahora que el automóvil se había alejado, llevándose consigo el polvo del camino y el ruido del motor. Un golpe de viento helado agitó los árboles y sus cabellos. Se estremeció y hundió el mentón entre los cuellos subidos del abrigo.

Todo permanecía igual, pensó con satisfacción mientras pasaba la vista sobre las colinas y la llanura. Como si el tiempo no hubiera transcurrido en aquel lugar. Ante sus ojos, más allá del jardín, se desplegaba el familiar océano de viñedos. En aquella época del año, ya habían perdido su esplendor y sus colores otoñales y, semejantes a un ejército de alambre, se preparaban para hibernar. De entre ellos sobresalían los tejados y los campanarios de las iglesias, las columnas de humo que brotaban de las chimeneas en los pueblos de alrededor. Y muy a lo lejos, sobre la línea del horizonte, en aquel día frío, pero claro, se distinguía la cima nevada del Montblanc.

Era como si nunca se hubiera ausentado de allí y tal idea le resultaba reconfortante. Así le parecía más sencillo regresar.

Por fin encaró la puerta y llamó al timbre. Al cabo de unos segundos, la hoja se abrió y se reveló la figura encorvada y aun así distinguida del mayordomo. El hombre, de natural hierático, no pudo evitar un gesto de sorpresa.

—¡Jacques! ¡Mi buen Jacques! ¡Cuánto me alegro de verte!

—Monsieur...

—¡Sí, soy yo! Cualquiera diría que has visto un fantasma —rio—. ¿Qué? ¿No vas a dejarme pasar?

Al joven le pareció que el hombre dudaba.

—Sí, por supuesto, monsieur —accedió al cabo, franqueándole la entrada.

Se adentró en el vestíbulo, donde también se dedicó a admirar el panorama: los techos altos, la araña de cristal, la imponente escalinata, el suelo de mármol.

—Veo que aquí tampoco ha cambiado nada. ¡Qué maravilla!

—¿Desea que avise al señor marqués?

—No hace falta. Ya me anuncio yo mismo.

Se colocó al pie de la escalera y, alzando el rostro hacia la galería superior, empezó a vociferar.

—¡Auguste! ¡Auguste de Fonneuve, marqués de Montauban! ¡Adivina quién ha vuelto a casa!

Según gritaba, distinguió con el rabillo del ojo una sombra que parecía salir de las bambalinas de un escenario.

—¡Hombre, más caras conocidas! ¡Mi querido amigo Pascal! —gritó al criado, aun sabiendo que no podía oírle—. ¿Cómo estás?

Pascal recibió impasible el manotazo que el joven le sacudió en el hombro a modo de saludo.

—Tan expresivo como siempre, ¿eh, amigo? Me imagino que seguirás asustando a los niños como un viejo ogro.

—¿Romain?

Al escuchar su nombre, el interpelado se giró. Desde el primer rellano de la escalinata, a una altura y una distancia convenientes, el marqués le observaba con una mezcla de cautela y sorpresa.

Romain no había esperado un recibimiento más caluroso. Abrió los brazos de forma teatral.

—El hijo pródigo ha vuelto —anunció.

Ante la inacción de Auguste, subió las escaleras de dos en dos peldaños y se colocó frente a él.

—¿Es que no vas a recibir con un abrazo a tu hijo?

Demostró que no era una pregunta desde el momento en que fue él quien rodeó con los brazos la figura tiesa de su padre. Fue entonces, con la barbilla apoyada sobre el hombro del marqués, cuando la vio, asomada a la barandilla de la galería como una ratoncita curiosa. Deshizo el abrazo.

—Y tú debes de ser mi cuñada. Puedes unirte a nosotros, no temas. No sé qué te habrán contado sobre mí, pero te aseguro que no muerdo.

Aldara descendió pausadamente las escaleras bajo el escrutinio sin tapujos de aquel desconocido. Se sentía incómoda, pero hizo por mantener la compostura.

«Vaya, vaya con Octave —pensaba Romain según la joven se acercaba a él—. Y parecía tonto el chaval». Jamás hubiera imaginado que su hermano fuese capaz de cazar a una mujer así. Sólo con mirarla, se adivinaba en ella toda la fuerza, el magnetismo y la belleza que a Octave le faltaban. Y esa cicatriz en pleno rostro... De un modo morboso, se sintió excitado. Cuánto desearía pasar los dedos por aquella grieta y sentir su tacto extraño en medio de una piel tan delicada.

—¿Y usted es...? —le interpeló Aldara con decisión.

Romain rio.

—Veo que no se habla mucho de mí por aquí. Yo soy la oveja negra, querida. Alguien tenía que serlo. Toda familia de bien que se precie cuenta con una.

—Aldara —intervino cortante Auguste—. Te presento a Romain. Mi hijo menor.

—Aldara —paladeó el otro con una sonrisa—. Bonito nombre. Es un placer conocerte al fin.

El joven se inclinó para tomar la mano de su cuñada y besarla. Un beso que a ella se le hizo tan largo que acabó por retirarla.

—He oído hablar mucho de ti. —En cuanto vio el gesto de su padre, supo que sus intencionadas palabras habían tenido el efecto deseado en él—. No me mires así, padre. Que vosotros no hayáis querido saber de mí en todos estos años no quiere decir que yo no haya estado al tanto de la suerte de mi familia. Hay un par de personas aquí, amigos leales, con las que he mantenido el contacto. Y ésta es una comarca pequeña. Las noticias vuelan. —El semblante de Romain se tornó sombrío entonces—. Por cierto, también estoy enterado de lo de Octave. Lo lamento mucho. Sé lo duro que tiene que ser para ti estar separado de él.

Auguste entornó los ojos con la certeza de que en esa frase de apariencia bienintencionada iba un dardo envenenado. ¿O acaso estaba predispuesto contra Romain? Sí lo estaba, eso desde luego.

—Yo sólo siento orgullo por tu hermano, que ha cumplido como un héroe con sus obligaciones para con nuestra patria. De ti, Romain, no puedo decir lo mismo. ¿Dónde estabas cuando Francia te necesitaba?

—En Sudáfrica, creo... No estoy muy seguro, llevo cuatro años viajando por todo el mundo. A saber dónde acabó mi orden de reclutamiento —se carcajeó Romain.

Auguste, en cambio, lo observaba con severidad, molesto por que su hijo se tomase a la ligera un asunto tan grave.

—Antes de que me censures, que te veo con ganas —continuó el joven—, déjame que te cuente todo lo que he hecho durante este tiempo. Eso sí, antes voy a meter mi equipaje, que lo he dejado fuera, en el porche. Traigo un montón de regalos para todos. Pascal, amigo, échame una mano —gesticuló para que quedase clara la orden.

Auguste le frenó.

—Un momento. Si vienes a pedir dinero, no te molestes en meter el equipaje.

La sonrisa del joven se desvaneció.

—No vengo a pedir dinero.

—¿Entonces?

—Vengo a... casa. A quedarme.

—¿Hasta cuándo?

—Bueno... Eso depende de ti, supongo. Yo no me había puesto fecha. Si así lo prefieres, puedo marcharme ahora mismo por donde he venido.

El marqués escrutó el rostro suplicante de su hijo como si quisiera descubrir lo que ocultaba.

—Escucha, padre, he vuelto para enmendar mis errores y conseguir tu absolución. ¡Han pasado cuatro años! Ya no soy el mismo que era cuando me cerraste esa puerta. He cambiado. He madurado. Y he regresado para estar junto a mi familia en los momentos difíciles. Para servirte de ayuda y de apoyo ahora que falta Octave...

—Octave regresará.

—¡Por supuesto! Y ojalá sea pronto, para que podamos reunirnos todos de nuevo. Junto con las incorporaciones más recientes. —Le dirigió una sonrisa cómplice a Aldara—. Como una familia de verdad. Sin ovejas negras.

El semblante de Auguste se relajó ligeramente.

—Está bien. Coge tus cosas y pasemos al salón. Aquí hace un frío espantoso.

Aldara era recelosa por naturaleza; los sinsabores de la vida le habían arrebatado la confianza en los demás. Por eso se había sentido incómoda ante la llegada de un supuesto cuñado del que nunca había oído hablar. En un primer momento, le había parecido un hombre pomposo y falso, de los que ocultan mucho más de lo que muestran. No le había gustado aquella forma que había tenido de dirigirse a ella con excesiva confianza, de mirarla de arriba abajo con descaro, le había parecido vislumbrar incluso un brillo indecente en sus ojos.

Sin embargo, su desconfianza no tardó en derretirse a la calidez del ambiente y de la compañía.

Esa misma tarde de la llegada de Romain, por primera vez en mucho mucho tiempo, Aldara tuvo la sensación de estar en familia. Y es que ni siquiera durante las escasas ocasiones en las que había coincidido con Octave en el Domaine había experimentado esa noción. Para empezar, Claire aún no había venido al mundo por entonces y, por otro lado, más a allá de cuando se reunían para las comidas, tampoco era que hubiesen compartido muchos momentos con su suegro, buscando como estaban marido y mujer la anhelada y efímera intimidad.

Era extraño que se sintiese así ahora, con un completo desconocido. Quizá fuera el fuego crepitando en la chimenea, los gorgojeos de Claire en su regazo, el delicioso té con bizcocho y mermelada que les habían servido para merendar mientras los hombres saboreaban una copa de *vin jaune*, un vino dulce, repantingados en sendos sillones de orejas. Uno de los setter de Auguste se tumbaba entre ellos y Romain lo acariciaba de cuando en cuando entre las orejas.

Romain... Quizá fuera él quien hubiera logrado tal efecto. Tenía que admitir que podría haberse precipitado al juzgarlo. Ahora se daba cuenta de que el joven a lo mejor había hecho una entrada patosa a causa de los nervios. En la historia que

Aldara se había ido componiendo a retales de lo escuchado, se imaginó que Auguste había echado a su propio hijo de casa, cuatro años atrás. No sabía la causa, pero algo muy grave intuía que tuvo que ser cuando nadie, ni siquiera Octave, le había mencionado su existencia. No debía de haber resultado sencillo para Romain presentarse en un hogar del que se le había repudiado y borrado completamente de la memoria. En ese momento, franqueados los muros de la fortaleza, su cuñado se mostraba más relajado, con el ademán menos impostado.

Observándolo, a Aldara le parecía increíble que Octave y Romain fueran hermanos. Romain era moreno, con unos grandes ojos oscuros que parecían iluminarle todo el rostro de piel tostada; poseía un porte alto y atlético. Era de ese tipo de hombres que enseguida atraen las miradas de las mujeres por su físico y las conquistan por su encanto. De carácter extrovertido, transmitía seguridad y confianza. Una voz profunda y bien entonada contribuían a ello. Además, se mostraba divertido y alegre.

En cuanto abrió las maletas, de ellas brotaron regalos e historias recopiladas de sus viajes y aventuras por el mundo: unas mantas andinas de lana de alpaca, suaves y cálidas, un cuchillo argentino con el mango de hueso y madera, café de Brasil y un broche de turquesas y plata que había comprado a una mujer india en California. De Sudáfrica traía púas de puercoespín y una piel de antílope, de Marruecos, aceite de argán, de Argelia, una bandeja de cobre repujado. Incluso, de Australia, en la otra punta del mundo, venía un amuleto indígena de ópalo.

—He trabajado en los viñedos más importantes del mundo —le contaba a su padre—. De simple peón. Pasaba una temporada hasta que me cansaba y me marchaba a otro sitio. No te puedes imaginar lo que he aprendido. Tengo tantas cosas que contarte… Y fotografías, muchas fotografías para enseñarte. Pero, ahora, vamos con los regalos de las chicas. Estos vienen de París, que era donde me encontraba cuando supe de vuestra existencia.

Romain sacó de una maleta un colorido sonajero para Claire y un frasco de Chanel Nº 5 para Aldara.

—Espero que te guste. Yo no entiendo mucho de estas cosas, pero las mujeres hacen cola en las Galerías Lafayette para comprarlo.

Aldara abrió el perfume y se puso unas gotas en la muñeca. Aspiró el aroma con deleite.

—Huele a rosas... Y a jazmín... Me encanta. Muchas gracias. Y es evidente que a Claire también le ha gustado su regalo —constató divertida al ver a la niña chuperretear con fruición el sonajero.

Romain sonrió, mirando a su sobrina con arrobo.

—¿Puedo cogerla?

Aldara asintió y le tendió a la pequeña. El joven se la colocó en las rodillas y la hizo trotar sobre ellas. A Claire le entusiasmó el juego; gritaba, reía y llevaba las manitas hacia la cara de su tío.

—¡Qué simpática es! ¡Y preciosa! —se admiró Romain—. Se parece a ti. Aunque tiene algo que me recuerda a mamá. ¿No te parece, padre?

—Es demasiado pequeña para parecerse a nadie. La niña es bonita por méritos propios —sentenció Auguste entre bocanada y bocanada de su purito.

—Sí, en eso tienes razón —concedió el joven antes de dejar un beso en la frente de su sobrina.

Aldara no pudo evitar sentir una punzada de tristeza al pensar que Romain estaba disfrutando de lo que a Octave le había sido negado. Aquella niña nunca había recibido un beso de su padre y quién sabía cuándo lo recibiría.

Romain, atento a la sombra de pesar que oscureció el rostro de su cuñada, se levantó y le devolvió a Claire. Como si hubiera leído sus pensamientos, la consoló:

—No te preocupes. Octave estará bien. Y, además, tiene un buen motivo para regresar a casa —aseguró, tomando su mano con ademán protector.

Auguste clavó la vista en aquel gesto: la mano de Romain sobre la de la esposa de su hermano. Entonces frunció el ceño, inquieto.

Aquella noche, Auguste leyó y releyó en su biblia desgastada la parábola del hijo pródigo. Y sólo consiguió desesperarse, enfadarse consigo mismo.

¿Podía perdonar? Tal vez pudiera. Pero lo que no conseguía era confiar. No confió en Octave cuando se presentó con una esposa salida de la nada. Sólo confiaba en su primogénito, en realidad, si actuaba bajo la pauta de su batuta. Y en quien desde luego no podía confiar era en Romain; no creía que se hubiera enmendado y dudaba de sus intenciones.

¿Tan mal padre era que se mostraba incapaz de tener fe en sus propios hijos?

Arrodillado frente al crucifijo que reposaba junto a su cama, las manos entrelazadas y los nudillos blancos de tanto apretarlas, le rogaba al Señor que ablandase su corazón, que hiciese de él un padre misericordioso a su imagen y semejanza, dispuesto a matar el ternero más cebado para celebrar el regreso de su hijo descarriado.

A Aldara le pareció que la llegada de Romain había animado el ambiente decaído, en ocasiones espectral, del Domaine. Quizá porque lo que le hacía falta, simplemente, era alternar con gente joven, con más energía y otra forma de encarar las adversidades. Le venía bien contar con alguien de su edad, más próximo en ideas y en intereses.

Desde que Romain estaba allí, ya no eran sólo los llantos de Claire los que llenaban de vida aquella casa. Ahora, había risas en el salón, conversaciones animadas en el comedor, música en la biblioteca. Romain siempre tenía una historia interesante o una anécdota divertida que contar, sabía jugar a las cartas, a las damas y al ajedrez y a algunos otros juegos de los que Aldara no había oído hablar nunca, como el backgammon o el go, y tenía una magnífica colección de discos que ponía cada noche en el gramófono para bailar, para cantar o, simplemente, para disfrutar de una buena melodía y una copa de coñac.

—Esto es música americana. Jazz, lo llaman. Y será mejor que nuestros amigos los nazis no se enteren de que la escuchamos o nos llevarían presos.

Aldara sonrió, incrédula. ¿Cómo iba a ser delito escuchar música en la que, muchas veces, ni siquiera había letra?

—Tienes que estar de broma. ¿Por qué harían semejante cosa?

—Porque es la música de los negros, cariño —le respondió él tomándola de la mano para hacerla serpentear al ritmo de Duke Ellington.

Los días con Romain parecían más cortos, las cargas, más ligeras, y las penas, más llevaderas. Incluso, en ocasiones, si se concentraba en un instante, en unos minutos de la sobremesa junto a la chimenea, en las carcajadas que le provocaban las historias de Romain o en lo que dura una pieza de Duke Ellington, era como si no hubiera guerra y ella llevara una vida corriente, sin más preocupaciones que las de una mujer corriente. Hasta que pensaba en Octave y, entonces, la desdicha se colaba otra vez por los resquicios de su mente.

—No te preocupes, te escribirá —le aseguraba Romain cuando veía la tristeza asomar a su rostro—. De hecho, seguro que ya te ha escrito, pero la carta viene con retraso. El correo no funcional igual en estos días anómalos.

—Ya le he enviado seis cartas y no he tenido respuesta a ninguna.

—Estará bien. Es un oficial acogido a la categoría de prisionero de guerra. Según la Convención de Ginebra, los alemanes no pueden obligarle a realizar trabajos forzados y tienen que alojarle y alimentarle en iguales condiciones que a sus propias tropas. Estará bien —repetía, reforzando sus palabras con un gesto cariñoso, ya fuera una caricia en la mano o un pellizco en la barbilla.

Y Aldara sonreía, sin ganas, pero más conforme y, sobre todo, agradecida de no tener que pasar por aquello sola.

—Cuéntame algo más sobre ti. Yo estoy todo el día parloteando sobre mis historias y, sin embargo, apenas sé nada de las tuyas.

Su cuñado solía acompañarla durante los paseos que daba con Claire antes de que cayera el sol. La niña estaba empezando a echar los dientes y sólo el traqueteo del carrito parecía calmarle el desasosiego. Bien abrigados porque los días eran fríos, andaban sin rumbo fijo por el jardín o entre los viñedos, cuando el aire comenzaba a oler a leña quemada y a vegetación.

—Yo no tengo historias. Mi vida no ha sido tan interesante como la tuya —le respondió Aldara a Romain sin dejar de empujar el cochecito, con la vista al frente.

Ya había tenido ocasión de contarle el relato sobre ella misma que a todos había contado. Aquel no era el primer intento del joven por indagar más y eso la incomodaba.

—Soy una chica corriente a quien la guerra ha colocado varias veces en la casilla de salida —resolvió.

—Yo no diría eso. No creo que tengas nada de corriente. Dime… ¿te dolió mucho?

Aldara se detuvo y lo miró sin comprender la pregunta.

—¿Qué?

—La herida. El corte de la cara.

—No...

Repensó la respuesta. Le tuvo que haber dolido, claro, pero no era el dolor lo que se le había quedado grabado en la memoria, sino el pánico. Eso era lo que todavía la despertaba algunas noches.

—No lo recuerdo. Hay cosas que es mejor olvidar.

En ese instante, Romain alargó el brazo y le pasó los dedos por la cicatriz, de arriba abajo, de la sien a la comisura de los labios, con regodeo manifiesto.

Aldara retiró el rostro bruscamente y, empujando el carrito, reanudó el paso, más ligero, más tenso. Romain le dio alcance.

—Eh... ¿Qué pasa? ¿Te ha molestado? Sólo ha sido un gesto afectuoso. Entre hermanos.

Ella lo miró con dureza. Ya venía notando que Romain era pródigo en gestos afectuosos, demasiado. Hasta entonces, Aldara había tratado de restarles importancia, pero todo tenía un límite.

—Tú y yo no somos hermanos.

—Vale, de acuerdo. No hay nada como dejar las cosas claras —replicó él con altanería.

—Será mejor que volvamos a casa. Empieza a hacer mucho frío.

Aldara reemprendió el camino dejándolo atrás. De algún modo, notó en la espalda su mirada incisiva. Era muy desagradable. Se volvió y entonces él la siguió. Sonriente y relajado, como si no hubiera pasado nada. Puede que sólo fueran imaginaciones suyas.

—La situación no es buena, Auguste, no le voy a engañar. No creo que con la cosecha tan mala que hemos tenido este año el vino alcance el grado alcohólico que exige el consejo regulador.

Antoine Jourdan llevaba un buen rato exponiendo las dificultades a las que se enfrentaba la bodega; lo hacía entre plato y plato de una comida que al marqués de Montauban empezaba a atragantársele. Auguste no acababa de entender por qué su administrador se empeñaba en hablar de asuntos de negocios en la mesa, delante de las mujeres. Aquel almuerzo, al que también estaba convocada Sabine, su esposa, era para celebrar, aun en un tono contenido, el cumpleaños de Romain; su hijo se había empeñado, como se había empeñado en que Simone, la cocinera, le hiciera una tarta. Una tarta en aquellos días de escasez era, en opinión de Auguste, una frivolidad. El muchacho siempre había sido un caprichoso.

Pues bien, ¿quería cumpleaños? Que se celebrase el dichoso cumpleaños, entonces, y se dejasen de malas noticias delante del asado.

—¿No lo habéis chaptalizado? —preguntó Romain.

—No hemos podido por el racionamiento impuesto al azúcar. El mismo racionamiento que no nos va a permitir clarificar con clara de huevo cuando llegue el momento porque los huevos son todavía más escasos que el azúcar.

—Habrá que usar carbón —anticipó el joven—. No es lo ideal, pero...

—Ojalá usar carbón para clarificar el vino fuera nuestro mayor problema. En breve, nos quedaremos sin reservas de sulfato de cobre y a ver cómo vamos a tratar el oídio y el mildiu de las vides. Si la cosecha de este año ha sido mala, no quiero ni imaginar la del año que viene. Como las cosas sigan así, se va a poner imposible hacer vino en este país.

—Pues venderemos el que ya tenemos hecho. Las bodegas están llenas de todas las botellas que no hemos vendido los anteriores años de crisis.

Antoine miró a Auguste, quien, después de decir aquello con indolencia, seguía comiendo como si la cosa no fuera con él. ¿De verdad que acababa de sugerirle que vendiera el vino?

—¿Y a quién quiere que se lo vendamos?

—A comerciantes franceses, por supuesto. A los que nos garanticen que luego no lo van a vender a los alemanes.

—Sabe usted mejor que yo que casi no hay de ésos. Y, en todo caso, el vino que se compra para consumo interno es el vino ordinario, el de denominación no tiene apenas salida en el mercado francés porque está sometido a precios fijos y límites en los márgenes comerciales, eso sin contar con que cada vez está más gravado con impuestos. A nadie le interesa vender vino de denominación en Francia y ése es precisamente el que abarrota las bodegas del Domaine. Ah, y la última novedad es que, ahora, hace falta un permiso especial para el transporte entre zonas. Obtenerlo es una auténtica pesadilla burocrática.

Auguste soltó los cubiertos. Empezaba a perder la paciencia.

—Y con todo esto, ¿adónde quiere llegar? —se encaró con su administrador—. ¿A que hay que vender vino a los alemanes? ¡Pues la respuesta sigue siendo no! Además, no voy a despachar estos asuntos mientras se celebra un cumpleaños —declaró desdeñoso el marqués—. Ya nos arreglaremos.

—Padre, nadie sabe cuánto tiempo van a estar aquí los alemanes. ¿Qué ocurrirá si ganan la guerra? A día de hoy, parece lo más probable. Entonces, sus reglas serán definitivas y el mercado funcionará como ellos decidan. ¿Hasta cuándo podremos aguantar fuera del juego?

—No sé si ganarán la guerra, Dios no lo permita. Sólo sé que mientras mi hijo esté preso en Alemania no haré ni una sola concesión a esos condenados nazis.

—Puede que, para cuando Octave vuelva, sea ya tarde —continuó Romain en tono contenido—. Si no hacemos algo por resolver esta crisis, acabaremos en la ruina, a merced de cualquiera que desee apropiarse del Domaine, incluso un nazi; seguramente, un nazi. Y, entonces, Octave no tendrá un hogar al que regresar.

—¡Ese argumento falaz no justifica la colaboración!

Un silencio tenso se instaló sobre la mesa. Aldara aprovechó para beber. Oteó por encima de la copa a Sabine, sentada frente a ella, quien le devolvió una mirada cómplice. La mujer se animó a intervenir.

—No se trata de colaborar, Auguste. Se trata de sobrevivir.

—¿Sobrevivir? ¿Me hablas de sobrevivir? ¡A mí! Yo he sobrevivido a las trincheras de la guerra del catorce, al crac del veintinueve y a la crisis de los años treinta. ¡Igual que tu marido! De modo que, entre los dos, encontraremos el modo de sobrevivir de nuevo sin tener que hincar la rodilla.

—Así es. Encontraremos la solución —apaciguó Romain, viendo el tono arrebatado que adquiría la tez de su padre—. Pero ahora no. Ahora, que traigan la tarta, que tengo que soplar las velas.

Con un suspiro disimulado y un trago de buen vino, todos estuvieron de acuerdo en que era el momento de dar paso a la tarta.

—Sí que encuentro cambiado a Romain —caviló Sabine mientras removía por costumbre una taza de café sin azúcar.

Aldara y ella se habían acomodado en el salón, al calor del fuego en aquella tarde lluviosa y desapacible, mientras los hombres jugaban una partida de billar. Claire trasteaba sobre la alfombra con unos bloques de madera.

—Se muestra más sensato, más calmado —añadió—. Nunca hubiera apostado por ello, la verdad. Siempre pensé que ese chico acabaría mal.

—¿Qué fue lo que pasó? Sé que Auguste lo echó de casa hace cuatro años, pero no me han contado por qué. Cada vez que le pregunto a Romain, me responde con evasivas. Algo muy grave tuvo que ocurrir. Ni siquiera Octave me mencionó que tuviera un hermano.

—Ha sido un tema tabú. Ya sabes: si no se habla de ello, no ha sucedido. Eso piensan algunos. Y, según mi parecer, nadie imaginaba que Romain fuera a regresar. De hecho, Auguste le prohibió regresar.

—¿Y por qué?

—Es complicado. Romain siempre fue complicado. Todo empezó casi desde el momento en que nació. Fue entonces cuando en esta casa se crearon dos bandos: por un lado, Auguste y Octave y, por otro, Lucienne y Romain. Y, siendo justos, yo no diría que se pudiera culpar a Auguste de ello. Por extraño que pueda parecer en una madre, Lucienne siempre mostró desapego hacia Octave. Era rígida, crítica hasta lo hiriente, fría. Todo lo contrario de lo que fue con Romain. Ella sentía devoción por su hijo menor. Lo mimaba y lo protegía en exceso, le consentía todos los caprichos, le reía todas las gracias y le adulaba continuamente. Y se empeñaba en enfrentarlo al padre y al hermano. Amparado por su madre, el criterio de Romain siempre prevalecía por muy disparatado que pareciese: en las disputas con su hermano, que eran continuas, y en los esfuerzos de Auguste por educar a su hijo con firmeza y remediar los desatinos de su mujer. Cada vez que lo intentaba, se encontraba con la oposición de Lucienne.

—Me cuesta imaginar que una madre haga diferencias así entre sus propios hijos.

Sentirse abandonado era horrible. Pero Aldara estaba segura de que sufrir a diario el desprecio de tu propia madre tenía que ser peor. Y Octave no le había hablado nunca de ello. No podía culparle. Apremiados por el momento y las circunstancias, se habían dedicado a enamorarse, no a conocerse, un proceso en el que se mostraba una cara tan amable como irreal de uno mismo. Y lo que era peor, había tantas cosas de las que ella no le había hablado a él, eran tantos los secretos que ella misma ocultaba, que difícilmente nada de lo que Octave hubiese callado superaría la gravedad de sus omisiones. Se le revolvía el cuerpo sólo de pensarlo.

—Pobre Octave... —concluyó, apartando unos remordimientos que no era el momento de abordar entonces.

—Y pobre Romain, si lo piensas. El crío creció sin ningún tipo de límite y eso nunca acaba bien. No acabó bien. Ya empezó siendo un niño problemático. Lo echaban de todos los colegios por indisciplinado, por mal estudiante, por acosar a otros niños. Auguste, haciendo frente a la oposición de Lucienne, lo metió en un internado en Suiza, del que se escapó varias veces hasta que su madre lo sacó de allí. Una vez en casa, ocioso, tuvo que vérselas con la policía por cometer pequeños hurtos o meterse en peleas. Cuando murió Lucienne fue el acabose. Romain tendría unos dieciocho años, puede que menos. Terminó por descarriarse del todo. Desaparecía de casa largas temporadas y, cuando no volvía por su pie en busca de más dinero, lo traían borracho o molido a golpes. Se metió en temas de apuestas, en timbas de póquer, cosas de esas... La cuestión es que se fundió en meses el dinero de la herencia de su madre. Auguste le cortó el grifo entonces. Un día, aparecieron en el Domaine unos tipos con una pinta espantosa. Venían buscando a Romain. Por lo visto, les debía unos miles de francos, deudas de juego. Y estaban dispuestos a cobrárselos a toda costa. Llegaron a amenazar a Auguste a punta de pistola. Si no llega a ser por Pascal...

—Madre mía...

—Al final, Auguste se avino a pagar la deuda. Pero prohibió a Romain salir de casa. No había pasado un mes cuando el chico desapareció y, con él, unas cuantas joyas de su madre, algunas de las más valiosas. Lo encontró la policía una semana después, en un burdel de París, inconsciente de tan borracho que estaba. De las joyas, ni rastro hasta hoy. Romain se negó a decir qué había sido de ellas. A partir de entonces, las puertas de esta casa quedaron definitivamente cerradas para él.

—Hasta ahora —murmuró Aldara, aún reflexionando sobre cuanto acababa de escuchar.

—Hasta ahora, sí —convino Sabine mientras daba un sorbo a su café y arrugaba el gesto: estaba amargo y frío.

—La gente puede cambiar. A veces, es tocar fondo lo que pone a las personas en el camino de hacerlo.

—Supongo que depende de las personas. Ya te decía que yo no apostaba por que Romain fuera a enderezarse. Siempre me ha parecido que había en él algo... no sé... algo muy oscuro. Pero, oye, visto lo visto, estoy dispuesta a admitir que me equivocaba. Ojalá así sea. No creo que Auguste pueda hacer frente a un solo disgusto más.

—Todo el mundo merece una segunda oportunidad —dijo Aldara con la mirada perdida mientras manoseaba distraídamente uno de los bloques de Claire.

Como si se convenciera a sí misma. Como si se lo recordara a sí misma.

Diciembre de 1940

—Aldara. Aldara, despierta.

La voz, aunque firme, apenas conseguía sacarla de su sueño. Fueron unos toques en el hombro los que la despabilaron. Abrió los ojos, desorientada: el salón, la chimenea, la lámpara de la esquina a media luz... Había anochecido.

Se había quedado dormida en la butaca mientras leía. El libro reposaba abierto sobre su pecho. Desde que había nacido Claire, apenas descansaba por las noches e iba dando cabezadas por los rincones.

—¿Dónde está Claire?

—Se la llevó esa doncella, no sé su nombre. Simone le está dando la merienda —respondió Romain, apostado junto al sillón—. Acaba de llegar esto.

Aldara recibió confusa el sobre que le tendía. Aún sentía la cabeza espesa y arenilla en los ojos. Le llevó un rato dilucidar de qué se trataba.

—Ya te dije que mi hermano es un tipo obstinado.

Le pareció que Romain mascullaba algo de camino a la puerta. Pero ella ya no le prestaba atención.

Mi querida Aldara:

Siento que esta carta acumule tanto retraso y lo que más lamento es la angustia que la falta de noticias te haya podido ocasionar. Todas tus cartas me llegaron ayer mismo en un paquete. No se puede decir que [redacted].

Ahora bien, ¡qué bendición tener seis cartas tuyas para leer de golpe! Lo mejor que me ha pasado en mucho tiempo ha sido sumergirme en su lectura. He sentido como si me transportara a casa, contigo y, oh, Dios mío, con mi pequeña Claire.

No te puedes imaginar lo feliz que me ha hecho saber que nació sana. Lo de que sería preciosa era algo que tenía por seguro, siendo tú su madre. Cuánto me hubiera gustado estar allí y acompañarte en esos momentos de dolor y de miedo, también de ilusión. Pero no voy a pensar en lo que no ha podido ser, sino en todo lo bueno que me queda por experimentar con Claire y contigo, juntos como una familia. Ésa es la esperanza que me guía en los momentos más difíciles, en medio de la separación y el anhelo. No te puedes imaginar cuánto te echo de menos. Ahora también a nuestra hija; aunque todavía no la haya sostenido en mis brazos, ya la quiero de un modo inexplicable.

También echo de menos el hogar, y los viñedos, y la comida de Simone. El olor de las sábanas limpias, de tu piel cada vez que te beso, del bosque en ese último paseo que dimos. ¿Recuerdas? Empezó a llover, pero no nos importó, seguimos caminando del brazo como si nada, apretados el uno contra el otro.

He leído y releído tus cartas una y otra vez. Lo seguiré haciendo. Ellas me trasladan de vuelta a casa durante ese instante de lectura. También he colocado la foto de Claire en el cabecero de mi litera. Junto a la tuya, que, gracias a Dios y pese a todas las adversidades, nunca se cayó del bolsillo de mi guerrera, donde siempre la llevaba, pegada al corazón. Así, aunque ya durante todo el día estéis en mis pensamientos, todas las noches me voy a la cama teniéndoos cerca y puedo besaros antes de dormir.

No te inquietes por mí. Estoy bien. Quizá un poco débil, pero eso es natural después de todo lo pasado. Desde el 13 de mayo, que enterramos a nuestros primeros caídos en Bélgica, hasta el 22 de junio, cuando mi unidad fue hecha prisionera en Cherburgo, no hubo tregua. Combatimos sin descanso, con valor y fiereza, créeme. Pero los alemanes nos superaban en número, armamento y estrategia. Todavía me cuesta creer que la debacle sucediera tan rápido.

Después llegó el traslado a Alemania, los numerosos campos de tránsito, la incertidumbre, la desesperación de no poder comunicarme con vosotros… Y, finalmente, el Oflag. Se trata de un campo para oficiales [redacted] oficiales ingleses, belgas y franceses. Nos alojamos en barracones distribuidos por el campo, unos de cemento y otros de madera. El mío es de madera y comparto la habitación con otros doce hombres. Las camas, como decía, son literas, cada una con su colchón, [redacted], pero colchón, al fin y al cabo, y una manta por [redacted]. Hay una cocina, un comedor, retretes y lavabos. También, un pequeño hospital. Y un espacio al que llamamos teatrillo, en el que se pueden representar obras y actuaciones musicales.

Quizá nuestro mayor enemigo sea el aburrimiento. Quitando que hay que formar para pasar revista a las nueve de la mañana y a las cinco de la tarde, el resto del tiempo nos dejan a nuestro aire. [redacted]. Algunos, los que tienen el talento para ello, se dedican a escribir, otros, a pintar. Hay un capitán inglés que compone música. Jugamos a las cartas, a las damas, charlamos, fumamos, lavamos y remendamos la ropa, que ya acusa el tiempo y el desgaste... Poco más se puede hacer por aquí.

En cuanto a la comida... [redacted] desayuno de leche de soja [redacted], *panzermilch*, la llamamos, con [redacted] pan [redacted]. Lo bueno es que hay un espacio en el que podemos cultivar un pequeño huerto de hortalizas y el comandante del campo ha prometido traer conejos para que los criemos y su carne dé más enjundia al caldo del almuerzo.

Por suerte, estamos autorizados a recibir paquetes. Uno al mes de cinco kilos como máximo. Verás que dentro del sobre hay un resguardo. Hay que pegarlo al paquete que me enviéis para que pueda recibirlo. Cualquier cosa de comer es bienvenida. Y un libro, al menos, por favor. Mi padre sabe cuáles son mis favoritos. También papel, de escribir e higiénico, [redacted]. Y jabón. Las cuchillas de afeitar que me quedan están melladas y he preferido dejarme crecer la barba a llenarme la cara de cortes. Calcetines gruesos, una bufanda, aguja e hilo para coser, lápices... En realidad, todo viene bien. La lista sería demasiado larga.

Ahora, mi amor, tengo que dejarte. Nos llaman para el rancho de la cena.

Cubre de besos a la pequeña Claire, de parte de su padre. Y recibe tú otros tantos, llenos de pasión y anhelo.

De quien te quiere con toda el alma,

OCTAVE

—Si metemos los huevos entre harina no se romperán. Y para algo podrá utilizar la harina, digo yo, aunque sea para espesar esa horrible sopa que les darán. Pobrecillo mío... ¡Cuánta hambre tiene que estar pasando!

En la gran mesa de madera de la cocina, entre cazuelas y una masa de brioche que reposaba para fermentar, Simone ayudaba a Aldara a preparar el paquete que iban a enviar a Octave. Si se daban prisa y si al servicio postal le venía en gana, con suerte, le llegaría para Navidad.

—No se quejaba en la carta. O sí, en realidad. Yo creo que los censores han tachado precisamente las frases en las que se queja de la comida. ¡Como si no fuésemos a adivinarlo! ¿Ya lo ha metido todo?

—Digo yo que sí... Cuatro huevos, dos pastillas de caldo, una tableta de chocolate, una lata de sardinas, otra de leche condensada, jamón en gelatina y un buen pedazo de pan de especias que acabo de hornear hoy mismo. Y, bueno, la harina. Creo que ya está todo. ¿Será suficiente? Mire que hasta el mes que viene no podemos mandar nada más.

—Ya, pero es que nos vamos a pasar de peso. Hay que meter también la bufanda, los calcetines, el jabón, el libro...

—¿Un libro? Eso no le quitará el hambre —desdeñó la cocinera.

—Pero le hará los días más llevaderos.

La mujer meneó la cabeza, poco convencida, mientras terminaba de cerrar el paquete de harina y huevos.

—¿De verdad que le dijo que echaba de menos mis guisos? —preguntó entonces sin quitar la vista de la tarea.

Aldara sonrió.

—Sí, lo dijo. Casi nada más empezar la carta lo menciona.

—Ay... —suspiró llena de orgullo. Una sonrisa de satisfacción redondeó sus mejillas rellenas y rosadas—. ¡Madre bendita, qué festín que le voy a preparar cuando vuelva a casa, ya lo verá usted!

La joven terminó de doblar cuidadosamente los calcetines y dejó sobre el grueso punto de lana una caricia, como si Octave pudiera recibirla con ellos. «¿Cuándo será eso, Dios mío? ¿Cuándo podrá regresar?», pensaba mientras tanto.

Querido Octave:

Ojalá sigas bien cuando recibas esta carta. Con ella va un paquete con algunas de las cosas que me pediste. Te iré mandando las demás en sucesivos envíos.

Como verás, he incluido un libro que escogió tu padre para ti. Aunque confieso que me ha causado cierta tristeza pensar que no he podido escogerlo yo misma. ¿Cómo es posible que nunca hayamos hablado de nuestras lecturas favoritas? Este tipo de cosas me hacen darme cuenta de lo rápida que ha sido nuestra historia, pero es bonito pensar cuánto camino tenemos juntos por delante para construirla.

Tu padre dice que te gustan las novelas de aventuras y que tus favoritas son las de Julio Verne. También, que disfrutas de la poesía, las biografías y la historia, sobre todo, la del medievo. Y que, claro, lees mucho sobre enología y agricultura. Dime, ¿cuáles son los libros que más te han gustado, esos que se han quedado contigo para siempre? Yo no me separo de una edición en francés de *La dama de las camelias* que me regaló mi padre cuando cumplí los quince años. Es lo único que conservo de él, de esa vida de antes que se me antoja tan lejana, que me parece más la vida de otra persona que la mía propia…

Enero de 1941

Dieter Lutz levantó la cabeza lo máximo que su cuello más bien corto le permitía para admirar el esplendor de aquel magnífico vestíbulo. Todo el *château* era magnífico, en realidad. El Domaine entero. Cómo envidiaba a aquellos condenados franceses: sus impresionantes edificios, su arte, sus paisajes, su legado histórico tan bien preservado y, sobre todo, su gastronomía y, por supuesto, sus vinos. Por descontado que en Alemania tenían mucho de eso, pero, de algún modo, lo alemán resultaba menos refinado a ojos de herr Lutz. Claro que ahora podría decirse que el suelo que pisaba era también alemán. Tal idea le hizo sonreír de satisfacción.

El hombre se quitó el abrigo de cuellos de astracán en el que aún se distinguían unos copos de nieve sobre la tela negra. Fuera estaba cayendo una buena ventisca. Se lo tendió al diligente mayordomo.

—Si es tan amable, herr Lutz, de acompañarme a la biblioteca… —le indicó su anfitrión en perfecto alemán, evitándole así tener que hacer uso de su mediocre francés.

Según Romain conducía suavemente al invitado por la espalda, no pudo evitar fijarse en el pliegue de su nuca. Tenía algo de bovino.

Herr Lutz se acercó al fuego que ardía con viveza en la

chimenea para calentarse las manos porque había cometido la torpeza de dejarse los guantes en el hotel.

—Ahora mismo voy a buscar a mi padre. ¿Puedo ofrecerle un coñac mientras espera?

—Sí, gracias, un coñac estaría bien.

Romain sirvió una copa generosa de la licorera, se la acercó a Lutz y, una vez que se hubo asegurado de que estaba cómodo y no necesitaba nada más, salió en busca de Auguste. Suspiró al cerrar la puerta tras de sí. Se notaba nervioso. Conociendo el genio del viejo, tal vez debió de haber preparado antes el terreno. Pero bien sabía que, estando prevenido, el marqués jamás hubiera consentido en recibir a aquel hombre. No, mejor que no se lo esperase. Ahora que ya lo había metido en la biblioteca, igual no tenía el ánimo de echarle. Y con esa idea subió más conforme hacia el despacho de su padre.

—¿Quién se va a echar ahora una siestecita y va a dejar a mamá leer un rato, eh? ¿Quién? Y luego, las dos juntas, escribiremos una carta para papá antes de cenar. Tú puedes poner tu huellita de mermelada al final.

Aldara hacía partícipe a Claire, en sus brazos, de sus planes para la tarde mientras se dirigía a la biblioteca donde había dejado el libro que tenía a medias. Con suerte, si la niña dormía una horita, le daría un buen empujón a la lectura.

Abrió la puerta tarareando una cancioncita infantil, la del botón, el ratón y el señor Martín, que a Claire le encantaba, pero, cuando se topó con una presencia inesperada frente a la chimenea, interrumpió en seco canción y marcha.

—Uy, disculpe. No sabía que teníamos visita...

El hombre se volvió e hizo una aparatosa reverencia.

—Madame.

A Aldara aquel tipo le pareció salido de una opereta de principios de siglo. Bajito, grueso, calvo, con bigote prusiano y unos anteojos de clip que estaban empañados, se mostraba tan circunspecto que resultaba cómico.

—Si me permite que me presente, soy Dieter Lutz.

El hombre, que le habló en francés con un patente acento alemán, se puso firme, se estiró los faldones de la chaqueta y le faltó juntar los talones en un taconazo. Pese a no vestir uniforme, se comportaba como si lo llevara. Aldara se preguntó si sería que todos los alemanes nacían ya marciales.

—Aldara de Fonneuve —correspondió a la presentación.

—Oh, es usted entonces la esposa de monsieur Romain de Fonneuve.

—No, de su hermano.

—Ya entiendo...

En aquel instante, y justo a tiempo de evitar el silencio incómodo que estaba a punto de producirse, llegó Romain acompañado de Auguste.

—Ah, Aldara... Estás aquí.

Su cuñado la miró como si, en realidad, hubiera dicho: «Vaya por Dios, Aldara, ¿qué demonios se te ha perdido aquí?».

—Sí, pero, no te preocupes, ya me iba.

—Te diría que nos acompañases, pero... ya sabes, vamos a hablar de negocios, va a ser muy aburrido. —Soltó una risa forzada.

—¿De negocios? ¿Qué negocios? —interrumpió Auguste—. ¿Me quieres explicar de qué va todo esto, Romain?

La situación se tornó de pronto tensa y Aldara decidió no permanecer en la biblioteca ni un segundo más. Despidiéndose de herr Lutz con una inclinación de cabeza, casi sintió lástima por aquel hombrecillo que no sabía la que se le venía encima. De hecho, no tardaría mucho en escuchar los gritos de Auguste incluso metida en su habitación, si bien irían dirigidos a Romain.

—Si no me explicas de qué va esto, me marcharé de igual modo que ha hecho ella. Yo tampoco tengo ningún interés en hablar de negocios con nadie.

—Ahora mismo iba a explicártelo, padre.

Bajo la mirada impasible de Lutz, Romain se esforzaba por mantener la compostura y el carácter de su padre bajo control, como quien tira de la brida de un caballo por domar. Por suerte, ya había anticipado al alemán a qué tipo de montura habrían de enfrentarse.

—Este caballero de aquí ha hecho un largo viaje para conocerte y conocer el Domaine. Herr Lutz, le presento a mi padre, Auguste de Fonneuve, marqués de Montauban. Padre, éste es herr Dieter Lutz, agente comercial especial del mariscal Hermann Göring.

Con el ceño fruncido, Auguste miró la mano suspendida frente a él. La estrechó al cabo de un instante porque, después de todo, él era un miembro de la más alta nobleza de Francia y le habían enseñado que las buenas maneras y la educación son lo último que se pierde.

—Es un inmenso placer conocerle, señor marqués. La fama de su Domaine y de sus vinos le precede en Alemania.

El marqués, en su ánimo de desdeñarlo todo, también desdeñó aquella adulación, que tildó de servil.

—Ya... Pues aquí, en Francia, es otro tipo de fama la que precede a los alemanes.

—Bien, bien —Romain alzó ligeramente la voz como si con ello acallase los desplantes de su padre—. Vamos a sentarnos. Estaremos más cómodos. ¿Un coñac, padre? Yo me serviré uno. Herr Lutz, ¿quiere que le rellene la copa?

El interpelado le tendió sin más el recipiente vacío. Mientras Romain servía las bebidas, los otros se acomodaron uno frente al otro en un conjunto de sofá y sillones cerca de la chimenea.

—Y bien, herr... Lutz, ¿verdad? ¿Qué es lo que le hace a usted especial?

El alemán se mostró desconcertado:

—¿Disculpe?

—Sí, ¿por qué un agente comercial es especial y no un agente comercial sin más?

—*Oh, ja, ja...* Yo llevo más de diez años al cargo de la colección de vinos y bebidas espirituosas del mariscal Göring. Me encargo de que en su bodega sólo entren las mejores botellas, las más exclusivas. Es... es como con las colecciones de arte, ¿sabe? No se trata de una mera cuestión de disfrute, hay que atender también a la coherencia de la colección y, ¿cómo no?, a la inteligencia de la inversión. El mariscal es un gran amante del vino, como bebida, por supuesto, pero también como símbolo. Él quiere en su bodega los mejores vinos, sobre todo, franceses.

—Los vinos franceses no sólo son los mejores, son los únicos buenos —puntualizó Auguste por provocar.

Y herr Lutz se lo tomó a broma:

—*Ja! Ja!* ¡Como las mujeres francesas! —rio a carcajadas achinando los ojos.

Auguste, en cambio, había dejado de divertirse, de modo que fue poniendo fin a la reunión.

—Supongo, herr Lutz, que no habrá venido hasta aquí sólo para alabar mis vinos. Y si son las botellas de mi bodega las que quiere, espero que mi hijo le haya informado de que ya no se exportan a Alemania. Sería una lástima para usted que se hubiera hecho el viaje en balde.

Las carcajadas de herr Lutz cesaron, aunque dejaron el rastro de una leve sonrisa distraída como si fuera ajeno a lo que el marqués acababa de decir. El hombrecillo sacó un pañuelo y, con parsimonia, limpió sus anteojos y un poco de humedad al borde de sus párpados.

—*Nein, nein...* —dijo al cabo, todavía con la sonrisa puesta—. No he venido a por más botellas. O, bueno, sí... Pero no unas botellas, diríamos, corrientes. De ésas ya tenemos. —Herr Lutz levantó la vista y miró al marqués—. Ha llegado a oídos del mariscal la existencia de un lote de vinos muy especial que ha despertado vivamente su interés: los vinos de los tres emperadores —anunció con solemnidad.

Una breve expresión de alarma cruzó el rostro del marqués. Ahora sí que aquello no era divertido. Miró a su hijo con severidad.

—Me pregunto cómo habrá llegado tal noticia a oídos del mariscal...

En el gesto de Romain le pareció distinguir algo desafiante. Su hijo dio un sorbo de coñac con tranquilidad.

Auguste se puso en pie.

—Esta reunión ha terminado. Mi hijo le acompañará a la salida, herr Lutz.

Sin embargo, el enviado del mariscal Göring no se inmutó. Sacó una libretita y una estilográfica del bolsillo de su chaqueta. Tras hacer una breve anotación en una de las hojas, la arrancó y se la tendió a Auguste.

—Antes de marcharme, permítame que le reitere el interés del mariscal en este asunto. Debe saber que el mariscal puede llegar a ser un hombre muy persuasivo. Y muy generoso —concluyó con una sonrisita enigmática.

Auguste leyó fugazmente la nota. Sin mostrar el menor atisbo de impresión, la arrugó y la tiró sobre la alfombra. Ni siquiera dirigió una última mirada al alemán cuando se dio media vuelta y se marchó.

La habitación quedó en silencio, pero ninguna de las dos personas allí presentes parecía muy incómoda. Mientras herr Lutz daba fin tranquilamente a su coñac, Romain se acercó a recoger la bola de papel que había dejado tirada su padre. La desenvolvió y descubrió la cifra de varios ceros garabateada en su interior. No pudo evitar enarcar las cejas.

—Espero que no le haya ofendido el genio de mi padre. Ya le advertí sobre él.

—*Ja*... ¿Cómo es eso que dicen de perro ladrador?

—Poco mordedor. Aunque le aseguro que el viejo muerde

cuando se le provoca. Claro que… para eso existen los bozales, ¿no? Sólo hará falta algo de tiempo para aplacar a la fiera.

—No se preocupe por eso. Soy un hombre paciente. Y con multitud de recursos.

—¡Confío en ti, vuelvo a abrirte las puertas de mi casa y ¿así es como me lo pagas?! ¡He sido un ingenuo por no imaginármelo antes! ¡Sólo has regresado para dilapidar otra vez las joyas de la familia!

En pie, frente a la mesa del despacho, que ofrecía una conveniente barrera entre ambos, Romain trataba de defenderse de los ataques de su padre. Tales eran sus gritos que estaba seguro de que estarían llegando hasta el último rincón de la casa.

—¡No! ¡Eso no es cierto! ¡Estoy aquí para ayudar!

—¡Has demostrado sobradamente que a ti sólo te interesa ayudarte a ti mismo!

—Eso es muy injusto, padre. Ni siquiera me has dado la oportunidad de explicarme.

—Explicar, ¿qué? Me has metido en casa un enviado de Göring, un maldito nazi, de los peores, que le ha faltado abrir la maleta en la que pensaba meter mis botellas, ¡mi tesoro!

—Pero ¿tú has visto lo que están dispuestos a pagar por él?

—¡No tiene precio! ¡Hablamos de un pedazo de la historia, de un legado único! ¡Y eso no tiene precio!

—¡Pues yo diría que es el precio que salvaría a esta familia de la ruina a la que tú y tu obstinación la van a llevar! Si sigues en tu negativa de vender vino a los alemanes, nos arruinaremos, ¿es que no lo entiendes? Deberías darte cuenta de que yo te estoy ofreciendo una solución. ¿Crees que ha sido fácil obtener este contacto? ¿Crees que el mariscal Göring abre su puerta a cualquiera que llama a ella? Te he puesto en bandeja una salida digna, una cantidad de dinero que te permitiría no vender una sola gota de vino en lo que te queda de vida. ¿Y tú reaccionas así? A veces, pienso que has perdido la cabeza. ¡Son sólo ocho malditas botellas!

—¡Ni se te ocurra hablarme de ese modo! ¡Ni se te ocurra faltarme al respeto en mi propia casa! ¡Ya te eché una vez y no tengo reparos en volver a hacerlo!

—¡No te va a hacer falta echarme, créeme! ¡Seré yo el que me vaya y contemple desde la distancia cómo esto se desmorona!

—¡Pues ya sabes dónde está la puerta!

Romain, en el colmo de la impotencia, exhaló un fuerte suspiro que le sirvió para rebajar el tono. No estaba dispuesto a seguir compitiendo por ver quién gritaba más. Después de todo, se sabía el más fuerte en aquella negociación, aunque su padre se negara a admitirlo.

—No sé hasta cuándo podrás resistir en tu bastión, padre. Está claro que has olvidado que los alemanes tienen la sartén por el mango. He visto que has tapiado la Cripta. ¿Crees que eso los detendrá?, ¿que unos pocos ladrillos detendrán al ejército más poderoso del mundo? Tarde o temprano, por las buenas o por las malas, conseguirán lo que quieren.

—Desde luego que si entran de la mano de un traidor, nada los detendrá. Eso es lo más lamentable.

—No soy un traidor. Sólo pienso que obtendríamos muchos más beneficios si estuviéramos a buenas con ellos, pero... allá tú. Yo ya no sé qué más puedo hacer.

—Ya has hecho bastante.

Auguste se sentó frente al escritorio y empezó a trajinar con papeles. Romain lo observó un instante, como queriendo añadir algo más o esperando a que su padre lo hiciera. Finalmente, desistió y salió en silencio del despacho.

Al abrir la puerta, se topó con Aldara. La joven se sobresaltó.

—Vaya, vaya... —Romain parecía divertido con la situación—. Sabes que eres de la familia, ¿no? Sólo tenías que unirte a nosotros y dar tu opinión. No hace falta que pegues la oreja a la puerta como una doncella chismosa.

Pillada infraganti, ella intentó excusarse.

—De hecho, no me hacía falta pegar la oreja a la puerta, vuestros gritos se oían por toda la casa. Estaba esperando a ver si tenía que entrar a poner paz.

—Sí, claro... Vamos. Alejémonos de la cueva del dragón.

Romain la agarró del brazo y la condujo hacia la biblioteca. A Aldara le pareció que apretaba demasiado. Incluso a través de la gruesa lana del jersey que llevaba puesto podía notar la presión de sus dedos. Todo en él era contenido: su paso ligero, su mandíbula tirante, sus ojos entornados y la frente brillante de sudor a pesar del frío. Al cruzar el umbral, por fin la soltó y cerró la puerta tras ellos.

En la biblioteca, aún quedaban los restos de la visita de herr Lutz. Las copas sucias y los almohadones arrugados. En la chimenea, no ardía más que un rescoldo y la habitación empezaba a enfriarse. Aldara echó otro tronco al fuego y enseguida brotaron llamas.

Entretanto, Romain recuperó su copa y la llenó hasta la mitad. Esta vez, la apuró de un trago. Volvió a llenarla.

—El viejo se está volviendo senil. Con este empeño suyo de hacer la guerra a su manera acabará por arruinar a la familia. ¡Le consigo un negocio increíble y se pone hecho una hidra!

Aldara se sacudió las manos llenas de virutas de corteza. Prefería mantenerse al margen de los asuntos familiares porque sabía que si se involucraba, tarde o temprano, saldría perjudicada y su posición allí era demasiado frágil. Pero resultaba obvio que Romain necesitaba desahogarse. Y, además, ella era los oídos y los ojos de Octave en su ausencia.

—Tú lo sabes mejor que yo, pero, por lo que tengo entendido, ese negocio que le propones implica deshacerse de su más preciado tesoro. Octave me enseñó las botellas de los tres emperadores y me contó su historia y lo orgulloso que se siente vuestro padre de poseerlas.

—¡Se trata de un sentimentalismo absurdo! Tú has visto el supuesto tesoro: ocho botellas viejísimas que son imbebibles.

—Octave dice que son un pedazo de la historia de Europa.

—Exactamente las mismas palabras que dice nuestro padre, ¡qué cosas! Creo que Octave ha pasado demasiado tiempo entre los muros de esta casa. Fuera de aquí, hay pocos incautos que valoran ese supuesto pedazo de historia. Y yo encuentro un tonto dispuesto a pagar una fortuna por ello y mi padre lo trata a patadas. ¡Ha sido tan embarazoso!

—Quizá es que te has precipitado al meter a ese tonto en casa. Tendrías que haber hecho una labor previa con tu padre, intentar que viera las cosas como tú las ves. A veces, un poco de mano izquierda es más eficaz que un puñetazo en la mesa. A veces, es más inteligente hacer pensar al otro que la decisión es suya y no algo impuesto.

Romain la miró durante un instante, sonriendo de medio lado. Aldara supuso que un buen número de mujeres habrían caído rendidas ante aquella mirada y aquella sonrisa. Ella se alisó la falda y se volvió hacia la chimenea para quitarse ambas de encima.

—Me encanta... Siempre he dicho que las mujeres sois las mejores negociadoras. Después de todo, negociar tiene mucho en común con el arte de la seducción, ¿no es cierto?

—Si tú lo dices... —La joven se sentía incómoda por alguna razón imprecisa y la situación no mejoró cuando su cuñado se situó a su espalda, tan cerca que ella notaba su aliento por encima del hombro.

—Y también sois astutas. Y taimadas. Os encanta guardar secretos...

Aldara se escamó ante aquella insinuación, aunque trató de mostrarse impasible.

—No sé a qué viene eso.

Fue a separarse, pero Romain volvió a agarrarla del brazo, esta vez incluso con más fuerza. Aldara se asustó. Por primera vez veía en la mirada de Romain ese algo oscuro que mencionara Sabine. Intentó deshacerse de él, pero su cuñado no hizo sino aumentar la presión.

—Suéltame.

—Tú sabes dónde están las botellas, ¿verdad?

—No, no lo sé. ¿En serio crees que tu padre me lo diría a mí?

—A ti, no, pero a Octave... Y los tortolitos no tienen secretos entre ellos, ¿no es cierto?

—Te aseguro que no sé dónde están. Suéltame ya.

Romain obedeció con desgana. Aldara se dio media vuelta para marcharse.

—Deberías darte cuenta de que lo más inteligente para ti es estar de mi lado.

—Yo sólo estoy del lado de Octave —replicó ella sin volverse.

—Ya. Pero no es Octave el que está aquí. Soy yo. Te conviene no olvidarlo.

Aldara entró a su cuarto como una exhalación y se sentó al escritorio. Estaba furiosa, tanto que una oleada de calor interno le arrebataba las mejillas. Su primer impulso fue escribir a Octave y contarle el encontronazo que acababa de tener con Romain. Su cambio de actitud en general.

Era como si, de pronto, la ambición lo hubiera cegado y a ratos asomara en él ese monstruo que todo el mundo sospechaba que seguía allí. Últimamente, le disgustaban sus ademanes hacia ella, sus miradas, sus confianzas. Su comportamiento de hacía un instante, rayano en la violencia, había sido la gota que colmara el vaso. Necesitaba desahogar su inquietud.

Cogió papel y lápiz y se dispuso a escribir. Pero apenas había puesto la fecha cuando se lo pensó mejor. No podía transmitir su preocupación a Octave. A su marido le resultaba imposible remediar sus problemas y sólo conseguiría angustiarle.

Mascculló un taco para aliviar su frustración y, tras tomarse unos instantes para apaciguarse, cambió el mensaje y el tono de la carta. Evitando dar información a los censores alemanes y modelando su propia indignación y sus temores, se limitó a poner al tanto a Octave de las intenciones de Romain respecto a las botellas de los tres emperadores y del enfrentamiento que había tenido con su padre a cuenta de ello. Le dijo que su hermano pretendía recabar el apoyo de ella y le pidió consejo al respecto: «... me siento atrapada entre dos aguas. No por causa de tu padre, pero sí de Romain, que puede ser muy insistente. Está convencido de que tú sabes dónde se encuentran las botellas y de que, por ende, yo también».

La respuesta de Octave no se hizo esperar más que lo que quiso el servicio postal. Redactada igualmente en tono aséptico, casi en clave, resultó en cambio muy contundente en una advertencia que dejó un poso de inquietud en Aldara.

Querida Aldara:

No voy a ocultar que tu última carta me ha dejado muy preocupado. Aquí, tan lejos y tan desconectado de todo, encuentro que me falta información para comprender el verdadero alcance del problema y, desde luego, para contribuir a su solución. No te imaginas cuán impotente e inútil me hace sentir.

Dicho esto, mi consejo es que, ante todo, confíes en mi padre y en su buen hacer. Es una persona a la que le puede el temperamento, pero es muy inteligente, tiene sobrada experiencia y por descontando que lo último que desea es arruinar el Domaine. Los negocios de la familia son múltiples y variados y estoy seguro de que él los está manejando con sabiduría para capear esta difícil situación de la mejor manera posible. Recurrir en este momento a medidas desesperadas me parece, cuando menos, precipitado.

No quiero darte la impresión equivocada de que estoy en contra de mi hermano. Me alegro de corazón de que haya vuelto a casa como un hombre renovado, dispuesto a asumir sus responsabilidades como miembro de esta familia y a contribuir a su prosperidad. Siempre me ha causado mucha tristeza pensar que lo habíamos perdido por no saber darle el apoyo que necesitaba y conducirle por el buen camino. Ahora bien, de momento y hasta que demuestre que ha sentado la cabeza, te advierto que tengas mucho cuidado con él. No dudo de la buena voluntad de sus intenciones, pero también sé de su capacidad para meterse en líos y arrastrar con él a todos los que le rodean.

Ante todo, debes dejarle bien claro que yo no sé dónde están las botellas y que, de saberlo, nunca te lo habría revelado, para evitar, precisamente, situaciones como la que se está produciendo. No consientas que te presione. Y no dudes en acudir a mi padre en busca de apoyo, si lo estimas necesario.

Insisto: sé precavida. En cualquier circunstancia.

Febrero de 1941

Aldara aprovechó ese momento, justo después de la cena, en el que Auguste de Fonneuve se sentaba en el salón, acomodado en su sillón favorito, frente a la chimenea, con una copa de coñac y el periódico. Aunque no siempre leía. A veces, sólo lo dejaba caer sobre las rodillas y fumaba uno de sus puritos, pensativo.

La joven se acercó con calma y ocupó la esquina de un incómodo sofá, cerca de su suegro. Él la observó sorprendido. No era habitual que su nuera le buscase de aquel modo, propiciando un encuentro a solas. El marqués continuó con la vista puesta en ella, quien, por el contrario, la clavaba en la alfombra. Se mostraba inquieta, como preparando un discurso que no acababa de decidirse a soltar.

—¿Va todo bien? —la animó a hablar.

Aldara le miró por fin. Y Auguste la encontró tan joven, tan vulnerable, que casi le inspiró ternura. No era más que una niña obligada a mostrarse fuerte.

—Romain cree que yo sé dónde están las botellas de los tres emperadores.

El marqués se irguió en el asiento, alarmado.

—No te habrá amenazado…

—No… No. Él sólo busca aliados. —Sonrió de medio lado.

—Pues que no te meta en este asunto. Ya hablaré yo con él.

—No creo que sea necesario. Él... Bueno, le he dejado claro que yo sólo estoy del lado de Octave.

—Bien. Eso está muy bien. Así debe ser. Romain necesita límites. Los que no hemos acertado a ponerle durante años —reflexionó en alto el marqués antes de coger el vaso para dar un sorbo de coñac.

Aldara calló mientras él bebía, dudando si atreverse a hacer la pregunta que tenía en los labios, la que le había llevado allí. Al comprobar que su suegro había terminado de beber y la observaba con cierta impaciencia, se decidió.

—¿De verdad son tan importantes esas botellas? —inquirió con cautela, imprimiendo a su pregunta un tono conciliador, dulce. Incluso, para evitar que Auguste pudiera sentirse ofendido, se explicó—: Octave me las mostró, me contó su historia. Y entiendo su valor excepcional, pero... Teniendo en cuenta las presentes circunstancias...

Antes de responder, Auguste le dirigió una mirada condescendiente. Aldara creyó que quizá estaba rebajando el tono de su respuesta, ése que hacia Romain era habitualmente iracundo.

Lo cierto era que el marqués estaba pensando en lo poco instruida que estaba su nuera al respecto. Natural, tratándose de una advenediza. Octave le habría enseñado las botellas, le habría contado la historia, pero no había sabido transmitirle la noción de su legado. Claro que eso era algo que había que mamar desde la cuna, desde esa gota de vino dulce que les ponían a los Montauban en los labios el día de su bautismo. Sea como fuere, y con respecto a tan delicado tema, esa joven era como plastilina en los dedos de hábil embaucador de Romain. No podía consentirlo. Armándose de todo su espíritu didáctico, le explicó:

—Son precisamente estas circunstancias las que les otorgan aún más valor. Esas botellas no son sólo unos buenos vinos con una bonita historia. Son un símbolo de nuestra patria y de nuestro estatus. Son la esencia de los Montauban, de Francia incluso. Y rendirlas supondría entregarnos al invasor, reconocer que nos ha vencido. Supondría claudicar a su dominio y diluirnos en él. Y eso es lo que Romain quiere vender como si sólo fueran unas botellas. Además, no debes creerle cuando intente convencerte de que la economía de la familia depende de esa venta. No es así.

—Entiendo...

Auguste se incorporó hacia ella con una sonrisa cómplice.

—Algún día, pronto, Octave le mostrará a Claire las botellas de los tres emperadores y no sólo le contará su historia como yo se la conté a él y mi padre a mí. Además, le transmitirá el orgullo de haber defendido y el deber de seguir defendiendo la esencia misma de su país y de su familia. Me reconforta saber que le has dejado claro a Romain que tanto ahora, como en ese momento, tú estarás del lado de tu esposo.

Aldara asintió con convencimiento mientras le devolvía la sonrisa.

—Octave me ha dicho en su última carta que podía acudir a usted... Me alegro de haberlo hecho.

—Yo también me alegro. Puedes acudir a mí siempre que lo desees.

—Muchas gracias. Así lo haré —respondió ella según se ponía en pie—. Le dejo que continúe con su lectura. Buenas noches.

—Buenas noches, Aldara.

La joven salió del salón dejando tras de sí el suave roce de la puerta al cerrarse. Auguste recostó la cabeza en el respaldo del sillón, contempló durante un instante las llamas danzarinas de la chimenea y acabó por cerrar los ojos.

Definitivamente, lo que Romain pretendía vender no sólo era la selección de los vinos más excelentes que se pudo hacer en 1867 para servirlos a lo largo de la conocida como Cena de los

Tres Emperadores. No sólo era un pedazo de la historia. Se trataba de un pedazo de su historia. Esa que tantas veces había oído de labios de su padre desde que sólo era un niño que ya saboreaba un sorbo de vino durante las comidas.

—¿La Cena de los Tres Emperadores? Uno de ellos fue Napoleón, ¿verdad? —le preguntó el pequeño Auguste a su padre con un chorro de emoción en la voz. Por entonces, sentía una curiosa y, a modo de ver de su progenitor, discutible admiración por el primer emperador Bonaparte.

—No, hijo, no. Napoleón hacía tiempo que estaba ya bien muerto. Esta cena se celebró en 1867, con ocasión de la Exposición Universal de París. Y ni siquiera su sobrino Napoleón III, que sí que estaba vivo entonces y ostentaba el dudoso título de emperador, estuvo invitado.

—Pues vaya birria de cena.

—¿Quieres que te cuente la historia? Pues calla y escucha. Resulta que hay en París un magnífico restaurante, en el que sirven platos deliciosos. Se llama el Café Anglais; quizá celebremos tu dieciocho cumpleaños con una buena comida allí.

—Pero queda mucho para eso.

—No creas, el tiempo pasa muy rápido. Pero volvamos a nuestra historia. Resulta que al emperador Guillermo I de Alemania, quien entonces sólo era rey de Prusia, claro que no vamos a abundar en ese lamentable episodio, ahora... En fin, que al emperador Guillermo I le encantaba comer en el Café Anglais y, como estaba en París con motivo de la Exposición Universal, decidió que sería un buen momento para organizar una gran cena y, además, invitar a su amigo el zar Alejandro II de Rusia, un reconocido sibarita que también andaba por allí junto con su hijo Alejandro. Por supuesto, a la cena no faltó el canciller Otto von Bismarck, pues de todos es sabido que Guillermo no va ni al excusado sin preguntar antes a su canciller.

—Madre dice que siempre tengo que preguntar antes de ir al excusado.

—No lo hagas si alguna vez eres emperador. De hecho, ya no lo hagas, eres demasiado mayor para eso. Tengo que hablar seriamente con tu madre al respecto.

—Pero, entonces, no es la Cena de los Tres Emperadores, sino de los dos emperadores: Guillermo I y Alejandro II. Y Guillermo ni siquiera era emperador. No está bien puesto el nombre. Ya decía yo que tenía que haber estado Napoleón.

—Qué dichosa manía que tienes con Napoleón. Te olvidas de que el hijo de Alejandro II, quien, si recuerdas, también estuvo en la cena, es ahora el zar Alejandro III.

El pequeño Auguste arrugó la nariz. No estaba del todo convencido de aquellos argumentos.

—Además, por descontado que el nombre está bien puesto porque se lo he puesto yo, que soy tu padre y nunca me equivoco. Y es que fue una cena digna no de un emperador, ¡sino de tres! En ella se sirvieron los mejores manjares que te puedas imaginar: los más suculentos caldos y potajes, lenguado, rodaballo, langosta, pato, pollo y codornices, cordero, hortalizas frescas, salsas de mantequilla, trufa, ave, suflés...

—¿Y hubo chocolate? ¿Y helado?

—Ambos en cantidad. En total, diecisiete platos que se degustaron a lo largo de nueve horas. Acompañados de los vinos más exquisitos y refinados que se conocen. Ni más ni menos que estos que ves aquí.

—Pero ¿cómo iban a bebérselos si están aquí?

—Porque no se bebieron justo estas botellas, alma cándida, sino otras iguales. Pero yo, Jean Luc de Fonneuve de Montauban, que, según decía mi padre, a la sazón tu abuelo, al que Dios tenga en su gloria, siempre he sido más listo que inteligente, en cuanto me enteré de que tan magnífica cena iba a celebrarse, le encargué al chef Adolphe Dugléré, buen amigo mío desde que era jefe de cocina de los Rothschild, que me reservara un juego para mí. El único que queda en el mundo junto con el que se conserva en el Café Anglais, si es que el buen Adolphe no se lo ha bebido a estas alturas. Ahora, hijo mío, te haré una última pregunta: ¿son verdes todas las botellas de champán?

Auguste se encogió de hombros, aunque a su padre no pareció importarle demasiado su ignorancia, atrapado como estaba en la grandilocuencia de su propio discurso.

—¡No lo son! Hay un champán, sólo uno, que se embotella en vidrio transparente. Y te diré por qué. Porque en la Cena de los Tres Emperadores, el zar Alejandro II quedó tan prendando del champán Roederer que se le sirvió, que le encargó a Luis Roederer hijo que le reservara de cada cosecha el mejor *cuvée* y lo embotellara en una botella creada especialmente para el zar: de cristal Baccarat transparente, para poder apreciar el color del vino, y de fondo plano, para evitar que se pudiera ocultar cualquier arma o explosivo con los que atentar contra su imperial persona. Aquella rareza, que se creó el mismo año que tú naciste, se ha denominado champán Cristal, y maldita sea que sólo se sirve en la corte de San Petersburgo, aunque yo algún día me haré con una botella, recuerda mis palabras. De modo que ya ves, hijo mío, estás ante un pedazo de la historia no sólo de Francia, sino de Europa entera. Un tesoro de los Montauban que en un futuro tú deberás salvaguardar. Y tus hijos y los hijos de tus hijos después de ti.

Auguste abrió los ojos y regresó al salón, a la chimenea encendida y al periódico sobre sus rodillas.

«Tus hijos y los hijos de tus hijos después de ti...». Le parecía escuchar las palabras de su padre reverberar en las esquinas de la estancia, como si hubieran escapado de su memoria.

Su pobre padre... Murió sin conseguir aquella botella de champán Cristal, el cual dejó de producirse tras la Revolución rusa. La Maison Roederer lo relanzó en 1924 para todo el mercado y Auguste se hizo en ese momento con unas cuantas botellas, buena parte ya descorchadas durante alguna fiesta, pero para entonces habían perdido aquella aura de bebida reservada a los zares.

El marqués dio un sorbo a su coñac y una calada a su purito.

—Puede quedarse tranquilo, padre —le interpeló en voz alta como si se hallase allí con él—. Nuestra historia jamás caerá en manos de un maldito nazi.

Marzo de 1941

Mi querido esposo:

Espero que a la recepción de esta carta te encuentres bien de salud y, sobre todo, de ánimo. Confío en que los últimos libros que te envié sean de tu agrado y que su lectura te mantenga distraído. Simone insiste en que pesan demasiado y deberíamos sustituirlos por más comida. Tendrás que dedicarle un párrafo en tu próxima carta para asegurarle que en nuestros paquetes hemos conseguido el equilibrio que tú prefieres entre el alimento del cuerpo y el del alma.

En este momento, es el paso de estación lo que cambia en algo nuestra rutina. Te confieso que siempre he contemplado aliviada cómo la naturaleza sigue su curso a pesar de los desmanes del ser humano. Cuando la mayor parte de mi vida ha transcurrido de un sobresalto a otro, de una tragedia a otra, de algún modo, encuentro cierta calma en el devenir de las estaciones. Ahora, es una experiencia nueva hacerlo a través de la mirada de Claire.

Así, y a pesar de las circunstancias, procuro disfrutar del arranque de la primavera, que todo parece espabilar tras el letargo del invierno. Nada más despertar, abro de par en par las ventanas y dejo que entre a raudales el trino de los pájaros, la luz de la mañana despejada y esa brisa con aroma a rocío y tierra húmeda. Es como si la habitación se llenase de vida y alegría, en tanto Claire grita y gorjea al despertar luminoso; a veces, se queda mirando con atención los destellos multicolores del sol en los cristales de la lámpara.

Por la tarde, podemos alargar nuestros paseos, ahora que hay más horas de sol, un sol templado que acaricia la piel y da calorcito cuando corre la brisa fresca. El jardín está precioso con todos los arbustos llenos de brotes y las primeras flores despuntando en los parterres. Ya se ven ardillas corretear por las copas de los árboles y, como se ha deshelado el estanque, los patos vuelven a nadar en él. Cada vez que los ve, Claire empieza a llamarlos y agitar los brazos como alitas. Una de las perras, que siempre anda entre la bodega y las cuadras, ha dado a luz a una camada de siete cachorros que son tan bonitos... A Claire le encanta jugar con los perritos, que la mordisquean, la chupetean y la topan con el hocico sin que le importe una pizca. Yo creo que esta niña no le tiene miedo a nada.

Por cierto, ya le han salido dos dientes en la encía de abajo y está muy graciosa. La próxima semana iré al fotógrafo para que la retrate y enviarte una copia. Así verás la hija tan linda que tenemos. Me asusté un poco la semana pasada porque cogió un fuerte catarro que parecía no quitársele. Tosía mucho y tenía algo de fiebre. Pero ya está mucho mejor. Sabine dice que así fortalece las defensas. Menos mal que ella me tranquiliza con su experiencia y su sensatez porque aquí todo el mundo se preocupa aún más que yo y no son de gran ayuda. Si por tu padre fuera, el médico se habría instalado en esta casa.

En cuanto al viñedo, seguro que casi puedes imaginarte cómo está en esta época del año. La nieve ya apenas mancha las zonas de umbría mientras que, en las vides, aún en el esqueleto, han aparecido las primeras yemas como botones tersos. Estoy deseando que rompan y se abran paso los pámpanos y el panorama de las colinas se vuelva de nuevo verde y mullido.

Como sabes, el campo bulle de actividad. Hay que podar, remover la tierra, abonar, atar los sarmientos a las guías, fumigar... Nada excepcional salvo por el hecho de que todo es cada vez más difícil en estos tiempos extraños de control y de restricciones, de escasez y de incertidumbre. Ahora que el ejército francés se ha desmantelado y muchos soldados han vuelto a casa, la falta de mano de obra ya no es un problema tan acuciante como el año pasado; sin embargo, con muchos hombres todavía prisioneros en Alemania, sigue habiendo escasez de trabajadores. Más grave resulta la falta de materias primas: no hay casi cobre ni azufre para fumigar y abonar, el combustible es escaso, también el azúcar, el corcho, el vidrio... Las requisas y sistemas de préstamo e intercambio de animales de tiro que ha establecido el ejército alemán nos han dejado en los establos los peores caballos y mulas para trabajar el campo.

Contra viento y marea, la vida sigue adelante. Entre nosotros, parece haberse instalado una extraña sensación entre la excepción y la rutina. Con todo y pese a todo, continúan repicando las campanas de los campanarios de Beaune y sus alrededores. No dejan de marcar puntualmente el ritmo del día, ese que imponen el campo y el culto desde hace siglos. Como si nada hubiera cambiado, aunque todo sea diferente en realidad.

La nueva estación también ha traído cambios por parte de los alemanes. De un día para otro, sin dar razón ni explicación, el *Weinführer* Doerrer ha sido relevado de su cargo. Un nuevo equipo se ha instalado en el Hotel de la Poste, encabezado por un tal herr Adolph Segnitz. Al parecer, aquí todo el mundo lo conoce bien, ya que, al igual que Doerrer, herr Segnitz tenía tratos con los comerciantes y bodegueros de Borgoña antes de la guerra. Sin embargo, yo diría que se le tiene en más estima que a su predecesor. Tu padre, incluso, habla bien de él, admite que es un gran profesional, que conoce en profundidad el mundo del vino y que hasta ahora había demostrado honradez y buen hacer en sus negocios. Lo que lamenta es que se haya convertido en un nazi.

Yo no lo he visto todavía, pero lo cierto es que se comenta que herr Segnitz no parece un nazi. Dicen que apenas usa el uniforme y que, por el contrario, suele pasearse con su abrigo Loden de color verde oscuro y su sombrero por las calles de Beaune, donde le gusta detenerse a tomar un vino y hablar con la gente, en un francés perfecto, siempre afable y sonriente.

Entretanto, tu hermano sigue peleando en vano contra la obstinación de tu padre, quien, pese al cambio de *Weinführer*, continúa firme en su empeño de no hacer negocios con los alemanes. En ocasiones, parece que las cosas están más calmadas porque ya no discuten tanto y tan acaloradamente como solían; sin embargo, creo que en tu padre se ha instalado la desconfianza hacia Romain y su trato se ha vuelto más frío y distante.

Me despido ya, amor mío. Espero con impaciencia tu próxima carta y confío en que las mías sigan sirviéndote de evasión al llevarte recuerdos gratos del hogar y la familia. Lo peor de estos tiempos es esa sensación inquietante de que la calma es efímera y queda relegada a momentos precisos y fugaces, que apenas ocupan unas pocas páginas de una carta.

Con todo el amor de quienes aguardan con ansia tu regreso,

CLAIRE Y ALDARA

Aldara releyó la carta. Demasiado larga una vez más, siempre le sucedía lo mismo. Y luego estaba el asunto de la censura. No estaba segura de que a los censores alemanes les gustara que se usase la palabra nazi en tono despectivo, como acababa de hacer.

Desde primeros de año y ante la avalancha de correo entre los prisioneros y sus familias, las autoridades alemanas habían impuesto una serie de restricciones. Sólo se podían enviar cartas y tarjetas postales que venían en formularios preimpresos adjuntados por el propio prisionero en sus misivas. Cada tarjeta contaba con siete líneas, que se ampliaban hasta veintiséis en el caso de las cartas. Se permitía enviar un máximo de dos de cada una al mes. Y escritas siempre a lápiz, nada de tinta.

Aquellas limitaciones a Aldara le resultaban muy frustrantes. Tenía tanto que contar, tanto que expresar, que, por mucho que apretara las letras, aquellas pocas líneas se le hacían ridículamente escasas. Y es que, para ella, el correo no suponía sólo una forma de comunicarse con Octave, sino también de desahogarse, como quien escribe un diario.

Por eso, acabó acostumbrándose a escribir antes un borrador que luego iba recortando. Y en el que acababa de leer, había mucho que recortar, pensó con un suspiro mientras, lápiz en mano, se encomendaba a la ingrata tarea.

Abril de 1941

Un soldado de la *Wehrmacht* subió con paso decidido el tramo de escaleras hasta la puerta principal del *château*. A su espalda, se oía el ajetreo de sus camaradas descargando el equipaje de la camioneta: un baúl, un par de maletas, otras tantas bolsas y macutos...

Avanzó unos pasos y llamó al timbre. Se cuadró después frente a la hoja de madera como si fueran a pasarle revista y aguardó. Transcurrieron unos segundos. Insistió con un nuevo timbrazo. Dirigió una mirada a la pareja que aguardaba al pie de la escalera junto al equipaje. Se encogieron de hombros. El soldado volvió a llamar, dejando esta vez el dedo sobre el pulsador.

El campanilleo del timbre empezaba a resultar molesto cuando la puerta al fin cedió, con pereza, como si pesase una tonelada. Plantado en el umbral, un hombre lo miró en silencio. Al soldado le pareció un tipo extraño, inquietante. Era enorme, alto y corpulento, de mediana edad, poco mayor que él mismo. Pero lo que captaba toda su atención de un modo casi morboso era su rostro. Él ya había visto algunos de ésos, veteranos de la Gran Guerra como él, compañeros de trinchera abrasados por el maldito gas.

Obviando el aspecto de aquel sujeto, que tan malos recuerdos le traía, volvió a concentrarse en la misión que le había llevado hasta allí. Se cuadró de nuevo.

—Buenas tardes, señor. Esta residencia será utilizada para alojar a un oficial alemán. Aquí tiene la orden de incautación de la *Kreiskommandantur.*

Tras soltar el breve discurso según el guion y en un francés bastante malo, le mostró el documento oficial.

Sin embargo, el otro no movió ni lo más mínimo ninguna de sus descolocadas facciones. Sólo le miraba fijamente. Al cabo de un instante que al soldado le pareció tan largo que a punto estuvo de repetir su introducción, el tipo bajó los párpados hacia el documento que le mostraba. Y nada más sucedió. Permaneció bloqueando la puerta como un muro.

—Señor, soy el ordenanza. Yo entro a inspeccionar habitaciones. Una para mi oficial y otra para mí, en zona de servicio. La mía en zona de servicio, la de oficial en zona... oficial, *¿a?*

Empezó a impacientarse. ¿Es que aquel tipo no iba a hacer otra cosa que mirarle con hostilidad? Hizo una seña a los otros soldados para que subieran el equipaje.

—Señor, tengo orden.

Dio un paso al frente.

—¿Señor? —alzó la voz con un tono autoritario.

—¿Qué ocurre aquí?

Como salido de la nada, a espaldas del obstinado francés, apareció un nuevo personaje, perfectamente trajeado y de porte distinguido. Se trataba de un caballero, sin duda. Ése debía de ser el dueño de la mansión y no el otro patán.

—¿Por qué has abierto tú la puerta, Pascal? ¿Dónde está Jacques?

Cuando el soldado vio que el caballero se dirigía al patán gesticulando y vocalizando con exageración, comprendió que había intentado hacerse entender con un sordomudo.

—¿Y usted quién es y qué hace aquí?

—Soldado Franz Schutter, señor. Traigo orden de incautación de la *Kreiskommandantur* para alojar a un oficial alemán.

Se cuadró por tercera vez. En esa ocasión, confiado, casi

sonriente. Lo que no podía ni imaginarse en aquel momento era que Auguste de Fonneuve se lo iba a poner mucho más difícil que el criado sordomudo. Aunque no iba a tardar en averiguarlo.

Aldara no estaba en casa cuando se habían presentado los alemanes requisando habitaciones. Había pasado la tarde en Beaune con Claire y Sabine, donde las mujeres habían hecho algunas compras y tomado después una limonada mientras la niña dormía la siesta en el cochecito.

Fue al regresar cuando se enteró del pequeño drama que había acontecido durante la tarde. Romain la puso al día cuando, de camino al comedor donde les esperaba la cena, se encontró con ella.

—Ya sabes cómo es mi padre, así que puedes imaginarte el escándalo que ha montado en el mismo recibidor. Suerte que he llegado a tiempo de evitar que el soldado fuera en busca de los gendarmes y que lo detuvieran por desacato.

—¿Y el oficial ya se ha instalado aquí?

—No, todavía no. No sabemos cuándo llegará. De momento, sólo se ha presentado la avanzadilla para traer el equipaje y asegurarse de que todo estuviera listo: una habitación amplia, bien ventilada y toallas limpias cada mañana. También, desayuno y cena. Eso es lo que quieren. Aunque pagan bien, diez francos por noche más otros cinco por el ordenanza y cinco más por aparcar el automóvil en el garaje.

En aquel instante, en la penumbra del comedor, con las ventanas cubiertas por telas oscuras para cumplir las ordenanzas de seguridad antibombardeo y con sólo la mitad de las luces de la gran lámpara encendidas para ahorrar en bombillas, los tres cenaban en silencio, como la mayoría de las noches, aunque, en aquella, un fantasma más flotaba en la habitación.

—Ese oficial… de ahora en adelante, ¿hará las comidas con nosotros? —quiso saber Aldara, incómoda con la mera de idea de tenerlo en la mesa.

—Que me vea obligado a alojarlo en mi casa no quiere decir que tenga también que sentarlo a mi mesa. He dado orden de que se le sirvan las comidas en su habitación. Como es natural, tú tampoco querrás sentarte junto a un alemán, un fascista, un cómplice de la muerte de tu familia, de la desgracia de tu país, así como de la desgracia de ahora el nuestro. Y, sobre todo, del infortunio de tu esposo —sentenció el marqués, hablando por ella.

La joven se limitó a negar con la cabeza.

—Después del recibimiento de hoy, estoy seguro de que él es el primero que no tiene ningún interés en compartir la mesa con nosotros —observó Romain.

Auguste levantó la vista del plato para mirar con dureza a su hijo.

—Ya sé que tú le hubieras puesto la alfombra roja al enemigo. Tú y tus intereses, aún oscuros para mí. No me extrañaría que tuvieras mucho que ver en esto.

—Tú siempre pensando lo mejor de mí. Pues, mira por dónde, esta vez, tienes razón. En parte. Sí que he tenido que ver, sí, pero para conseguir que sólo nos obligaran a alojar a un oficial y su ordenanza, no a varios hombres como tienen la mayor parte de las grandes casas de la zona. ¿Sabías que éramos los únicos?, ¿que hacía meses que la *Kommandantur* nos tenía en el punto de mira? ¡Hay hoteles y casas enteras incautadas, por el amor de Dios! De verdad que a veces pienso que ignoras lo que está pasando ahí fuera.

El marqués movió la cabeza con desdén.

—No voy a seguir hablando más de este tema. No tengo ganas de discutir.

—Cuánto me alegro, porque yo tampoco —concluyó Romain vaciando la copa de vino de un trago y poniéndose en pie—. Si me disculpáis, ya no tengo más apetito.

El joven se marchó, airado. Y el silencio volvió a instalarse en el comedor, apenas perturbado por el leve roce de vajilla y cubiertos cuando apenas había ganas de comer.

Mi querido Octave:

Esta situación de espera permanente en la que tengo la sensación de que vivimos, que a veces descorazona porque parece que no fuera a acabar nunca y a veces asusta por cómo pueda acabar, se interrumpe de cuando en cuando, como al topar con baches en una carretera llana y lisa que no se sabe si conduce a un abismo.

A menudo te digo que no hay grandes novedades. Bien, pues hoy las hay.

Nos obligan a alojar a un oficial alemán en casa. También a su ordenanza. Y, aunque todavía no se han instalado ni sabemos cuándo lo harán, ya se les han asignado las habitaciones que ocuparán. Para el oficial, han escogido una de las habitaciones de invitados, la de colores tostados que tiene esa colección de cuadros con escenas de caza. Por suerte, al estar en el piso de arriba queda apartada de las nuestras. Supongo que les ha gustado porque es amplia y tiene unas bonitas vistas sobre el bosquecillo de la parte de atrás, aunque no sé si han reparado en que está orientada al norte y, en invierno, es más fría que otras. En cuanto al ordenanza, ocupará una de las habitaciones de las caballerizas, la que era de ese mozo que también sigue prisionero en Alemania.

Te puedes imaginar que tu padre ha puesto el grito en el cielo con la situación. Claro que no ha tenido más remedio que claudicar. Todos hemos claudicado. Francia es un país ocupado, aunque no le guste ni a él ni a muchos.

Va a ser muy extraño convivir con un desconocido, con

alguien que está aquí por imposición, que ha empuñado su arma contra quien ahora le aloja y que representa todo lo que tememos y detestamos. Bastante doloroso es ver a los alemanes tomar los espacios públicos con esa horrible ostentación de supremacía, con esa marcialidad que pretende amedrantar, pero ¿el hogar? Es como si nos obligaran a enfrentarnos en nuestra propia casa, en nuestro espacio más íntimo y sagrado, a nuestra lamentable realidad, haciendo gala de abuso y regodeo.

Tu padre ya ha dejado claro que no le va a permitir comer en la misma mesa que la familia, pero me pregunto si me toparé con él cuando busque la paz de la biblioteca para leer; o en la terraza las tardes que salgo allí a jugar con Claire. ¿Querrá sentarse junto al fuego de la chimenea del salón en invierno?, ¿podré dejar a Claire con sus juguetes sobre la alfombra si él está por allí?, ¿nos cruzaremos al subir o al bajar las escaleras?, ¿querrá usar el gramófono, el piano o servirse una copa del mueble de las bebidas cuando vuelva de trabajar por el bien de Alemania?

Me hierve la rabia cuando pienso que él va a ver crecer a nuestra hija mientras tú estás lejos de casa, que se sentará en el sillón donde tú tendrías que estar sentado, que se asomará a la barandilla para contemplar el paso de las estaciones en el viñedo donde tú tendrías que estar asomado, que será su rostro el que yo vea a diario y no el tuyo.

Aldara, que nada más cenar había subido a su habitación y se había ido derecha al escritorio a redactar aquella carta con frenesí, según brotaban las ideas de su cabeza, con letra apresurada, enmiendas y tachones, soltó de repente el lápiz. Se sentía algo acalorada. Sin importarle que la luz estuviese encendida y contraviniese con ello varias ordenanzas, abrió la ventana y, con el alivio y la lucidez otorgados por la brisa, arrugó la carta hasta hacer una bola de papel con ella.

No iba a enviarle aquella carta a Octave. Lo único que ella necesitaba era desahogarse y ya lo había hecho. Quizá no fuera para tanto, quizá estaba sacando las cosas de quicio. Después de todo, sólo se trataba de un condenado oficial alemán. Ella sólo echaba de menos a Octave, cada vez más. Y todo lo que estaba haciendo era buscar un responsable, una explicación que nunca encontraba al hecho de que sistemáticamente se le negase la dicha completa, como una especie de sino maldito en su vida.

En el silencio y la soledad de la biblioteca, cuando el resto de la casa dormía, Romain dio una calada al cigarrillo y espiró el humo lentamente. Se refrescó la boca después con un trago. Whisky con hielo, su bebida favorita. Aquel era su tercer vaso y ya empezaba a notar los efectos sedantes del alcohol, esa embriaguez ligera y agradable, lenitiva. Debería parar ahí, antes de rebasar el límite que le llevase a arrepentirse por la mañana.

Movió lentamente el vaso entre las manos y perdió la vista en el líquido dorado y aceitoso, en el movimiento casi sensual de los hielos contra el cristal. Bebió de nuevo, con ansiedad, hasta casi vaciarlo. Una más, tomaría una más. La última.

Cuánto disfrutaba del whisky. Aunque también del vodka, del ron, de la ginebra... De cualquier cosa que no fuera coñac. Lo cierto era que detestaba el coñac, lo bebía como hubiera bebido alcohol de quemar. El maldito coñac que estaba por todas partes en aquella maldita casa. Era lo único que tomaba su padre, además de, por supuesto, vino. En su presencia, no se servía otra cosa porque, según él, si se hacían licores en Francia por qué había que pagar por los de otros lugares. El viejo era francés hasta el esperpento y eso le sacaba de sus casillas. El viejo le sacaba de sus casillas, siempre lo había hecho.

Se ponía malo de pensar en la cantidad de oportunidades que estaba perdiendo, en la cantidad de dinero que estaba llenando el bolsillo de otros en lugar del suyo. Y todo por culpa de ese chovinista irracional y obstinado.

Pero no estaba dispuesto a seguir esperando, a seguir malgastando el tiempo con paños calientes que no daban ningún resultado. Había llegado el momento de jugar sus bazas.

Estaba seguro de que podía negociar con los alemanes la liberación de Octave a cambio de acuerdos comerciales ventajosos para el Reich. Por supuesto que era una opción que se había planteado. Considerando cuánto ansiaba el viejo el regreso de su hijo predilecto, resultaría muy sencillo doblegarle con ese cebo. Sin embargo, una vez que lo reflexionó detenidamente, se dio cuenta de que lo último que le interesaba era tener a su hermano de vuelta en casa, haciendo equipo con su padre, entorpeciendo aún más si cabía los planes de Romain. Besando, abrazando y manoseando a esa mujer suya delante de todos. Delante de él. Lo descartó.

Para obtener el control total de la situación necesitaba eliminar de la ecuación a su padre y a su hermano al mismo tiempo. Y estaba en su mano conseguirlo. No resultaba sencillo, claro. Por el contrario, se trataba de un complejo tapiz que llevaba urdiendo mucho tiempo. Pero que se encontraba a punto de rematar. Sólo estaba a la espera de una contestación que confiaba en que no se demorase demasiado. Herr Lutz ya daba muestras de estar empezando a perder la paciencia y él no estaba dispuesto a dejar escapar ese negocio. Ni ése ni otros muchos que tenía en mente. Aunque tuviera que pasar por encima del cadáver de su padre. Un cadáver envuelto en la tricolor francesa.

Fumó con avidez una calada tan larga que consumió buena parte del cigarrillo. Se quedó al borde de la arcada.

Una carta. Sólo estaba pendiente de una carta.

—*Le jour de gloire est arrivé…* —murmuró entonces, sin

entonar, la frase de *La marsellesa*, que se elevó hecha humo desde sus labios.

Hasta allí llevó el vaso a modo de brindis al aire. Después, apuró el whisky hasta la última gota y volvió a servirse a rebosar.

Una última vez. Quizá.

El teniente Hubert Eberhart terminó de organizar el escritorio para que cupiera todo lo que quería poner encima: el tocadiscos portátil que le había regalado su padre, el bloc de dibujo, la caja de lápices y la máquina fotográfica. Con todo bien ordenado, le quedaba además un buen espacio libre para trabajar. Le gustaba el orden; era algo que había aprendido a valorar en el ejército.

Una vez que hubo vaciado y colocado el contenido de su equipaje, se detuvo a contemplar de nuevo su habitación. Era amplia, con todo lo necesario más algunas frivolidades como la *chaise longue* bajo la ventana y el espejo de cuerpo entero. Contaba hasta con baño propio. Además, estaba decorada con gusto a base de muebles clásicos y tapicerías de rayas en tonos claros. Aunque la había ocupado ya de noche, se la imaginaba luminosa y bien ventilada gracias a dos amplios ventanales.

Hubert apagó la lamparita y abrió uno de ellos. Enseguida sintió la brisa fresca y el olor a vegetación y a tierra mojada que tanto le recordaba al de su hogar. Por lo demás, reinaba la calma propia de la naturaleza: el rumor de los árboles, el canto de los grillos y la melodía de un ruiseñor seduciendo a las hembras.

El joven se quitó la guerrera del uniforme y la colgó del respaldo de la silla, se desabrochó los primeros botones de la camisa y se sacó los tirantes por los brazos. Estiró un poco los músculos del cuello y los hombros y se tumbó en la cama, procurando dejar las suelas de las botas por fuera. Tanto le había insistido su madre en ello desde bien pequeño que había acabado por interiorizarlo. El colchón era cómodo, mullido sin resultar demasiado blando. Y el somier no chirriaba lo más mínimo.

Suspiró.

No le hacía gracia alojarse en un hogar francés por muy lujoso que fuera, y éste lo era. Y no porque tuviera nada en contra de los franceses, sino porque los franceses lo tenían todo en contra de él.

Antes de la guerra había pasado nueve meses en Francia, cursando en la Universidad de Lyon el último año de sus estudios de ingeniero agrónomo, y se había enamorado de la cultura, la gastronomía y el modo de vida del país vecino. Había hecho buenos amigos por aquel entonces. Amigos que, pocos años después, estarían al otro lado del frente, en el punto de mira de su arma.

Históricamente, franceses y alemanes nunca se habían tenido mucha simpatía mutua; sin embargo, durante su época de estudiante, él sólo podía afirmar que los franceses le habían acogido con naturalidad, con afabilidad, incluso. Hacía tan sólo unos instantes, lo habían hecho con hostilidad. Al llegar, se había presentado al marqués de Montauban y a su hijo; de forma cordial, con la corrección exquisita con la que sus padres le habían enseñado a conducirse en cualquier circunstancia. Les había dado las gracias por procurarle alojamiento y les había asegurado que haría todo lo posible por causarles las mínimas molestias. A cambio, había recibido una mirada de desprecio y un silencio cargado de aversión por parte del marqués. El hijo se había mostrado algo más amable, le había ofrecido incluso una copa que él había rechazado educadamente; lo único que deseaba era refugiarse en su habitación. Ahora, echaba en falta esa copa.

Sabía que, en la casa, además de unas cuantas personas de servicio, vivían una mujer y su bebé, al que había oído llorar hacía un momento. Eran la esposa y la hija del primogénito del marqués, que estaba preso en Alemania.

¿Acaso podía reprochar al marqués su hostilidad?

A él mismo se le hacía extraño, en aquel momento, enrevestido del rango, la autoridad y el significado que le otorgaba su uniforme de la *Wehrmacht*, irrumpir en casa ajena y quebrantar la intimidad de una familia que le detestaba por el simple hecho de ser alemán. Y todo por llegar unas semanas después que el resto de su unidad.

Su anterior destino había sido Saint-Malo, una localidad de la costa oeste francesa, un lugar húmedo, frío, expuesto a los continuos temporales del océano. Un espacio gris y fuertemente militarizado en el que se desplegaba parte de la línea defensiva del Atlántico. Fue allí, tras largas jornadas de guardia a la intemperie en lo alto de un acantilado sobre el que se situaba una batería de cañones antiaéreos, donde a finales de enero cogió un buen resfriado, que devino en gripe, que, a su vez, devino en neumonía. Había pasado los dos últimos meses, primero, en el hospital, y después, en su casa, para continuar con su recuperación. Su convalecencia había terminado con un ascenso a *Oberleutnant* y un nuevo destino en una posición administrativa, lejos del combate. Desde luego que su nuevo cometido, como ayudante personal de Adolph Segnitz en la Agencia para la Importación de Vino de Francia, le resultaba mucho más atractivo, pero hubiera deseado poder incorporarse a la vez que el resto del equipo.

Los compañeros le decían que tenía suerte de que los acuartelamientos ya estuvieran completos, que le habían asignado una de las mansiones más hermosas de la zona, que allí viviría a cuerpo de rey. No obstante, él no estaba tan seguro de eso y menos después del recibimiento dispensado. Además, reconociéndose tímido y reservado, anticipaba situaciones muy incómodas que no sabría resolver. Sí, definitivamente hubiera preferido alojarse con los demás miembros de la Agencia en el Hotel de la Poste.

Hubert se incorporó perezosamente, se sentó al borde de la cama, cogió el paquete de tabaco y el mechero y se encendió un cigarrillo. Dio una calada y se inclinó, apoyándose en sus propias rodillas. Estaba cansado, pero no tenía sueño. En ese momento, se le ocurrió que, aprovechando que los habitantes de la casa descansaban en sus habitaciones, bajaría a la biblioteca, a servirse esa copa y a escoger un buen libro. La lectura y el alcohol le ayudarían a dormir.

Aplastó el cigarrillo sin apenas fumar en un cenicero y, encendiendo un quinqué de queroseno que había sobre la mesita de noche, salió del dormitorio.

Al principio, se desorientó en la oscuridad de aquel caserón desconocido, pero no tardó demasiado en encontrar el camino hacia la biblioteca, en la planta baja. Al penetrar en la estancia, le sorprendió ver una lamparita encendida. Supuso que habrían olvidado apagarla, pues allí no se veía a nadie. Fue sólo al dirigirse hacia el mueble bar cuando comprobó que no estaba solo.

Había una mujer oculta tras el respaldo de un sillón. Dormía. Y el bebé que sostenía entre los brazos, también. Su primer pensamiento fue salir de allí, sigilosamente para no despertarlas. Mas se quedó clavado en el sitio, contemplándolas. Ella era muy joven. Apoyaba la cara sobre la cabecita del bebé, que se movía suavemente al ritmo de la respiración de la madre. Ambas mostraban las mejillas sonrosadas como si la cercanía de sus cuerpos las sofocase. Quizá a causa de la luz, tenue y dorada, o de la postura, o del gesto, incluso del color azul índigo de la chaqueta de ella, el conjunto se le asemejó a la pintura de una madona renacentista. Semejante escena tierna y conmovedora le inspiró una extraña sensación de paz que hacía mucho que no experimentaba. Él no era dado a las hipérboles, pero en aquel momento sentía que aquella simple imagen hubiera podido reconciliarle con un mundo que hacía tiempo que había dejado de comprender.

Hubiera podido sentarse en el sillón de enfrente a contemplarlas toda la noche o hasta caer dormido también.

Entonces, ella se despertó, sobresaltada. Durante un breve instante, le miró aturdida, tratando de ubicarle y ubicarse. El propio Hubert también vacilaba al sentirse sorprendido en una falta. Se cuadró.

—Madame, le ruego me disculpe. Sólo he venido a servirme una copa. No la molestaré más.

Aldara se puso en pie de repente y apretó a Claire contra su pecho.

—Yo... No... La niña no se dormía y... A veces, vengo aquí a pasearla de un lado a otro hasta que coge el sueño. Pero no...

Se interrumpió. Su gesto se tornó duro. No podía seguir soportando aquella mirada sobre ella. Sin más explicaciones, se dio media vuelta y se marchó.

Hubert se quedó con la vista perdida en la puerta por la que ella acababa de desaparecer. En su retina, permanecía grabada la imagen de su rostro y de la cruel cicatriz que lo profanaba. Notó cómo se le erizaba la piel bajo la camisa. Aquella mujer era la más bella que había visto nunca.

Mayo de 1941

Los Jourdan vivían cerca del Domaine, en una casita de dos pisos construida hacía más de un siglo en piedra con el tejado de pizarra. Estaba enclavada en mitad de un pequeño terreno cercado que incluía un jardín bien cuidado, una huerta y un corral donde criaban gallinas, ocas y conejos. Los meses templados, la brisa y el sol entraban a raudales por las ventanas y puertas abiertas y Sabine sacaba las macetas de flores a los alféizares; los más fríos, ardía siempre el fuego en la chimenea y un puchero borboteaba en el fogón de la cocina. Pero lo que más le gustaba a Aldara era que la casa estaba llena de vida, con los seis chicos correteando por los aledaños, jugando en el suelo o haciendo las tareas de la escuela en la mesa del comedor. Era una casa bulliciosa y desordenada. Un verdadero hogar.

A Aldara le encantaba pasar el tiempo allí, dejarse arropar por esa auténtica sensación de estar en familia que ella siempre añoraba. A menudo, cogía su bicicleta, acomodaba a Claire en una cesta que Pascal había ingeniado para la pequeña en la parte delantera y pedaleaba la corta distancia hasta *Le coin de la mousse*, el rincón del musgo, que era como se llamaba el lugar, haciendo honor a la pelusa verde que cubría el cercado de piedra.

Aquella bonita tarde de primavera, las mujeres se habían reunido a coser en la cocina, donde olía a café y bollos de mantequilla recién horneados. Del jardín, llegaba la algarabía de los chicos jugando a la pelota. Mientras, Claire se entretenía deshaciendo un trozo de bizcocho y afanándose en recoger las miguitas con sus dedos torpes para llevárselas a la boca.

—¿Qué tal con el boche?

Aldara alzó la vista de la labor de punto que estaba tejiendo y dirigió una mirada inquisitiva a Sabine. La mujer seguía concentrada en la tela que pasaba por la aguja de la máquina de coser. Estaba metiendo o sacando, según la necesidad, los bajos de los pantalones de sus hijos.

—¿El boche?

Sabine rio.

—El alemán. Los llamamos así desde la otra guerra. No me preguntes por qué. Igual viene de *caboche*, que es algo así como «cabeza buque cuadrada».

—Tiene sentido.

La joven le metió a Claire en la boca una miga de bizcocho que se le había quedado en la comisura de los labios y volvió a la labor.

—Pues con el boche bien, supongo. La verdad es que no para mucho por casa. Se marcha por la mañana muy temprano y no regresa hasta poco antes del toque de queda, a veces, incluso más tarde. Así que no coincido con él, gracias a Dios.

Según pasaba las agujas por la lana de forma mecánica, no pudo evitar recordar su primer y único encuentro con el alemán, su rostro tomando forma en la nebulosa entre el sueño y la conciencia. Recordaba su cabello castaño, casi dorado, los ojos grandes, quizá verdes, quizá dorados también. Seguramente fuera a causa de la luz, porque nadie tiene los ojos dorados. Lo recordaba joven, muy joven. De expresión dulce y amable, cohibida. En absoluto tenía cara de rudo soldado, al menos, de esos rudos soldados alemanes que ella detestaba. Lo reconoció únicamente por el uniforme; al cabo de un rato, eso sí, porque no vestía la guerrera y sólo llevaba puesta una camisa como cualquier hombre hubiera llevado. Claro que los pantalones y las botas lo delataron. Desde aquel instante, también lo detestó a él. Era una suerte que la casa fuera grande y su presencia se diluyese. Cierto que, al caer la noche, solía oír el rumor de la música que ponía en el tocadiscos. Música clásica, piezas de piano, sobre todo. A Aldara le gustaba escucharlas cuando ya estaba metida en la cama, en la penumbra de su habitación. Más de una noche se había dormido arrullada por una suave melodía.

—Me imagino que tampoco será fácil para ellos. Para él, en concreto, que tiene que vivir entre el rechazo de unos extraños —apuntó Sabine.

Aldara levantó de nuevo la cabeza, esta vez entre sorprendida y algo indignada por aquel comentario.

—Pues que se larguen por donde han venido y nos devuelvan a nuestros hombres y nuestro país —argumentó sintiéndose de pronto más francesa que nadie—. Ya verían como así se ponía fin al rechazo si es que tanto les molesta.

Sabine se limitó a esbozar una sonrisa condescendiente. Ay, la vehemencia juvenil. Qué sencillo lo veían todo. Qué blanco y qué negro sin lugar a los matices.

Por un momento, las mujeres permanecieron en silencio, cada una a lo suyo, con el traqueteo de fondo de la máquina de coser y el leve golpeteo de las agujas de punto.

—Pero no sabes la última —se decidió Aldara a hablar al cabo—. Romain quiere dar una fiesta.

Semejante anuncio hizo que Sabine dejara de darle al pedal de la máquina y mirara a Aldara por encima de las gafas con curiosidad.

—¿Una fiesta? ¿En el Domaine? ¿Y piensa invitar a los boches?

—Por ellos quiere organizarla.

—Pero ¿y Auguste? Dudo mucho que esté de acuerdo con eso.

—Y no lo está. Llevan toda la semana discutiendo. De verdad que yo hay veces que no entiendo a ninguno de los dos.

No entiendo esa cerrazón de Auguste a la hora de vender el vino a los alemanes, cuando de ello depende la supervivencia de la bodega. Pero tampoco entiendo ese afán de Romain por contemporizar con ellos. Es como si les gustase llevarse la contraria por definición.

—Ya te lo dije. Siempre ha sido así. Romain es así, por mucho que haya podido cambiar.

—Ya…

Aldara dudó si confesarse con Sabine y contarle los encontronazos que había tenido recientemente con su cuñado. Al final, decidió no ir aireando el asunto. Después de todo, tal vez ella fuera un poco susceptible y estuviera sacando las cosas de quicio. Romain llevaba unos días más tranquilo, agradable, incluso.

—De todos modos, esa inclinación de Romain por los alemanes no es sólo cosa suya —continuó Sabine—. Hay muchos franceses como él, empezando por Pétain. El mariscal es el primero que ha rendido Francia a los nazis. Él es el gran contemporizador y con él todos los que le adoran y se tragan ese discurso suyo de que es lo mejor para el país.

—Según Romain, hay que aceptar de una vez por todas el hecho de que están aquí y que no sabemos por cuánto tiempo, quizá para siempre. De modo que lo mejor es llevarse bien con ellos. Que el enfrentamiento sólo desgasta y no se obtiene ventaja alguna de él.

—Y son muchos los que piensan así. ¿Sabes cuántas fiestas se han dado ya para los alemanes en los *châteaux* de la zona, de Chalon-sur-Saône a Dijon? Supongo que tu cuñado lo que no quiere es llegar tarde al reparto del pastel. Decimos de los alemanes, pero hay franceses que no sé si son peores. Después de todo, les importa un comino su propio país.

—Pero ¿y si es cierto que los alemanes no se van nunca?

—Desde luego que no se van a ir si no los echamos. Claro que, para echarlos, hay que tener las ganas y las agallas de hacerlo. Y no sé yo si ése es el sentir de la mayoría. ¿Te puedes creer lo que sucedió el otro día en una reunión de Segnitz con comerciantes y productores? Resulta que el *Weinführer* les mostró y les leyó una nota anónima que había recibido a los pocos días de llegar. Decía algo así como que se diese por avisado de que eran muchos los que trataban de engañarle escondiendo los mejores vinos y ofreciéndole otros de peor calidad.

—No... ¿Y dijo que iba a tomar represalias?

—Ahí está la cuestión. Segnitz es un buen tipo. Además, conoce a todo el mundo por aquí y sabe tanto de vino como el que más, así que no se le puede engañar fácilmente. Delante de la concurrencia, rompió la nota y dijo que, en lo que a él concernía, era como si no la hubiera recibido. Pero dejó un mensaje claro: andad con cuidado, que quien más daño os puede hacer está entre vosotros. Y no le falta razón. ¿Tú sabes la pila de mensajes que se acumulan en la *Kommandantur* de franceses delatándose y acusándose entre ellos? Es una vergüenza. Así que igual no conviene condenar o ensalzar a las personas sólo por el colectivo al que pertenecen. Yo es todo lo que digo.

En aquel momento, un llanto quejumbroso interrumpió la charla de las mujeres. André, el cuarto de los chicos Jourdan, se había lastimado en la rodilla al intentar parar un gol de uno de sus hermanos. Su madre se levantó a secarle las lágrimas y limpiarle la herida.

Entretanto, Aldara se quedó dándole vueltas a la reflexión de Sabine. Puede que su amiga tuviera razón. Y no es que ella pensara que todos los alemanes eran viles por el mero hecho de ser alemanes. Sin embargo, en lo referente a aquéllos con los que ella estaba obligada a tratar, le parecía muy difícil juzgarlos al margen de su colectivo puesto que, estando allí por la fuerza, como estaban, era precisamente a un colectivo al que representaban. De algún modo, eso ya los calificaba.

Con ocasión de una colecta de ropa que la iglesia local estaba organizando para los refugiados, Aldara se acercó a Beaune. La llevó Pascal en el automóvil porque, de lo contrario, no hubiera podido cargar con unas bolsas de ropa que a Claire le había quedado pequeña y de otras prendas que había recopilado aquí y allá, que pensaba donar.

Como Sabine también iba a donar ropa de sus hijos, ambas mujeres quedaron en verse en la ciudad y aprovechar para comprar algunos ovillos de lana y tomar un café.

Lo que no dejaba de sorprenderle a Aldara siempre que visitaba Beaune era que, en realidad, no parecía haber cambiado tanto. Cierto que unas cuantas banderas nazis colgaban de algunos edificios y que, de cuando en cuando, se oía el taconeo de las patrullas alemanas sobre el pavimento de guijarros; que había soldados con sus uniformes verdegris en los cafés y en las tiendas; o que podías tener la mala suerte de toparte con un control para comprobar que tu documentación estaba en regla y que no llevabas armas encima. También que a las autoridades alemanas, por algún retorcido motivo, les había dado por retirar la estatua de Sadi Carnot, un presidente de la República que murió asesinado por un anarquista, y habían dejado la plaza del mismo nombre, la más importante de Beaune, como páramo.

Pero, por lo demás, todo transcurría como siempre en aquella pequeña y bonita ciudad, que aunaba su pasado medieval, patente en las estrechas callejuelas jalonadas de casas con entramados de madera, con su presente, más señorial y elegante, de plazas abiertas, calles amplias y edificios de color crema con tejados de pizarra gris. Todo ello presidido por la joya de la localidad: los Hospicios o el *Hôtel de Dieu*, una magnífica construcción gótica del siglo XV con un singular tejado de tejas vitrificadas de colores dispuestas creando diseños geométricos, que albergaba un orfanato y un hospital benéfico.

Allí se encontró con Sabine y, escoltadas por Pascal, que cargaba con las bolsas, accedieron a la sala donde se recogían las donaciones. Por supuesto, madame Perroux y su corte de chismosas estaban al frente de tan caritativa iniciativa, disponiendo y organizando como a ellas les gustaba.

—¡Oh, madame de Fonneuve, déjeme que vea a la criatura! Desde que supimos que había venido al mundo, Blandine y yo hemos querido ir a conocerla, pero se van unos días con otros y una no sabe cómo... ¡Pensar que tiene ya casi un añito! Oh, pero ¡qué preciosidad! —Madame Perroux, asomada a la sillita de paseo, profirió su halago a viva voz en la cara de Claire. La niña, que estaba profundamente dormida, dio un respingo—. Vaya, se ha despertado. Bueno, así puedo verle los ojos. Oh, sí, definitivamente ha sacado los ojos de usted. Pero, en todo lo demás, es digna hija de su padre. Igualita igualita que él. Pobre Octave, sigue bien, ¿verdad? —Aldara apenas tuvo ocasión de asentir—. Dentro de lo que cabe, por supuesto, estando como está prisionero. Tiene que sentirse usted muy angustiada. No crea que no doy gracias a Dios por lo afortunada que soy de no tener hijos ni ningún otro varón cercano en edad de luchar por el que sufrir. Claro que comparto su desdicha, la hago mía, en realidad, y estoy aquí para lo que necesite.

—Gracias... —acertó a decir Aldara, aturdida ante semejante discurso.

—Bueno, Madeleine, dónde quiere que dejemos lo que hemos traído —atajó Sabine, impaciente.

—Sí... Oh, sí, cuántas bolsas. Qué generoso de su parte. Pueden dejarlo aquí mismo. ¡Sor, sor! —llamó a una de las monjas que trajinaban por allí—. Ayude a las damas, si es tan amable. Ahora, me temo que tengo que dejarlas. Pero prometo hacer esa visita. Avisaré con tiempo.

Madame Perroux se alejó con el paso ligero de quien se siente muy atareada e importante.

—Dios mío, eso ha sonado a amenaza —cuchicheó Aldara mientras abría las bolsas y empezaba a vaciar su contenido.

—De las gordas. Pero tú piensa en lo que le fastidia que esta criatura no sea su nieta. Además, ¿qué es eso de que la niña se parece a Octave? No se parece en nada a Octave. Sólo lo ha dicho por molestar.

—¿Y por qué iba a molestarme que se pareciese a Octave?

Sabine la miró como si no pudiera creer que tuviera que aclarárselo.

—¿Estás de broma? Octave es un buen hombre, de eso no hay duda, con muchas virtudes que estoy segura de que Claire habrá heredado. Pero desde luego que tú eres mucho más guapa que él. Y la niña se parece a ti, por el amor de Dios.

—Eso no tiene ninguna importancia —afirmó, cohibida ante el cumplido, sin dejar de revolver en las bolsas.

—No, hasta que madame Perroux se la da, con ese estilo suyo tan sibilino. Esa mujer no da una puntada sin hilo.

Entonces Aldara vio con el rabillo del ojo a una mujer que se asomaba al cochecito para mirar a Claire. Era joven, de aspecto algo demacrado pero bonita. Llevaba de la mano a una niña de unos tres años. Aldara le sonrió y ella le devolvió una sonrisa tímida, triste, incluso.

—Es... muy linda —opinó al cabo sobre Claire. Su voz sonó entrecortada, parecía a punto de echarse a llorar. Tenía acento extranjero.

—Gracias. Cuando son pequeñitos son todos tan monos...

La mujer asintió, rehuyendo su mirada para concentrarse en un paquetito de ropa que acababa de dejar sobre la mesa de las donaciones. Tenía las manos sobre él, como si fuera un tesoro del que dudara en desprenderse. Al cabo de un rato, cogió unos patucos de lana y se los guardó rápidamente en el bolsillo, con el aire furtivo de quien está haciendo algo indebido. Acto seguido, con la mirada aún gacha, se despidió con un «buenos días» pronunciado en un susurro y se marchó tirando suavemente de la niña.

Aldara miró a Sabine con un gesto de extrañeza. Su amiga movió la cabeza con pesar.

—¿La conoces?

—Creo que se llama Helene. Helene Berman o algo así. No es de la zona. Lleva aquí menos de un mes. Se aloja en casa de madame Ferrand, una pequeña casita con jardín frente a la fábrica de mostaza. Siempre que pasamos por delante dices que es una monada. Dicen que viene de París. Según unos, es viuda, según otros, a su marido lo han arrestado los alemanes. —Sabine bajó aún más la voz—. Por ser judío.

—Oh...

—En mi opinión, no es más que un rumor maledicente. A la gente le encanta hablar sin importar el daño que puede hacer en estos días. Lo que parece cierto es que la niña es su hija y que justo antes de venir aquí perdió a su segundo bebé durante el parto. El niño nació muerto.

—Ay, no... Pobrecilla. Ahora entiendo ese gesto de tristeza...

Aldara desvió la vista hacia el montoncito de ropa diminuta, limpia y bien doblada, que aquella mujer acababa de dejar. Se estremeció.

—¿Has visto que se ha guardado unos patuquitos? —recordó—. Dios mío, qué lástima...

La joven miró con ansiedad a Claire. De no ser porque la niña volvía a estar dormida, la hubiera sacado del cochecito para estrecharla entre los brazos.

—Tal vez un día podríamos ir a visitarla. Se sentirá muy sola —caviló.

—No sé... Me da la sensación de que no tiene muchas ganas de relacionarse con nadie.

Aldara asintió, pensativa. Podía comprenderlo. El pasado es a menudo una carga que uno no desea compartir con los demás, ya sea por temor, ya sea por vergüenza.

Junio de 1941

Al final, Romain se salió con la suya y organizó una gran fiesta para los representantes del Tercer Reich. La convocó para el 17 de junio.

Aldara se negó a asistir. Se sentía muy molesta con todo aquello. No sólo por el hecho de la fiesta en sí, sino, además, por la fecha escogida para celebrarla. El 17 de junio se cumplía un año de la entrada de los alemanes en Beaune y, lo que era más importante para ella, del nacimiento de Claire. Así, el *château* se preparaba y engalanaba no para celebrar el cumpleaños de la niña, sino para recibir a un montón de pomposos nazis que un año antes habían entrado a tiros en la ciudad. Los mismos que habían recortado los derechos y libertades de los franceses, que saqueaban su riqueza, que habían impuesto las leyes raciales y la represión. Que retenían a Octave en Alemania. Esos nazis se divertirían, bailarían y emborracharían en cada uno de los rincones de su casa mientras él no había podido ni siquiera abrazar a su hija. A Aldara le parecía indignante.

Lo que no acababa de entender era cómo Auguste se había plegado a los deseos de su hijo y había consentido aquello. Cierto que, de un tiempo a esta parte, la joven había percibido cierto declive en su suegro. Su rostro se mostraba más apagado, su pelo más cano, su figura más encorvada. Había perdido buena parte de su genio y su vigor y se había convertido en una presencia silenciosa y taciturna. Era como si se le hubieran quitado las ganas de luchar. A Aldara le inquietaba que pudiera estar enfermo.

—Son las preocupaciones, que las tiene a puñaos —aseguraba Simone—. Y esa metralla que aún lleva metida en el cuerpo. Este clima lluvioso no le viene nada bien, se lo digo yo

Sea como fuere, aquel 17 de junio, Auguste fue a misa temprano y luego se pasó el día metido en su despacho. Sólo salió para ver cómo Claire se ponía delante de un pequeño pastel con una velita encendida e intentaba agarrarla a manotazos. Cantó un cumpleaños feliz tristón a su nieta, le regaló una medallita de la Virgen con la fecha grabada en el reverso y la abrazó con ternura antes de volver a recluirse. Aldara dio gracias de que la niña fuera demasiado pequeña para acusar la tristeza de aquel día. Quizá porque ella misma sabía mucho de cumpleaños tristes.

Entretanto, el Domaine bullía de actividad con la dichosa fiesta. En la cocina, se vaciaba la despensa para agasajar a los invitados con los mejores manjares disponibles en aquellos tiempos de escasez. De la bodega se subían cajas y cajas de vino. De las alacenas, salía cristalería y vajilla que llevaba años sin usarse. Aprovechando el buen tiempo y las previsiones de una noche cálida, se montaron largas mesas en la terraza y el jardín, donde también se habilitó un espacio para la orquesta y la pista de baile. Se prepararon arreglos de flores, velas y guirnaldas de luces. Y, en mitad de todo aquello, como un director de cine, Romain disponía esto y lo otro, aquí y allá, sonriente, diligente y satisfecho.

Como se había propuesto, llegado el momento de recibir a los invitados, Aldara se retiró a sus habitaciones, desde donde no pudo evitar escuchar el ronroneo de los primeros automóviles en la gravilla, las conversaciones de los primeros en llegar y los primeros acordes de la orquesta.

Una vez que Claire se hubo dormido, la joven se sentó frente al escritorio, con el ánimo sombrío. Releyó la última carta de Octave, llena de añoranza, buenos deseos y amor para su hija en el día de su cumpleaños. En realidad, todas sus cartas rebosaban de amor hacia los suyos a pesar de las penalidades por las que debía de estar pasando. Aldara sintió ganas de llorar. Pensó en escribirle en busca de consuelo, pero no quería redactar una misiva que a su marido sólo le procurase tristeza y preocupación. Lo dejaría para la mañana siguiente, cuando el sol templase su ánimo.

Decidió que lo mejor sería meterse en la cama e intentar dormir, pese al ruido y al disgusto. Entonces llamaron a la puerta con vigor. Se giró, escamada.

—Adelante.

Romain entró sin miramientos. Llevaba puesto el esmoquin y una oleada de perfume avainillado llegó con él.

—¿Qué ocurre que aún no estás vestida? Hace rato que deberías estar abajo, recibiendo a nuestros invitados.

Aldara se le encaró sin poder ocultar su enfado.

—No son mis invitados, así que no tengo ninguna intención de bajar. No pienses que voy a prestarme a tu pantomima.

Romain cerró la puerta y se adentró con paso lento en la habitación. Se mostraba sonriente y relajado, aunque de una manera que a Aldara le pareció inquietante.

—Vaya, vaya. Resulta que la gatita tiene garras. Me parece que ya he tenido demasiada paciencia contigo. Pero hoy no. Lo siento, pero hoy no voy a claudicar con tus caprichos. Escúchame, preciosa, tu única razón de estar aquí es representar a esta familia como corresponde, así que no voy a admitir ningún tipo de desplante ni rabieta por tu parte. Ya estás escogiendo un bonito vestido y preparándote para cumplir con tu deber.

Aldara no iba a dejar que sus palabras, escogidas para ofender, la alterasen. Tampoco iba a enfrentarse con él. Su decisión estaba tomada y punto. Se giró en la silla para darle la espalda y simuló volver a concentrarse en una tarea inexistente.

—Buenas noches, Romain —zanjó con hostilidad, sin ni siquiera mirarle.

Mas Romain no se rindió. Al contrario, fue entonces cuando desencadenó su ofensiva. Agarró a Aldara de un brazo y la levantó con violencia. La silla cayó al suelo.

—¡Te he dicho que te prepares para cumplir con tu deber!

Antes de que la chica pudiera reaccionar, la arrastró hasta el armario. Abrió una de las puertas como si quisiera arrancarla.

—¡Suéltame! ¡Me estás haciendo daño! —le exigió ella. El otro reaccionó retorciéndole el brazo con más fuerza y sacudiéndola.

—¡Escoge un maldito vestido! ¿Me oyes?

Los gritos despertaron a Claire, que empezó a llorar.

—¡Suéltame, Romain! Suéltame, por favor —rogó al borde del sollozo.

Su cuñado descolgó entonces un vestido y lo lanzó sobre la cama.

—Este mismo.

Se volvió hacia ella, todavía sujetándola. Aldara reparó en su rostro sudoroso y congestionado, como si estuviera fuera de sí. La observaba con los párpados entornados.

—Irá bien con el color de tus ojos. Y ponte maquillaje. Cubre tu preciosa cicatriz. No a todos les gusta tanto como a mí. —Según arrastraba las sílabas como si la saliva se le acumulase en la boca, le acarició la mejilla rugosa.

Aldara apartó bruscamente la cara.

—Vete al infierno —masculló con odio.

Romain la soltó entonces con tal vigor que cayó al suelo y se golpeó con el borde de madera de la cama.

—Te quiero abajo en media hora. Por tu bien, no me obligues a volver a buscarte.

Su cuñado abandonó la habitación dando un portazo. El llanto de Claire fue el único sonido que quedó entonces. Aldara se levantó con presteza a pesar de sentir la espalda dolorida y corrió a echar la llave. Después se acercó a la cuna, sacó a su hija y la abrazó.

—Ya pasó, mi niña. Ya pasó... —repitió mientras la mecía, hasta que ella misma rompió a llorar.

Se desahogó un instante y, entre balanceos y palabras tiernas, la calma fue llegando poco a poco para las dos. Cuando Claire se calló, a ella aún le resbalaban las lágrimas por las mejillas, pero, al menos, había dejado de sollozar.

—No voy a bajar, maldito hijo de puta —murmuró en español, llena de rabia, con los labios pegados a la cabeza de su hija—. No ha nacido aún quien me obligue a hacer nada con violencia.

De nuevo, un golpeteo en la puerta la sobresaltó. Apretó aún más a Claire contra su pecho.

—¡Lárgate, Romain!

—No soy Romain.

Aldara reconoció la voz de su suegro. Se secó las lágrimas rápidamente y se dirigió a girar la llave. Apenas entreabrió.

—¿Puedo?

Ella asintió cabizbaja, mas a Auguste no le pasaron desapercibidos los ojos rojos y los párpados húmedos de su nuera. Había oído los gritos de Romain desde su habitación y temió que se confirmaran las peores de sus sospechas.

—¿Estás bien? ¿Qué ha sucedido? —apremió con preocupación.

Aldara se dio media vuelta y se sentó al borde de la cama. El dolor de espalda iba en aumento y el peso de Claire lo agravaba.

—Nada... —Se mordió el labio para contener el llanto. No quería llorar delante de su suegro.

—Ha sido Romain, ¿verdad?

—Es por la fiesta... Quiere que baje. Pero no pienso hacerlo. No pienso dar coba a una panda de nazis.

—No te habrá puesto la mano encima...

Aldara sacudió ligeramente la cabeza, evitando mentir de palabra.

—Sólo... Estaba nervioso. Eso es todo.

Entonces se dio cuenta de que su suegro vestía también el esmoquin y olía a loción de afeitado.

—¿Usted va a ir? —preguntó, extrañada.

Auguste suspiró. Se sentó junto a ella. Se le veía cansado, alicaído.

—Si hay algo en lo que Romain tiene razón es que no sabemos hasta cuándo van a quedarse. Quizá para siempre. Y yo no sé si tengo fuerzas para enfrentarme abiertamente a ellos para siempre. Además, tienen a mi hijo y quiero que me lo devuelvan. No es que vaya a colaborar con ellos, Dios no lo permita, ni a hacerme rico aprovechando la situación como están haciendo muchos otros. Pero voy a resistir de otra manera. ¿Sabes? Esos malnacidos de ahí abajo están ahora relajados y, dentro de un rato, la mayoría habrá bebido de más. Será entonces cuando bajen las defensas. Cuando hablen, cuando prometan... Sí, quizá esa es la resistencia que hay que hacer. Desde dentro.

El marqués acarició la cabecita de su nieta y la besó en la coronilla.

—Das el mejor ejemplo a tu hija al no consentir que nadie te fuerce a actuar en contra de tus principios. Y si alguna vez Romain te pone la mano encima, házmelo saber. En esta casa, no hay lugar para quien pega a las mujeres.

Auguste se puso en pie trabajosamente y se encaminó hacia la puerta.

—Iré con usted —anunció Aldara antes de que saliera—. Sólo necesito un momento para arreglarme.

Él se giró y asintió con una sonrisa que era más de agradecimiento que de alegría.

—Avisaré a Anne para que venga a cuidar de la niña —dijo refiriéndose a la doncella que a veces hacía de niñera.

Hizo por marcharse entonces, pero se interrumpió una vez más.

—Ponte bien guapa. Muéstrales tu fuerza y tu saber estar. Y esta noche tendrán otro motivo más para envidiarnos.

El teniente Hubert Eberhart se apoyó en una columna de la terraza algo apartada y en penumbra. Se encendió un cigarrillo y fumó plácidamente. Sonaba música para bailar, tipo swing. Swing alemán, que era igual que el americano, pero alemán. Menuda tontería.

Cómo detestaba las fiestas. Para un tipo tan poco sociable como él, resultaban un martirio. Y eso que su infancia había transcurrido en una casa en la que la gente iba y venía, en donde se celebraban bailes un fin de semana sí y otro también. Debería estar acostumbrado, pero su timidez se imponía. Si no fuera porque Hetta, la vieja ama, era capaz de relatar el día de su alumbramiento con pelos y señales, no estaría muy seguro de ser hijo natural de sus padres.

En cualquier caso, aquella fiesta le parecía especialmente grotesca. No dejaba de sorprenderle el afán de algunos franceses por agasajar a quienes ocupaban por la fuerza su país. Él que los tenía por patriotas apasionados… Obviamente, el dinero era para muchos la principal bandera. Y allí estaban todos mezclados: los pomposos tipos de las SS con sus pomposas concubinas, los fascistas del Partido Popular Francés, representantes de la Prefectura de Dijon, de la Gendarmería y la Gestapo, los militares de las *Kommandanturen* y los alcaldes de los municipios de la zona; los viticultores, los bodegueros, los comerciantes…

Una fiesta de nazis. Dos de las cosas que más detestaba reunidas en una sola frase. Aunque, por su bien, procuraba disimular tales aversiones. Las fiestas no le habían gustado nunca; los nazis, desde mayo de 1932. Jamás olvidaría esa tarde en que regresaba de la escuela con su amigo Jodl —de hecho, su mejor amigo desde el *kindergarten*— y se toparon con unos matones de las SA. Tras una serie de provocaciones verbales, aquellos pandilleros de camisas pardas, entre los que se contaban algunos de sus compañeros de pupitre, se abalanzaron con los puños en alto contra Jodl porque era judío y contra él por defenderle. Ambos se llevaron una buena paliza, si bien peor parado salió Jodl, quien casi pierde un ojo. Tal suceso fue lo que empujó definitivamente a la familia del chico a marcharse de Alemania. A su padre, uno de los mejores cardiólogos de Wiesbaden, lo recibieron con los brazos abiertos en un hospital de Boston. Aunque la separación de su mejor amigo fue dolorosa, se alegraba por él y su familia. Otros judíos de Alemania no habían tenido tanta suerte.

—Prueba este vino y alegra esa cara, hijo.

Hubert se incorporó y recobró la compostura delante de su superior. Apagó el cigarrillo, lo dejó en un cenicero y tomó la copa que Adolph Segnitz le tendía. Observó el líquido color rubí, translúcido y brillante como la gema. Se lo llevó a la nariz.

—Santenay Clos du Roi de 1928 —le informó Segnitz antes de darle él mismo un sorbo a su copa—. Una maravilla.

Nada más probarlo, Hubert estuvo de acuerdo. Se trataba de un vino untuoso y aterciopelado, con cuerpo. Olía y sabía a frutos rojos, claro, porque todos los vinos tintos huelen y saben a frutos rojos, pero sobre todo destacaba el *cassis* o la grosella negra, y también el regaliz y la pimienta, aunque con un final fresco, floral. El segundo sorbo, tras haber limpiado el paladar del recuerdo del cigarrillo, le supo aún mejor.

Le encantaban los vinos de Borgoña y había dedicado mucho tiempo a conocerlos bien. Convertirse en un experto en los vinos de aquella región no había resultado una tarea sencilla, pues la viticultura borgoñesa era compleja y estaba llena de particularidades en comparación con otras denominaciones. Había que ir poco a poco, rompiendo ideas preconcebidas sobre lo que es el cultivo de la uva y la producción de vino. En Borgoña, todo es diferente.

En general, en la base de todas las denominaciones vinícolas del mundo, lo que determina sus características, su calidad y su prestigio, está lo que los franceses denominan el *terroir*, esa parcela en donde se da una uva de características únicas.

Sin embargo, los borgoñeses van un paso más allá al referirse a sus parcelas de viñas como *climats*. Teniendo en cuenta que en Borgoña se utilizan casi exclusivamente dos tipos de uva, la pinot noir para los vinos tintos y la chardonnay para los blancos, es el *climat* el que consigue esa enorme diversidad de vinos que ofrece la región. El *climat* es un terreno con una serie de atributos naturales, como son la composición del suelo, su capacidad de drenaje y su exposición al sol, pero también humanos, es decir, los miles de años de tradición, cultura y saber hacer. Siendo así, puede darse el caso de que dos *climats* que estén pegados el uno al otro produzcan vinos completamente diferentes. El nombre y delimitación de los *climats* más antiguos data de la Edad Media, en la época en la que los monasterios eran los principales productores de vino. Desde entonces, en la Côte d'Or, se han definido más de mil doscientos *climats* repartidos en una delgada franja de aproximadamente sesenta kilómetros de largo que va desde Dijon a un poco más al sur de Beaune. Así, se puede dar el caso de que un *climat* no tenga mayor tamaño que un pequeño jardín y sólo produzca unas pocas botellas de vino.

Recientemente, desde 1936, se habían creado, además, las *Appellations d'Origine Contrôlée*, las denominaciones de origen controladas, para garantizar que un vino procede de una determinada zona y se produce según una determinada normativa que certifica unos niveles máximos de calidad. En el caso de Borgoña, la AOC venía dada por el *climat*, de modo que sólo se concedió a los vinos que procedían de unos *climats* concretos, los llamados grand cru y, en Borgoña, solamente había treinta y tres vinos que la poseían. Los grand cru eran unos vinos únicos, excelentes. Una joya que alcanzaba en el mercado precios altísimos por su calidad y su escasez.

Como si Segnitz fuera capaz de escuchar los pensamientos de su ayudante, añadió justo en ese momento:

—Y no es ni mucho menos de lo mejor de la bodega del marqués. Por supuesto, no esperaba que esta noche nos sirviese sus grand cru. Antes de la guerra, en una visita que le hice, me abrió una botella de Montrachet que no te puedes ni imaginar lo bueno que estaba. El mejor vino blanco que he probado en mi vida.

—Es una lástima que se niegue a vendernos sus vinos.

Segnitz se encogió de hombros.

—Yo no voy a obligar a nadie a hacerlo. Ni quiero, ni me hace falta. Ya has visto que la mayoría de los productores y comerciantes de Borgoña nos ofrecen sus vinos de buen grado. Después de los años de crisis, tienen un exceso de stock que están deseando sacar.

—Sin embargo, se rumorea que muchos están construyendo muros en sus bodegas para ocultarnos sus mejores vinos y especular con ellos en el mercado negro.

—No es un rumor, es la pura verdad. —Segnitz hizo un gesto de desdén—. A veces la gente es tremendamente ingenua. ¿Acaso se piensan que no sé lo que tienen en sus bodegas? ¡Pero si llevo más de una década comerciando con ellos! Lo que no voy a hacer es ir derribando muros para descubrir sus tesoros. Sería absurdo. Se supone que los de Berlín nos han mandado aquí para centralizar las compras y evitar que sean sus propias fuerzas de ocupación las que vacían la despensa francesa del Reich. Y, sin embargo, esto parece un bazar oriental. Ya no es que sean incapaces de controlar el mercado negro, es que ellos mismos autorizan las compras de los mejores vinos a cualquier organismo o individuo que se lo pida. ¡Entre todos nos hacemos la competencia! Y los franceses, que no son tontos, lo saben y se aprovechan de ello.

—¿Cree que el marqués es uno de esos franceses que se está aprovechando de ello?

—¿Auguste? No, no lo creo. Es un hombre de principios, obstinado, como todos los hombres de principios. Y un patriota francés hasta la médula. Ahora bien, estoy seguro de que no se puede afirmar lo mismo de su hijo. Me he enterado de que anda en tratos con Dieter Lutz, el agente de Göring. Lo he visto por aquí hace un momento.

Hubert asintió mientras bebía otro sorbo del delicioso vino. Echó un vistazo a su alrededor, reparando de nuevo en el panorama de uniformes de gala cubiertos de condecoraciones, aparatosas charreteras y brillantes cordones de pasamanería. Apostaba a que buena parte de los que los lucían no habían entrado nunca en combate.

—Seguro que más de uno aquí va detrás de conseguir alguna caja de los grand cru del marqués —concluyó en voz alta.

—No lo dudes, hijo, no lo dudes.

Adolph Segnitz le llamaba «hijo» cuando no estaban en público. Realmente, lo había visto crecer, pues el comerciante de vinos de Bremen era amigo de sus padres desde hacía varias décadas. Y es que la empresa familiar de Segnitz empezó a comercializar en 1862 los riesling que los Eberhart producían en sus bodegas de Rheinegau. De hecho, a Hubert no le extrañaba nada que su padre hubiera tenido mucho que ver en ese destino tan confortable del que ahora disfrutaba. Después de que en el plazo de poco más de un año lo devolviesen a casa dos veces, primero con el abdomen reventado y lleno de metralla belga, y después con la dichosa neumonía, sus progenitores debieron de pensar en que era necesario poner fin a tantos disgustos antes de que lo que les devolviesen fuera un ataúd con su cadáver.

Tenía que admitir que tal nepotismo le generaba ciertos conflictos morales y un considerable cargo de conciencia cuando pensaba que muchos jóvenes alemanes se jugaban el pellejo en el frente mientras él disfrutaba de la buena vida en Francia. No es que Hubert tuviese una clara vocación militar precisamente, pero sí un elevado sentido del deber y la responsabilidad.

«Tonterías —zanjó Segnitz en una ocasión en que le hizo partícipe de sus cuitas—. Tú estás donde le haces falta a tu país. Son muchos los que saben hacer la guerra, pero muy pocos los que entienden de vino, y tú eres uno de ellos. Éste es tu sitio, hijo, no lo dudes».

Tal vez Segnitz tuviera razón, se decía para acallar su conciencia. Lo que sí tenía claro era que a él no le gustaba hacer la guerra y, sin embargo, el mundo del vino le apasionaba. Se trataba de su auténtica vocación, a la que se estaría dedicando de pleno en ese momento, en las bodegas familiares de Wiesbaden, de no ser porque el Führer tenía otros planes para él y toda una generación de jóvenes alemanes.

—Mira, hablando del rey de Roma. Ahí viene el marqués de Montauban.

Hubert levantó la mirada hacia donde apuntaba Segnitz con la suya. Mas no fue el marqués de Montauban quien acaparó toda su atención, sino la joven que lo acompañaba. Fue por ella por quien contuvo la respiración durante un instante y experimentó una sensación parecida a la embriaguez que nada tenía que ver con el vino que estaba bebiendo.

Aldara se había negado a ponerse el vestido que Romain había dejado en la cama. Se trataba de un pequeño acto de rebeldía. Y no es que tuviera mucho donde escoger, porque su armario se limitaba a lo que Octave le había comprado al poco tiempo de casarse. Cierto que el marqués le había cedido las prendas que habían pertenecido a su esposa. «Es preferible que se les dé uso a que alimenten a las polillas en un baúl», le había asegurado. Y ella había seleccionado y adaptado algunas, pero, sobre todo, ropa cómoda de diario y algún vestido de tarde que usaba más que nada para las cenas, porque su suegro se empeñaba en que siguieran siendo formales. Sólo porque él le insistió, se quedó con dos vestidos de noche. «Cuando Octave regrese, lo celebraremos por todo lo alto y ya verás como tienes ocasión de ponértelos». Lástima que aquélla no fuera a ser la ocasión.

Cuando ya arreglada se miró en el espejo, se sorprendió a sí misma del resultado. Nunca se había imaginado que podría verse tan sofisticada, tan cautivadora, incluso, reconoció con rubor. El vestido, que tendría al menos veinte años, era de seda color champán con una sobretela de chifón totalmente bordada a base de cuentas de cristal. Gracias a los arreglos de Sabine, se le pegaba al cuerpo como una segunda piel y lucía un estilo más actual, que resaltaba su figura. «A Octave le hubiera gustado», pensó con un deje de melancolía.

En ese momento, según bajaba la escalinata del *château* del brazo de Auguste y sentía las miradas puestas en ella, se arrepintió de estar allí, convertida en el objeto de comentarios, chismes y murmullos por parte de aquella caterva de nazis y fascistas. Tampoco le gustó la sonrisa entre triunfal y de admiración de Romain al verla.

Su cuñado se acercó a ella enseguida y, como si la escena de violencia que había acontecido hacía escasos minutos en su habitación hubiera sido cosa de otro, la recibió con un beso en la mano, se deshizo en cumplidos y lisonjas y, tomándola suavemente del codo, hizo por presentarla a todos sus invitados. Hasta que Madeleine Perroux los interceptó.

—¡Ah, madame de Fonneuve! ¡Cuánto me alegro de verla! Se prodiga usted poco, no me lo niegue. Apenas se deja caer por Beaune, ni siquiera la veo los domingos en la iglesia.

—Será porque apenas voy. Tampoco los domingos a la iglesia.

Madame Perroux, que se había quedado muda ante semejante sinceridad, emitió una risa nerviosa y exagerada.

—¡Uy, qué cosas tiene! ¿No habíamos quedado en que no era usted comunista? —bromeó sin querer bromear entre risas falsas que sonaron como cacareos antes de recuperar el fuelle para continuar con su diatriba—. ¿Y la pequeña Claire? ¿Sigue pareciéndose a su padre? Desde luego que usted está estupenda, la maternidad le sienta de maravilla. No ha perdido en absoluto la figura. Pocas podrían llevar un vestido tan ajustado, ¿no es cierto? El caso es que me suena. Pertenecía a Lucienne, ¿verdad? Sí, sí, ya lo recuerdo, se lo hizo a medida en París, en la *maison* de Jeanne Lanvin. A ella le quedaba un poco más holgado, eso sí. Aunque por descontado que usted le hace justicia al modelo. En cuanto a ti, Romain, me temo que tengo que echarte una buena reprimenda. ¿Cómo es que no has venido a visitarnos desde tu regreso? Blandine tiene muchas ganas de verte. Anda por aquí, en algún lado, pero es que esos alemanes no la dejan ni a sol ni a sombra, ¡qué pesados! Qué desgracia tenerlos aquí. Son como la peor de las plagas bíblicas —bajó la voz como una Mata Hari.

Efectivamente, Blandine andaba por allí, aunque, en contra de lo que afirmaba madame Perroux, parecía encantada de recibir las atenciones de los oficiales alemanes más jóvenes. En un instante, y por indicación de su madre, estaría revoloteando alrededor de Romain con el mismo afán seductor.

Aldara concluyó desanimada que aquella iba a ser una noche muy larga.

—¿Y Sabine? ¿No ha venido? —le preguntó Aldara a Antoine Jourdan en un momento en que consiguió librarse de un insulso corrillo de señoras bien. Necesitaba desesperadamente una compañía amiga.

El administrador la miró con una desolación exagerada.

—No, se ha quedado en casa con los chicos. Estaba segura de que tú no vendrías.

—Sí. Yo también lo estaba.

Madeleine Perroux cundía una barbaridad. Fuera donde fuese Aldara, se topaba siempre con ella. En aquel momento, y sin vérselo venir, la joven se encontraba en medio de una conversación entre destacados miembros de la comunidad, madame Perroux entre ellos, sobre políticas raciales. Aquello le estaba revolviendo el estómago.

—En mi opinión, el Gobierno de Vichy no se está tomando el asunto con la seriedad que merece. Esas leyes del Estatuto de los Judíos no son más que vaguedades que parecen pensadas para contentar a los alemanes más que para poner una solución real a la cuestión judía.

Aldara no recordaba, ni tenía intención de recordar, el nombre de quien hablaba. Sólo sabía que era el representante en Beaune del PPF, el partido fascista. Se trataba de un cuarentón alto y delgado, de rostro afilado y cetrino en el que destacaba un bigotito que proclamaba a gritos cuánto le hubiera gustado ser pariente de Hitler. De hecho, lucía en la solapa de la chaqueta un pin con la esvástica que le habría regalado alguno de los nazis que pululaban por allí.

La joven no pudo contenerse.

—¿Qué cuestión judía? Lo que tendrían que hacer los de Vichy es velar por sus ciudadanos, todos sus ciudadanos.

Por un momento, se hizo un silencio incómodo. El tipo del PPF ni la miró cuando esbozó una sonrisita condescendiente con la que parecía querer decir: «Esto es lo que pasa cuando se deja opinar a las jovencitas».

—Digo yo, monsieur Ducas, que en Berlín estarán conformes con la actuación de Vichy porque, de lo contrario, no les faltarían recursos para imponer su criterio —se dirigió el alcalde de Beaune al fascista, más que con convencimiento, con la intención de relajar el ambiente—. En mi opinión, en Francia, la cuestión judía es ante todo un problema de control de la inmigración. Aquí, la mayoría de los judíos son extranjeros.

—Dejémoslo en la mitad —corrigió el interpelado.

Madeleine Perroux bebió de su copa de *crémant*, el espumoso de la zona, y agitó una mano con desdén.

—En Beaune, apenas hay un puñado de judíos y casi todos han llegado con las oleadas de refugiados. Acabarán por irse. No suponen realmente un problema.

—En cualquier caso, madame, es un problema que mañana mismo quedará solucionado. La Prefectura ha recibido orden directa de la KdS de Dijon de reunir y trasladar a los judíos de la Côte d'Or —expresó monsieur Ducas con manifiesta satisfacción—. Nuestra policía ya está lista para llevar a cabo una redada.

El alcalde dejó escapar una tos nerviosa. Madame Perroux, un «Oh» de apuro. Los demás se escondieron tras sus copas y, al cabo, alguien desvió la conversación hacia las expectativas sobre la próxima cosecha, un tema que fue acogido con verdadero alivio.

Aldara no daba crédito a que ese hombre acabara de anunciar alegremente que se iba a arrestar a los judíos de la comunidad y la gente continuase a lo suyo como si nada. Abandonó el grupo sin excusarse. La noticia le había dejado mal cuerpo. Necesitaba salir de allí, tomar el aire.

En su huida precipitada hacia el jardín, Romain la interceptó.

—Aldara, querida —la tomó de la mano—, permíteme un segundo que te presente al capitán Meissner de la…

—No, lo siento. —La joven sacudió la mano para soltarse. Dirigió una mirada de repugnancia primero a Romain, después al hombre que aguardaba a su espalda luciendo un uniforme de las SS y una sonrisa complaciente en su cara de bruto—.

Tengo que sentarme. Hace un momento me he dado un fuerte golpe en la espalda y me duele a rabiar.

Dándose la vuelta, continuó con su camino sin apenas detenerse a comprobar cómo el gesto de Romain se ensombrecía. Atravesó el salón y la terraza, bajó las escaleras y se adentró en el jardín por los senderos de gravilla hasta un banco oculto tras unos setos.

Se sentó con cuidado, pues ciertamente le dolía la espalda. Suspiró a la media luna que bañaba de una suave luz el entorno. El fresco de la noche abrazó sus hombros desnudos y se le puso la piel de gallina. O quizá fuera a causa del asco que sentía en aquel momento. Pensaba en aquella joven judía con la que se había cruzado hacía poco en Beaune. Pensó en la niña agarrada a su mano, en el bebé que acababa de perder, en los patucos de lana que se había metido en el bolsillo... Le entraron ganas de llorar. Se llamaba Helene, eso era todo lo que sabía. Y que vivía frente a la fábrica de mostaza, en esa casita rodeada de macizos de hortensias que tanto le gustaba.

—Buenas noches...

Aldara dio un respingo.

—¡Por Dios, qué susto me ha dado! —protestó con tono agrio.

Hubert había vuelto a huir del jolgorio y fumaba otro cigarrillo disfrutando de la paz y el frescor del jardín cuando la vio sentarse en un banco cercano. Dudó si escabullirse con sigilo. Para no perturbarla, pero también porque le daba un reparo tremendo abordarla. Ahora que la tenía delante, a pocos pasos, tan bella a la luz de la luna a pesar de su gesto de pocos amigos, se alegraba de no haberse marchado. Hasta ese momento, siempre la había contemplado a distancia, de un modo casi furtivo. Aquella tarde que ella y su hija daban de comer a los patos en el estanque y la brisa agitaba la tela liviana de su vestido; esa vez que ambas jugaban con unos cachorros frente a la puerta de las caballerizas entre risas como campanillas y vigorosos ladridos; cuando, a través de las lavandas, distinguió el perfil de su rostro inclinado sobre un libro abierto y el sol brillaba en sus cabellos... Incluso, la había dibujado, había llenado varias hojas de su cuaderno con bocetos de aquella imagen lejana y difusa que tenía de ella.

—¿De dónde ha salido tan de repente?

Hubert señaló al otro lado del seto.

—De ahí mismo. Estaba fumando. ¿Me permite ofrecerle un cigarrillo?

—No, gracias. No fumo.

Todo indicaba que había llegado el momento de poner fin a aquel breve encuentro y, sin embargo, Hubert se resistía.

—Veo que le gustan las fiestas tan poco como a mí.

—Depende de qué fiestas. Pero sí, ésta es de las que no me gustan.

—Ya... Escuche, yo... Quería disculparme por haberla importunado la otra noche. No volverá a suceder. Comprendo que esta situación no es de su agrado ni del de los demás que viven en esta casa y haré todo lo posible por no causar demasiadas molestias.

Aldara se puso en pie y contuvo una mueca de dolor al sentir una punzada en las lumbares.

—Bueno es saberlo, teniente. Ojalá usted y los suyos tuvieran la misma consideración con todo lo demás y con todos los demás. Ahora, si me disculpa, tengo que marcharme. Buenas noches.

La joven se alejó tan rápidamente que Hubert apenas pudo murmurar un «buenas noches» apagado a su espalda. Allí dejó clavada la vista, repitiéndose que tenía que quitarse de la cabeza a aquella mujer.

Aldara era incapaz de conciliar el sueño. No podía dejar de pensar en Helene, en su hija y en el drama que les aguardaba dentro de unas horas. Cierto que otros tantos hombres, mujeres y niños de los alrededores, de toda Francia, de toda Europa, incluso, se enfrentaban al mismo destino, pero lo lejano se hace inabarcable. El caso de Helene y de su hija era diferente. Aunque apenas las había tratado, les ponía cara, les ponía historia; eso concretaba el horror, lo hacía más palpable, más real. Y equiparaba la omisión a la culpa.

De algún modo, Aldara se veía reflejada en esa mujer. Incluso en su pequeña; ¿qué sería de esa niña si la separaban de su madre? Desubicadas, solas, perseguidas... Cuántas veces se había sentido ella misma así. Y sólo la compasión y el cariño de las buenas personas la había ayudado a superar los peores momentos. Si no hubiera sido por eso...

Al pensarlo, Aldara se sentía en deuda con la fortuna. Y supo que se le había presentado la oportunidad de empezar a saldarla.

No sopesó las consecuencias ni las implicaciones de lo que estaba determinada a hacer cuando, recién levantado el toque de queda, con la casa todavía desperezándose y el sol apenas clareando el horizonte, se dirigió decidida a la cochera. Tomó prestada una vieja camioneta en la que aún quedaba algo de gasolina y que tenía permiso de la autoridad alemana para circular y condujo hasta Beaune todo lo rápido que su poca experiencia al volante le permitió.

Se adentró por las callejuelas grises y prácticamente desiertas que bostezaban al nuevo día. Se cruzó con una patrulla de soldados alemanes y pasó junto a ellos con el corazón latiéndole en la garganta, segura de que en cualquier momento le darían el alto. Fue una tonta al no haber pensado que tenían cosas más importantes que hacer que detener a una jovencita y su camioneta. Eso creían ellos.

Por fin, llegó a la calle de la fábrica de mostaza. Había cierto barullo en la zona; un grupo de mujeres entraba a trabajar en el primer turno. Aparcó al principio de la vía y caminó entre ellas hasta llegar a la verja de la casa de las hortensias, cruzó el jardincito, se plantó frente a la puerta y la golpeó con urgencia. Abrió madame Ferrand, en bata. Se mostraba tan perpleja ante semejante visita a tan tempranas horas que ni siquiera acertó a decir nada.

—¿Está Helene en casa? —se adelantó Aldara.

La mujer no supo qué contestar.

—Disculpe, madame… ¿Qué desea?

—Tengo que hablar con Helene, es muy importante.

Madame Ferrand vaciló.

—¿Está en casa? —apremió Aldara.

—¿Qué sucede?

La voz llegó del interior, de detrás de las anchas espaldas de Madame Ferrand. Aldara hizo como pudo para sortear el bloqueo de la mujer.

—Helene, soy Aldara de Fonneuve. Nos vimos en los Hospicios, ¿recuerdas?

La joven asintió, confusa.

—La Gendarmería va a hacer hoy mismo una redada contra los judíos. Vendrán a buscaros a ti y a tu hija. Se presentarán en cualquier momento. Tienes que irte.

Al fin, madame Ferrand reaccionó. Le cedió el paso y cerró la puerta.

—¿Qué quiere decir?

Según Aldara iba explicando cómo se había enterado de lo de la redada, el rostro de Helene reflejaba su lucha por asimilar la noticia y actuar en consecuencia. Se la veía sobrepasada por el terror y la indecisión.

—Prepara un poco de equipaje, no demasiado para no llamar la atención. Quizá puedas intentar cruzar la línea de demarcación y pasar a la zona libre.

—Pero… no conozco a nadie en la zona libre. ¿Adónde voy a ir? No puedo irme sin saber antes dónde está mi marido.

—Ya se nos ocurrirá algo. Lo que no puedes hacer es quedarte aquí. Es peligroso, para ti y para tu hija. Tienes que darte prisa. He traído una camioneta, puedo llevaros a algún sitio.

Helene, al borde del llanto, era incapaz de tomar una determinación. Marie Ferrand se acercó a ella y le agarró los hombros con ademán cariñoso.

—Madame de Fonneuve tiene razón, Helene. Anda, sube a despertar a Sophie y vístela. Yo le daré de desayunar mientras tú te preparas para marcharos.

La joven asintió compungida y se echó escaleras arriba.

Madame Ferrand movió la cabeza con pesar. Después, se dirigió a Aldara.

—Por favor, siéntese a esperar. —Le mostró la salita—. Le pondré un café mientras tanto.

—La acompaño a la cocina.

A madame Ferrand se le hacía muy extraño tener a un miembro de la muy noble familia Montauban en su cocina, pero le pareció descortés negarse. Por otra parte, aquella muchacha no parecía tan estirada como el resto de los Montauban.

—Es por aquí —concedió.

En la pequeña cocina con visillos de hilo en las ventanas y un mantel de flores sobre la mesa, madame Ferrand empezó a trastear con eficacia. Colocó las tazas, sacó leche y mantequilla de la fresquera, cortó una barra de pan en rebanadas y puso la cafetera al fuego.

—El café no es muy bueno —se disculpó—, pero es lo único que se consigue estos días.

—Está bien así, gracias.

—No sé cómo agradecerle lo que ha hecho, lo que está haciendo. Usted también se pone en riesgo.

—No es nada. Si en estos tiempos difíciles ni siquiera nos ayudamos entre nosotros...

—Ojalá todo el mundo pensara así.

—Me gustaría haber venido con un plan más elaborado, pero ha sucedido todo tan rápido que no he tenido tiempo de pensar en nada. Y yo... bueno, soy forastera, al fin y al cabo. Dada mi situación en la familia, tampoco puedo tomar decisiones con toda la libertad que quisiera... —Se sorprendió a sí misma sincerándose con una desconocida.

Madame asintió, comprensiva. Con todo preparado y a la espera de que bajara la pequeña Sophie, se sentó pesadamente a la mesa junto a Aldara.

—Igual sólo son rumores, pero he oído que en Mont-lès-Seurre hay gente que ayuda a cruzar clandestinamente el río Doubs a la orilla en zona libre. No sé nombres, pero, una vez allí, será más sencillo averiguar quién puede ayudarlas. Está a unos treinta kilómetros de aquí. ¿Sabrá llegar?

—Nos arreglaremos. Hay un mapa en la guantera de la camioneta.

—Tiene que ir dirección Corberon —indicó mientras servía el café. Al terminar, volvió a mover la cabeza con pesar por enésima vez en los últimos minutos—. Yo fui secretaria de su marido, ¿sabe? Cuando trabajaba en París para una empresa de obras públicas. Él es ingeniero, un muchacho encantador. Austriaco, como Helene. Ambos llegaron a Francia en el 34, cuando las cosas empezaban a ponerse feas para los judíos en su país. En enero, Paul, que así se llama, me telefoneó. Yo hacía un año que me había jubilado. Pobre muchacho, estaba desesperado y, sin familia aquí, no sabía a quién acudir. Los alemanes habían tomado Francia y él temía por su mujer y su hija. Además, acababan de perder un bebé porque parece que todas las desgracias vienen juntas. Me rogó que las acogiera. Pensaba que aquí estarían más seguras que en París. Ya ve... Estaba dispuesto a hacerse cargo de los gastos, ¡a pagarme una mensualidad por hacerle el favor! Menuda tontería, yo me negué a recibir un solo franco. En la casa hay sitio de sobra y a mí me sirven de compañía. Hasta le dije que lo que tenía que hacer era venirse aquí él también. Pero no quiso, decía que no podía permitirse perder su trabajo... El mes pasado lo arrestaron. Una vecina llamó a Helene para contárselo. Paul recibió una citación de la policía para regularizar su situación y, cuando acudió a la comisaría, ya no regresó. No sabemos nada de él desde entonces. Dicen que si está en un campo del Loiret, pero… —Se encogió de hombros—. Y, ahora, esto… ¡Qué injusticia, Señor!

La mujer parecía a punto de derrumbarse. Entonces, entró Sophie en la cocina, y Marie se recompuso rápidamente.

—Tía Marie, mamá dice que tenemos que irnos a buscar a papá. Pero yo no quiero, yo quiero quedarme aquí contigo… —gimoteó la pequeña todavía con cara de sueño.

Madame Ferrand se levantó a abrazarla, a llenarla de palabras de consuelo y promesas.

Aldara empezó a tomar conciencia del lío en el que se había metido. Consultó su reloj de pulsera. Tragó saliva. Ya era tarde para echarse atrás. No iba a echarse atrás.

La despedida al pie del jardín fue fugaz y dramática, entre abrazos y lágrimas, mientras Aldara miraba con angustia hacia la calle. Las campanas de la catedral repicaron siete veces.

—Lo siento. Tenemos que irnos. Helene… Vamos… —apremió, tirando suavemente del brazo de la joven.

Fue entonces, al girarse, cuando lo vio. Un automóvil que frenó delante de la verja. Dos gendarmes se bajaron y aceleraron el paso hacia ellas.

El primer instinto de Aldara fue echarse a correr, pero enseguida se dio cuenta de que no llegarían muy lejos. Los hombres ya bloqueaban la salida.

—¿Helene Berman?

Se hizo el silencio. Aldara vio de reojo el rostro descompuesto de la chica. Sophie se escondía tras su madre. No podía ser que hubieran estado a punto de conseguirlo, a sólo unos segundos. Sentía tanta rabia, que pensó en dar un empujón a aquellos dos gendarmes como si aún le quedara la más mínima opción de escapar.

—¿Quién de ustedes es Helene Berman?

—Ninguna —saltó Aldara.

El gendarme sonrió de medio lado y miró a su compañero con cierta guasa.

—En ese caso, tendrán que acompañarme todas.

—Yo... Yo soy Helene Berman —acertó a decir la aludida con un hilo de voz.

—Bien. Eso está mejor. Tiene que venir con nosotros, madame Berman. La niña, también. Veo que ya han empaquetado sus cosas. Perfecto. Así ganaremos tiempo.

—¡Un momento! —interrumpió Aldara a viva voz. Quería armar barullo, atraer la atención de la gente que andaba por allí. Ganar tiempo—. ¿Con qué motivo se llevan a estas personas?

—Somos agentes de la ley, madame. Cumplimos órdenes y el motivo no es asunto suyo.

—¡Por supuesto que lo es! Esta mujer es mi empleada, mi ama de cría. Y no puedo permitir que ustedes se lleven a quien tiene que alimentar a mi bebé.

—Madame, ése no es nuestro problema. Como le he dicho, nosotros sólo cumplimos órdenes. Así que déjenos hacer nuestro trabajo o tendremos que detenerla por obstrucción a la autoridad.

Aldara comprobó que se había formado un corrillo de gente al otro lado de la verja, casi todo, trabajadoras de la fábrica, y que en él empezaba a cundir un rumor de indignación. Sólo tenía que seguir tensando la cuerda.

—¿Acaso se trata de una asesina?, ¿o de una ladrona?, ¿o de una alborotadora? ¿Qué delito tan grave ha cometido como para que la detengan? ¿O es que la delincuente es la niña?

El revuelo alrededor se hizo más patente. Como también que los gendarmes empezaban a ponerse nerviosos. Lo último que deseaban era un altercado.

—¡Aquí la única alborotadora es usted! ¡Cállese de una vez! ¡Estas personas se vienen con nosotros!

Aldara se interpuso entre Helene y Sophie y los gendarmes.

—¡Tienen derecho a saber por qué! ¿Por qué las detienen?

Entre el público se alzaron algunos gritos: «¡Eso!», «¿Qué han hecho?», «¡Son sólo una mujer y una niña!».

—¡Apártese! —ordenó el policía.

—¡Exijo hablar con su superior! ¡Exijo saber por qué me obligan a prescindir de mi ama de cría! ¡Son cómplices de que mi hija se quede sin alimento! ¡Una niña francesa! ¿Éste es el gobierno que tenemos ahora? ¿Un gobierno al que no le importa que sus niños se mueran de hambre?

La gente ya había atravesado la verja y los rodeaba. Exclamaciones de «¡Qué vergüenza!» se repetían por doquier y, entre ellas, se alzó una voz de mujer:

—¿Para esto querías ser gendarme, Vincent? ¿Para detener a mujeres y a niños? Que lo hagan los alemanes, que todo el mundo sabe que son unos salvajes... Pero ¿tú? ¿Un francés? Ay, como se entere tu madre... ¡Déjalas ir!

«¡Déjalas ir!», coreó todo el mundo como un eslogan mientras estrechaban el cerco a los agentes. Aldara aprovechó para tomar a Sophie de la mano y abrirse paso hacia la salida con Helene detrás.

—Si su superior tiene algún problema, que venga a hablar conmigo —zanjó según atravesaba la verja. Los agentes, desbordados por la situación y para evitar males mayores, no se lo impidieron.

Una oleada de aplausos se levantó entre la concurrencia en tanto las mujeres y la niña se encaminaban a paso ligero hacia la camioneta en el extremo de la calle. Una vez allí, se subieron sin mirar atrás. Cuando Aldara sacó la llave, el pulso le temblaba de tal modo que apenas acertaba a meterla en el contacto. Creía que el corazón se le saldría por la boca, no estaba segura de si a causa de la tensión o de la euforia.

—Aguardad un instante aquí. Diré que os traigan algo de beber. Una tisana quizá sea lo mejor. Y chocolate para Sophie. ¿Quieres chocolate, Sophie?

Aldara se agachó junto a la pequeña, que no había dejado de llorar desde que salieron de su casa en Beaune. Le acarició la cabeza en ademán consolador.

—No llores más. Pronto podrás ir a ver a la tía Marie. Pero, antes, iremos a jugar con los cachorritos. Te gustan los cachorritos, ¿verdad?

La pequeña asintió con la cara todavía bañada en lágrimas, aunque algo más calmada.

Aldara se volvió a poner en pie y se dirigió a Helene.

—Ahora mismo vuelvo.

La joven asintió, incapaz de hacer otra cosa que no fuera dejarse llevar.

Aldara salió del salón y cruzó el vestíbulo hasta el comedor. Abrió la puerta y se quedó plantada en el umbral, frente a la mesa en donde su suegro y su cuñado ya estaban desayunando. Ni siquiera le salió pronunciar el «buenos días» de rigor.

Romain la miró distraídamente por encima de la taza a rebosar de un café bien cargado con el que parecía combatir la resaca. Auguste bajó el periódico. Enseguida se dio cuenta de que algo sucedía, en cuanto observó a su nuera, despeinada, sudorosa y con el gesto crispado.

—¿Qué ocurre? ¿De dónde vienes?

—He ido a Beaune. A recoger a una mujer y a su hija pequeña. Están en el salón. —Hizo una pausa, sosteniendo las miradas perplejas de los otros—. Son judías.

A Romain casi se le atraganta el café.

—Pero ¿qué...?

Antes de que se echaran sobre ella, Aldara les explicó con todo detalle cuanto había acontecido en las últimas horas.

Concluyó con ese plan que había tenido que improvisar en el último momento de hacer pasar a Helene por su ama de cría.

—Siento haberme llevado la camioneta sin su permiso. —Miró a Auguste.

Sin embargo, fue Romain el que saltó.

—¡La camioneta es lo de menos! ¿Acaso has perdido la cabeza? ¿Cómo se te ocurre meterte en ese lío? ¡Meternos a nosotros en él! ¡Y enfrentarte además a los gendarmes! Bastantes problemas tenemos ya con los alemanes. ¿Te has olvidado de que hay uno viviendo en esta misma casa?

—¡No podía dejar que se las llevaran! ¡No han hecho nada!

—¡Ése no es nuestro problema!

—Pero nosotros sí tenemos la solución.

—Serás ingenua... ¿Te crees que esto va a quedar así? No tardarán mucho en venir aquí a buscarlas y habrás involucrado a toda la familia en este despropósito. No puedo consentirlo. Ahora mismo me las llevo a la Prefectura.

—¡No!

Aldara hizo por bloquear la puerta, pero no fue eso lo que detuvo a su cuñado.

—¡Siéntate, Romain! —ordenó Auguste—. En esta casa, todavía se hace lo que yo digo. Ahora, esa mujer es mi empleada y a mis empleados no se les toca ni un pelo.

—Os habéis vuelto locos, ¡locos! ¡No contéis conmigo para encubrir esto! ¡No pienso ir a prisión por vuestra causa!

Romain se levantó y se encaminó furioso hacia la puerta. Antes de llegar a alcanzarla, sonó el timbre.

—Ya están aquí —anunció sin ocultar su satisfacción—. Os dije que no tardarían. Ahora, padre, a ver si puedes impedir que entren a cumplir con sus órdenes.

Auguste no se movió más que para dar un sorbo de café con una flema exagerada.

—¿Qué vamos a hacer? —preguntó Aldara con angustia.

—De momento, esperar. Yo nunca salgo a abrir la puerta.

Aldara envidió la calma de su suegro. Nerviosa, se retorcía las manos mientras le daba vueltas a si debía permanecer donde estaba, salir a ver quién llamaba al timbre o ir con Helene y Sophie. No le dio tiempo a tomar una decisión antes de que el mayordomo entrara en el comedor.

—Disculpe, monsieur, hay unos gendarmes en la puerta. Preguntan por dos mujeres: Helene y Sophie Berman. Les he dicho que aquí no vive nadie con esos nombres. Han insistido en verle a usted. ¿Les hago pasar?

—Gracias, Jacques. Ya me encargo yo.

Sin prisa, el marqués se limpió la boca con la servilleta, la dejó doblada sobre la mesa, se levantó, se estiró la chaqueta y se encaminó hacia la entrada principal. Aldara le siguió y, al salir del comedor, vio a Romain aguardando junto a la escalera; estaba claro que no quería perderse la escena.

Al otro lado de la puerta, contó a tres hombres: dos, ciertamente, con uniforme de gendarme, y un tercero de paisano.

—Buenos días, monsieur, venimos buscando a Helene y Sophie Berman. Sabemos que están aquí.

—¿Y con qué motivo las buscan?

—Son judías, monsieur. Tienen que acompañarnos por orden de la KdS.

—Me temo que eso no va a ser posible. No sé quién es la KdS ni me importa. Sólo sé que Helene Berman es mi empleada y Sophie es su hija de cuatro años de edad y nadie se las va a llevar porque sean judías.

—Lo siento, monsieur. Nosotros sólo cumplimos órdenes. Si no nos entrega a estas personas, tendremos que entrar a buscarlas.

—Aquí no entra nadie sin una orden judicial. Que tengan ustedes un buen día.

Auguste fue a cerrar la puerta, pero el gendarme la empujó con tal fuerza que el marqués trastabilló y casi cae al suelo. Los tres hombres entraron en el recibidor. El que llevaba la voz cantante dio al otro gendarme uniformado la orden de buscar por la casa. El tipo de paisano lo observaba todo en un segundo plano.

—Pero ¡qué...! ¡Esto es un ultraje! ¡Fuera de mi casa ahora mismo!

Auguste se lanzó contra el gendarme antes de que empezara a inspeccionar las habitaciones e intentó impedírselo. Aldara fue a ayudarle. Romain no movió un músculo.

—¡Fuera de aquí! ¡Fuera de mi casa! ¡Soy francés! ¡Tengo mis derechos!

Los gendarmes los sujetaron y amenazaron con esposarlos y llevárselos detenidos. El recibidor se llenó de tales gritos que incluso llegaron a los oídos prácticamente sordos de Pascal. El criado hizo su entrada en el recibidor como una exhalación y empezó a forcejear con los gendarmes, haciendo gala de su fuerza y su corpulencia. Hasta que uno de ellos desenfundó su arma.

—¡Todo el mundo quieto! ¡Maldita sea! ¡Todo el mundo quieto o esta noche la pasan en el calabozo!

En ese momento en el que la escena parecía congelada, se abrió la puerta del salón y apareció Helene, frágil, diminuta, con el cabello negro crispado y los ojos enrojecidos.

—¡No! ¡Yo soy Helene Berman! ¡Me buscan a mí! Iré con ustedes, pero, por lo que más quieran, dejen a la niña.

—Helene, no... —Aldara le dirigió una mirada de desolación; no tuvo tiempo de decir más antes de que el gendarme la interrumpiera.

—No es posible, madame, ambas están en la lista, ambas vienen con nosotros.

Aldara se encaró con el agente hecha una furia.

—¿Cómo se puede ser tan desalmado?

—¡Ya está bien de tonterías! ¡Poiret, espósela! ¡Está claro que madame tiene ganas de venir con nosotros!

—¡No me ponga una mano encima! —se revolvió Aldara.

Pascal volvió a intervenir pretendiendo usar la fuerza. De nuevo, se desencadenó el tumulto. Sophie lloraba a pleno pulmón, los demás proferían gritos y exclamaciones. El agente Poiret lidiaba con unas esposas y varios insurrectos; su superior, con la pistola en la mano, a punto estaba de dar un tiro al aire, pero sabía que no podía hacerlo, no en un espacio cerrado lleno de civiles desarmados.

—¿Qué está ocurriendo aquí?

Una voz potente y autoritaria hizo eco en el vestíbulo desde lo alto de la escalinata. Cundió un silencio repentino y todas las miradas se volvieron hacia allí. Helene cogió a Sophie en brazos para intentar tranquilizarla, para tranquilizarse ella misma.

El gendarme bajó la pistola y con alivio contempló al oficial alemán que bajaba los escalones. Por fin, alguien con autoridad iba a poner orden en aquel despropósito y no ese fulano absurdo de la policía alemana que los había acompañado y que sólo parecía estar allí para disfrutar del circo.

—¿Qué es todo esto, agente?

El gendarme, todavía sudoroso, sacó un papel arrugado.

—Tenemos orden de llevarnos a esta mujer y a esta niña, señor. Están en esta lista.

El teniente Hubert Eberhart echó un vistazo al documento con el sello de la Gendarmería francesa y de la KdS.

—Esta mujer es mi ama de cría, teniente —se apresuró a explicar Aldara—. Y la niña es su hija, ¡sólo tiene cuatro años, por Dios!

Antes de que el oficial pudiera decir nada al respecto, escuchó a su espalda:

—*Heil, Hitler!*

Se volvió. Un hombre vestido de paisano le mostraba el brazo en alto. Hubert fue a llevarse la mano a la frente para responder con el saludo militar, pero recordó que iba con la cabeza descubierta. Alzó el brazo con desgana y, con igual desgana, respondió:

—*Heil...*

A partir de ese momento, ambos iniciaron una conversación en alemán a la que el resto de la concurrencia asistió atentamente como si pudiera entenderla.

Al cabo de unos breves instantes, el alemán de paisano dio la orden a los gendarmes franceses de marcharse. Se mostraba contrariado cuando se despidió de forma solemne, gritando de nuevo el «*Heil, Hitler!*», al que Hubert respondió esta vez con un choque de talones.

En cuanto la comitiva hubo desaparecido por la puerta, el teniente se dirigió al resto:

—Ya está todo aclarado. No volverán a molestarles más.

A Helene le flaquearon las piernas. Pensó que tendría que sentarse allí mismo sobre el suelo de mármol.

—Pero ¿qué le ha dicho a ese hombre? —quiso saber Aldara.

—No debe preocuparse, madame. —Hubert cogió la gorra que llevaba debajo del brazo y se la puso—. Ahora, si me disculpan, ya llego tarde al trabajo. Buenos días.

Entonces sí, se llevó la mano a la frente para hacer el saludo militar y se encaminó a la puerta.

—Teniente...

Hubert se volvió y se encontró con aquellos ojos azules que le traían de cabeza.

—Gracias —dijo Aldara.

El oficial asintió con una breve inclinación de cabeza y salió de la casa.

Retomando conciencia de cuanto la rodeaba, Aldara se percató de que Romain ya no estaba allí. En cuanto a Auguste, clavaba aún la vista en la puerta que Jacques acababa de cerrar al paso del teniente. A tenor de su gesto, parecía sumido en un profundo debate. Entonces, reaccionó como si allí no hubiera sucedido nada.

—Vamos, Pascal —gesticuló a su criado—. Nos esperan en la bodega.

—Monsieur —habló Helene según salía del susto—. Muchas gracias. Yo no sé cómo... No sé... —Con las emociones aún a flor de piel, creyó que se echaría de nuevo a llorar.

—No he hecho más que lo que hay que hacer, madame. Es lo único que nos queda: la dignidad de enfrentarnos a la injusticia. Confío en que, pese a las circunstancias, se encuentre a gusto en nuestra casa.

—Sí, monsieur. Gracias, muchas gracias.

Una vez solas, las mujeres se retiraron al salón, donde, exhaustas, buscaron asiento frente a una taza de té. Sophie dio buena cuenta de varias onzas de chocolate.

—Me gustaría saber quién era ese alemán sin uniforme. Mira que apenas ha pronunciado una palabra, pero qué hombre más desagradable.

—Era un inspector de la policía alemana. No lo ha dicho, pero me imagino que de la Gestapo.

Aldara miró a Helene sorprendida.

—¿Hablas alemán?

—Soy austriaca —le recordó la joven con una débil sonrisa.

—Claro, qué tonta soy. ¿Y qué es lo que le ha dicho el teniente a ese tipo para que se fueran sin rechistar?

—Que los alemanes están aquí para colaborar con los franceses en armonía y que llevarse por las buenas a sus empleados va en contra de ese espíritu. Le ha dicho que, en el caso de las familias notables, eso era todavía más importante, dados los intereses que hay implicados. Que a la administración militar alemana, la cual, le ha recordado, es la máxima autoridad competente, no le iba a hacer ninguna gracia que por una nimiedad se fomentase la enemistad de los ciudadanos franceses de bien. Y, por último, le ha invitado a hacer la vista gorda con este asunto, pues estaba seguro de que el Führer no iba a echar de menos a una mujer y a una niña judías en su lista de enemigos del Reich y sí los muchos recursos que Alemania necesitaba de la Francia ocupada y que iban a tener difícil obtener sin la colaboración de la población francesa.

—Vaya... Es un discurso muy... alemán. Aunque no voy a negar que lo ha utilizado con mucha habilidad.

Aldara se quedó un instante pensando en el teniente. Aunque, en el momento, no había entendido una sola palabra de lo que decía mientras el joven hablaba con el policía, había percibido su aplomo, su autoridad. Nada que ver con esa imagen de muchacho fatuo e inmaduro que se había hecho de él tras sus escasos y breves encuentros.

Después de dar un sorbo de infusión, apartó de su cabeza al teniente y declaró:

—Lo que parece evidente es que ser empleada del Domaine os protege a ti y a Sophie. Aunque el teniente haya dicho que todo está arreglado, no creo que sea seguro que regreséis a casa de madame Ferrand. Podéis quedaros aquí el tiempo que desees.

—Pero yo no puedo quedarme aquí —replicó Helene con angustia—. No puedo ser su empleada, madame.

Aldara malentendió los motivos de Helene. Estaba claro que se trataba de una mujer culta, formada, quizá con una dignidad una pizca excesiva.

—Bueno, entiendo que no quieras serlo para siempre, pero, al menos, por un tiempo, hasta que encontremos una forma segura de haceros pasar a la zona libre.

—No, madame, no es eso. Es que yo... ¡hace mucho que se me retiró la leche! No puedo ser ama de cría para su bebé.

Aldara sonrió divertida.

—¡Ah! ¿Es por eso? No te preocupes. También hace mucho que Claire ya no toma pecho. Pero eso ellos no lo saben.

Helene se debatía entre reír o llorar.

—No sé cómo voy a agradecerle lo que hace por nosotras, madame. A todos ustedes. Ustedes han conseguido lo que yo no he sido capaz. No he sido capaz de proteger a mi hija. He sido una tonta, demasiado confiada. Cuando convocaron a los judíos del pueblo para registrarnos en la Gendarmería, madame Ferrand me aconsejó que no fuera, pero no quise hacerle caso. Además, Paul insistió en que, él en París y nosotras aquí, debíamos cumplir con la ley para no tener problemas, porque, tarde o temprano, por uno o por otro, se enterarían de que somos judíos y sería peor haberlo ocultado. Y ahora... —A Helene le tembló la voz—. A Paul se lo han llevado y Sophie y yo hubiéramos corrido la misma suerte de no ser por usted.

—No pienses más en ello. Os habéis librado de la detención, eso es lo importante.

—Pero yo tengo que hacer algo por ustedes, no puedo quedarme aquí sin más. Puedo limpiar, lavar la ropa, planchar... También sé cocinar un poco y coser. Tengo que hacer algo, madame.

Aldara la contempló con ternura. Menuda, frágil, desvalida, abrumada. Casi hundida en el sofá, con su vestidito de flores y el rostro marcado por el llanto. Le recordaba a ella misma hacía no tanto tiempo. Esa idea la estremeció.

—Empieza por llamarme Aldara.

—Sí, sí, claro... Pero...

—Me ayudarás a cuidar a Claire, si te parece bien. Sólo tiene un año, pero seguro que Sophie y ella hacen buenas migas. Ahora, a ver si encontramos una bonita habitación para que os instaléis y descanséis un poco después de este comienzo de día tan... movidito. Anda y no llores más, que vas a hacer llorar a Sophie también.

—Es de alivio... De alivio...

Agosto de 1941

Pasaban unos minutos de las ocho de la tarde, hora a la que empezaba el toque de queda, cuando Romain aparcó su automóvil frente a la bodega. Hacía unos instantes que se había desencadenado una fuerte tormenta y el aguacero resonaba con estruendo sobre la cubierta de lona del descapotable.

Cogió una botella de vodka que, a medias, descansaba en el asiento del copiloto y dio un buen trago. Pensó en sus amigos alemanes: los muy bastardos se permitían el lujo de brindar por la invasión de la Unión Soviética con un buen vodka ruso. Era bueno estar del lado de quien tenía acceso a todo tipo de alcoholes. Y a todo tipo de mujeres. Había resultado ser una tarde muy interesante la que había pasado en Dijon. De ella traía esa botella de recuerdo porque le había parecido excesivo meter a la puta en casa.

Ese asunto de la Unión Soviética había puesto muy nerviosos a los alemanes. Se mostraban entre eufóricos y muertos de miedo. Como el que se enfrenta a una bestia legendaria. Quizá por eso Dieter Lutz le había dado un ultimátum limado con vodka y putas. Quería las botellas de los tres emperadores ya o no habría trato. El interés del mariscal Göring empezaba a enfriarse.

Vigorizado por el alcohol, Romain salió al aguacero justo en el momento en que un relámpago iluminaba la explanada.

Llovía de tal manera que, aunque el trayecto hasta la entrada de la bodega era de apenas unos pasos, llegó empapado. Maldijo el clima mientras dejaba un rastro de agua en las escaleras que descendían a las profundidades de la tierra. Allí abajo hacía un frío espantoso que, con la ropa mojada, le estaba penetrando hasta los huesos igual que una afilada hoja. Tiritaba cuando llegó frente al muro al final de las largas hileras de barriles que se tragaba la oscuridad.

Sin embargo, no tardaría en entrar en calor. Se quitó la chaqueta, la lanzó sin importarle adónde y, agarrando un mazo que había en una esquina, empezó a golpear con fuerza contra aquella pared recién levantada.

Auguste cada vez dormía menos. Últimamente, las pesadillas nacidas en las trincheras que de cuando en cuando le perturbaban el sueño se habían vuelto diarias. Cada vez retrasaba más el momento de meterse en la cama y cerrar los ojos. Por eso, se quedaba hasta bien entrada la noche en su despacho, en la silenciosa compañía del buen Pascal, quien tejía cestos de junco para pasar el rato. Auguste intuía que los malos sueños también impedían el descanso de su fiel criado.

A veces, el marqués trabajaba, otras, simplemente fumaba perdido en sus reflexiones. También solía aprovechar ese momento para escribir a su hijo. De un tiempo a esta parte, notaba el ánimo de Octave más apagado. Todos aquellos meses en el campo de prisioneros, un año sumaban ya, empezaban a hacer mella en su salud y en su entereza y lo más descorazonador era la falta de un horizonte con el fin de aquel calvario. Auguste estaba muy preocupado, su hijo nunca había sido un hombre especialmente fuerte ni de salud ni de ánimo. Dudaba de que pudiera aguantar mucho más tiempo así. Sólo había una cosa en la que el marqués había depositado sus esperanzas: que la ilusión de Octave por reunirse con su mujer y su hija alimentase su resistencia. Benditas ellas. No se cansaba de dar gracias a Dios por haberlas puesto en su camino en el momento en el que más las necesitaba.

Por supuesto que el marqués sentía una especial debilidad por su nieta, aquel ser indefenso, sangre de su sangre, que le había arrancado más de una sonrisa y había despertado en él una ternura que creyó extinguida hacía mucho tiempo. Sin embargo, lo más sorprendente de todo era que había llegado a sentir un gran aprecio por su nuera.

Auguste, cuya habilidad natural para calar a las personas se había visto acrecentada por la experiencia y la edad, estaba convencido de que había algo oscuro en el pasado de aquella muchacha. No necesariamente reprochable, pero, a buen seguro, traumático. Tanto como para que ella lo ocultase.

Sin embargo, tales recelos habían pasado a un segundo plano a medida que el marqués había ido apreciando la fuerza, la lealtad, los valores y la inteligencia de la joven. Y, sobre todo, el amor sincero que había demostrado sentir por Octave. Si alguna vez temió que la chica se tratase de una buscona que sólo quería aprovecharse de la posición social y la riqueza de Octave, tenía que admitir cuán equivocado estaba a la vista de su comportamiento.

Cierto que su nuera era también obstinada, impulsiva y respondona, pero en tales vicios a veces se reconocía a sí mismo. Eran las servidumbres de un carácter fuerte.

En contra de todo lo que anticipara, el marqués había llegado a encontrar en la joven apoyo, cariño y consuelo y ya no se imaginaba el Domaine sin su presencia.

Él no era un hombre dado a mostrar abiertamente sus emociones; no obstante, se esforzaba en ofrecer gestos que la hicieran sentirse parte de la familia. Confiaba en que así fuera.

El restallido de un trueno le sacó de sus reflexiones. Al otro lado de la ventana, la lluvia caía de forma torrencial. Un destello blanquecino iluminó la noche. En otro tiempo, se hubiera acercado a los cristales abiertos a contemplar los rayos caer en el horizonte y a aspirar el aroma de la tierra mojada y el ozono en el aire. A Auguste solían gustarle las tormentas. Ahora, ya nada despertaba su interés.

Con movimientos fatigosos, cogió el papel preimpreso adjunto a la última carta de Octave y un lápiz recién afilado. Se apoyó en la mesa y comenzó a escribir: «Mi querido hijo...».

—¿Dónde están?

Sin ningún tipo de consideración, Romain había entrado como una exhalación en el despacho y se había plantado delante de su mesa. Auguste alzó la vista lentamente desde el papel. Su hijo presentaba un aspecto lamentable: sin chaqueta, empapado en lluvia y sudor, cubierto de polvo de yeso y ladrillo y con el gesto crispado.

—¿Dónde están las malditas botellas?

Con una calma estudiada, Auguste dejó a un lado el lápiz y se cruzó de brazos sobre la mesa.

—Está claro que me tomas por estúpido si creías que las había dejado en la Cripta tras esos pocos ladrillos que te has molestado en derribar para nada.

—¿Para qué levantaste el condenado muro, entonces? ¿Para burlarte de mí? —espetó, indignado.

—No todo gira en torno a ti, Romain.

El joven soltó una risita desganada. Como si no hubiera ido hasta allí para montar una escena, sino sólo a tener una agradable conversación con su padre, se tomó la libertad de sacar uno de los puritos de la caja que había sobre la mesa, lo encendió y se dejó caer pesadamente en la butaca, dispuesto a fumar con calma. Sí, no había motivo para enojarse ni perder los nervios, pensaba; después de todo, él tenía la sartén por el mango.

—Por supuesto que no todo gira en torno a mí. Nada lo hace, en realidad. Hace mucho tiempo que me di cuenta de eso. Nunca he significado nada para ti. En todo caso, un estorbo, un problema. Haga lo que haga, no vas a cambiar tu opinión sobre mí, ¿para qué molestarme?

El retumbar de otro trueno se metió en la conversación.

—Has bebido. Vete a la cama.

—No lo suficiente como para no poder decirte lo que he venido a decir. Aunque eso es lo que tú querrías... Ya lo creo. Querrías que me largase, no a la cama, sino de esta casa, y que te dejase en la santa paz. Así ha sido siempre. Jamás me dejaste acercarme a ti, ni demostrarte que yo podía ser tan bueno como Octave. Jamás me trataste como a tu hijo. Tú ya no querías otro hijo, con uno te bastaba.

Auguste suspiró largo y profundo mientras meditaba su respuesta a tan duras acusaciones.

—Lamento que hayas crecido con esa sensación. Ojalá no hubieras esperado hasta hoy para sincerarte. Pero no fui yo el que te alejó de mí, Romain, créeme. En este corazón hay espacio de sobra para dos hijos y para todos los que Dios hubiera querido enviarme. Lo que ocurre es que a ti te inculcaron una idea equivocada de lo que un hijo debe esperar de su padre. Y si en algo me siento responsable es en no haber sabido corregir eso a tiempo.

Romain se incorporó en el asiento para clavar en su padre una mirada de odio mientras le apuntaba con la brasa del puro.

—Eso que dices es una jodida milonga. Toda esta familia es una jodida milonga, que está viciada por la mentira y la farsa.

El marqués frunció el ceño, alarmado.

—No sé a qué viene eso. Insisto en que creo que el alcohol nubla tu juicio.

—Dile a ese criado tuyo que se largue. No querrás que se entere de lo que voy a decir.

—¿Me tomas el pelo? Sabes de sobra que está sordo.

—Pues a mí me parece que oye más de lo que nos hace creer.

La paciencia de Auguste empezaba a agotarse.

—Ya está bien, Romain. Di de una vez lo que tengas que decir o márchate.

Pero Romain no estaba dispuesto a abreviar. Se estaba divirtiendo. Volvió a repantingarse en la butaca. Con las piernas cruzadas, el purito humeando en los labios y la mirada siguiendo esa voluta que se perdía en el techo, mostraba una actitud entre displicente y enigmática.

—¿Sabes? Siempre me ha chocado lo diferentes que somos Octave y yo. ¡No nos parecemos en absolutamente nada! Nadie hubiera dicho que somos hermanos. Pero, claro, tiene una explicación...

Volvió a soltar una bocanada de humo al aire, lenta, pausada, que creara expectación.

—Nosotros no somos hermanos. ¡No somos hermanos!

Miró entonces a su padre. Se alegró de comprobar cómo, pese a su proverbial contención, al viejo se le demudaba el rostro. El dardo había alcanzado de lleno en el centro de la diana.

—Pero... ¿qué tonterías dices?

A Romain casi le enterneció aquel intento de resistencia pronunciado en voz ahogada. Prefirió ignorarlo.

—Tiene gracia que yo, ¡precisamente yo!, la bala perdida, el repudiado, vaya a ser tu único hijo legítimo. Si estuviera en tu pellejo, ya me fastidiaría.

—No sé cómo has pergeñado esa fantástica historia ni qué piensas que vas a conseguir con esto, pero...

—Espera, espera. No me has dejado terminar. ¿Es que no quieres saber cómo me he enterado de tu pequeño secreto?

Auguste ofreció un silencio lúgubre por respuesta. Entonces Romain recuperó un papel del bolsillo de su pantalón, lo desdobló y lo sostuvo delante de la cara de su padre; cuando éste fue a cogerlo, lo apartó.

—No, no. Se mira, pero no se toca. De sobra sabes de lo que se trata.

Auguste aguzó la vista y, en aquel papel manchado y de aspecto frágil, con la escritura desvaída, enseguida reconoció un certificado de alumbramiento.

—¿De dónde has sacado esto?

—Madre lo guardaba con sus joyas. Cuando las cogí, lo encontré. Entonces no sabía que este papelito era la auténtica joya. Mucho más valioso que todas esas piedras preciosas juntas. Este papelito vale toda la fortuna de los Montauban. Me ha llevado un tiempo confirmar su veracidad. Más o menos el mismo que he tardado en gastar el dinero de las alhajas viajando por el mundo. Muy oportuno. Ahora, por fin... No quiero ser más un segundón despreciado, ¿sabes, padre? Soy tu único hijo. Y, aunque tú lo has sabido siempre, me has negado ese privilegio. De una vez por todas estoy en mi derecho de reclamar lo que me corresponde.

Auguste apenas escuchaba más que un eco confuso de las amenazas de Romain. En ese instante, se encontraba muy lejos de allí, en una villa en la costa occidental de la isla de Córcega. Se trataba de un lugar idílico entre palmeras y buganvillas, con el panorama del mar al fondo. Se la había alquilado al cónsul de Italia y allí se trasladó en diciembre de 1911 con su esposa Lucienne y su hermana Marguerite.

Marguerite... La pequeña de los Montauban siempre había sido la alegría de la casa. Dulce, ingeniosa, cantarina... Auguste la recordaba tarareando siempre alguna tonadilla. Era su ojito derecho, tenía que admitirlo. Aunque no por ello dejaba de reconocer sus defectos. Marguerite tenía muy poca sensatez. Durante la vendimia de 1911, se encaprichó de uno de los temporeros, un muchacho rumano, y se quedó encinta. Por supuesto, recogida la uva, del joven no se volvió a saber nada, pero mejor así. Aquella relación extramatrimonial con un hombre de muy inferior condición social suponía un escándalo que era preferible tratar en familia. Por entonces, Auguste ya era el cabeza de los Montauban después de perder hacía cuatro años a su padre primero y a su madre después, con pocos meses de diferencia.

Quizá se trató de una idea precipitada, más impulsada por la embriaguez de la responsabilidad recién adquirida, por el exceso de celo en la protección del honor y el buen nombre de su familia, que en la razón o en la mera humanidad. Quizá surgió también de la desesperación.

Lucienne y él llevaban casados más de cinco años y, en todo aquel tiempo, Dios no les había bendecido con descendencia. Todos los embarazos de Lucienne terminaban en aborto antes de cumplirse el primer trimestre. Habían visitado a toda clase de médicos, habían probado toda clase de tratamientos y remedios, pero nada parecía dar resultado. Auguste había llegado a temerse que la casa de Montauban se extinguiría con él. Y aquello le traía por el camino de la amargura.

Sin embargo, a veces, Dios escribe derecho con renglones torcidos. O así vio él la vida que había puesto en el vientre de Marguerite. Aunque de un modo enrevesado, allí estaba el futuro de su linaje. Sólo tenía que hacer pasar al hijo de Marguerite por suyo, por el de su matrimonio. De este modo, se solucionaban dos problemas de una vez: la reputación de su hermana quedaría intacta y él obtendría un heredero. Ese vástago sería el único que garantizaría la continuidad de la casa Montauban.

Marguerite no se mostró muy convencida al principio. No quería renunciar a ser la madre de su bebé. Sin embargo, en cuanto le pusieron delante la cruda realidad de su futuro y el de su hijo, marcados ambos por el estigma de la indecencia, se avino al trato. Después de todo, la componenda ofrecía muchas más ventajas que la opción de entregar al bebé a un hospicio, tanto para la madre, que al convertirse así en tía de la criatura no perdería el contacto con ella, como para el hijo, a quien aguardaba una vida de privilegios a la que jamás hubiera accedido como expósito.

Resultó ser Lucienne quien más pegas puso. Se negaba a ser la madre del hijo de un jornalero rumano. «A saber qué herencia degenerada portará la criatura», objetaba. Además, no había perdido la fe en que Dios le acabaría dando hijos propios y no sería justo para ellos semejante engaño. Auguste intentó convencerla por las buenas con todos los argumentos a su alcance. No hubo manera. Sólo entonces, y muy a su pesar, amenazó con pedir la nulidad del matrimonio. No se sentía orgulloso de haber antepuesto los intereses de su familia a los de su esposa, y ella no cesaría de recordárselo mientras viviese, pero ¿qué otra cosa pudo haber hecho? Al final, Lucienne cedió.

Antes de que a Marguerite se le notase su condición, anunciaron a parientes y conocidos que Lucienne se hallaba en estado de buena esperanza. Después, partieron para Córcega, un lugar remoto donde nadie los conocía, alegando que la futura madre requería de reposo y de los beneficios del clima mediterráneo. Allí se quedarían hasta el momento del alumbramiento de Marguerite, y entonces registrarían al niño como hijo de Auguste y Lucienne. El marqués buscó una comadrona con pocos escrúpulos a la que pagó una buena cantidad de dinero para que se aviniese al fraude. Todo quedó atado y bien atado. El embarazo de Marguerite transcurrió con normalidad, también el parto. Sin embargo, cuando la joven sostuvo al bebé entre sus brazos, la determinación de desprenderse de él se le vino abajo. No iba a renunciar a su hijo. No le importaban la deshonra ni el señalamiento. Nada de lo que se le dijo consiguió hacerle cambiar de opinión y amenazó con denunciarlos a todos si le quitaban al niño. A gritos, exigió a la comadrona que levantase acta del alumbramiento, haciendo constar que ella, Marguerite Antoinette de Fonneuve, era la madre de aquel niño de nombre Octave, nacido vivo el 16 de mayo de 1912 en Saint-Florent, Córcega.

Auguste se rindió. Jamás le quitaría por la fuerza el niño a su madre. En cambio, se demostró que el plan de Dios ya estaba trazado. Dos noches después, Marguerite, su amada Marguerite, falleció a causa de una hemorragia. Ya nada ni nadie impidió registrar a Octave como hijo suyo y de Lucienne.

No había vuelto a acordarse de aquella primera acta levantada por la comadrona. La creía destruida y, ahora, transcurridos casi treinta años, descubría que Lucienne la había conservado, sin duda, como un arma que utilizar en su contra. Se preguntaba por qué nunca había llegado a hacerlo.

—Ha sido una larga espera, pero ha merecido la pena —continuaba hablando Romain—. Hace unos meses, conseguí por fin localizar a la comadrona. Sigue viviendo en Saint-Florent y, aunque ahora tiene casi noventa años, recuerda perfectamente este episodio. Me contó cómo lloraba la tía Marguerite porque le queríais quitar el niño. Y cómo la pobre murió desangrada al poco. Complicaciones del parto, dijo. Qué desgracia...

—¡Cállate!

Auguste se puso en pie y dio un puñetazo en la mesa. Pascal, que hasta entonces había seguido aquella conversación muda para él desde las sombras, dio un paso adelante como si se pusiese en guardia. Romain sonrió con malicia.

—La mujer está dispuesta a firmar una declaración jurada y enviármela. Ahora, con todo esto de la guerra y como Córcega está en zona libre, puede que tarde un poco más en llegar, pero llegará. Llegará.

—¡Al cuerno las declaraciones, los papeles y las mandangas! ¡Octave es mi hijo por encima de todas esas cosas! ¡Mi hijo desde hace veintinueve años y tú, indecente majadero, no puedes hacer nada para cambiarlo!

—Yo no estaría tan seguro. Y, en cualquier caso, ¿qué dirá Octave cuando se entere? ¿Te lo puedes imaginar? Yo sí. Solo, miserable y desfallecido en ese campo de prisioneros, recibiendo una carta donde se le informa de que toda su vida es un fraude, de que él mismo es un fraude. ¿Es eso lo que prefieres?

—¡Maldito canalla! ¡Maldito seas! ¿Qué es lo que quieres?

Romain también se puso en pie y, apoyándose en la mesa para hablarle muy de cerca, miró a su padre directamente a los ojos.

—Ni más ni menos que lo que es mío por derecho. Aunque, para que veas que no soy tan mala persona como crees, de momento, me conformaré con que me digas dónde has escondido las botellas de los tres emperadores.

—¡Nunca!

—Está bien. Si eso es lo que deseas.

Auguste vio cómo su hijo se guardaba el certificado en el bolsillo del pantalón y se disponía a marcharse.

—¿Adónde vas?

—A escribir una carta a mi querido hermano. Tengo algo importante que decirle.

La rabia impulsó a Auguste a salir de detrás del parapeto de su mesa y abalanzarse sobre su hijo antes de que éste alcanzase la puerta.

—¡No te atrevas, canalla! ¡Eres un desalmado! —gritó fuera de sí mientras lo sujetaba para impedirle salir.

—¡Suéltame, viejo desquiciado!

Romain no era más corpulento, pero sí más joven que Auguste y se lo quitó de encima con una sacudida como si fuera un insecto pegado a su espalda. Pascal, que había acudido a poner paz entre ellos, no pudo evitar que el marqués rodara por el suelo. Se apresuró a levantarlo.

Fue entonces, una vez que Auguste estuvo en pie, cuando se desencadenó todo. El marqués comenzó a balbucear. Su rostro se mostraba inexpresivo. Los brazos le caían a los lados del cuerpo flácidos como los de un títere. Un hilo de baba asomó por la comisura de sus labios. Las piernas le fallaron y si no volvió a precipitarse al suelo fue porque Pascal lo sujetaba. En pocos segundos, perdió el conocimiento en brazos del criado.

Romain, al verlo, se asustó y perdió los nervios.

—¿Qué le pasa? ¿Qué le está pasando? —le preguntó a Pascal como si pudiera entenderle, como si lo supiera. El criado, que había tumbado a su amo en el suelo, trataba de reanimarlo—. ¡Yo no le he hecho nada! ¡Él se ha abalanzado sobre mí, tú lo has visto! ¡Tú lo has visto! ¡Despiértalo! ¡Vamos, despiértalo! ¡Yo no le he hecho nada!

Con el juicio nublado por la desesperación, corrió hacia la puerta y empezó a gritar:

—¡Ayuda! ¡Socorro! ¡Que alguien me ayude!

Pascal se sentó al borde de su cama, cabizbajo. Se sentía muy triste. Muy enfadado consigo mismo, también. Le había fallado al capitán. No le había protegido como era su deber, como se había jurado que haría el resto de su vida. Una vida azarosa y abocada a un final seguramente patético de no ser porque el capitán se había cruzado en ella.

Pascal había nacido en Saint-Denis, un distrito obrero en la periferia de París. Fue un niño tan grande que, al alumbrarlo, su madre sufrió tal desgarro que no sobrevivió a la hemorragia. Eso decía su hermana Matilde, la mayor de los siete hermanos, quien con sólo once años quedó al cargo de la familia, incluido un padre alcohólico, el más difícil de cuidar de todos ellos. Pobre Matilde… En cuando cumplió los dieciséis se marchó de casa con el primer hombre que vino a llevársela y ya no supieron de ella. A partir de ese momento, nadie cuidó de nadie en aquel desván en el que se juntaban para dormir y no todos al mismo tiempo. Pascal se crio en la calle, con la chiquillada, trapicheando aquí y allá para comer, salvo cuando alguna buena mujer se apiadaba y le ofrecía un plato caliente. Cumplidos los trece años, más o menos, porque nunca había sabido su edad exacta, unas señoras de la iglesia visitaron a su padre y amenazaron con quitarle a los cuatro críos menores que aún aparecían por la casa de cuando en cuando. A buenas horas... Para entonces, ya todos sabían cuidarse solos. Sea como fuere, y Pascal no podía asegurar que la visita de las beatas hubiera tenido algo que ver, la cosa es que poco después empezó a trabajar de mozo en una fábrica de productos químicos. Se trataba de un trabajo duro, de largas jornadas entre vapores nocivos y líquidos corrosivos, pero que le procuraba un mísero salario que le daba para una comida decente al día y mucha mucha bebida en la taberna. Con parte de ese salario pudo contribuir también a costear el entierro de su padre, a quien el hígado le explotó una mañana de Navidad, el año antes de que estallara la guerra.

La guerra, al contrario de lo que se pudiera esperar, redimió la miserable existencia de Pascal. Cuando lo llamaron a filas, le obligaron a asearse, a cortarse el pelo y afeitarse la barba, lo despiojaron y le dieron un uniforme, un fusil, una rutina y un propósito. En la guerra, conoció al capitán; le asignaron a su unidad, que cubría un sector del frente en Ypres. De algún modo, el capitán se fijó en él y lo hizo su ayudante. Durante las interminables jornadas esperando la batalla al fondo de una trinchera entre barro y ratas, le enseñó a leer y a escribir y a beber con cabeza para que no corriera la misma suerte que su padre. Pero lo que era más importante, le enseñó a apreciar sus cualidades, a dar valor a sus actos y a sentirse persona. Además, le salvó la vida.

Sucedió en abril de 1917, en el llamado Chemin des Dames, durante una ofensiva contra los alemanes en el río Aisne. Cuando, tras lanzarse el ataque, avanzaba por el campo de batalla entre los disparos de la artillería alemana, un obús impactó a pocos metros de él. La explosión lo lanzó con violencia por los aires y cayó herido sobre un terreno impregnado de iperita, el terrible gas mostaza. La detonación le había arrancado la máscara de gas.

El capitán, que había presenciado el suceso en el caos de la batalla, corrió hacia él, se quitó su propia máscara, se la puso y, cargándolo al hombro, lo llevó hasta el primer puesto sanitario. Gracias a eso, el gas no tuvo tiempo de penetrar en sus pulmones y causarle la muerte. El capitán, que sufrió ampollas en las manos y corrió a pecho descubierto entre las balas y las explosiones, había arriesgado su vida para salvarle.

Pascal emitió un grito ronco para desahogar la rabia.

Si no se hubiera quedado ahí parado observando cómo el capitán y el señorito Romain discutían... Si hubiera intervenido a tiempo, mucho antes de que el capitán cayese en sus brazos sin que él hubiera podido hacer nada por reanimarlo...

Todo lo que pudo hacer fue permanecer junto a él mientras convulsionaba, mientras la vida parecía írsele a chorros y todo a su alrededor se desquiciaba. Percibía los gritos del señorito Romain como una reverberación que sacudía su cabeza. Llegó madame Aldara, que se arrodilló junto al capitán. Y Simone, que lloraba desde la puerta sin atreverse a entrar. También Jacques, que cogió el auricular del teléfono. Después apareció ese teniente alemán. Él aflojó la corbata del capitán y el cuello de su camisa, y le puso un almohadón bajo la cabeza y lo colocó de lado para que no se ahogase.

El teléfono no funcionaba. Siempre se cortaba la línea cuando había tormenta. No tenían forma de avisar al doctor Lapierre.

Pascal no dudó en aventurarse a la noche para ir a buscarlo. Estaba dispuesto a correr bajo el aguacero los quince kilómetros que había hasta casa del médico. Se levantó y se señaló a sí mismo, para que todos lo supiesen. Entonces el teniente alemán le hizo un gesto para detenerlo. Él iría. Tenía automóvil y salvoconducto para circular pasado el toque de queda. Pidió que Jacques lo acompañase para indicarle el camino. Era la mejor solución, la más rápida, por eso Pascal se lo permitió.

No sabía qué pensar del teniente alemán. En general, no le gustaban los alemanes; sin embargo, había algunos que eran honorables. En el campo de batalla, había visto lo mejor y lo peor de ellos; como de los franceses, al fin y al cabo. Ahora bien, lo que desde luego no le gustaba era tenerlos en su país, su pueblo y su casa. Aquel teniente daba la impresión de ser uno de esos alemanes honorables, pero no dejaba de ser un invasor, un intruso en la familia.

Poco importaba ahora nada de eso. Ni ese teniente ni nada.

Pascal se sacudió la cabeza, aturdido por tanto pensamiento que le sobrevenía. Posó la vista en el papel que sostenía entre las manos. Se le había caído del bolsillo al señorito Romain durante el enfrentamiento con su padre. Había quedado tirado en la alfombra y Pascal se había apresurado a cogerlo. De lo que estaba seguro era de que ese canalla de Romain no le gustaba, nunca le había gustado. Ya desde niño había demostrado ser cruel y egoísta. De adulto, no se había reformado. En todo caso, se había vuelto más peligroso.

Era astuto y tenía razón en que Pascal oía más de lo que parecía. No es que oyera, pero sí entendía. Con el tiempo, había aprendido a leer los labios y a descifrar los gestos. Pascal era más consciente de cuanto se decía a su alrededor de lo que la gente pensaba. Y lo que aquella noche se había dicho en el despacho era muy serio. No podía permitir que el señorito Romain se saliera con la suya. Ahora que el capitán no podría hacerlo, él tenía que proteger a esa familia y salvaguardar sus secretos.

Con decisión, acercó la esquina del papel a una vela encendida y contempló cómo las llamas devoraban rápidamente la hoja vieja y seca.

Ojalá hubiera sentido mayor alivio al ver aquella infamia arder.

Septiembre de 1941

—No sé cómo se lo voy a contar a Octave. No sé cómo hacerlo. He empezado ya no sé cuántas cartas y las he arrugado todas.

Aldara se lamentaba con Sabine. Lo cierto es que a la joven le abrumaba afrontar aquel cambio repentino de las circunstancias. Auguste había sufrido una apoplejía y yacía en cama sin poder moverse ni expresarse. El médico decía que estaba consciente, pero costaba creerlo al ver aquel cuerpo como el de un muñeco de trapo perdido entre las mantas. Según el doctor Lapierre, ya no se recuperaría nunca e, incluso, deberían estar preparados para que le sobreviniese otro ataque que resultase fatal.

—A veces, sólo hay una forma de decir las cosas.

—Lo sé, lo sé. Pero no puedo imaginarme cómo le caerá la noticia estando allí tan lejos, sintiéndose tan impotente. Ya no es sólo el disgusto por la situación de su padre, es todo lo que eso supone.

La joven abarcó con la vista el panorama a su alrededor. Los viñedos bullían de actividad con gente aquí y allá recogiendo y transportando la uva, en tanto que, en la bodega, se trabajaba a destajo para despalillarla, estrujarla y depositarla en las barricas. La paz habitual del entorno había dado paso al rumor constante de voces, cantos, traqueteos y motores.

Aldara vivía con angustia lo que en otras circunstancias había sido sinónimo de fiesta y regocijo. La vendimia no podía haber empezado en peor momento, unos días después del ataque de Auguste. Pocos en la Côte d'Or esperaban que la cosecha fuera buena; las tormentas y las lluvias del mes de agosto habían sentenciado un año ya de por sí complicado a causa de los problemas habituales desde que había empezado la guerra. En el caso del Domaine de Clair de Lune, además, aquella vendimia de 1941 parecía desarrollarse por inercia. Le faltaba alma.

—¿Quién se pondrá al frente de esto, Sabine?

La mujer se apoyó en la barandilla de la terraza, adonde habían salido a tomar el aire después de hacer una breve visita a Auguste. Aún tenía pegadas en la piel las sensaciones de aquella habitación oscura y claustrofóbica que olía a linimento y al caldo de pollo con el que Pascal, inseparable del lecho de su señor, intentaba alimentarlo con paciencia. Aún conservaba en la retina la imagen del marqués de Montauban, consumido, irreconocible.

Sabine suspiró y se limitó a mover la cabeza con pesar. No porque desconociera la respuesta, sino porque prefería no mencionarla. En realidad, ambas sabían quién se pondría al frente del Domaine, ése era el problema.

Aldara era muy consciente de que el frágil equilibrio de poderes que sustentaba el Domaine de Clair de Lune se había venido abajo. Con Auguste incapacitado y Octave prisionero, el destino de la casa Montauban en aquellos tiempos turbulentos quedaba en manos de Romain. Ella misma, de algún modo, quedaba en manos de Romain. Y Claire. Se estremecía de angustia sólo de pensarlo. A medida que su cuñado había ido revelando su verdadero rostro, le creía capaz de todo y le temía.

No podía dejar de preguntarse qué habría sucedido aquella noche fatídica en el despacho de Auguste. Esa obsesión próxima al ataque de nervios que tenía Romain por desvincularse del accidente de su padre... Incluso el médico tuvo que administrarle un calmante para que se tranquilizase. Seguro que padre e hijo habían discutido, solían hacerlo, pero hasta qué punto no se habría elevado el enfrentamiento como para que Auguste colapsara. O simplemente sucedió porque tenía que suceder, porque el marqués ya era un hombre mayor acosado por los problemas y las preocupaciones.

—Igual eres tú, como esposa de Octave, quien, en su ausencia, tiene que ponerse al frente —insinuó entonces Sabine.

—¿Yo? No, no. No estoy capacitada para eso. ¿Qué sé yo del negocio? Además, Romain nunca lo consentiría.

—Romain es la persona menos indicada para hacerse cargo de esto. Precisamente porque esto es mucho más que un negocio. Es, es... es un modo de vida, una cultura. Y, sin embargo, él no lo ve así, para él es sólo una máquina de hacer dinero, un limón al que exprimir hasta la última gota aun a costa de dejarlo seco.

—Desde que Auguste sufrió el ataque, se pasa las horas encerrado en el despacho de su padre, entre archivos y documentos.

—Y, sin embargo, no se le ve por los viñedos ni la bodega. ¡Ni siquiera en plena vendimia! Se olvida de que ahí es donde empieza este negocio, en la tierra. Y si se olvida de eso, acabará por arruinarlo después de haberlo saqueado.

—¿Y quién va a impedírselo? Ahora, tiene vía libre para actuar a su antojo.

—Tienes que imponerte, Aldara —le aconsejó con tal firmeza que más bien pareció una orden—. No puedes permitir que Romain se haga con el control del Domaine aprovechando la ausencia de Octave. Tú eres la única que puedes ponerle límites.

—No, no puedo. ¡Romain es un Montauban y yo no soy nadie!

Al percatarse de la expresión de angustia en el rostro de la joven, Sabine decidió rebajar el tono. Le acarició el brazo en un gesto tranquilizador.

—Eso no es así, tú también eres parte de la familia, debes creértelo de una vez. Representas los intereses de tu marido y de tu hija y nadie puede objetar nada a eso. Además, no estás sola. Antoine y yo te ayudaremos en lo que esté en nuestra mano. Puedes contar con nosotros.

Aldara, sin saber qué argumentar, sobrepasada por la situación como estaba, se limitó a esbozar una sonrisa de agradecimiento. De todo lo que Sabine acababa de exponerle, que le asegurase que no estaba sola era lo que más la reconfortaba, pues sola se sentía la mayor parte del tiempo.

—¿Es Claire?

Sabine llamó la atención sobre el lloriqueo que llegaba del interior de la casa.

—Sí, seguramente acaba de despertarse de la siesta. Pero no pasa nada, Helene está con ella.

Sin embargo, lejos de silenciarse, el lloriqueo devino en llanto y el llanto en rabieta.

—Iré a ver qué pasa —decidió Aldara—. No tardaré.

—Tómate tu tiempo. Yo aprovecharé para fumar un cigarrillo.

La joven entró en la casa sin demasiada premura. Con el tiempo, había aprendido a distinguir el llanto que debía preocuparla del que no y esos berridos que la pequeña daba a pleno pulmón como si la estuvieran matando solían indicar que estaba enfadada o que demandaba atención. Se dirigió al primer piso, donde estaba el cuarto de Claire. Allí la había dejado, plácidamente dormida en su cuna. Helene se había quedado a su cuidado mientras Sophie jugaba a tomar el té con las muñecas. Buena rabieta tenía la criatura como para que Helene no consiguiera calmarla.

Enfilaba el pasillo pensando de tal modo cuando el llanto

cesó. Como había anticipado, no era nada importante. Aunque ya que estaba allí, decidió acercarse a echar un vistazo. Quizá le diera la merienda en la terraza, aprovechando que todavía daba el sol y la tarde era templada.

Con esa idea en mente empujó la puerta y se llevó una sorpresa mayúscula.

—¿Qué hace usted aquí? ¿Dónde está Helene?

El teniente Eberhart se volvió. Sujetaba a Claire entre los brazos.

—No lo sé. Yo me dirigía hacia mi habitación cuando la oí llorar con tanto desconsuelo que me tomé la libertad de asomarme para comprobar que estaba bien.

Aldara se acercó de inmediato, dispuesta a recuperar a la niña, inquieta ante la sola imagen de su hija en brazos de aquel nazi. Sin embargo, al llegar junto a la pequeña, sus ánimos se apaciguaron. Claire, con la carita aún llena de lágrimas y ronchas a causa del berrinche, recorría con sus dedos regordetes los botones plateados del uniforme del teniente, las insignias prendidas en la pechera y el parche del águila y la esvástica. Todo era brillante y llamativo para ella. Estaba tan entretenida que ni se inmutó cuando su madre le acarició la cabecita.

—La encontré encaramada a los barrotes de la cuna. No tengo la menor duda de que hubiera saltado —continuó explicando el teniente con cierto tono de guasa—. Por eso la cogí en brazos. Le ruego disculpe mi atrevimiento —concluyó, haciendo ademán de entregar la niña a su madre.

Pero Claire continuaba aferrada a los botones; incluso al notar que la separaban, protestó con un sonido similar a un no y llevó la boca a una de las hombreras de cordón plateado.

—Oh, vaya... —rio el teniente.

—¡No, Claire! —hizo Aldara por separarla—. Va a llenarle de babas el uniforme.

—No se preocupe. Los uniformes están pensados para arrastrarlos por el barro.

—¡Claire, vale ya! —Aldara insistía, aunque cada vez con menos convencimiento. Ella misma sonreía ante la devoción de su hija por todos los accesorios brillantes de la guerrera en tanto hacía por separarle la cara del hombro del teniente—. Está claro que ha descubierto un nuevo juguete. Y que se encuentra a gusto con usted.

El teniente Eberhart miró satisfecho a la niña y, con la libertad de haber obtenido el beneplácito de su madre, estrechó el abrazo mientras la acariciaba. Aldara se fijó en su mano, que parecía enorme sobre la espalda de la pequeña. Y luego se fijó en él, en su gesto complacido y relajado, tan inesperadamente humano.

—Se le dan bien los niños... ¿Tiene usted hijos, teniente?

—No. Tengo sobrinos. Dos. Christoph, que tiene siete años, y Annelise, que tiene cinco. Son hijos de mi hermana Astrid. Aunque prácticamente los he visto crecer porque han pasado mucho tiempo en casa de mis padres. Mi hermana se casó con un capitán de submarinos.

—Ya entiendo. Siempre en el mar.

Una sonrisa triste asomó al rostro del joven mientras se desabotonaba el primer botón de la guerrera para que Claire jugueteara con él con más facilidad.

—Sí... Así era. Siempre estaba en el mar —repitió al cabo.

Aldara lo miró intrigada y él se sintió en la necesidad de explicarse.

—Max falleció en abril del año pasado. Su submarino impactó contra una mina en el mar del Norte.

—Lo siento... —afirmó ella con una cortesía casi automática, aunque, en cierto modo, conmovida por la viuda y aquellos niños que habían perdido a su padre.

El teniente Eberhart apartó los ojos de Claire, donde los había mantenido hasta entonces, algo cohibido por la presencia de Aldara, y le dirigió un gesto de agradecimiento. Entonces, ella sólo vio el rostro de un hombre joven lejos de su casa y de sus seres queridos, con la vida interrumpida, su propio historial de tragedias y un futuro incierto; un joven como tantos otros en aquellos tiempos, no importa el uniforme que vistan. Después de todo, no sabía nada de aquel que vivía bajo su mismo techo y que, en ese mismo instante, sostenía a su hija en brazos.

—¿De qué parte de Alemania es usted, teniente? —preguntó movida por una repentina y sincera curiosidad.

—De Rüdesheim, una pequeña localidad a orillas del Rin.

—Eso no queda muy lejos de aquí, ¿verdad?

—No, a menos de quinientos kilómetros. A veces, me recuerda mucho a esto. También allí hacemos vino. En mi familia somos viticultores desde hace generaciones.

—Ah, sí, vinos riesling, ¿verdad? He leído sobre ellos. Ahora comprendo por qué lo han destinado aquí.

Hubert asintió.

—Aunque veo que también ha estado en el frente —observó Aldara—. Lo digo por esas insignias que Claire está a punto de arrancarle.

El oficial se miró el pecho, donde se posaban las manitas de la pequeña. Allí llevaba prendidos el distintivo de herido en combate y el de asalto de infantería. Apartó con mimo los dedos torpes de Claire y se aseguró de que los alfileres estuvieran bien cerrados.

—A ver si se va a pinchar…

Poco después, añadió, lacónico:

—Sí, sí he estado en el frente.

A Hubert no le gustaba hablar de su paso por el frente. Para él no era una aventura de la que alardear ni tampoco un relato de heroísmo, por más que su familia hubiese celebrado con gran algarabía su Cruz de Hierro de segunda clase. Él no era ningún héroe, no consideraba que hubiera realizado un acto de valentía frente al enemigo ni ninguna acción más allá del deber, como rezaba el certificado de concesión de la Cruz. Él simplemente había actuado movido por el instinto de supervivencia en mitad del caos. Porque la guerra es caos y horror. Por eso no le gustaba hablar de ello y menos a la mujer de un prisionero de guerra enemigo. ¿De qué podía hablarle? ¿De los temblores previos al combate producto de la excitación y el miedo?, ¿de aquel joven soldado de un pueblo de la Selva Negra que murió en sus brazos llamando a su madre, de otros tantos caídos a su lado, camaradas y enemigos?, ¿de las pesadillas que aún tenía con sus cadáveres, con él mismo agonizando en el barro?, ¿del dolor que le seguían causando las esquirlas de metralla que no habían podido sacarle del abdomen, partido para siempre en dos por una cicatriz todavía fresca? Para hablar de eso, mejor callarse.

—Se sentirá afortunado, entonces. Me imagino que esto es mejor que el campo de batalla.

La voz suave de la joven le devolvió a la habitación infantil, tan distinta de las lúgubres imágenes de su mente. El teniente demoró un instante su respuesta como si meditase sobre ella mientras observaba a Claire, quien, al no haber podido hacerse con las insignias, dirigía su interés a la cinta negra, roja y blanca prendida al segundo botón de su guerrera. Los balbuceos de la pequeña llenaban el silencio.

—Lo es, sin duda. Aunque sobre todo es mi madre quien más afortunada se siente.

—¿Y usted no?

—Sí, sí. Claro... Es sólo que... Me gustaría que las circunstancias fueran diferentes. Estando mi país en guerra, mi fortuna sabe un poco agridulce con tantos otros hombres como yo jugándose la vida en combate.

—¿Preferiría estar con ellos en el frente? —preguntó Aldara, incrédula.

A Hubert se le vinieron a la cabeza sus compañeros de la 256.ª División. Camaradas con nombre, rostro y una historia, con quienes tantos momentos había compartido, desde los más alegres hasta los más trágicos. En aquel instante, libraban feroces combates en territorio soviético y era probable que muchos no llegasen con vida al final del invierno.

—Preferiría que no hubiese frente.

—Me sorprende oírle decir eso.

Hubert acomodó a Claire sobre el otro brazo y, por primera vez, miró fijamente a Aldara. Sus ojos parecían más oscuros de lo que ella recordaba, quizá por la penumbra de la habitación. Su mirada era inteligente y penetrante. Le costó sostenerla.

—¿Porque soy alemán?

Aldara no estuvo muy segura de si aquella pregunta escondía un reproche o una disculpa. Antes de que pudiera averiguarlo, entraron Helene y Sophie en la habitación y la conversación se vio interrumpida.

La joven austriaca se quedó muda del desconcierto al ver al oficial alemán con Claire en brazos. Aldara estaba junto a él. Sólo cuando ambos se volvieron hacia ella, empezó a deshacerse en excusas, presa de los nervios.

—Lo siento. Siento mucho haberla dejado sola. Es que Sophie tenía que ir al servicio y, ya sabes, como todavía está aprendiendo, no sabe contenerse. Pensé que iba a ser cosa de poco tiempo y como Claire estaba tan dormida... Lo siento mucho...

—No te preocupes, Helene. Tiene que acostumbrarse a que no pasa nada porque esté sola cuando se despierta —la tranquilizó Aldara. Al ver que la mujer miraba de soslayo al alemán, preguntándose seguramente qué hacía él allí con la niña en brazos, aclaró—: Por suerte, el teniente pasaba por aquí y, al oír sus berridos, decidió rescatarla de entre las rejas de su cuna.

Helene sonrió sin ganas y la mirada gacha, incómoda con la situación.

—Será mejor que se la devuelva —resolvió Hubert, acercándole la niña a su madre.

La pequeña negó con la cabeza y protestó con lloriqueos que Aldara trató de calmar prometiéndole una rica merienda en el jardín, ir a ver a los patos y otras tantas diversiones más.

De camino a la puerta, Hubert se detuvo un instante frente a Helene.

—¿Me permite darle un caramelo a la niña? Son buenos. Mi madre los compra en la mejor confitería de Wiesbaden.

Helene asintió cohibida. El joven se puso de cuclillas junto a Sophie. Del bolsillo de su guerrera sacó una bolsa de papel y de ella, una bolita de color rojo y blanco.

—¿Te apetece un caramelo?

Sophie movió la cabeza de arriba abajo. Hubert cogió su mano y le dejó el dulce en la palma. Después, deslizó otra bolita en el bolsillo de su mandil.

—Éste para luego.

—Muchas gracias, monsieur. ¿Qué se dice, Sophie?

La pequeña musitó un gracias chorreante con el caramelo ya dando vueltas en la boca.

—No hay de qué, Sophie.

De nuevo en pie, el teniente se cuadró.

—Mesdames, les deseo que pasen buena tarde.

Aldara y Helene se quedaron con la vista puesta en el vano por el que acababa de salir el teniente.

Al cabo de un rato, Helene habló como si pensara en alto:

—Ojalá todos los que llevan ese uniforme fueran como él.

Aldara apretó a Claire contra su pecho y la besó. Al hacerlo, percibió un sutil aroma a madera, hierba y limón.

—Lo triste es que, mientras lleve ese uniforme, él será como todos los demás —respondió, entonces.

Al hacerlo, Aldara cayó en la cuenta de que ni siquiera sabía su nombre. Mejor así.

Octubre de 1941

El teniente Hubert Eberhart aguardó en su despacho a que Romain de Fonneuve terminara su reunión con Adolph Segnitz. Hacía unos instantes lo había visto entrar en las oficinas del *Beauftragter für den Weininimport*. Llegó luciendo un traje caro y unos zapatos relucientes, con el cabello cubierto de brillantina y un fino bigotito que se había dejado crecer las últimas semanas. Llevaba un portafolios de cuero bajo el brazo. Su ademán era altivo; parecía mirar a todo el mundo desde las alturas de su posición, concediéndoles la gracia de su atención y su sonrisa. Ejercía ya de marqués de Montauban cuando su padre aún yacía con vida en cama.

Estuvo reunido poco más de treinta minutos con el delegado alemán y parecía satisfecho cuando abandonó su despacho, con el pecho henchido hacia delante y la mirada al frente mientras caminaba entre la hilera de mesas de los auxiliares y su constante teclear de máquina de escribir.

Hubert se asomó a la puerta entreabierta de la oficina de Segnitz, quien estaba firmando unos documentos que su secretaria acababa de ponerle sobre la mesa.

—¿Qué quería ese tipo?

—Intuyo que no tienes en gran estima a tu casero —observó Segnitz según trazaba la última firma. Después, con un par de gestos, despidió a su secretaria y le indicó a Hubert que entrara.

La joven *Helferin* recogió los documentos y salió de la habitación, agradeciendo con una sonrisa radiante y varios aleteos de pestañas que el teniente le cediera el paso en la puerta. Hubert no se fijó, pero ella también llevaba el pecho henchido hacia delante como un mascarón de proa.

Entretanto, Adolph Segnitz había sacado su pitillera y le ofreció un cigarrillo a su pupilo cuando éste se sentó. Ambos se tomaron un tiempo en encender sus respectivos pitillos y dar la primera calada.

—Resulta que monsieur de Fonneuve quiere vender los vinos del Domaine de Clair de Lune —explicó Segnitz.

—¿Y puede hacerlo? Su padre aún está vivo.

—Él asegura que monsieur Jourdan, el administrador, tiene firma en la sociedad y que está dispuesto a revisar la política de ventas que han mantenido hasta ahora. De momento, aquí tengo su oferta —posó la mano sobre una carpeta de cartón—. Algo más de mil hectolitros de vino corriente a precio de vino selecto. Incluidos veinte mil litros de la cosecha del treinta y nueve, que todos sabemos que fue una basura, y que no lleva más que unos pocos meses madurando en barrica. Que si los costes de producción son cada vez más altos, que si los impuestos, que si bla, bla, bla. No sé con quién se piensa que está tratando.

—¿Y qué hay de los vinos buenos? Son sobre todo esos los que produce el Domaine, y ya no me refiero sólo a los grand cru.

—Dice que nos pasará otra oferta para ellos. Aunque supongo que los retiene para jugar al juego de la especulación, como los demás. De repente, todos los vinos buenos han desaparecido de Borgoña y parece que aquí sólo se produce *pinard* —ironizó Segnitz utilizando el término francés que hace referencia al vino de peor calidad, el que se daba a los soldados durante la Gran Guerra.

—Pero están obligados a hacer inventario. No es posible esconder tanto vino detrás de un muro.

El delegado se encogió de hombros.

—Yo sólo sé que tengo un archivo lleno de peticiones para suministrar vinos de la mejor calidad al mariscal Göring, al ministro Von Ribbentrop, al *Generalgouvernement* en Cracovia, al Cuartel General de las SS en Berlín… Y así podría enumerarte varias decenas de altos cargos y organismos oficiales que quieren brindar en sus fiestas con el mejor vino de Borgoña y que yo no sé de dónde voy a sacar para satisfacer a todos. Claro que no van a esperar a que yo se lo consiga, muchos ya tienen aquí a sus delegados haciendo sus propios tratos al margen de nosotros. Y Romain de Fonneuve lo sabe. Un montón de franceses se van a hacer muy ricos, créeme.

Hubert meneó la cabeza. El mercado del vino se había vuelto ya no complejo, sino, sobre todo, perverso. Tenía que admitir, sin paliativos, que Alemania estaba saqueando el vino francés. Hasta ahora, las desmesuradas cuotas que se imponían a los bodegueros y comerciantes de Francia para satisfacer las demandas de la población y, sobre todo, del ejército alemán, se estaban cumpliendo con creces gracias al exceso de hectolitros de vino que se acumulaban en las bodegas como consecuencia de la crisis y la sobreproducción de la década anterior. Desde las tres grandes regiones productoras de vino de Francia, ya se habían despachado decenas de miles de botellas y barricas con una clara advertencia estampada en tinta roja sobre ellas: *Frankreich: Wehrmachts Marketenderware – Verkauf im Freien Handel Verboten.* («Francia: Reservado para la *Wehrmacht* – Prohibida su compra y reventa»).

Pero todo el mundo sabía que eso no podía durar mucho. La guerra y las malas cosechas de los últimos años habían desplomado la producción y estaba próximo el punto en que no sólo no se cubrirían las cuotas alemanas, sino que no habría vino para los franceses. Ya estaba sucediendo con el vino de mesa, el de consumo ordinario, que, si tradicionalmente había sido barato en Francia, ahora se había convertido en una bebida cara y escasa, que sólo se podía obtener mediante cupones de racionamiento.

Y eso en cuanto al vino corriente, porque respecto a los vinos con denominación de origen o, simplemente, vinos de calidad, se estaba cayendo en una especulación salvaje favorecida por el mercado negro y la competencia feroz entre individuos, grupos y organismos oficiales alemanes, desde el ejército a las SS, por hacerse con uno de los tesoros de Francia: sus grandes vinos.

No obstante, lo peor era que tal saqueo se llevaba a cabo disfrazado de acuerdos comerciales a expensas de las arcas francesas. El sistema ideado por Alemania tras el armisticio consistía en que las importaciones de bienes desde Francia se financiaban con el dinero obtenido a través de los pagos que el Gobierno de Vichy debía satisfacer a Berlín por los denominados «costes de ocupación» y que ascendían a la desorbitada cantidad de cuatrocientos millones de francos al día. No contentos con eso, los ideólogos de semejante rapiña habían devaluado el franco frente al *Reichsmark,* de modo que un *Reichsmark* costaba veinte francos en lugar de los doce que sería su valor real. Ciertamente, perverso.

—Lo que no sé es si esos franceses son conscientes de que se están haciendo ricos con un dinero que proviene del expolio a las arcas de su propio país, de sus propios conciudadanos —concluyó el joven en voz alta.

—Si lo saben, no les importa. Y a mí tampoco, la verdad. Bastante tenemos con lidiar con lo nuestro como para preocuparnos por la ética de los franceses —sentenció antes de apurar la última calada de su cigarrillo y aplastar la colilla en el cenicero—. Por lo pronto, te voy a dar la cuenta del Domaine de Clair de Lune. Cata el vino que nos quiere vender Fonneuve y ponle el precio que le corresponde, ni un franco más ni un franco menos. Y de paso, ya que vives allí, a ver si encuentras todas esas botellas que oculta nuestro amigo para hacerse rico con ellas.

—No las esconde, las tiene bien a la vista. Si no todas, la mayor parte. Su padre, al menos, las tenía. Otra cosa es que ahora empiecen a desaparecer.

—Entonces, mantenlo vigilado. No es que dispongamos de mucha capacidad para impedirle nada, pero, al menos, sabremos lo que trama. Qué distinto es de Auguste, parece mentira. Y de su hermano. Tuve ocasión de hacer negocios con él antes de la guerra. Es un muchacho honesto. Lástima que tengamos prisionero al hermano equivocado.

—No me gusta nada ese tipo. No me gusta nada —aseguró Hubert con tal vehemencia en la voz y repugnancia en el gesto que escamó a Segnitz—. No me fío de él. Me parece incluso peligroso. Le aseguro que el asunto de la apoplejía del marqués fue muy turbio. Sólo de pensar que esa mujer y la niña están en esa casa con él…

Alarmado, Segnitz se incorporó sobre la mesa chasqueando la lengua a modo de reproche.

—No te involucres, hijo. No te metas en los asuntos domésticos de esa gente. Nosotros no estamos aquí para eso. Bastante te has mojado ya con esa historia de la mujer judía. No conviene crearse enemigos en determinados círculos, ya te lo dije.

Sí, ya se lo había dicho. En su día, su jefe le había dado una buena reprimenda por desautorizar a un agente de la Gestapo y tener que apagar él el fuego después. Pero, por lo visto, creía conveniente recordárselo.

—El problema es que eres como tu padre —continuó Segnitz en un tono más cordial—. Te echas a los hombros cargas que no te corresponden. ¡Tienes que relajarte, muchacho! ¡Disfruta un poco de la vida! Aprovecha que eres joven y apuesto. ¡Un héroe de guerra! Ay, cuando yo tenía tu edad… Tú no te habrás dado cuenta, abrumado como estás por todos los problemas del mundo, pero levantas suspiros de anhelo cada vez que pasas junto a las mesas de las *Helferinnen*. ¡Escoge la que más te guste e invítala a tomar algo, por el amor de Dios! Y deja a los franceses en paz. Sobre todo, a las francesas —concluyó su mentor con perspicacia.

Romain agarró la licorera por el cuello, se sirvió una generosa cantidad de licor en un vaso y lo bebió de un golpe. Después, se encendió un purito y se quedó en pie tras la mesa del despacho de su padre, fumando, con la mirada perdida en la ventana al final de la habitación tras la que, más que ver, oía la lluvia fina que no había cesado de caer en todo el día.

Detestaba bajar a la bodega. Le ponía de los nervios. Todas esas opiniones que le conminaban a dar, todas esas decisiones que supuestamente tenía que tomar; todo era urgente, todo eran problemas. Que si qué le parecía la concentración de anhídrido sulfuroso tras la primera fermentación, que si creía que habría que reducir la temperatura para la segunda, que por cuáles barricas empezaban a trasegar los vinos del año anterior, que podría ser que en algunas se estuvieran degradando los componentes tartáricos, que si una de las bombas de remontado se había obturado, que si faltaba personal para la limpieza de las cubas, piletas y mangueras, que si el remontado, que si el descube, que si la chaptalización, que si el clarificado, que si el embotellado, ¡que si mil pamplinas que no entendía ni le importaban! A veces, pensaba que esos condenados empleados de su padre sólo lo hacían por ponerle a prueba.

«Su padre supervisaba todo el proceso. No se hacía nada sin su visto bueno», parecía echarle en cara el *maître de chai* mientras le miraba con resignación, la boina caída sobre la frente y un palillo en la comisura de los labios. «En ese caso, señor Brocan, no sé para qué necesitamos un *maître de chai*», le había bajado él los humos. Sólo faltaba que el personal se le pusiese gallito.

Volvió a servirse otra copa y a beber con avidez.

Al carajo con todo eso. Al carajo con la tradición, la excelencia y la paciencia, palabras que estaba harto de ver cómo llenaban la boca de su padre. Él estaba allí para hacerse rico en el menor tiempo posible, aprovechando las circunstancias. Después, pondría el Domaine en venta. Que otro cargase con la enojosa tarea de cultivar vides y hacer vino. Él prefería dedicarse a vivir la vida gastando a manos llenas.

Romain entornó los ojos y su mirada se oscureció.

Quedaba pendiente el asunto de las botellas de los tres emperadores. Le hervía la sangre cada vez que pensaba en ello. ¡Se negaba a admitir que el viejo se fuera a llevar el secreto de su paradero a la tumba! Le daban ganas de zarandearlo como a un saco para sacárselo de las entrañas, maldita sea. Se encontraba en un callejón sin salida. ¡No podía buscar por todo el Domaine! Si no se hallaban donde ya había mirado, podían estar en cualquier parte de sus decenas de miles de metros cuadrados, por encima y por debajo de la tierra, a saber en qué hoyo, hueco o recoveco.

Dejó el vaso sobre la mesa con tal furia que hubiera podido romperlo. Resopló como un toro picado.

Desde luego que iba a cobrarse con creces aquella jugarreta de su padre. Porque, ironías del destino, la misma apoplejía que se había tragado la llave del secreto le había entregado la llave de todo el Domaine. Y estaba dispuesto a emplearla sin límites, hasta vender la última gota de vino de su maldita bodega…

Unos impertinentes golpes en la puerta le soliviantaron como a una fiera enjaulada, pero no tuvo tiempo ni de soltar un improperio antes de que se abriera.

—¿Vas a vender el vino a los alemanes?

Su cuñada había entrado en el despacho hecha una furia. Romain pensó en cuánto le excitaba, aún más cuando se ponía bravucona. Con esa cicatriz en la mejilla adquiría un aire pendenciero muy morboso. La hubiera abofeteado primero y follado después, allí mismo, sobre la mesa del despacho de su padre.

—¿Es que no tienes ni el valor de contestarme? —insistió ella.

La observó con ademán relajado, como si no la tomara en serio. Se sentó en la butaca y cruzó las piernas.

—¿Para qué?, si ya sabes la respuesta.

—Estás contraviniendo la voluntad de tu padre. ¿Te has olvidado de que sigue con vida?

—¿Y tú te has olvidado de que es incapaz de tomar una maldita decisión? Estamos en la ruina, ¿entiendes? ¡En la ruina! Si nadie lo soluciona, el mes que viene no habrá para pagar a los trabajadores. Si no me crees, pregúntale al chismoso de Jourdan, que o bien sólo te cuenta las verdades a medias o tú solo quieres entenderlas a medias. Así que ahórrate las escenitas y déjame hacer mi trabajo.

La contundencia de aquel discurso aplacó algo el ímpetu de Aldara. Sin embargo, no estaba dispuesta a dejarse amilanar ni enredar por las excusas de Romain.

—En ese caso, deberías consultarlo con Octave. Al menos, decisiones tan importantes como éstas. Y con más motivo si es el futuro del Domaine el que está en juego.

—¡Oh, por supuesto que sí, querida! Puedo esperar varias semanas a que lleguen sus cartas mutiladas por la censura antes de tomar ninguna decisión. Ésa es, sin duda, la mejor forma de gestionar un negocio que se va a pique —ironizó con condescendencia.

—Entonces, consúltalo conmigo. Tengo poderes para actuar en su nombre.

Romain soltó una ristra de carcajadas estridentes.

—Pero ¿tú quién te has pensado que eres? —espetó con una seriedad repentina—. ¿Llevas en esta familia dos días y ya te crees con derecho a manejar sus intereses? Eso sí, lo que me resulta todavía más sorprendente es que te creas con la capacidad de hacerlo. ¡Qué osada es la ignorancia! Anda, vuelve a tu sitio y no me des más problemas de los que ya tengo. —Remató sus palabras con un aleteo de desprecio en la mano.

Aldara se inclinó sobre la mesa, desafiante.

—No te va a ser tan fácil hacer y deshacer a tu antojo, Romain. Los intereses de esta familia son también los de mi marido y mi hija y te aseguro que no voy a consentir que pases por encima de ellos.

Romain se puso en pie con vigor y, acercándole el rostro hasta que ella percibió el olor a alcohol de su aliento, clavó en su cuñada una mirada torva.

—Ten mucho cuidado, hermanita. No te conviene provocarme. —Le pasó los dedos por la cicatriz.

Ella lo apartó de un manotazo.

—Tenlo tú —zanjó antes de darse media vuelta y salir del despacho con un portazo.

Romain, preso de la ansiedad, se pasó la mano por el cabello. Después, la descargó sobre la mesa con un golpe de indignación.

—¡Maldita zorra! —masculló, rabioso.

Diciembre de 1941

Aceptando lo inevitable, Aldara terminó por comunicarle a Octave la noticia de la apoplejía de su padre en una carta redactada con todo el optimismo, el cariño y la delicadeza que fue capaz de reunir. La admiró la respuesta de su marido, llena de palabras de esperanza y consuelo. No dejaban de sorprenderle su fortaleza y su entereza de ánimo después de un año y medio preso. Y cada vez que lo pensaba, de algún modo se agitaba en ella un extraño cóctel de emociones, desde la ira a la lástima; y el anhelo por estar junto a él se hacía insoportable.

Sin embargo, había preferido no mencionarle el nivel de tensión al que había llegado su relación con Romain. Por mucho que la asustasen su actitud amenazante, esas miradas lascivas que no se le habían pasado por alto o su afán intrigante, de momento, intentaría lidiar ella sola con ello. Por suerte, su cuñado viajaba mucho y pasaba a veces semanas enteras fuera de casa y, cuando no, el Domaine era lo suficientemente grande como para que no resultara difícil evitar quedarse a solas con él.

Entretanto, los primeros cargamentos de vino con destino a Alemania habían salido de la bodega. Decenas de barriles y cientos de cajas de botellas que se apilaban en los volquetes de los camiones de la *Wehrmacht*, semana sí y semana también, bajo la supervisión del teniente Eberhart. No obstante, no era eso lo que preocupaba a Aldara, quien, a pesar de todo, comprendía la necesidad de fondos del Domaine y lo oportuno de aquellas ventas, pues así se lo había explicado Antoine Jourdan con los libros de cuentas delante.

«Le aseguro que hemos pagado un precio justo por esto», le comentó el teniente en una ocasión que ella se acercó a contemplar la operación de carga. No sabría decir por qué, pero supo que le hablaba con franqueza.

Lo que a Aldara le preocupaba era el saqueo que se podría estar produciendo a espaldas de ella y de los libros de cuentas de Antoine Jourdan. Lo que le preocupaba eran, precisamente, los frecuentes viajes de Romain. Y esas visitas habituales de los gerifaltes nazis a su despacho, al que todavía era el despacho de su padre.

Por otro lado, tras una ligera mejoría, el marqués de Montauban se había estabilizado en un estado en el que su mente parecía presa de su cuerpo. La mitad derecha de éste estaba totalmente paralizada; la otra, rígida y agarrotada. Hablaba con tanta dificultad que no se le entendía. Sólo podía tragar líquidos y purés. Tenía lagunas de memoria y de entendimiento. Y se pasaba la mayor parte del día dormitando. Sin embargo, era consciente de su estado y de todo a su alrededor. Se le notaba en la mirada ansiosa y desesperada, desorbitada cuando más excitado estaba, cuando intentaba en vano comunicarse.

Pascal no se separaba de él. Lo alimentaba, lo aseaba, lo cambiaba de postura, lo acompañaba y velaba su sueño inquieto. Siempre fiel junto a su lecho. Igual que el setter favorito del marqués, que acostumbraba a tumbarse frente a la puerta de su habitación, como si lo guardara.

La joven visitaba aquella habitación sombría varias veces a diario. Cambiaba las flores del jarrón junto a la mesilla y le leía al marqués las cartas de Octave. Al principio, llevaba también a Claire, pero como la niña siempre acababa llorando empezó a dejar de hacerlo.

Todas las noches, rezaba el rosario en voz alta junto a la cama de su suegro. Ella no creía en Dios. Pese a haber crecido en un ambiente extremadamente religioso, no podía admitir la existencia de un Dios que contemplara impasible las tragedias del mundo. Pero Auguste sí era creyente y su nuera sabía que le reconfortaba esa oración, que siempre había tenido la costumbre de recitar antes de acostarse. El anciano se lo agradecía con un roce torpe de sus dedos agarrotados sobre la mano de ella.

El doctor Lapierre había dicho que quizá en primavera, con la llegada del buen tiempo, estaría en condiciones de que lo sacasen a pasear en silla de ruedas por el jardín. Aldara confiaba en que así fuera, pues aquella habitación era como una tumba en la que el paciente se apagaba lentamente.

Mientras, transitaban con desánimo y tristeza por un invierno que transcurría sombrío y riguroso. Desde finales de octubre, la nieve cubría los pueblos y los viñedos que los rodeaban y las temperaturas rara vez subían de los cero grados.

Donde Aldara se encontraba más a gusto esos días era en la cocina, un espacio acogedor y familiar, en el que el ambiente siempre estaba caldeado gracias al fogón de leña y olía a guiso y a masa recién cocida. Allí se sentía segura, lejos de la presencia intimidante de Romain y de las señoriales estancias del *château*, en donde demasiados fantasmas parecían ulular entre el mobiliario de lujo. Siempre le había gustado cocinar y le distraía ayudar a Simone con sus tareas entre cazuelas. Mientras, Helene cosía o leía sentada frente a la mesa donde fermentaba el pan, y Claire y Sophia jugaban cerca de ellas. Así, las tardes transcurrían entre conversaciones sobre cosas de mujeres y escuchando Radio Londres, la emisión en francés de la BBC, en un viejo aparato que habían conseguido hurtar de la requisa alemana. Aunque estaba prohibida por las autoridades, su programación de canciones populares francesas y patrióticas les resultaba más entretenida que la de Radio París, que sólo emitía propaganda nazi y música clásica.

Desde la cocina se dirigía aquella tarde a su habitación. Iba en busca de una falda que pensaba darle a Helene, de modo que la mujer aprovechase a hacerle los arreglos necesarios para ajustarla a su talla. Empujó la puerta musitando una cancioncilla que acababa de escuchar. Mas, al cruzar el umbral, la melodía se le quedó atravesada al fondo de la garganta.

Romain se giró cuando la sintió entrar. Hacía días que no lo veía. De hecho, lo creía de viaje. Estaba claro que había regresado y, ahora, la observaba sentado en la silla de su escritorio. Aldara se estremeció.

—¿Cómo te atreves a entrar aquí? Sal ahora mismo de mi habitación —acertó a decir con toda la firmeza que fue capaz de reunir.

Romain se rio.

—¿Tu habitación? Menudas ínfulas para alguien que acaba de salir del arroyo.

Aldara se puso en alerta.

—¿Qué estás diciendo?

—Que aquí, querida mía, no hay nada tuyo. Salvo esto...

Aun desde lejos, Aldara reconoció enseguida su libro de *La dama de las camelias*. Entonces, comprendió. Al tiempo que Romain sacaba de su interior un sobre amarillento, ella confirmaba sus peores temores y empezaba a tomar consciencia de que su farsa había sido descubierta. Se le hizo un nudo en la garganta.

—Siempre supe que había algo turbio en ti. Esa fiereza que asomaba bajo una fina pátina de elegancia y decoro... Como el arañazo que no cubre un barniz recién dado. Eres inteligente y una belleza. La naturaleza te ha otorgado buenas cartas y tú sabes jugar bien con ellas. Pero hay demasiada calle en ti, ése es el secreto de tu fuerza.

Tras aquel discurso engolado, Romain vació el contenido del sobre encima del escritorio: una cuartilla y una medallita que apenas hicieron ruido al caer. Cogió el papel.

—Puedo entender algo del español. Pero he preferido que me lo traduzcan. ¿Cómo era? Estimadas señoras: esta niña se llama Aldara y fue...

—¡Basta ya! ¡Dame eso!

Como si la hubieran espoleado, la joven cruzó la habitación en unas pocas zancadas y se abalanzó sobre su cuñado. Rápidamente se hizo con el papel, la medalla y el libro sin que Romain opusiera resistencia.

—Tranquila, tranquila... No pretendo quedarme con nada tuyo. Además, lo realmente interesante no son estas baratijas, sino la conversación que he tenido con la madre Inés. Un encanto de monjita, ha sido muy pródiga en datos sobre ti.

Aldara le miró con fiereza.

—¡No me importa con quién hayas hablado! Tú no sabes nada de mí. No tienes ni idea.

—Sé lo suficiente para dejarte en evidencia. Octave va a quedar verdaderamente sorprendido cuando le cuente lo que he averiguado.

—Octave ya lo sabe todo. Mucho más de lo que tú crees saber —mintió Aldara, llena de rabia.

—¿De veras? Hay que ver la rata, sí que estaba desesperado por follarte.

Al escuchar aquello, toda la ira, el miedo y la impotencia que bullían en su pecho estallaron a un tiempo y la joven descargó con todas sus fuerzas una bofetada que restalló en plena cara de Romain.

Atónito, éste tardó unos segundos en reaccionar. Cuando lo hizo, se levantó y la agarró con violencia del cabello. Con tal odio la miraba, que Aldara pensó que la mataría a golpes. Sin embargo, descargó sobre ella un beso que más bien parecía una embestida de furia. Ella notó el doloroso impacto de sus dientes contra sus labios y una repugnancia que le provocó náuseas. Forcejeó con él hasta conseguir quitárselo de encima y salió corriendo del dormitorio.

Aldara avanzó en una carrera aturdida por el pasillo hasta que, al doblar una esquina, se chocó con el teniente Eberhart, que venía en sentido contrario. Hubiera caído al suelo de no ser porque el joven la sujetó por los hombros.

—Lo siento mucho —se disculpó él azorado—. No la he visto venir.

Sin soltarla, buscó su rostro y fue al tenerlo delante cuando se fijó en su gesto desencajado y en el hilillo de sangre que brotaba de su labio inferior.

—Está sangrando... ¿Se encuentra bien?

A pesar de su amabilidad, ella le devolvió una mirada iracunda.

—¡Déjeme en paz! —le gritó.

Sin más, continuó con su carrera a través del pasillo y sólo se detuvo frente a la puerta de las habitaciones del marqués de Montauban. Empujó la hoja sin llamar y entró como un torbellino, encaminándose derecha a su lecho, junto al que se dejó caer de rodillas para enterrar la cara entre la ropa de cama

Ella ni se había percatado, pero Pascal se había puesto en pie ante tan repentina irrupción y, ahora, la contemplaba atónito. Por su parte, el marqués clavaba los ojos en su nuera, inexpresivo.

Aldara se tomó un instante para recobrar el aliento y la cordura. Notaba quemazón en los ojos y la congoja agarrada a la garganta, pero no derramaba ni una lágrima, no dejaba escapar ni un sollozo.

Habrían transcurrido poco más de un par de minutos cuando levantó el rostro. Aún se mostraba arrebatado y descompuesto; sin embargo, hizo acopio de dignidad para sobreponerse mientras se pasaba las manos por los ojos y por la boca, de donde la sangre no dejaba de brotar. Pascal le ofreció un pañuelo y una mirada amable, extraña en aquella cara que parecía hecha con recortes.

Después de haberse limpiado, Aldara guardó la cuartilla y la medallita entre las páginas de *La dama de las camelias*. Acarició la tapa ajada por el uso con los dedos temblorosos. Perdió la vista en sus filigranas doradas y desvaídas.

Quería contar su historia, sacudírsela de encima. Pero no podía, la tenía atravesada en mitad de la garganta. ¿Cómo la interpretaría Auguste? ¿Acaso realmente la escuchaba, la entendía? Ni siquiera podría recriminarle nada, darle la respuesta airada que ella se merecía.

Aldara sólo deseaba desahogarse con Octave. Además, no sería leal que su esposo fuera el último en enterarse de con quién estaba casado en realidad. Y, sin embargo, no sabía qué hacer con esa congoja que le oprimía el pecho.

La muchacha buscó la mano del marqués, que reposaba inerte entre las mantas, y la tomó con cariño. Aunque era piel y hueso, estaba tibia y suave.

—Ojalá pueda usted perdonarme —murmuró con la cabeza gacha.

No hubo respuesta. Tampoco la esperaba, dadas las circunstancias. El semblante flácido de su suegro era incapaz de mostrar signos de nada más que un atisbo de alarma que quizá ella sólo se imaginaba.

—Yo quiero a Octave —declaró Aldara con vehemencia—. Lo quiero con toda mi alma. Como nunca he querido a nadie. Ésa es la mayor verdad que hay en mí. Yo... —Se le quebró la voz—. No quiero hacerle daño, se lo juro.

Todas las lágrimas que había reprimido hasta entonces empezaron a resbalar sin contención por sus mejillas.

—Necesito que vuelva. Lo necesito a mi lado. Ya no puedo pasar más sin él. No puedo. —Se deshizo en sollozos.

Al verla de aquel modo, Pascal rodeó la cama para acercarse a ella y posar su mano grande encima del hombro de la chica. Aldara ladeó entonces la cabeza y recostó la mejilla sobre ella. Allí descargó su llanto tranquilo mientras sujetaba la mano inerte de su suegro.

En la soledad de su habitación, Aldara se debatía sobre si debía escribir a Octave o no. No podía pensar con claridad. El llanto le sobrevenía en oleadas y le dolía la cabeza.

¿Cómo vaciarse en las veintiséis malditas líneas de una carta preimpresa? No era justo ni para ella ni para Octave solventar su error con una misiva fría e incompleta. Bastantes preocupaciones tenía él ya. Bastantes calamidades sufría... Su esposo debería poder mirarla a los ojos mientras ella se explicaba. Debería tener la oportunidad de reprocharle la mentira al instante. Debería verle la cara cuando le rogase que la perdonase y le asegurase cuánto lo quería. Sólo así sabría que era sincera.

Cuánto se odiaba por no haber obrado bien desde el principio, por haber sucumbido al miedo a perderle. Y odiaba a Romain, quien le había privado de una oportunidad digna de enmendarse.

Romain se cerró el batín de lana entre escalofríos. Ni el whisky ni la proximidad a la chimenea conseguían hacerle entrar en calor. Tenía los pies helados. Se revolvió en el sillón, inquieto.

Sacó un cigarrillo de la pitillera y se lo llevó a la boca al tiempo que tomaba el mechero para encenderlo. Sin embargo, no lo hizo. Permaneció un instante absorto en los brillos plateados del encendedor. Lo chascó varias veces y contempló la llama hipnótica aparecer y desaparecer.

Desde la tarde estaba trastornado. Desde su encuentro con ella. No podía pensar en otra cosa. No podía quitársela de la cabeza. Escupió el cigarrillo y se mordió los labios. Aún le parecía conservar sobre ellos la presión de su beso robado, el sabor metálico de la sangre de ella. Y, en la retina, tenía grabada la furia de sus ojos, en los que parecía arder una llama como la de aquel mechero. Era salvaje, indómita, astuta. Magnética y peligrosa como una pantera negra.

La odiaba tanto como la deseaba. Deseaba poseer aquel cuerpo que imaginaba desnudo, la piel tersa y brillante.

De nuevo, le sobrevino una erección.

Condujo lentamente la llama del mechero bajo su mentón. Y contó. Apenas llegó hasta dos antes de sentir el dolor insoportable de la quemazón. Apartó el dedo del pulsador y, con un gruñido, lanzó el encendedor a la oscuridad de la habitación. El impacto contra el suelo le devolvió un golpe seco.

Qué necio había sido al creer que Octave era el único enemigo a batir. Había concentrado todos sus esfuerzos en desacreditarlo. Se había enfurecido consigo mismo al perder el certificado de la comadrona. Se había desesperado.

Hasta que cayó en la cuenta de lo poco que importaba Octave. Pobre diablo. Débil y enfermizo como era, seguramente sucumbiría al cólera, al tifus o a cualquier otra enfermedad fatal en el campo de prisioneros. Un simple resfriado podía matarlo. Sólo era cuestión de tiempo.

No, Octave no era el problema. El problema era ella. Aldara.

Era pronunciar su nombre y la sangre le latía en todos los extremos de su cuerpo. ¡Aldara! ¡Aldara! ¡Aldara!

Trató de aliviarse con un gemido.

Bebió un trago largo y ávido. Se encontraba en esa fase en la que el maldito alcohol entraba como agua. Aun tardaría en perder el conocimiento.

¿Qué iba a hacer con aquel demonio?

No servían las amenazas. Ella no se amilanaba. Él no quería cumplirlas. No se imaginaba aquel maldito caserón sin ella. Y, sin embargo, su presencia le desquiciaba.

Era para volverse loco.

Tenía que someterla. Tenía que hacerla suya. ¿Cuántas veces le había él tendido la mano amorosa para ser aliados, para gobernar juntos… y ella le había despreciado?

Tenía que hacerla suya. Suya o de nadie más.

Aldara…

Recostó la cabeza en el respaldo del sillón, cerró los párpados y deslizó la mano por debajo de sus calzoncillos. Asiendo el pene duro y erecto con el puño firme, empezó a masturbarse.

Enero de 1942

Auguste de Fonneuve falleció a causa de un infarto. Mientras dormía y sin sufrir, según aseguró el médico, lo que en algo sirvió de consuelo a los que le querían.

Velaron su cadáver envuelto en la bandera de Francia en la capilla familiar, donde se formaron largas colas de amigos y vecinos que acudieron a presentarle sus respetos por última vez. Allí mismo, en el mausoleo de los Montauban, bajo las entrañas del templo, le dieron cristiana sepultura junto a la tumba de sus padres, la de su esposa y la de una niña que les había nacido muerta. Mientras, el tañido fúnebre de las campanas volaba sobre los viñedos del Domaine de Clair de Lune, cubiertos de escarcha y bruma, como si ellos también guardaran luto.

Fue aquél el mismo día que Hubert regresó al Domaine, tras disfrutar de un permiso junto a su familia con ocasión de las fiestas navideñas. Desde la lejanía, sin atreverse a acercarse, observó la multitud oscura y silenciosa que se arremolinaba a las puertas de la pequeña construcción de muros de piedra y cal. Al teniente alemán le gustaba aquella ermita. A menudo se había colado allí para orar en silencio o, simplemente, sentarse frente al sobrio altar y su retablo del siglo XV, cerrar los ojos y vaciar la mente. En aquel instante, hubiera deseado unirse a la despedida del marqués, pero de sobra sabía que no sería bien recibido. Firme, cabizbajo y con la gorra entre las manos enguantadas, musitó una breve oración por su alma. Al cabo, se marchó para incorporarse a su trabajo.

Era ya de noche cuando el teniente Eberhart cruzaba el vestíbulo de regreso a su habitación. De camino a las escaleras, adivinó un filo de luz mortecina a través de la puerta entreabierta de la biblioteca. Desvió sus pasos y se asomó.

Como si el instinto y el anhelo, o tan sólo la buena fortuna, le hubieran guiado hasta allí, se encontró a Aldara sentada en un sillón, sola y, en apariencia, absorta en sus propias cavilaciones. Vestía completamente de negro y la luz anaranjada del fuego de la chimenea le iluminaba el perfil en un hermosa composición de claroscuros, como los de esas pinturas barrocas en las que el artista conduce la atención del espectador hacia una sola figura. Se la vislumbraba triste y cansada; no obstante, le pareció que estaba más bella que nunca. Quizá solo era que había echado de menos contemplarla esos últimos días. Le dio un vuelco el corazón.

Armándose de valor, se adentró en la estancia y anunció su presencia con un ligero carraspeo, para no sobresaltarla. Ella levantó la vista y resultó ser él el que se vio alterado sólo con su mirada.

—Buenas noches, madame.

—Buenas noches, teniente. Veo que ya ha regresado de su permiso. Confío en que haya disfrutado de las fiestas y haya encontrado bien de salud a su familia.

Su voz resonaba como una dulce melodía en sus oídos y parecía acariciar cada una de las fibras de su cuerpo en tensión.

—Todos están bien, gracias.

—Me alegro mucho —afirmó ella con una sonrisa débil y el tono de voz apagado.

A Hubert le conmovió su esfuerzo por mostrarse amable,

más considerando cuán decaída se sentiría. Después de todo, él no era más que un intruso, un extraño... un enemigo.

—Yo... —vaciló antes de continuar—. Hasta ahora, no he tenido ocasión de presentarle mis condolencias por el fallecimiento de su suegro. Lamento mucho su pérdida. Siempre he tenido al marqués de Montauban por una persona íntegra.

—Sí que lo era, sí. Muchas gracias, teniente.

Se hizo un breve silencio. La leña crepitaba devorada por el fuego, todo lo demás era quietud. Cuando el joven empezaba a asumir que la conversación se agotaría ahí y tendría que marcharse, ella continuó:

—Yo tampoco he tenido ocasión de disculparme con usted por la forma en la que le hablé el otro día. Fui muy grosera. Le ruego me disculpe.

Él hizo un gesto para quitarle importancia al asunto.

—Ya estaba olvidado, no se preocupe. Se la veía disgustada y yo tuve el mal acierto de chocar con usted.

Aldara no contestó con palabras, pero a Hubert le bastó con ver la expresión de su rostro para intuir cuanto callaba.

—La dejo que descanse —anunció obligado por las circunstancias. Aunque no se resistió a añadir—: Si puedo hacer algo por usted, no tiene más que decírmelo.

Ella sonrió y, por primera vez, su sonrisa iluminó su cara.

—Ya que se ofrece... Antes de irse a dormir, ¿le importaría poner en su tocadiscos el *Nocturno número 2* de Chopin?

En la soledad de su habitación, Aldara se sentó frente a su escritorio, cogió el papel preimpreso y un lápiz y comenzó a escribir: «Mi querido Octave...».

Mientras, la melodía del *Nocturno* de Chopin se colaba por debajo de la puerta como una caricia de consuelo a su tristeza. Al llegar al final de la carta, las lágrimas resbalaban por sus mejillas.

Sólo un piso más arriba, la misma melodía inspiraba a Hubert mientras volvía a dibujarla. Trazó a lápiz una figura solitaria con el rostro vuelto hacia el abismo blanco del papel. Así, sólo él sabría a quién pertenecía aquella silueta.

Con ella en la memoria se fue a dormir, arrullado por su mirada azul y su sonrisa triste. Aquella noche, se negó a apartarla de sus pensamientos. Y cerró los ojos confiando en que ella le acompañara en sus sueños.

Marzo de 1942

Aldara abandonó decaída la oficina de correos. Llevaba dos meses sin tener noticias de Octave y la preocupación que sentía se le reflejaba sin remedio en el rostro. No había llegado carta de vuelta a aquélla en la que le notificaba el fallecimiento de su padre y tal demora era rara en él. Hasta ahora, Octave había mantenido una correspondencia regular con ella. Normalmente, no pasaban más de tres semanas entre carta y carta. Un mes, a lo sumo.

Miró la tarjeta preimpresa de la Cruz Roja que acababa de comprar y se la metió en el bolsillo del abrigo. Después, se encaminó calle abajo hacia la place Carnot, donde buscó un banco al sol para sentarse. Durante unos instantes, contempló la plaza. Estaba rodeada de bonitos edificios, fachadas clásicas de color crema coronadas con empinados tejados oscuros y altas chimeneas. Se percibía el bullicio de transeúntes, niños jugando y gente ocupando las terrazas de los bares y cafés circundantes. Sin embargo, se mostraba extraña y desangelada desde que los alemanes habían retirado la estatua de Sadi Carnot; parecía el ruedo de una plaza de toros. Al menos, los árboles empezaban a mostrar los primeros brotes verdes, alegrando un poco el lugar.

Quizá la plaza no se mostrara tan triste, al fin y al cabo. Quizá fuera ella la que lo veía todo desde una perspectiva sombría. Se sentía abrumada por los problemas. Desde la muerte de Auguste, el Domaine se encontraba completamente descabezado. Según el testamento del marqués, sus propiedades se repartían conforme exigía la ley: dos tercios de su patrimonio a partes iguales entre Octave y Romain. El problema surgió al conocer Romain que su padre había adjudicado el tercio restante por completo a su hermano. Este reparto aumentaba la cuota de propiedad del primogénito sobre el Domaine y sobre el grupo de empresas de los Montauban. De modo que Octave poseía en la práctica la última palabra en cuanto a la gestión de los negocios familiares. Para mayor abundamiento, tal tercio de mejora incluía también el tesoro de los tres emperadores, que pasaba a pertenecer a Octave. «Ocho botellas que se encuentran preservadas en la Cripta, a los pies del águila y el león», rezaba una nota adjunta de modo críptico.

Romain enfureció. «¡En la Cripta! ¿En qué maldita cripta? ¡He buscado hasta en el último rincón de ese lugar y allí no hay nada! ¡Y qué mamarrachada es esa del águila y el león! ¡No hay animales que valgan allí! ¡El viejo estaba loco de remate!», gritó antes de amenazar con impugnar el testamento.

Aquel mismo día, tras la accidentada lectura de las últimas voluntades de su padre, Romain se marchó sin dar razón de adónde iba. No había vuelto desde entonces. Y no es que a Aldara le importase lo más mínimo su ausencia. De hecho, vivía mucho más tranquila sin el acoso y la hostilidad de su cuñado. El problema era que no había nadie al frente de los viñedos, la bodega y los negocios, que seguían adelante por inercia y por el leve empujón de Antoine Jourdan y de cuantos habían trabajado toda la vida para el marqués y seguían haciendo lo que siempre habían hecho. Sin embargo, nadie tomaba las decisiones que habría que haber tomado en aquellos tiempos difíciles, en los que improvisar, adaptarse y sobreponerse a los obstáculos era más necesario que nunca. El Domaine era como un barco en mitad del océano navegando sin capitán a través del temporal.

De momento, se mantenía un flujo constante de ventas de vino a la agencia de Adolph Segnitz, pero todos contemplaban con preocupación cómo las reservas de la bodega iban disminuyendo a pasos agigantados sin que nadie se ocupase del verdadero negocio de aquella familia, que no era vender, sino producir vino de la mejor calidad.

A todo esto, Octave no sólo continuaba preso en Alemania; además, hacía meses que no se tenían noticias de él.

Aldara sacó la tarjeta del bolsillo y la contempló un instante: la gran cruz encarnada, las frases impresas, los huecos para rellenar a mano… Podía haberla cumplimentado en la oficina de correos y entregarla en el momento. Podía hacerlo en aquel instante, en lugar de mirarla sin más. Sin embargo, de algún modo retorcido pensaba que al rellenar y enviar aquella tarjeta solicitando al Comité Internacional de la Cruz Roja que investigase la situación del teniente Octave de Fonneuve, prisionero en el Oflag X-B, era admitir que algo no iba bien. Aldara meneó la cabeza: ¡qué tonta era! Por supuesto que algo no iba bien y aquella tarjeta era la única forma de salir de dudas.

Abrió el bolso para sacar un lápiz y, sin motivo aparente, levantó la vista. Al hacerlo, su mirada, de entre todas las miradas que poblaban aquella plaza, fue a toparse con la del teniente Eberhart, quien pasaba por allí junto a una de esas auxiliares del ejército alemán, las *Helferinnen,* a quienes los franceses apodaban *souris grises*, «ratones grises», por el color de su uniforme. El militar le dijo algo a su acompañante y, en tanto ésta seguía su camino, se acercó a Aldara.

—Madame. —Se llevó la mano a la visera de la gorra.

—Teniente —respondió ella con una leve inclinación de cabeza, algo cegada por el sol que le daba de frente.

Sus saludos siempre resultaban protocolarios, como si fueran dos perfectos desconocidos que coinciden en un ascensor.

Por romper el hielo, ambos hablaron a la vez. Y a la vez se rieron por haberse interrumpido uno al otro.

—Usted primero —concedió él.

—¿Cómo es que está por aquí? Le hacía trabajando.

—He hecho una pausa para almorzar. Me dirigía al Café de Lyon, sirven un menú bastante decente que nos gusta alternar con el de la cantina de oficiales. ¿Y usted? ¿No ha traído a la pequeña Claire en su paseo por la ciudad?

—No, se ha quedado con madame Berman. Tengo que hacer unos cuantos recados y me cunde más si voy sola. Así llegaré a tiempo para darle la merienda.

—¿Necesita que la lleve de vuelta al Domaine en mi automóvil? Aunque igual ha venido en el suyo...

—No, no he traído el automóvil. Me temo que he gastado todos los cupones de gasolina de este mes. Pero no hará falta que me acerque a casa. He venido en bicicleta. Gracias de todos modos, es usted muy amable.

Hubert, que se había fijado en la tarjeta de la Cruz Roja que Aldara sostenía sobre su regazo, no se resistió a preguntar.

—¿Va todo bien?

—Sí —respondió ella de forma automática; sin embargo, al percatarse de hacia dónde se dirigía la mirada del oficial, se corrigió con una sonrisa amarga—: No. —Agitó suavemente la tarjeta—. La verdad es que no. Hace más de dos meses que no sé nada de mi marido y estoy preocupada.

—Seguramente no hay motivo para inquietarse —afirmó él, más por consolarla que por convencimiento—. Por desgracia, el correo de los prisioneros de guerra no es prioritario en Alemania. Puede sufrir retrasos.

—Sí, lo sé. Ya ha sucedido otras veces que alguna de sus cartas ha llegado tarde. Pero casi diez semanas de retraso es demasiado. Y ya sabe cómo somos las mujeres, siempre nos ponemos en lo peor.

—También podría ponerse en lo mejor: su carta sólo se ha extraviado o podrían haberle trasladado de campo.

—¿Eso es posible? ¿Es posible que lo hayan trasladado?

—Sí, sí lo es. Y relativamente habitual.

—Ya... De todos modos, no pierdo nada por enviar esta solicitud de información, ¿no cree? Todo sea que me digan que está perfectamente. Ojalá...

—Por supuesto.

Aldara sonrió.

—Gracias, teniente. Me ha dejado usted un poco más tranquila. Pero no quiero seguir reteniéndole con mis preocupaciones. Su acompañante le espera.

Hubert se mostró confundido por un instante, hasta que cayó en la cuenta de que se refería a Heidi Schäffer, la *Helferin* junto a la que venía caminando. Era una chica simpática, había tomado con ella un par de copas después de trabajar; la primera la propuso él, por contentar a Segnitz, que estaba muy pesado con el tema, y la segunda, ella. Pero no podía decirse que fuera su acompañante y menos con ese tono que le parecía que madame había imprimido a la frase.

—No hay cuidado. —Se encogió de hombros—. No es que se trate precisamente de una cita, sólo somos compañeros de trabajo. Venimos con otro grupo, iban justo delante. Solemos comer todos juntos. Ya deben de estar dentro del restaurante.

Aldara le escuchaba atentamente, divertida al verle cómo se enredaba en explicaciones. Él se dio cuenta y se interrumpió de repente.

—De todos modos, sí, mejor me uno a ellos antes de que empiecen a pedir sin mí.

Se despidieron de nuevo con formalidad, como si volvieran a ser un par de desconocidos, y según el teniente se alejaba,

Aldara se concentró en rellenar la tarjeta. Se sentía algo más animada.

Cuando hubo enviado la tarjeta y cumplido con algunos recados más que tenía pendientes, había pasado ya la hora del almuerzo. Como tenía hambre, pensó en tomarse algo antes de regresar al Domaine.

Se encaminó de nuevo a la place Carnot; no al Café de Lyon, que estaba siempre lleno de alemanes, sino a otro más pequeño y recogido, donde servían tostadas de pan de centeno del día y un café que, pese a no ser café, sino achicoria, era bueno.

Entró distraída, pensando en si había comprado todo lo que llevaba apuntado en su lista, por eso no se lo vio venir.

—¡Madame de Fonneuve!

Antes de girarse, Aldara ya había adivinado por el tono de voz quién la reclamaba. Maldijo para sus adentros.

—Buenas tardes —saludó a madame Perroux y sus incondicionales acólitas, que se sentaban en una mesa del local frente a unas tazas de té y unas pastas de avena y pasas que, minutos antes, madame había despreciado por encontrarlas secas.

—¡Qué grata sorpresa encontrarla aquí! Siéntese con nosotras, pero, si quiere un buen consejo, no se le ocurra pedir las pastas de té, no hay rastro de mantequilla en ellas.

—La verdad es que tengo un poco de prisa...

—Ya veo que ha estado de compras. ¡Qué triste es ir de compras estos días cuando no hay nada que comprar! ¡Qué cansada estoy ya de cartillas, cupones y privaciones! Últimamente me veo negra para encontrar los polvos de arroz que siempre uso. Claro que tampoco es fácil encontrar el arroz entero... Espero que usted haya tenido más suerte en sus pesquisas y haya conseguido todo lo que venía a buscar. ¿Cómo van las cosas por el Domaine? Dios mío, aún no me hago a la idea de que el pobre Auguste ya no esté entre nosotros. Deben de echarle muchísimo en falta con esa personalidad tan arrolladora que tenía... Se sentirá usted muy sola. Y encima con ese alemán metido en casa. Nosotros logramos deshacernos del nuestro, lo trasladaron al frente ruso. Aunque mucho me temo que no tarden en endilgarnos otro... Sería un fastidio, la verdad. Después de todo, ya nos habíamos acostumbrado al anterior. ¡Señor, qué tiempos estos de padecimientos! Precisamente de eso estábamos hablando, a propósito del feo asunto de los Bernard.

El parloteo de Madeleine Perroux se detuvo inopinadamente. La mujer miraba a Aldara, como si esperara algún comentario por su parte. Ella, que hacía tiempo que había dejado de escucharla, no supo qué responder.

—Estará usted al tanto de la desgracia de los Bernard...

—¿Los Bernard?

—Étienne y Cécile Bernard. Son vecinos suyos. Sus tierras lindan con alguno de sus *climats*, los que están al otro lado de la carretera.

La joven puso cara de no estar entendiendo una palabra de lo que le decía.

—Seguro que sabe de quién le hablo, aunque ahora no lo recuerde. La cuestión es que monsieur Bernard... se ha suicidado. —Bajó la voz, como si el simple hecho de pronunciar la palabra «suicidado» ya fuera un pecado—. Lo encontraron anteayer colgado de una viga de su bodega. Un horror. Pero lo peor de todo es que madame Bernard tiene la pretensión de celebrar un funeral cristiano porque, según ella, su esposo era muy creyente. Será porque ella lo dice, porque lo que soy yo, desde luego, apenas he visto pisar la iglesia a Étienne Bernard. Además, ¿cómo va a ser creyente quien comete el pecado de quitarse la vida? He visto dudar al padre Bonnot, pero porque ese hombre es un santo y cualquier sensiblería le enternece. Desde luego que yo, como miembro activo de esta comunidad, me opongo rotundamente. Todas nos oponemos, ¿verdad, señoras?

Las damas asintieron y compartieron la indignación de Madeleine a coro.

—Yo creo que madame Bernard ha debido de perder la cabeza —incidió ella—. ¿Puede creerse que trabaja para los alemanes? Qué degradación. ¡Qué traición!

Aldara empezaba a hartarse de tanta maledicencia. No pensaba haber intervenido, pero no pudo evitarlo.

—Bueno, ¿acaso no vendemos todos nosotros nuestro vino a los alemanes? Se dice que muchos se están haciendo muy ricos a cuenta de eso —insinuó con toda intención, sabiendo que los maridos de aquellas chismosas se encontraban entre ellos—. Y otros han pensado que es una buena idea regalarle unas cuantas hectáreas de viñedos al mariscal Pétain. Clos du Maréchal quieren llamarlo, si no me equivoco. Supongo que creen que es un orgullo para Beaune...

—¡Y lo es! No me puede usted comparar al mariscal con los alemanes. ¡Pétain es un patriota! Él ha librado a Francia de ser absorbida por los nazis como Polonia —madame Perroux repitió con escaso criterio lo que escuchaba por ahí—. Tenemos mucho que agradecerle.

Aldara no tenía ganas de discutir.

—Si usted lo dice... De todos modos, yo prefiero no juzgar. Es tanto lo que desconocemos de las circunstancias ajenas... Bastante tenemos con lidiar con los alemanes como para encima lincharnos entre nosotros. El linchamiento siempre me ha parecido muy poco cristiano, la verdad.

Aldara consultó su reloj de pulsera.

—Ah, vaya, qué tarde se me ha hecho. Tengo que marcharme. Buenas tardes, señoras. Que disfruten ustedes de su merienda —se despidió dándose media vuelta para salir por donde había entrado.

Madeleine Perroux se quedó como si se hubiera tragado un palo.

—Qué mujer más insolente —opinó, indignada.

Enseguida obtuvo la aprobación del resto, pero el interés de sus amigas no tardó en desviarse en cuanto una de ellas sacó el tema de la moda de teñirse las piernas y pintarse una raya por detrás para imitar el efecto de las cada vez más escasas medias de seda.

Madame Perroux no prestó demasiada atención a aquella nadería. Con la vista todavía puesta en la puerta por la que acababa de marcharse madame de Fonneuve no podía dejar de preguntarse qué habría visto Octave en aquella mujer. Era descarada, vulgar, claramente, de una clase inferior. Por no mencionar esa desagradable cicatriz en plena cara que tanto la afeaba. Pobre Octave... No había duda de que se había dejado cazar por la peor gallina del corral. Siempre había sido un poco tonto el muchacho.

Aldara hizo un hueco sobre el montón pardo de harina de centeno. Simone guardaba celosamente las menguantes reservas de harina de trigo para los pasteles y, en su cocina, sólo se horneaba pan blanco en ocasiones muy especiales. Últimamente, no había habido ninguna, a criterio de la cocinera.

Tras incorporar la cantidad justa de agua, sal y fermento, la joven comenzó a amasar sobre la gran mesa de madera. Aquel movimiento rítmico y el tacto suave, húmedo y cálido de la masa en sus manos la relajaba. A su lado, Helene y Sabine estaban enfrascadas en la misma tarea. Simone supervisaba a las tres desde el fogón. De fondo, se oía el entrechocar de los cacharritos de latón con los que Claire y Sophie trajinaban en su cocinita de juguete.

—Lo de Étienne Bernard es una tragedia. Pobre hombre... Cómo no estaría de desesperado para tomar una decisión así —opinaba Sabine mientras hundía las manos en la masa—. Aunque, ahora, la que es digna de verdadera compasión es

Cécile. No sé cómo va a hacer para sacar adelante ella sola a sus siete hijos. Y en el estado de abandono en el que se encuentran sus tierras, aún peor. Después de todo, el viñedo era el único medio de subsistencia de la familia.

—Pero ¿qué ha ocurrido? ¿Es que estaba enfermo? —se interesó Aldara. Desde que madame Perroux le esbozara aquella historia de los Bernard había tenido curiosidad por conocer sus entresijos.

—Hay que estar enfermo para hacer una cosa semejante —sentenció Simone y, apuntándose con el cucharón a la cabeza, concluyó—: Enfermo de aquí. —Por último, se santiguó.

—Es un cúmulo de circunstancias, supongo. Y, desde luego, el trágico final de algo que se viene deteriorando desde hace tiempo. Étienne era uno más de los muchos ejemplos de que la guerra devora jóvenes y devuelve despojos. Lo llamaron a filas en el diecisiete, en cuanto cumplió la edad. Por entonces, ya andaba de relaciones con Cécile y, al parecer, se prometieron por carta mientras él estaba en el frente. Su aventura de soldado apenas duró unos meses...

—Le cayó un obús alemán encima —resolvió Simone.

—Encima no, porque no lo hubiera contado, pero lo suficientemente cerca como para destrozarle medio cuerpo. Los médicos del hospital al que lo evacuaron pensaron que no sobreviviría. Pero se equivocaron. Él siempre decía que la medalla de la Virgen de Lourdes que llevaba encima obró el milagro. Y que no pensaba morirse sin haberse casado antes con Cécile.

Helene sonrió conmovida al escuchar aquello. Luego, se quitó con disimulo unas lágrimas que empezaban a asomar a sus párpados. Estaba muy sensible. Ella era muy sensible, pero desde que una semana antes se había enterado de que a Paul lo habían trasladado del campo de Loiret sin darle razón de adónde, todo la hacía llorar.

—Claro que aquel Étienne joven, alegre, fuerte y sano que había salido del pueblo de Volnay no tenía nada que ver con el que regresó tan sólo un año después: una pierna ortopédica sustituía la que había perdido en la trinchera y apenas le quedaba movilidad en el brazo izquierdo; además, le faltaba medio intestino y un pulmón, por eso cada poco caía enfermo. Sin embargo, yo opino que las peores secuelas las traía en el ánimo y en el carácter.

—Vino lleno de demonios. Como muchos hombres de aquella guerra que no fue sino un infierno. Virgen santa...

—Con todo, los primeros años desde su regreso no fueron mal. En cuanto sus heridas se lo permitieron, se casó con Cécile, se fueron a vivir a uno de los viñedos que tenía la familia Bernard, donde se construyeron su propia casa y empezaron a venir los críos. Étienne, a pesar de su invalidez, continuó ocupándose de las vides, aunque más bien era su padre el que llevaba toda la carga del trabajo. Los Bernard eran viticultores, no productores, sólo hacían vino para su propio consumo, y vivían de vender su cosecha a las bodegas.

—Y bien que vivían, que esos terrenos de los Bernard siempre dieron mucha uva —apostilló una vez más la cocinera.

—Es cierto que, como decía, Étienne casi siempre estaba enfermo y se le veía triste y decaído. Bebía en exceso; otro vicio que trajo de las trincheras. Dicen las malas lenguas que descargaba su amargura en casa con Cécile, pero ella nunca le acusó de eso. Al revés, se la veía muy enamorada de su marido. Y a él de ella.

—¡Bah! ¿Qué sabremos de lo que ocurre puertas pa dentro de una casa?

Sabine echó un reojo reprobatorio a Simone y continuó con la historia:

—En resumen, que la cosa empezó a torcerse del todo para ellos cuando falleció monsieur Bernard padre. Sucedió en el treinta y ocho, creo recordar. Como era de esperar, Étienne no podía hacerse cargo él solo del viñedo. Y, aunque contrataron ayuda y Cécile y los chicos más mayores también salieron al campo, aquello ya no volvió a ser lo que era. La tierra se fue degradando, las vides se fueron deteriorando, una plaga de oídio afectó a la mitad de ellas... Para colmo, cuando la invasión alemana, parte del viñedo, la que está más próxima a la carretera de Dijon, se vio afectada por las bombas. Desde entonces, el terreno no ha vuelto a producir nada. Con cada vez menos ingresos, los Bernard fueron acumulando deudas y la pensión de invalidez de Étienne no les alcanzaba ni para lo más mínimo. Benoît, el hijo mayor, dejó la escuela en cuanto cumplió los catorce años y se colocó de mozo en la fábrica de toneles por un salario que, aunque todo cuenta, no solucionaba el problema. Por eso Cécile empezó a trabajar para los alemanes, lavándoles la ropa. Los boches pagan bien y tampoco es que la mujer tuviera muchas opciones. Al parecer, que su esposa cobrara de los nazis tenía a Étienne más desquiciado de lo habitual.

—Y por eso se ha quitado la vida, que Dios le perdone. —Volvió a santiguarse Simone.

—No ha sido por eso, Simone, no diga tonterías —la reprendió Sabine—. La cabeza de ese hombre no estaba bien y se ha visto sobrepasado por los problemas. Igual si Dios no se los hubiera mandado a chorros como si fueran las plagas bíblicas, ahora no tendría nada que perdonarle al pobre.

La cocinera sacó pecho, ofendida en lo más profundo de su ser cristiano.

—¡Oh! No hace falta blasfemar, madame.

En ese instante, la escena quedó interrumpida por el llanto de Claire, quien, al intentar subirse a una silla, había terminado por darse un coscorrón contra el suelo.

Aldara se apresuró a cogerla en brazos y a calmarla. Aunque, según la mecía, en su cabeza resonaba la triste historia de los Bernard. Y la guerra. Y el regreso del soldado... Y Octave, porque Octave siempre estaba allí, en su cabeza.

Abril de 1942

A Claire le encantaba jugar con un caballito de madera con ruedas que había sido de su padre. A veces, se subía encima y pedía que la arrastrasen; otras, ella misma tiraba de la cuerda mientras gritaba «¡Arre! ¡Arre!».

La gran terraza del *château* era un lugar perfecto para que la niña montase en su caballo de juguete. En ello estaba aquella bonita tarde de primavera mientras daba rienda suelta a su lengua de trapo entre grititos de gozo y mantenía una particular charla con su madre, quien permanecía atenta a los movimientos de la pequeña para que no cayese de su montura. Desde allí, Aldara divisó el automóvil del teniente Eberhart aproximarse por el camino de tierra. Después de girar en la rotonda, se detuvo frente a la escalinata de la puerta principal.

El militar se bajó de la parte trasera antes de que el automóvil continuase su camino hacia el garaje, donde su diligente ordenanza lo aparcaría hasta el próximo uso, no sin antes dejarlo limpio y brillante.

Hubert subió las escaleras con paso ágil y la vista puesta en el tierno conjunto de madre e hija. Por un momento, pensó en lo que sería llevar una vida normal, ajena a las vicisitudes de la guerra, y se imaginó a sí mismo regresando a casa después del trabajo con aquel sol suave del atardecer y aquel aroma a tierra y vegetación previo al ocaso, con una esposa y una criatura, más de una si tenía suerte, tan preciosas como aquéllas de la terraza, aguardándole con una calurosa bienvenida llena de besos y abrazos.

Llegó arriba con una sonrisa soñadora, aunque la realidad de la situación pronto le despabiló y le puso en su sitio. Se quitó la gorra y juntó los talones.

—Buenas tardes, madame.

—Buenas tardes, teniente.

Claire, que no entendía de formalidades, soltó el caballo de juguete y, entre alharacas y pasos torpes, corrió hacia Hubert en cuanto lo vio. La niña ya empezaba a reconocer a la gente, a distinguir quién le gustaba y quién no. Y aunque no es que tuviera mucho contacto con el oficial, raro era el día que no lo veía al menos una vez. Como raro era también ese apego que le tenía.

La pequeña frenó con un abrazo contra las botas altas del militar y después le echó los brazos balbuceando «Apa, apa» para dejar bien claros sus deseos. Hubert la levantó.

—Va a ser cierto eso de que el uniforme atrae como un imán a las chicas —bromeó Aldara.

—Pero es sólo porque tiene cosas brillantes, ya lo sabemos. No hay chica que se resista a las cosas brillantes, ¿verdad, Claire?

—*Llante, llante* —corroboró la pequeña para gozo de los adultos que la contemplaban embelesados—. *Llante.* —Llevó las pequeñas manos a la barbilla del teniente—. Papá. Papá.

El gesto de Aldara se ensombreció de pronto. La sonrisa de Hubert se tensó.

—Papá no está, cariño. ¿Quieres ver su fotografía? ¿Quieres ver la foto de papá? —la corrigió su madre. Varias veces a diario le enseñaba imágenes de Octave y así era como la niña había aprendido la palabra, pero estaba claro que no sabía usarla muy bien. O sí, y eso era lo más preocupante.

—Papá —reiteró mirando a Hubert.

—¿Cómo lo has sabido, chica lista? Precisamente de tu papá vengo a hablar —quiso el joven aliviar tan incómoda situación. Se dirigió entonces a Aldara—: Tengo noticias sobre su esposo.

Ella se puso tensa, tan confusa como alarmada.

—¿Cómo…? —Un nudo en la garganta le impidió decir más.

—Me tomé la libertad de indagar un poco, espero que no le moleste. Tengo un contacto dentro de la Jefatura de Prisioneros de Guerra del Estado Mayor.

Hubert no se demoró en explicaciones sobre la naturaleza de aquel contacto. El teniente general Von der Schulenburg era más bien un conocido de su padre. Ambos habían combatido juntos durante la Gran Guerra. Von der Schulenburg pertenecía a la casta militar prusiana más tradicional, era un patriota alemán, monárquico y anticomunista hasta la médula, pero no un nazi. Y sentía predilección por los buenos vinos. Bastó que le enviaran una caja del mejor riesling de las bodegas Eberhart para que se tomase menos de una semana en informarse sobre la situación del prisionero francés Octave de Fonneuve.

—Su esposo está bien, madame —se apresuró a anticipar Hubert—. Cayó enfermo y tuvieron que ingresarle durante unas semanas en un hospital militar. Pero ya está casi recuperado y no tardarán en darle el alta.

Al escuchar aquello, Aldara tuvo que buscar asiento. Le temblaban las piernas, el corazón le amartillaba el pecho y necesitó un instante para recuperar el aliento. Exhaló un suspiro de alivio que lo mismo sonó a risa que a sollozo.

—Me había puesto en lo peor… Dios mío, me había puesto en lo peor… ¿Seguro que está bien?

—Sí, madame. Hay un informe del comandante del campo que lo constata. Estoy seguro de que pronto recibirá carta de su esposo.

—No sé cómo agradecérselo.

Hubert no se atrevió a decirle que él ya se sentía más que recompensado con sólo verla sonreír.

—No hay nada que agradecer. No ha supuesto ninguna molestia.

El joven dejó a Claire sobre el regazo de Aldara.

—Enséñele las fotos de su padre —sugirió, procurando que no se le notase cuánto le trastornaba su cercanía, el aroma de su perfume como un aura casi tangible sobre su piel—. Ojalá que pronto ya no tenga necesidad de hacerlo.

Aldara asintió y sonrió agradecida, y qué pobre le pareció aquella sonrisa para demostrar todo lo que sentía. Se encontraba como amordazada, amordazados los gestos y las palabras por las malditas circunstancias.

El teniente se despidió con un breve movimiento de cabeza y se encaminó a la entrada de la casa.

—*¡Llante! ¡Llante!* —le llamó Claire desconsolada al ver que se alejaba.

Mayo de 1942

Mi querida Aldara:

Me embarga la emoción según comienzo a escribir estas líneas después de tanto tiempo sin dirigirme a ti. Ruego a Dios, cada día lo hago, por que Claire y tú estéis bien y espero con ansia tu próxima carta para confirmarlo.

No sabes cuánto lamento la angustia que te ha causado la ausencia de noticias mías. Admito que, cuando supe de la muerte de mi padre, no encontré el ánimo de responder, apenas podía redactar más que unas palabras secas y desabridas, reflejo de mi ánimo en aquel instante. Quedé profundamente impactado por la pérdida, no te lo voy a negar, y me llevó un tiempo aceptar que su abrazo de despedida ese mes de mayo de 1940 que salí del Domaine fue el último abrazo que recibiría de él.

Aún me cuesta creerlo, aún no he hallado consuelo. Tan sólo me reconforta el pensar que pasó los últimos momentos de su vida con Claire y contigo. Sé que había llegado a cogerte verdadero cariño, con esa forma algo distante que tenía él de amar a las personas.

Poco después, caí enfermo. Tal vez mi debilidad de ánimo contribuyó a ello y también el frío invierno. Contraje neumonía y tuvieron que trasladarme al hospital. Pero no te inquietes, ya estoy recuperado y seguramente mañana me devuelvan al campo.

Hay otra cosa más. Estando en el hospital, recibí carta de Romain. Todavía no sé cómo se las ingenió para conseguir comunicarse conmigo fuera del procedimiento oficial. Pero mucha tiene que ser su inquina para tomarse tantas molestias en malmeter. Me hizo un relato más malintencionado que concreto de tu pasado y me lo disfrazó de preocupación por mi bienestar. «Para que no sigas viviendo en la mentira», afirmaba como si fueran buenas sus intenciones. Él no puede entender que no me importa tu pasado, que yo sólo me preocupo por tu presente y tu futuro. Él no puede entender que es así como te amo, amo la persona que eres hoy, la luz de mi existencia cuando hay tanta oscuridad a mi alrededor, el faro que me conducirá a casa no importa cuánto dure la tormenta; y amo la persona que serás mañana, después de haber permanecido a mi lado construyendo una vida juntos. Quiero que sepas que no te reprocho que me ocultaras de dónde vienes, lo importante es que te mostraras como eres y decidieras continuar tu camino conmigo. Romain no puede comprender lo afortunado que soy por ello. O quizá sí, y ése es el motivo de su inquina.

Me trae sin cuidado lo que tenga Romain que decirme sobre ti. Sólo me importa lo que tú me cuentes, cuando estemos por fin juntos y pueda así abrazarte y besarte mientras lo haces.

Me queda poco espacio para un último y muy importante ruego. Ponte al frente del Domaine, Aldara, no te dejes doblegar. Es mi deseo, y hubiera sido el de mi padre, que me representes mientras estoy lejos. Yo te daré instrucciones en la medida en la que pueda y, entretanto, fórmate y ayúdate de los que te aprecian. Recuerda que tú eres más que capaz y que no estás sola. En mi despacho, encontrarás documentación sobre unas investigaciones que llevé a cabo antes de la guerra sobre cultivos biodinámicos. Estoy seguro de que te serán muy útiles en estos tiempos de escasez. Empieza por ahí. Tienes toda mi confianza.

Y no olvides que te quiero con todo mi ser, hoy y siempre,

Octave

Julio de 1942

Romain regresó conduciendo un automóvil nuevo, presumiendo de poseer un salvoconducto para desplazarse libremente y con un arma; Aldara la había entrevisto cuando se le abrió la chaqueta en uno de sus movimientos.

Su cuñado se mostraba distante y taciturno. Entraba y salía a menudo y, cuando estaba en casa, se pasaba todo el tiempo entre su despacho y su dormitorio. Aldara se alegraba de no tener que cruzárselo porque, las pocas veces que coincidían, la observaba de tal modo que le daba escalofríos.

La joven sabía que había vuelto con el único propósito de sacar provecho de la bodega y de los millones de francos que valían las reservas de vino del Domaine de Clair de Lune en el mercado negro. Pero no se había atrevido a enfrentarse a él.

Ahora, con la carta de Octave en la mano, esa carta llena de bondad y generosidad que la había hecho sentirse tan llena de amor como rota por dentro por lo mucho que echaba de menos a su marido, no sabía qué hacer. Releía aquellas líneas en las que Octave le pedía que tomase el control del Domaine. Pero decidirse le supondría entrar en una guerra abierta con su cuñado. Y no estaba segura de reunir las condiciones ya no para ganarla, sino simplemente para librarla.

«Recuerda que tú eres más que capaz y que no estás sola». La joven necesitó varios días para asimilar aquella frase. Pero, al cabo, se dio cuenta de que su esposo tenía razón. Ella era capaz, poseía el instinto de supervivencia y de lucha propios de los que nacen desheredados, de los que no tienen nada que perder, y en el pasado había demostrado que no se rendía ni ante las situaciones más desesperadas. Además, ahora contaba con una ventaja de la que había carecido entonces: no estaba sola. Tenía a Octave, a los Jourdan, a Pascal y a Simone, a los demás trabajadores leales del Domaine. Tenía incluso a Helene y a la pequeña Sophie. Y, por supuesto, a Claire, para dar un sentido a todo lo que hacía.

Empezó por reunirse con Antoine Jourdan y con Pierre Brocan para trazar juntos un plan de rescate del Domaine. Empezarían por los viñedos y, después, por la bodega. Lo primordial era cuidar las viñas para obtener la mejor cosecha posible y, con ella, elaborar el mejor vino posible, el que era digno de llevar la etiqueta del Domaine de Clair de Lune.

Buscó la documentación de Octave sobre la biodinámica. Ella jamás había oído hablar de aquello; en realidad, había oído hablar de muy pocas cosas relacionadas con la agricultura, pero estaba dispuesta a aprender. Tras la primera lectura, fueron muchos los conceptos que no comprendió, pero le bastó para darse cuenta de que lo primordial era devolverle a la naturaleza el poder sobre sí misma, respetar su equilibrio como un sistema único de tierra, fauna y flora, en el que el agricultor o el ganadero son sólo una parte de ese todo. Cuanto más papel se le dé a la naturaleza, menos necesaria será la intervención del hombre con químicos y materiales ajenos al ecosistema. Y faltando como faltaban en aquellos días el cobre, el azufre, el hierro, el alambre, la gasolina, el cristal, el carbón y hasta la mano de obra, aquello resultaba verdaderamente interesante.

Con tales ideas básicas, reunió al personal del campo y de la bodega y les expuso el plan. No quedaba mucho para la vendimia de aquel año y ya estaban en manos del clima y la buena suerte, pero empezarían a trabajar desde ese mismo momento para la siguiente. En cuanto a la bodega, volverían a cuidarse cada una de las fases de producción y procurarían obtener el mejor vino con la materia prima y los recursos disponibles y la intuición y el buen hacer de los que tanto tiempo llevaban dedicados a ello. Con tal fin, podían contar con la confianza absoluta de Octave, el nuevo marqués de Montauban, y de ella misma, en su nombre.

Se trató aquélla de una charla más inspiradora que operativa, pero en verdad llenó de ilusión a aquellos espíritus que llevaban tanto tiempo adormecidos.

Fue un comienzo, un pistoletazo de salida a una nueva etapa. Etapa que ella misma inauguró tomando su primera decisión importante. Quizá no fuera la más inteligente desde el punto de vista del negocio, pero sí la más humana. Si algo tenía claro Aldara era que la humanidad sería una de las bases de aquel negocio y estaba segura de que Octave opinaba lo mismo.

Desde luego, no era una buena decisión de negocio comprar unas tierras baldías. Pero no era hacer negocio lo que la llevó esa mañana a casa de Cécile Bernard, sino un intento de compensar las injusticias de la vida. Se preguntaba si, además de ingenua, no sería demasiado pretenciosa su intención. Pero la cuestión era que no podía quitarse de la cabeza aquel drama que se desenvolvía justo al lado del Domaine. Las penurias, la pérdida, el señalamiento… El suicidio de Étienne Bernard, que no había hecho sino acrecentar la desgracia de su esposa y sus hijos. Los Bernard eran sus vecinos y no podía dejarlo estar.

Aldara se subió a la bicicleta y pedaleó a través de los viñedos hasta el otro lado de la carretera que conducía a Dijon.

Una vez allí, buscó según las indicaciones, a veces contradictorias, que le habían dado entre Sabine y Simone, una casita que en su día fue de cal blanca con un reluciente tejado de tejas marrones y que ahora se veía gris y desconchada, abandonada como la tierra a su alrededor.

La joven observó aquella casita destartalada. Étienne Bernard la había dado en garantía del pago de unas deudas que ni se habían satisfecho ni se iban a poder satisfacer. El banco acababa de enviar un aviso de embargo.

Sin más demora, desmontó de la bicicleta, la apoyó contra el muro cubierto de liquen y cruzó el portalón entreabierto. En el interior del patio, unos cuantos niños jugaban entre trastos: aperos de labranza oxidados, cajones rotos, barriles desvencijados, neumáticos… En una esquina, varias cuerdas se vencían bajo el peso de la colada: camisas blancas y pantalones de uniforme verdegris, que ondeaban como estandartes de la vergüenza.

Los niños dejaron por un instante de patear la pelota y se quedaron mirándola.

—¿Está vuestra madre en casa?

El que parecía más mayor asintió y, girándose hacia la entrada, empezó a vociferar:

—¡Madre! ¡Aquí hay una señora que pregunta por usted!

Entonces Aldara notó un tirón del bajo de la falda. A sus pies, una niña rubia rubísima, menuda y con unos bracitos como alambres asomando de las mangas de su vestido, levantaba la cabeza hacia ella.

—¿Te has hecho pupa?

A los niños les llamaba la atención su cicatriz. Como a los adultos, aunque éstos no lo manifestaban abiertamente.

—Sí, pero hace mucho. Ya no me duele.

—Yo también. Mira —le mostró una rodilla raspada—. Alex me ha empujado y me he caído al suelo.

Aldara se agachó y examinó la herida con interés.

—Vaya por Dios. Aunque no parece importante. Lavándola con agua y jabón, ya verás como se cura rápido.

Entretanto, los niños habían vuelto a su juego de pelota y Cécile Bernard se había asomado a la puerta.

—¿Puedo ayudarla en algo?

Madame Bernard la observaba con curiosidad mientras se secaba las manos con un trapo. Simone decía que había sido una de las mozas más guapas y lozanas del pueblo de Volnay, bien distinta de la mujer que Aldara tenía delante. No habría cumplido muchos más años de cuarenta y, sin embargo, se mostraba avejentada y demacrada, con el cuerpo maltratado por los partos, el trabajo y la miseria. Eso sí, en su mirada de ojos claros se vislumbraba una dulzura que hacía olvidar pronto todo lo demás.

—Buenos días, madame —la saludó poniéndose en pie—. Soy Aldara de Fonneuve. ¿Podría hablar con usted un momento? No le quitaré mucho tiempo.

Cécile sabía perfectamente quién era aquella mujer. Lo que no acababa de comprender era qué hacía allí y qué quería de ella la esposa del marqués de Montauban. No era que le importase hablar con ella, pero le daba apuro invitar a aquella dama a entrar en su casa, tan pequeña, vieja y desordenada. No obstante, consideró que peor agravio sería el no hacerlo.

—Sí... ¿Quiere pasar? Hace calor aquí fuera...

—Sí. Gracias —aceptó Aldara con una sonrisa.

—¿Me vas a lavar la herida? —le recordó la niña al ver que se marchaba.

—¿Qué pasa, Alice? —preguntó su madre con cariño.

—Me he hecho pupa. Alex me ha empujado.

—Vamos, ven —la llamó.

La niña cogió la mano de Aldara y la llevó hasta la puerta donde aguardaba Cécile, quien aupó a su hija en brazos y cedió el paso a la visita.

Viniendo de la luminosa mañana estival, el interior de la

casa se mostraba en penumbra, aunque Aldara agradeció el ambiente fresco sobre su piel sudorosa.

—Pase, por favor. —Le mostró una habitación que parecía hacer las veces de salón, pero también de ropero, taller de planchado, comedor y salita de juegos.

Una vez dentro, espantó a un gato que andaba sobre la mesa y sentó a la niña encima.

—Disculpe el desorden, es que trabajo aquí para poder echar un ojo a los críos... ¿Puedo ofrecerle algo de beber? —sugirió en tono vacilante, obligada por la cortesía, porque, en realidad, no sabía muy bien con qué obsequiarla.

Por suerte, la joven señora no quiso nada. Entonces, cogió un trapito limpio, lo mojó en un poco de agua de una vasija y lo pasó con mimo por la rodilla raspada de Alice mientras ésta observaba atentamente la operación sin rechistar. Después, besó la frente de la pequeña y, bajándola de nuevo al suelo, la animó a salir a jugar con sus hermanos.

—Lo siento. —Se volvió a Aldara con su mirada dulce—. Si no le hubiera hecho caso, no nos habría dejado tranquilas. Últimamente, sólo quiere llamar la atención —dijo vagamente por no mencionar la muerte de Étienne.

—No pasa nada. No tengo prisa. Aunque veo que está usted ocupada, así que seré breve.

La mujer quitó un montón de ropa de una silla y le ofreció asiento a Aldara antes de sentarse ella misma en otra.

—Dígame, entonces.

—Voy a ir al grano, madame Bernard. Me gustaría alquilar sus tierras.

La otra no pudo disimular su sorpresa.

—¿Mis tierras? Pero... Pero no están en alquiler...

—Lo sé. Sin embargo, igual querría considerar la posibilidad de ofrecérmelas.

Cécile estaba tan atónita que no sabía ni qué decir. ¿Acaso aquella mujer era consciente de lo que le estaba proponiendo?

—Pero, madame... Esas tierras no tienen ningún valor —afirmó con toda sinceridad—. Ya las habrá visto, están desatendidas desde hace mucho tiempo, la mayoría de las viñas están para arrancar y las que no, apenas dan nada bueno...

—No son las viñas las que me interesan, es el suelo.

—¿El suelo? —La mujer seguía sin entender nada—. Hará falta mucho tiempo y trabajo para que ese suelo vuelva a producir en condiciones.

—No importa. Estoy buscando terrenos con las características del suyo para experimentar con algunos cultivos —recitó el argumento que llevaba preparado—. Como sabe, sus tierras lindan con una de las parcelas del Domaine de Clair de Lune, de modo que tienen una ubicación muy conveniente para mí.

Cécile, sin palabras, se limitó a mirarla, indecisa y turbada.

—Escuche, entiendo que esto la coja por sorpresa. No tiene por qué darme una respuesta ahora.

Aldara sacó un papelito del bolso y se lo tendió.

—Esto es lo que le ofrezco por ellas. El resto de las condiciones las veríamos con monsieur Jourdan, mi administrador. Tómese su tiempo para pensarlo tranquilamente.

Una ligera brisa nocturna agitó por fin los visillos de la biblioteca; sin embargo, no parecía suficiente para refrescar el calor acumulado durante el día.

Aldara se pasó la mano por la nuca sudorosa, bebió un sorbo de agua y trató de seguir concentrada en su trabajo, pese a la canícula y el zumbido agudo de los mosquitos a su alrededor, atraídos por la lamparita que iluminaba su mesa de trabajo. Los balcones abiertos de par en par por los que desde el exterior se intuiría aquella pequeña luz contravenían las reglas del toque de queda, pero, con tal de no morir asfixiada de calor, la joven estaba dispuesta a arriesgarse a que la *Feldgendarmerie* se plantase en la puerta del *château* para detenerla. Tampoco se podía decir que las posibilidades de que los policías alemanes se desplazasen hasta allí por una bombilla encendida resultasen demasiado elevadas.

Últimamente, aprovechaba cualquier momento libre para dedicarlo a sus estudios sobre cultivo de vides, producción de vino y agricultura biodinámica. Aquellas horas posteriores a la cena, una vez cumplidas las tareas y con Claire dormida en su cuarto, resultaban especialmente productivas. Con la gran mesa de la biblioteca cubierta de tomos que había ido seleccionando y las notas de Octave, se preparaba sus propios apuntes, intentando descifrar el milagro que sucedía entre la tierra y una botella del mejor vino.

Tan enfrascada se hallaba en su trabajo que no se dio cuenta de que hacía un rato que no estaba sola; alguien había entrado sigilosamente por la puerta que había dejado abierta para hacer corriente. Sólo al cabo de un rato, un chasquido de mechero le hizo levantar la cabeza.

Sus ojos se encontraron con los de Romain. Había ocupado un sillón justo frente a ella y la observaba mientras fumaba el cigarrillo que acababa de encender. Las sombras y la gravedad del gesto acentuaban los ángulos de por sí duros de su rostro.

Aldara reparó en la puerta ahora cerrada, en el silencio y la quietud de la casa a aquellas horas de la noche y en la mirada incisiva y turbia del joven. Se removió inquieta en el asiento.

—¿Qué quieres, Romain?

Su cuñado se llevó el cigarrillo a los labios, aspiró y exhaló una bocanada de humo a través de una sonrisa torva.

—Que charlemos. Hace mucho tiempo que no charlamos. Después de todo, llevamos una bodega juntos. Al parecer.

—Ahora estoy ocupada. Si quieres hablar de la bodega, podemos reunirnos mañana con Antoine Jourdan —propuso al tiempo que simulaba regresar a sus papeles.

Romain suspiró y agitó con displicencia la ceniza de su cigarrillo sobre la alfombra.

—¿Doy muestras de buena voluntad y me vienes con ésas? No te creía tan rencorosa.

Aldara volvió a mirarle, esta vez, sin poder ocultar su indignación.

—¿Buena voluntad te atreves a decir? De lo único que has dado muestras hasta ahora ha sido de mala fe. Estoy al tanto de la carta que le escribiste a Octave, de tus negocios en el mercado negro, de tus esfuerzos por arrebatarle a tu hermano y a su hija lo que por ley y por la voluntad de tu padre les corresponden...

—Ni Octave es mi hermano ni apostaría yo un céntimo a que esa niña sea su hija.

Ante aquel dardo salido de la nada, Aldara se sintió más ofendida que confusa. Se puso en pie del arrebato.

—¡Lárgate de aquí! ¡No tengo nada que hablar contigo!

Romain también saltó del sillón como una fiera y se abalanzó sobre la mesa que los separaba a escupirle sus reproches:

—¡Yo creo que sí, querida! Me importa un comino que juegues a ser la muñequita agricultora y bodeguera, pero no tolero que dilapides el capital, ¡mi capital!, en *boutades*. ¿Qué es eso de que has alquilado las tierras de los Bernard? ¿Tú estás tonta o qué? ¡Estás pagando una fortuna por una tierra que tiene menos valor que la arena de playa!

—Apártate. Apestas a alcohol y sólo dices estupideces.

Furioso, Romain arremetió contra lo que había encima de la mesa, tirando parte de los libros al suelo de un manotazo.

—¡Maldita seas! ¡¿Eso es todo lo que tienes que decirme?!

Aldara no se amilanó.

—Quieres hablar, ¿eh? ¡Quieres hablar! ¡Pues hablemos! Hablemos de esas cajas de los grand cru y de los vinos de las mejores cosechas que están desapareciendo de la bodega por decenas. Hablemos de esas cinco botellas de la Cripta que valen cientos de miles de francos cada una y que ya no están. Hablemos del saqueo que sin pudor estás haciendo de las reservas del Domaine. ¿Dónde está el dinero que has ganado con ese vino, eh, Romain? ¿Dónde está?

—¡Vete al carajo!

—A donde voy a ir es a las autoridades, a denunciarte por traficar en el mercado negro.

Romain soltó una carcajada.

—¿Me estás amenazando? ¿De verdad? —Adoptó un tono de condescendencia—. Tú no sabes con quién te la estás jugando, preciosa. No tienes ni idea.

—Ponme a prueba —espetó ella, desafiante como un lobo que muestra los dientes.

Antes de que pudiera reaccionar, Romain sorteó la mesa, la agarró del brazo y la sacudió.

—Lo que voy es a ponerte contra esa pared y a...

Un fuerte portazo cortó en seco la frase. Ambos se volvieron hacia la entrada. Desde allí, Pascal los miraba con la misma gravedad pétrea que la estatua de un guerrero.

Romain soltó el brazo de Aldara y sujetó su mano. Le besó el dorso, dejando un rastro húmedo de saliva sobre su piel. Ella se soltó y se frotó la mano contra la falda mientras le miraba con desprecio.

—Buenas noches, querida. Y cuida de tu perro, hay mucho desalmado por ahí que podría echarle un filete envenenado —masculló con los labios inmóviles en una sonrisa.

El joven se dirigió a la salida, pasó junto a Pascal ignorándolo con altanería y se marchó.

Aldara suspiró y se dejó caer en la silla. Durante un instante, perdió la vista en el tintero antiguo de bronce que había estado a punto de coger y descargar sobre la cabeza de Romain para quitárselo de encima. Desvió la vista hacia Pascal, quien, con ademán algo más relajado, seguía frente a la puerta como queriendo asegurarse de que ella estaba bien.

—Ha dicho que Octave no es su hermano... ¿Tanto lo odia? —vocalizó.

El hombre se tomó unos segundos antes de contestar. Finalmente, giró el dedo índice frente a su sien.

¿Qué otra cosa iba a responder?

A Pascal le inquietaba no poder proteger por mucho tiempo el secreto del señorito Octave. Se preguntaba cuánto tardaría Romain en utilizarlo en su provecho y qué estaba tramando aquella sabandija para no haberlo hecho ya.

Lo que el fiel criado no sabía era que la fortuna se había torcido para el menor de los Montauban. Y que él mismo había contribuido en buena parte a ello quemando aquel certificado de alumbramiento. Al conocer las disposiciones del testamento de su padre, Romain, decidido a impugnarlo alegando que él era su único hijo legítimo, había viajado precipitadamente a Córcega para buscar en persona la declaración jurada de la comadrona que no acababa de llegar. Una vez allí, el joven había descubierto que la condenada anciana, tras aguantar en este mundo casi noventa años, había tenido el desatino de fallecer justo cuando él la necesitaba. Sin la vieja y sin el certificado de alumbramiento, Romain no tenía ninguna prueba sobre la auténtica naturaleza de Octave. Cayó en tal desesperación, que se pasó tres días completamente borracho en un burdel de Ajaccio hasta que la dueña, después de haberlo desplumado, llamó a los gendarmes para que lo desalojaran.

No obstante, Pascal tenía razones para temer las maquinaciones de Romain. Y es que éste no se había rendido: seguía en su empeño de quitarse a su hermano de en medio, convencido de que tarde o temprano, de una forma u otra, lo conseguiría.

Agosto de 1942

El cielo retumbó a lo lejos y Aldara alzó la vista con preocupación. Unos nubarrones negros se acumulaban en el horizonte, donde la planicie se funde con la vista de los Alpes. Estaba claro que se avecinaba tormenta y rogó por que aquellas nubes no vinieran cargadas de granizo. Se encontraban en un momento crítico, a pocas semanas de poder vendimiar, y resultaría catastrófico que una lluvia de piedras de hielo destrozara las uvas ya maduras.

Durante las últimas semanas, la joven estaba saliendo a diario a recorrer los viñedos. En compañía del *maître de chai* y del viticultor más veterano, recorría una a una cada parcela, cada viñedo y cada hilera de viñas para comprobar el estado de madurez de las uvas, desde la acidez del mosto hasta el aspecto, el sabor y la textura de las pepitas y el hollejo. La cata se hacía *in situ*, pero también se llevaban algunas muestras a la bodega para hacer pruebas adicionales del pH, la acidez y la concentración del azúcar. Así determinarían el momento óptimo para vendimiar cada terreno y cada variedad. Ni antes ni después.

Aldara aún no estaba preparada para tomar tal decisión, pero participaba en las catas con el fin de aprender, de educar el paladar y el instinto. Así, cada mañana temprano, cuando acababa de secarse el rocío nocturno que cubría la viña, se vestía con unos pantalones de Octave que tenía que sujetar a la cintura con un cinturón bien ceñido, se calzaba unas botas de su marido que le quedaban bastante grandes, se cubría la cabeza con un sombrero de paja y se lanzaba a patear el viñedo.

Aquella tarde, no obstante, también se había acercado en bicicleta hasta una de las parcelas de uva chardonnay cercanas a Mersault y, cuaderno en mano para consultar sus notas y tomar otras nuevas, se había adentrado entre las hileras de exuberantes vides que, para entonces, le sobrepasaban la altura de la cintura. Quería seguir catando las bayas para practicar cuanto había aprendido hasta entonces.

Según se metía una de ellas en la boca y su zumo ácido le explotaba entre los dientes, otro trueno volvió a resonar en el cielo encapotado, recordándole que la tormenta se aproximaba. En ese momento de volver a mirar hacia arriba, divisó un automóvil aparcado frente a los terrenos de los Bernard, colindantes con la parcela en la que ella se encontraba, y, entre las viñas muertas, distinguió una figura agachada. Se preguntó quién andaría por allí y decidió ir a averiguarlo.

Guardó el cuaderno y el lápiz en el morral, salió del viñedo y se montó en la bicicleta para pedalear los pocos metros hasta la parcela al otro lado del camino de tierra. A medida que se aproximaba, distinguió el automóvil BMW y las insignias de la *Wehrmacht*. No tardó mucho más en identificar a aquel hombre con camisa blanca, pantalones verdegris y botas altas negras, que parecía examinar la tierra con suma atención.

Aldara se apeó de la bicicleta y, tras dejarla en el suelo, se adentró ella misma en el terreno yermo, salpicado de profundos surcos, gordos terrones y algunas malas hierbas. Del antiguo viñedo sólo quedaban unas cuantas vides que crecían sin control fuera de sus guías de alambre roto y oxidado: los sarmientos largos y pelados, los pámpanos pequeños y medio secos, las uvas consumidas en el racimo…

Sus pasos sobre la tierra crujiente advirtieron al teniente Eberhart de su presencia. El oficial se puso en pie para saludarla con su habitual corrección.

—Me ha sorprendido usted con las manos en la tierra —bromeó después, mostrando las palmas manchadas, sin ocultar su apuro—. Se preguntará qué hago aquí…

—Si lo que quiere es alquilar esta parcela de la que de pronto todo el mundo habla, llega tarde, ya la he alquilado yo —continuó ella con ironía.

—Sí, ya lo sé. Es cierto que todo el mundo habla de usted y de estas tierras.

—Y no hablan precisamente para bien. Ni de mí ni de las tierras.

Forastera, ignorante, engreída, subversiva, atea… Comunista, incluso. Ésos eran sólo algunos de los adjetivos que sobre ella circulaban. Madame Perroux se había encargado de propagarlos. Desde la muerte de Auguste, ya no había nada ni nadie que contuviera su lengua.

—En mi opinión, están completamente equivocados. En ambos casos —aseguró Hubert.

Aldara agradeció la cortesía con una sonrisa, que acarició los sentidos a flor de piel de Hubert. El joven, temiendo que se notase su turbación, desvió la conversación.

—¿Ha pensado qué va a hacer con ellas? Con las tierras.

Ella suspiró. Lo cierto era que sólo había alquilado aquellas tierras movida por la compasión.

—La verdad es que no… Seguramente, nada. ¿Plantar patatas, en el mejor de los casos?

Hubert rio.

—Es una opción. Alemania compraría con gusto su cosecha de patatas, ya sabe lo que nos gustan. Aunque sería una pena. Este terreno tiene muchas más posibilidades.

Ella frunció el ceño.

—No creo que sea eso lo que ha oído decir por ahí.

—No, pero he estado investigando un poco. Cuando en 1861, se intentó hacer una primera clasificación de los *climats* de Borgoña, estos terrenos se clasificaron como de segunda categoría. Y, sin embargo, en 1937, al aprobarse las denominaciones de origen, estas mismas parcelas se clasifican como regionales, todavía de menor categoría.

—En esas fechas, ya había muerto monsieur Bernard padre o poco después... El caso es que el viñedo ya estaba en declive... —pensó Aldara en alto.

—Sí, pero aun así no me explico por qué le dieron una clasificación tan baja. El suelo sigue teniendo buenas cualidades. Venga.

Hubert le indicó que le siguiera por los surcos de la tierra hacia el interior de la parcela. Para entonces, empezaba a levantarse el viento. Un rayo rasgó la cortina gris de nubes y al poco, otro trueno resonó con más intensidad.

El oficial se agachó junto a un pequeño hoyo que él mismo acababa de horadar. Aldara lo imitó.

—La composición y la exposición del suelo es la misma, no ha cambiado desde 1861 —empezó diciendo Hubert—. Otra cosa es que se haya podido erosionar por las malas prácticas agrícolas o la falta de ellas. Pero mire —señaló las secciones bajo tierra—. Este suelo está compacto y erosionado sólo en las capas superficiales; en las más profundas, se muestra poroso y aireado, tiene buen drenaje para las raíces.

El joven cogió un puñado de tierra y se lo enseñó a Aldara mientras lo palpaba. Ella quiso comprobarlo también. Se acercó y, llevando los dedos a los terrones sobre la palma de Hubert, comenzó a tocarlos.

En aquel instante, aquella tierra dejó de tener importancia para Hubert, y la parcela y los viñedos que la rodeaban y el aire que olía a tormenta y el mundo en su totalidad. En aquel instante, para el joven sólo existía el roce de las yemas de los dedos de Aldara en su piel. Y él sólo tenía ojos para ella, para su perfil inclinado sobre su mano, tan cerca que casi podía percibir su respiración, para sus pestañas sobre los pómulos, para sus cabellos volando al viento, para el atisbo de su escote bajo la camisa desabotonada...

Entonces ella alzó los ojos y sus miradas se encontraron. El tiempo pareció detenerse para Hubert durante aquellos segundos en los que la joven le permitió sumergirse en el mar de sus ojos azules. Unos segundos de contemplación sostenida. El aliento interrumpido. El corazón pausado. Sólo ellos en el mundo.

De pronto, otro trueno retumbó en el cielo. Y la magia se desvaneció.

Aldara se levantó rápidamente y se sacudió las manos con la vista gacha. Hubert la imitó, aún aturdido, como si ella fuera una droga a la que acabara de estar expuesto. Se esforzó en recuperar la serenidad y la firmeza en la voz. No quería que la incomodidad se instalase entre ambos desde ese momento.

—Puede... Puede que le falte material orgánico y nutrientes, que el pH esté desequilibrado... Al suelo, digo... Pero eso tiene fácil solución. Mire esas vides, son un desastre y, sin embargo, siguen creciendo pese a la falta de cuidados. Yo no abandonaría estas tierras. Algunas cepas se pueden salvar con una buena poda. Otras es mejor arrancarlas. En su lugar, yo plantaría aligoté.

Al fin, ella pareció mostrar interés por lo que Hubert decía. Alzó la vista.

—¿Aligoté?

—Es una variedad de uva autóctona de aquí, de Borgoña. Se usa para vinos blancos. Lo que pasa es que apenas se cultiva desde que la plaga de filoxera obligó a replantar las vides. Entonces se decidió que la chardonnay era más adecuada para producir vinos más refinados y se replantó sobre todo con esas cepas. Sin embargo, la uva aligoté da muy buenos resultados si se trata bien. Además, su cultivo es menos exigente: se adapta a todo tipo de suelos y aguanta bien el frío. Creo que sería una buena opción para revitalizar estos terrenos.

Hubert interrumpió su discurso sobre las bondades de la uva aligoté. Le empezaba a parecer banal. Aldara se mostraba distraída, impaciente, y le observaba con una seriedad impropia de ella.

—Ya... Sí... Lo tendré en cuenta. Tengo que irme —anunció, alzando la voz por encima del viento cada vez más fuerte.

Al ver que se alejaba, Hubert la detuvo. Más tarde se arrepentiría de su impulsividad y de no haber elegido otro momento más oportuno para decir lo que iba a decir.

—Hay algo más de lo que quería hablarle. Es sobre su cuñado.

Ella se volvió escamada. En aquel momento, grandes goterones empezaban a precipitarse desde el cielo como preludio del chaparrón que se avecinaba.

—¿Qué pasa con mi cuñado?

—Creo que debo advertirla de dónde está metido. Él y monsieur Perroux, el comerciante, se han asociado para realizar ventas de vino al margen de los canales legales. Poseen unos almacenes a las afueras de París desde los que proveen a la red de hoteles y casinos militares y a restaurantes de lujo por toda Francia. Y esos almacenes se surten en parte con las cajas y cajas de vino que salen casi a diario de las bodegas del Domaine de Clair de Lune. Además, se han convertido en una especie de agentes cazatesoros que localizan por toda Francia las mejores botellas para ofrecérselas a las élites francesas y alemanas a precios desorbitados: burdeos y borgoñas a trescientos francos la botella, champán a más de cuatrocientos...

—¿Y de quién es la culpa de esos precios desorbitados, teniente? —saltó Aldara sin poder ocultar su enfado—. ¿Quién está fomentando el mercado negro? ¿Quién ha convertido el sector del vino en un caos? ¡Toda Francia en un caos! ¡Ustedes, los alemanes, están aquí para saquear y éstas son las consecuencias! No exculpo a mi cuñado, pero sobre todo culpo a quienes consienten lo que hace, lo fomentan y lo amparan. Y no necesito que ningún alemán venga a advertirme de la situación que ustedes mismos han creado. Estoy más que de sobra al tanto.

—Lo sé, lo sé. Yo sólo quiero avisarla de que Romain es un hombre… que se relaciona con gente peligrosa. Muchos de esos agentes con los que anda en tratos son delincuentes exconvictos: estafadores, chantajistas, asesinos en el peor de los casos. La Gestapo y demás organizaciones de las SS, la Abwehr también, los utilizan para sus fines precisamente por su falta de escrúpulos. Gracias a esos contactos ha conseguido el permiso de circulación y el de armas. Y porque sabe que ellos le cubrirán a cambio de otros favores, se siente impune haga lo que haga. Yo… —Hubert dudó. Los truenos, el viento y el aguacero que ya los empapaba le aturdían. El semblante hostil de ella le aturdía—. Yo los escucho a ustedes discutir a menudo. Le ruego que tenga cuidado. Y que si en algo yo puedo…

—Gracias, pero sé cuidarme sola.

Aldara se dio media vuelta y continuó su camino a paso ligero entre la lluvia y el barro que empezaba a formarse en los surcos de tierra. Hubert la siguió.

—Déjeme que la lleve a casa en coche. Se calará si va en bicicleta.

Ella no contestó ni interrumpió su marcha cada vez más rápida. Cuando llegó al camino, levantó la bicicleta y se dispuso a montar.

—Ande, suba al coche —insistió Hubert—. Cargaré la bicicleta en el maletero.

—No se moleste —contestó desabrida.

—No es molestia.

—Escuche, no pienso subirme a un automóvil alemán con un alemán. Yo no soy como mi cuñado, ni quiero que se me tache de tal, que bastantes problemas tengo ya. Además, un poco de lluvia no ha matado a nadie.

Sentada en el sillín, Aldara empezó a pedalear y se alejó camino arriba. Hubert, indolente al chaparrón, se quedó mirándola a través de la cortina de lluvia hasta que la joven desapareció después de girar una curva.

No entendía nada de lo que acababa de pasar. No entendía el porqué de aquella repentina hostilidad cuando todo lo que él pretendía era ayudar.

Aldara pedaleaba con vigor, como si aliviara con ello toda la ofuscación y el enfado que sentía. ¡Condenado alemán! ¿Quién se había creído aquel hombre que era? ¿Acaso pensaba que vivir bajo el mismo techo le daba derecho a intimar así? ¿Acaso se había olvidado de que él se hallaba en su país y en su casa por la fuerza, de que él era el invasor, el enemigo? ¿De que una guerra los separaba?

¿Acaso se había olvidado ella?

No podía permitir que se tomase esas confianzas, ni que comprase su amistad con favores. No podía permitir que confundiese amabilidad con otra cosa, que malinterpretase sus sonrisas y sus miradas, que se acercase a ella como se había acercado. No podía permitirse dejarlo entrar en su vida, que la engatusase con sus modales, su conversación, su encanto, su afabilidad, su empatía, su ternura... Eran tantas y tan serias las razones que lo desaconsejaban, que se ponía furiosa sólo de pensar que había estado a punto de olvidarlas. Que al tenerlo tan cerca, por un instante...

¡Condenado alemán!

Octubre de 1942

Aldara agradeció el aire fresco en la cara, la luz y el cielo abierto sobre ella. Había abandonado, poco antes de que terminara, la reunión de la Comisión Interprofesional del Vino de Borgoña para evitar tener que hacer camarilla con el resto de los asistentes.

Odiaba aquellas reuniones en las que sentía que los viejos pesos pesados del sector la trataban con condescendencia, cuando no la ninguneaban. Sin embargo, había decidido no faltar a aquella convocatoria en la que el tema a tratar afectaba a los intereses del Domaine de Clair de Lune. En su última carta, Octave le había instado a hacerlo.

Y es que, a medida que se agravaba el problema de la escasez de vino, se rumoreaba que las autoridades tanto francesas como alemanas estaban pensando incluir determinados vinos con denominación de origen en el sistema de racionamiento, quedando así sometidos a incautaciones a precio fijo. Tal medida podría llevar a la ruina a muchos pequeños productores, que sólo elaboraban esa clase de vinos, pero también afectaría a los grandes *domaines* cuyo porcentaje de elaboración de grand cru, la única categoría que quedaría fuera del sistema de racionamiento, era reducido. Es decir, la mayoría. Para afrontar el problema se barajaban varias soluciones, entre las que estaban solicitar al *Comité National des Appellations d'Origine des Vins* que ampliase la calificación de grand cru a más parcelas o que se crease una clasificación intermedia entre los grand cru, que apenas representaban el dos por ciento de la producción total de la región, y los vinos calificados como *Appellation Communale*, es decir, todos los demás. Se hablaba así de crear una categoría denominada «premier cru» que no se sujetase a racionamiento ni control de precios.

Por supuesto, después de interminables discusiones entre viticultores, grandes y pequeños productores, comerciantes y productores que también eran comerciantes no se había llegado a ningún acuerdo. Mucho se temía que habría más reuniones.

Aldara se colocó el sombrerito de fieltro, se calzó los guantes y caminó calle abajo con un suave taconeo. Las últimas semanas se había pasado más tiempo vestida de agricultor que de mujer y, ahora, con la chaqueta del traje bien ajustada a la cintura y la falda deslizándose por el contorno de las caderas hasta un poco por debajo de las rodillas, se sentía maravillosamente femenina. Quizá ése era el problema con los señorones de la comisión, que la tomaban por una secretaria.

Mientras se dirigía al centro de Beaune, donde había dejado la bicicleta atada con candado a una verja, iba pensando en que de buena gana se hubiera tomado algo dulce. Soñaba con ese pastel de chocolate y frambuesas que Octave y ella compartieron durante su breve luna de miel en Lyon. Quién lo pillara... Aunque, dadas las circunstancias, se conformaba con cualquier otra cosa con azúcar. Cayó en la cuenta de que estaban a jueves, uno de los pocos días de la semana que las pastelerías tenían permiso para abrir, pero ya era demasiado tarde y seguramente los pocos dulces que habrían sacado a la venta se habrían agotado en minutos y no quedaría más que confitura de ruibarbo hecha con sacarina. Tal vez, de regreso a casa, Simone pudiera prepararle algo con las raciones extra de mantequilla, harina y miel que obtenía mediante trueque con los campesinos de la zona.

—¿Aldara…? ¿Aldara Saurí?

Aldara miró a su alrededor confusa. Tan absorta iba en su fantasía de bollería, tartas y pasteles que le llevó un rato reconocer quién la llamaba por su nombre de soltera desde el otro lado de la calle. Atónita, contempló incrédula a la mujer que sorteaba el escaso tránsito de peatones y bicicletas para llegar hasta ella: de estatura media, caderas anchas, busto prominente, el cabello oscuro y ensortijado y unos ojos negros y grandes, tan expresivos que eclipsaban el resto de los rasgos de su cara.

—¿Lina? ¿De verdad eres tú? ¡No me lo puedo creer!

Ambas mujeres se abrazaron efusivamente entre risas y alharacas. Cuando por fin se separaron, Lina la observó de arriba abajo.

—Madre del amor hermoso… Mírate… ¡Pareces una gran dama! ¡Qué demonios! ¡Lo eres!

De hecho, de no ser porque Lina había aprendido a caminar con los cinco sentidos en alerta y los ojos puestos en todas partes como las moscas, le hubiera costado reconocer en aquella elegante mujer a la chica humilde y apocada que ella recordaba.

—No te creas. Tenías que haberme visto hace unas semanas recogiendo uva en el viñedo.

Lina se rio a carcajadas.

—¿En el viñedo? Pero ¿tú qué hacías en un viñedo? Señor, te marchaste con ese pimpollo francés tan de repente… ¡Tienes mucho que contarme!

—¡Y tú a mí! Tomemos algo. ¿Tienes tiempo ahora mismo?

—Debo regresar a Dijon, pero el tren no sale hasta dentro de dos horas.

—Pues no se hable más —resolvió Aldara, agarrándose del brazo de la chica para buscar un café en el que pudieran estar tranquilas.

Adelina Costa era una de las pocas amistades que Aldara

había hecho a lo largo de su azarosa vida y, quizá por las circunstancias tan adversas en las que dicha amistad había nacido, ambas mujeres habían intimado enseguida.

Lina, como le gustaba que la llamasen, tenía un año más que Aldara y era de Barcelona, donde su padre, un emigrante andaluz, había sido obrero en una fábrica de baldosas. La historia de Lina, como la de Aldara, era una historia de pérdidas. Su madre murió de parto, al dar a luz a una niña que también nació muerta. Su único hermano cayó en Tarragona, luchando contra las tropas franquistas. Poco después, en enero de 1939, su padre, que estaba delicado de los pulmones, falleció víctima del hambre y del frío cuando iban camino del exilio a Francia. La joven tuvo que dejar el cadáver del anciano en la cuneta y, si continuó el viaje, fue porque Manuel, su novio, no la dejó mirar atrás.

Manuel y Lina se habían conocido siendo unos críos; eran del mismo barrio y jugaban juntos en aquellas pandillas de chiquillos que poblaban las calles después de la escuela. Sin embargo, se fijaron el uno en el otro cuando Manuel empezó a frecuentar las reuniones que el padre de Lina, sindicalista de la CNT, organizaba en su casa con los camaradas del sindicato. Cuando Lina tenía quince años y Manuel sólo un par más, se ennoviaron y se volvieron inseparables. Hasta que cruzaron la frontera francesa. Entonces las autoridades, según iban llegando las oleadas de refugiados españoles, mandaban a los hombres a un lado y a las mujeres y los niños a otro. Y ellos, por mucho que protestaron y se resistieron, tanto que hicieron falta varios gendarmes para reducirlos, no fueron la excepción. Lina no supo hasta varios meses después del paradero de Manuel, internado en el campo de refugiados de Argelès-sur-Mer.

En cuanto a ella, tras pasar unos días en un centro de recepción en Le Boulou, la subieron junto con otras mujeres y niños españoles a un tren con destino a algún lugar del interior que no les especificaron. Lina recordaba estar sentada en un banco de madera de aquel vagón de tercera clase, atestado y ruidoso, agarrando sobre el regazo un paquete con sus únicas pertenencias y sin poder parar de llorar. Los últimos días no había podido parar de llorar; de miedo, de agotamiento y de pena. Entonces una chica se sentó junto a ella. Lo primero que le llamó la atención de su compañera de viaje fue la barra de chocolate que le ofreció; después, el enorme costurón todavía tierno que le surcaba el rostro. Se llamaba Aldara y sentía el mismo miedo y agotamiento que ella, la misma pena. Fue durante aquel viaje y la charla que mantuvo con Lina sobre las desventuras de ambas, cuando Aldara tomó conciencia de la magnitud de todo por lo que ella misma había pasado, del hecho de encontrarse en un país desconocido, en un tren camino a no sabía dónde, huyendo del pasado, sin arraigo y sin futuro. Las dos chicas llegaron llorando a Seychalles, aunque ya no lloraban solas. Para cuando semanas después las trasladaron a Clermont-Ferrand, donde las autoridades habían dispuesto un centro de alojamiento para refugiados en el antiguo cuartel de Gribeauval, ya parecía que se conociesen de toda la vida.

En cualquier caso, su amistad se había ido forjando a lo largo de aquellas confidencias mientras se acurrucaban juntas en el mismo colchón para darse calorcito los días de frío; de muchas risas y de cada vez menos lágrimas; de pelar verduras en la cocina del albergue donde ayudaban a preparar la comida para el resto de los refugiados; en el patio mientras cuidaban de los críos, en sus paseos por Clermont-Ferrand, en aquellas tardes de costura y noches de juegos de naipes…

De entre todas las versiones sobre sí misma que se inventaba Aldara en su afán por encajar, Lina era quien conocía la más próxima a la realidad. O casi. Pues había sucesos de su pasado que ni a su mejor amiga se había atrevido a revelar.

—Ay, mi niña, ¿quién iba a decir el follón en el que te metías al casarte con el pimpollo? Va a ser que esa gente de postín también tiene sus penas. Claro, que las penas con pan son menos. Y por lo que cuentas es un buen hombre, tu pimpollo. Mucho mejor que ese salvaje que te hizo eso, ni que lo mentemos se merece. En fin, sé lo duro que tiene que ser estar separada de tu marido, ¿qué me vas a contar? Que yo lo he sufrido en mis carnes. Pero tienes a tu hija para darte alegrías. ¡Que eres madre, jolín, que no me lo creo! ¡Qué cosa más bonita, por Dios! —concluyó Lina después de haber escuchado la historia de Aldara y todo cuanto le había sucedido desde que se habían separado.

Aldara sonrió contagiada de la emoción de su amiga.

—Claire y Octave son lo mejor que me ha ocurrido, eso es cierto. No me arrepiento nada de haberme casado con mi pimpollo, pobrecito mío.

Lina se rio.

—¡Y mira que yo me alegro!

Las dos muchachas compartían una mesa apartada en un café de una de las callejuelas de detrás de la catedral. Habían escogido a propósito aquel lugar tranquilo en el que no había más que unos pocos habituales, entre ellos un sacerdote, que bebían vino y jugaban al dominó. Y es que Lina insistía en alejarse de las aglomeraciones, siendo éstas para ella apenas un grupo grande de gente en la calle; a los alemanes no quería verlos ni de lejos. Aldara la encontraba nerviosa, distraída, como si estuviera más pendiente de lo que ocurría a su alrededor que de otra cosa. Hablaba en voz baja, se sobresaltaba a la mínima, miraba cada dos por tres por encima del hombro... Mostraba la actitud de los que se esconden.

Aldara le apretó la mano.

—Y tú ¿estás bien? Te noto... No sé... ¿Estás bien?

Lina desvió la mirada e hizo un gesto al aire queriendo parecer despreocupada.

—¡Mejor que nunca! Mira. —Y le enseñó el dedo anular de la mano derecha con una reluciente alianza.

—¿Y esto?

—¡Me casé con mi Manuel!

—¡Ay, Lina! ¡Qué alegría! Pero, cuéntame, ¿cómo os reencontrasteis?

—Bueno, ya sabes que nos carteábamos, así que no nos perdimos la pista. El problema era que las autoridades francesas querían devolvernos a España. Decían que como la guerra ya había terminado… ¡Y la represión, ¿qué?! Yo no quería volver sin mi Manuel, ¿adónde iba a ir yo, dejándolo aquí, si él es todo lo que tengo? Pero Manuel, que pertenecía a la CNT y había luchado con las milicias, no podía regresar, lo hubieran detenido nada más cruzar la frontera.

—Y, entonces, ¿cómo hicisteis?

—Pues para evitar que lo repatriasen, Manuel se apuntó a las Compañías de Trabajadores Extranjeros; lo hizo en cuanto se enteró de que buscaban obreros para construir una presa en Cantal. ¡Por fin pudo abandonar el maldito campo de Argelès y viajar cerca de donde yo estaba! No es que esas compañías fueran la bomba. Las mandaban militares y los trataban como a soldados, pero con menos paga y menos libertad. Sin embargo, Manuel se las ingenió para ir de Soursac, donde estaba la presa en la que trabajaba, hasta Clermont-Ferrand y reclamarme, diciendo que era mi marido. Mentira cochina, pero no le pusieron muchas pegas, la verdad. Entonces era noviembre del treinta y nueve y, como Francia ya estaba en guerra, querían sacar cuanto antes a los pocos refugiados que quedábamos de Gribeauval para volver a usarlo como cuartel militar. Una menos, debieron de pensar.

Entonces esos ojos de Lina, que en ocasiones decían más que sus palabras, empezaron a chispear de alegría con el mero recuerdo del ansiado encuentro con Manuel.

—Ay, niña, cuando por fin lo tuve delante y pudimos abrazarnos y besarnos y escuchar nuestras voces… Yo creo que lo había olvidado. ¡Había olvidado el sonido de su voz después de tantos meses sin oírlo! Criaturita... Estaba más delgado y ya tenía canas en la barba, aunque no había cumplido ni los veinticinco. Las pasó canutas en ese condenado campo... Pero estaba por fin conmigo. ¡Y yo lo veía tan guapo a mi Manuel! Era como mi príncipe que venía a rescatarme del castillo de Barba Azul. Ya ves... Mi pobre Manuel... Enseguida nos casamos, antes de que una lagartona francesa me lo quitase, que es muy buen hombre.

Aldara contemplaba a su amiga contagiada de su alegría. A menudo ella misma se imaginaba el reencuentro con Octave de forma parecida a como Lina había descrito el suyo con su enamorado. También ella temía haber olvidado el sonido de su voz y, aunque a veces le parecía escucharlo cuando leía sus cartas, no estaba segura de que aquella voz que sonaba en su cabeza fuera la de su marido.

—Cuánto me alegro por ti —aseguró—. Pero, dime, ¿cómo es que habéis acabado aquí, en la zona ocupada?

—Disolvieron la compañía de Manuel y un conocido le habló de un trabajo en el depósito ferroviario de Perrigny, cerca de Dijon, así que nos vinimos para acá —explicó Lina vagamente.

—Sea donde sea, lo importante es que estéis bien...

—Yo estando con mi Manuel...

Aldara meditó sobre la sencilla respuesta de Lina. En aquellos tiempos tan difíciles para todo el mundo la clave de la felicidad quizá residía en con quién se compartían las efímeras alegrías y las abundantes penas. Y, en ese sentido, no pudo evitar sentir cierta envidia, aun sana, de su amiga.

Cuando llegó la hora en que Lina tenía que coger el tren para Dijon, ambas amigas se despidieron con el compromiso de volver a verse. Aldara la invitó a pasar un día en el Domaine con Manuel, así lo conocería al fin. A Lina le pareció una idea estupenda, así ella podría conocer también a Claire. La llamaría pronto, eso dijo.

Desde que Auguste cayera enfermo apenas había vuelto a usarse el comedor. Los desayunos, comidas y cenas formales que a diario imponía el marqués eran recuerdos de un pasado que, ahora que la gran habitación languidecía en la oscuridad de las cortinas cerradas y la chimenea apagada, parecía muy lejano.

Sólo cuando Romain invitaba a casa a alguno de sus amigos nazis, el comedor recuperaba su uso y su esplendor: se limpiaba el polvo, se barría la alfombra y se sacaba el mejor servicio de mesa. En tales ocasiones, Aldara se escabullía lo más lejos que podía, convencida de que el marqués de Montauban estaría removiéndose en su tumba, a la que sin duda llegarían los ecos de aquel espectáculo de traición regado con lo mejor de su bodega.

Por lo demás, la joven desayunaba a diario en su habitación, picoteaba algo con Helene al mediodía mientras les daban la comida a las niñas y, por la noche, cenaba en una bandeja en la biblioteca, normalmente al tiempo que trabajaba.

Sin embargo, aquella noche se había concedido un pequeño descanso y se había sentado en el sillón frente al fuego, con una buena novela, mientras cenaba y disfrutaba de una copa de vino.

Ya había avanzado unas cuantas páginas, había dado cuenta del potaje de verduras y del queso y sólo le quedaba un último dedo de vino en la copa, cuando sonaron unos toques en la puerta.

—Pasa —concedió distraídamente pensando que sería Helene. Seguro que Claire se había despertado. Últimamente, se levantaba en mitad del sueño, llamándola medio dormida. Sólo tenía que susurrarle una nana al oído y acariciarla unas cuantas veces para que volviera a caer rendida.

—¿Tienes un momento?

Aldara olvidó la lectura y el vino, y la cena se le revolvió en el estómago con sólo escuchar la voz de Romain.

—Creí que no estabas en casa.

Romain se había marchado al empezar la vendimia y, desde entonces, no lo había visto. De eso hacía ya varias semanas, durante las que ella había vivido tranquila, sin tener que esquivarle. Ojalá no se quedara mucho tiempo.

—Acabo de llegar.

Aldara observó que todavía llevaba puesta la gabardina y los guantes de conducir. Como si le hubiera leído el pensamiento, su cuñado se los quitó y los guardó en el bolsillo.

—Ya sé que es tarde —admitió dando un paso al frente—. Pero he visto que no te habías retirado todavía. No te entretendré mucho.

A la joven le llamaron la atención su ademán y su semblante. Parecía relajado, cohibido, incluso. Se preguntó si habría bebido. En cualquier caso, no lo suficiente como para que se le notase o para que se mostrase agresivo, como otras veces.

No supo qué pensar. No estaba segura de si considerar tal cambio una buena o una mala señal. Había algo que la mantenía alerta. Esa forma tan suya de mirarla, ese fondo oscuro en los ojos. Eso seguía ahí. ¿O estaría ella obsesionada?

Dejó la copa y el libro a un lado y se puso en pie. Por lo pronto, no le gustaba que Romain la mirase desde las alturas, se sentía como atrapada en el sillón. Se acercó a la chimenea, cogió un tronco y lo arrojó al hogar. Miles de chispas saltaron por los aires y se perdieron hacia el tiro. Descolgó el atizador y colocó las brasas. No volvió a colgarlo.

Durante toda aquella operación, Romain no había dejado de observarla. De buena gana ella se hubiera vuelto y le hubiera urgido a que dijese lo que tuviese que decir y se marchase. Sin embargo, de momento, él no le había dado motivos para mostrarse grosera.

Su cuñado avanzó algunos pasos más hacia ella. Aldara se preguntó si llevaría la pistola encima.

—Quería darte las gracias —habló al fin— por tu esfuerzo para sacar esta vendimia adelante. Se ha obtenido un rendimiento mucho mejor del que podía esperarse, dadas las circunstancias. De no ser por ti, no habría sido posible. Las botellas de esta añada deberían llevar tu nombre en la etiqueta.

Ni siquiera aquel halago en forma de broma consiguió levantarle una sonrisa. Aldara observaba a Romain con el gesto serio, preguntándose dónde estaba la trampa.

—Eso será si conseguimos las botellas para poder embotellar y el papel para poder etiquetarlas —replicó manteniendo su actitud distante.

—No creo que haya nada que tú te propongas conseguir y no consigas —aseguro él con amabilidad en el tono y la sonrisa—. Escucha, sé que hemos tenido nuestros desencuentros. Y me arrepiento de muchas cosas que he dicho y he hecho. Pero estoy dispuesto a corregirme. Yo no quiero seguir así, Aldara. No es bueno para el Domaine. Ni como negocio ni como familia. Después de todo, somos una familia.

Romain hizo una pausa. Esperaba que ella dijera algo. Sin embargo, todo lo que se escuchó fue el crepitar del fuego en la chimenea. Aldara se mantuvo instalada en el silencio y el recelo. No se podía con un par de frases enmendar tantas afrentas, tanto daño. Y estaba esa mirada…

Su cuñado sacó entonces un estuche de uno de los bolsillos de la gabardina.

—Te he traído un regalo —anunció según se acercaba más a ella para enseñárselo—. Por favor, acéptalo como una muestra de gratitud y de paz.

Romain abrió el estuche y Aldara apenas pudo evitar el gesto de admiración. Ante sus ojos, se desplegaba una gargantilla con dos hileras de brillantes engarzados sobre platino en bellas filigranas al estilo *art déco*. El conjunto centelleaba con opulencia sobre el terciopelo negro.

A pesar de la impresión que le causaba la espectacular joya, la joven consideró que aquel era un regalo excesivo, que estaba fuera de lugar; la hacía sentirse incómoda. No obstante, se abstuvo de comentarlo en voz alta.

—Yo… Te lo agradezco… Pero no hace falta que me regales nada —intentó expresarse con delicadeza—. Y menos algo así. Si de verdad quieres complacerme, ayúdame a cuadrar los libros de cuentas.

Romain la chistó suavemente.

—Una cosa no quita la otra. Ya lo haremos, cuadraremos los libros. Pero ahora no. Ahora, compórtate como una mujer en lugar de como un gerente y déjate conquistar por unos bonitos diamantes.

El joven sacó la gargantilla de su estuche.

—Veamos cómo te queda.

Sin esperar su consentimiento, se dispuso a ponérsela. Aldara, tiesa como un palo, no podía pensar en otra cosa que en las manos de su cuñado sobre su piel: sobre el mentón al retirarle el cabello, en la nuca cuando le abrochaba la joya y a lo largo de la clavícula y el escote mientras simulaba colocársela.

—Perfecta —concluyó observándola con avidez, a la gargantilla y a ella—. Habrá que dar una gran fiesta para que la luzcas en condiciones.

Aldara sentía el peso y el frío de las gemas y el metal como un grillete al cuello. Hubiera deseado quitarse aquello, devolvérselo y pedirle que se marchara. Pero no fue capaz de articular palabra, ni siquiera de mover un músculo. No fue capaz de sostenerle la mirada.

Romain se acercó, le sujetó los hombros con una caricia y la besó en la mejilla, cerca del oído para poder pegarle la suya. La respiración parecía brotarle de la garganta cerrada.

—Buenas noches —susurró con la voz ronca.

Después de un instante, se separó, le dedicó una sonrisa y se marchó.

Aldara no consiguió relajarse ni al verlo salir por la puerta. Permanecía quieta, igual que una presa que quiere pasar desapercibida a su depredador aun después de haber dejado éste de merodear la madriguera.

Al cabo de un rato, como si el calor del fuego hubiera ido deshaciendo el hielo que atenazaba sus músculos, suspiró. Se quitó la gargantilla con dedos temblorosos. Tenía la intención de arrojarla a la chimenea, pero se arrepintió a tiempo. Sería mucho más práctico venderla y con el dinero comprar todas esas cosas que tanta falta hacían: una bomba nueva para trasegar el vino, una embotelladora más moderna, un volquete...

La tiró encima de la mesa y se frotó el escote. Sobre la piel le había quedado el rastro del tacto y del perfume de Romain como la marca de un animal en celo.

Hubiera preferido discutir con él. Discutir le permitía ponerse a su altura. Ahora, en cambio, se sentía sometida. Y no podía quitarse de encima esa mirada suya.

Clavó la vista en el fuego. ¿Se estaría volviendo paranoica?

Noviembre de 1942

El teniente Hubert Eberhart atravesó la puerta principal del *château*, cruzó el recibidor, subió varios tramos de escaleras hasta la segunda planta, recorrió un trecho del pasillo y llegó hasta su habitación sin cruzarse con un alma. De no ser porque a lo lejos se oía el rumor de las voces de Claire y Sophie enfrascadas en sus juegos, cualquiera hubiera dicho que aquella gran mansión estaba deshabitada.

Abrió la puerta, accionó el interruptor junto al marco para dar la luz y se encontró con el frío recibimiento de su dormitorio palaciego. Llevaba casi un año y medio viviendo allí y no conseguía sentirse como en casa. No obstante, experimentó cierta sensación de abrigo y acogimiento, la que le producía el llegar a un espacio conocido, el ver su material de dibujo sobre el escritorio, su tocadiscos junto a la ventana, la fotografía de su familia encima de la mesilla de noche, su chaqueta de punto colgada del respaldo de la silla... Era de agradecer después de haber pasado un par de noches en un hotel de París, a donde había viajado para asistir a una reunión de delegados del vino del Reich con la *Militärbefehlshaber*.

Hubert apoyó el maletín contra la cómoda, se quitó el abrigo, los guantes y la gorra y empezó a desabotonarse la guerrera. Aunque había tenido ocasión de disfrutar de una cena ya no lujosa, también lujuriosa, en La Coupole, donde habían corrido las botellas de Dom Pérignon, las ostras y el foie sin límite, el viaje en general había resultado frenético y agotador. Tenía que admitir que él a menudo se sentía abrumado por el ritmo de las grandes ciudades, pero, además, los ánimos estaban tensos en el seno de la administración militar alemana y esa tensión parecía transmitirse a todo. Las noticias que llegaban del frente no eran favorables a Alemania. En la Unión Soviética, la *Wehrmacht* había sufrido una humillante derrota contra el Ejército Rojo en Stalingrado. Para agravar la situación, hacía dos días que se había producido un desembarco masivo de tropas angloamericanas en el norte de África, las cuales, en menos de veinticuatro horas, habían vencido la desigual resistencia del ejército de Vichy y avanzaban hacia el interior de Túnez. Se rumoreaba que Hitler, colérico, había exigido la ocupación total de Francia. Hubert consideraba que tal ocupación iba en contra de los acuerdos del armisticio, pero también sabía que al Führer no se le ponía un papel por delante.

El joven se soltó los primeros botones de la camisa y se acarició el abdomen dolorido. Cuando estaba cansado o cuando hacía frío, se resentía de su herida y, aquella noche, se daban ambas circunstancias. En el exterior, la temperatura no superaría los cinco grados y una niebla helada se ceñía sobre los viñedos. Además, la pequeña estufa de carbón que calentaba el dormitorio apenas estaba templada. Se abrigó con la chaqueta de lana bien cerrada sobre el torso y alimentó el fuego con una paletada del carbón que le dejaban en un cubo, así se caldearía el ambiente antes de meterse en la cama.

Consultó su reloj de pulsera. Sólo pasaban unos minutos de las cinco y media de la tarde y ya estaba hambriento. Lo peor era que quedaban más de dos horas para que le subiesen la bandeja con la cena. Le hubiera gustado tener la libertad de bajar a la cocina a picar algo y de pegar la hebra con alguien de paso. Eso era lo que hubiese hecho de estar en su casa... Antes de la guerra, frau Bertha, la vieja cocinera, le hubiera preparado de mil amores ese bocadillo de ternera asada con queso, mostaza, pepinillos y pan de centeno que tanto le gustaba. Se lo hubiera tomado frente a la chimenea del acogedor salón, mientras su madre le contaba el último chisme sobre alguno de sus primos o su padre le comentaba las noticias del periódico. Pero no estaba en su casa. Y Alemania seguía en guerra.

Decidió matar el tiempo y engañar al hambre leyendo. Acababa de terminarse un libro y tendría que bajar a la biblioteca a por otro. Al pasar por delante de la puerta momentos antes, le había parecido que estaba vacía; aquélla sería una buena ocasión.

Tal y como Hubert esperaba, al otro lado de la puerta de la biblioteca no se veía más luz que la del tenue resplandor del fuego en la chimenea, de modo que la empujó con decisión.

—Oh... Discúlpeme. Venía a coger un libro. Creí que no había nadie...

Al otro lado de un revoltijo de tomos y papeles, madame de Fonneuve lo observaba con el gesto distraído, como si no lo reconociera. La joven dama parecía acabar de materializarse desde una dimensión paralela, la de esos estudios que la tenían tan absorta.

Las últimas semanas, Hubert había estado evitándola. No se podía decir que hubiera tenido que esforzarse mucho para conseguirlo porque su trabajo le mantenía la mayor parte del tiempo ocupado fuera del Domaine, pero lo cierto era que tampoco había buscado el encuentro fortuito con ella, ese que en otras ocasiones tanto le había complacido. Desde aquella tarde de tormenta en el viñedo, estaba claro que a la joven le incomodaba, si no desagradaba, su presencia y él no se encontraba con talante de recibir su animosidad.

—Volveré en otro momento —anunció dando un paso atrás.

—No, por favor, pase y escoja su libro —le detuvo Aldara al tiempo que encendía la lamparita—. Estaba tan concentrada que ni me he dado cuenta de que había anochecido.

—No quisiera molestar.

—No me molesta —aseguró ella, que se había levantado a correr las cortinas para cubrir las ventanas.

—En ese caso, le agradezco su amabilidad. No tardaré mucho.

—Tómese el tiempo que necesite.

—Muchas gracias, madame.

Pese a su corpulencia, Hubert trató de moverse por la biblioteca con el sigilo y el cuidado de un ratón. Dejó en su lugar el libro que traía y se dispuso a escoger otro. Aunque, sabiéndola allí, a su espalda, no podía concentrarse ni en los títulos que tenía delante de los ojos. Lo mismo le hubiera dado llevarse *El conde de Montecristo*, que ya lo había leído, que *La debacle*, que no le apetecía nada leerlo, porque bastante guerra entre prusianos y franceses tenía él ya. Hasta el crujido de la madera al fuego en aquel silencio parecía ponerle nervioso.

Estaba a punto de desistir de su empeño y regresar en otro momento en el que se encontrase solo y lúcido cuando…

—Teniente…

Se volvió de inmediato a atender aquella llamada dulce. Ella lo observaba pensativa desde la mesa de trabajo, con la cabeza apoyada en una mano; de entre sus dedos sobresalía un lápiz. Tenía el cabello ligeramente revuelto y las mejillas arreboladas; los ojos, en cambio, se mostraban cansados después de varias horas de lectura en penumbra. Hubert la encontró preciosa y eso acrecentó su nerviosismo.

—¿Sabe usted algo de agricultura biodinámica?

El joven vaciló ante la inesperada pregunta y, sobre todo, ante la inesperada cordialidad de su actitud.

—Sí… Algo… He leído las teorías de Rudolf Steiner y sus seguidores. Y hace años, en mi época de estudiante, visité una granja biodinámica en Brandemburgo. Aunque ahora en Alemania está prohibido todo lo que tenga que ver con las ideas de Steiner. ¿Por qué lo pregunta?

—Mi marido también estuvo estudiando los principios de la biodinámica con la intención de aplicarlos al cultivo de los viñedos, incluso, a la elaboración del vino. Él piensa que, en este momento, podría ser una solución al problema de la falta de suministro de químicos.

—En eso coincido con su marido. Yo traté de convencer a mi padre para aplicar algunos de los principios de la biodinámica en una de nuestras parcelas, pero él no acababa de verlo claro. Decía que era todo demasiado esotérico. Y, en parte, tiene razón. Ese enfoque místico y espiritual que algunos le quieren dar al cultivo parece que le resta seriedad y rigor. Pero, en mi opinión, hay prácticas válidas y muy beneficiosas que se pueden extraer de todo esto, y más en el mundo de la vid, donde es tan importante el respeto al suelo, al *terroir*. Me gusta la idea de considerar la tierra como un organismo vivo que, junto con los animales y las plantas que la habitan, forma un ecosistema capaz de sostenerse por sí mismo. De modo que el ser humano sólo tiene que garantizar que se mantiene el equilibrio en todo ello y prescindir de todo cuanto sea ajeno a ese ecosistema.

—Por eso es mejor sustituir los pesticidas y los abonos químicos e industriales por preparados de origen natural obtenidos en el entorno —afirmó, aunque más parecía preguntar, Aldara.

—Exacto. Yo estoy de acuerdo en que los químicos, a largo plazo, deterioran el suelo y la planta. Aún más si hablamos del producto final, el vino, en nuestro caso. Sucede, por ejemplo, con el dióxido de azufre, o los sulfitos, si prefiere. De acuerdo que éste es necesario para estabilizar el vino, para evitar su oxidación y que se acabe convirtiendo en vinagre. Pero si ya se produce dióxido de azufre de forma natural durante la fermentación, ¿por qué hay que añadirlo? ¿No sería mejor trabajar sobre las levaduras y el proceso de fermentación para que se alcancen las cantidades necesarias?, ¿trabajar sobre los compuestos que nos proporciona la uva de manera natural? Quizá sea un poco extremo, pero creo que merece la pena investigarlo.

—¿Y lo de cultivar según los ciclos de la luna? La vendimia en luna llena, la poda en luna nueva… ¿Qué opina de eso?

—Eso es algo que los hombres de campo llevan haciendo desde tiempos inmemoriales. Y tiene su sentido. Al fin y al cabo, si los ciclos de la luna influyen en el movimiento de las mareas, también podrían influir en el de la savia. Todo suena un poco místico, pero no es descabellado.

—Habla usted como mi marido.

—Las mentes brillantes piensan igual —bromeó el joven—. ¿Me permitiría ver la documentación que ha preparado su esposo?

—Claro. Aquí la tengo.

Hubert se acercó a la mesa donde ella le mostraba una pila de cuadernos y papeles. El joven los ojeó y escogió uno de ellos para mirarlo con más atención.

—Reconozco que todo esto a veces me sobrepasa —se lamentó entretanto Aldara—. El pobre Octave hace lo que puede por ayudarme, aunque con dos cartas al mes de veintiséis líneas cada una ya me dirá usted… El problema es que me faltan conocimientos de viticultura.

—La he visto a usted a pie de viña. Ésa es la mejor forma de adquirirlos.

—Ya, pero no hay tiempo. En nada, empezarán a brotar las vides otra vez y seguimos sin cobre para combatir las plagas.

—Lo del cobre sí que tiene peor solución. No creo que nadie, ni siquiera los defensores acérrimos de la biodinámica, haya encontrado un sustituto del cobre para combatir el mildiu. Aunque yo pienso que, si la naturaleza ha creado el moho, la naturaleza también debe haber previsto su antídoto. Sólo es cuestión de investigar. Sí… Hace falta tiempo, lo sé —matizó Hubert al ver la expresión de ella.

—Por lo pronto, quiero elaborar alguno de los preparados que propone Steiner para fertilizar, pero en cuanto les cuente a los agricultores lo del estiércol enterrado en un cuerno de vaca para potenciar sus fuerzas astrales y etéreas, me van a tachar de bruja o de loca.

Hubert sonrió.

—No hay revolución sin una pizca de locura. De todos modos, mejor no les mencione lo de las fuerzas astrales y etéreas.

Aldara le devolvió la sonrisa y se repantingó en la silla. De pronto, sentía la mente más clara y liviana.

—Discúlpeme... Le estoy abrumando con mis problemas. No pretendo que me dé usted la solución, es sólo que... Bueno, es agradable poder hablar de ello con alguien sin que te mire como si fueras una ignorante o hubieras perdido la cabeza.

Si de algo estaba seguro Hubert era de que él no la miraba así. Él sólo la admiraba y, en todo caso, procuraba que no se le notase demasiado, pues era consciente de los efectos negativos que eso producía.

El teniente se tomó la libertad de sentarse en una butaca cercana.

—Ojalá yo tuviera todas las soluciones. Pero sí es cierto que puedo escuchar y ayudar en lo que esté en mi mano.

La sonrisa que ella le dedicó fue recompensa más que suficiente a sus palabras.

Las horas siguientes, Hubert se olvidó de todo. De ese libro que no había escogido, de su estómago vacío, de su abdomen dolorido, de la fría y solitaria habitación que le aguardaba, de los retrocesos del ejército alemán en Stalingrado y del desembarco aliado en el norte de África. Las horas siguientes, le pareció que sólo quedaban en el mundo Aldara y él y nada importaba más que su conversación sobre viñedos y vino.

—Dios mío, ¿son las nueve ya? —se sorprendió Aldara al escuchar el campanilleo del reloj carrillón. En realidad, había dado ocho toques, pero porque nunca lo habían ajustado a la hora de Alemania—. Me temo que lo he entretenido demasiado. Estará usted muerto de hambre.

—No se preocupe. Seguramente, la cena esté esperándome en mi habitación.

—Y se le habrá quedado helada por mi culpa. A estas horas, la cocinera ya se ha retirado, pero puedo traer un poco de queso y vino. Yo, por lo menos, sí que tengo hambre. ¿Qué le parece? ¿Me acompaña?

Hubert sabía que por el bien de su estabilidad emocional y su salud mental debía rechazar aquella invitación. Sin embargo, se impuso la sinrazón del corazón. Porque ¿cómo podía renunciar a compartir una botella de buen vino con ella y, en su lugar, conformarse con una triste y fría cena en la soledad de su habitación? No había cordura que sustentase aquello.

Rozaban las doce de la noche cuando el teniente Eberhart se retiró a su cuarto. En la chimenea de la biblioteca, no quedaba más que un rescoldo de brasas y la estancia empezaba a enfriarse. Pero ya no merecía la pena echar otro tronco. Aldara recogió en una bandeja los restos de la cena: las copas manchadas de tinto, la botella vacía, el corcho y el capuchón, las cortezas del queso, las migas del pan y unas cuantas cáscaras de nueces. Después, ordenó un poco la mesa de trabajo. Había tomado muchas notas nuevas con ayuda del teniente. Ahora, tenía las ideas un poco más claras. Y se sentía animada, de buen humor.

Ni ella misma se explicaba por qué a veces adoptaba esa actitud tan a la defensiva con él, a la ofensiva, incluso. Después de todo, se trataba de un buen hombre, lo había demostrado sobradamente. Sólo tenía que olvidarse de que era alemán. Sin el uniforme, ataviado con aquella hogareña chaqueta de punto como un muchacho corriente, resultaba más sencillo.

A la mañana siguiente, Hubert entró en el despacho de Adolph Segnitz, donde ya desde primera hora olía a café y a tabaco. Se sentó frente a la mesa de su jefe y no se anduvo con rodeos.

Quería un traslado. Fuera de Beaune. Fuera de Borgoña. Fuera de Francia a ser posible.

Con tal determinación se había levantado, después de haber pasado una noche aciaga. Más aciaga de lo habitual. Apenas había podido pegar ojo, navegando entre el sueño de tenerla y la pesadilla de saber que no la tendría jamás. Si ella lo despreciaba, se sentía devastado; si ella se mostraba amable, el anhelo resultaba aún más doloroso. No podía seguir así. Tenía que arrancársela de la cabeza y del corazón. Y la única forma de conseguirlo, si es que había alguna, era poner de por medio tiempo y espacio. Tenía que dejar de verla, para siempre.

Segnitz se mostró perplejo.

—Pero... ¿por qué, hijo? ¿Ha sucedido algo? ¿Tienes algún problema?

—No, no —se apresuró a aclarar Hubert—. Es sólo que... Ya llevo casi dieciocho meses lejos del frente y, ahora que parece que la situación se complica en el este, quizá sea más útil mi presencia allí. No podemos permitirnos sucumbir ante la Unión Soviética.

Su jefe asintió como si aceptara tal argumento.

—Ya te he dicho otras veces que admiro tu sentido del deber y tu patriotismo. Ambos te honran.

Hubert bajó los ojos, avergonzado ante aquellas palabras que en absoluto se merecía. Si Segnitz supiera que era más bien la cobardía lo que le impulsaba a combatir, no le tendría en tanta estima.

—Y si yo tuviera la certeza de que enviándote a Rusia se terminaban nuestros problemas... Bueno, no es que me entusiasme la idea, pero créeme que ahora mismo levantaba ese teléfono para pedir tu traslado. Sin embargo, tú y yo sabemos que, por desgracia, los problemas de Alemania no tienen tan fácil solución.

Hubert no quiso seguir insistiendo en la pantomima de la cuestión del honor y el ardor guerrero, no estaba bien. Llegados a ese punto, le parecía más honorable sincerarse con Segnitz acerca de sus verdaderos motivos, aunque la simple idea de hacerlo ya le sonrojase.

Entonces su jefe soltó una bomba que hizo que todo lo demás pasase a un segundo plano.

—Escucha, Hitler ha ordenado a la *Wehrmacht* ocupar toda Francia.

Hubert no pudo evitar sorprenderse. Aunque hubiera escuchado rumores, no había terminado de creerse que fueran a materializarse o, en todo caso, que fueran a hacerlo tan rápido.

—¿Cómo? ¿Cuándo?

—La orden es de ayer a primera hora y, hoy mismo, a las siete de la mañana, las tropas del Séptimo Ejército han cruzado la línea de demarcación y van camino de Vichy. El Primer Ejército se desplaza desde la costa atlántica hacia el Mediterráneo, paralelo a la frontera con España. Y los italianos han tomado Córcega y la Riviera. De momento, ninguno ha encontrado resistencia. Yo he recibido el cable con la noticia hace media hora.

—Pero eso va en contra de los acuerdos del armisticio.

Segnitz se encogió de hombros.

—Eso díselo al Führer. O al mariscal Pétain, si es que lo consiente. La cuestión es que no sé qué va a pasar a partir de ahora y cómo esto nos va a afectar, porque seguro que nos va a afectar. Pero lo cierto es que me gustaría que te quedases por aquí, al menos, hasta que se aclaren un poco las cosas.

—Sí, por supuesto.

—Igual a principios de año, si sigues en tu empeño de abandonarme, podamos valorarlo.

—Ya sabe que no se trata de eso…

—Lo sé, lo sé. Sólo bromeaba. Además, entonces, después de haberte tomado unos días de permiso para pasar las Navidades con tu familia, a lo mejor ves las cosas con más optimismo y prefieres seguir comprando vino a los franceses en lugar de disparar a los rusos.

Hubert apenas rio aquel último chascarrillo de Segnitz. Se le veía enredado en sus propias cavilaciones.

—De todos modos —reaccionó al fin—, ¿cree que sería posible cambiarme de alojamiento?

—¿Es que no estás a gusto en la mejor residencia de la zona? ¿Acaso no te tratan bien los Fonneuve?

—Oh, no, no. No es eso. No tengo queja. Es sólo que aquello está tan aislado…

—Ya veo. Echas de menos emborracharte con los camaradas al final del día.

—Sí, bueno… Digámoslo así.

—Hablaré con la *Kommandantur* para ver qué se puede hacer. No creo que haya mucho problema. Al parecer, van a destacar aquí, en Beaune, un comando de las SS y seguro que les viene bien contar con el *château* para alojar a los oficiales.

Aquello alarmó a Hubert.

—¿Más SS? ¿Por qué? Ya están desplegados por toda la zona.

—No sería una unidad estable, sino un *Sonderkommando*. Entre cincuenta y cien hombres para reforzar la lucha antiterrorista. Ya has visto lo que han aumentado los atentados contra nuestras tropas y los actos de sabotaje.

—Sí… Pensándolo bien, será mejor dejar las cosas como están.

—¿No hago nada, entonces?

—No. No me apetece que un tipo de las SS se quede con mi habitación.

Adolph Segnitz no terminaba de entender bien a aquel muchacho. Hubert era un buen chico, inteligente y trabajador, pero no estaba muy seguro de si aquellos prontos que le daban se debían a un exceso o a un defecto de madurez. A saber qué embrollo habría en esa joven cabeza. Bien era verdad que un poco de inestabilidad en el temperamento era lo menos que podía esperarse de alguien que había pasado por lo que Hubert había pasado. «Las heridas no visibles de la guerra», pensó el veterano, sabiendo de lo que hablaba.

En cualquier caso, si al final se trataba de ahorrarse el papeleo de un traslado, que así fuera.

—Está bien. Como quieras.

Febrero de 1943

Fue nada más bajar del automóvil cuando Hubert cambió de opinión. En lugar de meterse en el *château* y recluirse en la soledad de su habitación, daría un paseo. La tarde era magnífica. Para estar en pleno invierno, hacía una temperatura muy suave y no corría una gota de brisa. El sol del ocaso, tenue y dorado, bañaba el jardín y los viñedos y, sobre el horizonte, las nubes deshilachadas se teñían de rosa como algodón de azúcar.

Después de que Franz, su ordenanza, se hubiera llevado el automóvil, avanzó unos pasos hasta el camino de gravilla que se adentraba en el jardín. Se detuvo un instante e inspiró profundamente. El aire olía a musgo y a leña. En el silencio que había dejado el motor, pudo escuchar el trinar de algunos pájaros desde las copas de los árboles y el borboteo tranquilo del agua en el estanque. Se encendió un cigarrillo y hacia allí se encaminó con paso lento, al ritmo pausado del crujido de sus botas sobre la tierra.

Hacía tiempo que no disfrutaba de un momento de paz como aquél en mitad de la naturaleza. Durante su último permiso navideño, había paseado por los viñedos familiares y por los bellos parajes a orillas del Rin con su hermana y sus sobrinos. Aunque el clima frío y lluvioso no había invitado a alargar las caminatas, resultaba reconfortante llegar al hogar caldeado y compartir una taza de vino caliente y las galletas de especias que la cocinera había conseguido hornear con las pocas provisiones de la despensa. Ahora añoraba esas pastas y, sobre todo, la compañía de su hermana y la algarabía de sus sobrinos mientras se perseguían por el sendero.

Con tales recuerdos en la memoria, llegó hasta el borde del remanso, donde un grupo de patos se deslizaba suavemente sobre sus aguas mientras que otros tantos picoteaban en la orilla o dormían acurrucados con la cabeza debajo del ala. La quietud del entorno era tal que bien podría encontrarse en un cuadro a base de pinceladas verdes, azules y grises.

Estando allí, parecía mentira que el resto del mundo se hallase inmerso en una locura de horror y destrucción, de ciudades bombardeadas, de campos de batalla calcinados y sembrados de cadáveres, de gentes perseguidas por su forma de orar, de pensar o de ser…

Movió la cabeza como para sacudirse las imágenes oscuras y, en ese momento, escuchó voces de campanilla y pasos sobre la grava. Se volvió y vislumbró a madame de Fonneuve y a la pequeña Claire entre los setos. Ambas caminaban de la mano y la niña parloteaba, acaparando la atención de su madre.

Hubert notó que el corazón se le agitaba. Por un lado, hubiera deseado desaparecer de allí sin ser visto; por otro, anhelaba el encuentro tanto tiempo evitado como un adicto sin rehabilitar.

En tanto él cavilaba, ellas lo divisaron y la sonrisa que madame de Fonneuve le dedicó terminó de desarmarle. Tiró el cigarrillo al suelo y lo aplastó con la bota para guardárselo apagado en un bolsillo; no le gustaba dejar colillas por ahí.

En cuanto lo reconoció, Claire gritó su nombre. En realidad, ese nombre con el que la chiquilla lo llamaba desde que había aprendido a decir sus primeras palabras: «Yan». Aún no sabían si tal apodo venía de *brillant*, «brillante» en francés, o de *lieutenant*, «teniente». Después, se soltó de la mano de su madre y avanzó con una carrera hasta colocarse frente a las botas del militar. Hubert se agachó para ponerse a su altura. Hacía tiempo que la niña había perdido la fascinación por los botones e insignias del uniforme del oficial. Ahora, su atención se dirigió al bolsillo izquierdo de la guerrera, adonde llevó la mano. No tardó en sacar un caramelo que se metió fugazmente en la boca.

—Vaya, vaya, así que sólo me quieres por los caramelos.

Claire, entonces, lo abrazó, abarcándolo apenas con sus bracitos y consiguiendo que Hubert se derritiese de ternura. Al cabo, se separó y le soltó una parrafada difícilmente inteligible cuyo sentido el joven sólo dedujo porque le mostraba una bolsa llena de migas de pan.

—A mí me parece que ésta debe de ser la comida favorita de los patos. Y, míralos, yo diría que están deseando que se la des.

La pequeña rio de entusiasmo.

—Yan, ven a los patos. —Tiró de él para que se uniese a la diversión y luego se volvió hacia su madre—. ¡Mami, los patos! ¡Ven, mami!

Cuando Aldara llegó junto a ellos, Claire le daba pan a Hubert para que lo lanzase al agua y las migas se resbalaban entre sus dedos regordetes. Una algarabía de patos glotones empezaba a formarse alrededor.

—Me temo que hemos dado al traste con la paz de su paseo. ¿Cómo está, teniente? Hacía tiempo que no nos veíamos.

—Bien, madame, muchas gracias. Lo cierto es que tengo mucho trabajo. Ahora, viajo todas las semanas, por eso hemos tenido menos ocasiones de encontrarnos.

Aquella excusa de Hubert resultaba en parte cierta. Con la ocupación por parte de Alemania del sur de Francia, se habían ampliado las competencias de los agentes importadores de vino. A Adolph Segnitz le habían adjudicado la extensa zona vinícola de Provenza y el delegado había confiado en su adjunto buena parte de la gestión de aquel mercado. Sin embargo, no resultaba menos cierto que el joven había evitado cualquier encuentro a solas con Aldara, por eso procuraba llegar al *château* justo antes del toque de queda y refugiarse en su habitación hasta el amanecer del día siguiente, cuando partía de nuevo al trabajo antes de que el resto de la casa hubiera despertado. Sólo ocasionalmente y cuando tenía la certeza de que ella no estaría cerca, se dejaba caer por la habitación de juegos para pasar unos minutos con Claire y Sophie. Las niñas le alegraban el día cuando más desanimado y nostálgico se sentía.

—¿Y usted? ¿Cómo está? —le devolvió él la pregunta con corrección.

Ella tiró un puñado de migas al agua y, con la vista perdida allí donde habían caído, respondió lacónicamente:

—Bien.

Una vez más, Aldara deseó que aquel hombre amable no fuera un oficial alemán. Quizá así se hubiera sincerado y le hubiera contado cómo los problemas en los viñedos y en la bodega parecían multiplicarse, cómo seguía luchando contra la falta de suministros, contra las restricciones, las imposiciones, las tasas, el papeleo… Y, sobre todo, contra las malas prácticas de su cuñado. La relación con Romain había pasado del enfrentamiento constante a una extraña paz tensa en la que él se mostraba complaciente, meloso y dócil, aunque seguía haciendo lo que le venía en gana. Varias veces se había plantado ella y, en lugar de confrontarla, él entonaba el *mea culpa* y hacía todo tipo de promesas que nunca cumplía. La colmaba de regalos, a ella y a Claire: dulces, juguetes, flores, medias de seda, café… Esas cosas que ya sólo se encontraban en el mercado negro. Cuando estaba en el *château*, se empeñaba en pasar tiempo con ella: que si un paseo, que si una partida de damas, que si la acompañaba en el desayuno, la comida y la cena, que si bailaban como antes al ritmo de sus discos de jazz. Nada de aquello resultaría incómodo si él la tratase con respeto, si no mediasen esas miradas deshonestas, esos roces en apariencia inocentes, las manos en los hombros, las caricias casuales en la espalda, los besos prolongados en la mejilla con un mal disimulado aire fraternal... Romain desplegaba un acoso sutil al que ella no sabía cómo enfrentarse. Sólo de pensarlo se estremecía de repulsión.

Hubert reparó en la mirada triste de Aldara sobre el agua. Hasta la última fibra de su cuerpo se conmovió. Cómo hubiera deseado poder abrazarla y consolar esas preocupaciones que sin duda ella le ocultaba.

—¿Su marido se encuentra bien?

—Sí, ayer mismo recibí carta suya. Es un hombre muy fuerte.

—Usted y Claire le ayudan a serlo, estoy seguro.

Aldara le dedicó una sonrisa agradecida. Breve, pues vio con el rabillo del ojo que Claire estaba a punto de meter el pie en el agua y se apresuró a tirar de ella para evitarlo. Se agachó junto a la niña y la reprendió con cariño.

—Y, dígame, ¿ha empezado ya con los preparados de Steiner?

Esta vez, la sonrisa de Aldara fue divertida.

—Hace un par de semanas enterré los primeros cuernos de vaca, no crea que fue fácil conseguirlos... Y tenía que haber visto la cara de Servand, el agricultor, y haberlo escuchado renegar por lo bajo mientras los llenaba de estiércol. Sólo espero que se note su beneficio en las vides o voy a tener que aguantar los sermones de Servand durante todo el verano.

—Daño no les va a hacer.

—Eso digo yo.

La joven se puso en pie. Su gesto se tornó serio de nuevo.

—No sé si lo sabe, pero hay dos huéspedes más en el *château*.

—Sí, eso he oído, pero aún no los he visto.

—Llegaron el lunes, usted estaba de viaje. Son dos tenientes de las SS. La pobre Helene está aterrada —aseguró sin poder disimular cierto nerviosismo—. Y no crea que yo estoy tranquila del todo.

Hubert se apresuró a calmarla:

—Dígale que no tiene de qué preocuparse. Y usted tampoco. Ese tema está zanjado. Y si alguna vez la molestan, no dude en decírmelo.

Lo cierto es que Hubert puso más buena voluntad que otra cosa en aquellas palabras. Si aquellos tipos de las SS querían enredar con el asunto, no estaba muy seguro de poder volver a pararles los pies ahora que parecía haberse recrudecido la persecución contra los judíos.

—Lamento mucho que se vea obligada a alojar extraños en su casa —añadió—. Siempre lo he lamentado, aunque yo sea parte de un problema que ahora se acrecienta.

—Usted ya no es un problema, se lo digo con toda sinceridad. No niego que al principio resultó muy incómodo y nada conveniente, pero, al final, la gente civilizada se acaba entendiendo, ¿no le parece? Además, ¿qué haría Claire sin sus caramelos?

Hubert rio.

—Y que conste que los caramelos no sólo son para Claire —matizó mientras se metía la mano en el bolsillo, de donde sacó una bolsa de papel para ofrecerle un dulce a Aldara.

Ella lo aceptó sin reparo.

—Ahí quería yo llegar. Muchas gracias —dijo ya saboreándolo—. Por cierto, mi cuñado considera que sería descortés no cenar con nuestros huéspedes, así que ahora se sirve la cena todas las noches en el comedor.

Sólo habían sido tres noches y Aldara ya odiaba aquellas cenas que Romain había impuesto. Asistía por no discutir con él y porque, en cuanto volviera a marcharse, ojalá fuera pronto, dejaría de hacerlo. No le gustaba la compañía de su cuñado y tampoco la de aquel par de oficiales alemanes. Lo cierto era que esos tipos la disgustaban en general. Tenía que admitir que el teniente Eberhart tampoco había sido de su agrado al principio, pero porque se había guiado por los prejuicios. Ahora, se daba cuenta de que esos dos SS no le llegaban ni a la suela del zapato a su compatriota. Eran arrogantes, displicentes, cínicos, vulgares después de unas cuantas copas de vino y bastante maleducados; uno de ellos ni siquiera sabía coger los cubiertos correctamente. No se molestaban en hablar francés, puede que no supieran más que algunas palabras, y, a lo largo de la cena, ella quedaba excluida de una conversación que se desarrollaba enteramente en alemán con Romain. No es que tuviese especial interés en participar de su charla. De hecho, hubiera deseado que se olvidasen de ella y la dejasen en paz; el problema era que, de cuando en cuando, los tres la miraban sin venir a cuento con sus sonrisas de hiena mientras parecían escupir palabras que no entendía.

—Si lo desea, puede unirse a nosotros —invitó Aldara con la esperanza de que el teniente aceptase.

—Muchas gracias, es usted muy amable. Pero con los horarios que llevo no puedo comprometerme a cenar a una determinada hora. Claro que hoy… Hoy ya estoy aquí, a tiempo para la cena —corrigió sobre la marcha al vislumbrar cierta decepción en el rostro de la joven.

Entonces ella le sonrió y… ay, esa sonrisa.

Sus labios rosados brillaban mientras salivaba a causa del caramelo y Hubert se imaginó que estarían dulces y jugosos. Apartó la vista de ellos. De nuevo, se sentía abrumado por la desagradable sensación de tenerla tan cerca y a la vez tan lejos, como cuando siendo niño pretendía tocar las estrellas con solo estirar el brazo.

No es que el joven fuera un experto en asuntos del corazón. No se había enamorado nunca y, desde luego, nunca había sentido nada igual a lo que sentía entonces. Se trataba de un sentimiento intenso y devastador. Si eso era amor, había caído en las redes del peor de todos: además de no correspondido, el suyo era un amor prohibido, y contenido a la fuerza como un enjambre de moscas en un bote, que revoloteaban y zumbaban nerviosas al saberse atrapadas. Algo así sentía él entre el estómago y la garganta.

Presagiaba que aquella cena no haría sino prolongar la tortura. Pero esa sonrisa... Esa sonrisa dulce bien valía el esfuerzo.

El *SS-Obersturmführer* Armin Kessler se sirvió una copa al tiempo que admiraba la bonita licorera de cristal tallado y plata. Después, escogió asiento en un sillón estilo Luis XVI de madera de caoba, tapizado en terciopelo turquesa con bordados en hilo de oro. Dio un sorbo del magnífico coñac y se encendió un cigarrillo, dispuesto a disfrutar de un instante de relax antes de la cena.

Se recreó de nuevo en la opulencia que le rodeaba. Aquel salón era soberbio, igual que el resto del *château*. Allí, él se sentía en su salsa, como si ese lugar fuera su espacio natural, al que, sin duda, estaba destinado.

Armin Kessler era hijo de un cantero de Baviera. Su padre, un hombre avispado y trabajador, había empezado picando piedra caliza y había acabado convirtiéndose en propietario de una de las mayores empresas de construcción de Núremberg. Había educado a sus cuatro hijos varones en los mejores colegios del Estado y había querido enviarlos a las mejores universidades, aunque, de ellos, sólo Armin había terminado un par de cursos de economía en la Universidad de Colonia. En realidad, nunca le había gustado estudiar, pero su padre quería un sucesor que supiera de números, decía que eso era bueno para el negocio. Sin embargo, a él lo que le gustaba era vivir la vida a todo tren, gastándose la fortuna que ganaba su viejo. Y las antigüedades. Cuando acabase la guerra, se dedicaría al comercio de antigüedades.

Armin Kessler se consideraba un tipo refinado. Vestía ropa cara, tenía gustos caros, gastaba dinero a paladas y, sin embargo, allá donde iba, seguía siendo el hijo del cantero. También por eso abandonó la universidad, porque allí eran todos una panda de estirados elitistas que lo miraban por encima del hombro por no llevar un *von* entre el nombre y el apellido. Estaba harto de que lo clasificaran, no por su valía, sino por quién era su familia. Malditos aristócratas. Los detestaba.

Por fortuna, aquello iba a cambiar. El Führer lo estaba cambiando porque él mismo era el hijo de un agente de aduanas que había llegado hasta lo más alto. Armin sentía una profunda admiración por el Führer Adolf Hitler y era un nacionalsocialista convencido. Miembro de las Juventudes Hitlerianas desde los catorce años y del partido nazi y las SS desde los dieciocho, había mamado de la doctrina mucho antes de ingresar en la *SD-Schule* de Bernau, para formar parte del servicio de inteligencia del partido. Sin embargo, de entre las muchas virtudes que para Armin tenía el nacionalsocialismo, lo que más le gustaba era que abolía los privilegios de cuna y de casta. En la nueva Alemania, todos eran iguales. Lo importante era ser un buen alemán. Y él lo era. Ario de pura cepa.

Armin volvió a admirar la belleza y el lujo de aquel salón. En un futuro próximo, cuando Alemania ganase la guerra, él tendría un palacio como aquél. Quizá ese mismo, ¿por qué no? En cuanto los condenados franceses, paradigma de tipos que miraban por encima del hombro, se sometieran completamente a la supremacía del Tercer Reich, los echarían a patadas de sus retiros dorados.

—La cena está servida. Puede pasar al comedor cuando desee.

Armin se volvió hacia la puerta que acababa de abrirse. Plantada en el umbral con altivez, con la misma altivez que acababa de pronunciar aquella frase en un perfecto francés, segura de que él no la entendería, madame de Fonneuve parecía desafiarle a dar una respuesta. El *SS-Obersturmführer* se tomó su tiempo en complacerla y recorrió entretanto con la mirada a la muchacha, deteniéndose especialmente en su busto y sus caderas, dignos de admirarse. Reparó entonces en el corte y la tela de su vestido, en las joyas y el peinado que lucía, en los labios pintados con carmín... Aquella noche, madame se había arreglado más.

A pesar de saberse inspeccionada, Aldara le sostuvo la mirada al SS. La apariencia de aquel hombre le resultaba repulsiva. Su rostro era alargado, de pómulos y mandíbula definidos y nariz chata sobre una boca de labios estrechos y dientes visibles; se asemejaba a la calavera que lucía en la gorra de su uniforme. Tenía la frente prominente y despejada, con dos grandes entradas en el cabello, rubio y ralo, rapado en las sienes y más largo en la coronilla, donde se le pegaba al cráneo. Su mirada le recordaba a la de un reptil, con aquellos ojos, diminutos y rasgados, de un gris casi translúcido y ligeramente separados. Hablaba con voz meliflua y, al hacerlo, la saliva se le acumulaba en las comisuras de los labios. Sus manos finas y pequeñas se movían como las de una mujer, iban acordes con el resto de su cuerpo largo y huesudo. Definitivamente, todo en él le inspiraba una grima tremenda.

—*Vielen Dank, Madam.*

Armin Kessler podría haberle respondido en francés. De hecho, era capaz de hablar y entender el francés lo suficiente como para comunicarse en tal idioma, pues lo había estudiado varios años en el colegio. Sin embargo, prefería ocultar su habilidad. Resultaba sorprendente lo que averiguaba uno haciéndose el tonto, y es que a la gente se le soltaba la lengua cuando pensaban que no se les entendía.

La joven se retiró y él, sin prisa, terminó su cigarrillo y su bebida. Al cabo, se puso en pie, se estiró la chaqueta del uniforme, se ajustó el nudo de la corbata y se dirigió al comedor.

Hubert había conversado con Aldara a lo largo de casi toda la cena. Ambos habían hecho un aparte, ajenos a la charla en alemán del resto de los comensales. Una charla cuajada de bravuconadas, fanfarronerías y algún que otro comentario político que hubiera hecho las delicias de Adolf Hitler. Resultaba que Romain de Fonneuve era un fascista convencido. O quizá sólo un oportunista, de esos que, en la Unión Soviética, lo mismo hubiera alabado las políticas de Stalin; nunca se podía estar del todo seguro. Y tampoco es que a Hubert le importara demasiado. Llegado a un punto, desconectó completamente del bando alemán y se concentró sólo en ella: en sus palabras, en sus miradas, en cada uno de los movimientos de su cuerpo, de las inflexiones de su voz y de las expresiones de su rostro. Aquella noche estaba preciosa, con aquel vestido azul que dejaba a la vista la tersura de su escote y la elegante línea de sus clavículas. Llevaba el cabello recogido y, alrededor del cuello largo y desnudo, lucía una fina gargantilla de zafiros que competían en brillo y color con sus ojos. No podía dejar de mirarla.

Fue consciente de cuánto molestaba aquella atención a Romain, quien hizo no pocos esfuerzos por distraerla, intentando atraerle a su conversación a base de observaciones y preguntas que él respondía lacónicamente. Al francés le delataban el gesto crispado con el que los observaba y las miradas de reojo con las que los fiscalizaba. A Hubert tampoco se le pasó por alto cómo ejercía un ademán posesivo con su cuñada. Unas veces sutil y otras no tanto, se desplegaba a base de gestos que iban más allá de la familiaridad: le masajeaba los hombros, le cogía la mano por encima de la mesa, le rozaba el brazo, le acariciaba el mentón... Con cada uno de ellos Aldara se mostraba tensa e incómoda. Cuánto hubiera deseado Hubert pararle los pies a ese tipo.

Justo después del café, auténtico café recién salido del mercado negro, Aldara dejó la servilleta sobre la mesa y se puso en pie. Hubert se levantó también, cortésmente. Los demás lo imitaron con desgana. Lo intentaron, al menos. Viendo los decantadores vacíos sobre la mesa y las varias botellas de vino descorchadas que se alineaban en el aparador, Hubert entendió por qué el *SS-Untersturmführer* Walter Weber apenas pudo levantar un palmo de la silla su gordo trasero y, para colmo, remató el esfuerzo con un eructo. El mismo Romain empezaba a mostrar signos de embriaguez y se tambaleó de tal modo al erguirse que tuvo que sujetarse a la mesa. El cuadro, en general, resultaba patético.

—Si me disculpan, voy a retirarme.

Al escucharla, Hubert dio por finalizada la noche y se apresuró a repetir su anuncio.

—Yo también me retiro. Mañana tengo que madrugar para coger un tren a Burdeos.

—¿Se retira, Eberhart? —confirmó en alemán Armin Kessler, simulando no haberle entendido bien—. No me diga, hombre, ¡aún es pronto! Hay tiempo de tomar al menos una copa más mientras jugamos una partida de billar. ¿Qué le parece?

—¡Excelente idea! —se interpuso Romain con el ademán eufórico y el hablar torpe de los borrachos—. ¡Una partidita y una copa para relajarnos antes de dormir!

Hubert trató de zafarse.

—La verdad es que…

—No le permito negarse —le interrumpió Kessler agarrándole por los hombros con camaradería para poder susurrarle—: Ya ha visto usted el panorama. Estos dos están para pocas fiestas. —Señaló con la mirada a Weber y a Romain—. Me temo que verían el doble de bolas rodar sobre el tapete. No me puede usted dejar solo.

El joven consultó su reloj.

—Una partida.

—Así sea —convino Armin con una reverencia de exagerada cortesía.

Hubert se volvió hacia Aldara:

—Buenas noches, madame. Muchas gracias por la cena, ha sido muy agradable.

—Gracias a usted por acompañarnos, teniente. Buenas noches. Buenas noches —repitió dirigiéndose al resto y, sin prestar demasiada atención al murmullo en alemán que le devolvieron, se marchó.

A los pocos segundos, justo cuando se disponían a pasar a la habitación contigua donde se encontraba la mesa de billar, Romain se excusó por lo bajo y salió precipitadamente del comedor. Hubert intuyó que iba a vomitar. Probablemente caería rendido a dormir la mona en las baldosas del cuarto de baño y, con suerte, no volverían a verle el pelo en lo que quedaba de noche.

Sin hacer ningún comentario al respecto, los alemanes entraron en el salón del billar. Weber fue derecho al carro de las bebidas, agarró una botella cualquiera y se sirvió una generosa cantidad de licor en un vaso.

—Tiene algo esa mujer. Madame de Fonneuve —aclaró Armin Kessler. Hubert lo miró con recelo, pero le dejó hablar—. No es que sea una belleza. Esa cicatriz que le cruza la cara. —El SS fingió un escalofrío—. Es muy desagradable. Aunque admito que, para ser madre, luce un cuerpo que incita a la lujuria. Pero no, no es eso lo que le confiere su atractivo morboso. Es, más bien, su forma de ser. Esa fuerza contenida, esa insolencia que a veces se le escapa. Es como una fiera encerrada en una jaula. Reconozco que me pone a cien. ¿Sabía que es española?

Para entonces, Hubert hacía tiempo que apretaba los puños y la mandíbula, como reteniendo así las ganas de soltarle un derechazo en la cara al imbécil de Kessler. Tenía que hacer un esfuerzo colosal, pero sabía que no era muy inteligente acabar a golpes con un oficial de las SS sobre la mesa de billar.

—Sí, lo sé. Llevo casi dos años viviendo aquí. —La voz le salió ronca. Carraspeó—. Lo que me pregunto es cómo lo sabe usted.

El otro le dirigió una mueca reptiliana, muy habitual en él, como acabaría descubriendo Hubert. Al teniente no le hubiera sorprendido que asomase una lengua bífida entre sus finos labios.

—¡Ah, mi querido Eberhart! Es conveniente conocer bien a las personas que habitan bajo nuestro mismo techo. Después de todo, estamos en territorio invadido y cualquiera podría ser un terrorista con ganas de gritar «*Vive la France!*» mientras nos pasa por el cuchillo.

A Hubert siempre le había fascinado cómo aquellos tipos del *Sicherheitsdienst*, el servicio de inteligencia de las SS, hacían de espías las veinticuatro horas del día. Debía de ser agotador vivir con la sensación permanente de que todo el mundo alrededor era una amenaza.

—Le aseguro que madame de Fonneuve no tiene nada que ver con eso. Al igual que la mayoría de las mujeres de Francia, se dedica a sacar adelante su casa y su familia. Bastante lucha es ésa ya.

—Me temo que es usted muy confiado, teniente. Le sorprendería la cantidad de mujeres que militan entre partisanos y resistentes. Y siendo madame española... Tengo la firme creencia de que todos los españoles que están fuera de España son unos bastardos enemigos del fascismo. Y ella... —El SS tomó aire entre los dientes como si se excitase sólo con pensarla—. Esa fuerza que tiene ella... La he visto en la mirada de muchas mujeres muy peligrosas. Esas zorras partisanas del este, que son de lo peor. No, madame no es una mosquita muerta. Para empezar, está el asunto ese de la mujer judía. Tengo entendido que se enfrentó a los nuestros como una hiena. —Hizo una pausa para luego soltar con toda intención—: Y usted la apoyó.

Hubert tragó saliva y el trago le supo a quina de la indignación que sentía. Procuró mostrarse sosegado.

—Ese asunto no tiene ninguna importancia. Se trata de un caso aislado que se justifica porque la mujer es empleada de una familia con la que nos interesa estar en buenas relaciones. Los casos aislados no afectan a la cruzada contra los judíos. El Führer lo entiende así. Por lo que sé, él mismo protege a determinados judíos y comprende el valor de la excepción.

—Me parece a mí que usted cree saber demasiado —alegó Armin con desdén—. En fin, no importa. Es comprensible que usted la defienda, resulta obvio que aprecia como el que más el atractivo de madame. No, no se moleste en negarlo. He visto cómo la miraba durante la cena, no le ha quitado ojo de encima. Y no se lo censuro, que conste. Después de todo, las mujeres también forman parte del botín de guerra. Ahora bien, le advierto que no conviene cruzar la línea de la confraternización.

Aquello colmó la paciencia de Hubert.

—Y yo le advierto que se guarde sus advertencias y se meta en sus asuntos.

—Pero ¡eso es precisamente lo que voy a hacer, mi querido Eberhart! Como parte de mis asuntos, voy a tener vigilada a esa mujer. A fin de cuentas, estoy aquí para combatir el terrorismo.

Hastiado de la compañía de Kessler, y suerte que Weber, tras meterse entre pecho y espalda un cuarto de litro de ginebra, roncaba en un sillón, Hubert quiso terminar con la desafortunada velada:

—Nos hemos quedado sin tiempo de jugar. Lo lamento.

—¡Vamos, Eberhart, no se me enrabiete! Me prometió usted una partida. Coja un taco y vaya colocando las bolas mientras yo sirvo las copas. ¿Qué toma?

—Nada, gracias. Ya he tenido suficiente bebida por hoy.

Armin rio escandalosamente.

—¿Has escuchado, Weber? ¡Eso es un hombre cabal! Deberías tomar nota —se dirigió a su camarada, aun sabiéndolo inconsciente—. Mírelo, parece una patata caliente, maldita sea.

Hubert no pudo estar más de acuerdo. El *Untersturmführer* Weber, también cuando estaba despierto, se asemejaba a un pedazo de carne embutido en el uniforme. Su rostro, fofo y gelatinoso, parecía moldeado a pellizcos como si fuera de plastilina, lo que le confería una apariencia avejentada, si bien no tendría más de treinta años. En cualquier caso, no parecía un tipo muy espabilado.

—Otra noche que voy a tener que cargar con él hasta la cama —se lamentó Kessler—. No es más que un desgraciado alcohólico.

A Hubert le pareció cuando menos gracioso que el SS hablara así según se trasegaba un whisky doble. No obstante, tenía que reconocerle que aguantaba bien el alcohol. No habría bebido mucho menos que los demás y allí lo tenía, tocándole las narices con plena lucidez.

Kessler continuó hablando mientras entizaba su taco.

—Una lástima. Weber es un policía muy válido cuando está sobrio. Pero hay que tener mucho temple y mucho estómago para hacer lo que nosotros hacemos. Y, a fin de cuentas, el pobre infeliz no es más que un granjero de Westfalia. Cuando pasas de la granja al frente ruso... Lo cierto es que hay determinadas imágenes que sólo borra el alcohol —concluyó golpeando suavemente la bola blanca. El repiqueteo de unas bolas contra otras resonó en el salón.

Hubert se colocó junto a la mesa para calcular y hacer su jugada.

—¿Ha estado usted en el frente ruso, Eberhart?

—No.

—Eso es un maldito infierno. Nosotros estuvimos allí catorce meses, en Ucrania. Con el *Einsatzgruppe C*.

Antes de golpear, Hubert no pudo evitar levantar la vista para mirarle. Había oído hablar de esos *Einsatzgruppen*, Cuerpos Especiales, que se habían enviado a la Unión Soviética. Se trataba de unidades de entre quinientos y mil hombres, todos de las SS, que acompañaban a la *Wehrmacht* en su avance y que, en teoría, se encargaban de labores policiales y de seguridad en los territorios que se iban tomando. Estas unidades se habían desplegado desde que Alemania comenzara su campaña de anexiones: en Austria, Checoslovaquia y los Sudetes, Polonia y Europa occidental. Sin embargo, según las noticias que llegaban, con la invasión de la Unión Soviética parecían haber adquirido otra dimensión. Ya desde Polonia, se habían reportado ejecuciones masivas de civiles y destrucciones de pueblos enteros y comunidades por parte de estos grupos; sin embargo, en la Unión Soviética, tal práctica parecía haberse sistematizado.

—No me mire así. Ya no me trago el cuento de la superioridad moral de la *Wehrmacht* y su respeto a las reglas de la guerra. ¿Cree que éramos sólo nosotros los que apretábamos el gatillo? Había muchos de los suyos allí, regodeándose en el espectáculo, ¡participando de él, incluso! Le contaré lo que sucedió en Babi Yar, a las afueras de Kiev. ¡Esas ejecuciones masivas de civiles las ordenó el comandante militar de Kiev, un general de la *Wehrmacht*! Pero, a la hora de la verdad, sus soldaditos de plomo eran demasiado escrupulosos para colocarse al borde del barranco y disparar a la nuca de aquellos desgraciados en pelotas.

Conmocionado, Hubert tuvo la sensación de que a Armin Kessler se le había subido de repente todo el alcohol ingerido y ya no era capaz de ocultar sus efectos. Tenía los ojos vidriosos y la cara congestionada, sudaba profusamente y comenzaba a arrastrar las palabras. Quizá no habría hablado de tal modo estando sobrio.

—No les culpo. Hay que tener los nervios de acero para hacer algo así —continuó imparable Kessler—. Daba lo mismo cuánto hubieras bebido antes, daba lo mismo ir borracho de furia. Era un espectáculo no apto para estómagos sensibles. Ya sabe, las mujeres, los niños... Gritaban como salvajes. Pero alguien tiene que hacerlo. —Se encogió de hombros con indolencia—. Alguien tiene que hacer el maldito trabajo sucio. ¡Pam, pam, pam! Uno tras otro hasta más de treinta y tres mil... ¡En dos días! Eso fue Babi Yar. Mis hombres terminaron destrozados. Y ¿sabe qué ocurrió entonces, cuando ya parecía que la pesadilla había terminado? El general Rasch me ordenó que bajara al barranco y rematara a los que seguían vivos. Tuve que andar sobre aquella alfombra de cadáveres, notar el crujir de los huesos y la carne vacilante bajo las botas... Y ese hedor a miseria humana... Pero hay que cumplir órdenes, Eberhart. Es así, usted lo sabe. Y las órdenes eran acabar con ellos. Acabar con ellos... ¡Ja! ¡Hay millones de indeseables en la Unión Soviética! ¡Nosotros solos no podemos acabar con todos ellos! No se puede exterminar toda una raza con unos pocos comandos... Algo tendrán que hacer los de ahí arriba, ¿no le parece?

Hubert no quiso ni pudo responder. Tenía el estómago revuelto y la saliva se le acumulaba en la boca. No por causa del alcohol, apenas había bebido. Quizá fuera la bilis que le hervía de rabia y de repugnancia. De forma mecánica, se agachó sobre la mesa de billar para golpear la bola. Le aplicó tal fuerza al golpe que ésta salió despedida sin control y el taco estuvo a punto de rasgar el tapete.

—Tendrá que disculparme, Kessler. Creo que no estoy en condiciones de jugar. Será mejor que demos por terminada la partida.

Armin repasó con la mirada la silueta altiva del teniente. Las botas brillantes, ni una arruga en el uniforme, las espaldas anchas, la mandíbula cuadrada, el cabello ordenado; alto como una torre. Se había topado ya con unos cuantos figurines como ése, con el aire orgulloso de los caballos de pura raza. Se daba cuenta de que Eberhart lo despreciaba, seguramente lo consideraba zafio, de baja catadura moral, de rango inferior aun cuando el escalafón militar los igualase. Eberhart sólo le consideraba un sádico matajudíos. Lo cierto era que Armin no había esperado otra cosa de aquel típico niño bien, procedente de las castas que alimentaban a los cuadros de oficiales del ejército. Y se estaba divirtiendo de lo lindo en tanto le provocaba y le escandalizaba, en tanto ponía a prueba su aristocrática compostura y sus buenas maneras.

El SS, a quien le importaba un comino el billar porque él prefería jugar a su propio juego, terminó lo que le quedaba de bebida y preguntó:

—¿Cómo consiguió la Cruz de Hierro?

Hubert bajó la vista hacia la cinta negra, blanca y roja prendida al segundo botón de su guerrera.

—En Bélgica —contestó con desgana. Temía que aquel chiflado no le fuera a dejar marcharse nunca.

—Sí, pero ¿cómo?

—Durante la ofensiva para romper la defensa de la frontera con Holanda. Reuní unos cuantos hombres dispersos; sus unidades se habían diseminado durante el combate. Acabamos con una línea de artillería belga y tomamos varias casamatas enemigas —resumió las dos páginas del informe con el que lo recomendaron para la condecoración.

—Así que es usted un héroe. Enhorabuena. Quizá a mí ahora me den una por matar franceses, porque desde luego que por matar judíos no se prodigan. Está claro que no todos los trofeos de caza tienen el mismo valor. Matar conejos o matar leones, ésa es la cuestión. O quizá la cuestión sea quién los mata. ¿Qué opina usted, Eberhart?

Hubert no estuvo seguro de si en aquel comentario hablaba la torpeza del alcohol o la inquina de la envidia.

—Prefiero pensar que a mí me condecoraron no por matar, sino por proteger la vida de mis hombres.

—Mi querido amigo, no es que yo pretenda dar lecciones militares a un condecorado *Oberleutnant* de la *Wehrmacht*, pero entiendo que para salvar las vidas de los camaradas es necesario acabar con las vidas de los enemigos. ¿No consiste en eso el noble arte de la guerra?

—Y por eso la detesto. Pero no me malinterprete, sé cuál es mi deber y, llegado el momento, derramaré, como he derramado, hasta la última gota de mi sangre por defender no al Führer, sino a mi familia y a cientos de miles de alemanes que no tienen la culpa de esta locura.

Armin Kessler sonrió con malicia.

—Será mejor que no vaya diciendo eso por ahí, herr *Oberleutnant*. A mucha gente no le gustaría escucharlo.

Quizá aquello fuera lo único sensato que había dicho Kessler en toda la noche: Hubert ya había hablado demasiado. Se sentía como un estúpido por haber caído en la trampa de aquel sádico borracho.

Con calma, dejó el taco sobre la mesa.

—Tómese otra copa a mi salud, Kessler. Y que el alcohol le procure felices sueños. Buenas noches.

Se cuadró brevemente, se dio media vuelta y se marchó.

Armin se quedó mirando con una sonrisa la puerta que el joven acababa de cerrar tras de sí. Ese tipo estiradito le provocaba cierto morbo, le pasaba con algunos hombres, que despertaban sus apetitos sexuales del mismo modo que las mujeres, que el Partido le perdonase. Sí que se tomaría otra copa a su salud. Después de todo, se había divertido con él. Pobre Eberhart, casi le daba lástima. Y es que no le cabía la menor duda de que había conseguido sembrar la inquietud en el arrogante muchacho. A buen seguro él tampoco conciliaría muy bien el sueño esa noche.

Marzo de 1943

Hacía ya más de un año que Auguste de Montauban había fallecido y, desde entonces, Pascal, que al principio se había sentido desorientado como un perro que ha perdido a su amo, había acabado por encontrar un propósito al que dedicar sus días.

Él, que había vivido para velar por el capitán, había fracasado en su propósito. Tal pensamiento le atormentaba y para enmendarse pasaba las horas merodeando como una sombra por el Domaine, haciendo lo único que sabía hacer: estar al tanto de cuanto sucedía a su alrededor, proteger a los que el capitán hubiera protegido.

Por otro lado, Pascal también se sentía custodio del tesoro de los Montauban: las botellas de los tres emperadores. Tras la muerte del marqués, sólo él sabía dónde estaban escondidas. En algún momento, pensó en revelárselo a madame, pero enseguida desechó la idea: saberlo no supondría más que otra carga para la joven. No, el secreto estaría a salvo con él hasta que regresase el señorito Octave. Aunque seguramente él ya supiera en dónde estaban con aquella referencia al águila y el león. Al contrario que su hermano, Octave hablaba el mismo idioma que su padre y compartía con él gustos, intereses e inquietudes. Sí, él sabría a qué se refería el capitán.

Entretanto, el señorito Romain no había dejado de buscar

las botellas con desesperación. De un tiempo a esta parte, pagaba una buena suma a uno de los mozos que trabajaban en el viñedo para que lo hiciese por él. El muchacho había recorrido cada palmo de la bodega, cada rincón de la casa, cada piedra de los establos. Incluso, le había procurado un extraño y voluminoso aparato que decía que detectaba metales enterrados. De modo que el pobre chico tenía encomendada la ardua misión de pasar aquel cachivache por cada metro de las muchas hectáreas del Domaine con la esperanza de localizar las cápsulas de estaño de las viejas botellas. Era de locos. Más bien de un solo loco, el loco de codicia de Romain.

Lo que estaba claro era que aquel perturbado se mostraba decidido a encontrar el tesoro y si no lo había hecho ya era porque se hallaba oculto delante de sus narices o, al menos, más delante de sus narices de lo que él pensaba. Aun así, Pascal temía que algún día el tesón o, por qué no, la casualidad le llevase a conseguirlo y, entonces, él no podría hacer nada por evitar que cayera en sus garras. Rogando al cielo por que tal cosa no sucediera, se limitaba entretanto a mantenerlo vigilado, cuidando de que ni el más mínimo detalle delatase su escondrijo hasta que el señorito Octave se hiciese cargo de él, bendito sería tal día.

Precisamente de cumplir con tal tarea diaria regresaba Pascal aquel mediodía, pensando ya en el almuerzo. Acababa de visitar el escondrijo bajo el águila y el león, cuando vio una camioneta rodar por el camino principal. En aquellos días, los únicos vehículos que circulaban eran los alemanes y algunos franceses con autorización especial. La mayoría de los proveedores habituales del Domaine la tenían; sin embargo, a Pascal no le pareció que aquel camión fuera de alguno de ellos.

Su curiosidad se acrecentó cuando la camioneta se detuvo frente a la casa y por la puerta del copiloto se apeó una mujer que no había visto nunca.

Aldara entraba en su dormitorio cuando le pareció oír el ruido de un motor. Apartando los visillos del balcón, se asomó a los cristales y, desde la altura del primer piso, divisó el techo de una camioneta estacionada frente a la fachada principal. Alguien se apeó del vehículo y se encaminó hacia la puerta de entrada, pero desde aquella altura y aquel ángulo no reconoció la figura, sólo distinguió que no iba uniformada y que parecía una mujer. Enseguida sonó el timbre.

Intrigada, puesto que no esperaban a nadie, salió al pasillo y se asomó a la barandilla de la galería para averiguar de quién se trataba. Para entonces, el diligente Jacques ya había abierto la puerta. En ese momento, le pareció reconocer la voz que se dirigía al mayordomo. Bajó las escaleras a paso ligero. Una vez en el recibidor, ya no tuvo la menor duda sobre quién la visitaba.

—¿Lina?

Jacques se apartó.

—Aldara…

—¡Lina, qué sorpresa! Pasa, pasa, por favor.

La joven entró en la mansión. Se mostraba cohibida, quizá abrumada. Aldara podía entenderlo, ella misma se había sentido así la primera vez que pisó el *château*. Corrió a abrazarla y, al hacerlo, la notó tensa.

—Gracias, Jacques. Ya me encargo yo. Es una amiga. ¿Podría servirnos té en el salón, por favor?

—Por supuesto, madame.

Antes de retirarse, el mayordomo hizo una breve inclinación de cabeza. Aldara se dio cuenta de que el hombre había aprovechado para lanzar una mirada reprobatoria a sus botas, pensando en el rastro de barro que iban dejando sobre los suelos de mármol y de madera y sobre las alfombras. Ella misma se sintió entonces sucia, con aquella ropa de faena que usaba para ir al viñedo, sudada y cubierta de polvo, y las manos con restos de tierra. De hecho, había estado a punto de darse un baño y cambiarse antes de comer cuando se había presentado aquella inesperada visita. Aparcó aquel fugaz pensamiento y se dirigió a Lina.

—Vamos, vamos al salón. He pensado que un poco de té nos vendrá bien. Hoy hace bastante frío y humedad, ¿verdad?

Aldara empujó la puerta de la estancia y le cedió el paso a su amiga.

—Pasa. Siéntate donde prefieras. Aquí, cerca de la chimenea se está bien. Voy a echar algún tronco más. —Se agachó junto a la cesta de leña.

—Aldara...

La joven se volvió, escamada por el tono de impaciencia de Lina. Su semblante grave le confirmó que aquélla no se trataba de una visita de cortesía. Olvidada la chimenea, volvió a ponerse en pie.

—¿Qué ocurre, Lina?

Su amiga abrió la boca como para explicarse. Tenía en mente un largo argumentario que, sin embargo, en el momento, le pareció insuficiente. Además, el tiempo apremiaba. Suspiró.

—Necesito tu ayuda.

—Pero ¿qué pasa? Me estás asustando...

—No, no... Es... Ven conmigo fuera, por favor. Quiero que lo veas tú misma.

Aldara siguió a Lina hasta el exterior del *château*. El día estaba gris y desapacible, un fuerte viento agitaba la lona de la camioneta aparcada al pie de las escaleras. Según se acercaban a ella, Aldara vio a otra mujer sentada frente al volante. Sin embargo, Lina se dirigió a la parte trasera y abrió un poco la lona, dejando al descubierto una carga desordenada de cajas de madera y balas de paja. Después, se encaramó al volquete para poder apartar algunas de ellas. En ese momento, Aldara oyó un gemido sobre los golpes del viento contra la lona y sus silbidos entre las rendijas del camión. El mismo viento que le revolvía el cabello frente a los ojos, que levantaba briznas de paja, que lo volvía todo confuso. Quizá porque estaba aturdida le llevó un instante distinguir en la oscuridad del fondo del volquete el cuerpo que allí yacía. Miró a Lina, escamada.

—Es un aviador. Está malherido. Se trata de una larga historia. Te la contaré, pero ahora no hay tiempo. Cada minuto que este camión está aquí parado aumenta el riesgo de que nos descubran. Lo importante es que necesitamos alguien que lo esconda y lo cuide hasta que podamos sacarlo de Francia. He pensado que tú...

Aldara miró a Lina sin saber qué decir. No daba crédito a lo que su amiga estaba insinuando, no podía ser. El aviador emitió un nuevo gemido y eso pareció espabilarla.

—Pero, Lina, yo no puedo. ¡No puedo hacerme cargo de él! Tengo a cinco alemanes alojados en casa, entre oficiales y ordenanzas. ¡Y tres son de las SS! ¡Sería una locura!

—Lo sé, lo sé. Pero precisamente por eso. ¡Jamás pensarán que lo escondes aquí! Y la casa es grande, ¡enorme! Seguro que hay algún rincón en el que ocultarlo sin que nadie sospeche de su presencia. Por favor, Aldara, estamos desesperados, no sabemos a quién acudir. El cerco de los alemanes es cada vez mayor y todos nuestros colaboradores están vigilados. Ayer mismo detuvieron a diez personas en una redada.

—Pero ¿de qué me estás hablando? ¿Qué colaboradores? ¿Con quién estás metida, Lina? No será... No será... Por Dios...

—Te lo explicaré. Te prometo que te lo explicaré todo. Pero no hay tiempo ahora. ¡Este hombre necesita ayuda!

A Lina le pareció que su amiga dudaba.

—Te lo ruego —insistió—. Al menos, hasta que encontremos otro sitio mejor. Margaux y yo te ayudaremos a instalarlo.

Aldara se giró hacia donde Lina dirigía la vista. A su espalda, una mujer de mediana edad a la que ni había oído acercarse de lo perpleja que estaba le sonrió.

—Margaux es comadrona. Gracias a que tiene permiso para circular le hemos podido traer hasta aquí. Ella te enseñará cómo cuidarlo y te dará medicamentos, gasas... lo que necesites. Por favor.

La joven le dedicó una última mirada suplicante. El viento también parecía apremiarla con su insistente azote. Al igual que la sensación de estar expuesta con sólo permanecer junto a aquella camioneta y su comprometida carga.

—Madre mía... Está bien...

La cara de Lina se iluminó de alivio y desde la altura del volquete se lanzó a abrazarla.

—¡Gracias! ¡Muchas gracias! Sabía que podía contar contigo.

—Tienes tú más fe en mí que yo misma. Vamos a quitar este camión de aquí enseguida, no sea que a alguno de mis huéspedes le dé por regresar de repente.

Acuciada por la inquietud, Aldara pergeñó rápidamente un plan para trasladar al aviador con la mayor discreción. Lo primero que hicieron fue conducir la camioneta a la zona de carga de la bodega, que quedaba en la parte trasera del edificio. Por suerte, era la hora de almorzar y los operarios se habían marchado para disfrutar del descanso. Una vez allí, bajaron al aviador del camión, lo acomodaron como pudieron en una carretilla y lo cubrieron con una manta. Durante el proceso, el pobre hombre, que estaba semi inconsciente y ardía de fiebre, gemía entre delirios y dolores. Empujando la carretilla, lo llevaron hasta una de las puertas traseras del *château*, apartada de la cocina y de la vigilancia de Simone, a quien no se le escapaba nada de lo que ocurría en su feudo y alrededores. Una vez dentro, Aldara no tuvo muy claro qué hacer con aquel hombre. Cierto que la mansión debía de tener más de treinta habitaciones, pero ninguna le parecía lo bastante recóndita y segura. Improvisando sobre la marcha, condujo al grupo hacia la zona de los dormitorios del servicio, donde había un ala vacía. En un recodo al final del pasillo, se encontraba un pequeño cuarto que llevaba sin usarse desde antes de la guerra. Sin ser ideal, aquel lugar se encontraba por lo menos alejado de todo.

Cuando Aldara abrió la puerta, el panorama se presentó desolador. Lo primero que les recibió fue un fuerte tufo a moho y humedad. Además, hacía un frío terrible. La estancia contaba con solo tres muebles, cubiertos con sábanas, y el polvo cundía por doquier. No tenía luz eléctrica y apenas estaba iluminada por la que entraba a través de un ventanuco con cristales opacos de mugre. Aldara descubrió la cama y confirmó sus sospechas de que estaba sin hacer. Por lo menos, tenía colchón, hundido por el centro y con algunas manchas, pero colchón, al fin y al cabo.

Empezó a disculparse, nerviosa.

—Esto es… No está en condiciones, la verdad. Pero con los alemanes alojados en la parte noble de la casa… Tampoco sé si puedo confiar en el servicio. Ni siquiera involucrarlos en esto… Lina, esta habitación es horrible.

—Mucho mejor que el cobertizo en el bosque del que viene —resolvió su amiga—. Vamos a ponerlo en la cama.

—Si os arregláis entre las dos, yo voy a buscar sábanas y mantas. Y unas velas y… Bueno, todo lo que hace falta aquí.

—Ve, ve.

Aldara se apresuró a salir. Recorrió el pasillo, dobló la esquina y…

Casi se le escapa un grito del sobresalto. Se conducía con tal agitación que no vio a quien venía por su camino y a punto estuvo de chocar con él. Le faltó poco para desmayarse del alivio al comprobar que se trataba de Pascal. Sólo Pascal.

—Dios mío… Menudo susto me ha dado.

El otro la observaba desde lo alto de su mole. La mirada sombría y el semblante aún más grave de lo habitual. Cuando obtuvo la atención de ella, negó solemnemente con la cabeza.

Algo confusa al principio, a Aldara le llevó unos segundos entender a qué se refería. Pero enseguida comprendió que aquel hombre, que velaba cada rincón de la casa como un fantasma, estaba al tanto del embrollo en el que acababa de meterse. El otro volvió a negar con mayor ahínco.

—Ya sé que es peligroso, pero tengo que hacerlo. Ese chico se juega la vida combatiendo por nosotros, no podemos dejar que caiga en manos de los alemanes. Y tengo que ayudar a Lina. ¡Es mi amiga!

Pascal permaneció impasible, hasta el punto de que Aldara dudó si había entendido una sola palabra de lo que acababa de decir. Cuando se disponía a repetirse, esforzándose en gesticular y vocalizar más, le pareció ver que el otro relajaba la expresión del rostro.

—Lo entiende, ¿verdad? Lo entiende.

El hombre asintió e, inmediatamente después, le indicó que le siguiera. Aunque extrañada, fue tras él a través de escalones, escaleras, plantas, entreplantas y corredores de una casa que todavía se le antojaba un laberinto. Así, llegaron hasta el final de un pasillo en el que había un gran armario. Pascal lo abrió, dejando al descubierto su contenido de ropa vieja de casa y trastos. Apartó algunos de aquellos enseres para despejar el fondo: una hoja de madera que, para sorpresa de Aldara, el criado corrió como si fuera una puerta, revelando así una estancia oculta tras ella.

Aldara no lo sabía, pero el quinto marqués de Montauban había mandado construir aquel escondrijo durante la guerra franco-prusiana de 1870, como refugio para proteger a su familia y sus más preciados tesoros cuando las batallas se libraron a las puertas mismas de su *château*.

El lugar era amplio y estaba acondicionado con todas las comodidades. Tampoco disfrutaba de instalación eléctrica, pero un tragaluz en el techo abuhardillado le procuraba iluminación y ventilación suficientes; además, contaba con un pequeño aseo con agua corriente y una estufa de leña. Por descontado que también hacía frío, olía a cerrado, había polvo por todas partes y las sábanas protegían el completo mobiliario que incluía hasta un tablero de ajedrez con patas, pero todos aquellos inconvenientes tenían fácil solución y el conjunto distaba de parecerse a aquella otra sórdida habitación de servicio.

Aldara le sonrió a Pascal.

—Este sitio es perfecto. Muchas gracias. Ahora, ya sólo tengo que aprenderme el camino hasta aquí.

El criado le devolvió una media sonrisa.

Con ayuda de Pascal, Aldara encendió un fuego vivo en la estufa, descubrió los muebles, sacudió el polvo, barrió y fregó el suelo, hizo la cama con sábanas limpias y varias capas de mantas y edredones, pasó un calentador de cobre entre ellas para quitarles el frío y la humedad, y, por último, repartió lámparas de petróleo y candelabros con velas aquí y allá. En poco más de media hora, el escondite tenía un aspecto pulcro y hasta acogedor.

Trasladar allí al maltrecho aviador a través de aquel intrincado recorrido resultó una odisea, aun contando con la corpulencia de Pascal, quien, a tramos, tuvo que echarse el considerable peso de un tipo de más de metro ochenta a las espaldas. Suerte que Margaux, la comadrona, había suministrado un sedante al herido y éste se dejaba hacer sin lamentarse.

Cuando Lina vio a Pascal, la joven, que no se caracterizaba por la moderación de sus expresiones, se quedó mirándolo con la fascinación morbosa de quien contempla una criatura de feria.

—¿Quién es éste? —preguntó boquiabierta.

—El mejor cómplice para esta locura que podíamos tener —respondió Aldara.

—Mi madre... Da un susto al miedo, niña.

Terminó siendo un largo periplo hasta que el aviador se encontró por fin acostado en una cama limpia, caliente y mullida. Margaux tuvo que cambiarle los vendajes de la herida que tenía en la pierna porque con tanto manejo había empezado a sangrar y, según lo hacía, aprovechó para dar instrucciones a Aldara sobre las curas. Le explicó que, además de aquella herida que tenía todo el aspecto de estar infectada y era lo que seguramente le causaba la fiebre, el chico se había dislocado un hombro. Él mismo había intentado colocárselo, pero no debía de haberlo hecho bien, pues la zona seguía inflamada, amoratada y dolorida. Tras dejar todo dispuesto y organizado, la comadrona se marchó, llevándose consigo la camioneta delatora y prometiendo volver en unos días, quizá con un médico de confianza, para visitar al enfermo.

Cuando Aldara y Lina se sentaban rendidas en el sofá del salón eran más de las tres y media de la tarde. Aldara calculó que aún quedarían como poco un par de horas hasta que sus huéspedes alemanes empezasen a regresar, podía ser más tarde, pero no antes, y el teniente Eberhart no lo haría hasta el día siguiente, pues estaba de viaje. Gracias a todos los dioses, Romain tampoco estaba. Por lo tanto, las jóvenes todavía contaban con un rato para comer algo y charlar. Pascal había insistido en quedarse a cargo del aviador para que ellas pudieran hacerlo.

Del té que Jacques había servido diligentemente en el salón ya no quedaba rastro. A buen seguro que el mayordomo lo habría retirado ya frío al comprobar que allí ni había ni aparecía nadie. De modo que Aldara bajó a la cocina y, como Simone estaba en su hora de descanso, preparó ella misma un tentempié a base de caldo caliente y *rillettes* de pato con pan. Casi mejor así, pues no quería tener que soportar el sermón de la cocinera por haberse saltado la comida ni ingeniárselas para escatimarle unas explicaciones que no podía darle. Antes de servirse a ella y a Lina en el salón, le llevó una bandeja a Pascal, al que suponía igual de hambriento.

—Tienes mucho que explicarme, Lina —casi reprendió a su amiga mientras ésta engullía la comida entre generosos sorbos de vino—. ¿Qué haces tú metida en este lío?

—Perdóname... Quise contártelo el mismo día que nos encontramos en Beaune, pero no me atreví. No es que no confiara en ti... Bueno, quizá no del todo. Pero no por ti, sino por tu familia política. ¿Qué sabía yo de ellos? ¿Y si eran colaboracionistas? Como me dijiste que tenías un oficial alemán en casa... Y los tuyos son aristócratas. La mayoría de ellos ven con buenos ojos a los alemanes. Luego me enteré de que defendiste y acogiste a una mujer judía. ¡De que te enfrentaste por ella a esos cerdos! Fui una tonta al dudar de ti...

A pesar de las divagaciones de Lina, Aldara verbalizó sus sospechas.

—¿Estás metida en la Resistencia? —Bajó por instinto la voz, aunque estaban solas y a puerta cerrada.

—Desde el principio —presumió la joven—. No exagero si te digo que fuimos de los primeros en plantarles cara a los nazis. ¡Nosotros! ¡Los españoles! Y es que ya hemos perdido una guerra, un país y una vida; ya no tenemos nada más que perder... ¿Recuerdas que te conté que mi Manuel construía una presa en Cantal con las Compañías de Trabajadores Extranjeros?

Aldara asintió.

—Allí empezó todo. No podía ser de otra manera. Todos esos trabajadores españoles habían sido antiguos combatientes y milicianos, buena gente del PCE, la CNT y las organizaciones sindicales. Gente que lleva el espíritu de lucha y el odio a los fascistas en la sangre. Y esos cerdos alemanes que habían bombardeado nuestras ciudades con sus aviones... —Lina gruñó de rabia—. ¡Era el momento de vengarse de ellos! De continuar la guerra desde el exilio. Y también de ir contra el

Gobierno de Pétain, que no son mejores. En el grupo de Manuel, enseguida se organizó una célula clandestina. Al principio, se trataba sobre todo de ayudar a otros refugiados españoles que huían de la zona norte: los acogían, les daban papeles y eso... Como los franceses, que, de primeras, solo editaban periódicos y pasquines contra el Régimen y la ocupación o, como mucho, llevaban a cabo pequeños sabotajes espontáneos. No se podía hacer mucho más porque no había manera de conseguir armas.

Lina refrenó un poco el entusiasmo de su discurso para dar un bocado a un trozo de pan untado con *rillettes* y un buen sorbo de vino.

—Niña, ¡qué rico está esto...!

Con la boca aún llena, continuó su relato.

—Total, que para el verano del 41, la cosa cambió y se organizaron los primeros grupos de lucha armada con el material que los ingleses empezaron a lanzar en paracaídas o con lo que se incautaba en los ataques a los depósitos alemanes. Con explosivos, detonadores, armas y municiones, los sabotajes se volvieron más espectaculares: se hacían descarrilar trenes, se volaban líneas de alta tensión, se atacaban patrullas de alemanes y puestos de vigilancia antiaérea... Fue en esos días, más hacia finales de año, cuando el grupo de cenetistas de Manuel se unió a los franceses que dirigían la presa y que, en buena parte, eran resistentes, para involucrarse en las acciones armadas. También las mujeres nos incorporamos a la lucha. Ya lo estábamos desde el principio. Nosotras tenemos una ventaja y es que los alemanes y la policía francesa tienden a sospechar menos de quienes llevan falda y pintalabios —bromeó—. Y ya no te digo si además empujan un carrito de bebé o son solo unas niñas de catorce o quince años con coletas y aire de colegialas. ¡Ay, Rosario! Charito, la llaman... Tenías que verla pasar delante de los alemanes con una cartera llena de cartuchos de dinamita y cómo los muy lerdos le sonreían y le silbaban, babeantes. Trece años tenía entonces la criatura. O Jesusa, que es madre de cinco críos y cuida de otros dos de una hermana muerta y, además, acoge en su casa las reuniones clandestinas de los camaradas y guarda en la despensa la impresora de pasquines. Nosotras llevamos órdenes, octavillas, dinero, documentación falsa, municiones… Lo que haga falta. A veces, a distancias de más de cien kilómetros que recorremos a pie o en bicicleta con suerte. Otras, empuñamos armas cuando las hay. O hacemos lo que hemos hecho hoy: ayudar a quien necesite escapar de las garras de los nazis y la policía francesa.

Aldara no daba crédito a cuanto acababa de escuchar. Aquella joven dicharachera de carrillos sonrosados, de ojos grandes y redondos que aún miraban como los de una niña, que lucía con coquetería un pañuelo al cuello y los labios pintados de color rojo ya desvaído después del trajín y las *rillettes,* no encajaba con la idea que ella tenía, si es que alguna vez se había hecho alguna, de un rudo y aguerrido resistente.

Aldara meneó la cabeza con asombro y admiración.

—Madre mía, Lina… Tienes muchas agallas…

—¡Cuadraos! ¡Mi Manuel me dice que los tengo cuadraos! —se carcajeó—. ¡Pues como no sean los ovarios, tú me dirás! —Entonces, se puso seria—. Pero, no creas, que también paso mucho miedo. Dos veces hemos escapado por los pelos y cuando oyes y ves lo que les hacen a los que pillan… Si nos encontramos tú y yo en Beaune fue porque tuvimos que huir y acabamos en esta región. Y es que en agosto del año pasado cayó nuestro grupo de Cantal por un chivatazo. Los gendarmes los detuvieron a todos… Menos a Manuel y a mí. Vinieron a casa a trincarnos, pero nos dio tiempo a escapar por un ventanuco de la cocina. Atravesamos la línea de demarcación con papeles falsos y, por medio de un conocido de un conocido de un conocido, acabamos en casa de un comunista francés que trabajaba en el ferrocarril de Dijon y dirigía una pequeña célula de resistencia entre los ferroviarios. Émile, se llama. Él nos acogió y le consiguió un trabajo a Manuel como mozo de equipajes en la estación. Y nosotros nos unimos a su grupo. El día que me viste, venía de recoger unos documentos de identidad falsos que prepara un tipo, un artista, la verdad, en su sótano de Beaune.

—Sí que te noté un poco rara. Nerviosa.

—Creo que me he acostumbrado a vivir en permanente estado de nervios... El mes pasado la Gestapo detuvo a Émile cuando regresaba a casa del trabajo. Dicen que lo interrogaron y que lo han deportado a Alemania. No me extrañaría que le hubieran sacado nuestros nombres en el interrogatorio. Es imposible resistirse a esos brutos. Son inhumanos...

—Pero, Lina, ¡eso es horrible! ¿Y cómo habéis hecho? ¿Dónde estáis ahora?

—En la clandestinidad. Un compañero de Manuel en la estación nos llevó con un maquis que se refugia en el Morvan.

Aldara enseguida identificó aquel macizo montañoso rodeado de espesos bosques que distaba menos de cien kilómetros al oeste del Domaine.

—Acampamos como los gitanos. Menos mal que se acerca el verano porque vivir casi a la intemperie con el frío y la lluvia... Y no me quejo, oye, que somos libres y estamos vivos de milagro. Aunque no sé cuántas veces más podremos tentar la suerte. ¡Y es que mi Manuel es de un aventao que...! ¡A todos los líos él va el primero!

Lina soltó los cubiertos, se limpió con la servilleta y se dirigió a su amiga en tono de sentida disculpa.

—Lo que siento es haberte metido en esto a ti también, pero te juro que estamos desesperados. No teníamos ni idea de qué hacer con ese pobre hombre.

—Pero ¿cómo ha llegado hasta vosotros?

—No sabemos mucho de él. Que es de la fuerza aérea británica, eso sí. Creemos que su avión debió de estrellarse no muy lejos de aquí. O quizá sí y ha sido capaz de caminar más de lo que sospechamos. Lo único que sabemos a ciencia cierta es que apareció hace tres días en una casa a las afueras de Corbigny. Cuando llegó allí, estaba al límite de sus fuerzas. A saber cuántos días llevaba sin comer. La familia hizo lo que pudo por él, pero alguien debió de darle el chivatazo a la Gestapo porque se presentaron al día siguiente, buscándole. Por suerte, consiguieron quitárselos de encima, pero, ante el temor a que regresasen, nos lo trajeron a nosotros…

—¿Y cómo se les ocurrió que podríais cuidarlo estando en mitad del bosque?

—Es que la idea no era que se quedara allí. Tendríamos que haberlo llevado a un pueblo cerca de Nevers y dejarlo en un determinado café, donde una mujer y su hija lo hubieran recogido y se hubieran hecho cargo de él. Ambas forman parte de lo que llaman «líneas de evasión», o «de escape»; son redes clandestinas de personas que ayudan a huir hacia Inglaterra a aviadores caídos, a prisioneros que se han escapado de los campos alemanes, a judíos… todo el que huya de los nazis. Cruzan media Europa desde los Países Bajos hasta España. Las coordinan y les dan apoyo desde Londres, pero en su mayoría las integran locales. A esas dos pobres mujeres de Nevers, ya ves tú, una viuda y una cría de dieciséis años, las detuvieron hace un par de semanas. Es un desastre porque, cuando alguien cae, toda la red se resiente. Los alemanes tienen colaboradores, infiltrados e informadores en todas partes, no te puedes fiar de nadie. En esta zona, ha habido tantos golpes y tantas redadas últimamente que está todo desmantelado. Y, como tú has dicho, ese chico en el bosque con nosotros no se puede quedar. Allí no duraría ni dos días con vida. Pero te prometo que haré todo lo que pueda para liberarte de esta carga lo antes posible. Lo bueno de esto es que, tan pronto como unos caen, otros se organizan. Encontraremos el modo.

Aldara, conmovida, estrechó las manos de su amiga.

—No tienes por qué disculparte. Bastante haces ya. Bastante hacéis todos los que tanto os jugáis por los demás. Reconozco que al principio me asusté. Será que la vida burguesa me ha vuelto ñoña y comodona —rio azorada.

Al escuchar a Lina, Aldara se había dado cuenta de cuán ajena se mantenía a la terrible realidad de ahí fuera. Ella se pasaba el día quejándose, clamando por que esa pesadilla acabase, que acabase la maldita guerra, que se largasen los alemanes y que le devolviesen a su marido. Pero quejarse sin más no valía de nada. Nunca lo había pensado así, pero ahora tomaba conciencia de que todo lo que hacía era esperar a que otros le resolvieran la situación. Le daba vergüenza admitirlo.

—No, no digas eso —la corrigió Lina—. Ya es un logro luchar por sobrevivir. Tú estás sola, tienes una hija pequeña, a tu marido en un campo nazi y a esos cerdos alemanes todo el día encima de la chepa, ¡metidos en tu propia casa! No te quites mérito. Cada uno sujetamos la vela que nos toca.

—Pues ya es hora de que yo sujete otra más con la mano que tengo libre. El aviador se quedará aquí el tiempo que haga falta hasta que esté curado y pueda salir del país. Puedes estar tranquila.

Se despidieron con un largo y cálido abrazo mientras Aldara le insistía a Lina que tuviese mucho cuidado. Además, le entregó a su amiga un paquete con comida y unas cuantas mantas; todo lo que la joven pudo cargar en su viaje de regreso al campamento maquis.

El aviador estaba realmente enfermo. La fiebre parecía consumirlo. Apenas tenía momentos de lucidez en los que entreabría los párpados y, con la mirada vacía, murmuraba algunas palabras en inglés que ni para quien hablase su idioma hubieran resultado inteligibles. El resto del tiempo dormitaba entre temblores y débiles gemidos de dolor. Aldara estaba segura de que se estaba muriendo.

Durante tres días angustiosos se encontró ella sola al frente de aquella situación, sin saber muy bien qué hacer más allá de aplicarle compresas frías, cambiarle el vendaje de la herida y permanecer a su lado sujetándole la mano para que no muriese solo.

Suerte que Pascal estaba allí para ayudarla. Bendita la hora en que la sorprendió en semejante aventura. Aldara no sabía qué hubiera hecho sin él. Por un lado, el fiel criado le procuró apoyó moral en el duro trance de ver cómo la vida de aquel joven se apagaba por momentos. Por otro, se turnó con ella en la tarea de velarle y atenderle. Y es que hubiera resultado llamativo que madame de Fonneuve se ausentase de repente de sus obligaciones. Ya no sólo para sus huéspedes alemanes, que sin duda habrían sospechado de no verla por el *château*, sino también para todo el personal del Domaine, desde el servicio hasta los trabajadores del campo y la bodega. En la mayoría podía confiar, pero había unos cuantos a quienes no conocía lo suficiente y, en cualquier caso, ni siquiera a los más leales quería involucrarlos en aquel comprometido asunto. Cuantos menos estuvieran al corriente, mejor.

Al tercer día, Aldara, haciendo caso omiso de todas las razones que lo desaconsejaban, tomó una determinación.

—Vaya a buscar al doctor Lapierre —le indicó a Pascal.

Aldara no sabía si el doctor Lapierre era simpatizante de los alemanes o no; si podía ser, incluso, colaboracionista. Había llegado a un punto en que eso importaba bien poco cuando la vida de un hombre estaba en juego. El aviador no podía decidir, pero Aldara estaba segura de que preferiría sobrevivir, aun a riesgo de ser detenido y acabar en un campo de prisioneros, a perder la vida por no recibir la atención adecuada. En cuanto a las consecuencias para ella, prefirió no pararse a pensar en eso.

Una hora después, el médico estaba junto al lecho del joven haciendo un diagnóstico del caso. El paciente presentaba un cuadro de septicemia que era conveniente tratar en un hospital. No obstante, el doctor entendía los riesgos de trasladarlo y, en vista de que todavía no presentaba insuficiencia respiratoria ni afección cardiaca, se dio una oportunidad de intentar sanarlo por sus medios. Lo primero que hizo fue tratarle el foco de la infección en la herida. Le extrajo la metralla, la limpió, la irrigó, la desbridó, le aplicó sulfamidas en polvo y la suturó. Después, le administró igualmente una dosis del medicamento en pastillas y morfina para el dolor.

—Dele uno de estos comprimidos cada seis horas —le recetó a Aldara, tendiéndole un bote de Rubiazol.

—Gracias, doctor. Yo... no sabía qué hacer. Este hombre... Él es...

—No —la interrumpió—. No me cuente nada. En estos casos, es mejor no saber nada. Volveré pasado mañana. Ahora, todo está en manos de Dios y de las sulfamidas. Si en cuarenta y ocho horas no hay mejoría... —El médico terminó la frase con un movimiento de cabeza.

Aquella noche, Aldara no se separó de la cama del aviador, que parecía agonizar entre sudores, convulsiones y gemidos. Amanecía cuando, vencida por el cansancio, sucumbió a un sueño ligero. Al despertar, observó tal quietud y paz en el rostro de aquel joven que pensó que se había producido el desenlace fatal. Acongojada, le posó la mano en la frente.

O bien las sulfamidas eran realmente poderosas, o bien ella no era justa respecto a la existencia de Dios. La frente del aviador estaba tibia y seca. La fiebre había bajado y dormía plácidamente. Aldara sonrió mientras las lágrimas resbalaban por sus mejillas.

Al recibir la siguiente toma de sulfamidas, el hombre despertó. Miró a su alrededor, desorientado. Aldara dejó en la mesilla el vaso con el que acababa de darle de beber.

—¿Cómo se encuentra?

Él frunció el ceño como si no comprendiera. Se le veía muy fatigado. Al cabo, murmuró en francés:

—¿Dónde estoy?

—A salvo. No se inquiete y descanse tranquilo.

El aviador ladeó la cabeza sobre las almohadas y volvió a cerrar los ojos.

El doctor Lapierre regresó en el plazo prometido. Le tomó la temperatura al paciente, le midió la presión arterial, le auscultó el pecho, le palpó el abdomen, le exploró las pupilas y le examinó la herida. Al cabo de su reconocimiento, el médico, quien con su rostro de Quijote a Aldara siempre se le había asemejado a un viejo y severo profesor, dejó escapar una sonrisa inusitada.

—Estoy perplejo de lo bien que ha respondido usted al tratamiento. Confieso que no tenía puestas muchas esperanzas en su recuperación. Se nota que es usted joven y de constitución fuerte —se felicitó a sí mismo y al paciente—. Ahora, tiene que descansar mucho y empezar a comer. Comenzaremos poco a poco con una dieta blanda para pasar después a una reconstituyente que le ayude a recobrar el tono y la energía. En cuanto usted esté más recuperado, nos ocuparemos de su hombro.

El aviador le dio las gracias todo lo efusivamente que su debilidad y su confusión le permitieron, mientras que la sola mención de la comida le hacía la boca agua. No recordaba la última vez que había probado bocado, pensó mientras volvía a rendirse sin remedio al sueño.

Cuando Aldara entró en la habitación llevando una bandeja, se encontró al paciente despierto. Pascal permanecía a su lado como un centinela de piedra.

—Le traigo la cena. Un rico caldo. A ver qué tal le sienta.

—Muchas gracias, mademoiselle.

—Madame —corrigió ella—. Madame de Fonneuve. Aldara, si lo prefiere.

—Disculpe. Me pareció usted tan joven... Yo soy Henry. Teniente de vuelo Henry Wallace, de la Real Fuerza Aérea.

—Me alegro de poder por fin saludarle, teniente. Temí que nunca llegaría a saber su nombre.

El aviador se llevó la mano al interior de la camisa del pijama y sacó dos chapas de fibra de amianto, una roja y otra verde, que llevaba colgadas al cuello junto a una crucecita de metal. Sus placas de identificación.

—Vengo con etiqueta. ¿Ve? H. Wallace.

Aldara las observó con interés.

—Cierto, H. Wallace. Aunque prefiero haberlo escuchado de usted.

La joven dejó la bandeja en la mesilla.

—¿Cómo se encuentra?

—Extraño. Como si hubiera muerto y un ángel me acogiera en el cielo.

Aldara aceptó el cumplido con una sonrisa.

—Si dice esas cosas, pensaré que sigue delirando. ¿Le apetece cenar?

El joven asintió e hizo por incorporarse.

—Tenga cuidado... —se apresuró a advertir Aldara.

Demasiado tarde: Henry gimió de dolor y volvió a postrarse.

—El médico tiene todavía que curarle ese hombro. Se lo ha dislocado.

—Ya —asintió él con el gesto de dolor aún en el rostro—. Intenté colocármelo. Es obvio que no lo hice bien.

Pascal lo ayudó entonces, con un cuidado y una delicadeza que cualquiera hubiera juzgado impropios de una mole semejante. El criado le colocó una servilleta al cuello y le dio la sopa, cucharada a cucharada. Iba mediado el plato cuando Henry lo paró.

—Lo siento. Está muy buena pero no puedo más.

Dejó caer la cabeza en los almohadones. El simple hecho de comer le había dejado exhausto.

—No se preocupe, es natural —dijo Aldara mientras le ahuecaba las almohadas y lo arropaba bien con las mantas—. Ahora, descanse. Buenas noches, teniente Wallace.

—Por favor, llámeme Henry. Hace mucho que nadie me llama por mi nombre —musitó él con los párpados ya cerrados como si le pesaran toneladas.

—Buenas noches, Henry.

Al pasar por el recibidor, de regreso a su habitación, Aldara vio luz a través de la puerta entreabierta del salón. Ya desde la cocina había oído los quejidos del piano, que estaba siendo aporreado sin consideración al son de una canción popular alemana. Sus huéspedes se divertían antes de la cena. La joven se dio prisa en alcanzar las escaleras, no fueran a sorprenderla.

En ese momento, se abrió la puerta principal al exterior y quien la sorprendió fue el teniente Eberhart. En verdad se sintió como si la hubiera sorprendido en delito flagrante, como si llevara escrito en la cara: «Escondo a un aviador enemigo entre los muros de la casa». Por un instante, no supo cómo reaccionar. Hubiera deseado continuar su camino tras un breve saludo, pero marcharse así, como si le rehuyera, hubiera resultado extraño. Intentó ocultar su nerviosismo con humor.

—Llega tarde, teniente. Está incumpliendo el toque de queda —le habló en susurros para que no la oyesen desde el salón.

A punto estuvo Hubert de disculparse y de mostrarle su autorización para circular por la noche como si un policía militar le hubiese abordado. Hasta que se percató de su gesto de guasa.

—Lo siento, madame. No volverá a suceder —le siguió la broma.

Se alegraba de verla. No habían vuelto a hablar desde aquella cena y la echaba de menos. Se había rendido a la evidencia de que ella era la única persona con la que realmente se entendía, la única con la que podría pasarse las horas conversando y con la que se sentía completo como si, hasta entonces, no hubiera sido más que un mecanismo al que le faltara una pieza y no terminara de funcionar bien. Se trataba de una revelación tan cierta como dolorosa, dadas las circunstancias.

Se regodeó un instante en su imagen en penumbra. Se la notaba cansada, con unos suaves cercos oscuros bajos sus preciosos ojos, señal de preocupaciones y noches sin dormir. Hubiera deseado abrazarla y reconfortarla.

Antes de que ella se marchase y no volviesen a encontrarse hasta sólo Dios sabía cuándo, quiso retenerla un poco más. Se acercó hasta que apenas los separaba un paso. Había estado catando unas muestras de vino, a las que habían seguido unos *schnapps* con los camaradas en la cantina de oficiales; quizá se había excedido un poco con la bebida, pues se sentía envalentonado por el alcohol.

—Llevamos tiempo sin coincidir y le advierto que Claire está acabando con mis reservas de caramelos.

—Vaya, esa niña no tiene modales —fue todo lo que se le ocurrió decir a ella con una sonrisa nerviosa. Sólo deseaba que aquella conversación terminase.

—Le he guardado algunos. Esperaba poder cambiárselos por una cena. —¿A solas? ¿Con más compañía? Hubert fue deliberadamente ambiguo.

Pero ella no le recogió el guante, ni siquiera fue muy consciente de que se lo hubiera lanzado de lo alterada que estaba.

—Es mi cuñado quien convoca esas cenas y reconozco que, cuando él no está, yo procuro evitar pasar el rato con esos dos. —Dirigió la vista hacia la puerta entreabierta de la que salía luz y música.

—Lo lamento… No por esos dos. No es su compañía precisamente lo que añoro.

Y como si a los aludidos les hubieran pitado los oídos a cuenta de aquellas palabras, la puerta del salón se abrió y el *Obersturmführer* Kessler irrumpió en escena. Aldara y Hubert se separaron instintivamente.

—Oh, vaya, mucho me temo que interrumpo algo, ¿verdad, Eberhart? ¡Cuánto susurro a media luz! En fin, ya que el mal está hecho, únanse a nosotros. Hay alcohol y música. Sólo nos faltan las damas.

Aldara no necesitó entender lo que el SS acababa de decir en alemán, le bastó con percibir su tono burlón y con ver su sonrisa maliciosa. Tal exclusión lingüística, no obstante, tenía sus ventajas y es que podía ignorar por completo a aquel cretino. Era su oportunidad de marcharse al fin. Se dirigió a Hubert.

—Buenas noches, teniente.

—Buenas noches, madame.

El joven le tendió la mano y ella dudó ante aquel gesto que por primera vez le ofrecía. Al cabo, se la estrechó. Brevemente, lo justo para que él le rozara el dorso con los labios al tiempo que le dejaba un par de caramelos en la palma. Aldara cerró el puño y se lo llevó al bolsillo. Después, se giró y enfiló las escaleras, notando puestas en su espalda las miradas de los oficiales.

El corazón le latía desbocado.

Abril de 1943

El teniente Henry Wallace mejoraba por días, sobre todo desde que el doctor Lapierre le había reducido la luxación del hombro. Cierto que la maniobra le había producido un dolor espantoso. El médico no disponía de anestésicos y todo lo que pudo hacer fue darle un trago de orujo y meterle un trapo en la boca para que sus gritos no se propagasen por toda la casa. El pobre chico a punto estuvo de perder el sentido cuando el doctor tiró de su brazo para colocarle la articulación dislocada. Al hacerlo, sonó un crujido de huesos que a Aldara le encogió el estómago.

Sin embargo, el dolor remitió casi al instante. Con un cabestrillo y un ungüento para la inflamación y el hematoma, el hombro fue sanando sin mayor problema. Una semana después, el teniente ya se incorporaba en la cama, comía sin ayuda y con apetito y estaba despierto la mayor parte del día.

En cuanto Aldara lo encontró con lucidez suficiente, le explicó quién era ella, dónde se encontraba él y cómo había llegado hasta allí.

—Ha tenido usted mucha suerte.

Pese a lo halagüeño de aquella afirmación, Henry se quedó un instante con la mirada perdida al frente. Su gesto se fue ensombreciendo como si ante él se proyectaran las imágenes de una tragedia.

—¿Se encuentra bien?

—Sí. —Resultó poco convincente—. Estaba pensando en mi tripulación, mis compañeros. Ellos eran como mis hermanos y ahora…

Aldara lo observaba contagiada de su tristeza.

—¿Quiere hablar de ello? ¿Quiere contarme lo que sucedió? —le propuso con delicadeza.

Henry no se veía capaz de construir un relato. En su cabeza se agolpaban imágenes sueltas que habían estado atormentándole durante el sueño. Las ráfagas de disparos cruzando alrededor de la cabina, como destellos rojos y amarillos. El ala de estribor en llamas. Las agujas de los indicadores de su panel enloquecidas. Los gritos de su tripulación en el intercomunicador, metálicos más que humanos.

Y ese olor. El olor a oxígeno y a goma, a combustible y caucho quemados. Le venía a oleadas como si lo tuviera alojado en la pituitaria.

Se recostó sobre las almohadas.

—No… No. Pero hábleme de usted. O del tiempo si lo prefiere. Desde aquí sólo sé si llueve porque oigo las gotas golpear en el tejado. Hábleme de lo que quiera. Pero no se vaya, por favor. Quédese.

Aldara se acomodó en su asiento como cuando lo hacía junto a la cama de Claire cada noche, antes de leerle su libro favorito.

—Hoy ha hecho un precioso día de primavera. Tan claro, que se podía ver a lo lejos la cima nevada del Montblanc. Y el sol brillaba sobre los viñedos, que ya empiezan a llenarse de hojas verdes. Pronto parecerán un manto de terciopelo y usted ya estará en pie para verlo. Es un lugar muy hermoso. Empiezo a sentirlo como mi hogar. Sí… Mi hogar por primera vez en mucho tiempo… —dijo más para sí misma, como si se tratase de una inesperada revelación—. Yo no soy de aquí, ¿sabe? Soy española…

Aldara volvió a echar mano de la historia que la había convertido en madame de Fonneuve. Después de todo, aquel chico estaba de paso y sólo quería escuchar un cuento para conciliar el sueño.

A Henry le gustaba la compañía de Aldara. Le gustaba escucharla. Era lo que normalmente hacía, pues no se sentía con demasiadas ganas de hablar. Escucharla en tanto la contemplaba embelesado, como si nunca hubiera estado ante una mujer igual. Le fascinaba su historia de supervivencia, ésa que llevaba marcada en el rostro de por vida. Quizá por eso también le fascinaba su rostro.

Tenía que admitir que no era el tipo de mujer en la que él se hubiera fijado nada más entrar en una sala. Henry respondía al cliché del aviador vanidoso, que se valía de su atractivo y de las alas cosidas sobre la pechera del uniforme para conquistar a las chicas más bonitas. Sólo a las más bonitas. Era fácil seducirlas, a ellas les encantaban los pilotos. Cierto que las que terminaban en sus brazos solían resultar bastante insustanciales, como si Dios hubiera echado el resto en agraciarlas con una apariencia espectacular y se hubiera olvidado de todo lo demás. Tampoco le importaba demasiado, tampoco se esforzaba en buscar otra cosa cuando todo lo que pretendía era distraerse un poco entre vuelo y vuelo. Mejor así. Sin ataduras. Aunque procuraba no pensar en ello, de hecho, lo que prefería pensar era que la muerte le podía suceder a cualquiera menos a él; de algún modo, era consciente de la fragilidad de su existencia, de que al cabo de una misión podría ser su cama la que quedara vacía en el dormitorio del barracón o su silla, libre en la cantina. No, él no necesitaba una compañía interesante, sólo bien hecha, concluía con arrogancia.

Sin embargo, en aquel momento... Lo único que deseaba era que Aldara estuviese a su lado. Y, cuando se ausentaba, lo que, en ocasiones, ocurría durante la mayor parte de sus largos días postrado en aquella cama, escondido en aquel agujero, la echaba de menos con desesperación.

Cierto que contaba con la compañía de aquel hombre, Pascal. Menudo tipo... Con su rostro deforme, su aspecto hosco y su forma de comunicarse con miradas sombrías y gruñidos, bien podría haber sido un personaje malvado en cualquiera de esos libros de fantasía que a él tanto le gustaban. Sin embargo, el sordomudo lo había aseado, alimentado y cuidado con el esmero de la mejor de las enfermeras y allí seguía junto a su cama, como si todavía tuviera que guardarle de cualquier mal. Sin embargo, con él no había apenas interacción, sólo los gestos necesarios para entenderse y esas silenciosas partidas de ajedrez que jugaban cada tarde desde que Henry le había señalado un tablero que languidecía al otro lado de la habitación.

Pascal y el ajedrez le ayudaban a matar el rato, a no sentirse solo, a no pensar demasiado, pero no se podía comparar con pasar el tiempo junto a ella. Nada había que sustituyese su dulce voz ni el sutil aroma de su perfume, ése que a veces dejaba sobre el trozo de sábana en el que se habían posado sus manos. Nada igualaba su mirada, cálida y expresiva, o esa forma amena y divertida que tenía de contar las cosas. Nada llenaba el vacío que ella dejaba al marcharse.

Era una sensación inquietante. No se reconocía a sí mismo. Tan dependiente, tan vulnerable. En verdad, aquel accidente le había trastornado.

—¿Cómo es que habla usted tan bien francés?

Henry era un hombre callado. Al principio, Aldara lo achacó a que quizá no dominaba bien el idioma, pero tras escucharle en alguna de las escasas ocasiones en que había enlazado varias frases seguidas, se dio cuenta de que aquél no era el motivo: aunque su acento resultaba curioso, muy diferente al que ella estaba acostumbrada, poseía un vocabulario rico y empleaba construcciones gramaticales correctas.

Además, no era sólo cuestión de que hablase poco, toda su actitud resultaba melancólica. Su semblante se mostraba triste y apagado, incluso cuando sonreía. A menudo se quedaba con la mirada perdida en el vacío como si su mente se hallase en otro lugar. Aunque ella no lo velaba por las noches, Pascal le había hecho saber que su sueño era inquieto, constantemente interrumpido por pesadillas de las que despertaba como si acabara de regresar del mismísimo infierno.

No obstante, lo que a Aldara más le preocupaba era que, cada vez que le mencionaba el momento de levantarse de la cama, abandonar aquel refugio y regresar a casa, él no mostraba el más mínimo entusiasmo; al revés, se encerraba en sí mismo en una reacción que Aldara no estaba segura de si respondía al miedo o a la apatía.

Sin duda, el joven aviador había sobrevivido a una experiencia traumática, que había causado lesiones no sólo en su cuerpo, sino también en su mente. Y si en sanar las primeras habían tenido éxito, Aldara se sentía impotente al no saber cómo tratar las segundas.

Cuando le consultó sobre ello al doctor Lapierre, el médico le dijo que se trataba de fatiga y estrés propios de quienes combaten, nada importante, añadió, que no se curase con descanso y buenos alimentos. «Que se mantenga entretenido y que hable. Anímele a que hable, es bueno sacar lo que uno lleva dentro. Cuando empiece a moverse y hacer ejercicio también se sentirá mejor».

Siguiendo los consejos del médico, Aldara intento aumentar en la medida de lo posible sus visitas al joven. Se dio cuenta de que, si tanto se había apoyado hasta entonces en el buen

Pascal para el cuidado del cuerpo del paciente, no podía delegar en él la recuperación de su ánimo. Las silenciosas partidas de ajedrez entre ellos no parecían resultar suficientes. El propio Henry así lo había estado reclamando con mayor o menor sutileza: «No se vaya todavía, quédese un poco más». «¿Volverá mañana? Prométame que volverá mañana». «Sé que está usted muy ocupada, pero temo el día en que deje de visitarme. No dejará usted de visitarme, ¿verdad?». Tales eran algunas de sus angustiosas llamadas de atención, como un niño al que le aterra la sola idea de separarse de su madre.

Aldara estuvo a punto de repetirle la pregunta, creyendo que Henry no la había escuchado. El joven parecía sumido en uno de sus habituales estados de ensimismamiento mientras ella le retiraba el vendaje de la herida de la pierna para curársela; comprobó con satisfacción que los puntos de la sutura tenían buen aspecto.

Entonces el aviador la miró, aún distraído, y respondió al fin:

—Mi padre nos ha hablado en francés desde pequeños. Es canadiense. De New Brunswick.

—¿Es usted canadiense, entonces? Pensé que era inglés.

—Soy galés. Mis padres se conocieron durante la anterior guerra, cuando él vino a combatir a Europa. Cuando se casaron, mi madre no quiso abandonar Gales e ir a Canadá, así que mi padre consiguió un trabajo en Cardiff y se quedaron.

—¿Es ahí donde nació usted, en Cardiff? —siguió dándole conversación al tiempo que le lavaba la herida con agua y jabón.

—Cerca. En Cowbridge, a veinte millas, unos treinta kilómetros. Mi madre es de allí. Mis abuelos abrieron una librería en la calle principal que ahora atienden entre ella y mi tío Ben.

Henry volvió a quedarse pensativo, con el semblante teñido de nostalgia. De pronto, le venían a la memoria todas aquellas tardes de su infancia en la librería, cuando sus hermanos y él acudían allí después de la escuela y se metían en la trastienda, entre cajas y más cajas de libros, entre papeles y polvo. Sentados en el suelo, junto a la percha donde el tío Ben colgaba su chaquetón, se pasaban las horas leyendo mientras merendaban té y *scones* recién hechos con mermelada de moras. Todavía, a veces, le parecía que podía recordar el olor de aquellas tardes, a papel y humedad, a dulce, a la cera del chaquetón del tío Ben.

El escozor del yodo que Aldara le aplicaba en la herida le despabiló.

—Hábleme de su familia. ¿Tiene hermanos? —insistía Aldara tratando de que la conversación no decayera.

—Dos. Jane y Edward. Pero Edward murió. Al principio de la guerra, en Dunkerque. Bombardearon el barco que lo evacuaba y se ahogó.

Aldara levantó la vista de la cura, consternada. Sin embargo, se encontró con el rostro impasible de Henry. Aun así, murmuró:

—Lo siento.

Él le devolvió una sonrisa agradecida.

Eddy era un tipo genial. Divertido, intrépido... Y muy inteligente. Consiguió entrar en la Universidad de Oxford con una beca para estudiar Matemáticas. Hubiera llegado muy lejos, Henry no lo dudaba. Además, era el mejor hermano. A veces, se ponía un poco mandón, pero era un gran compañero de juegos y de aventuras. Siempre andaba enredando en algo y siempre le llevaba a él detrás, de cómplice: que si a cazar ranas, que si a robar peras de la huerta del señor Meadowes, que si a construir una cometa usando uno de los manteles del ajuar de madre... ¡cómo se enfadó! Una vez, ataron a Jane a un árbol porque ellos eran los indios, y su hermana, su prisionera. Entonces pasó por allí su amigo Ted. «¿Venís a echar un partido?», les preguntó. Y claro que fueron. Soltaron las hachas de juguete y se largaron. Se les olvidó por completo que Jane estaba atada al árbol y allí se quedó hasta que su madre la echó en falta. También le cortaron la cabellera a su muñeca preferida. Buen castigo les cayó.

Cómo echaba de menos a Eddy…

—A menudo, de pequeña —continuó Aldara—, fantaseaba con la idea de tener un hermano o una hermana.

—Tener hermanos es genial. Aunque habrá quien diga que es una lata. Todo depende.

—Mi marido lo diría. Él y su hermano… Bueno, son muy diferentes.

—Lo lamento por su marido… Yo me siento muy afortunado de haber tenido a Edward. De tener a Jane… Pobre Jane, a veces, se preocupa por mí como si fuera mi madre. Su marido no lucha, tiene un problema de corazón. Pero ya estoy yo para quitarle el sueño. En todas sus cartas me recuerda que me abrigue, que coma, que vaya con chicas decentes y que vuele con cuidado. No puedo imaginarme lo angustiada que estará ahora sin saber qué ha sido de mí. Todo lo que habrán recibido será un telegrama diciendo que he desaparecido en vuelo y, normalmente, esa noticia no tiene un buen final… Y mi madre… Tiene que estar hundida. Mi padre también, pero hará como si nada hubiera sucedido; él es así. Nunca se me olvidará el día que les dije que me iba a presentar voluntario para la RAF. Acababa de pasar lo de Edward… Mi padre simplemente se marchó de la habitación sin decir una palabra. Mi madre me rogó entre lágrimas que no lo hiciera. «Ya he perdido un hijo», decía, «no podré soportar perder otro más». Todo el mundo sabe que de los que se suben a un bombardero son muchos los que no regresan…

Henry interrumpió su relato. No se explicaba cómo se había puesto a parlotear de aquel modo y había acabado mencionando el avión. Y a los que no regresan…

Aldara, que hacía tiempo que había terminado con la cura, sólo se concentraba en escucharle. Pero no quiso empujarle a que siguiera, prefirió darle su tiempo, su espacio, porque sabía que, en el fondo, no hablaba para ella, sino para sí mismo.

—Lo siento. La estoy aburriendo.

—No. Yo he preguntado.

El joven se llevó la mano derecha a la muñeca del brazo que colgaba del cabestrillo. Empezó a toquetear una cinta que la rodeaba. Era roja, o lo había sido; ahora, el color lucía apagado, más próximo al marrón a causa del roce con la piel. Los extremos del nudo se habían deshilachado.

—Mi sobrina Lizzie… Es la hija de Jane. Ella me dio esta cinta cuando conseguí mis alas. Se la quitó de la coleta y me la dio. «Para que la lleves al cielo en el avión», me dijo. Me la ató ella misma y no me la he quitado desde entonces. Jamás he volado sin ella. Estaba seguro de que me daba suerte. Y también pensé que se la daría a los que volaban conmigo… Sin embargo, ellos… —sacudió la cabeza—. No es la cinta… Es el destino… Somos nosotros. Soy yo… Señor… Lo que daría ahora mismo por un cigarrillo.

—Me temo que no tengo, lo siento… En esta casa ya sólo fuman los alemanes. Cuando vivía mi suegro, había cajas con cigarrillos aquí y allá, pero desde que él no está, el mayordomo se niega a rellenarlas. Dice que no piensa dar tabaco gratis a los boches.

—Bien por él —sonrió Henry—. No se preocupe. Se me pasará.

—¿Por qué no escribe a su familia?

El joven no ocultó su sorpresa ante la propuesta.

—¿Para qué? No puedo enviarles ninguna carta.

—Ya. Pero quizá le venga bien hacerlo. Sería casi como hablar con ellos. Yo, a veces, le escribo largas cartas a mi marido, que no puedo enviarle, pero después me siento mejor. Además, así, cuando salga de Francia, habrá adelantado trabajo; sólo tendrá que echar la carta en el buzón.

—No lo sé… —No parecía muy convencido—. Es posible. Tal vez lo haga… En otro momento. —Se recostó en las almohadas.

Aldara aprovechó aquella pausa para recoger el material de la cura. Al cabo de un rato, Henry la miró y se esforzó en sonreír.

—Menuda compañía triste y aburrida que estoy hecho. Voy a terminar por espantarla y ya no querrá venir a verme. Pero le aseguro que, por lo general, soy un tipo bastante divertido. Y no se me da mal bailar.

Ella se dirigió a él con aire de fingida suspicacia mientras le apuntaba con un rollo de venda.

—Eso, teniente de vuelo Wallace, tendrá que demostrármelo. En cuanto se le cure esa pierna, tendrá que demostrármelo.

Consiguió verse con Lina en el café donde habían quedado la última vez, como dos mujeres corrientes, dos amigas que se encuentran para ponerse al día de asuntos cotidianos y chismorreos.

Según el camarero les hubo servido, Aldara, con disimulo, le pasó a Lina una bolsa llena de paquetes bien envueltos en papel de estraza. Había reunido unas cuantas provisiones entre alimentos, velas, cerillas, medicinas...

—Toma. Para... En fin... Eso. Son algunas cosillas que siempre vienen bien.

La cara de Lina se iluminó con una sonrisa. A Aldara no se le había escapado el cansancio que asomaba al rostro de su amiga: había perdido peso y se le marcaban las ojeras. Lo consideró normal en quien vive a la intemperie y de forma precaria. Sin embargo, había en ella una energía y una ilusión que nunca le había visto.

—Ay, niña, muchas gracias. Nos viene de perlas. Y me alegra saber que no me odias después del lío en el que te he metido.

—¡Qué cosas dices! Claro que no te odio.

Lina la miró con arrobo.

—Quería haberme puesto en contacto contigo antes. Te has debido de sentir un poco abandonada. Pero es que cada vez nos tienen más cercados. Y yo, niña, yo es que creo que me sigue hasta mi sombra. Soy muy exagerada, ya lo dice mi Manuel. Pero, oye, aquí estoy, que todavía no me han trincao. Por algo será, ¿no? Más vale pasarse de prudente. —Lina dio un sorbo a su taza—. Virgen santa, cómo odio esta porquería —concluyó arrugando el gesto, después de probar el brebaje de achicoria con sacarina que le habían servido como café.

Aldara no pudo estar más de acuerdo con ella. De hecho, desistió de beberse el suyo después de un par de tragos.

—Dime, ¿cómo está nuestro... amigo?

—Madre mía, Lina, creí que se moría. Por eso llamé al doctor Lapierre. Es el médico de la familia.

—Siento mucho que Margaux no pudiera ir como te prometió, pero todo el mundo parece estar de parto en estos días. Debe de ser la luna... Además, tampoco creas que es fácil encontrar un médico del que te puedas fiar y que se preste a esto.

—Ya me imagino. Yo no sé si el doctor Lapierre será colaboracionista o no, pero no podía quedarme de brazos cruzados.

—Si a estas alturas no tienes a la Gestapo en tu puerta, puedes estar tranquila.

—Eso pienso yo. El doctor Lapierre es un poco sieso, pero siempre me ha parecido un buen hombre. Y, desde luego, le ha salvado la vida. Ya no hay rastro de la infección y ayer mismo le quitó los puntos de la herida, que está sanando bien. También su hombro está recuperándose. Eso sí, el pobre chico está bastante decaído...

—Es natural.

—Ya... Yo creo que en cuanto pueda salir de ese escondite, en cuanto le dé el aire y la luz del sol, le mejorará el ánimo.

Y, sobre todo, necesita saber que va a volver a su país, a su casa con su familia.

Lina suspiró.

—Me gustaría decirte que está todo arreglado, pero... Ahora mismo, no sabemos en manos de quién dejarlo. Podríamos llevarlo hasta Montpellier, que fuera solo incluso; es una ventaja que hable francés. Pero el problema es que hace falta un guía para pasar la frontera con España. Sólo algunas personas conocen las rutas clandestinas. Y, en este momento, con las redes de evasión de la zona desmanteladas, hemos perdido el enlace con ellos.

—¿Quieres decir que está aquí atrapado?

—No del todo. Acabaremos encontrando la forma, pero llevará más tiempo. No sabría decirte cuánto.

—Bueno, de momento, tampoco es que esté en condiciones de moverse. Todavía tardará semanas en poder hacer un viaje así.

—Tú no te preocupes, que cuando lo esté, lo sacaremos de tu casa.

—No, no es eso. En casa está bien. A mí me pasa como a ti, que soy muy exagerada y, al principio, me asusté. Pero creo que la situación está controlada y allí no corre peligro. He pensado incluso que, cuando esté listo para salir del escondite, puedo hacerlo pasar por uno de mis trabajadores. Como dices, es una ventaja que hable francés. No, cuando salga del Domaine, que sea para emprender ruta hacia Inglaterra —afirmó Aldara con determinación.

Lina sonrió.

—Al final, lo vas a echar de menos.

—Reconozco que me sirve de compañía y le he visto tan mal que me he encariñado con él como si fuera un animalillo desvalido. Pero, madre mía, ¡lo que me ha hecho sufrir! Y no creas, que todavía me tiemblan las piernas cuando me cruzo con alguno de esos alemanes, me da la sensación de que van a pillarme en cualquier momento.

—Lo que vamos a hacer es ir adelantando lo de su documentación. Necesitará papeles para viajar y es mejor que ya los tenga cuando surja la ocasión. Hay un tipo en Nevers que es muy bueno con... ya sabes, las falsificaciones —susurró—. Pero se toma su tiempo...

—¿No había alguien, aquí en Beaune, que hacía esas cosas?

—Sí... Había.

—Ah... Ya... Entiendo. Bueno, tiempo tenemos, por ahora.

—Lo que facilitaría mucho las cosas es que hubiese traído consigo las fotografías.

Aldara frunció el ceño sin comprender.

—¿Qué fotografías?

—Las que hacen falta para los documentos. De un tiempo a esta parte, toda esta gente que... —hizo volar su mano entre ellas para explicarse sin mencionar la palabra «aviador»— lleva un juego de fotografías. Se las hacen vestidos de civiles, bien compuestos y aseaditos. En previsión de situaciones como ésta, porque siempre es más rápido y menos arriesgado que hacerse las fotografías aquí. Lo que pasa es que, a veces, las pierden.

—No las he visto entre sus cosas, pero le preguntaré. Seguro que le anima saber que ya estamos moviéndonos para sacarlo de aquí —aventuró Aldara con satisfacción.

—Tráigame el chaleco, si hace el favor. Guardé ahí las fotografías.

Aldara rebuscó entre las cosas que llevaba consigo Henry el día que lo dejaron allí. Entonces entre Pascal y la comadrona, lo habían desnudado y le habían cambiado las prendas manchadas de sangre y barro por otras limpias que Aldara había sacado del armario de Octave: un juego de ropa interior y un pijama. Todo había quedado amontonado en un rincón de la habitación y allí seguía, esperando el momento en que Aldara pudiera lavarlo sin levantar sospechas entre el servicio.

Había un pantalón de pana, una camisa de franela, una chaqueta... Ropa sencilla pero cuidada. Por fin, dio con el chaleco.

—Tenga.

Henry le dio las gracias y empezó a trajinar con él, pero con una mano se manejaba con torpeza.

—Déjeme que le ayude —se ofreció Aldara.

—Por aquí debe de haber un descosido... —señaló él una zona entre el forro y el paño.

—¿Esto?

—Sí. Mire por dentro. Tendría que estar ahí. Es una bolsa de tela.

Aldara metió la mano y enseguida notó el tacto engomado de la bolsa.

—La tengo.

—Cada vez que volamos en una misión, nos dan un kit de evasión, una caja con todo lo que creen que nos puede ser útil en caso de que caigamos en territorio enemigo. Algunas cosas de las que venían, la comida, sobre todo, las usé, y el resto lo guardé en esta bolsa cuando me quité el uniforme. Menos el dinero, dos mil francos que metí en el bolsillo del chaleco.

—¿Dónde consiguió esta ropa?

—Me la dieron unas buenas personas que me acogieron. Debemos deshacernos del mono de vuelo y del uniforme en cuanto tengamos oportunidad. Es lo que más nos delata.

Aldara comenzó a vaciar el contenido de aquella bolsa de color pardo con un gran F roja impresa. Le sorprendió todo lo que cabía en un paquete de no más de diez por diez centímetros: una pequeña brújula, del tamaño de un botón, una segueta, una cuchilla de afeitar, un trozo de jabón, una caja de cerillas, aguja e hilo para coser, un anzuelo y sedal, una tela cuidadosamente doblada...

—Eso son mapas —aclaró Henry.

—¿Mapas?

—Sí, dos. De Francia, Holanda y Bélgica; y de España y Portugal. Desdóblelos y lo verá.

Aldara desplegó sobre la cama dos mapas impresos a doble cara en colores que tenían la apariencia y el tamaño de pañoletas.

—Son de seda. Mucho más prácticos que los de papel: se doblan hasta hacerse tan pequeños como ha visto; no crujen al manejarlos, lo cual, cuando uno está rodeado de enemigos, es de agradecer; no se rompen ni se deshacen en el agua; y, al final, no deja de ser una tela que tiene otros muchos usos. Por ejemplo, con otro de los que tenía, el de Alemania y Suiza, me hice un cabestrillo para el brazo.

—Vaya… Sí que son ingeniosos. Y muy bonitos —concluyó, admirando su colorido y el delicado tacto de la seda.

—Quédeselos.

Ella declinó la oferta, apurada.

—Uy, no… Tendrá que devolverlos.

—Bah… Diré que los he perdido o que se estropearon y los quemé, como hice con el otro. Quédeselos, por favor. Así conservará un recuerdo mío cuando me haya ido.

—Siendo así… Está bien. Pero sólo me quedaré con uno. Como recuerdo —sonrió, cohibida—. Muchas gracias. La verdad es que son una preciosidad. —Volvió a admirarlos mientras los doblaba.

—Sin duda, lucirá más sobre los hombros de una mujer bonita.

Aldara alzó la cabeza, divertida.

—Vaya, vaya, veo que asoma la proverbial fama de los aviadores. No hay duda de que está usted recuperándose divinamente.

Él le siguió el juego.

—No sé de qué me habla.

—Seguro que no... En fin, será mejor que volvamos a la bolsa. Aún no han aparecido las fotografías.

—Tienen que estar ahí.

—Hay un reloj —comprobó Aldara según sacaba un Omega de acero con la esfera color marfil, las manillas azules y la correa de cuero negro.

—Sí. Nos lo dan cuando empezamos a volar. Es muy importante para nosotros contar con un reloj fiable y preciso para la navegación, la localización de objetivos... Bueno, todo eso. Es un buen reloj. Quédeselo también.

Aldara abrió los ojos de par en par.

—De ninguna manera. Esto sí que no, es demasiado valioso.

—Estas cosas no valen nada. ¡Usted me ha salvado la vida!

—No he sido yo. Ha sido mucha más gente. Y usted mismo, que ha peleado por ella. Así que basta ya de tonterías. Déjeme su muñeca.

Henry obedeció. Aldara se la tomó y se la rodeó con el reloj.

—Aquí es donde debe estar. Además, le hará falta para no perder los trenes que tendrá que coger en cuanto emprenda el viaje de vuelta a casa.

Cuando hubo terminado de ajustarle la correa, se quedó un instante con la mano del teniente entre las suyas y pasó del pretendido enojo a la sonrisa.

—Gracias de todos modos. Sé cuál es su intención y la intención es lo que cuenta.

Entonces, fue Henry el que sujetó los dedos de ella, los retuvo con una caricia. Los hubiera besado, hubiera apoyado en ellos la mejilla y cerrado los párpados, dispuesto a flotar... Se limitó a mirarla a los ojos.

—Dios mío... Gracias a usted.

Aldara se liberó suavemente. Dejó la mano de Henry sobre la cama y recuperó la bolsa.

—A ver si encontramos las dichosas fotos de una vez —resolvió—. ¡Vaya, aquí están! Lo último de todo tenía que ser.

Aldara sacó cuatro fotografías tamaño carnet, con la imagen de un joven que miraba serio a la cámara y en la que le costaba reconocer al hombre que estaba junto a ella. Si acaso lo identificaba en la forma almendrada de los ojos, que no en el color, pues las fotos no hacían justicia a ese azul de sus pupilas, que parecían habérsele teñido de cielo de tanto volar.

—De modo que esto es lo que hay debajo de tanto pelo y tanta barba —concluyó.

—Sí. Ese soy yo.

—¿Y qué le parece si revelamos su auténtico aspecto con un buen corte y un buen afeitado? Pascal tiene mano para esto.

A Henry le encantó la idea.

La mansión reposaba a oscuras y en silencio mientras Aldara recorría pasillos y escaleras de regreso a su habitación. Todo el mundo dormía a esas horas y ella parecía un ladrón en su propia casa, avanzando con sigilo a la luz tenue y oscilante de un candil.

Estaba deseando meterse en la cama, acurrucarse entre las sábanas y dormir. Desde que escondían al aviador y ella hacía malabares con el tiempo para atenderlo, los días se habían vuelto largos y agotadores.

Por fin, enfiló el pasillo de su dormitorio.

—¿De dónde vienes a estas horas?

A Aldara le dio un vuelco el corazón. Se giró.

Romain se apoyaba en el quicio de la puerta de su habitación. En la oscuridad, apenas se distinguía su silueta y el punto anaranjado de la brasa de su cigarrillo.

Aldara tragó saliva y deslizó el paquetito de fotografías de Henry en uno de los bolsillos de su chaqueta.

—No podía dormir y he bajado a la cocina a tomarme una tila.

—A lo mejor, si te pones el camisón, ayuda —sugirió él con astucia.

—A eso iba —atajó sin perderse en más explicaciones—. No sabía que fueras a regresar hoy.

—Pues ya ves. He vuelto. Siempre vuelvo. —La brasa del cigarrillo se avivó con una calada—. Justo a tiempo de tomarme una copa con nuestros amigos alemanes. Esos tipos van a acabar con las reservas de alcohol de la casa. Con las de toda Francia si se lo proponen. Voy a tener que subirles el alquiler.

Aldara estuvo segura de que se refería a los SS; mucho le hubiera sorprendido que el teniente Eberhart estuviera incluido en ese lote.

Romain sacudió la ceniza del cigarrillo y se acercó a su cuñada. Aldara sintió como si las fotos de Henry Wallace brillaran a través de su chaqueta de punto y su nerviosismo se acrecentó. Si le diera por tocarla, si le diera por preguntar... Se cerró la chaqueta y cruzó los brazos sobre el pecho.

—Por cierto —empezó a decir cuando estuvo a sólo un paso de ella. Aldara pudo reparar en la mirada vidriosa que se le ponía siempre que iba bebido—, están algo molestos. Se han quejado de tu poca hospitalidad. Dicen que nunca los acompañas durante la cena.

Aquel comentario la indignó.

—Yo no estoy aquí para entretenerlos. Esas cenas fueron cosa tuya, así que encárgate tú.

—¿Por qué siempre eres así de arisca conmigo? Yo procuro ser amable y, en cambio, tú... Te guste o no, tenemos que convivir bajo el mismo techo. Además, ¿te has parado a pensar en la posibilidad de que Octave no regrese? Han pasado ya tres años...

Romain la acarició desde la raíz del cabello hasta el mentón. Mientras, ella permanecía inmóvil como una estatua de hielo y la ira y el rechazo que sentía se entreveían en sus músculos tensos y en su mirada sombría.

—¿No sería mejor que nos llevásemos bien?

La estaba provocando, lo sabía. Y si ella respondía a sus provocaciones tendría todas las de perder.

Lentamente, pero con firmeza, le agarró de la muñeca cuando se aproximaba a su escote y le apartó la mano.

—Buenas noches, Romain.

Él la dejó marcharse. Contempló cómo la oscuridad del pasillo se la tragaba y en el aire quedaba flotando el aroma de su perfume. Aspiró tan profundamente que se le fue la cabeza por un momento. No sabía cuánto tiempo podría resistir así, conteniendo sus deseos de estrangularla y de amarla al mismo tiempo.

Mayo de 1943

Mayo era un mes de mucho trabajo en el Domaine de Clair de Lune. Aldara había comenzado el día muy temprano, nada más amanecer, recorriendo los viñedos con el agricultor jefe y el podador. Era el tiempo de comprobar los resultados de la poda de invierno y hacer las correcciones necesarias, de controlar la humedad y las malas hierbas del suelo y de prevenir la aparición de plagas de hongos e insectos. Ante la falta de pesticidas de cobre, Aldara estaba ensayando con infusiones de valeriana, ortiga y cola de caballo para evitar las enfermedades de la vid. Las arrugadas y curtidas caras de aquellos hombres de campo, que llevaban haciendo los mismo desde hacía décadas, eran un poema cada vez que a madame se le ocurría alguna excentricidad como aquélla. Aunque tenían que reconocer que el ingenio ese de enterrar los cuernos de vaca con estiércol parecía haber funcionado; la cosecha apuntaba a ser la mejor del último lustro.

Después, mantuvo una reunión con Antoine Jourdan, que enlazó con otra con Adolph Segnitz, pues el teniente Eberhart, con quien normalmente trataba de las ventas a Alemania, estaba en Provenza. Atendió al representante de máquinas embotelladoras porque estaba pensando adquirir una nueva. Respondió a unos requerimientos del *Institut National des Appellations d'Origine*. Comió un bocadillo deprisa y corriendo y pasó el resto de la tarde en la bodega, donde seguían sin resolver el problema de la escasez de botellas, de tapones de corcho y de cápsulas metálicas. Asimismo, la pusieron al día sobre el filtrado y la clarificación de determinadas partidas y participó en algunas catas para decidir qué botellas estaban listas para salir al mercado. Cuando terminó, era tan tarde que casi no llega a tiempo de acostar a Claire y leerle un cuento como hacía cada noche. En las últimas semanas, apenas había pasado tiempo con su hija y eso la hacía sentirse culpable. Como se sentía culpable porque, en varios días, no había encontrado el momento de sentarse a responder la última carta de Octave; porque podía hacerlo en ese instante pero no tenía ganas…

Aquel día tampoco había tenido tiempo de visitar a Henry.

Eran casi las once de la noche cuando terminaba la cena que Simone le había dejado en una bandeja: tortilla con estragón, ensalada, queso y compota de manzana endulzada con pasas. Recién bañada y con ropa cómoda, hubiera reclinado la cabeza en aquel mismo silloncito de su dormitorio en el que había cenado y se hubiera dormido al instante. Sin embargo, aquella noche se daban unas circunstancias peculiares: el teniente Eberhart no regresaría de su viaje hasta el día siguiente, los dos oficiales de las SS se habían marchado a disfrutar de un breve permiso en París y Romain se había ofrecido a ejercer de cicerone. Aldara estaba segura de que aquel par de borrachos depravados iba a disfrutar de lo lindo, pues no le cabía duda de que su cuñado dominaba desde lo más selecto a lo más sórdido de la noche parisina. Por lo demás, el resto de la casa descansaba.

Tal conjunción de factores raramente volvería a producirse y le permitía abandonar su cuarto, sin temor a ser sorprendida infraganti, para relevar a Pascal en el cuidado del aviador. El pobre chico seguía despertándose aterrorizado en mitad del sueño, tan desorientado y agitado que temían que se cayese de la cama.

Fue así que, venciendo el cansancio y la pereza, se envolvió en un chal, cogió el libro que tenía a medias y un candil y se dirigió al escondrijo en las entrañas del *château*. Ya le resultaba un recorrido familiar, que casi hubiera podido hacer con los ojos cerrados, aquel que llevaba a la entrada oculta en el fondo de un armario. Después de desaparecer tras ella como un fantasma, accedió a la estancia, silenciosa y en penumbra, que olía a yodo, a leña quemada y a madera vieja.

Pascal levantó la cabeza del cesto que trenzaba. Aldara tenía la sospecha de que aquel hombre no necesitaba dormir o, quizá, lo hacía a ratos, como duermen los perros guardianes. Sin usar la voz, sólo vocalizando y con gestos, le indicó que podía marcharse, que ella lo sustituiría aquella noche. El criado no se mostró muy convencido, pero obedeció.

Henry parecía dormir profundamente, de modo que, haciendo el menor ruido posible, echó un par de troncos más a la estufa, se acomodó en una butaca algo desfondada, se cubrió las piernas con una manta y se dispuso a leer. Antes de llegar al final de la segunda página, le había vencido el sueño.

Tenía la sensación de acabar de cerrar los ojos cuando la despertó de golpe un grito. Alarmada, se levantó precipitadamente hacia la cama del joven, quien, sentado en el colchón, se sujetaba el hombro con el gesto contraído por el dolor. Henry estaba empapado en sudor, temblaba a causa de la agitación y respiraba de forma entrecortada. De cuando en cuando, apretaba los labios para contener un gemido.

Aldara intentó tranquilizarlo con palabras dulces y caricias en la espalda y el hombro dañado, pero él parecía ajeno a todo. Le sirvió un vaso de agua y se lo acercó a los labios junto con un analgésico.

—Tome esto, le aliviará el dolor. Ha tenido una pesadilla y se ha debido de hacer daño al moverse, pero ya ha pasado. Está bien. Está aquí, conmigo.

Henry tomó la pastilla con un corto sorbo de agua y se

recostó en las almohadas. Aún seguía ausente y desorientado, miraba al frente como si Aldara no estuviera allí ni él tampoco. Ella le acomodó el hombro sobre un almohadón. Después, fue secándole el sudor de la frente y del rostro con mimo. Mientras, le hablaba; palabras sueltas sin demasiado sentido, se trataba más bien del tono, dulce como un arrullo. Solía usarlo con Claire.

Poco a poco, la agitación del joven desapareció y su respiración se fue normalizando. Y según así sucedía, él regresaba del lugar oscuro en el que le había sumido la pesadilla y tomaba conciencia de la realidad.

—Debí haberme quedado con ellos... —dijo de repente con la voz ronca—. Debí hacerlo... Un capitán nunca abandona a su tripulación... ¿Qué les voy a decir a sus familias? Yo tenía que haberlos salvado.

Entonces la voz se le quebró. Henry cerró los ojos. Las lágrimas corrían por sus mejillas recién afeitadas.

Aldara puso agua a hervir sobre el hierro candente de la estufa y, cuando empezó a burbujear, infusionó una mezcla de hierbas que preparaba Simone, quien aseguraba que aquella combinación de manzanilla, lúpulo, tila y hierbaluisa era mano de santo para calmar los nervios. Por eso, desde que el aviador comenzara con sus pesadillas, Aldara había sustraído un paquetito de la despensa esperando que la cocinera no lo echara en falta.

Pasados unos minutos, vertió una generosa cantidad de infusión en una taza, le añadió un chorrito de miel y se la acercó a Henry.

El joven parecía haber desahogado parte de su congoja. Al menos, el llanto había cesado y, ahora, se mostraba tranquilo mientras bebía en silencio.

Aldara se sentó junto a la cama. También ella empezaba a calmarse después del episodio. Se sentía conmovida por el sufrimiento, el terror y la tristeza de aquel muchacho que, pese a haber sido entrenado para enfrentarse a las situaciones más difíciles, había terminado por derrumbarse.

—¿Cómo está su hombro? ¿Le duele menos?

—Sí. Está mejor.

—Quizá, ahora, pueda intentar volver a dormir…

—No. No. —La sola posibilidad de que regresasen sus pesadillas le estremecía—. No tengo sueño. Pero usted no se preocupe por mí. Váyase a acostar, puedo quedarme solo. No quiero que esté toda la noche en vela por mi culpa. Ya he causado demasiados problemas.

—No diga eso. No pienso ir a ningún lado. Acabará por dormirse y yo también. Según dice Simone, esa infusión es capaz de tumbar a un elefante.

Henry esbozó una sonrisa y se dejó convencer por aquel disparatado argumento sin oponer la menor resistencia. En realidad, no quería quedarse solo, ni mucho menos que Aldara se marchase. Estaba seguro de que no eran ni el calmante ni la infusión lo que le hacía sentirse mejor. Era ella. Sólo ella.

Dio el último sorbo y dejó la taza en la mesilla. Permaneció incorporado.

—Sueño con el accidente —reveló entonces—. Una y otra vez. Siempre que duermo. Y en mis sueños, pienso que todo va a ir bien, que vamos a conseguirlo. Pero al final… —Meneó la cabeza.

—¿Qué sucedió? —preguntó Aldara con dulzura.

—Que yo sobreviví. Y los demás… —se encogió de hombros—. Stewart, Bradley, Jackson, los McKellar y Davies. Mi tripulación. Yo era su capitán, ¿sabe? Su vida dependía de mí.

—Hábleme de ellos. Hábleme de todo. Empiece por lo agradable, por los buenos recuerdos.

Henry se volvió hacia ella y encontró abrigo en su mirada cálida. Ella le calmaba cuando se sentía inquieto y extraño como en ese momento. Notaba un nudo en la garganta, una resistencia física a hablar. Hablar sería como revivir la pesadilla. Sin embargo, la pesadilla estaba dentro de él y asomaba su horrenda cara cuando le venía en gana. Tenía que sacarla de allí y tal impulso pujaba al fondo de su garganta tensa, como el agua contra el dique de una presa a rebosar. Había que levantar el aliviadero y que el agua brotase a chorros. Aliviadero... qué palabra tan adecuada.

Tragó saliva y la voz arrancó con cautela.

—¿Los buenos recuerdos? Hay tantos... Las partidas de póquer y de dados en la base. Las tardes de permiso en la ciudad: el cine, el pub, las noches de baile... Los partidos de fútbol. Los chistes, las risas... Nos reímos mucho, de todo, de auténticas tonterías... Y volar. Me encanta volar. Cuando estás allí arriba, sientes... No sé. Es indescriptible. Libertad, control, plenitud... Miras hacia abajo y piensas que así es como Dios nos mira. Los vuelos de entrenamiento, cuando no existe la presión del combate, son un puro disfrute, una danza sobre la tierra y el mar, sobre la línea nítida de la costa o la cima resquebrajada de una montaña...

—¿Por eso se hizo aviador?

Henry meditó un instante la respuesta.

—No. Entonces no sabía lo que era volar. Fue por Eddy. Aunque no sólo por él. Fue porque volar me parecía la aventura más increíble.

Hacía un magnífico día de verano. De esos días de sol y brisa templada que son un regalo en una tierra donde reinan las nubes y la lluvia. Pedaleando en su bicicleta, Henry disfrutaba del recorrido entre praderas salpicadas de flores, cercados de piedra cubiertos de musgo y casas de cuento. Las ovejas pacían en las llanuras, los pájaros trinaban en los árboles y el agua centellaba en decenas de arroyos que se habían formado tras las tormentas del día anterior. Después de la tristeza en la que le había sumido la muerte de su hermano, la belleza de aquellos parajes le ayudaba a reconciliarse con el mundo y le arrancaba la primera sonrisa en mucho tiempo.

Se dirigía a Cardiff, a la oficina de reclutamiento del ejército de St. John's School, en The Friary, justo en el centro de la ciudad.

—Aquí dice que está usted en los Ingenieros Reales —leyó en voz alta el sargento que le entrevistó.

Tenía veinte años recién cumplidos la primera vez que se presentó voluntario, nada más declararse la guerra, y no iba con una idea clara de lo que quería hacer. Él sólo pretendía luchar contra los alemanes. Claro que, como estaba estudiando Ingeniería, al ejército debió de parecerle que los *Royal Engineers* era un destino muy conveniente para él. Al final, luchar lo que se dice luchar, no había luchado mucho. Se había pasado los primeros meses de la guerra construyendo parapetos, fortificaciones y trincheras.

—Sí, señor. En la compañía 555. En tareas de defensa y antinvasión en la costa. Brighton, Lansing, Hove, Littlehampton... Ahora estoy en Irlanda del Norte. Bueno, ahora estoy de permiso...

—Está bien, está bien. No hace falta que me cuente su vida.

Henry se mordió los labios, apurado. Estaba algo nervioso y cuando se ponía nervioso le daba por parlotear.

—¿Y, dígame, cabo, tan mal le tratan los ingenieros que quiere cambiarse a la RAF?

—Oh, no, señor, no es que me traten mal. Yo es que quiero ser piloto.

—Eso dice el noventa por ciento de los muchachos que pasan por aquí. Todos ustedes quieren ser pilotos, pero sólo unos pocos lo consiguen. En fin, ya veremos lo que opinan sus exámenes —sentenció, sellando con un enérgico golpe su solicitud.

—Por no aburrirla con los detalles, sólo le diré que mis exámenes opinaron que estaba preparado para ser piloto. Después de diez meses de entrenamiento, conseguí mis alas.

—Habla usted como si fuera un aspirante a ángel al que de verdad le han brotado alas de la espalda —bromeó Aldara.

Henry sonrió.

—Sería muy incómodo. No, es sólo el parche que llevamos cosido sobre el bolsillo superior derecho de la cazadora del uniforme. Las alas de un águila y el escudo de la RAF.

—¿Y por qué todos quieren ser pilotos? ¿Qué otras cosas se pueden ser?

—Oh, muchas más: navegante, bombardero, ingeniero... Y todos ellos son muy importantes. Pero el piloto... No sé cómo explicarlo. Tienes el control del avión y sientes que en verdad vuelas: despegas la nave, la mantienes en el cielo y la haces aterrizar. El piloto es el capitán, el *skipper*, como decimos nosotros; todo el vuelo está bajo su mando. Y, por último, pero no menos importante, es quien se lleva de calle a las chicas más guapas.

—Ahora entiendo la obsesión. Todo merece la pena por una chica guapa.

—Yo, en realidad, lo hago por mi madre. Le encanta presumir. A todo el que entra en la librería, le dice que su hijo es piloto de la RAF.

—Claro, claro. Por su madre.

Henry ocupó su primer puesto operacional en el Escuadrón 51 del Mando Costero, donde estuvo realizando labores de vigilancia de costas. Aquel primer destino no estuvo mal porque le permitía hacer horas de vuelo y coger práctica, pero seguía sin tener la sensación de estar combatiendo de verdad contra los malditos nazis. Por eso solicitó trasladarse al Mando de Bombardeo y, tras formarse en el manejo de bombarderos, se incorporó al Escuadrón 9 para volar Vickers Wellington, un avión bimotor de largo alcance.

—Lo llamábamos el Wimpy por J. Wellington Wimpy, ese personaje gordinflón de Popeye que siempre está zampando hamburguesas. Para el Wimpy tuve que escoger mi primera tripulación. Y Chuck, desde luego, volaría conmigo.

El sargento de vuelo Charles Stewart era su amigo del alma desde que se habían conocido en Arizona durante el entrenamiento. Chuck era un electricista irlandés, de Cork, casado y con dos hijos. Tenía cuatro años más que Henry y se podía decir que era de los más viejos del lugar; a veces, se comportaba un poco como un padre. Chuck bebía pintas de cerveza como si fueran de agua, hacía trampas a los dados y, en todos los vuelos, cantaba *It's a long way to Tipperary* por el intercomunicador hasta que el capitán ordenaba el silencio de radio. Cuando Henry le preguntó cómo es que siendo Irlanda un país neutral y teniendo él familia había decidido presentarse voluntario para luchar, Chuck le respondió: «Precisamente porque tengo familia. Por ellos lo hago. ¿Qué se han creído esos tontos del Gobierno, que si Hitler gana esta guerra los va a dejar tranquilos en su isla?».

Henry no concebía volar sin Chuck, ni casi vivir sin Chuck. Eran inseparables. Un tándem al que en el escuadrón apodaban Hen y Chick, la gallina y el pollito.

—Así que gallina, ¿eh? Qué callado se lo tenía.

—Pero, ojo, una gallina que vuela muy alto.

—Cierto. ¿Y quiénes eran el resto de los miembros de la tripulación?

—Otros tres más: el artillero de cola, el frontal y el operador de radio. Ellos fueron cambiando a lo largo del tour.

—¿El tour?

—Es el número máximo de operaciones, o misiones, que se pueden volar antes de tomar un descanso. Son treinta en total, siempre que se haya alcanzado el objetivo. Aunque en ningún caso puede superar las doscientas horas de vuelo.

—¿Y qué pasa después de un tour? ¿Qué hace un aviador si ya no puede volar?

—Sí volamos, pero no en misiones de combate. Nos dedicamos unos meses a seguir formándonos, a formar a nuevos aspirantes, a vuelos de prueba... Quien lo prefiera puede dedicarse a tareas en tierra. Y, después de ese paréntesis, podemos solicitar otro tour, en este caso de veinte operaciones.

—Entonces ¿no pueden combatir cuando ustedes quieren, aunque sea de forma voluntaria?

—Antes sí se podía, pero se dieron cuenta de que las tripulaciones acababan exhaustas física y mentalmente, y es entonces cuando se producen los fallos; fallos que la mayoría de las veces son mortales. Lo llamamos fatiga de combate. Por eso establecieron tal límite.

En aquel momento de la guerra, las misiones de bombardeo consistían en vuelos nocturnos, de entre siete y diez horas de duración, a veinte mil pies de altitud, donde se alcanzaban temperaturas de hasta veinte grados bajo cero y donde no se podía respirar sin máscaras de oxígeno. La tripulación, a bordo de aeronaves cargadas con varias toneladas de bombas, se enfrentaban a las inclemencias del tiempo, a posibles fallos técnicos, al fuego de las baterías antiaéreas alemanas y a los ataques de los cazas de la *Luftwaffe*. Eran tantas las cosas que podían salir mal en una misión... De hecho, muchas veces salían mal. Cada tripulante de un bombardero tenía más de un sesenta por ciento de posibilidades de no sobrevivir a su primer tour de operaciones. Tal cifra se elevaba hasta más del ochenta por ciento en el caso de ir a un segundo tour.

Henry prefería no pensar en eso. Él simplemente se subía al avión y cumplía con su deber. Cierto que había un momento, justo antes de embarcar, mientras esperaban a que los recogiese el camión que los conducía hasta su Wimpy, ya pertrechado con el mono de vuelo, las botas, los guantes, el gorro con los auricu- lares, la máscara de oxígeno, el chaleco salvavidas y el paracaídas, en que el miedo parecía morderle el estómago y descomponer- le las tripas. Aquello le sucedió al principio, literalmente. No en el primer vuelo, pero sí en el segundo, cuando ya sabía a lo que se enfrentaba. Entonces, tuvo que correr hacia el aseo entre retortijones; y no resultó nada fácil quitarse a tiempo todas esas capas de ropa que llevaba encima. Después, misión tras misión, uno aprendía a controlar el miedo. No desaparecía, pero se manejaba. Era como si el miedo se encapsulase y sólo se libera- se *a posteriori*. Algunas veces, Henry se había pasado las horas siguientes a un vuelo vomitando sin parar; o bien caía dormido encima del plato de beicon, huevos y salchichas del desayuno que les servían al aterrizar; en ocasiones, no tenía ganas de ver a nadie; o, por el contrario, le daba por hablar y hablar en plena excitación. Sin embargo, tras unas horas de descanso, era capaz de recomponerse para volver a ser lo que todo el mundo espe- raba de él: el héroe invulnerable, listo para una nueva misión. Y una misión más era una misión menos que faltaba para cum- plir el tour y convertirse en uno de los pocos escogidos por la mano de Dios que lo conseguían.

Y él lo logró. De hecho, llegó a despegar hasta en treinta y dos misiones, pero dos se abortaron antes de llegar al objetivo.

—La verdad es que nos ocurrió de todo: una vez falló un motor casi nada más despegar, otra, las alas del avión se cu- brieron de hielo y empezamos a perder altura. En la primera misión, al operador de radio le dio un ataque de nervios en plena acción de combate. En otra ocasión, nos alcanzó un proyectil de una batería antiaérea alemana y el motor de babor salió en llamas; suerte que conseguimos apagarlo. Durante un aterrizaje, estalló uno de los neumáticos del tren y rodamos sobre la panza por la pista. Y también estuvo esa vez que un fallo en el sistema de oxígeno casi deja tieso al pobre Chuck de una hipoxia.

—Madre mía… Ahora entiendo lo del tour. De hecho, treinta operaciones me parecen demasiadas. ¿De verdad que hay alguien que tenga ganas de repetir?

—Yo. Yo las tenía.

No importaba la de veces que había visto a través de los cristales de su cabina cómo otros bombarderos de su formación se precipitaban al suelo envueltos en llamas; ni la de sillas vacías que había contado en el comedor después de una misión; ni los compañeros con los que había compartido ratos de pub, juegos de cartas y partidos de críquet a quienes ya no iba a volver a ver jamás… Al terminar su primer tour, Henry no sólo sintió orgullo y alivio; sobre todo, sintió una extraña abstinencia. Como si su cuerpo echara en falta la adrenalina.

En aquel momento, no podía reengancharse a otro tour, tenía que descansar unos meses de las misiones, pero estaba decidido a volver en cuanto se lo permitieran.

—Durante el descanso, hice la formación para volar el Avro Lancaster. El Lancaster es lo que llamamos un bombardero pesado. Lo último en tecnología aeronáutica: cuatro motores Rolls Royce, más veloz, más potente, con más capacidad de carga… Y, sin embargo, es suave y maniobrable. Una maravilla de avión… Grande pero elegante, como un águila real.

En dos meses, el joven terminó su curso de adaptación y, ascendido a *Flying Officer*, se incorporó al Escuadrón 50, que tenía su base en Skellingthorpe, Lincolnshire, para iniciar su segundo tour de operaciones.

Por supuesto, Chuck fue con él y ambos reunieron una nueva tripulación, esta vez de siete miembros, que eran los que hacían falta en un Lancaster. Así, escogieron como bombardero a Jay Jackson, un sargento de la Real Fuerza Aérea de Australia que acababa de salir de prisión tras cumplir tres meses de arresto por partirle la cara a un oficial que, según él, le había levantado a su chica. Jackson era un rudo vaquero de Kimberley, que siempre estaba masticando chicle porque el tabaco prefería fumarlo; un tipo genial, alto y grande como una torre, que se llevaba a las chicas de calle porque, además de atractivo, sin pretender ser gracioso, hacía que te partieras de risa cada vez que abría la boca. Él les presentó a los artilleros, Sean y Michael McKellar, dos primos de Glasgow, pelirrojos y pecosos, que se parecían a Tweedle Dee y Tweedle Dum, un poco más delgados. El ingeniero de vuelo era el sargento Tom Davies, un mecánico de Birmingham con el que más te valía no jugar al póquer si no querías que te desplumase. Por último, el operador de radio era Nigel Bradley, un chaval canadiense de diecinueve años, más bien tímido, pero con ganas de agradar, y que hacía muy bien su trabajo. Chuck, por su parte, se quedó con el puesto de navegante.

Les asignaron un reluciente Lancaster recién salido de la fábrica al que llamaron Miss Gladys.

—¿Les ponen nombre a los aviones?

—Claro que sí. Vienen con uno de la fábrica, pero es muy aburrido: ED 478, ED 563… Letras y números. Así que los rebautizamos: Just Jane, Lady Orchid, Sugar's Blues… Nosotros escogimos Miss Gladys. Fue idea de Davies, el ingeniero. Por su portera, que es una señora que se pasa el día barriendo el trozo de acera frente al portal. Como nosotros íbamos a barrer a los nazis de la faz de la tierra, nos pareció un nombre muy adecuado. En el morro del avión, donde otras tripulaciones suelen pintar a una chica… ya sabe, muy bien dotada y ligera de ropa, nosotros plantamos la caricatura de una señora gorda, con bata, rulos y una escoba en la mano, que barría alegremente esvásticas como si fueran hojas. Según Davies, era la viva imagen de Miss Gladys.

—Cómo me gustaría ver un Lancaster de ésos…

—Oh, le encantaría. Más por fuera que por dentro, eso sí.

Todo lo que tenía de maravilla técnica el Lancaster, le faltaba de confort; claro que no estaba pensado para ser cómodo, sino eficaz. La cabina era tan angosta que la tripulación, salvo el piloto, no podía embarcar con el paracaídas puesto porque no hubieran podido moverse. Eso sin contar con que era imposible erguirse y, para desplazarse por el interior, había casi que gatear y hacerlo en la completa oscuridad de las misiones nocturnas. Además, el avión estaba atravesado por dos grandes bastidores que sujetaban las alas y que cruzaban la cabina de lado a lado, de modo que para moverse entre la proa y la popa había que saltarlos de mala manera. Siendo así, los artilleros, que se situaban uno en la cola y otro en la dorsal trasera de la nave, quedaban bastante aislados del resto de la tripulación.

—No, no creo que quisiera meterme dentro —concluyó Aldara, quien podía imaginarse el ambiente claustrofóbico que le describía Henry—. Además, yo soy de tener los pies en la tierra.

—Yo le haría cambiar de opinión si volase conmigo. No en un Lancaster, claro, pero sí en una avioneta. La llevaría suavemente entre las nubes, allí donde la línea del horizonte se ve curvada y la tierra parece hecha a base de pinceladas, como un cuadro.

—Dicho así... Suena bonito eso de volar...

—Lo es. Incluso en un Lancaster. Hay determinados instantes que... Sobre todo, de vuelta de las misiones, cuando ya hemos soltado las bombas y disminuye un poco la tensión. Ves la costa de Inglaterra, sabes que ya casi estás en casa... Y, entonces, empiezan los chascarrillos de la tripulación por el intercomunicador: Chuck canta, los Tweedle se quitan la palabra para contar un chiste verde, Davies nos promete una ronda de pintas en el pub, Jay empieza un paquete de chicles, siempre lo hace antes de aterrizar... Bradley es el único que suele estar callado: atiende a los mensajes de radio desde la torre de control y no quita ojo de la fotografía de su chica, que siempre pincha en el corcho de su mesa antes de cada vuelo.

Su tripulación. Eran su familia. Sus hermanos. Cuando volaban juntos, se sentían en el avión como los órganos vitales de un solo cuerpo. Eran más que un equipo, eran una unidad.

—¿Sabe? En enero, tuve que hacer un aterrizaje de emergencia. Era nuestra quinta misión. Volvíamos de Berlín.

Berlín era la joya de la corona, todos querían ir allí a lanzar una *cookie*, como llamaban a las bombas más grandes, encima de la cabeza de Hitler. Por otro lado, también era un destino complicado: estaba lejos y muy bien defendido por numerosas baterías antiaéreas y bases de aviones de caza que les podían atacar a lo largo de toda la ruta.

—Justo después de lanzar las bombas, nos alcanzó el fuego antiaéreo. Ni los elevadores ni los timones respondían a los mandos y el depósito de uno de los motores de babor tenía varias fugas, así que tuve que apagarlo para evitar que se incendiara. Lo peor era que Jay, el bombardero, estaba medio inconsciente por una herida de metralla en la cabeza. Señor... Y aquel cacharro era imposible de controlar. Al final, ingeniamos una serie de chapuzas, y, mal que bien, pudimos llevar el avión hasta Inglaterra. Pero aterrizar... No sabía cómo me las iba a arreglar para tomar tierra así. ¡Y tenía que hacerlo! Jay estaba herido, no podía lanzarse en paracaídas. Pero los demás sí. Por eso, una vez que estábamos sobre suelo inglés, les dije: «Chicos, voy a intentar un aterrizaje de emergencia. Si alguien quiere saltar, adelante». Entonces, sin excepción, todos fueron respondiendo que se quedaban conmigo, que iban a ayudarme. Todos.

—Y lo consiguió...

—Lo conseguimos. El avión rebotó como un canguro por toda la pista, terminó en la pradera y se quedó con el morro clavado en el barro y la hierba. Pero salimos prácticamente ilesos, con sólo algunos rasguños y contusiones.

Tres semanas después, estaban todos listos para volver a volar. Incluso Jay se había recuperado bien y rápido de sus heridas, que eran sólo superficiales. También Miss Gladys, que, tras ser debidamente reparada y puesta a punto, lucía como nueva.

La tripulación por entero fue condecorada. A Henry le

concedieron la Cruz de Vuelo Distinguido y lo ascendieron a teniente de vuelo.

Fue en ese momento cuando se sintió invencible. Le había plantado cara a la muerte y había salido indemne. Ya nada podía detenerle.

Con semejante espíritu de exaltación, afrontó el resto de las misiones: seis, siete, ocho, nueve, diez… Colonia, Turín, Lorient, Milán, Bremen… Así hasta dieciséis.

Dieciséis misiones de riesgo, fuego y destrucción. Sólo cuatro para terminar el segundo tour. Sólo cuatro.

Henry se tumbó en las almohadas y suspiró. Tenía los ojos enrojecidos y le temblaba el cuerpo tras la excitación del relato. Sin embargo, en su rostro demacrado era patente el agotamiento.

—Me temo que ya no hay más buenos recuerdos —dijo.

Aldara le acarició el brazo herido.

—¿Por qué no duerme un poco? Es tarde.

Henry consultó su reloj. Pasaban las cuatro de la madrugada.

—También lo es para usted. Y aquí estoy yo, aburriéndola con mis batallitas. Usted sí que debería dormir.

—Ni por un instante me he aburrido. Al revés, creo que me duele el cuello de la tensión. Estoy cansada, no lo niego, pero no podría dormir ahora.

—Eso mismo me pasa a mí.

—¿Quiere otra taza de infusión?

—No parece tan eficaz como dice su cocinera, pero sí, se lo agradezco.

La joven se levantó y aprovechó para estirar los músculos entumecidos. Alimentó la estufa con otro trozo de leña y sirvió un poco más de infusión, que se mantenía caliente sobre la cubierta de hierro.

—¿Quiere hablarme de esa decimosexta misión? —preguntó según le tendía la taza.

Henry no dudó al responder.

—Sí. Ya no puedo quedármelo dentro. Es como un veneno que no mata, pero corroe.

Aldara acercó un poco más el sillón a la cama. Estaba dispuesta a subirse a bordo de Miss Gladys y volar la decimosexta misión. Se veía sentada entre Henry y Davies, el ingeniero de vuelo. En el morro, ya estaría tumbado Jackson. Y, justo detrás de Henry, se situaría Chuck frente a su mesa de navegante, cubierta de mapas e instrumentos de navegación. Parapetado tras una delgada pared, se encontraría el joven Nigel Bradley, operando la radio y otros sistemas de comunicación. Y ya al final, lejos de los demás, cada uno en su torreta de cristal, aferrados a las ametralladoras, estarían los primos McKellar, los Tweedle. El avión olería al chicle de Jackson, al cuero de las cazadoras de los aviadores, a metal y a grasa. Y, por el intercomunicador, se escucharía a Chuck cantar *It's a long way to Tipperary.*

Después del relato de Henry, Aldara comprendía muchas cosas. Sabía lo que era un Lancaster, una misión, un tour de operaciones, una *cookie*, un bombardeo nocturno. Sabía lo que costaba llegar allí y los altísimos riesgos de cada salida. Casi podía sentir la excitación y el miedo en la boca del estómago. Porque, además, sabía que aquel vuelo nunca regresaría a la base.

El 11 de marzo de 1943 a las veinte horas, nueve Lancaster despegaron de la base de Skellingthorpe para unirse a una flota de otros trescientos catorce bombarderos aliados con destino a la ciudad alemana de Stuttgart.

Para el teniente de vuelo Henry Wallace y el resto de la tripulación del Miss Gladys era la decimosexta operación y, para entonces, ya sabían que lo mejor era dejarse llevar por la rutina. Se sentían razonablemente tranquilos y confiados después del éxito de las misiones anteriores.

Quizá ése fue el problema: el exceso de confianza. O quizá fue que, tras volar diez operaciones en cinco semanas, empezaban a acusar el cansancio; no en vano dicen que las misiones más peligrosas son las cinco primeras, por inexperiencia, y las cinco últimas, por agotamiento. O, simplemente, fue que la estadística jugaba en su contra: más de un ochenta por ciento de los miembros de una tripulación no completa su segundo tour.

Al principio todo fue bien: buen tiempo, cielo despejado, noche de luna casi llena. La visibilidad era magnífica y llevaban el viento de cola. En menos de cuatro horas, habían atravesado el canal de la Mancha y Francia y se acercaban al objetivo. En la cabina se respiraba calma y concentración. Sólo se percibía el rugido continuo y estable de los motores. Henry escuchaba a Chuck tararear *It's a long way to Tipperary* con el intercomunicador apagado. Hacía frío. Siempre hacía un frío del demonio allí arriba. De cuando en cuando, Henry se asomaba por el lado de estribor y observaba la gran flota de bombarderos volando en formación; era una visión impresionante.

El capitán dio un sorbo de café de un termo, encendió el intercomunicador y anunció:

—Objetivo a la vista. Todos a sus puestos.

Sintonizaron el transmisor de radio en la frecuencia de bombardeo y el crujido de la estática llegó a través de sus auriculares. Se produjo entonces el habitual intercambio de comprobaciones, mediciones, tiempos, coordenadas...

Los sacudieron las primeras explosiones, petardazos a los lados de la aeronave como bolas de humo y llamas que los zarandeaban igual que si avanzaran por una pista llena de profundos baches. Enseguida aparecieron los haces de luz de los focos que, como sables, cruzaban el cielo de un lado a otro para cazarlos. A veces, a Henry le cegaban de tal manera que le costaba ver la hora en su reloj.

Dos minutos y medio para alcanzar el objetivo. Ya se encontraban en medio de la batalla. Los proyectiles pasaban junto al avión trazando líneas incandescentes en rojo, naranja y amarillo. Había fuego en el aire y fuego en la tierra. Y ellos continuaban como montados sobre el lomo de un toro salvaje.

Treinta segundos para el objetivo. Presionó un botón en su panel.

—Compuertas de las bombas abiertas.

—Compuertas de las bombas abiertas —repitió el bombardero—. OK. Izquierda. Izquierda. Mantente. Mantente.

Henry sujetaba los mandos. Las explosiones se lo ponían difícil. Otra gran sacudida. Ésa había estado cerca.

—Mantente... ¡Bombas fuera!

Aún tenía que mantener el rumbo. Un poco más. El cielo a su alrededor era una paleta de brillos y colores como fuegos artificiales.

—Bombas fuera... Bombas fuera... Fotografía tomada. Ya podemos largarnos de aquí.

Henry ladeó el avión para virar ciento ochenta grados a estribor. Fue entonces cuando sucedió.

—¡Nos han dado! —gritó Chuck.

Todos habían notado el impacto del fuego antiaéreo: el estruendo y la sacudida habían sido mucho mayores que los anteriores. Para escapar de la zona de ataque, Henry aumentó la potencia y la altura y viró bruscamente hacia el sur. En unos minutos, los focos habían quedado atrás y también las explosiones.

—Tripulación, informe de daños.

Chuck fue el primero en hablar por el intercomunicador:

—El sistema hidráulico falla y no funcionan algunos instrumentos de navegación ni la radiogoniometría. El condenado giroscopio está enloquecido.

—A mí tampoco me funciona la radiogoniometría —confirmó Bradley, el operador de radio.

Henry comprobó que, del mismo modo que los de su tripulación, las agujas de sus indicadores de navegación por radio bailaban de un lado a otro. Tenían un problema para establecer la ruta de regreso a casa.

—Voy a descender a seis mil pies. Chuck, ¿te las arreglarás para calcular la ruta de vuelta?

—Me basta con un mapa y una brújula —afirmó Chuck, sobrado de confianza—. Y poder echar un ojo de cuando en cuando a lo que hay allí abajo y allí arriba —concluyó aludiendo a las referencias en tierra y a las estrellas.

—Está bien, vamos a llevar este cacharro de vuelta a casa. Ingeniero, atento al combustible.

—Roger, *skipper*.

Henry enfiló hacia el oeste, la única dirección que tenía clara, y estabilizó la altura y la ruta en espera de las indicaciones de Chuck. Según los cálculos del navegante, durante la maniobra de evasión, se habían desviado tanto hacia el sur que tendrían que volar por encima de Suiza para atravesar la frontera con Francia. Su idea era entonces dirigirse al norte y seguir el curso del río Sena hasta el Atlántico.

Henry no dudaba de la pericia de Chuck para calcular la ruta, lo que le preocupaba era que tuviesen que dar tantos rodeos que se les agotase el combustible. Por eso el ingeniero le transmitía los cálculos del remanente cada poco. Además, estando tanto tiempo en el aire y fuera de la formación, se convertían en presa fácil para los cazas alemanes estacionados en cualquiera de las múltiples bases de la *Luftwaffe* repartidas por la Francia ocupada.

Quería creer que con tal pensamiento no había invocado la mala suerte, que era sólo una cuestión de lógica y probabilidades. Pero lo cierto es que fue atravesar la frontera y, media hora después, escuchar el grito de alarma del artillero de cola:

—¡Ju 88! ¡Se acerca un Ju 88!

—¡Roger! ¡Roger! ¿Cuáles son tus órdenes? ¡Dime qué tengo que hacer!

—¡Prepárate para virar a babor! ¡Maniobra de tirabuzón! ¡A babor! ¡A babor!

En ese momento, se desató el caos. Las ametralladoras comenzaron a escupir fuego mientras el avión volaba en espiral a toda velocidad. Los motores rugían, los disparos restallaban por doquier, dentro y fuera del avión, con el sonido ensordecedor de una carraca metálica.

—¡Lo tengo! ¡Creo que lo tengo en la mira!

Justo al tiempo que McKellar accionaba la ametralladora, los disparos del enemigo les alcanzaron.

El caza, un Junkers 88 mucho más ligero y maniobrable que el Lancaster, contaba con ventaja en aquella batalla. No le costó sortear el ataque de los artilleros y responder con una ráfaga que dañó el ala e incendió el motor exterior de estribor.

Henry pulsó el botón del extintor y consiguió apagar el fuego, pero la alegría duró poco cuando comprobó que el motor interior también fallaba. Se volvió hacia el ingeniero:

—¡Davies, échame un mano con...!

En ese preciso instante, una nueva ráfaga de artillería atravesó el fuselaje del bombardero. Henry notó una quemazón en el muslo izquierdo al tiempo que Davies, a su lado, se desplomaba.

—¡Davies! Mierda... ¡Ingeniero herido! ¡Ingeniero herido!

—¡A estribor, *skipper*! ¡A estribor! —interrumpió el artillero, quien seguía luchando con el caza.

Henry intentó cumplir las órdenes, pero, con el ala dañada y sin dos motores, el avión estaba perdiendo altura rápidamente y no podía maniobrarlo. Bastante esfuerzo le estaba costando que no entrase en pérdida y se precipitase contra el suelo.

Entonces, vio una nube y lanzó el avión contra ella. Tiró

con todas sus fuerzas de los mandos y lo mantuvo como pudo al abrigo de la nebulosa.

Los disparos cesaron en tanto él mantenía su propia lucha con el aparato. En el panel de control, las agujas de los indicadores parecían haberse vuelto locas. El pedal derecho bailaba bajo sus pies, por lo que supo que uno de los timones estaba dañado. Y por más que tiraba de los mandos, no dejaba de perder altura.

—¿Lo hemos despistado? ¡No lo veo! —gritó el artillero de cola, aún aferrado a la ametralladora.

—¡Yo tampoco! —confirmó el artillero dorsal.

—¡Lo hemos despistado! ¡Sí! ¡Lo hemos despistado! ¡Bien hecho, *skipper*!

Pero Henry no podía celebrarlo. En el panel del ingeniero acababa de ver que estaban a punto de perder otro motor. De repente, el morro del avión cabeceó hacia el suelo.

—¡Poneos los paracaídas! ¡No puedo hacerme con él! ¡Hay que abandonar la nave! ¡Ya!

Henry luchó todo lo que pudo por mantener el avión estable y que la tripulación pudiera saltar. Lo logró a cuatro mil quinientos pies, planeando con un solo motor. Entretanto, los demás batallaban contra los empellones y las sacudidas para colocarse el paracaídas y abrir las trampillas. La nave cabeceaba y se ladeaba como un potro desbocado.

El primero en lanzarse fue Jackson, a través de la trampilla situada en el morro justo en su posición de bombardero. Al rato le siguió Michael McKellar, el artillero de cola, que sólo tenía que dejarse caer por la trampilla de su torreta. Su primo Sean tuvo que empujar a un aterrorizado Bradley por la puerta de estribor antes de saltar él mismo.

Para entonces, Henry ya había tomado la decisión de no abandonar el avión. Como ya le había sucedido antes, no iba a dejar a un miembro de la tripulación herido; Davies, en este caso, quien seguía inconsciente a merced de las sacudidas del aparato. Cierto que no podía asegurar que estuviera vivo, tal vez aquella bala le había dejado seco al instante. Sin embargo, había otra razón de peso más para permanecer a los mandos de la nave. El Lancaster sobrevolaba una zona del interior de Francia salpicada de poblaciones, si lo dejaba caer sin control podía estrellarse en una de ellas y matar a cientos de civiles.

No había más que pensar, sólo agarrar los mandos, hacerlo lo mejor posible y dejar su destino en manos de Dios. Apretó la mandíbula y, cuando tenía todos los sentidos puestos en el vacío oscuro del frente, vio con el rabillo del ojo a alguien intentando mover a Davies. Era Chuck.

—Pero ¿qué demonios haces aquí? ¡Estamos a menos de cuatro mil pies! ¡No te va a dar tiempo a saltar!

—¡Sé que pretendes aterrizar este cacharro! ¡No pienso dejar que lo hagas solo!

—¡Mierda, Chuck! ¡Salta de una puta vez! ¡Es una orden!

—¡Al carajo con las órdenes, chaval! ¡No lo conseguirás sin mí! —zanjó colocándose a su lado con uno de sus mapas y una linterna—. ¡Vamos a posar juntos al pajarraco!

—¡Joder! ¡Joder, Chuck! ¡Maldito cabezota!

La suerte estaba echada. Perdían altura rápidamente. No controlaba la velocidad. Ni tampoco estaba seguro de poder sacar el tren de aterrizaje. Pero no iban a morir allí. Por todos los diablos que no iban a morir allí.

—¡Tú sólo mantén oeste, chaval! ¡Todo lo que puedas, oeste! ¡Hacia los campos de cultivo!

A medida que se aproximaban al suelo, Henry realizó todos los procedimientos de emergencia que el entrenamiento y el instinto le dictaban. La rabia y la furia habían reemplazado al miedo. Era consciente de que se aproximaba a tierra a demasiada velocidad, pero no podía hacer nada por evitarlo. Cuando se confirmaron sus temores y el tren de aterrizaje no bajó, apagó su único motor en marcha, agarró los mandos y planeó.

Apenas conservaba más que un recuerdo difuso de lo que sucedió después. El fuerte impacto contra el suelo, el avanzar sin control, esa sensación de que todo se desintegraba a su alrededor. Soltó los mandos, cerró los ojos, se replegó sobre sí mismo y rezó.

Lo siguiente que recordaba era quietud, silencio y oscuridad. Y un dolor terrible en el hombro. Supo entonces que estaba vivo.

El Lancaster se había deslizado sobre su panza a través de un campo de cereales hasta que el morro se había estrellado contra una arboleda en la linde. En su accidentado recorrido, la cola había salido despedida y las alas se habían partido por la mitad. Del avión no quedaba más que el cascarón de proa, tramado de troncos rotos, ramas y vegetación aplastada. Y allí estaba él, casi ileso, como si un escudo invisible lo hubiera protegido de la destrucción.

Le llevó un rato recuperarse del shock, sentir que le dolía todo el cuerpo. Se quitó los guantes y se tocó el muslo, que parecía arderle; notó el tacto viscoso de la sangre. Como un autómata, se apartó el gorro de vuelo, los anteojos y la mascarilla. Al ir a deshacerse de los arneses del cinturón y el paracaídas, se percató de que el dolor en el hombro era tan intenso que no podía moverlo. Quizá ese latigazo fue lo que le despabiló y le recordó que no estaba solo. Se giró hacia el asiento a su lado.

—¡Chuck! ¡Chuck, ¿estás bien?!

—Lo has conseguido, chaval.

Su navegante le miraba con los ojos vidriosos y el rostro lleno de cortes y magulladuras. Sobreponiéndose al dolor, Henry se deshizo de los arneses. Entonces, se dio cuenta de que parte del fuselaje, estrujado como si fuera de papel, atrapaba la mitad del cuerpo de Chuck.

—¿Estás bien? —repitió.

—No puedo mover las piernas... No puedo.

—Mierda...

—¿Y Davies?

Henry saltó como pudo por encima de su amigo para examinar al ingeniero de vuelo, que yacía justo detrás, bajo la mesa del puesto de navegación. Su cuerpo inerte no le dio buena espina. Lo giró y descubrió la gran mancha de sangre que empapaba el mono de vuelo, a la altura del pecho. Le buscó el pulso en el cuello.

—Está muerto —murmuró, conmocionado. En casi cuatro años de guerra no había llegado a ver un cadáver. El primero era el de un amigo.

Durante un instante, se quedó inmóvil a su lado, con la vista fija en el rostro macilento e inexpresivo del sargento Davies. Intentaba asimilar la situación, pero era incapaz, se sentía desbordado.

—Tienes que largarte de este cacharro, chaval. En menos que canta un gallo, estaremos rodeados de alemanes —le despertó Chuck de su trance.

Su amigo tenía razón. O salían de allí pitando o los alemanes los cazarían como a conejos en una madriguera. A buen seguro que todas las unidades de la *Wehrmacht* y la Gestapo en kilómetros a la redonda ya estaban alertadas de la caída del bombardero.

—Voy a sacarte de aquí —anunció sin pararse a pensar en lo que decía.

Con más buena voluntad que cabeza, intentó tirar de su amigo por las axilas para liberarlo de entre los hierros. Pero el dolor del hombro era insoportable. También Chuck empezó a gritar.

—¡Para! ¡Para! ¡Me vas a partir en dos! Es inútil... ¡Márchate! ¡Lárgate ya! ¡No hay tiempo!

—¡No! ¡No pienso dejarte! ¿Me oyes? ¡Joder! ¡No pienso dejarte!

—Escucha, chaval, no puedes permitir que te atrapen esos

jodidos nazis. Tienes que hacer todo lo posible por volver a casa, subirte a otro avión y seguir pateándoles en el culo, ¿entiendes? Tienes que hacerlo por mí. Y por Davies. ¡Y por todos, joder!

—Pero...

—No hay peros que valgan. No te preocupes por mí. Esos bastardos me sacarán de aquí y me llevarán a uno de sus estupendos hospitales. Unas semanitas de reposo y, luego, a un campo de prisioneros. Soy un oficial, no les quedará más remedio que tratarme bien.

Chuck se esforzó en reír entre el dolor. En su rostro demacrado y brillante de sudor, se vislumbraba su sufrimiento y su angustia por más que tratara de disimularlo. Henry no quería abandonarlo.

—¡Vamos! ¡Lárgate ya!

El joven piloto tenía ganas de llorar de la impotencia.

—¡Joder!

Su amigo estiró la mano. Henry se la chocó y se la estrechó.

—Te prometo que volveremos a vernos —aseguró el irlandés—. Cuando toda esta mierda haya pasado. Y tendrás que invitarme a varias pintas, todas las que hagan falta para cogernos una cogorza monumental. Te va a salir muy caro.

El muchacho asintió con un nudo en la garganta.

—Vete, chaval. No dejes que te cojan.

Henry dio media vuelta y se arrastró como pudo entre el amasijo de hierros hasta el gran boquete abierto en el morro. Antes de perder a Chuck de vista, echó un último vistazo atrás. Su amigo esbozó una sonrisa y le dedicó el signo de la victoria a modo de despedida.

Al recordar ese momento, Henry no se explicaba cómo había sido capaz de sobreponerse a la congoja y al dolor. Cómo había sido capaz de adentrarse en el bosque con un hombro dislocado, una herida en la pierna y el alma rota. Quizá era eso lo que llamaban instinto de supervivencia.

No sabía cuánto tiempo estuvo vagando entre la maleza, ni en qué dirección. Lo único que pretendía era alejarse de los restos del Lancaster. Aún era noche cerrada cuando empezaron a faltarle las fuerzas para seguir avanzando y se dejó caer rendido a la vera de un arroyo. Ya no podía más. Apoyó la mejilla contra la tierra húmeda y cerró los ojos, dispuesto a dejarse atrapar o morir. Sin embargo, al cabo de un tiempo impreciso, volvió a abrirlos como si una voz le susurrase al oído que no podía rendirse. O tal vez fuera el dolor el que no le permitió abandonarse. Se incorporó y se apoyó contra un tronco. Se sacó el chaleco salvavidas y, como la mente tiene a veces extraños recursos, esbozó una sonrisa al pensar en lo chistoso que debía de ser el tipo que decidió llamar a aquel trozo de goma inflable amarilla el Mae West, en referencia a la voluminosa delantera de la actriz.

Tras no pocas dificultades y conteniendo los alaridos cada vez que movía el brazo, se quitó también el mono de vuelo y la chaqueta, quedándose sólo vestido con el pantalón y un grueso jersey de lana que llevaba siempre debajo del uniforme. Apartó el cuello de todas las capas de ropa que se había dejado puestas para descubrirse el hombro: tenía un aspecto horrible, deformado y amoratado. No le quedaba más remedio que intentar colocar el hueso que sobresalía bajo la piel; si quería seguir huyendo, iba a necesitar los dos brazos. Se puso en pie y, entre terribles dolores, levantó el brazo herido, agarró una de las ramas más gruesas del árbol y, sin pensarlo, tiró con todas sus fuerzas. Sonó un crujido en la articulación y experimentó un dolor tan brutal que casi se desmaya. Se dejó caer de nuevo al suelo para recuperarse del trauma. No estuvo seguro de si la maniobra había salido bien, quizá le dolía algo menos, pero le dolía a rabiar.

De los bolsillos del mono, sacó una linterna y el kit de evasión y repasó su contenido. ¿Por qué demonios no se les habría ocurrido meter vendas y morfina? Resignado, se conformó con un par de pastillas de bencedrina y otras tantas de caramelos Horlick's de leche malteada. Dio algunos sorbos del agua fresca del riachuelo y se enjuagó la cara magullada, que parecía arderle de escozor. Al cabo de un rato, se sentía un poco mejor.

Examinó entonces la herida del muslo. No parecía de bala, sino de metralla, y en todo caso, era superficial porque no sangraba demasiado. La lavó con agua y jabón y, haciendo tiras la mitad de un mapa de seda con ayuda de la cuchilla del kit, se la vendó lo mejor que pudo. Con la otra mitad del mapa, ingenió un cabestrillo para su brazo herido.

Sacó la brújula. Si había caído en algún lugar del centro de Francia, dirigiéndose al sur acabaría por llegar a la frontera con España. En ese momento, trató de recordar todas esas charlas que les habían dado los tipos del MI9, el departamento de la Oficina de Guerra que coordinaba la fuga de prisioneros de guerra y la evasión de militares atrapados en territorio enemigo. Les habían dado instrucciones, folletos, consejos... Escuchándolos desde la comodidad de la sala de conferencias de la base, eso de la evasión parecía una aventura campestre por el continente. Nadie les había dicho que, al caer en territorio enemigo, seguramente tendrían que dejar atrás compañeros muertos o heridos. Nadie les había dicho cómo lidiar con eso. Ni con la realidad de encontrarse solo, amenazado y desasistido.

Según el MI9, era prioritario deshacerse del uniforme, también de las aparatosas botas de vuelo, y contactar con la resistencia local. Pero ¿cómo demonios se hacía eso? Ni que la gente fuera regalando ropa por ahí y las sedes de la Resistencia se anunciasen con un letrero como los bares... ¿Cómo saber de quién te podías fiar? En cualquier caso, era cierto que urgía cambiar los restos de su uniforme por ropas civiles, pues, en tanto se viese a la legua que era un aviador aliado, no podría mostrarse en público para comprar comida o coger un tren.

Calculó que, en su precario estado, no sería capaz de andar más de ocho millas al día, eso siempre que sus heridas no empeorasen. La frontera con España distaría como poco unas trescientas cincuenta millas de donde se encontraba. Y, a lo sumo, contaba con provisiones para un par de días

—Si no localizo ayuda pronto, estoy jodido —pensó en voz alta.

Asumiendo que tendría que confiar en su instinto, se levantó trabajosamente, recogió una rama que hiciese las veces de bastón y se dispuso a continuar la marcha. Una vez que se creyó lo suficientemente lejos del avión, aprovechó el abrigo de la noche para salir a una carretera por la que avanzar con más rapidez. Con ayuda de los carteles y del mapa de seda, determinó que se encontraría a unos quince kilómetros al oeste de Auxerre. En su ruta hacia el sur, se topó con el primer pueblo, Les Courlis, según anunciaba un letrero. Prefirió rodearlo. Aún caminó un poco más hasta divisar una casa aislada. Consultó su reloj: pasaban ocho minutos de las seis de la madrugada. Decidió arriesgarse a tocar a la puerta.

Enseguida escuchó ruidos y voces quedas al otro lado; sin embargo, se demoraron en abrir. Al instante, un hombre bigotudo de cara redonda y expresión timorata asomó por el quicio. Henry resolvió sobre la marcha no demostrar que dominaba el francés. Con gestos y palabras sueltas intentó explicar quién era y lo que quería. El granjero, pues era una granja donde se hallaba, acabó por franquearle el paso aun con recelo.

Henry se encontró entonces en una estancia que hacía las veces de salita y cocina; se veía desordenada y sucia y olía a basura y pis de gato. No obstante, el simple hecho de entrar en un lugar a cubierto y caldeado le reconfortó. En un rincón, una mujer y dos críos pequeños, los tres en ropa de dormir, lo observaban como si fuera un invasor de otro planeta. Les sonrió amablemente.

El granjero le ofreció asiento frente a una mesa de madera llena de cacharros y ordenó a su mujer que le sirviera al visitante un tazón de leche con pan. Así lo hizo y Henry agradeció tener algo que llevarse a la boca. Devoró en silencio bajo la atenta mirada de sus desabridos anfitriones.

—*Résistance?* —preguntó en un momento dado.

—*Oui. Oui. Résistance, bien sûr. Je préviens la Résistance* —aseguró el granjero, extremadamente solícito.

Una vez que Henry hubo dado cuenta de la comida, el hombre le condujo entre sonrisas y reverencias a un dormitorio con un par de camas deshechas y el orinal sin vaciar. No le importó ante la perspectiva de poder tumbarse en un lecho blando.

Sin embargo, sus alarmas saltaron cuando, tras cerrar la puerta a su espalda, el granjero echó la llave. Corrió a pegarse a la hoja de madera, a tirar de ella sin resultado y a gritar que lo sacasen de allí, pero no recibió respuesta alguna a sus demandas. Estaba claro que había dado con unos chivatos y los siguientes en abrir esa puerta serían los alemanes.

Trató de pensar rápido. Suerte que las anfetaminas le conferían lucidez y vigor. Se dirigió hacia la ventana y comprobó que estaba abierta. Se asomó. No quedaba a demasiada altura, podría arriesgarse a saltar a pesar de su lamentable estado. Por muy dolorosa que fuera la caída, peor sería quedarse allí a esperar a que lo arrestaran. Sin más demora, se encaramó al alféizar y, colocándose del lado del hombro sano, se tiró.

Ciertamente, el impacto contra el suelo resultó tan penoso como habían anticipado. Pero consiguió contener el alarido y recuperarse a toda prisa. Rodeó la casa, agachado como una alcayata y renqueante. Al pasar bajo la ventana de la cocina, escuchó al granjero hablando por teléfono:

—*Oui, oui, il est un aviateur anglais. Il est ici, fermé à clé dans une chambre.*

Según maldecía al gabacho traidor, vio una bicicleta apoyada contra el muro. Su primer pensamiento fue montarse en ella y salir de allí pedaleando a toda prisa. A toda prisa con una pierna herida y un brazo en cabestrillo... Imposible. No tardarían en darle alcance. Miró a su alrededor, desesperado. Al divisar un granero a pocos metros, se le ocurrió que mejor que huir sería despistarlos. Si quitaba la bicicleta de la vista, se imaginarían que la había robado y lo buscarían lejos de allí. No les daría por mirar en el granero, porque pensarían que había que ser muy idiota para esconderse delante de sus narices. O eso esperaba.

Dicho y hecho, aprovechó la media luz del alba para llevar la bicicleta entre las sombras hasta el destartalado edificio de piedra, empujó el portalón de madera y se ocultó tras unas balas de paja, cuidando también de que la bicicleta quedara fuera de la vista.

No había transcurrido media hora cuando oyó el ruido de unos motores aproximándose. Se asomó por una rendija y vio un coche y una camioneta. Aparcaron frente a la casa y empezaron a escupir soldados en tal número que parecía que más que ir a apresar a un hombre desarmado fueran a enfrentarse a un escuadrón. Enseguida empezó a oír hablar alemán, con esa forma que tenían de ladrar cada vez que daban órdenes.

Se arrinconó aún más contra una esquina, se enterró entre la paja y contuvo la respiración. Durante unos minutos que se le hicieron eternos, los escuchó trajinar por los alrededores: las botas sobre la tierra, puertas que se abrían y se cerraban, el inconfundible crujido metálico de las armas... Tal vez no había sido tan buena idea quedarse allí.

De pronto, chirrió la puerta del granero. Se escucharon pasos, lentos, pocos... Quizá de una sola persona. Se hizo el silencio. A Henry se le iba a salir el corazón por la boca. Entonces, distinguió el sonido de un chorro, como de un grifo abierto. Pero no, no era un grifo... Henry no podía creer que aquel nazi hubiera entrado allí sólo a mear. No podía creer que fuera a tener tanta suerte.

Pero así fue. Tras una meada larga y abundante y un suspiro de alivio, regresaron los pasos, el chirrido de la puerta y el golpe al cerrarse. Henry tuvo que contenerse para no empezar a soltar carcajadas nerviosas.

Poco después, volvieron a arrancar los motores y a alejarse por donde habían venido. Ya sólo cabía esperar que el granjero no necesitase paja en todo el día.

Henry permaneció en su escondite hasta la noche, entre cabezadas de agotamiento que el dolor interrumpía, dosis de anfetaminas cada ocho horas y mordiscos de chocolate cada vez que el estómago le rugía. Una vez que en el exterior reinaba la total oscuridad, se aventuró a salir y, entonces sí, se montó en la bicicleta y se marchó.

Había decidido transitar de noche por caminos y carreteras y descansar de día o, en todo caso, aventurarse por lo más espeso del bosque, donde nadie pudiera verle. Por eso tuvo que abandonar la bicicleta al segundo día, pues entre la maleza era más una rémora que una ayuda. Anduvo entonces todo lo que el dolor y las fuerzas le permitieron, haciendo descansos cada poco, al raso o, con suerte, en algún refugio abandonado. Una noche, tuvo la fortuna de dar con un redil de ovejas; fue la única noche que no pasó frío.

Sobrevivió a base de anfetaminas, caramelos, chocolate y chicles, las escasas provisiones de su kit de supervivencia. Cuando éstas tocaron a su fin, intentó robar algo de fruta o verdura, pero marzo no era un buen mes para la huerta y, al final, acababa asumiendo demasiados riesgos por un botín nimio. Todo lo que consiguió afanar fueron unos nísperos duros, un par de zanahorias y una lombarda. En una ocasión, cuando el hambre era ya acuciante, intentó pescar con el sedal y el anzuelo de su kit, pero resultó ser un recurso bastante inútil. Llegó a un punto en el que, famélico hasta desfallecer, decidió arriesgarse y pedir comida en una casa. Se trataba de una vivienda humilde, abandonada en mitad de la nada. Cuando llamó a la puerta, le abrió una mujer, era joven y tenía un bebé en brazos. Miró a Henry aterrorizada y, aunque él se explicó en perfecto francés, no le dejó pasar. En el quicio mismo de la puerta, le ofreció una taza de leche y le entregó un hatillo con un poco de pan, un pedacito de queso y una manzana. Después, le suplicó que se marchara.

Al quinto día, empezó a llover y ya no cesó. Fue entonces cuando se notó la primera calentura. Sólo una febrícula al principio, pero, al llegar la noche, ardía. Empapado, agotado, hambriento, herido y enfermo, cada vez le costaba más dar un paso.

Después de siete días caminando, se rindió. Se dirigió al pueblo más cercano y tocó la campana de la primera casa con la que se topó. La mujer que atendió a la llamada se encontró a un hombre desplomado frente a su puerta.

En aquella casa, vivía un matrimonio de ancianos y su hija, una joven viuda que había perdido a su marido en los primeros meses de la guerra y que era maestra en la escuela del pueblo. Buena gente que lo acogió, le cambió la ropa mojada por otra seca, le quitó las vendas sucias y le puso unas nuevas, lo alimentó con huevos, tocino y gachas, lo acostó entre sábanas limpias e hizo todo lo posible por bajarle la fiebre. Sin embargo, su vecino, mala gente, por el contrario, vio a través de las ventanas a un extraño en la cocina de sus paisanos y fue con el cuento a la Gendarmería. Al día siguiente, el mismo jefe de la Brigada de la Gendarmería de Corbigny se presentó en la casa. Henry todavía no podía creerse la facilidad con la que se lo habían quitado de encima. Al parecer, el comandante estaba prendado de la maestra y la joven se lo cameló con una copita de pastís y prometiendo que lo acompañaría una tarde al cine.

De todos modos, aunque habían solventado la crisis, resultaba muy arriesgado alojar al piloto inglés en la casa. Por eso decidieron avisar a la Resistencia.

—El resto de la historia ya la sabe usted —concluyó Henry.

En silencio, Aldara intentaba procesar la riada de emociones que le había suscitado aquel relato. Estaba impresionada por la valentía y la entrega del joven piloto, por su elevado sentido del deber y su generosidad, por ese espíritu de sacrificio que llegaba hasta el extremo de estar dispuesto a dar su vida por los demás...

—No sé qué me pasa —interrumpió él sus reflexiones—. No sé por qué estoy así. Estas pesadillas, este desánimo... No me reconozco. Llevo ya cuatro años rodeado de muerte. ¡He perdido a mi hermano! Y nunca había tenido esta sensación de vacío... No sé cómo voy a seguir adelante, no sé cómo voy a volver a subirme a un avión sin ellos...

Aldara le secó el sudor de la frente, en un gesto que era más bien de compasión.

—No piense en eso ahora. Está débil, está cansando... Por lo que acaba de suceder y también por esos cuatro años de muerte y pérdidas, que duelen ahora, cuando más vulnerable se encuentra. Pero todo pasará, lo superará. Porque usted podría haberse rendido, pero ha escogido sobrevivir. Y no lo ha hecho para quedarse en esta cama.

A Henry, sumido en la desesperación, le costaba horrores encontrar consuelo en las palabras, en las promesas, en la lógica... Sin embargo, se sentía flotar mientras se mecía en la voz de Aldara, se deleitaba en sus caricias y se perdía en su mirada azul. El único consuelo estaba en ella. Él era un náufrago y ella, una balsa. Eso pensaba entonces, en su aflicción y en su ofuscamiento.

Sólo más adelante, más lúcido, más fuerte, empezó a pensar que había sido en ese preciso instante o, quizá a lo largo de aquella noche en vela, cuando se había enamorado de ella.

La casa estaba en penumbra y en silencio. El recibimiento fue frío como lo venía siendo las últimas semanas. No había rastro de ella. Ni en el jardín, ni en la terraza, ni en el salón, ni en la biblioteca... No había rastro de Aldara.

Hubert venía pensando en ella. Rara vez dejaba de hacerlo. Pero era en esos momentos de quietud en el vagón de un tren o en la parte trasera del coche oficial, de regreso de sus viajes anhelando el reencuentro, cuando ella se hacía más presente. No esperaba mucho: una breve conversación, una sonrisa, mirarla a los ojos, escuchar su voz... Podía conformarse con eso.

Un día más, la desilusión cundió en él al entrar en esa mansión que, sin ella, parecía llena de fantasmas. El reloj del recibidor dio las seis, hora francesa, las siete, alemana. Se dirigió escaleras arriba hacia el cuarto de juegos, como otras veces hacía. Sabía que allí encontraría a Claire y a Sophie entre puzles, libros de tela, pinturas, bloques de madera y muñecas, bajo la atenta mirada de madame Berman. Aún tenía tiempo de hacerles una breve visita antes de que las niñas tuvieran que cenar. Ella aparecería por allí en algún momento, siempre lo hacía; por más ocupada que estuviese, le gustaba pasar un rato con su hija.

Entonces, él le hurtaría un encuentro breve, constreñido por la presencia de testigos y por una distancia que ella parecía haber impuesto de un tiempo a esta parte. Últimamente, se mostraba amable pero esquiva. Se la veía tensa y cansada. Maldita guerra. Maldito amor imposible.

Claire le recibió con algarabía. «¡Yan!», gritó nada más verle, y corrió a abrazarle como acostumbraba. Después, lo condujo de la mano hacia una mesita y lo sentó en el suelo a tomar el té con las muñecas. Sophie le ofreció una taza y un plato diminutos y azúcar de un azucarero vacío. Claire le dedicó una parrafada sobre el resto de los invitados: la señorita Lola, que era bailarina; el señor Botón, un oso de peluche que se había comido todos los pasteles de miel, y la princesa Mazapán, que quería que Yan fuera su príncipe.

Entretanto, madame Berman esbozaba una sonrisa con el gesto complacido, pero sin levantar la vista de su labor de punto. La presencia del oficial alemán aún la intimidaba por más que Hubert fuera amable y discreto. El joven no se lo reprochaba.

Las niñas, el juego, la luz y los colores de aquella habitación consiguieron levantarle el ánimo. Sin embargo, cada poco dirigía la vista hacia la puerta.

Llegó la hora de cenar.

—¡Ven a cenar con nosotras, Yan! —pidió Sophie.

—¡Sí, sí! —coreó Claire—. ¡Ven a cenar sopita, Yan! La sopita, la, la, la —canturreó.

—Basta, niñas. El teniente está muy ocupado.

—Por favooor...

—Otro día, quizá —concedió él para dejarlas conformes. Entonces, sacó dos caramelos del bolsillo y los repartió—. Guardadlos para después de la cena, ¿de acuerdo?

Las niñas le dieron las gracias y le prometieron que así harían. Después, se marcharon escoltadas por madame Berman.

Hubert permaneció unos instantes plantado en mitad de la habitación, donde olía a ceras, a hojalata y a colonia y donde todavía resonaban las vocecitas infantiles que subían desde la escalera. En cuanto dejó de escucharlas, se retiró pesaroso a su cuarto.

Maldita guerra. Maldito amor imposible.

Junio de 1943

Antes de que apretara el calor, Aldara había hecho su ronda diaria por los viñedos. Las vides ya estaban verdes y frondosas y lucían sus pámpanos cargados de hojas; de entre ellas, asomaban los pequeños racimos. Tras la floración, se había producido el cuajado y empezaban a crecer uvitas como guisantes. La primavera había sido benigna, con pocas lluvias, temperaturas suaves y sin la presencia del temido granizo. De hecho, muchas vides se presentaban demasiado cargadas de vegetación y habría que realizar una poda en verde para que las uvas crecieran fuertes. Era también el momento de hacer un cálculo estimado de la producción. Teniendo en cuenta que se necesita cerca de un kilo y medio de uvas para elaborar una botella de vino, aquel año prometía ser razonablemente bueno a pesar de las circunstancias. Aunque prefería no adelantar acontecimientos, aún quedaban unos meses para la vendimia; el tiempo podía empeorar, las plagas podían cundir… Mejor no pensarlo.

—¡Buenos días, querida! ¿Adónde vas tan de buena mañana?

Aldara giró la cabeza y vio la cara sonriente de Sabine asomando por encima de la tapia de su jardín. Iba tan ensimismada en sus reflexiones que ni se había dado cuenta de que pasaba por la casa de su amiga. Frenó la bicicleta.

—¡Buenos días! Más bien de dónde vengo. He estado visitando esos *climats.* —Señaló unas parcelas a su espalda.

Sabine rio.

—Estás hecha toda una viticultora, ya me lo dice Antoine. Será por eso por lo que no se te ve el pelo.

—Sí, he estado muy ocupada —reconoció con apuro. En parte, era cierto y, en parte, con el asunto del piloto, había evitado deliberadamente a Sabine. No quería mezclar a su amiga en ello, ni tampoco mentirle.

—Pues date por cazada. Pasa y tómate un café, que acabo de hornear un brioche; casi no lleva mantequilla, pero se deja comer.

Aldara dudó. No debía. Sin embargo, la propuesta era tan apetecible... Tenía hambre y ganas de hacer un descanso. Y de estar con Sabine.

—Dices brioche y no puedo negarme.

—No tienes esa opción.

Aldara se dirigió al portalón de madera y empujó la bicicleta a través. Enseguida notó el frescor del jardín y el aroma a tierra mojada después de que Sabine acabara de regar. Apoyó la bicicleta y se quitó el sombrero de paja. El perro pastor de los Jourdan salió a saludarla: la olisqueó, la reconoció y se marchó sin más contemplaciones. Era un perro viejo y displicente. Aldara reparó entonces en el silencio inusual de una casa llena de críos. Sólo se oía el trinar de los pájaros y los jadeos del perro.

—¿Estás sola?

—Los chicos se han ido a Beaune, a jugar al rugby. Menos Vincent —dijo, refiriéndose a su primogénito.

—¡Ah! ¿Ha empezado ya a trabajar?

El rostro de Sabine se ensombreció.

—No... No. Hace tanto que no nos vemos, que tengo mucho que contarte.

Sirvieron el desayuno en el porche moteado de sol y sombra, entre arbustos de grandes hortensias rosas y malvas, que eran el orgullo de Sabine. Tomaron café de achicoria con mucha leche y rebanadas de brioche aún caliente sobre las que se fundía la mermelada de grosellas.

Aunque no había nadie alrededor, Sabine bajó la voz como siempre que hablaba de ese tema.

—Hace dos meses llamaron a Vincent del STO. En cuanto cumplió la edad.

—No...

—Se suponía que, como estaba estudiando, iba a quedar exento, pero ¡qué va! Le llegó la carta igualmente.

—Lo siento mucho, Sabine. Es... Es... ¡indignante!

—No seas tan fina. Es una putada. ¡Tener que trabajar para los cochinos boches por obligación!

—Sí. Una putada... ¿Y está en Alemania?

Sabine se inclinó sobre la mesa. En su rostro se confundían la preocupación con la rebeldía.

—Vincent dijo que antes muerto que esclavo de los boches. Cogió la escopeta de caza de su padre; Antoine la había escondido para que no se la requisasen. Y, junto con el mayor de Cécile Bernard, que también lo habían llamado, se marchó al monte... Están con los maquis del Morvan.

«Donde Lina», pensó Aldara. Viviendo a la intemperie, alimentándose como podían, luchando sin armas y sin entrenamiento, expuestos a las redadas de los alemanes y la policía francesa... La joven podía comprender la angustia de su amiga.

—Y, ahora, Philippe quiere ir también con su hermano

—Pero ¿tiene la edad para que lo recluten los alemanes?

—La cumple el año que viene, pero dice que no piensa esperar de brazos cruzados a que vengan a buscarle. Ay... mucho me temo que se me vayan yendo los cinco que quedan uno tras otro. ¡Hasta Fabrice, que no tiene más que diez años, dice que quiere ir con sus hermanos a matar alemanes! Cualquier día lo pillo saliendo de casa con un cuchillo de cocina... Yo que estaba tan contenta porque no les había cogido la guerra... Qué tonta fui de no darme cuenta de que la guerra no ha terminado.

Aldara sujetó las manos de Sabine en ademán tranquilizador.

—Yo... Conozco a alguien allí...

—¿Allí? ¿Dónde?

—En el Morvan. También está en el maquis.

—Pero... ¿cómo que tú...?

—Es española, como yo. Se llama Lina.

Sabine escuchó atónita el relato de Aldara y su amiga Lina.

—Le diré que se entere, que me cuente dónde está Vincent y cómo se encuentra —concluyó Aldara al cabo de la historia—. Hablaré con Cécile Bernard, también tiene que estar muy angustiada. O quizá es mejor que hables tú con ella, igual se siente más cómoda.

—Lo haré, lo haré... No salgo de mi asombro... Pero ¡me das una alegría! Tener noticias, un contacto... A veces, lo peor es la incertidumbre.

—Lina es muy dispuesta. Seguro que, en cuanto se lo cuente, empieza a moverse por ahí. Y con lo maternal que es, va a tener bien vigilados a los chicos, ya verás. Lo primero que haremos será preparar un buen paquete con provisiones y le diremos a Lina que nos diga cómo se lo hacemos llegar.

—Sí, sí. Y le meteré un par de jerséis gordos, que el muy tonto se fue con lo puesto y allí arriba tiene que hacer mucho frío por las noches. Ay, querida, ¡muchas gracias! Qué lástima no habernos visto antes y que te contara... Claro que quién me iba a decir a mí que tú...

Sabine cogió el tazón de café con leche y lo volvió a soltar sin beber.

—Y una mujer en la Resistencia, caray... —Aún no salía de su asombro.

—Las hay. Más de las que parece, eso dice Lina. Son muchas las maneras de resistir. A veces, simplemente surge la oportunidad aun sin buscarla…

Aldara había bajado la vista hacia el plato en el que sólo quedaban migas de brioche y restos de mermelada; una mosca lamía en una esquina el dulce manjar. La joven pensó que, aprovechando aquel clima de confesiones, había llegado el momento de hacer la suya. Apartó de un manotazo a la mosca y miró fijamente a Sabine.

—No te vas a creer a quién tengo yo en casa.

—¿Más alemanes? Pero ¡esos bastardos se han pensado que llevas un hotel!

—No. No es precisamente un alemán…

Aldara resumió cuanto pudo la larga historia del teniente de vuelo Henry Wallace en tanto Sabine exclamaba, bufaba, renegaba y fumaba un cigarrillo tras otro con fruición. La mujer iba de pasmo en pasmo.

—¿Y cómo va a volver a Inglaterra? —preguntó concluido el relato.

—No lo sé. Lina dice que hay personas que se encargan de eso: les procuran papeles falsos, los llevan hasta la frontera de Suiza o de España… Líneas de evasión, las llaman. El problema es que la Gestapo se infiltra en ellas con frecuencia, arrestan a sus miembros y las desmantelan. Es verdad que vuelven a organizarse, pero justo en este momento han recibido varios golpes y las rutas por las que los sacan están interrumpidas. Aunque, bueno, tampoco es que Henry esté ahora en condiciones de marcharse, todavía tiene que terminar de recuperarse. Ya se verá cuando llegue el momento.

—Y yo mientras, aquí, regando el jardín y haciendo brioche… ¿Hay algo que pueda hacer por ayudarte y dejar de sentirme inútil?

—Pues ahora que lo dices… No tendrás un par de cajetillas de tabaco, ¿verdad?

Aldara esperó a que Simone se hubiera retirado a descansar para visitar a Henry. Quería llevarle al piloto una frasquita de licor de cerezas y no le apetecía tener a la cocinera por allí, haciendo preguntas. Bastante mosca estaba ya la mujer de ver cómo sus guisos cundían menos de lo esperado. De momento, le echaba la culpa a Pascal, que era quien solía encargarse de sustraer las raciones para el aviador.

—Mire, madame, que yo no sé lo que le pasa a ese hombre, pero come por dos. A ver si va a tener la tenia —protestaba.

—Qué cosas dice. Déjelo que coma, que no hace mal a nadie. Cocinando para tantos, uno más, uno menos no se va a notar —le argumentaba ella.

—Eso lo dirá usted, que no tiene que pelearse todos los días con las raciones. ¡La de malabarismos que tiene que hacer una para que cunda lo poco que hay!

—Bueno, de momento, no falta. Y, mientras estén aquí los alemanes, ya se encargarán ellos de que siga sin faltar.

—Que Dios los confunda —se santiguó—. Pero, al menos, para eso, bien nos hacen.

Aldara no estaba segura de cuánto tiempo podría mantener el engaño con la cocinera.

Henry levantó la vista del libro que leía y se le iluminó el rostro al verla llegar. De un tiempo a esta parte, daba gusto verlo, afeitado y saludable, con buen color y las mejillas rellenas. Dormía mejor, comía mejor y se notaba. A medida que dejaba la enfermedad atrás, recuperaba también su atractivo. Aldara podía entender que no sólo fueran las alas de piloto cosidas sobre su uniforme las que volvieran locas a las chicas. Henry Wallace era un hombre guapo y con encanto personal.

El cabello oscuro, los ojos claros, la barbilla partida... En conjunto, poseía un rostro bien proporcionado, muy masculino y, no obstante, afable. Parecía un soldado de cartel publicitario.

Lástima que la recibiera con tono de reproche.

—Ya está aquí... Me ha tenido muy solo todo el día.

—No es verdad, siempre le dejo en buena compañía.

Aldara miró primero a una pila de libros en la mesilla y después a Pascal, sentado en el sillón donde siempre hacía su guardia.

—Prefiero la suya. Los días son eternos sin usted. Cuando pienso que lo mismo le da por no venir...

—Piensa demasiado. Y protesta como un niño pequeño. Eso está bien, es señal de que su ánimo mejora.

—Sólo cuando usted está conmigo y, normalmente, me tiene abandonado —alegó, enfurruñado.

—¿Lo ve? Igual que un niño. Le había traído un premio, pero no sé si se lo merece...

—¿Qué premio?

La joven le mostró los dos paquetes de cigarrillos que le había dado Sabine. Y la reacción fue justo la esperada.

—¿Tabaco? ¡Bendita sea!

—Y un poquito de licor para acompañar el cigarrillo.

—No me canso de decirlo: es usted un ángel.

Haciendo caso omiso de las zalamerías, Aldara sacó un cigarrillo, se lo puso a Henry entre los labios y se lo encendió. El piloto aspiró con deleite y aquella primera calada después de tanto tiempo de abstinencia le provocó un gemido de placer.

—Tenga. —Le acercó ella un vaso en el que acababa de servir un dedo de licor—. A ver si con esto le mejora el humor.

—Lo siento —se disculpó con sinceridad—. De verdad que agradezco mucho cada minuto que pasa conmigo, sé que está muy ocupada. No sé por qué le he hablado así.

—Le echaremos la culpa a la morfina.

—Sí... Aunque he dejado de ponérmela.

—Por eso mismo.

—¿No me acompaña? —Le mostró el vaso—. Ofrézcale también a Pascal y brindaremos por estos pequeños placeres.

Dicho y hecho, los tres chocaron sus vasos de licor de cerezas por los pequeños placeres y el fin de la guerra. Después, Pascal continuó trenzando su cesto y dejó a los jóvenes charlando mientras apuraban su bebida y el piloto disfrutaba de su cigarrillo. Hablaron de Sabine, del STO, de la Resistencia… El tiempo se pasaba volando cuando estaban juntos. Y era en ella en quien se deleitaba Henry, más que en el tabaco y el licor.

Con el ánimo renovado por aquella combinación de estimulantes, el joven anunció:

—Quiero salir al sol, al aire, a la lluvia. Quiero acompañarla al viñedo y al estanque de los patos. Quiero conocer a Claire, ¿cree que sería posible? Quiero salir de esta cama. Ya va siendo hora de salir de esta cama.

—Pero… ¿ahora mismo?

—¿Por qué no?

—Sí. ¿Por qué no? —Aldara se levantó, dispuesta—. Vamos, pues. Yo le ayudaré.

Agosto de 1943

Henry puso mucho empeño en su rehabilitación. El doctor Lapierre le aconsejó unos ejercicios para fortalecer el hombro y la pierna heridos y, ayudado por Aldara y Pascal, los practicó con tesón, afrontando sin queja el dolor y el cansancio.

En menos de dos semanas, ya caminaba sin apoyarse en nadie ni en nada y sólo se acostaba para dormir por las noches. A partir de entonces, empezó a caérsele la habitación encima. Se encontraba más que preparado para aventurarse al exterior, pero antes necesitaban una identidad para él.

Aprovechando que se aproximaba la vendimia, en un principio pensaron camuflarlo de temporero. Sin embargo, eso le obligaría a hacer vida y acampar con el resto de ellos, con el consiguiente riesgo de que descubrieran la impostura. A Sabine se le ocurrió entonces una opción mejor: hacerlo pasar por un conocido suyo que quería formarse en el proceso de elaboración del vino. Un conocido de Bretaña, por ejemplo, por eso de su peculiar forma de hablar. No era que el acento entre canadiense y británico de Henry se pareciese mucho al bretón, pero tampoco era que hubiera muchos bretones por allí para comparar.

Fue así como el teniente de la RAF Henry Wallace salió un buen día de su escondrijo tras el armario y, convertido en

Henri Valance, aprendiz de viticultor y bodeguero de Rennes, se presentó con una maleta por la puerta de atrás del *château* y se realojó en una de las habitaciones del servicio para mantenerse lejos de las estancias adjudicadas a los alemanes. Aunque en absoluto le hubiera importado al piloto dormir al raso, tan ávido de espacios abiertos como estaba.

—Válgame Dios, ni que esto fuera una casa de caridad —protestó Simone al ver al joven—. ¡Otra boca más que alimentar! Se han pensado que yo hago el milagro de los panes y los peces como nuestro Señor Jesucristo. ¡Pues nada de milagros! ¡Cuando se acabe, se acabó!

Henry se sentía como si hubiera vuelto a nacer. Respiraba a bocanadas grandes para llenarse los pulmones de aire fresco, levantaba el rostro hacia el sol para sentir su luz y su calor en la piel, se bañaba durante horas en el estanque y se dejaba mecer ingrávido sobre sus aguas, se tumbaba en la hierba y la acariciaba entre los dedos como al cabello de una amante, se despertaba temprano para sumergirse en los colores del amanecer y trasnochaba para perderse en el cielo cuajado de estrellas, se quedaba impasible bajo la lluvia hasta calarse, se ensimismaba en la contemplación del paisaje bruñido a la luz del atardecer.

Aquel panorama de viñedos, totalmente nuevo para él, le tenía encandilado. Cierto que, en aquella época del año, a poco más de un mes de la vendimia, las vides resplandecían. Además, como era tiempo de envero, los racimos, gruesos y con el fruto bien apretado, empezaban a tomar su característico color púrpura oscuro casi negro. Henry probó por primera vez una uva pinot noir. Era pequeña y ácida, llena de pepitas y con la piel gruesa. No pudo evitar arrugar el gesto cuando explotó en su boca y le dejó el paladar áspero. Su cara de espanto hizo reír a Aldara.

—Prefiero el vino —aseguró el piloto.

—Yo también.

Le gustaba seguirla por entre las hileras de cepas verdes y frondosas, que casi los sobrepasaban en altura. Ella iba arrancando brotes y hojas aquí y allá, para que a las uvas les llegara el aire y la luz del sol, decía. También contaba los racimos y cortaba los más débiles y revisaba la salud de la planta y el fruto. No es que al joven le interesase especialmente el mundo de la vid, pero se dejaba contagiar por la pasión de ella.

Lo mejor era que aquellas largas caminatas terminaban en un pícnic a la sombra. Un poco de queso, algo de fruta, mucho vino y una siesta sobre la hierba al lado de ella, que repasaba en silencio sus notas mientras él dormitaba y fantaseaba con la idea de acariciarle la espalda y cosquillearle los brazos desnudos. Cada día pensaba que, de ser por él, hubiera permanecido así hasta la noche, rindiéndose a la pereza y al sopor, al simple hecho de estar con ella sin más. Pero Aldara tenía que trabajar y lo azuzaba hasta levantarlo mientras él se hacía el remolón.

—Puede quedarse aquí.

—Si usted se queda conmigo.

Pero entonces ella se subía a la bicicleta y, en tanto se alejaba pedaleando, lo miraba con una sonrisa desafiante. Acababa por seguirla hasta la bodega; a cualquier parte la hubiera seguido, la verdad.

Henry no entendía de sulfitos ni de taninos ni de fermentaciones lácticas ni de levaduras ni de nada de eso. Para él, el vino era un misterio entre la ciencia y el arte. Por suerte, sólo tenía que beberlo y disfrutarlo. Como mucho, se dejaba engatusar para rellenar los barriles con la *ouillette,* una curiosa regadera con un pico muy largo. En realidad, la bodega le parecía un lugar frío y húmedo donde reinaba un silencio sobrecogedor y donde no tenía mucho sentido perderse si no era para abrazarse y besarse con una chica bonita al amparo de las barricas y las botellas. Dado que, muy a su pesar, no se daban las circunstancias para ello, según entraba en el laberíntico lugar ya estaba deseando salir al aire libre.

Después de trabajar, Aldara le dedicaba tiempo a su hija. La niña era simpática, tenía que reconocerlo, pero Henry no sabía muy bien cómo tratar a los niños. Quitando a su sobrina Lizzie, apenas tenía contacto con ellos. Y Lizzie lo mismo era una cría adorable que caprichosa y mimada. A menudo, acababa cansándose de pasar mucho rato con ella.

Con Claire lo que le sucedía era que se encontraba compitiendo con ella por la atención de Aldara. Y la pequeña solía ganar la batalla. Si además se unían la mujer y la niña judía, ya eran multitud. No le importaba estar un rato con ellas, entregarse a los juegos infantiles y las conversaciones básicas, pero enseguida se hartaba del escondite, la rayuela y de tener que hablar con un oso de peluche, y anhelaba volver a quedarse con Aldara a solas.

También conoció a Sabine, con quien a veces merendaban. Una mujer enérgica, expansiva, como un torbellino, que le trataba como si fuera su madre: «¿Come usted bien? Está en edad de comer en cantidad». «Tiene que dormir muchas horas. A su edad la mejor medicina es el sueño». «Tenga cuidado con esa pierna y ese brazo, no se confíe y no los fuerce». «No se exponga mucho. Los alemanes tienen ojos y oídos en todas partes». «No sé a qué esperan para sacarlo de aquí. Cuanto antes, mejor. Se arriesga usted demasiado».

—¿Habéis pensado en lo del barril? —soltó un día que se lamentaban por la falta de noticias por parte de la Resistencia.

—¿Qué barril? —frunció el ceño Aldara.

—Sí, mujer. Sacarlo escondido en un barril. Me lo contó Antoine. Por lo visto, hace un par de años, cuando todavía estaba la línea de demarcación, un transportista de vino de Chalon-sur-Saône pasaba de un lado a otro a miembros de la Resistencia ocultos en barriles. Es un poco lío porque, como no cabe una persona por el agujero, hay que desmontar el barril y volverlo a montar alrededor del fugitivo, quien, el pobre, va como una sardina en lata durante horas. No es muy cómodo, la verdad. Pero, oye, para llevarlo a Marsella, a Toulouse o a París si no hay otra solución...

A aquellas alturas de la guerra, Henry era un hombre hecho a las penurias y las incomodidades. Sin embargo, ante semejante idea, pensó que prefería que lo pillase la Gestapo a tener que dislocarse los huesos para entrar en un barril. Él no era precisamente un hombre pequeño. Por suerte, Aldara opinaba lo mismo.

—La habrá. Tarde o temprano le conseguirán esos papeles y podrá salir de aquí, sentado en un tren como una persona normal.

Una tarde, estuvo a punto de toparse con Romain. Regresaban de un paseo por el jardín cuando divisaron un automóvil parar frente a la casa. Aldara detuvo el paso.

—Es mi cuñado. Será mejor que demos un rodeo para entrar por detrás.

—¿Qué ocurre? ¿No es de fiar?

—No, no lo es. Se lleva demasiado bien con los alemanes. Y aunque sólo fuera por meterme en un lío... Es mejor que ni siquiera sepa de su existencia. Ni como Henry ni como Henri.

No obstante, lo que más despertaba su curiosidad eran los alemanes. Nunca había visto un nazi de cerca, salvo aquella vez en el granero del granjero traidor, y no se podía decir que hubiera visto más que sus botas y escuchado su meada. Subido a su avión, luchaba contra un enemigo invisible, contra una idea a la que el único rostro que ponía era el de Adolf Hitler.

Los alemanes se marchaban temprano y regresaban al atardecer. Henry solía merodear por los alrededores de la casa para verlos bajar de su automóvil. Le inquietaba que, salvo por sus uniformes, no parecieran tan diferentes. De hecho, en sus ademanes y en el tono de sus conversaciones, le recordaban a él mismo cuando estaba con su tripulación.

En una ocasión en que estaba fumando un cigarrillo en la parte de atrás del *château*, cerca de las cuadras y el garaje, escuchó que le llamaban:

—Eh, tú…

Cuando al girarse se encontró con un soldado alemán, se quedó petrificado del susto. Según se temía que fuera a apuntarle con un arma y detenerle, el otro empezó a gesticular y a explicarse con palabras sueltas en francés.

—Tú. ¿Cubo con el agua? Por favor. Para el coche. Radiador. *Ja?*

Henry tiró la colilla y, dominando la tensión que le recorría todo el cuerpo, se dirigió a un caño para rellenar un cubo de agua y atender a la petición del alemán.

Cuando, tieso como un palo, se lo acercó, el soldado se deshizo en agradecimientos y sonrisas. Era un hombre mayor, de rostro arrugado y hechuras de retaco, aunque fornido. No resultaba muy distinto de cualquiera de los mecánicos de su escuadrón o de los paisanos ingleses que servían pintas detrás de la barra de un pub. Casi daban ganas de darle conversación, de meter la cabeza debajo del capó de aquel automóvil con la bandera de la esvástica y ver cómo trajinaba ahí dentro.

Se alejó con una extraña sensación. Desde luego, la guerra era diferente desde el aire. Una guerra que, estando allí, a veces olvidaba que no había terminado.

Septiembre de 1943

Aquel año, un poco más templado que los anteriores, la vendimia se había adelantado. Las temperaturas suaves y el trabajo duro habían resultado en la cosecha más abundante desde que comenzara la guerra y se auguraba una añada razonablemente buena, aunque marcada por las cicatrices del conflicto.

Con el cierre de un nuevo ciclo, Aldara se preguntaba cuántas más quedarían así y si aquellas circunstancias excepcionales de ocupación, que se prolongaban ya tres años, no se habrían convertido en realidad en la norma a afrontar en adelante. A afrontarla sola.

Aquella era su vendimia y sería su añada, podía afirmarlo con orgullo. La situación la había empujado a ello. Aquella era su vida, muy diferente a la que había planeado, si es que había llegado a planear alguna, el día que llegó por primera vez al Domaine de Clair de Lune, cogida del brazo de Octave.

Resultaba extraño mirar a su alrededor y comprobar cómo, a pesar de que todo parecía igual, mucho había cambiado. Sobre todo, las personas, que llegaban y se iban, también empujadas por esa misma marea que la arrastraba a ella. En el fondo, formaba parte de una generación que, cuando primaba la necesidad de sobrevivir, había perdido el privilegio de escoger.

La vida era como la vendimia, unos años buena, otros regular y otros mala. Pero había que seguir luchando, trabajando duro por obtener el mejor fruto y elaborar el mejor vino. Al final, con que una sola botella fuera lo suficientemente buena como para sonreír tras dar el primer sorbo, habría merecido la pena. Todo por una sonrisa. Por un instante.

—¡Mami, mami! ¡Ven a jugar!

Los alegres gritos de Claire la sacaron de sus cavilaciones. La explanada frente a la bodega era un festival de jóvenes, niños y perros corriendo entre salpicones de manguera. Sólo un gato, el más atrevido de los suyos, los observaba desde una distancia prudencial, lejos del alcance del agua.

Era una estampa hermosa la de las gotas brillando al sol, el coro de gritos, risas y ladridos y la extraña coreografía de unos huyendo de otros como si danzasen.

Un remojón repentino la espabiló y, tras el respingo, buscó al culpable. Henry reía tras la manguera sin atisbo de arrepentimiento. Se acercó y la tomó de la mano para tirar de ella.

—Haga caso de Claire y venga a jugar.

Aldara lo siguió al ruedo de aquella fiesta.

—¿Qué le ocurre? —El joven se volvió hacia ella sin soltarla, hablándole muy cerca para hacerse escuchar sobre el jaleo—. No es propio de usted estar triste.

—No estoy triste. Es que hay veces que simplemente me gusta observar desde fuera de la escena, sin hacer nada más.

Para entonces, Henry le había cogido ambas manos y se las estrechaba suavemente. Los ojos fijos en ella, como si fuera lo único que merecía la pena contemplar. Cuánto deseaba besarla...

—No hacer nada tampoco es propio de usted. Pero puedo entenderlo. Es el descanso del guerrero.

—Sí, quizá.

—La dejaré ir, entonces. Por más que me pese soltarla.

—Un momento, *skipper* —lo llamó como siempre que le

tomaba el pelo—. No crea que esto puede quedar a así. Me ha puesto como un pingo y no se va a ir de rositas.

Según decía aquello, lo agarró de los brazos y parapetándose tras su espalda, exclamó:

—¡Claire, Claire! ¡Moja a Henri! ¡Vamos, hija! ¡Dale!

De nada sirvieron las débiles protestas del joven, en realidad, entregado al juego. La niña, encantada con el reto, agarró la manguera y lo regó de arriba abajo; mientras, tanto ella como su madre reían a carcajadas.

Entonces uno de los mastines que ladraba, lameteaba y trotaba por allí quiso unirse a la diversión e, inconsciente de su fuerza y su gran tamaño, se lanzó de patas contra la cría. Sin tiempo de reaccionar, la risa de Aldara devino en espanto al contemplar cómo Claire caía de espaldas y se golpeaba la cabeza contra un bordillo.

—¡Claire! ¡No!

Corrió hacia ella presa de la angustia al verla inmóvil en el suelo.

—Claire, Claire... —la llamaba agitando su cuerpecito, pero la niña no respondía.

En un instante, la fiesta se había visto bruscamente interrumpida y todos rodeaban a la pequeña. Henry y Helene se arrodillaron junto a ellas.

—No se mueve. ¡No se mueve! —los abordó Aldara entre lágrimas.

Helene levantó con cuidado la cabeza de la niña y la recostó en su regazo.

—¡Está sangrando! —se angustió su madre al ver las manchas en la ropa y la piel de la mujer—. ¿Por qué no reacciona? ¿Por qué?

—Hay que llevarla al hospital —resolvió Henry, cogiendo a la niña en brazos—. ¿Dónde hay un coche?

La sangre, el golpe, su pequeña como un trapito desmadejado... Aldara se sentía aturdida.

—Allí... La camioneta. Suele tener gasolina. Pero Pascal no está... Yo conduciré —afirmó aun sin estar muy segura de poder ponerse frente al volante.

—No, yo conduciré.

En su escasa lucidez, Aldara se dio cuenta de lo arriesgado que era que Henry condujese la camioneta fuera del Domaine. Podían pararle en un control, podían pedirle los papeles...

—No puede. No tiene... ¡No puede salir de aquí!

—Vamos. No hay tiempo que perder.

En el momento, no reparó en ello, pero debió de haber notado que algo raro pasaba. Cuando Hubert regresó al *château* y, como siempre, abrió la puerta con su llave, casi se dio de bruces con Jacques, el mayordomo. Era demasiado tarde para que el hombre rondara por el vestíbulo. Luego, le pareció ver a la cocinera asomando la cara por la puerta de servicio tras la escalinata. En cuanto se supo sorprendida, se apartó. Parecía que estuvieran esperando a alguien, no creía que fuera a él.

Del salón salía el rumor de las voces metálicas de la radio. Se trataba de una locución en alemán, seguramente de Radio Berlín; los SS solían sintonizarla antes de cenar. No le dio tiempo a pararse a pensar en cómo librarse de ser invitado a escuchar el discurso de algún ministro del Reich. Sus alarmas saltaron de algún modo cuando vio a Helene bajar por las escaleras con una calma contenida. La mujer judía, quien apenas levantaba los ojos para mirarle y que en varios años no le había hablado más que con monosílabos, se dirigía de frente hacia él. Hubert se fijó en su expresión de preocupación.

—Señor... Teniente... Es Claire. Se cayó cuando jugaba...

—¿Cómo? ¿Qué le ha pasado? ¿Está bien?

—No sabemos... Se golpeó en la cabeza y estaba inconsciente. La han llevado al hospital. Estamos esperando noticias.

—¿Qué hospital?

—No lo sé. En Beaune.

—El *Hôtel de Dieu*, señor —aclaró Jacques—. Donde los Hospicios.

En ese momento, se abrieron las puertas del salón con cierto ímpetu y, como si hiciese una entrada en un escenario teatral, apareció el *SS-Obersturmführer* Kessler.

—Pero ¿qué corrillo es éste? ¡Son más de las ocho! ¿Es que aquí no se sirve la cena? Maldito horario francés... Usted que parece tener mano con el servicio, Eberhart, ponga un poco de orden. Eberhart... ¡Eberhart! Pero ¿adónde demonios va?

Hubert corrió hacia el garaje y cogió él mismo el automóvil sin esperar a dar con el ordenanza. Condujo a toda velocidad por los estrechos caminos entre viñedos hasta el centro mismo de Beaune, donde era fácil encontrar los Hospicios, el edificio más emblemático de la pequeña ciudad, que destacaba sobre los demás con sus apuntados tejados cubiertos de coloridas tejas vitrificadas. No parecía un hospital, sino más bien un palacio gótico.

Aparcó el coche de mala manera y, al bajar, se cruzó con una pareja de la *Feldgendarmerie* que se acercaba a comprobar quién circulaba por allí después del toque de queda. Se cuadraron al reconocerle, intercambiaron un breve saludo y Hubert continuó su camino a toda prisa.

Ya desde lejos reconoció la voluminosa figura de Pascal. Se paseaba cabizbajo e inquieto frente a la puerta del hospital. Al sentirle llegar, el hombre alzó la vista para dirigirle su habitual mirada sombría.

—¿Están dentro?

Asintió.

—¿Claire está bien?

No hubo gesto alguno. Sin más demora, el joven subió los escalones de dos en dos hasta la recepción, donde una hermana ataviada de hábito azul con mandilón y una aparatosa toca almidonada de color blanco miró con recelo su uniforme. Con el mismo recelo le confirmó que Claire de Fonneuve estaba ingresada allí y se resistió a dejarle pasar. No era hora de visitas, se excusó, pues, en realidad, para unos grandes benefactores como los Montauban no había demasiadas normas. Claro que el visitante no era de la familia, sino un alemán.

Hubert insistió, con cierta autoridad, al principio; después, apelando a la comprensión de la religiosa: él había visto crecer a la niña, le era muy querida, estaba loco de la preocupación... Al final, la hermana cedió.

El *Hôtel de Dieu* era seguramente uno de los hospitales más antiguos del mundo. Y lo parecía, pues tanto su arquitectura gótica como sus salas, ricamente decoradas con marquetería, frescos, tapicerías de color rojo y obras de arte, en nada recordaban a las instalaciones blancas y asépticas de los hospitales al uso. Fundado en 1443 para acoger a enfermos sin recursos, llegó a alcanzar tanta fama por la valía de sus especialistas y sus tratamientos médicos que la nobleza y la burguesía hacían generosas donaciones para disponer de habitaciones privadas en las que curarse de sus males. Tal era el caso de los Montauban.

Claire se encontraba en una estancia que daba al amplio patio interior por un ventanal emplomado. El techo surcado de vigas policromadas, la gran chimenea de piedra y el friso de madera que cubría las paredes contrastaban con el resto del mobiliario metálico y funcional: la cama, la mesilla, la mesa de curas, una palangana, un perchero y una silla para el acompañante.

Bajo la protección de un crucifijo de madera, la pequeña dormitaba agarrada a la mano de su madre, que no se había separado de ella desde que la subieran del quirófano, atontada a causa de la anestesia y con una aparatosa venda rodeándole la cabeza. Aunque el médico le había asegurado que su hija no sufría más lesión que una brecha en la región occipital y una ligera conmoción a causa del golpe, que no presentaba fractura del cráneo ni daños internos, Aldara no terminaba de sacudirse el susto de encima. Verla así, tan desmadejada y vulnerable, su cuerpecito medio enterrado entre las sábanas blancas, la carita pálida y ojerosa...

Unos suaves golpes hicieron que apartara la mirada de Claire y la llevara hacia la puerta.

—Pase...

Hubert abrió la puerta con decisión; sin embargo, al ver al joven que le observaba detrás de Aldara con el ceño fruncido, se quedó clavado en el umbral. Él, que había llegado pensando sólo en Claire, ahora no tenía ojos más que para aquel individuo. Lo había sorprendido con las manos posadas en los hombros de Aldara, apenas una fracción de segundo antes de que las retirara rápidamente, como un ladrón cazado ante una caja fuerte.

Ese hombre... Por desgracia, no era la primera vez que se lo encontraba. «El chico es un aprendiz. Viene a que le enseñen cómo hacer vino», le había dicho Franz, su ordenanza, quien siempre andaba en corrillos de alcohol y tabaco con los trabajadores de la bodega y se enteraba de todo. Condenado aprendiz... Se había pegado a ella como una lapa, siempre se los veía juntos: que si caminando entre los viñedos, que si paseando por el jardín, que si una partida de damas en la terraza, que si jugando con Claire... con su Claire. Cuando estaba con él, Aldara se mostraba relajada, sonriente, feliz. Deseaba alegrarse por ella, pero le podían los celos. Y odiaba a ese hombre aun sin conocerlo.

Era irracional. Bien sabía Hubert que ella nunca podría ser suya. No obstante, sentía que le habían robado la ilusión, que esas sonrisas, esas miradas, esas palabras y ese tiempo que al otro le dedicaba, antes eran para él; lo único por lo que merecía la pena levantarse cada mañana.

Y, ahora, allí estaba también ese tipo, compartiendo con ella un momento de absoluta intimidad. Cualquiera que los hubiera observado hubiera creído que la pareja y la niña formaban una bonita familia...

—Teniente...

—Sí... Disculpe, madame. Yo... Me he enterado del accidente de Claire. Sólo quería saber cómo está.

Hubert miró a la cama y todos sus pensamientos anteriores quedaron olvidados. Se le encogió el estómago al ver a la pequeña acostada, con la cabeza vendada, como sin vida.

—Está bien. Se ha hecho una brecha, pero el médico dice que está fuera de peligro. Por suerte, todo ha quedado en un susto.

Aldara se esforzaba en sonreír al dar las buenas noticias, pero se la notaba cansada y nerviosa.

—No sabe cuánto me alegra oír eso. Si hay algo que yo pueda hacer...

—Nada, muchas gracias, teniente.

—Bien. En ese caso, les dejo que descansen.

Hubert dirigió un último vistazo al tipo que escoltaba a Aldara y, de algún modo, le culpó de lo breve y tenso de aquella visita. Sin más, se cuadró y fue a girarse para salir.

—Yan... —La voz quebrada de Claire lo detuvo—. Yan, ven.

Su primer impulso fue acudir junto a la niña, pero se refrenó. Miró a Aldara, buscando su aprobación. Ella se mostró confusa.

—Yan...

Ante la insistencia, la madre consintió. Hubert avanzó a grandes pasos hacia la cama y se agachó en cuclillas junto a ella.

—Estoy aquí, pequeña...

—Me he caído y me he hecho una herida. Aquí, ¿ves?

—Lo veo. Pero el médico te ha puesto una bonita venda blanca y pronto vas a curarte.

—¿Has traído al señor Botón?

El señor Botón era un oso de peluche al que Claire se había empeñado que Helene le cosiera un botón del uniforme de Hubert. La niña le tenía mucho aprecio a ese botón que el teniente le había regalado y al oso, por ende.

—No, pero iré ahora mismo a buscarlo.

—Pero cuéntame un cuento del señor Botón, ¿vale? Si se cae le tenemos que poner una venda blanca como la mía.

—Claro que sí. ¿Quieres escuchar esa vez que el señor Botón se cayó al ir a coger el tarro de miel de la estantería más alta?

La niña asintió.

Según el teniente se sentaba en el borde del colchón y se disponía a improvisar una historieta, Henry salió de la habitación.

Aldara se levantó, turbada.

—Le importa si...

—No, váyase tranquila. Yo me quedo con ella.

La habitación de Claire daba a una galería abierta con vistas al gran patio interior donde reinaba la quietud y la penumbra. Apoyado de espaldas en la barandilla, Henry fumaba; la ligera brisa que traía el aroma de la vegetación circundante le ayudaba también a calmarse. Aldara llegó junto a él y se acodó en silencio sobre el panorama oscuro.

—Dios... —se lamentó el aviador—. Estaba empezando a perder los nervios ahí dentro. Puede que esté paranoico, pero creo que ese tipo sospecha algo. Según ha entrado en la habitación, se ha quedado mirándome de un modo que... Malditos nazis que se creen con derecho a todo. ¿Cómo le consiente intimar con ustedes de esa manera?

Henry dio una calada nerviosa cuando, con el rabillo del ojo, vio cómo Aldara ocultaba el rostro entre las manos. Se arrepintió entonces de sus palabras.

—Lo siento. Lo siento mucho, no pretendía recriminarle nada, créame. Bastante tiene con tener que aguantarlos en casa como para que yo venga a reprocharle nada. Nada más lejos de mi intención.

Ella levantó la cara, enrojecida y congestionada por la presión de las manos y la congoja. No lo miraba a él, sino al frente. No le habló a él, sino al vacío.

—Creí que la perdía… Cuando la sostenía en brazos, desmayada y cubierta de sangre, yo…

Conmovido, Henry se atrevió a acariciarle la espalda.

—Pero está bien. Claire está bien. Como usted ha dicho, todo se ha quedado en el susto.

Sin embargo, ella tampoco lo escuchaba.

—¿Y qué era lo que pensaba en medio de tanta angustia? Pensaba en Octave. En que le he dado una hija y en que podía habérsela quitado, antes de que llegara a conocerla. Por haberla descuidado.

—Usted no la ha descuidado. No es culpa suya lo que ha ocurrido.

—Todo lo que él más quiere, todo lo que tiene, el Domaine y Claire, todo depende de mí. A veces, me falta la respiración sólo de pensarlo. ¿Y si cuando vuelva no queda nada? ¿Y si cuando vuelva yo ya no soy lo que era ni lo que espera? ¿Y si no lo es él? Llevo cuatro años casada con un hombre con el que apenas he convivido cuatro semanas. No he estado a su lado en sus peores momentos ni él en los míos. ¡Somos casi unos completos desconocidos!

Aldara se abstuvo de comentar en voz alta que había pasado más tiempo con Henry que con su marido y que, momentos antes, había tenido la sensación de que cualquiera que hubiera entrado en esa habitación, hubiera tomado al piloto inglés por el padre de Claire. No quería personalizar en él su desazón como si fuera un reproche. Además, él no era el único, ni tampoco el más involucrado en aquel desajuste.

—Ese alemán. Ese nazi. Claire lo adora. Lo adora desde que era un bebé y se volvía loca babeándole las insignias y los botones del uniforme. Lo adora porque lleva viéndolo desde antes de tener uso de razón. Y juega con ella y le trae caramelos y juntos les han puesto nombre a los patos y le ha enseñado los días de la semana con una canción... Y, ahora, está ahí dentro, contándole un cuento mientras le sujeta la mano. Como haría su padre. ¿Cómo se lo voy a explicar a Octave? Tiene razón... No he debido consentir que sucediera esto.

Ante la mirada de angustia de Aldara, Henry aparcó la moderación. Tiró la colilla y, tomando a la joven de los hombros, la atrajo hacia su pecho y la rodeó con los brazos. Cansada y desmoralizada, ella no se resistió a aquel abrazo reconfortante.

—No diga eso —susurró el piloto por encima de su cabello suave y alborotado—. Yo no he debido decir eso, no he querido decir eso. Si yo fuera su marido no podría estar más orgulloso de usted. Sola, ha criado a su hija y ha sacado adelante su negocio a pesar de todas las dificultades. Es usted una mujer excepcional y él un hombre muy afortunado.

Aldara quería creerlo; sin embargo, aquellas palabras y aquel abrazo removían su conciencia, en la que hormigueaba un temor recurrente: ¿cómo se enfrentarían Octave y ella al reencuentro?

Octubre de 1943

Habían transcurrido más de seis meses desde que Henry llegara al Domaine de Clair de Lune. Seis meses que se le habían pasado como un suspiro, pero que, si se paraba a pensarlo, equivalían a un tour de operaciones, a veinte ciudades enemigas bombardeadas, a más de setenta toneladas de bombas lanzadas, a varias fábricas, puentes, vías y aeropuertos destruidos. A seis meses de guerra.

Y, entretanto, él parecía encontrarse en el paraíso, hasta el punto de que, a veces, se preguntaba si, en realidad, no habría sobrevivido al accidente.

Al principio, había sido fácil dejarse llevar por el solaz: estaba herido, era una situación transitoria… No obstante, ya llevaba varias semanas totalmente recuperado y una especie de picazón le asaltaba la conciencia. Tal picazón devenía en escozor cada vez que escuchaba los boletines de guerra de la BBC; cada vez que se enteraba de que, a escasos kilómetros de allí, habían fusilado a varios civiles franceses en represalia por un atentado de la Resistencia; cada vez que veía a alguno de aquellos oficiales alemanes por el Domaine, a la distancia de un disparo.

Tenía que hacer algo. No podía seguir así, no podía seguir dejando que otros lucharan en aquella guerra por él. En el Mando de Bombardeo se habían hartado de repetirles que, en caso de caer en territorio enemigo, tenían que hacer todo lo posible por regresar y continuar combatiendo. ¿Acaso estaba él haciendo todo lo posible?

En respuesta a aquella pregunta incómoda, se puso a urdir su propio plan de evasión. Si la Resistencia no podía ayudarle, él solo se las arreglaría. Hablaba francés y todavía contaba con los dos mil francos que les daban antes de despegar. Además, se consideraba un tipo avispado y con recursos, no podía ser tan difícil. Razonando de este modo, cogió sus mapas, se hizo con un horario de trenes y diseñó las posibles rutas. Valoró los pros y los contras de cada una y siempre se atascaba al llegar a los Pirineos: ¿cómo haría para cruzar las montañas en pleno invierno? ¿Cómo pasaría los controles en la frontera? No tenía las respuestas para eso; sin embargo, llegó un punto en que le dio igual porque estaba decidido a hacerlo.

Y lo hubiera hecho. En una semana a lo más tardar. Con suerte, estaría en casa por Navidad.

Entonces llegó Aldara con novedades.

Se encontraron en la parte de atrás del *château*, cerca de la bodega, donde la explanada de gravilla blanca que quedaba un poco apartada. Era un buen sitio para ocultarse de los ojos y los oídos curiosos, apoyados en el muro de piedra tras el parapeto de las macetas con limoneros. Además, como era domingo y los trabajadores libraban, nadie pululaba por los alrededores y el lugar se mostraba desierto.

Henry había estado toda la mañana esperando a que ella regresase de Beaune. Había aprovechado para seguir trabajando en su plan de fuga, había leído un poco y había almorzado solo en la mesa de la cocina, a tiro de las miradas de reojo que le lanzaba con desdén Simone, que ya andaba enredada con la cena. Por fin, Aldara estaba de vuelta y podrían charlar, pasear, matar el rato hasta la noche.

—Tengo noticias de Lina —le abordó la joven nada más verle—. Buenas noticias. Al parecer, han contactado con un hombre y su hija que tienen un piso franco en París. Allí reúnen a grupos de evadidos y se encargan de su traslado fuera de Francia. Hay una mujer del grupo de Lina que tiene el permiso para viajar a la capital y podría acompañarle hasta allí. En cuanto a sus papeles, Lina cree que estarán listos para la semana que viene.

Henry no supo qué decir. Era tanto lo que se le pasaba por la cabeza… Una avalancha de pensamientos sin orden ni concierto.

«La semana que viene…». Ese plazo coincidía con el de sus planes. Planes que no le había contado a Aldara, pues hacerlo lo volvía más real y aún no había reunido el valor. Ahora, ya no sería necesario.

—La semana que viene —repitió en voz alta—. Vaya… Sí que son buenas noticias.

Lo eran. Ya no tendría que arriesgarse a una fuga en solitario. Contaría con guías a lo largo de su camino y papeles para pasar la frontera. Estaría en casa para Navidad. A los mandos de un avión, en enero.

«La semana que viene». Miró a su alrededor: al patio de limoneros, a la silueta de los edificios, a la extensión de viñedos, que empezaba a volverse ocre con la llegada del otoño… Se oía el trinar de los pájaros, el borboteo del agua en el pilón, el rumor de las bestias en el establo, los ladridos lejanos de un perro… El aire era fresco y olía a leña y al perfume de Aldara. Aldara, la mujer con la que querría pasar el resto de su vida. Todo quedaría atrás al cabo de una semana. Ella quedaría atrás. Quizá para siempre.

La miró. La joven lo observaba en silencio, dándole espacio para asimilar la noticia. Era tan hermosa… ¿Cómo iba a vivir sin ella?

—Venga conmigo —manifestó sin pensar un deseo que le punzaba en la boca del estómago.

—¿Qué?

El gesto de pasmo de ella le hizo darse cuenta de lo impertinente y descabellado de su propuesta, en la que, sin embargo, subyacía una verdad que no podía llevarse consigo.

—¿Recuerda que me dijo que escribiera a mis padres?

—Sí.

—Lo hice. Les escribí cuando aún estaba convaleciente. Y, tenía usted razón, me ayudó a sentirme mejor.

El piloto sacó una cuartilla de papel doblada del bolsillo de su pantalón y se la tendió.

—Léalo, por favor. La escribí en francés.

Aldara, aún confusa, hizo lo que le pedía. Desplegó la carta y comenzó a leer.

—«Queridos padre, madre, Jane y Lizzie: Espero que a la recepción de esta carta os encontréis bien. Ya veis que yo sigo con vida y tengo mucho que contaros».

—Espere. Siga aquí. Sí, aquí es.

Henry dio la vuelta a la cuartilla y señaló un párrafo. Aldara, que seguía sin comprender lo que el joven pretendía, vaciló.

—Siga leyendo, por favor.

—«La mujer que me ha acogido en su casa y me ha cuidado durante este tiempo se llama Aldara de Fonneuve. Es un nombre muy bonito, ¿verdad? Español y francés, como ella. Cuánto me gustaría que la conocieseis, estoy seguro de que os iba a encantar. Aldara es fuerte, valiente, inteligente...». —Incómoda, detuvo la lectura—. Yo no... Se lo agradezco mucho, pero yo no...

El piloto recuperó la carta y retomó él mismo la lectura.

—«Aldara es fuerte, valiente, inteligente y decidida. Pero también es dulce, amable y de buen corazón. Además, es la criatura más bella que he visto nunca».

Entonces se detuvo y alzó la vista para mirarla. Era capaz de recitar sin leer lo que había escrito a continuación.

—«No he podido evitar enamorarme de ella».

Al comprobar que ella, cohibida, le rehuía la mirada, Henry la tomó de las manos.

—Aldara, me he enamorado de ti. Aunque tú ya lo sabías, ¿verdad?

Sí, ella ya lo sabía, pero había preferido ignorarlo. Porque reconocerlo la habría obligado a cortar de raíz su relación con Henry y no quería pensar en tal cosa. Se sentía bien estando con el piloto. Le gustaba su compañía, su carácter desenfadado, su aura de héroe vulnerable. Le gustaban sus ojos, el hoyuelo de su barbilla y su sonrisa franca. Pero lo que más le gustaban eran las atenciones que le prestaba y coquetear con él, no iba a negarlo. Por eso aparcó los remordimientos y se dejó llevar. Se permitió una licencia que, hasta ese momento, por decoro, por fidelidad y por conciencia de bando se había negado. Se estaría engañando si no admitiese que se había sentido tentada de jugar el mismo juego con el teniente Eberhart, pero la sola idea, la más mínima tentativa, la hacía enfurecerse después con él y consigo misma. En cambio, con Henry... Henry era de los suyos, un héroe que ponía su vida en riesgo por librarlos de los nazis. Y, lo que era más importante, desde el principio sabía que Henry no se quedaría mucho tiempo. En cuanto se marchase, todo habría quedado atrás, como en un bonito sueño. Y quizá ella podría mirar a la cara a Octave a su regreso.

Aldara por fin se entregó a los ojos de él, que no cesaban de buscarla. Asintió. Sí, sí lo sabía.

En ese momento, Henry se inclinó sobre ella y sucumbió al deseo tanto tiempo contenido de besarla. Se sumergió en la suavidad de sus labios según le devolvían el beso, la rodeó con los brazos, la recorrió con las manos, buscando el contacto con su cuerpo, que se le hizo tan frágil como voluptuoso. La ansiedad le entrecortaba la respiración y tuvo que refrenar el impulso de desnudarla allí mismo y completar el camino hacia lo más profundo de su ser. Sólo deseaba fundirse con ella.

En medio de aquel frenesí, Aldara logró poner un poco de cordura. Se separó ligeramente.

—Esto no está bien.

—El amor siempre está bien.

Fue a decirle que aquello no era amor, pero no quiso herirle. Apoyó la mejilla en su pecho. Podía escuchar los latidos de su corazón aún acelerados. Henry la besó en la coronilla.

—Volveré a buscarte. Saldré otra vez a ganar esta guerra y, entonces, volveré a buscarte.

Ella levantó la cabeza y lo miró. Le acarició el cabello, hundiendo los dedos entre los mechones, y dejó las manos sobre su nuca.

—No... Sabes que no puede ser. Esto no ha sido más que un sueño. Despertaremos a la realidad y habrá terminado, dejando sólo un recuerdo dulce. Por supuesto que ganarás la guerra. Y, después, regresarás con los tuyos y encontrarás una chica que te hará muy feliz.

—No encontraré ninguna como tú. No la hay. Sólo te quiero a ti.

Aldara le devolvió un gesto de ternura y volvió a enredar los dedos en su pelo.

—Cambiarás de opinión. Y me escribirás para contármelo.

Henry la abrazó con ansiedad.

—Maldita sea...

No había acabado la frase cuando unas palabras histriónicas los asaltaron como cuchilladas.

—*Sieh an, sieh an*...

Sobresaltados, los jóvenes se separaron como si ambos quemasen. El *Obersturmführer* Kessler se aproximaba a ellos a paso lento; en su rostro de calavera brillaba una sonrisa astuta, cínica. De forma instintiva, Aldara se puso frente a Henry como si ingenuamente pretendiera ocultarle tras ella. El SS les habló en un francés pésimo, con un pronunciado acento que, no obstante, dejó a Aldara perpleja.

—Lamento interrumpir tan apasionado rato. Hay que ver, madame, las sorpresas que se lleva yo. O no tanto... Siempre pensé que tras ese aspecto lejano, alto y puro se escondía un espíritu en fuego. Pobre Eberhart... Joven, sin experiencia, un juguete en sus manos. Pero eso es otro tema, *ja*? Yo no vengo a tratar a usted.

Armin Kessler miró por encima de Aldara, justo al hombre detrás de ella. Si la joven había llegado a albergar una remota esperanza de que el SS sólo pretendiera fastidiar, con esa mirada se confirmaron sus peores sospechas. La presencia de Kessler respondía a un asunto grave y peligroso. Kessler era peligroso.

—¿Puedo ver sus papeles, monsieur?

Henry fue a hablar, pero Aldara se le adelantó.

—¿Por qué tendríamos que llevar los papeles encima? ¡Yo no llevo los papeles encima! ¡Estoy en mi casa, por el amor de Dios! Y monsieur Valance es mi invitado.

—Así que el monsieur Valance, *ja*? Bien. Tengo que ver papeles o llevarme a los dos detenidos.

—¡Esto es un ultraje! —protestó Aldara, a la desesperada—. ¿Con qué motivo se nos reclaman los papeles? No estamos haciendo nada ilegal.

El SS se aproximó un poco más a ellos hasta quedar a menos de un paso de su alcance. Con ademán tranquilo, sacó un cigarrillo de su pitillera y lo encendió. Incluso le ofreció uno a Henry, que éste rechazó, envarado. Aldara podía notar la tensión en los músculos del piloto, en su respiración ligeramente sonora. Viendo a Kessler fumar con calma, pensó en que sería fácil escapar de él, echar a correr sin más. Luego se fijó en el arma colgada del cinturón y desechó la idea.

—No tiene nada contra nosotros. De modo que le agradecería que nos dejase tranquilos.

—Madame, por favor, cállese —pidió con desdén, como si empezase a perder la paciencia—. No quiera ser siempre protagonista. Ya he dicho que no vengo a tratar a usted. O sí, pero eso ya veremos.

Kessler dio una calada al cigarrillo y levantó la cabeza para soltar el humo al aire antes de continuar con su discurso.

—¿Es que habla tanto para que no hable él? ¿Es para que yo no note el acento? Yo no notaría. Ya ve que no hablo bien francés. Pero otros sí han notado. «Ese hombre no es de Francia», dicen. Se refieren a usted, monsieur Valance.

—¡Qué tontería!

—Sí, tontería... La gente cuenta cosas, *ja*? Por un poco de dinero. Por miedo, también. Claro, yo tenía mi... *Verdacht* ¿Cómo se dice...? Sospecha. Yo sospecha desde hace tiempo, *ja*? Viene el médico, pero nadie enfermo. Madame anda las noches por la casa... La gente habla. Y luego aparece un hombre. Monsieur Valance. *Aus dem Nichts!* Dice que es un amigo de la familia. Yo puedo creerlo, ¿por qué no? Pero yo sé desde hace mucho rato que la policía de Auxerre busca un aviador inglés. Su avión se estrelló en marzo. Está herido, dicen. Todo encaja.

—¡Eso no son más que imaginaciones suyas!

Kessler ignoró el arrebato de Aldara.

—Hay cosas muy interesantes en su habitación, monsieur. Dos mapas, impresos en Inglaterra, un *Kompass*... Y, ahora que lo veo, su reloj... ¿Podría enseñármelo, por favor?

—No, no podría. —La voz de Henry sonó ronca pero firme, casi agresiva.

El SS movió la cabeza al tiempo que chasqueaba la lengua y aplastaba la colilla del cigarrillo contra el muro. Entonces, miró a Henry de tal modo que Aldara sintió un escalofrío recorrerle la espalda. Con la misma calma con la que había sacado la pitillera, Kessler desenfundó la pistola y los apuntó. En ese momento, el piloto apartó a la mujer y se colocó frente al cañón. Acorralado, la rabia había sustituido a la cautela y se enfrentaba al nazi con furia contenida en el ceño fruncido y los puños apretados.

—Mejor ayude, no sea estúpido. No nos obligue a desnudo en una sala fría para ver sus heridas y sus placas. No nos obligue a que hable, porque hablará, seguro. Pero no es agradable.

—Ella no tiene que ver en esto. Deje que se vaya.

—*Oh, das ist so galant von Ihnen… Typisch englisches.* Pero no puede ser, amigo. Vamos, las manos arriba, los dos. Ya he perdido mucho rato. ¡Vamos!

Kessler agitó la pistola para que le obedecieran y se pusieran en marcha. En ese instante, aprovechando el movimiento, Henry dejó explotar su furia.

—*You fucking nazi bastard!*

El piloto dio un manotazo a la pistola del SS y se abalanzó contra él para terminar de desarmarle. Ambos cayeron al suelo y se enzarzaron en un forcejeo por el arma. Kessler se resistía a soltarla por más que Henry le golpeara la mano contra la gravilla; incluso, por momentos, el alemán llegaba a encañonarlo, pero su dedo no alcanzaba el gatillo. Entonces el aviador le propinó un cabezazo en la frente que, aunque los noqueó a los dos durante unos segundos, consiguió que Kessler aflojara la mano que sujetaba el arma. Henry intentó alcanzarla, pero el otro se recompuso rápidamente, le dio una patada en el estómago y rodó sobre él, le clavó una rodilla en la cicatriz de la pierna todavía tierna y le apretó los hombros contra el suelo. Henry sintió un dolor terrible a causa de sus lesiones y apenas pudo responder al ataque. El SS lo remató con un fuerte puñetazo en la cara que lo dejó aturdido y aprovechó para recuperar la pistola. Fuera de sí, le clavó el cañón debajo del mentón.

—¡Maldito inglés! ¡Maldito inglés! —aulló rojo de la ira y del esfuerzo. De un tirón le arrancó las placas del cuello—. ¡Estos son sus papeles! ¡Estos!

La simple presión del arma en la garganta empezaba a ahogar al piloto, quien, ante la expresión furiosa y enajenada del nazi, no dudó en que le dispararía de un momento a otro, cumpliendo con las amenazas que le escupía. En la bruma del dolor y el miedo, de los gritos desquiciados frente a su cara, supo que todo había acabado. Y entonces la vio: borrosa contra el cielo blanco como una aparición. Justo detrás de su atacante.

Aldara descargó una pesada losa de pizarra sobre la cabeza de Kessler. La piedra se hizo pedazos y el nazi cayó a plomo sobre Henry, aprisionándolo con su peso.

Hubo un momento de silencio absoluto e inacción. Como si el estupor hubiera congelado la escena. Henry fue el primero en reaccionar. Empujó el cuerpo para liberarse y, sobreponiéndose al dolor y el atontamiento, se puso en pie. Le sobrevino un repentino mareo, pero se recompuso y se fue hacia Aldara. La joven clavaba la vista en Kessler, blandiendo una lasca de pizarra en la mano. No se explicaba cómo había sido capaz de levantar la losa; tenía que haber sido la rabia y la desesperación. Ahora le dolían los brazos y la espalda.

—Lo he matado —susurró sin emoción en la voz.

Henry se agachó junto al cuerpo y le buscó el pulso en el cuello. Asintió.

Aldara permaneció impasible, tan frío el gesto que Henry pensó que todavía esperaba una respuesta.

—Está muerto. Aldara, has tenido que hacerlo. Hubiera acabado conmigo de un disparo, si no. Has vuelto a salvarme la vida.

Entonces ella soltó el trozo de pizarra y, por fin, le dirigió la mirada.

—Estás sangrando. ¿Estás bien?

Henry se llevó la mano a la nariz, que le palpitaba de dolor y lo bombeaba hacia el resto de la cara. Se miró después los dedos manchados de rojo.

—Sí... Sí, estoy bien.

Entonces fue ella la que se arrodilló junto a él y, con un pañuelo, empezó a limpiarle la hemorragia con toques suaves y temblorosos. Al rato, Henry tomó el pañuelo y continuó él mismo, mientras ella parecía desinflarse como si todo el peso de lo que acababa de suceder cayera entonces sobre sus hombros. El joven miró a su alrededor: idéntica quietud, idéntica soledad, idéntico entorno bucólico… El ladrido del perro, el trinar de los pájaros, el aire con aroma a leña… Todo extrañamente ajeno al cadáver sobre la gravilla, a su propio cuerpo dolorido y cubierto de sangre, sudor y polvo, a sus nervios aún en tensión.

La voz angustiada de Aldara lo sacó de su contemplación:

—Iba a matarte, ¿verdad? O a detenerte y, entonces, te torturarían y te llevarían a Alemania y quizá te matasen allí…

Henry la abrazó con fuerza y la meció en ademán tranquilizador contra su pecho.

—No pienses más en ello. Has hecho lo que tenías que hacer. Él era un soldado, un enemigo, y esto es la guerra.

Aldara, entonces, le acarició. Con la punta de los dedos, la joven le recorrió desde la sien hasta cogerle la mano. La apretó entre la ternura y la ansiedad.

—Tienes que marcharte de aquí ahora mismo. Antes de que lleguen los suyos, buscándole. Escóndete en las montañas, con los maquis.

—De eso nada. No pienso dejarte sola.

—Estaré bien. Ya se me ocurrirá cualquier excusa. No tienen fácil involucrarme en esto. En cambio, tú eres un fugitivo, te están buscando y ya has oído que tienen informadores en el Domaine. Vendrán derechos a por ti.

—No. No. Tú también estás en peligro. Ven conmigo. Huye conmigo. Aldara, te lo ruego.

No resultó fácil hacer entrar en razón a Henry, hacerle ver que no había otra opción más segura para ambos. Tampoco fue fácil la despedida sabiendo que seguramente no volverían a encontrarse. Tras deshacer un abrazo ansioso y breve, apremiados por el tiempo y el peligro, se sintieron como desnudos en mitad del hielo. Aldara, que lo había acompañado a la linde del bosque, se quedó allí hasta que lo perdió de vista entre la maleza. Regresó a casa con los ojos empañados de lágrimas y el corazón encogido.

Nada más entrar en el complejo de la bodega, cuando aún no se había recuperado de su congoja, la abordó Pierre Brocan, el *maître de chai*, circunspecto pero flemático:

—Madame, ha ocurrido un... desafortunado incidente

Aldara se apostó en la barandilla de la terraza, sin quitar los ojos de la carretera. La saliva se le acumulaba en la boca, le dolía la cabeza y tenía el estómago revuelto. Temblaba de frío y de miedo. Consultaba el reloj a cada minuto pensando en que habrían transcurrido varios. Daba unos pasos para calmar los nervios, se deshacía en suspiros, enterraba la cara entre las manos. Intentaba pensar, pero su mente estaba saturada de emociones.

Por fin, cuando el sol se escondía tras las nubes que coronaban el horizonte y el cielo se teñía de naranja, divisó el automóvil rodando por la carretera. Trató de sosegarse mientras contemplaba cómo giraba la rotonda y se detenía frente a la entrada. Pero cada vez estaba más y más nerviosa.

El teniente Eberhart se apeó del automóvil y un extraño presentimiento, o quizá la simple costumbre, no estaba seguro, le hizo alzar la vista hacia la fachada del *château*.

Al encontrarla asomada a la barandilla sospechó que algo no iba bien. Se apresuró en subir la escalinata y, en cuanto estuvieron frente a frente, sus temores se confirmaron. Se la veía pálida, demacrada, temblorosa, como si fuera a desmayarse en sus brazos.

—Necesito su ayuda.

En cuanto Hubert distinguió el cuerpo semihundido en las lías del mosto, depositadas al fondo de la cuba, su primer instinto fue descolgarse por el borde del tanque y descender a toda prisa sus casi tres metros de profundidad para socorrerlo. Sin embargo, Aldara lo detuvo.

—No se puede hacer nada. Está muerto.

Él la miró, interrogante.

—Lo hemos comprobado. Lo encontró el *maître de chai* y él mismo bajó para tratar de ayudarlo —mintió—. Como es domingo, no había nadie en la bodega. Monsieur Brocan había venido para revisar el mosto de la otra sala de fermentación. Fue quien me avisó.

—¿Dónde está ahora?

—Lo mandé a casa. Está asustado. Yo estoy asustada... Pero ¡ha sido un accidente! Ha tenido que serlo. Ha debido de resbalar y caer ahí dentro y asfixiarse a causa del dióxido de carbono. No hay otra explicación

Hubert miró la vela que Aldara sostenía; la llama ardía vivamente, sin signos de ir a extinguirse. Al menos en ese momento, no había una gran concentración de dióxido de carbono en el aire o se hubiera apagado. Volvió a asomarse al fondo oscuro de la cuba, de la que manaba un tufo caliente y desagradable. Armin Kessler yacía bocarriba, la cara hinchada y teñida de morado entre una pasta densa de hollejos, pepitas, cristales de tartrato y otros residuos de las uvas. Esas lías gordas, desecho de la primera fermentación del mosto, seguían descomponiéndose y produciendo grandes cantidades de dióxido de carbono, un gas inodoro que sorprendía con una muerte instantánea y dulce por asfixia al desplazar todo el oxígeno de alrededor. Se trataba de un accidente relativamente habitual entre los operarios de las bodegas, sobre todo cuando el trabajador actuaba con descuido y la ventilación no era adecuada.

—Lo que no sé es qué hacía aquí. En la bodega, ¡en esta sala! Llevaba cerrada toda la semana desde que habíamos trasegado el mosto y estábamos esperando para limpiar las cubas. Monsieur Brocan vio que la puerta estaba abierta y por eso entró a mirar. La escalera estaba puesta. Debió de ponerla él... Dios mío... Esto nos va a traer problemas, ¿verdad? No creerán que ha sido un accidente. ¡No querrán creerlo!

—Vamos. Bajemos de aquí.

La empujó suavemente por la espalda y ambos descendieron de la plataforma desde la que se asomaban a lo alto de la cuba.

Ya en el suelo, Aldara no tuvo que esforzarse para continuar con su escenificación de angustia y miedo.

—Empezarán a hacer preguntas y ¿qué voy a decir? Si yo no sé más que lo que usted ha visto... No lo creerán, sospecharán. ¡Es un oficial de las SS y está muerto en mi bodega! Pero el teniente Kessler bebía, usted lo sabe, y siempre andaba husmeando por ahí. Quizá ya venía algo bebido, se acercó a curiosear y los vapores de etanol le hicieron perder el conocimiento y caer al interior de la cuba, donde se asfixió. Estas cosas, a veces, pasan. Pasan entre quienes trabajan en la bodega, aún más a quien es profano y desconoce los peligros de la fermentación y el dióxido de carbono. Usted entiende de esto. A usted le creerán. ¿Intercederá por nosotros? ¿Lo hará? Ayúdenos, por favor.

Viéndola tan deshecha y asustada, a Hubert se le encogía el alma. No iba a hacer un juicio sobre aquella desagradable situación ni sobre la veracidad de su historia. No era su papel. Puede que aquella mujer mermase su discernimiento y su voluntad, no lo negaba, pero, de algún modo, confiaba en ella y estaba decidido a protegerla.

Sin embargo, no tenía la certeza de que eso fuera a ser suficiente. La SiPo se encargaría de la investigación. Y de la policía de las SS uno no podía fiarse.

—Cuente conmigo, madame. La ayudaré.

Aldara se sentía miserable y mezquina por haber mentido al teniente Eberhart. Había abusado de su bondad y de su amabilidad. Lo había utilizado. Pero lo necesitaba de su parte, él era el único que podía actuar en su favor frente al enemigo.

Se decía que no le había quedado otro remedio. Sin embargo, también se engañaba a sí misma y su mentira le dejaba un regusto amargo. Sí que quedaba otro remedio: afrontar ella sola las consecuencias de sus actos. Y no había tenido valor.

Había improvisado aquella farsa al verse ante la tesitura de tener que explicar la muerte del teniente Kessler. Porque un cadáver en el patio de su bodega, con un fuerte golpe en la cabeza, no tenía mucha explicación posible. En un primer momento, pensó en echarle la culpa a un intruso, un miembro de la Resistencia, un acto terrorista. Pero eso hubiera provocado las represalias de los alemanes, quienes habrían escogido un pueblo de los alrededores al azar para detener a unos cuantos vecinos, ponerlos contra la pared y fusilarlos. Era lo que siempre hacían.

No sabía cómo se le había ocurrido aquel montaje del dióxido de carbono. Quizá la desesperación había recuperado esa información del fondo de su cerebro. Desde que llegara a la bodega, Octave le había advertido del peligro de los vapores de la fermentación, también lo había hecho el *maître de chai* y cualquiera que entendiese de ello; raro era el que no tenía una anécdota de aquel pariente o conocido imprudente que se asfixiaba limpiando las cubas, remontando, trasegando…

Henry la ayudó a trasladar el cadáver de Kessler. Volvieron a meter la pistola en la funda de su cinturón, lo cargaron hasta la bodega en una carretilla y, tras penosos esfuerzos, lo subieron por la escalera y lo dejaron caer al interior de la cuba. El cuerpo aterrizó con un golpe a la par crujiente y viscoso entre los residuos del mosto; Aldara tenía la sensación de que su eco se le había quedado pegado a los oídos.

La joven calculó que tardarían varios días en encontrarlo, cuando el hedor de la descomposición lo delatase o cuando entraran a limpiar las cubas, a más tardar. Eso hubiera dado tiempo suficiente a Henry para escapar lejos de allí. No contó con que el *maître de chai* visitara aquella misma tarde la bodega. Con todo, daba gracias de que no los hubiera sorprendido en plena maniobra. Sin embargo, el pobre hombre se había visto involucrado en la charada sin pretenderlo.

Fue entonces cuando tomó conciencia de lo grave de la situación, hasta ese momento aparcada por el estupor, la agitación y la premura.

Había matado a un oficial de las SS y eso podía tener consecuencias terribles.

Hubert decidió que lo mejor era que la propia Aldara diese aviso a la policía. Así, la llevó en su automóvil hasta la *Kommandantur* de la SiPo en Dijon y la acompañó durante todo el trámite haciendo de intérprete, de asesor y hasta de testigo cuando fue necesario. La intención era anticipar la versión del accidente antes de que se armase demasiado revuelo y se produjese un despliegue policial exagerado, de esos que tanto le gustaban a la Oficina de Seguridad del Reich.

De algún modo, lo consiguieron, pues hasta el Domaine sólo se trasladaron un *Kriminalinspektor*, un *Kriminalassistent* y una ambulancia para retirar el cadáver. Hizo falta llamar a un par de trabajadores de la bodega y un sistema de cuerdas y poleas para alzarlo desde el fondo de la cuba. Después de casi una hora de operación y de que un médico certificara la muerte, Aldara vio cómo se lo llevaban en una camilla, envuelto en una sábana que no tardó en empaparse de mosto fermentado.

Casi inmediatamente después, se produjo el momento más tenso de la noche. Sucedió cuando el *Untersturmführer* Weber bajó de su habitación, en donde se había pasado la tarde pegado a una botella de ginebra. Ajeno a todo en su retiro etílico, apareció pidiendo la cena y se encontró con la noticia de la muerte de su camarada. En el mismo instante, se volvió loco y, en pleno delirio nervioso y alcohólico, sacó su pistola y empezó a proferir gritos y amenazas, llegando incluso a disparar al techo del salón donde se encontraba, sin más incidentes que lamentar que un agujero en la escayola. Finalmente, entre los policías y Hubert consiguieron reducirle. Lo noquearon de un puñetazo y dieron aviso al hospital militar para que fueran a buscarle. Aquella fue la última vez que Aldara vio al *Untersturmführer* Weber.

Solucionada la crisis, empezaron los interrogatorios. Aldara y Hubert volvieron a prestar declaración. También interrogaron al *maître de chai* y a los trabajadores de la bodega implicados en el rescate. Además de relatar los hechos, cada uno desde su punto de vista, todos coincidieron en echarle la culpa al dióxido de carbono.

Era medianoche cuando por fin la policía se marchó.

—¿Ya está? ¿Esto ha sido todo? —le preguntó Aldara a Hubert con un hilo de voz, como si expresara un deseo.

—No. Habrá que esperar al informe de la policía. Entonces se lo pasarán al juez, quien decidirá si necesita ampliar la investigación con más diligencias, hacer autopsia... O, con suerte, dictaminará sin más que se trata de una muerte accidental y se cerrará el caso.

La joven, exhausta y con los nervios destrozados, se dejó caer en un sillón. El oficial se aproximó un paso a ella y, guardando las distancias, la acarició con la voz para tratar de tranquilizarla.

—No se preocupe, madame. Todo irá bien. Usted no ha hecho nada.

«Usted no ha hecho nada». Las palabras del teniente Eberhart resonaban en su conciencia. Como también lo hacía el golpe seco de la pizarra contra la cabeza de Kessler y el extraño crujido pastoso de sus huesos al caer en la cuba. Se estremecía de espanto cada vez que lo recordaba, o cada vez que a su mente acudía la imagen del rostro del SS, cerúleo, con los ojos muy abiertos. El mismo rostro que se colaba en sus pesadillas. Y el golpe. Y el crujido.

«Usted no ha hecho nada». Pero lo había hecho. Era una asesina, una mentirosa, una manipuladora.

Siempre había sido consciente de que en ella había algo turbio; un impulso perverso. Lo veía en el reflejo de su cicatriz en el espejo, lo percibía en el tacto arrugado de su mejilla cuando se pasaba los dedos. Creía tenerlo dominado, pero brotaba sin control en cuanto se sentía amenazada. Después de todo, a ella la vida le había enseñado a sobrevivir por encima de todo.

Qué engañados tenía a cuantos la rodeaban. Qué engañada se tenía a sí misma cuando se decía que había cambiado. Cuánto le asustaba reconocerse tal y como era.

«Es para sobrevivir —se repetía—. Sólo para sobrevivir».

El caso de la muerte del *SS-Obersturmführer* Armin Kessler se cerró unas semanas después. Aldara no lo sabía, ella no entendía de investigación criminal, pero había tenido suerte de que el juez decidiese no ordenar la autopsia del cadáver. Cualquier forense hubiera descubierto que la víctima ya estaba muerta antes de caer en la cuba y que no había señales de asfixia en quien ya no respiraba. Cualquier forense hubiera desmontado la versión de Aldara y la hubiera colocado en el centro de las sospechas.

Sin embargo, por el motivo que fuera, por prisa, por negligencia o por falta de indicios, el magistrado dictaminó que la muerte del *SS-Obersturmführer* Armin Kessler se había producido de forma accidental.

—Ahora sí que ha terminado todo —le dijo el teniente Eberhart—. Ya puede quedarse tranquila, no la molestarán más.

Aldara se esforzó en sonreír. Cómo hubiera deseado sincerarse con él, cómo hubiera deseado que ambos estuvieran en el mismo bando.

—Muchas gracias, teniente. Gracias por todo.

—No tiene por qué dármelas. Sólo se ha hecho justicia.

Aldara no podía con el peso de la conciencia. La muerte de Kessler la atormentaba. No tanto el hecho en sí como las circunstancias. Tenía la sensación de haberse vuelto a refugiar en la mentira, de no ser capaz de salir de ella como quien sufre una adicción.

«Sólo se ha hecho justicia», le había asegurado el teniente Eberhart. Pero ella no estaba tan convencida.

¿Cómo iba a redimirse si no abandonaba el mal camino? Ya apenas recordaba quién era. Ya apenas se reconocía a sí misma.

Su inquietud se traducía en noches sin dormir y en una permanente sensación de ahogo, como si le costara respirar. A veces, le daba por llorar sin venir a cuento.

Ni siquiera encontraba consuelo en la perspectiva de desahogarse con Octave. Su esposo se le hacía tan lejano a todo, a ella misma. Él no era más que otra víctima de su desvío, otro figurín en su teatro.

Aldara abrió el cajón de su mesilla de noche y, del fondo, extrajo su libro de *La dama de las camelias*. Lo sostuvo un instante en el regazo, sin ni siquiera mirarlo. Al cabo, se levantó de golpe y salió de la habitación.

Aldara no había vuelto a la cripta desde el sepelio de Auguste. Para ella, los muertos no estaban detrás de una lápida, sino en el recuerdo. Sin embargo, en aquella ocasión, se sorprendió buscando un lugar sobre el que posar la mirada.

En cuanto descendió las escaleras hacia el subterráneo de la capilla, percibió el frío y la humedad. Sólo vislumbró el reflejo de una lamparita al fondo de la cavidad. Se encontró la cancela abierta, de modo que supuso que Pascal estaría dentro. El criado solía andar siempre por allí, velando la tumba de su amo. No le importó. Siguió su camino acompañada por el eco de sus propios pasos lentos sobre las losetas. El ambiente desprendía un tufo a moho, incienso y flores marchitas.

De algún modo, Pascal la sintió llegar. El criado, que limpiaba las lápidas, se irguió y la saludó con un gesto grave y respetuoso. Ella le devolvió una sonrisa triste y se sentó en un banco de piedra frente a la tumba de Auguste.

Pascal, quien la había observado con curiosidad, al comprobar que su señora había ido para quedarse, hizo ademán de dejarla sola y respetar su recogimiento. Pero ella le detuvo.

—No. Quédese, por favor. —Acompañó las palabras de gestos—. Ojalá pudiera escuchar mi historia. No sé por qué, pero creo que sería el único que la entendería.

El hombre, algo desconcertado, acomodó la mole que era su cuerpo al otro extremo del banco. Ladeó la cabeza y agudizó todos sus sentidos. Él tenía su forma particular de escuchar.

Aldara abrió *La dama de las camelias* y sacó de entre sus páginas el sobre con la nota y la medallita que había quedado allí guardado. Después, lo colocó todo cuidadosamente a su lado en el banco y llevó la vista hacia la lápida frente a ella: «Auguste Marie Alphonse de Fonneuve, marqués de Montauban, 1882-1942». Fue una mirada gacha, cohibida, como si el propio Auguste en carne y hueso estuviera allí para recibirla.

—No he sido sincera con usted, Auguste. Ni con Octave —confesó—. No les he contado la verdad sobre mí, sino una historia inventada que pensé que encajaría mejor en lo que ustedes esperaban de la esposa de un Montauban. Pero ya no puedo seguir así. Necesito volver a ser yo. Ojalá hubiera llegado usted a conocerme de verdad. Y a perdonarme...

Con las manos ligeramente temblorosas, la joven sacó la nota y comenzó a leer en voz alta, al tiempo que traducía al francés.

—«Estimadas señoras: esta niña nació el 16 de abril. Se llama Aldara y fue bautizada en Cristo. Es hija de buena mujer, que falleció al traerla al mundo. Aunque la niña es muy querida, no tiene quien la cuide, y por la mucha necesidad yo, su padre, me veo obligado a este abandono. Que Dios me perdone y la guarde a ella y a ustedes».

»Esta nota me acompañaba cuando, contando yo con dos semanas de vida, me dejaron en el torno de la Inclusa de Madrid. Me recogió una hermana de la caridad que se llamaba sor Virtudes. Ella fue quien me contó que llegué en un canasto como los que usan las vendedoras de flores del Rastro de Madrid. Me gustaba pensar que mi madre había sido una de ellas e imaginármela vestida de chulapa, entre nardos y claveles. Sor Virtudes me contó también que iba muy aseadita y que llevaba puesta una camisita, un pañal y unos patucos y que dos toquillas de lana me envolvían. Todo ello viejo, pero bien limpio y remendado. Del cuello, me habían colgado una medalla del ángel de la guarda. Aun la llevó puesta, ¿ve? No me la quito de encima. Esto, y mi nombre, es lo único que me queda de mis padres. Esta otra medalla que guardo en el libro es la que les ponen a los niños al entrar en la Inclusa. Tiene la Virgen Milagrosa en el frente y, en el reverso, el número que se les asigna en el registro de entrada y que sirve para identificarlos.

»¿Sabe? Desde siempre he sentido que mis padres me querían y que si me abandonaron fue porque no tuvieron más remedio. Mi madre, la pobre, falleció, y mi padre… bueno… ¿no cree que entre las líneas de su carta se vislumbra cariño y pesadumbre? Cada vez que la leo, me parece leer las palabras de un buen hombre. No le guardo rencor.

»Me gustaría hablarle de mi paso por la Inclusa, pero aunque rebusco en mi memoria algún recuerdo de esos primeros años en el orfanato, no encuentro nada. Sólo imágenes que seguramente he adquirido después, vivencias que corresponden más a otros niños que a mí misma. Las salas soleadas llenas de cunas, las aulas que daban a un patio con unos pocos árboles, las niñas con sus mandiles blancos, el reparto de juguetes el día de Reyes… No recuerdo besos ni abrazos, ni nanas que arrullasen mi sueño, ni cuentos antes de dormir. Todo eso llegaría después.

»Permanecí en la Inclusa hasta los tres años. Fue entonces cuando una dama, que acudía regularmente a la institución para ayudar como voluntaria en el cuidado de los niños, se encaprichó conmigo. Ella y su esposo, quienes habiendo cumplido ya los cuarenta no habían logrado tener hijos propios, decidieron adoptarme.

»Don Servando Saurí y doña Rosario Menéndez. Ellos me dieron apellidos y un hogar. Me colmaron de cariño y atenciones, yo incluso diría que en exceso, como si intentaran suplir los que me habían faltado durante mis primeros años de vida. Juguetes, ropa, dulces, caprichos... No había nada a lo que dijeran que no.

»Recuerdo como si lo estuviera viendo aquel piso al que me llevaron a vivir. Era enorme, lleno de ventanas y balcones que daban a la calle Atocha, de habitaciones con un mobiliario exquisito; una de ellas, la decoraron especialmente para mí. La pared estaba cubierta con un papel de flores y los muebles eran de color verde manzana. Había libros, juguetes y peluches sólo para mí. ¡Hasta un balancín con forma de caballito como el que tiene Claire! Los fines de semana y las vacaciones íbamos en el automóvil a su casa de la sierra de Guadarrama. Me inscribieron en uno de los mejores colegios de Madrid para señoritas.

»Si en algo no le he mentido, Auguste, es en que aprendí su idioma de niña. Como don Servando era catedrático de francés, él mismo se afanó en que lo dominase como si fuera el de nacimiento. Me daba clases a diario y solía hablar conmigo en francés en lugar de en español. Este libro de *La dama de las camelias* me lo regaló él. Y me lo dedicó: "A mi hija Aldara, de quien tanto te quiere, papá". Dios mío... Las páginas ya empiezan a amarillear de tanto que lo he leído, de tanto que simplemente lo he abierto como si pudiera encontrar allí a mi padre.

»Doña Rosario me enseñó a tocar el piano. Aunque yo nunca demostré especial habilidad para tal instrumento, más bien todo lo contrario. Por eso no me he atrevido a tocar el que hay en el salón... Pero cada vez que veo ese piano, me acuerdo de doña Rosario, la recuerdo sentada frente a las teclas del que teníamos en casa, interpretando el *Nocturno número 2* de Chopin, con esa sonrisa que se le dibujaba en su cara dulce y empolvada siempre que se sentía transportada por la música.

»Con todo, la enseñanza más importante que ambos me dejaron fue la de su bondad, su generosidad y su integridad.

Ellos fueron mi padre y mi madre, mi familia, durante trece maravillosos años. Los más felices de mi vida. Siempre, siempre serán mi padre y mi madre, eso nadie me lo arrebatará nunca. Ni la crueldad del destino ni la de los seres humanos. Porque, lo crea o no, ambos lo intentaron. Sucedió el verano en el que acababa de cumplir los dieciséis años. Recuerdo que, al acabar ese curso del colegio, había empezado a interesarme por la universidad. "Tienes inteligencia y aptitudes", me dijo mi padre a la vista de mis resultados académicos. "Tú puedes ser una de las pocas mujeres que ocupen una plaza en un aula universitaria". Era julio y nos habíamos trasladado a la casa de la sierra para pasar las vacaciones. Una noche, mis padres volvían en automóvil del pueblo de al lado, donde habían cenado en casa de unos amigos. La Guardia Civil me explicó que seguramente un animal se les había cruzado en la carretera y, al intentar esquivarlo, se habían precipitado por el terraplén. Ambos murieron en el acto.

»De nuevo era una niña huérfana. El destino obstinado había vuelto a dejarme sin familia y unos parientes desalmados se las ingeniaron para dejarme sin nada. De algún modo que nunca supe ni hubiera entendido, impugnaron la legitimidad de mi adopción y, por tanto, del testamento en el que se me declaraba heredera de los Saurí. Sin nadie que me acogiera, no tuve más opción que la de regresar a la Inclusa, confiando en que quisieran hacerse cargo de mí pese a no ser ya un bebé.

»Para entonces, la Inclusa se había trasladado a otro edificio, pero la querida sor Virtudes, cada vez más arrugada y encorvada, seguía allí, recogiendo niños en una oficina de recepción que había sustituido al torno. Ella intercedió por mí ante la madre superiora y ésta ante la Junta de Damas. Finalmente, me admitieron bajo la tutela del colegio de la Paz, adonde pasaban las niñas de la Inclusa una vez que habían cumplido los cinco años. Allí podría quedarme hasta alcanzar los veintiuno y la mayoría de edad. Podría decirse que tuve suerte de no verme en la calle. Sin embargo, el ingreso en el colegio supuso para mí un cambio al que no me resultó sencillo adaptarme. De un día para otro, pasé del ambiente liberal, culto y familiar de la casa de mis padres adoptivos a la disciplina religiosa, fría y casi carcelaria del colegio.

»La verdad es que no recuerdo con especial agrado aquellos años. Las jornadas de estudio y oración de seis y media de la mañana a las nueve de noche, de lunes a sábado, resultaban interminables. El domingo no se presentaba mucho más halagüeño: aunque no había clase, madrugábamos igual y ni siquiera podíamos salir del recinto, si no era en compañía de una monja. Y, así, los días transcurrían entre misas y clases de catecismo y religión que se alternaban con la geografía, la historia y la aritmética. Recibíamos instrucción principalmente en las tareas del hogar: cocina, labores, planchado, limpieza y cuidado de enfermos. Lejos quedaron mis aspiraciones de estudiar una filología o, incluso, medicina en la universidad. Lejos quedaban incluso mis posibilidades de emanciparme siquiera. La única opción hubiera sido contrayendo matrimonio con algún desconocido que lo solicitase, normalmente para llevarme de esclava a un pueblo perdido, o tomar los votos religiosos. No estaba dispuesta a acogerme a ninguna de las dos. Y ser capaz de encontrar un trabajo del que poder vivir por mi cuenta era una quimera.

»A pesar de todo, acabé por tener suerte. De algún modo, las monjas vieron en mí cierto potencial. Al fin y al cabo, mis padres me habían procurado una educación exquisita. Coincidió que, por aquel tiempo, cuando el gobierno de la República en España, empezaron a surgir oportunidades de trabajo para las mujeres como secretarias, telefonistas o mecanógrafas. Hay que entender, además, que las monjas tenían interés en que las internas encontrásemos una ocupación digna, ya que no dejábamos de ser una carga para la institución. Fue así como me permitieron tomar clases de taquigrafía, mecanografía y contabilidad. Sin embargo, mis primeros trabajos fueron en la chocolatería y la alpargatería del propio colegio. Entonces estalló la Guerra Civil.

»Debido al anticlericalismo imperante en el Madrid enfrentado al fascismo, echaron a las monjas de la Inclusa y del colegio de la Paz y las sustituyeron por personal laico, que en absoluto era suficiente para suplir su falta. Finalmente, en octubre, decidieron evacuar a los niños a colonias más seguras en la zona de Levante. Sin embargo, yo me quedé en la ciudad porque para entonces tenía un trabajo fuera del colegio. Las monjas me lo consiguieron antes de que las echaran. Me recomendaron para servir en casa de una señora que, como miembro que había sido de la Junta de Damas de la Inclusa, acudió a ellas para que le enviaran a una muchacha cristiana, decente y bien enseñada.

»La residencia de la condesa de Valmayor ocupaba dos plantas en un edificio señorial de la calle Génova. En una casa que había contado en mejores tiempos con mayordomo, cocinera, ayudante de cocina, lavandera y dos doncellas, yo llegué como asistenta por horas para encargarme de todas las tareas menos de cocinar. Cobraba la mísera cantidad de quince pesetas mensuales por doce horas de trabajo al día, librando los jueves. Cuando evacuaron el colegio, le pedí a la condesa quedarme interna en la casa, a lo que ella accedió. Eso sí, me rebajó el sueldo a ocho con cincuenta para cobrarse el alojamiento y la manutención, decía.

»La condesa de Valmayor acababa de quedarse viuda. A su esposo, un conocido intelectual tradicionalista, se lo habían llevado detenido los milicianos en julio, al estallar la guerra. Mientras aguardaba juicio en la cárcel modelo de Argüelles, se produjo un bombardeo y un posterior asalto a la misma que desató el caos y terminó con la ejecución en el sótano de treinta presos políticos a manos de la milicia antifascista, entre ellos, don Joaquín de Arana, conde de Valmayor. Desde entonces, la mujer vivía atormentada por el resentimiento y el miedo a los rojos. Quizá por eso se mostraba amargada y neurótica, déspota con los de inferior clase, con el obrero resentido, al que consideraba culpable sin excepción de la muerte de su marido. Por lo menos a mí siempre me trató con desprecio y tiranía.

»Lo cierto es que se trataba de un trabajo miserable en una época miserable. Sin embargo, yo me sentía libre por primera vez en mucho tiempo. Fui libre de salir a andar por las calles, aunque fuera entre socavones y sacos terreros, de sentarme en un banco de la plaza de las Salesas sin importarme que sonaran las sirenas antiaéreas, de no volver a asistir a misa, de deambular por los puestos del mercado de Olavide, cada vez más desabastecidos, de perderme entre las casetas de libros de la Cuesta de Moyano... De esas cosas tan pequeñas que, cuando no se han tenido, parecen tan grandes.

»Por eso aguanté tanto tiempo con ella, y Dios sabe cuánto más hubiera aguantado de no ser por cómo se presentaron las cosas. Hubo un hombre de por medio. Siempre lo hay. Y, por desgracia, no todos son como su hijo. No todos son como Octave.

»Se llamaba Antonio y era ebanista. Lo conocí en el verano de 1937, cuando la condesa lo contrató para arreglar unas contraventanas que estaban descolgadas. En mitad de la faena, me pidió un vaso de agua porque hacía la canícula típica del estío madrileño. Cuando se lo serví, él aprovechó para invitarme a un baile con organillo que organizaba la CNT. Antonio era un anarcosindicalista que se había enrolado en las milicias para la defensa de Madrid. Como en aquellos días el frente estaba estabilizado, él se dedicaba a la vigilancia en retaguardia y a buscar financiación para un comité revolucionario; de cuando en cuando, hacía alguna chapuza para sacarse unas pesetas con las que costear sus vicios.

»Visto con la perspectiva del tiempo, tengo que admitir que Antonio no era más que un chulo pendenciero sin escrúpulos y sin más cultura que la panfletaria. Sin embargo, por aquel entonces, yo sólo era una cría que acababa de salir a un mundo del que apenas sabía nada y mucho menos de los hombres. El caso es que caí rendida ante aquel muchacho decidido y arrogante que me llenaba los oídos de piropos y la cabeza de pájaros. Estuvimos varios meses de relación y, mientras las explosiones retumbaban alrededor de Madrid y los madrileños se quitaban el hambre con lentejas pintas de bichos, pan negro y acederas de burro, nosotros transitábamos de puntillas por un mundo paralelo de paseos por el Retiro, tardes de cine y domingos de baile y aguardiente. Antonio me dio mi primer beso.

»Qué inocente fui... Qué tonta. No me di cuenta de que me estaba utilizando con dos fines primordiales: el revolucionario y el carnal. Si Antonio fracasó en este último al no lograr ir mucho más allá de ese beso, consiguió no obstante embaucarme para que le hiciera un trabajito en nombre de la revolución.

»Lo que el subversivo ebanista perseguía eran las joyas de la condesa de Valmayor. "Para financiar la causa", aseguraba. "Son muchas y muy costosas las armas que hacen falta para defender Madrid de los fascistas". Así me convenció para que robara a la condesa en nombre de la guerra contra el fascismo, de la lucha de clases y la justicia social. Me dijo que yo lo tendría fácil estando dentro de la casa. Podría aprovechar cualquier momento que la señora saliera para hacerme con un par de sortijas y un collar, lo que ella siempre dejaba sobre el tocador. No hacía falta más. Entre otras cosas, porque hubiera sido imposible hacerse con más, ya que la condesa guardaba la mayoría de sus alhajas en la caja fuerte. Sí, qué tonta fui...

»Presa de un miedo atroz a los milicianos, la condesa nunca salía de casa, salvo los miércoles por la tarde. Recorría apenas dos manzanas hasta la calle Marqués de Riscal para reunirse en casa de una prima con otros fervorosos cristianos que se confesaban y celebraban la misa en la clandestinidad con un sacerdote que uno de ellos acogía en secreto. De eso me aprovеché yo.

»Eran las seis de la tarde de un lluvioso miércoles de noviembre, noche cerrada ya. Fue el día que escogí para el golpe porque la cocinera se había tomado unos días libres para cuidar de un familiar enfermo. Estaba sola. Recogí mis pocas cosas en un hatillo, tan pocas como las que hay encima de este banco y una muda limpia. Sabía que ya no podría volver. Además, Antonio había prometido acogerme y hacerme miliciana. Ya me veía yo con el mono azul y el pañuelo rojo al cuello, empuñando un fusil con gallardía como aquellas mujeres de los carteles de propaganda. Me veía libre de la tiranía de la condesa y del ingrato trabajo de servirla.

»Señor... El corazón me latía desbocado mientras me dirigía a su dormitorio. El miedo y la conciencia me alteraban los nervios. Ni siquiera encendí la luz, me serví de la que entraba por la ventana. Tal y como esperaba, en el tocador habían quedado el collar de perlas y dos sortijas, una de brillantes y otra con un fabuloso rubí. Eran las joyas que la señora se ponía a diario, salvo para la misa, cuando, por miedo a los asaltadores, sólo llevaba una medalla de oro de la Virgen del Pilar escondida bajo la ropa.

»Antonio me había hecho creer que sería muy fácil y, una vez que me vi en aquella habitación, en verdad lo parecía. Sólo tenía que coger un collar y dos sortijas y salir de la casa para siempre. Rápida y decidida, me metí la sortija de brillantes en el bolsillo. Y ya iba a por lo demás cuando oí la puerta de la calle y el inconfundible taconeo de la condesa en el pasillo. Había regresado al poco de salir. Me quedé paralizada. Quise devolver la sortija que ya había cogido, pero tal era mi estado de nervios que mi mano no acertaba con el bolsillo. Por un momento, pensé en salir de allí sin más, pero me toparía con la condesa en el corredor. Ella notaría la falta de su joya y sabría que había sido yo la ladrona. Mientras yo perdía el tiempo en tales debates, la condesa entró en su dormitorio y, al dar la luz, me sorprendió. Aún tenía el collar de perlas en la mano.

»Tras unos breves instantes de desconcierto, la mujer se dio cuenta de lo que estaba sucediendo allí. Empezó a gritar llamándome ladrona, a amenazarme con avisar a la policía. Madre mía, cuánta angustia sentí entonces, cuánto miedo. Sin saber muy bien lo que hacía, solté las joyas y me deshice en disculpas, le rogué que me dejara marchar. Pero ella, mostrándose tan alterada como yo misma, estaba decidida. La seguí hacia el recibidor mientras intentaba disuadirla con ruegos y lágrimas antes de que alcanzase el teléfono y llamase a los guardias. Pero fue inútil. La condesa bloqueó la puerta, descolgó el auricular y marcó el número. Reconozco que perdí la cabeza al verme acorralada. Tan cerca de la salida y tan imposible alcanzarla. Me abalancé sobre ella para impedirle que telefoneara, luchando por el aparato. Ella aullaba: "¡Socorro! ¡Socorro! ¡Me matan!".

»Todavía se me eriza la piel al recordar aquel instante. Fue como si el instinto de supervivencia me hubiera nublado el juicio, como si algo más fuerte que mi voluntad actuase por mí. Experimenté igual sensación el otro día frente al SS…

»Yo… La agarré del cuello para hacerla callar. Y apreté. Apreté sin pensar en nada más. Satisfecha de comprobar cómo, a medida que le apretaba cuello, los chillidos histéricos de aquella mujer iban perdiendo fuerza. Ella me miraba. Me miraba con tal terror que parecía que los ojos se le saldrían de las cuencas.

»Pero lo que más me perturba de tal recuerdo es la certeza de que hubiera seguido apretando hasta ahogarla. La certeza de que la desesperación me hubiera llevado a cometer un acto monstruoso.

»El destino me libró de no tener que cargar con ello el resto de mi vida. En mi obcecación, no vi cómo la condesa alcanzaba un abrecartas que había a su espalda. No anticipé la cuchillada que me asestó. En plena mejilla, de arriba abajo.

»Entretanto, el portero, alertado por los gritos, había subido y abierto con su llave la puerta del piso. Yo acababa de soltar a la condesa, quien, con el semblante lívido y crispado, trataba de sacar la voz, todavía estrangulada, para acusarme de robarle y matarla. El hombre me miró: una chiquilla como ida, bajo los efectos de la impresión de lo que acababa de suceder, de lo que había estado a punto de hacer, con la mano en la mejilla y la sangre fluyendo entre los dedos. Después, hizo por tranquilizar a la señora. Le aseguró que él se haría cargo del feo asunto: llamaría a los guardias y me retendría en la portería hasta que llegasen. Dicho lo cual, me agarró del brazo y me sacó de la casa.

«"Tira p'alante, ladronzuela, que vas a ver como das con tus huesos en el penal". Pese a lo aturdida que estaba, aún tengo grabadas las palabras de aquel hombre mientras tiraba de mí escaleras abajo entre maldiciones, insultos y amenazas hasta que me metió en la portería de un empujón. No hubiera sido necesario, yo no me resistía a nada. Iba cual muñeca de trapo, que ni sentía ni padecía. Ni siquiera intentaba contener ya la hemorragia de mi herida. La sangre se deslizaba por mi cuello y empezaba a mancharme la ropa. Entonces, de un segundo para otro, la actitud del hombre se transformó. Me dio un pañuelo y, al ver que yo lo miraba embobada, me limpió él mismo como pudo y lo colocó sobre el corte sujetándolo con mi propia mano. "Anda, corre y escapa, muchacha", me dijo. "Yo tengo que llamar a los guardias, no me queda otra, pero te daré tiempo para que salgas por donde la carbonera. Eso sí, prométeme que no volverás a hacer nada semejante, que tú no eres de ésas. Escucha lo que te digo: a la mala gente no se la combate con más maldad, sino con cabeza". Como yo no reaccionaba, me urgió: "¡Vamos, vamos! ¡Echa pa la carbonera!". Y yo empecé a correr.

»Corrí y corrí sin destino, como si lo hiciera a ciegas, porque al huir sólo importa lo que queda atrás, no lo que hay delante. Corrí bajo la lluvia hasta que me faltaron las fuerzas y sólo cuando me sentí incapaz de dar un paso más, caí rendida en una esquina oscura de una calleja que olía a meado y basura. Tras unos instantes en los que hubiera podido morirme allí mismo sin que me importase nada en absoluto, empecé a tomar conciencia de la situación. Empecé a sentir las gotas de lluvia sobre la cabeza, la ropa empapada y pegada a la piel, el frío y el dolor lacerante en la mejilla, que se extendía hasta la base del cuello y hacia lo más alto del cráneo. Empecé a asimilar mi suerte, aquel giro de los acontecimientos propiciado por la compasión del portero. Y, sin embargo, me vi con una oportunidad en la mano que no sabía muy bien cómo aprovechar. ¿Qué sería de mí a partir de ese momento?

»Lo primero que se me ocurrió fue buscar el amparo de Antonio. Así, me dirigí a su casa: una corrala en el barrio de Lavapiés. La corrala es una vivienda típica de Madrid, un edificio popular y bullicioso, en el que las casas, normalmente pequeños agujeros con dos cuartos oscuros y sin ventilación, dan a un corredor en torno a un patio interior. Yo ya había estado allí antes. Antonio me había llevado un par de veces, pues, con ocasión de las fiestas de San Lorenzo, los vecinos organizaban un baile en el patio engalanado de banderines y farolillos. Pero qué distinta aquella noche de las otras, cuando llegaba orgullosa con mi mejor vestido, del brazo de mi flamante novio. En aquel momento, por el contrario, me detuve al llegar al portalón, indecisa, asustada y sumida en la vergüenza de mi lamentable aspecto. La lluvia regaba el patio de la corrala, oscuro y desierto, empapando la ropa tendida en varias hileras que cruzaban el trozo de cielo sobre él de punta a punta. Un chiquillo con un cigarro colgando de la comisura de los labios hacía puntería a base de sonoras pedradas como toques de campana contra los cubos de basura. Asomada desde el otro lado del corredor, una mujer le increpó con palabras malsonantes, a las que el muchacho replicó con otras aún más sucias, aunque cesó su pasatiempo y se metió en casa. En el silencio, cundió el rumor de voces y cacharros que provenía del interior de las viviendas. Y sólo entonces me decidí a entrar, al abrigo de las sombras.

»Cuando llegué frente a la puerta de la casa de Antonio, estaba al límite de mis fuerzas, creí que me desplomaría allí mismo. La agitación, la hemorragia y la falta de alimento empezaban a hacer mella en mí. Toqué débilmente con los nudillos en la madera. Aún tuve que insistir un par de veces más hasta que se entreabrió la puerta y asomó la cabeza un crío desgreñado y con una costra de mocos bajo la nariz, que me miró de arriba abajo con el ceño fruncido. Pregunté por Antonio y, como si hubiera pronunciado un santo y seña, la hoja se abrió a aquella cueva de trastos, trapos, colchones, una jaula con un canario y un collage de rostros vueltos hacia mí. Una vaharada húmeda y pegajosa que olía a sudor, tabaco negro y verdura cocida me golpeó en la cara. Antonio salió de entre todo aquello.

»Yo, que anhelaba un recibimiento cálido y amoroso después de mis calamidades, me topé, sin embargo, con el enojo y el reproche de quien esperaba me hubiera procurado al menos un abrazo y palabras de consuelo. Antonio perdió los nervios y empezó a gritarme. "¿Cómo se t'ha ocurrío presentarte así en mi casa? ¿Acaso quieres comprometerme? Te dije que me esperaras en la Casa de las Fieras, que ya nos veríamos allí. ¿Te lo dije o no te lo dije, eh? Mira que bastantes líos tengo yo ya con los guindillas para que tú me metas en más. ¿Y qué ties en la cara? ¿Es que t'han pillao? No me jodas, Mari, que t'han pillao y se te ocurre plantarte aquí. Pero ¿es que te falta seso, niña? ¿Y las joyas, dónde están las joyas?".

»A Antonio sólo le importaba el botín. Y el caso es que yo ni siquiera era consciente de que llevaba una sortija de brillantes en el bolsillo del abrigo, se me había olvidado. Hasta que con tanto apremio me hizo caer en la cuenta de que no había llegado a devolverla. Sin embargo, aquella mala reacción me había enfadado tanto que le dije que no tenía nada. Aquello colmó su ira. Empezó a zarandearme mientras maldecía su suerte y mi sombra, y los zarandeos se convirtieron en golpes. Entonces, apareció su madre, quien también se lío a gritos y pescozones, pero contra el hijo.

»“¡Quita ya, peazo mula! ¡Deja la muchacha en paz!”, lo espantaba con un trapo como si fuera una mosca. “¡Que tenga yo que ver cómo un hijo mío zurra a una mujer! ¡Maldita sea mi estampa! ¡Mira que te acogoto! ¡Que ties la mihma mala sangre que tu padre! ¡Canalla! ¡Rufián! ¡A la puta calle! ¡Y no pises por esta casa hasta que no te desafogues!”.

»Remedios se llamaba la mujer. Todo un carácter reconcentrado bajo metro y medio de estatura, moñete en la coronilla y pañoleta incluidos. Siempre vestía de luto, hasta el mandilón, por un marido al que en nada echaba en falta, ni siquiera por la paga, que iba a parar siempre a la taberna y nunca a la casa. Ella despachó a Antonio y, rodeándome cariñosamente por los hombros, me metió en su casa. De ella vinieron las palabras de consuelo que yo tanto necesitaba.

»Resuelta, la mujer empezó a apartar cachivaches y seres humanos de aquel lugar atestado de ambos. Hasta siete críos conté, todos chicos, y una anciana, que, apergaminada en una silla de enea, se la podría haber dado por muerta de no ser porque, de cuando en cuando, musitaba con su boca desdentada: “Dame aguardiente, morena”.

»En cuanto me quité la ropa mojada y me envolví en una manta de lana áspera que me prestó Remedios, me sentí un poco mejor. Después, la mujer me limpió el corte con agua hervida y jabón y, tomando hilo de costura y una aguja que desinfectó sobre la llama de una vela, se dispuso a cerrármelo. “No pues ir a la Casa Socorro. Te puen trincar”, me advirtió mientras me metía una cuchara de palo entre los dientes. Remedios me cosió la herida. Sin anestesia, claro. Suerte que a la tercera puntada, cuando aún quedaban otras nueve, perdí el sentido. Y suerte también que la mujer fuera costurera de un taller del barrio. Hizo lo que pudo, después de todo.

»"T'e cosío con un punto deslizao, que t'aguante bien pero que no te deje mucha marca. Virgen, con lo bonica que eres. ¡Maldita la sombra del que te ha rajao!", me dijo cuando volví en mí. Más tarde, me sirvió un tazón de caldo de jamón con huevo duro. Yo no daba crédito a aquel manjar con ingredientes que hacía mucho que no se veían en Madrid. Lo que no sabía y luego me contó era que, pese a la miseria en la que vivía la familia, el alimento no les faltaba porque el carnet sindical de Antonio les garantizaba parte de los pocos víveres que llegaban a la capital.

»Seca, curada y cenada, pasé la noche en la corrala sin que Antonio apareciera por allí. Una noche aciaga, dormitando en una silla entre dolores y desvelos. Al día siguiente, vestida ya con mi ropa y tras desayunarme con una taza de achicoria y unas gachas de harina de almortas, Remedios me instó a que me marchara de Madrid.

»"Esto no es seguro para ti, hija. Pilla la carretera de Valencia y que Dios te ampare". La mujer acompañó sus palabras con dos duros que deslizó en mi bolsillo. "Pa los primeros gastos". Su generosidad me conmovió de tal modo que recuperé la sortija de brillantes del bolsillo y se la entregué. La verdad es que la hubiera tirado a una alcantarilla, si no. No quería tener nada que ver con aquello.

»Fue así como aquel noviembre de 1938 inicié el camino que me llevó fuera de España, quizá para siempre. La mayoría lo recorrí a pie. Primero, por caminos polvorientos y casi desiertos, que, según me acercaba a Barcelona, se iban llenando de vehículos y personas que huían como yo, si no de la justicia, de la guerra. En enero de 1939, cerca de la frontera, se juntó una verdadera riada humana queriendo cruzarla. Y todo era un caos: vehículos averiados o atrapados en el tráfico, bártulos por todas partes, la vida en una maleta, en un cochecito de bebé o en una manta anudada... Gente sin fuerzas en las cunetas, de las que muchos, ancianos y niños, sobre todo, ya no volverían a levantarse. Vi a madres con sus bebés muertos en los brazos...

»Vi por primera vez un cadáver... Y luego otro y otro y otro...

»Llegué a pensar que yo misma me convertiría en uno de ellos. Después de casi dos meses de caminar bajo la lluvia, la nieve y la helada, de dormir muchas noches al raso o en un cobertizo en el mejor de los casos, de enfermar a causa del frío o por comer cualquier hierba del campo cuando ya no había nada que comer, terminé desnutrida, con los pies y las manos en carne viva debido a las ampollas y los sabañones y con la herida de la mejilla supurando a través de las puntadas de la buena Remedios, cuyo hilo había empezado a pudrirse.

»Y, sin embargo, lo conseguí. Crucé la frontera por el paso de Perpiñán un 28 de enero. En ese momento, mi cuerpo se rindió. Exhausta y con una fiebre altísima, me desplomé frente a la primera mujer vestida de blanco con la que me encontré en Francia, una enfermera de la Cruz Roja. Lo siguiente que recuerdo es despertar en un puesto de socorro improvisado donde me dieron una taza chocolate caliente y me practicaron las primeras curas. Tuve que pasar dos semanas en un hospital de Perpiñán hasta que la fiebre cesó. Ya recuperada, me subieron a un tren con otras tantas mujeres y niños. Así fueron distribuyendo las autoridades francesas a los españoles exiliados: nosotras, a centros de acogida en el interior; los hombres, a campos de refugiados en la costa. A mí me tocó primero Seychalles, y después Clermont-Ferrand, donde permanecí cuatro meses durante los que fíjese que, aun siendo refugiada, volví a sentirme persona. Esa persona que conoció Octave.

Aldara cesó el relato. Se miró las manos, que no había dejado de retorcerse durante todo ese tiempo. Estaban enrojecidas Después, dirigió la vista a los objetos esparcidos por el banco. Se pasó los dedos por la cicatriz. Su madre adoptiva siempre le decía que no debía olvidar de dónde venía. «Frente a todos esos que presumen de descender de la pata del Cid, tú, hija mía, puedes afirmar con orgullo que asciendes de lo más bajo por méritos propios. Y que eres tan linda porque naciste entre los ramilletes de un puesto de flores», remataba con una sonrisa y una caricia.

Con el eco de las palabras de su madre en los oídos, la joven recopiló sus tesoros y los guardó en el regazo. Después de aquel viaje por su pasado, sintió alivio, una especie de reconciliación consigo misma.

Levantó de nuevo los ojos hacia la lápida de su suegro. Las letras doradas de su nombre y de su tiempo en este mundo brillaban suavemente a la luz mortecina del candil.

—Ésa soy yo, Auguste. La persona que mi madre me dijo que nunca olvidara. La persona que he estado a punto de olvidar. Porque… Me asusta ser alguien que no tiene miedo a mentir… Ni a matar. Yo quiero ser la persona de la que Octave se enamoró.

Se secó entonces las lágrimas y miró a Pascal, aquel testigo silencioso y conveniente de su descargo. En el laberinto de su rostro le pareció vislumbrar un gesto de compasión, eso quería creer. El criado le tendió la mano sobre el banco y ella se la tomó, dando rienda suelta al llanto para terminar de vaciarse.

Diciembre de 1943

A Aldara no le gustaban las Navidades. La época de la exaltación de la alegría, la esperanza, la familia y todas las cosas buenas de este mundo ponía para ella de relieve todas sus carencias.

En la Inclusa, las Navidades consistían en más misas y oraciones, en un regalo de la caridad y una cena con castañas y mazapán dentro de la misma rutina sin hogar. Cierto que recordaba con una ligera sonrisa de nostalgia las Navidades en casa de los Saurí. Sus padres adoptivos disfrutaban de las fiestas y las celebraban de forma tradicional y entrañable. Juntos compraban una figurita para el Belén en el mercadillo de la plaza Mayor y tomaban chocolate con churros en la chocolatería San Ginés, cantaban villancicos con panderetas y zambombas, cenaban pavo, turrones y frutas escarchadas, los Reyes Magos se colaban cada año por el balcón y dejaban montones de regalos junto a sus zapatos... Había sido feliz entonces, sí. Y su felicidad se había visto abruptamente cercenada. Ya no volverían las Navidades en familia y el recuerdo de aquéllas quedaba perdido en la niebla de la infancia, dejando sólo un poso agridulce.

Del regreso al colegio para huérfanas y del tiempo que pasó al servicio de la condesa, prefería ni acordarse. La Navidad, en aquellos días, sólo acrecentaba su tristeza y la ponía de mal humor. Lo mismo le sucedía con su penoso viaje al exilio y el único recuerdo que guardaba de sus primeras Navidades en Francia, en el albergue, era que en Nochebuena se le fue la mano con el orujo y se pasó la mayor parte del día siguiente durmiendo y con resaca.

Las Navidades de los últimos años en el Domaine de Clair de Lune no habían sido más que una escenificación de fingida alegría, un celebrar más por costumbre que por ganas. La guerra, la ocupación, la enfermedad y la muerte de Auguste, la ausencia de Octave... Quizá sí había habido unas Navidades dignas de su nombre. Las de 1939, con su marido en casa de permiso y su hija en el vientre; la familia al completo, aun de una forma extraña y efímera.

Después, sólo Claire les daba algo de sentido. La niña disfrutaba de las luces, los adornos y los colores del árbol, de los regalos de *Père Noël*, del *pain d'épices* de Simone y de los villancicos que le enseñaba la cocinera.

Sin embargo, aquel año, Aldara tenía aún menos ganas de celebraciones y tuvo que hacer un gran esfuerzo por que su hija no lo acusase. Se sentía cansada, deprimida, atormentada por los sucesos de los últimos meses; todavía triste por la marcha de Henry, incluso por ese permiso que todos los años se cogía el teniente Eberhart por esas fechas. Se sentía lejos, muy lejos de Octave. Ya ni siquiera sabía qué escribirle en las breves cartas, más allá de las consabidas frases de ánimo y cariño que sonaban gastadas de tantos años de usarlas.

A veces, buscaba consuelo en la compañía de Helene y Sabine, pero lo cierto es que no tenía a nadie a quien revelar sus más oscuros pensamientos. En aquellos años en el Domaine, buscando encajar en su nuevo papel, Aldara se había construido una fachada tras la que se desmoronaba entre dudas, temores y remordimientos.

Haberse confesado ante la tumba de Auguste, incluso haberlo hecho en presencia de Pascal, sólo había resultado en un alivio incompleto. Nadie la había perdonado en realidad, nadie le había dicho que, pese a todo, ella no era una mala persona. Y de nada serviría que nadie lo hiciera antes de Octave; el primer perdón que ella necesitaba, el único, era el de su marido.

Se sentía sola. O, lo que era peor, mal acompañada. Y es que, aquel año, Romain había vuelto a casa por Navidad.

—¡Cómo ha podido ocurrir algo así! ¡Es un escándalo! ¡Un alemán muerto en nuestra casa! ¡Un SS! ¿Es que no te das cuenta de cómo afecta eso a la reputación de esta familia? ¡Estamos en boca de todos! ¡Tú estás en boca de todos! ¡Envuelta en la sospecha!

Aunque el asunto de la muerte del SS ya era agua pasada, Romain se empeñaba en reprobarle a la joven lo que las autoridades alemanas no le habían reprobado. Y ella ya no tenía ánimos de rebatirle nada, ni de seguir parapetándose en una mentira que, cuanto más usase, más corría el riesgo de resquebrajarse.

Simplemente, aguantaba el chaparrón en silencio y con la mirada gacha. Y, tal vez, esa actitud enervase aún más a su cuñado, quien, entonces, sacaba su lado más perverso y, con una frialdad lacerante y una caricia sucia, la amenazaba:

—Recuerda esto, querida cuñada: estás aquí porque yo lo consiento. Si dejas de serme útil y te conviertes en un estorbo, me desharé de ti. No me faltan argumentos para echarte de esta familia a la que ni perteneces ni comprendes.

Sin embargo, aquellas palabras caían inocuas sobre ella. «Hazlo —se quedaba con ganas de retarle—. Dame el empujón para dar el paso que yo no me atrevo a dar. Libérame de esta carga».

Pero entonces pensaba en Claire y se mordía la lengua.

Romain observó a la luz del flexo las placas en la palma de su mano. Una verde y otra roja, con una inscripción en cada cara. Les limpió el polvo con la yema de los dedos y leyó: 189551 H. WALLACE CE BLOOD GROUP 0+.

Sonrió. Podía imaginarse a quién pertenecían esas placas; ahora, sólo tenía que discurrir cómo habían llegado hasta allí. O inventárselo si era necesario.

—¿Dónde las has encontrado?

—Eeeeee... En el pa-pa-patio, ssse-señor. Eeennn... te-te... enterradas. Al-la... Al la-la-lado de-de-del mu-mu-muro... de la-la... la-la-la bo-bo... la bo-bo-bodega.

A Romain le ponía de los nervios la tartamudez de aquel muchacho, quien, además, era más corto que una mata de habas. No obstante, era fiel, un auténtico perro fiel. Y concienzudo en su idiocia. Pasaba el detector de metales a diario cubriendo cada centímetro de las muchas hectáreas del Domaine como si le fuera la vida en ello. Tal vez pensara que le iba la vida en ello; Romain no estaba seguro de si había llegado a amenazarle con colgarle de un árbol como le defraudase y el chico, tonto como era, se lo había tomado al pie de la letra. Mejor así.

Hasta la fecha, no había dado con las botellas de los tres emperadores. Sin embargo, el hallazgo que acababa de traerle bien valía la miserable paga que le daba por su trabajo.

Romain se armó de paciencia para preguntarle si había sucedido algo fuera de lo común durante las semanas que él había estado ausente. Tras varios minutos de palabras entrecortadas y sílabas repetidas consiguió responderle que no, que no había sucedido nada, o, bueno, sí: estaba ese hombre con un acento raro, de Bretaña decían, que había venido para aprender a hacer vino y siempre estaba con madame, pero ya se había ido.

Claro que Romain ya sabía de la existencia de ese aprendiz, pero no le había dado ninguna importancia. Tantos eran los operarios que iban y venían por el Domaine que tendría que dedicar sus días al completo para fiscalizarlos, y no estaba por la labor.

No obstante, a la luz de los recientes acontecimientos, de las nuevas informaciones y del descubrimiento de aquellas placas, Romain empezó a indagar aquí y allá. Todos confirmaban la versión del tartamudo. El bretón había venido y con las mismas había desaparecido. ¿Inglés? No, no era inglés, de Normandía como muy lejos. No habían visto a ningún inglés por allí. Simone se lamentó de la voracidad de sus huéspedes, quienes hubo un tiempo que parecían comer por dos. Jacques le hizo notar cómo las reservas de leña y carbón disminuían a mayor ritmo de lo normal y cómo las doncellas se le quejaban de que algunos juegos de sábanas y toallas tenían unas manchas oscuras que no eran capaces de quitar, decían que parecían de sangre, menuda imaginación. Aunque tales incidentes habían tenido lugar meses atrás. Muchos meses atrás, demasiados para echarle la culpa sólo al bretón. Eso sí, de pronto, todo había vuelto a la normalidad. «Desde que no están esos boches, que devoraban como lobos hambrientos», aseguraba la cocinera, santiguándose por el nazi muerto.

También se enteró del bombardero inglés que se había estrellado a las afueras de Auxerre y del aviador fugado, al que ni la policía alemana ni la francesa habían logrado dar caza. Era imposible que hubiese escapado sin la ayuda de alguien, aseguraban.

Entonces empezó a atar cabos y los paseos de su cuñada por la casa a altas horas de la madrugada dejaron de ser casuales. Si a eso se le añadía el extraño accidente de Kessler que podía no ser un accidente...

¿Sería posible que esa pequeña zorra hubiera escondido al aviador en la casa? Desde luego que la creía capaz, aunque no acababa de entender por qué querría jugarse la vida por un maldito inglés.

Lo cierto era que las motivaciones de su cuñada le importaban un comino. Como tampoco le importaba si de hecho ella tenía que ver con ese asunto o no. Él tenía una historia con la que ir a las autoridades alemanas, eso era lo único importante. De la forma más inesperada, le habían puesto en bandeja deshacerse de aquella bruja. Apenas podía creerse su buena fortuna.

Enero de 1944

El golpe la sorprendió con la guardia baja, cuando simplemente transitaba por el camino marcado hacia otro año más de nadar contra corriente. Quizá algún día la cosa cambiase, se decía para seguir adelante, porque no hay mal que cien años dure.

Entonces llamaron a la puerta y fue ella misma la que abrió, pues andaba cerca. Y, nada más verlos, con sus sombreros fedora y sus abrigos largos, con sus rostros de personas corrientes, aunque ceñudos y sombríos porque seguramente lo exigía el cargo, supo que venían a por ella.

—¿Madame Aldara de Fonneuve? Gestapo. Tiene que acompañarnos.

No se resistió. Y es que de tanto luchar por los demás, se había quedado sin fuerzas para luchar por ella.

Hubert se enteró de la noticia nada más llegar a Beaune, al regresar de su permiso. Fue Adolph Segnitz quien le dio los detalles.

—La arrestaron el viernes pasado. Sí, el viernes, hace una semana. No he confirmado nada, pero lo que se rumorea es que la acusan de ocultar en su casa a un aviador inglés y ayudarlo a escapar.

—¿En su casa? ¿En el Domaine? ¿Con los SS, con los ordenanzas y conmigo viviendo allí? Eso es ridículo.

Segnitz se encogió de hombros y continuó con el relato.

—Al parecer, han encontrado unas placas de identificación en la bodega; pertenecen a un militar inglés. Y luego está lo de la muerte de ese Kessler. Eso podría complicarle las cosas. Pero no te vas a creer quién la ha denunciado. O sí. Ha sido ese canalla de su cuñado, Romain de Fonneuve. Menudo tipo... —bufó—. Siempre me ha parecido repugnante utilizar esta situación para resolver rencillas personales.

Según escuchaba a su jefe, la agitación de Hubert iba en aumento. Se sentía incapaz de asimilar la información que le daba, de sacar sus propias conclusiones. Sólo tenía una idea en mente.

—¿Adónde se la han llevado?

—A Dijon. A la prisión de la rue d'Auxonne.

—Tengo que ir a verla.

Según se daba media vuelta, Segnitz lo sujetó del brazo. Sabía que no podía evitar que Hubert se mezclara en el asunto y, de hecho, compartía sus intenciones; él mismo había decidido mezclarse en asuntos parecidos. Pero él, por viejo y resabiado, actuaba con astucia y cautela, mientras que a aquel muchacho le guiaba el ardor juvenil, tan decidido como inconsciente.

—Hijo... Ten mucho cuidado. En estos casos, vale más la diplomacia que el ímpetu.

La encerraron en una celda del edificio setenta y dos de la prisión de Dijon, en el ala de mujeres. Aldara lo intuía porque eran gritos femeninos los que oía día y noche, a veces descarados, a veces desgarradores. Por lo demás, aislada como estaba en aquel cubículo de tres por dos metros, no había visto ni a un hombre ni a una mujer, sólo guardias alemanes.

Los primeros días, la puerta metálica, que no contaba más que con un ventanuco con un tupido entramado de cuadrícula para comunicarse con el exterior, sólo se abrió tres veces al día para que le dejaran la comida: sucedáneo de café, sopa, más sucedáneo de café, más sopa. Parecía que se habían olvidado de ella. Al principio, se dedicó a caminar de un lado a otro, presa de los nervios y la incertidumbre, imaginándose los peores escenarios: las torturas, la deportación, la muerte. Finalmente, cansada de deambular de pared a pared, se sentó en el suelo; había un somier y un colchón de paja, pero no quería tumbarse en él, lleno de pulgas como estaba. Envuelta en un par de mantas, porque el ventanuco que comunicaba con el exterior no tenía cristales y hacía un frío espantoso, descansó la espalda en el muro cubierto de cal, sucia, húmeda y resquebrajada. Aquel muro estaba lleno de inscripciones, testimonios raspados con una punta o un filo de cuantos habían pasado por allí: nombres, fechas, frases de esperanza o desesperación, consignas patrióticas... Los fantasmas de quienes la habían precedido en su trágico destino.

Pensó en Claire. No es que antes hubiera dejado de hacerlo; sin embargo, llegó un momento en que su hija se convirtió en el objeto de toda su angustia. No había podido ni despedirse de ella y quizá no volviera a verla. La pobrecita creería que su madre la había abandonado y no podría entender por qué. Se convertiría en una niña huérfana como ella. O peor, quedaría a merced del desalmado de Romain.

Con aquel pensamiento, perdió los nervios. Se levantó hecha una furia, se fue contra la puerta y comenzó a golpearla y a gritar. Empezó pidiendo que la sacasen de allí, terminó simplemente aullando como una fiera. Hasta que se le fue la voz y el resuello y, agotada, cayó en el cemento, se hizo un ovillo y rompió a llorar. «Déjenme salir, déjenme salir, déjenme salir...», repetía para sí en un murmullo de lágrimas y babas. A partir de entonces, no hizo más que llorar y cormitar; apagarse lentamente entre el hambre, el dolor y la desesperación.

Entraba claridad por el ventanuco cuando la despertaron de su letargo con una sacudida a punta de bota. Un guardia la escoltó a través de un laberinto de pasillos hasta una sala, donde, tras ordenarle que se sentase en una silla junto a una mesa, se situó a su espalda, firme y quieto como una estatua. No sucedió nada durante unos minutos, que ella aprovechó para recuperarse de su aturdimiento y reconocer la habitación. El lugar era tan claustrofóbico, desnudo y oscuro como su celda, aunque una bombilla colgando del techo iluminaba débilmente el entorno de la mesa. Al cabo de un rato, entró un tipo vestido de uniforme de las SS. Permaneció en pie frente a ella, al otro lado de la mesa, sin siquiera quitarse la gorra. Con gesto serio, pero relajado, parecía estar cumpliendo con un procedimiento rutinario.

—¿Sabe por qué está usted detenida? —le preguntó en correcto francés.

Aldara trató de hablar, pero, de primeras, no le salió la voz, sino un extraño sonido gutural. Carraspeó.

—No —repitió todavía ronca, aunque con mayor claridad.

El SS estiró un brazo y dejó algo sobre la mesa. Aldara bajó la vista hacia ello. Enseguida, distinguió las placas de identificación de Henry y, aunque notó un vuelco en el estómago, se esforzó por mostrarse impasible.

—¿Qué es esto?

—No lo sé.

—¿No lo reconoce?

—No.

—Es curioso, porque esto se ha encontrado en un patio de su residencia. Son las placas de identificación de un aviador inglés. ¿Sabe cómo han podido llegar hasta allí?

—No. Es la primera vez que veo algo así.

—¿Quién le puso en contacto con el aviador?

—No sé nada de un aviador.

—¿Colabora con la Resistencia?

—No.

—¿Con qué organización? ¿Quiénes son los demás miembros?

—No colaboro con la Resistencia, ya se lo he dicho.

—Madame, se la acusa de ayudar a un enemigo del Tercer Reich. Estamos en guerra y su delito conlleva la pena de muerte. Le aconsejo que coopere con nosotros.

Aldara procuró mantener la calma y responder con firmeza.

—Se trata de una acusación infundada. Yo no he hecho tal cosa.

Su interrogador la miró fijamente durante unos segundos. Ella le sostuvo la mirada hasta que empezaron a escocerle los ojos y acabó por bajar los párpados. Sin mediar más palabra, el policía se dio media vuelta y salió de la habitación.

Durante los tres días posteriores, aquel interrogatorio se repitió hasta seis veces más, una por la mañana y otra por la noche: la misma sala, el mismo policía, las mismas preguntas a las que ella daba siempre idénticas respuestas. Y, después, tirada en el frío suelo de su celda se las repetía para sí misma hasta interiorizarlas, hasta convertirlas en verdad absoluta. «¿Un aviador inglés? No sé nada de un aviador inglés».

Ya ni siquiera se sobresaltó cuando oyó el ruido metálico de la cerradura y el chirriar de las bisagras de la puerta. Café, sopa o interrogatorio.

—Levántese y aséese un poco. Tiene visita.

Cuando Hubert la vio, al fondo de aquella sórdida habitación en penumbra, se le cayó el alma a los pies. Todo el resentimiento y los reproches hacia ella que había ido acumulando durante el trayecto desde Beaune se le mezclaron con la angustia y la tristeza de verla en semejante estado, formando un extraño cóctel que no supo cómo digerir. Se quedó paralizado.

Por el contrario, Aldara se puso en pie de un salto para abordarle con excitación mal contenida.

—¿Cómo está Claire?

El guardia la sujetó por el brazo y la sentó de nuevo.

—No la he visto. Acabo de llegar de Alemania, he venido directamente aquí, en cuanto me he enterado.

Aldara apartó la mirada como si ya nada más importara.

—Y usted... ¿cómo está?

Ante aquella pregunta, la joven fue de pronto consciente de su suciedad y su desaliño. El guardia le había dicho que se asease, pero con sólo una jarra con un dedo de agua y una palangana, poco había podido hacer. Llevaba puesta la misma ropa desde hacía días, ya ni sabía cuántos. Tampoco había podido lavarse, sólo aclararse sin jabón la cara y las manos y las partes íntimas cuando hacía sus necesidades en un cubo. Notaba el cabello grasiento y despeinado, por más que se había pasado las manos para adecentarlo, y, seguramente, las pulgas habían saltado del colchón a su piel porque le picaba todo el cuerpo. Ella ya ni lo notaba, pero tenía que oler a rayos. Se sintió tan avergonzada que no fue capaz de articular palabra para responder al teniente, ni para mirarle a la cara. Se replegó sobre sí misma, deseando que se marchara, pero temiendo al tiempo que lo hiciera y la dejara.

Hubert vaciló sin saber muy bien cómo continuar aquel encuentro. Miró al guardia, que parecía vigilarla no sólo a ella. Si tan sólo pudiera cogerla de la mano y sacarla de allí, dejar los reproches para otro lugar y otro momento.

Durante el trayecto entre Beaune y Dijon, el oficial había tenido tiempo de sobreponerse a la impresión de la noticia y ordenar sus ideas.

Y según las ordenaba, adquiría relevancia un hecho que, hasta ese momento, había preferido olvidar: el misterioso hombre, ese aprendiz de viticultor bretón, decían, que se había pegado a Aldara durante varias semanas y se había desvanecido de repente, justo después de la muerte de Kessler. Cuantas más vueltas le daba, más adquiría la certeza de que aquel hombre podía ser el aviador inglés, justo debajo de sus narices. Además, según tiraba del hilo, empezaba a sospechar que Armin Kessler lo había descubierto y por eso había acabado en el fondo de una cuba. Y él había contribuido a encubrir aquel engaño.

Hubert sólo deseaba estar equivocado.

—Dígame una cosa, ¿me mintió?

Aldara continuó encogida y sin pronunciar palabra.

—Se le acusa de algo muy grave. Quiero ayudarla, pero me lo pone muy difícil.

—Esta vez, no le he pedido que me ayude.

—¿No quiere mi ayuda, entonces?

—No soy tan orgullosa. Lo que no quiero es mezclarle en mis problemas. Que tenga que dar la cara por mí.

Hubert notaba que la irritación que había logrado controlar hasta ese momento empezaba a arderle en el centro del pecho. Endureció el gesto y el tono y alzó la voz.

—Poco le importó eso la última vez. Insisto, ¿me mintió?

Por fin, Aldara levantó la cabeza y lo miró; el teniente podía ver brillar sus ojos en la penumbra.

La joven abrió la boca para repetir la misma frase que llevaba repitiendo los últimos días: «Yo no he hecho nada de lo que se me acusa».

Iba a repetirla con el mismo convencimiento y el mismo aplomo, porque si algo sabía hacer Aldara era mentir. Había aprendido a hacerlo en la Inclusa y el colegio, para librarse de un castigo, para conseguir doble ración de comida, para saltarse la misa de la mañana... Para huir de la triste realidad. La mentira era una ilusión. Ahí estaba el truco: en desechar la realidad y sustituirla por el engaño hasta que la una se confundía con el otro.

Sin embargo, Aldara era una mentirosa excelente, pero no compulsiva. Mentir era para ella el último recurso, porque no le gustaba perderse en el abismo de sus propias mentiras. Y, sobre todo, porque no le gustaba hacer daño a nadie con ellas. Con el tiempo, se había dado cuenta de que, la mayoría de las veces, la mentira es un escudo que desvía el disparo hacia el corazón de otro.

Fue por eso por lo que cerró la boca, desvió la mirada y volvió a recogerse en el silencio.

Al quedarse otra vez sin respuesta, Hubert se sintió tan frustrado que renunció a seguir con aquello. Dio media vuelta y enfiló hacia la salida.

—¡Teniente!

Ya en el quicio de la puerta, el joven atendió a su llamada, serio, visiblemente enojado.

—Dígale a Claire que no la he abandonado. Que he tenido que irme, pero que no la he abandonado. Dígale que la quiero con toda el alma. Dígaselo, por favor. Con un cuento, como usted sabe hacer para que entienda las cosas.

Él asintió fríamente y se marchó.

Según recorría los pasillos para salir de aquel angustioso lugar, notaba que el calor le subía a las mejillas. Apretó los dientes y los puños. Si no fuera porque un guardia le guiaba en su recorrido, de buena gana hubiera aliviado su frustración a golpes contra la cochambrosa pared.

Febrero de 1944

Hubert se sentía traicionado, decepcionado, utilizado y estúpido. Y con semejante combinado de emociones no le resultó fácil pensar con claridad. Le costó un par de noches de insomnio resolver el conflicto entre sus convicciones y su orgullo. No obstante, al final llegó a la conclusión de que era una vida la que estaba en juego. Y no una vida cualquiera. Era la vida de Aldara. No estaba seguro de si todavía la amaba; despechado, se decía que no. Pero de lo que no le cabía la menor duda era de que su desengaño no se cobraría un precio tan alto.

—No puedo dejar que la condenen a muerte. La acusan sin más pruebas que el testimonio de esa rata de su cuñado y son capaces de fusilarla por eso. ¡Y aunque tuvieran pruebas, qué demonios! No merece morir por ayudar a un soldado inglés. ¡Mi madre haría lo mismo con un soldado alemán! Dios… Vivimos en un mundo desquiciado.

El joven oficial se desahogaba con Adolph Segnitz delante de una copa de coñac. El *Beauftragter*, al verlo tan angustiado, lo había convocado después del trabajo en su apartamento del Hotel de la Poste y había abierto un Rémy Martin de doce años, regalo de un comerciante de Beaune que pretendía ganarse los favores del *Weinfüher*.

Hubert remató de un trago su primer vaso y no se negó

cuando Segnitz se lo rellenó. Deseaba que se le subiese rápidamente el alcohol para dormir algo aquella noche.

—Tengo que ayudarla. Pero no sé cómo —concluyó al tiempo que se encendía un segundo cigarrillo.

—En realidad, no tienes que hacerlo. Otra cosa es que... ¿Sientes algo por esa mujer?

Hubert huyó de la mirada incisiva de Segnitz.

—Sería un estúpido si lo sintiera.

—Sí, sí que lo serías. Por muchos motivos. Y yo también lo sería, por no haberte advertido antes. Al menos, explícitamente, porque de lo que sí te he advertido, y en varias ocasiones, es de que no conviene involucrarse en los asuntos personales de los franceses. Hacerlo sólo trae problemas.

—Llevo cuatro años viviendo en esa casa, es muy difícil no involucrarse. Además, ni siquiera usted está convencido de eso que dice. Sé que tiene muchos amigos aquí y que los ayuda siempre que puede. Se arriesga por ellos porque a usted también le revuelven las tripas los abusos y las injusticias.

—Yo soy perro viejo, no tengo mucho que perder. En cambio, tú...

—Yo ya he perdido demasiado por culpa de esta guerra. He perdido buena parte de mi juventud y, en cierto modo, eso hace que también sea perro viejo. Pero lo que no pienso perder es mi identidad. Este uniforme no va a convertirme en quien no soy.

Adolph Segnitz se recostó en el respaldo del asiento y paladeó lentamente un sorbo de coñac. El muchacho no podía tener más razón y él no podía dejar de admirar su integridad. Por más que quisiera protegerlo, no estaba bien seguir disuadiéndolo de ser fiel a sus principios.

—No tengo ni el poder ni la influencia para hacer nada —continuó Hubert hablando, ajeno a las reflexiones de su jefe—, y nadie va a escuchar mis argumentos en favor de ella por razonables que parezcan. Si la Gestapo se ha empeñado en condenarla, la condenarán. Pero he estado pensando... Éste es un sistema corrupto, lleno de gente corrupta desde la base hasta lo más alto. Yo... Tengo algo de dinero —dijo vagamente, sin precisar que se refería a un fondo de varios miles de francos suizos, depositado en un banco de Zúrich. Su abuelo se lo había legado al morir—. Puedo... ya sabe, utilizarlo. El problema es que no sé a quién tentar.

—Es cierto que el soborno abre muchas puertas, pero también es peligroso. Puedes accionar el resorte equivocado y que te salga el tiro por la culata.

—Ya... —suspiró, desalentado.

—El comandante de la prisión de Dijon... Josef Grumbir. No pertenece a las SS. Es un coronel de la *Wehrmacht*. Habla con él. Tengo entendido que es un tipo razonable.

Hubert tuvo suerte de que el coronel Josef Grumbir le recibiera en el mismo momento en que acudiera a pedir cita. Cuando el teniente entró en su despacho de la prisión de Dijon, un cubículo triste y austero, sin más muebles que los imprescindibles y un viejo mapa de Francia colgado de la pared por todo adorno, Grumbir aguardaba detrás de la mesa. El joven se cuadró y se llevó la mano a la visera de la gorra a modo de saludo.

—Adelante, adelante —le invitó el coronel sin levantar la vista de los papeles que firmaba—. Siéntese, por favor. Enseguida estoy con usted.

Tras terminar de garabatear su última firma, Grumbir levantó el rostro y sonrió. Se trataba de un hombre delgado y no parecía muy alto. En su cara, de rasgos pequeños, no se percibían más que unas pocas arrugas en torno a los ojos, pese a que sobrepasaría con creces la cincuentena; eso sí, apenas le quedaba un rastro de cabello, ralo y oscuro, alrededor de la cabeza. Lo miraba a través de unas gafas redondas que le conferían la apariencia de un intelectual o, incluso, de un sacerdote. Sus ademanes eran suaves, casi delicados. A Hubert le pareció más un burócrata que un militar. Aunque lo que más agradeció fue que se mostrara amable.

—Dígame, *Oberleutnant*...

—Eberhart, herr *Oberst*. Hubert Eberhart.

—¿En qué puedo ayudarte, *Oberleutnant* Eberhart?

Hubert se recolocó en la silla, tragó saliva y comenzó a hablar según se había preparado el discurso.

—Verá, herr *Oberst*, me gustaría llamar su atención sobre una de las reclusas de esta prisión. Madame Aldara de Fonneuve. En mi opinión, se la retiene sin fundamento.

—Vaya, parece usted muy seguro de eso.

—Lo estoy, señor. Y me gustaría apelar a su posición para revisar el caso.

—Ahora mismo, no sé de quién me habla, pero me temo que confía demasiado en las prerrogativas de mi posición. Madame Aldara de Fonneuve, dice que se llama la reclusa, ¿verdad? Aguarde un segundo que voy a por su expediente.

El coronel Grumbir se puso en pie y salió un instante de su despacho. Hubert constató que se trataba de un hombre de baja estatura y hechuras finas. A través de la puerta entreabierta, le escuchó hablar con su asistente. Al cabo de un rato, regresó con una carpeta de cartón color crema, retomó su asiento, la abrió y comenzó a leer.

—Las pruebas en las que se basa su acusación son insuficientes y... ridículas —empezó a decir Hubert mientras tanto; no quería perder la oportunidad de exponer sus argumentos—. Cualquiera podría haber puesto allí esas placas. Su cuñado mismo, que fue quien la denunció. Llevo años viviendo con la familia y sé que ella es un estorbo para él en los negocios. Y cuando hay mucho dinero de por medio... Ya conoce usted el vicio de los franceses de utilizar a la administración alemana para resolver sus conflictos... Pero madame es una mujer respetable, tiene una hija pequeña... ¡Es absurdo pensar que supone una amenaza para Alemania!

—Pero este caso está ya cerrado...

—¿Cómo?

—Sí. Está previsto su traslado a París, a la prisión de Fresnes. Y, de ahí, a Ravensbrück.

Hubert no podía creer lo que acababa de escuchar.

—¿Van a internarla en un campo de concentración?

—Suerte que no la han condenado a muerte. Veo que tampoco la han... No la han forzado a hablar, digamos. Eso es que han visto que no había nada que sacarle.

—Pero ¡enviarla a un campo de concentración es como enviarla a la muerte! ¡Y sin juicio!

Grumbir le dedicó un gesto de condescendencia.

—¿Juicio? ¿De verdad cree que hay tribunales suficientes para juzgar a todos los que abarrotan las cárceles de este país? Puede considerarse afortunada de que hayan decidido despacharla por la vía rápida.

—Pero eso es...

—Mire, teniente —se impacientó el coronel—, de todos modos, este caso depende de la Gestapo. Debería hablar con ellos.

—¿Y de qué serviría? No son precisamente flexibles en sus procedimientos ni proclives a cambiar de opinión. Con todos mis respetos, herr *Oberts*, se está cometiendo una injusticia y sólo usted puede evitarlo. Le ruego que me ayude. Yo... Yo puedo compensárselo.

Ante semejante insinuación, Josef Grumbir se puso en guardia. Hasta entonces, había escuchado con interés al teniente. No era la primera vez que recibía una petición semejante. Cierto que solía provenir de ciudadanos franceses, no de oficiales alemanes... Sea como fuere, en alguna ocasión había metido la mano aquí y allá: había sacado un nombre de una lista, había perdido algún documento, había hecho la vista gorda con la correspondencia de los internos… Le caían bien los franceses, no podía negarlo. Admiraba esa forma suya de vivir la vida. ¡Normal que luchasen por no perderla! Si en algo tenía razón aquel teniente era en que se cometían muchas injusticias con ellos, se los trataba con excesiva dureza. Con todo y con eso, no les tenía tanto aprecio como para jugarse el puesto o, incluso, el pellejo por su causa. Tampoco se tomaba a broma el poder de las SS. ¿Y si aquel teniente Eberhart era uno de ellos y le estaba tendiendo una trampa?

Su actitud se endureció de repente.

—¿Está tratando de sobornarme, teniente?

—¡No! No… Lo siento. Siento si me he expresado mal. No pretendía ofenderle. Es… Es que me siento tan impotente.

Grumbir cerró la carpeta del expediente Fonneuve con un ligero golpe.

—Como ya le he dicho, no está en mi mano ayudarle. Puede usted retirarse.

Hubert, consciente de que había tensado en exceso la cuerda, obedeció sin rechistar. Se puso en pie.

—A sus órdenes, herr *Oberts*.

Se cuadró de nuevo y abandonó el despacho.

Una vez a solas, el coronel se quedó pensativo, con la mirada puesta en la puerta recién cerrada. Después, bajó la vista hacia el expediente. Golpeteó con los dedos el tablero.

—¡Bruckner! —llamó entonces a su asistente, quien enseguida asomó por el quicio de la entrada.

—¿Sí, herr *Oberts*?

—Mire a ver qué averigua de ese tal teniente Hubert Eberhart.

Hubert salió del edificio principal de la prisión entre hundido y confundido, tratando de asimilar su fracaso. En el aparcamiento, le esperaba Franz al volante del BMW. Se acercó y, cuando el ordenanza hizo el ademán de apearse para abrirle la portezuela, lo detuvo con un gesto.

—Váyase. Volveré en tren.

El soldado procuró ocultar su sorpresa.

—A sus órdenes, herr *Oberleutnant*.

El joven se caló la gorra, se subió los cuellos del abrigo y, tras abandonar el recinto de la cárcel, se lanzó a las calles de Dijon, indolente a la lluvia, al tráfico y la gente. Sólo podía pensar en que la dejaba atrás sin remedio, condenada a un horrible destino. ¿Qué iba a decirle a Claire? ¿Cómo iba a explicarle que los alemanes, esos hombres que vestían y hablaban como él, se habían llevado a su madre para siempre?

Deambuló sin rumbo por la ciudad como un muerto viviente y, al caer la noche, se refugió de la llovizna y la oscuridad en un bar de mala reputación. Pidió una copa. Y luego otra, y otra, y otra más. Había perdido la cuenta de las que llevaba cuando cayó sin sentido sobre la barra.

Despertó al día siguiente en una sórdida habitación de aquel burdel. Le cobraron por el alcohol, la cama y los servicios de una puta que no recordaba haber usado.

Marzo de 1944

El coronel Josef Grumbir se asomó a la ventana de su despacho y contempló con cierta satisfacción la figura que se dirigía hacia la salida de la prisión. Diminuta en la distancia, desvalida, rendida... Aún más bajo la lluvia. Otro de los despojos que la maquinaria del Tercer Reich escupía tras haberlo masticado. Y suerte que lo escupía.

Se alegraba de haber recapacitado. De lo contrario, él también hubiera caído en las redes de un sistema perverso. Puede que ya lo hubiera hecho. Puede que se estuviera volviendo un poco paranoico. Demasiados años de guerra. De guerra sucia, que era la peor. Cómo echaba de menos su apacible vida de abogado en una pequeña localidad de Sajonia.

Al final, ese teniente Eberhart había resultado ser quien afirmaba ser. Y él, por temor, había largado con malos modos de su despacho a un joven que sólo estaba desesperado. Se le veía realmente desesperado. Otro romántico más que había sucumbido a los encantos de una mujer francesa. Pobre chaval.

En cuanto a ella, lejos de representar una amenaza para Alemania, más bien parecía la inocente víctima de una conspiración familiar.

Menudo folletín...

Total, ¿qué le había costado a él volver a redactar la lista de ese transporte a Fresnes y que un nombre quedase fuera accidentalmente?

El coronel se alejó de la ventana y regresó a su mesa pensando que su esposa lo tacharía de tonto. Ya que se jugaba el cuello, al menos, tendría que haber aceptado el soborno, diría. Todo por aspirar a ser un buen luterano.

Aldara se pasó la mano temblorosa por el cabello grasiento y trató de sujetárselo detrás de las orejas. Se frotó las mejillas ásperas y se atusó la ropa. Echó a andar después. Le dolían las piernas. Le dolía el cuerpo entero. Con paso vacilante y la cabeza gacha, atravesó la garita de los guardias y, entonces, se vio fuera de la prisión.

Se quedó allí mismo, a las puertas, sin saber muy bien hacia dónde dirigirse. La lluvia la empapaba y la luz de la mañana la cegaba, aumentando su confusión. La mañana... Hacía tanto tiempo que no la veía. Hacía tanto tiempo que no sentía la lluvia y la brisa en la cara ni escuchaba la vida alrededor. Cerró los párpados y alzó el rostro al cielo. Dejó que los sentidos se le impregnaran de libertad.

—*Miss, Sie können hier nicht bleiben. Gehen Sie weiter!* —le gritó uno de los centinelas desde la garita.

Abrió los ojos y, atendiendo a los gestos del soldado, se apartó del paso. Entonces se encontró frente a Pascal. Su gran tamaño, su rostro deforme y siempre grave. Familiar. Se le hizo un nudo en la garganta, empezaron a temblarle los labios y, sin remedio, se le saltaron las lágrimas.

El criado la cubrió con un paraguas y la envolvió en una manta. Rodeándola con el brazo por los hombros, la alejó de allí.

Se sintió desbordada por las emociones al entrar en la casa. La embargaban el alivio y la alegría, pero también la humillación y la vergüenza. Cuando vio a Claire bajar corriendo la escalera para recibirla, empezó a llorar y ya fue incapaz de parar. La niña se le echó a los brazos con algarabía y ella, cubierta de piojos, pulgas y mugre, no supo cómo reaccionar.

La pequeña se separó casi al instante y la miró frunciendo la naricilla pecosa.

—Mami... ¿Dónde has estado? ¡Hueles a perro mojado! Pero no llores, mami... Helene dice que todo se arregla con un buen baño.

Simone, que opinaba lo mismo respecto a la eficacia del baño, la desnudó por completo entre repetidas señales de la cruz e invocaciones a la Santísima Trinidad y a toda la Corte Celestial. Mandó a Pascal quemar la ropa en un bidón, mientras ella preparaba un baño caliente, tan caliente que a Aldara casi le ardió la piel al sumergirse en el agua. La cocinera la enjabonó de arriba abajo, frotando enérgicamente con una esponja, le aclaró el cabello con vinagre y aceite de lavanda para quitarle los piojos y le aplicó un ungüento de caléndula para los ronchones y las picaduras de las chinches.

El camisón limpio, las sábanas suaves, una cena casera que devoró con tal ansiedad que acabó por dolerle el estómago... Y su hija allí, a su lado en la cama porque no había querido separarse de ella.

Al día siguiente, llamaron al médico porque Aldara había pasado la noche entre dolores y calenturas.

—Esos alemanes... —empezó a decir el doctor Lapierre sin levantar la vista mientras la auscultaba—. ¿La interrogaron? Usted... usted ¿les dijo algo?

Desde que el médico se había enterado de la detención de madame, había estado con el alma en vilo pensando en que su nombre no tardaría en salir al hilo del asunto del aviador. Ahora que la habían liberado, ilesa según podía comprobar, se preguntaba angustiado si la joven no habría sucumbido rápidamente a las presiones de la Gestapo.

—Sí. Me interrogaron. Pero lo negué todo y no me sacaron una palabra. Aún no me explico por qué me han soltado...

El médico se quitó el estetoscopio de las orejas y lo dejó colgando del cuello. La miró al fin.

—No me malinterprete. Volvería a... a hacer lo que hice si se presentara la ocasión. Lo haría también con un alemán. Con cualquiera que necesitase mi asistencia. Es sólo que... Reconozco que he estado muy preocupado estos días. Yo... Bueno, voy a ser abuelo el mes que viene. Me daba mucha lástima pensar en que no iba a conocer a mi nieto.

Aldara sonrió.

—Quédese tranquilo, doctor, no salió su nombre ni ningún otro. Después de todo, yo no sé nada de un aviador inglés

El doctor Lapierre le devolvió la sonrisa y dio por concluido su examen.

—No tiene nada de cuidado, madame. Sólo padece una ligera fiebre nerviosa. Descanse mucho, tome buenos alimentos y una aspirina cada seis horas para bajar la temperatura; pronto se encontrará mejor.

El medico recogió su maletín y se dispuso a marcharse, mas se quedó un instante junto a la cama.

—Es usted una mujer... Bueno, admito que no conozco a muchas como usted.

Aldara se lo tomó como un cumplido.

—Gracias, doctor. Al final, los tiempos extraordinarios a todos nos obligan a hacer cosas extraordinarias.

Siguiendo las instrucciones del médico, la joven fue recuperando las fuerzas y el ánimo, gracias también a la compañía y las visitas: Sabine y Helene no la dejaban ni a sol ni a sombra, tampoco Pascal, que le cortaba flores del jardín casi a diario y, cuando no entraba en la habitación por no incomodarla, merodeaba por los alrededores, no fuera a necesitarle. La visitaron Cécile Bernard y Marie Ferrand, la amiga de Helene, quien le llevó su bizcocho especial de harina de castañas y miel; según la anciana, el dulce era el mejor reconstituyente.

También Lina se pasó una tarde desde su remoto escondrijo en la espesura del Morvan. La pobrecilla se sentía culpable de lo sucedido y se mostraba tan desolada y abatida que al final fue Aldara la que tuvo que animar a su amiga.

—¿Tienes noticias del teniente Wallace? —le preguntó cuando la chica hubo recobrado la compostura; Lina solía mostrar sus emociones con exagerado dramatismo.

—No —respondió ella todavía secándose los ojos—. Pero eso es bueno. Si las tuviera sería porque algo habría ido mal. No me extrañaría que tu piloto ya llevara meses en Inglaterra —sonrió entre rastros de lágrimas.

Sin embargo, por muy entretenida que se encontrase, hubo una persona a quien Aldara echó en falta. Y es que, en casi una semana, el teniente Eberhart no había aparecido por allí. Ni siquiera para quedarse en el umbral de la habitación, dirigirle unos de esos saludos suyos tan formales y preguntar educadamente por su salud. Eso habría hecho quizá en otro tiempo. Antes de que ella le hubiese defraudado.

Llegando a pensar que, tal vez, el motivo de su ausencia fuera que lo hubieran trasladado, indagó a través de Helene.

—¿Sigue viviendo en casa?

—Sí. Viene todas las tardes a la habitación de juegos para estar un rato con las niñas. Hay que reconocer que se ha volcado con Claire el tiempo que tú has estado... fuera. Pobrecita... Cuánto consuelo ha encontrado en él.

Al otro lado de la ventana caía una lluvia fina y pausada y el panorama brillaba bajo el agua como recién barnizado. Aldara lo contemplaba absorta, del mismo modo que si acabara de descubrir el paisaje que la rodeaba y el devenir de la naturaleza. En su regazo, reposaba una carta para Octave de la que no había escrito más que el encabezamiento. Llevaba varias semanas sin escribirle y no sabía qué contarle. Por supuesto que no iba a poner a disposición de los censores alemanes su paso por prisión. Aunque lo cierto era que, con censura o sin ella, no se veía hablándole a Octave de aquel episodio: de la rabia, la desolación y el miedo que había sentido, de la angustia de pensar que iba a morir sin poder abrazar antes a su hija y decirle cuánto la quería... Ni a ella le hubiera servido de desahogo ni él lo hubiera entendido, tan lejos como estaba de su realidad después de tanto tiempo separados.

¿Qué decirle a Octave? Aquellas veintiséis líneas que al principio se le hacían dolorosamente escasas, ahora, parecían demasiadas para rellenar con palabras vacías. De un tiempo a esta parte, tenía la sensación de escribir informes en lugar de cartas.

El ruido de la cerradura de la puerta principal la sacó de su ensimismamiento. Le siguió el característico taconeo de las botas militares sobre el suelo del recibidor. El teniente Eberhart pasó de largo por la entrada del salón en donde ella se encontraba y se dirigió a las escaleras. Aldara saltó del sillón y corrió a interceptarle.

—¡Teniente! —le llamó antes de que alcanzara el primer escalón.

Él se volvió y, al verla, sintió una sacudida entre el pecho y el estómago. Estaba preciosa. Quizá fuera el vestido que llevaba, de color vino, o la forma en la que el cabello le caía ondulado sobre la cara hasta que se lo sujetó detrás de la oreja, o que el reposo de los últimos días había rellenado y coloreado sus mejillas... O, simplemente, que ella era preciosa. Por un instante, se mostró dispuesto a apartar el resquemor, a dejar que su enfado se diluyese en la alegría de volver a verla, libre y radiante. Sin embargo, le pudo la rabia, la pena y el sabor amargo que traía.

Acababa de enterarse de que la noche anterior cientos de bombarderos ingleses y americanos habían atacado Frankfurt con toneladas de bombas explosivas e incendiarias. El maravilloso centro histórico de la ciudad, que databa de la Edad Media, había quedado reducido a escombros y a esa hora todavía ardía, pasto de las llamas. Pero lo más lamentable era que cientos de miles de personas habían perdido su hogar, y miles de ellas, la vida. Frankfurt estaba a poco más de cincuenta kilómetros de su casa. De hecho, buena parte de su familia materna residía en la capital, tíos y primos, algunos de éstos ya casados y con hijos. Una vez al año, en verano, se reunían en el viñedo para bañarse en el río y disfrutar de una comida campestre. Era un encuentro feliz de juegos, brindis, risas y música. Un encuentro que ya no volvería a suceder tal y como él lo recordaba. Su tío Heinz, dos de sus hijas y cinco de sus nietos, el mayor de tan sólo diez años, habían muerto la noche anterior bajo las bombas de los aliados; su madre se lo había contado esa misma mañana por teléfono, hecha un mar de lágrimas.

—Buenas tardes, madame.

La saludó con la misma corrección de siempre. Así y todo, Aldara constató que no sonrió, como solía hacer al verla, y que empleó un tono mucho más seco de lo habitual.

—Me alegra ver que se ha recuperado —añadió fríamente.

—Buenas tardes… Sí, estoy mejor, muchas gracias. Verá, teniente, yo… Yo quería agradecerle todo lo que ha hecho… Lo que ha hecho por mí.

—No se moleste. Dudo mucho que su liberación tenga nada que ver conmigo.

—Ya… Bueno. No es sólo eso. También cómo se ha portado con Claire.

—No hay de qué, madame.

Hubert hizo un leve movimiento de cabeza y retomó su camino hacia las escaleras, dando por finalizado el encuentro. De pronto, se volvió.

—Era ese hombre, ¿verdad? El hombre que estaba con usted cuando fui a ver a Claire al hospital. Él era el aviador inglés. Kessler lo había descubierto y, por eso, él lo mató.

Aldara, cogida por sorpresa, no supo qué responder. Pero Hubert no buscaba una respuesta.

—Mentiría si dijera que lamento la muerte de Kessler. Pero yo la ayudé a usted a encubrirla y, ahora, ese tipo, ese inglés, está seguramente subido a un avión bombardeando ciudades alemanas y matando a miles de civiles. ¡Y yo tengo parte de culpa!

—No fue él.

—¿Qué?

—No fue el inglés quien mató a Kessler. Fui yo.

Hubert se quedó mudo.

—¡Tuve que hacerlo! ¡Kessler iba a dispararle! Yo... Tuve que hacerlo. Y si le sirve de consuelo... usted no encubrió al inglés, me encubrió a mí, en todo caso. Además, para entonces, él ya había huido.

—¡¿Y qué importa eso?! ¡Usted me mintió y me utilizó!

Aldara, admitiendo su falta, respondió con suavidad a la ira de Hubert.

—Y de verdad que lo lamento mucho, créame. Pero así es la guerra, teniente. Y yo no la he empezado.

Sin embargo, aquel argumento colmó la paciencia del joven.

—¡No! ¡No me venga con ésas, ya estoy harto! Estoy harto de que usted me haga responsable de la maldita guerra. ¡Yo tampoco la empecé! Desde el principio he intentado ser amable, ayudar en lo que pudiera, demostrarle que no soy culpable de lo que me acusa, pero usted siempre se ha empeñado en colocarnos en bandos opuestos y sólo se ha acercado a mí cuando podía sacar provecho de mi buena disposición. ¡Pues se acabó! Si está convencida de que somos enemigos, ¡que así sea!

Hubert se dio media vuelta y subió los peldaños con la misma indignación con la que había hablado, sin dar a Aldara opción a la réplica. Ella, inmóvil al pie de la escalinata, aguantó el chaparrón con un nudo en la garganta. Y es que, a veces, la verdad duele tanto como la mentira.

Mayo de 1944

A menudo Aldara se quedaba mirando los aviones. Surcaban el cielo en formación, una sucesión ordenada de manchas oscuras en el firmamento que parecía una bandada de aves. El rugido de los motores, como el anuncio de una tormenta, hacía vibrar el aire a su paso. No podía evitar pensar en Henry, imaginarse que pilotaba alguno de aquellos aparatos y que, al pasar sobre ella, quizá miraba hacia abajo como si sus miradas pudieran encontrarse.

En las últimas semanas, volaban con más frecuencia de la habitual, tanto de día como de noche. Los aliados habían incrementado los bombardeos en Alemania, pero también en Francia. Se atacaban sobre todo las provincias del noroeste, en la costa atlántica, donde había una fuerte presencia de tropas alemanas, aunque sus objetivos incluían además vías férreas, aeródromos, depósitos militares y fábricas, desde París hasta otros objetivos al este y al sur. Francia volvía a estar bajo el fuego de las bombas.

—Se está preparando algo gordo —le confiaba Lina—. Parece que los aliados quieren desembarcar este año en Francia, como hicieron en Italia el año pasado. ¡Por fin va a comenzar la lucha por la liberación!

La Resistencia, guiada y armada desde Londres, apoyaba la eventual operación de desembarco. De modo que sus acciones también se habían incrementado con sabotajes y ataques diarios por todo el país, a los que los alemanes respondían con feroces represalias. La lucha se recrudecía como preámbulo de lo que estaba por llegar.

La liberación… Aldara la ansiaba tanto como le abrumaba pensar en ella, en el duro camino hasta lograrla, en los cambios que traería. Cuando escuchaba hablar de la liberación, sacudía ligeramente la cabeza y continuaba a sus cosas.

Después de la locura y el drama de los últimos meses, la joven encontró consuelo en el viñedo, en la bodega y en su hija. Regresó a la poda, al abono y a la fumigación, a los paseos entre las hileras de vides cuando el rocío del amanecer cubre las plantas, a sentir la tierra bajo las botas y las bayas henchidas entre las manos. Al vino que envejecía lentamente en las barricas y las botellas, a la oxidación, la evaporación, la reducción, a los taninos, la tonalidad y el *bouquet,* al instante de ese sorbo en el paladar. Y, sobre todo, regresó a casa, a esa pequeña familia que se había construido en los últimos años, a Claire; al cuarto de juegos, las tardes de radio, las cenas en la mesa de la cocina, los cuentos leídos en voz alta, los paseos por el jardín y las charlas entre mujeres.

Instalada en aquella rutina de las pequeñas cosas, Aldara se sentía casi segura, ilusoriamente al margen de una guerra que sólo resonaba entre las nubes con el paso de los aviones.

Si no fuera porque su guerra era otra y se libraba dentro de su propia casa.

Aldara había aprendido a defender su posición y a no amilanarse. A marcar su terreno como los animales y a no permitir que Romain traspasase los límites. Hasta ese momento. Hasta el momento en el que lo vio con Claire en brazos. No le importaba lo que le sucediera a ella, pero en su hija Romain había encontrado su punto más vulnerable.

Al sentirla entrar, su cuñado le dedicó una sonrisa desafiante. Su mirada era turbia y la maldad desfiguraba su rostro. A Aldara se le revolvió el estómago del miedo. Ni siquiera se atrevió a pedirle que la soltara. Desconocía sus intenciones y temía su reacción. No quería provocarle mientras tuviera a la niña tan cerca de la ventana, de sus manos, de las muchas cosas con las que podía hacerle daño.

Romain besó a su sobrina y le susurró algo al oído. Claire no parecía demasiado interesada en las atenciones de su tío, tampoco se mostraba inquieta. Sólo se concentraba en desenvolver el regalo que acababa de darle.

—Al parecer, vas diciendo por ahí que fui yo quien escondió al inglés y se cargó al SS.

—Eso no es cierto. Yo no he dicho nada en contra tuya.

Romain, ignorando su réplica, movió la cabeza al ritmo de los chasquidos de su lengua.

—No esperaba de ti una jugada tan sucia. Aunque, bien pensado, no debería sorprenderme sabiendo lo sucio de tu origen.

—¡Tú me entregaste a la Gestapo! ¡Me acusaste sin ninguna prueba!

—¡Yo cumplí con mi deber de ciudadano! ¡Tú me has calumniado!

—¡Te repito que yo no he dicho nada en contra tuya!

En ese momento, Claire terminó de abrir su regalo y descubrió una muñeca ataviada con un vestido marinero. Entusiasmada, le agradeció el regalo a su tío y quiso bajar al suelo a jugar enseguida con ella. Pero el otro estrechó el abrazo y se lo impidió.

—Te gusta la muñeca que te ha traído el tío Romain, ¿verdad que sí? —dijo con voz zalamera mientras la acariciaba y la besaba repetidamente.

—Sí... ¿Puedo jugar ya, tío Romain? Quiero jugar con la muñeca, por favor. —Claire se revolvió inquieta entre sus brazos.

—Vamos a ir a París. Allí hay muchas muñecas como ésta y tu tío Romain te comprará todas las que quieras. ¿A que quieres ir a París con el tío Romain, eh?

—Otro día, ¿vale? Ahora quiero jugar —insistió la niña—. ¿Vale?

—Déjala, Romain —ordenó Aldara, aunque en tono de súplica para templar la situación—. Déjala que juegue.

Romain forcejeó un instante más con su sobrina antes de soltarla de mala manera en un sofá. Aldara contuvo el impulso de ir a por ella.

—¡Esta niña está demasiado mimada! ¡Terminará convirtiéndose en una cría salvaje e insoportable! ¡Y tú tienes la culpa!

Claire saltó del sofá y corrió hacia su madre, que la acogió con un abrazo entre sus piernas. Romain continuó con su diatriba.

—Me preocupa. Me preocupa mucho el futuro de esta criatura. Después de todo, es mi sobrina. ¿Qué será de ella? Con un padre ausente, una madre que... ¡Por el amor de Dios, acabas de salir de la cárcel! Voy a tener que tomar cartas en el asunto.

—¿Qué es lo que quieres, Romain?

El joven se acercó con una repentina sonrisa y volvió a pasar la mano por los rizos rubios de Claire. La niña se apartó. Aldara también.

—¿Qué es lo que quiero? Pero ¿no te lo he dicho ya decenas de veces? Sólo quiero lo mejor para esta familia. Lo mejor para Claire, lo mejor para ti... ¿Te imaginas que Octave no fuera hijo legítimo de mi padre? ¿Te imaginas que no tuviera derecho a su herencia, a su nombre? ¿Qué sería de vosotras?

—Pero ¿qué estás diciendo?

Romain respondió con una sonrisa maliciosa. No pronunciaría una palabra más. No, hasta que no tuviera pruebas. Y quizá nunca las tuviera. Pero confiaba en que bastase con sembrar la duda y el miedo. Así ejercería un dominio psicológico sobre esa mujer. Y la niña... La niña era el flanco sobre el que tenía que disparar para conseguirlo. De nuevo se aproximó a ellas.

—Estoy diciendo que, si eres una chica lista, y estoy seguro de que lo eres, sabrás que te conviene estar de mi lado. Si no por ti, por tu hija...

Se agachó junto a Claire y empezó a atusar el vestido y el pelo de la muñeca que la niña, recelosa, sujetaba con fuerza contra su pecho.

—Mi pequeña... No te preocupes por nada, el tío Romain cuidará de ti.

Justo entonces, Pascal entró en la habitación, haciendo visible su presencia grave e inmensa. Con una calma calculada, Romain se puso en pie y pasó la punta de los dedos por el mentón de Aldara.

—Te he mandado a la cárcel una vez y puedo volver a hacerlo —le susurró muy cerca de la cara como si estuviera seduciéndola—. Puedo convertir tu vida en un infierno. No lo olvides: las dos estáis en mis manos. Y nadie puede hacer nada por protegeros. Ni siquiera esta mole descerebrada.

Sin dar muestras de temor, Aldara volvió a preguntarle:

—¿Qué es lo que quieres?

—A ti.

Dicho eso, Romain se apartó y se encaminó hacia la puerta a grandes zancadas. Pasó junto a Pascal ignorándolo y abandonó la habitación.

—Mami, vamos a jugar con la muñeca, ¿vale?

La voz de Claire despabiló a Aldara y la angustia y la repugnancia se le hicieron patentes en la boca del estómago. Se agachó a abrazar a su hija más para su propio consuelo que el de la pequeña.

—Claro que sí, cariño. Ahora mismo vamos.

Alzó la vista hacia Pascal, que le devolvió su gesto impertérrito. Se dijo que todo iría bien, para no volverse loca.

Julio de 1944

Finalmente, el 6 de junio, los aliados desembarcaron en las playas de Normandía, cogiendo por sorpresa a los alemanes, que esperaban la invasión por el paso de Calais. Millones de soldados americanos, británicos y canadienses avanzaron hacia el interior de Francia, venciendo lentamente la resistencia alemana.

La calma tensa de los años de ocupación llegaba a su fin y la difícil rutina asumida por los franceses bajo el yugo nazi se veía interrumpida por los combates y la incertidumbre. La guerra se hacía de nuevo patente, entonces, con una promesa de libertad como un destello en la oscuridad.

Las carreteras se llenaron de columnas enteras de vehículos y tropas alemanas que se dirigían hacia el oeste para frenar la invasión, apoyadas por la milicia colaboracionista francesa. A un tiempo, sufrían los continuos ataques de la Resistencia, que, totalmente activa y armada, constituía otro ejército en retaguardia. Sin embargo, los alemanes no los consideraban militares, sino terroristas, y como tal los trataban, a ellos y a quienes supuestamente los amparaban. Emboscadas, ataques, voladuras, sabotajes, cualquier acción recibía una dura respuesta en forma de masacres indiscriminadas, cada vez más frecuentes y sangrientas. A diario, las tropas de las SS tomaban un pueblo tras otro, los saqueaban, les prendían fuego y fusilaban a decenas de civiles o los colgaban de balcones, árboles y farolas para escarmiento del resto.

El culmen de aquellas barbaridades se había producido pocos días después del desembarco, en Oradour-sur-Glane, una pequeña localidad cerca de Limoges. En su camino hacia Normandía, un regimiento de las SS había tomado la población, acusándola de albergar un depósito de armas de la Resistencia y de amparar a los maquis que habían secuestrado y quemado vivo a uno de sus comandantes. A la fuerza, reunieron a toda la vecindad en la plaza y separaron a los hombres de las mujeres y los niños. Y, mientras fusilaban a los primeros, encerraron a los segundos en la iglesia y le prendieron fuego con ellos dentro; a los que intentaron escapar del templo en llamas los acribillaron a balazos. En total, más de seiscientas personas habían perdido la vida, de las cuales casi la mitad eran niños.

Aquel suceso había conmocionado a los franceses, mas, lejos de refrenarlos, se habían entregado con mayor decisión a la lucha por liberar su país y, en Francia, se libraba la guerra que no se había librado en 1940.

Aldara, como el resto de la población, vivía el momento con inquietud. Aunque Beaune y los alrededores permanecían relativamente tranquilos, se percibía el nerviosismo de los alemanes y los movimientos continuos de sus tropas. Además, ya habían llegado las noticias de algunas masacres en localidades de la región de Nièvre, no lejos de allí, donde se hallaba el foco de la Resistencia en la zona.

Era Lina quien la mantenía al tanto de cuanto sucedía. Su amiga se acercaba al menos una vez por semana al Domaine para recoger los paquetes de provisiones para el campamento que le preparaban entre ella y Simone y, delante de un buen tazón de café con leche y un pedazo de bizcocho de miel, le contaba las novedades: los refugiados españoles que habían asesinado en Oradour, el escuadrón de comandos británicos que se habían lanzado en paracaídas en el Morvan para detener el avance de las divisiones alemanas hacia Normandía, los camaradas españoles fusilados en este o aquel lugar, el éxito de tal o cual sabotaje, los alemanes emboscados y abatidos a tiros, los avances de las tropas aliadas en su camino hacia París…

Se la veía tan exhausta como exultante, con el brillo del entusiasmo en los ojos rodeados de profundos cercos oscuros. Ante ella, Aldara sentía cierta comezón en el espíritu y la conciencia, el impulso de echarse al monte con un fusil en la mano, de ser como Henry, como Lina, como todos esos jóvenes como ella que se habían lanzado al combate.

—Me siento inútil, aquí atrincherada, dejando que otros luchéis por mí —se confesó con su amiga.

—De sobra has demostrado que no eres de las que se atrincheran. La cosa es que no sólo se lucha empuñando un fusil. ¿Qué crees que hago yo? A mí ni me dejan acercarme a uno. Las armas son para los hombres, dicen.

—Pero tú haces otras cosas y yo no hago nada.

Lina puso la mano sobre los paquetes que iba a llevarse.

—Esto es algo, niña. Y si esos nazis te cogieran ayudando acabarías en la cárcel. Otra vez. Algo de lo que yo no puedo presumir —bromeó antes de ponerse repentinamente seria—. Tú has matado a uno de esos hijos de mala madre. Ya me gustaría a mí poder decir lo mismo.

Quizá fuera así, reflexionaba Aldara. Quizá había dos formas de hacer la guerra: una, entre el barro del campo de batalla y otra, sin mancharse siquiera las manos. Las dos eran igual de necesarias y el destino había llevado a Aldara a asumir la suya.

Aquel día, Lina llegó para llevarse los preceptivos paquetes y para traer malas noticias. Vincent Jourdan, el hijo de Antoine y Sabine, estaba herido. Aldara la acompañó a la casa familiar para informar a sus padres.

Las recibió sólo Sabine porque Antoine estaba trabajando. Lo hizo con una sonrisa, pues pensaba que se trataba de una visita de cortesía, para merendar y quizá recoger algo de ropa para Vincent como a veces hacía Lina.

En cuanto supo del incidente, su rostro se demudó, si bien en ningún momento perdió la calma. Se sentó lentamente en una silla de la cocina, frente al cuenco de hortalizas que estaba pelando para la cena, y sacó un cigarrillo con las manos temblorosas. Aldara se fue junto a ella y le acarició el hombro.

—Pero no es muy grave —se apresuró a aclarar la joven—. ¿Verdad, Lina? Cuéntaselo. Dile que Vincent está bien.

—Sí, sí. Tiene un disparo en el brazo, pero la bala salió como había entrado, sin afectar al hueso.

Una oleada de alivio transformó el gesto de Sabine mientras Lina seguía hablando.

—Claro que el campamento no es el mejor sitio para curarse una herida. Sería mejor traerlo aquí, a la casa, para que se reponga. Pero, diablos, tu chaval es bien cabezota. Y guerrero, la madre que lo parió… Sin ánimo de ofender, vaya. No quiere ni oír hablar de dejar el maquis. Ya estaba pidiendo un arma para ir a la misión de mañana. Y es bueno, eh. Que donde pone el ojo pone la bala y no se arredra ni esto.

Sabine esbozó una sonrisa. No le sorprendía el relato de Lina. De pequeño, Vincent iba con su padre a cazar patos y, desde que había alcanzado edad y tamaño suficientes para sujetar la escopeta, había demostrado ser un gran tirador. Además, poseía genio y determinación, cualidades que en casa a veces resultaban un tormento, pero que seguramente serían muy útiles contra los boches.

—¿Cómo ocurrió? Sus hermanos me van a pedir que les cuente todos los detalles.

Y Lina se los contó. Le habló del asalto a un convoy alemán que transportaba prisioneros, de cómo el grupo de siete maquis, entre los que se encontraba su hijo, logró liberarlos a todos, matar a los soldados nazis y capturar sus armas y sus vehículos. Se calló que uno de los camaradas, un joven herrero de Comblanchien, había fallecido durante el ataque. No había necesidad de angustiar aún más a la pobre mujer.

—Señor... Estoy muerta de la preocupación y, sin embargo, me siento tan orgullosa...

—No va a dejarse, pero si tú quieres tenerlo en casa mientras se recupera, aunque sea atado y amordazado, te lo traemos, palabra.

—No, no... Si es allí donde quiere estar... Pero no le permitáis ir mañana a esa misión, sea la que sea.

—Qué va, descuida. El chaval se empeña en ir porque sólo hay que detonar unas cargas explosivas en la vía de Dijon a Langres. Van a volar un tren alemán de tropas que sale a primera hora. Dice que para eso no necesita disparar. Pero el comandante ya le ha parado los pies, quédate tranquila.

—Bien. Sí, eso está bien. ¿Y qué puedo hacer yo? ¿Necesitáis algo? ¿Medicinas, vendas? ¿Tenéis sulfamidas? No se le vaya a infectar la herida...

—No te preocupes, tenemos de todo.

Sabine se puso en pie y empezó a rebuscar en la alacena.

—Hay por aquí un tarro de confitura de albaricoque... Es la preferida de Vincent. La guardaba para su cumpleaños, pero se la puedes llevar ya... Dios mío... ¿Cuándo va a terminar esta maldita guerra?

Sabine se quebró entonces. Con la cabeza apoyada en la alacena, empezó a llorar. Aldara corrió a abrazarla y la mujer se desahogó calladamente en su hombro.

—Pronto. Muy pronto. Ya lo verás —aseguró Lina, conmovida—. Somos muchos más que ellos, no podrán con nosotros.

Hubert vio la puerta de la capilla entreabierta y encaminó sus pasos hacia ella. Empujó la pesada hoja de madera y se adentró en el templo. Sólo con la penumbra, el silencio y el frescor del interior se sintió mejor. Olía ligeramente a incienso, a humedad y a cera de vela. Un aroma que él asociaba a la calma y a la oración.

Iba a ocupar la esquina del banco en la que siempre se sentaba cuando le pareció ver que la cancela que daba acceso a las tumbas de los Montauban no tenía la habitual cadena con su candado. Intrigado, se acercó a inspeccionar y confirmó que la entrada estaba abierta. Siempre había sentido curiosidad por aquel lugar, de modo que no dudó en atravesar la verja y descender por la retorcida escalera de piedra hasta el subsuelo.

Al bajar el último escalón, se encontró en una sala estrecha de techos bajos y abovedados y rodeada de nichos apilados entre pilares. Al fondo, se vislumbraba un altar a la luz de una única vela encendida. Allí, la humedad, la oscuridad y el frío se hacían más patentes que en la superficie.

El joven aprovechó la mecha encendida para prender otros cirios que había alrededor. Entonces se hizo la luz y se revelaron los relieves en la piedra, la policromía desgastada de los muros y los nombres y las fechas grabados en las lápidas de los nichos, desde 1816 hasta 1942, en el hueco en el que reposaban los restos de Auguste de Montauban. Se quedó un instante frente a su tumba, recordando el día de su sepelio. Tantas cosas habían sucedido desde entonces, tantas estaban por suceder…

Dando un par de pasos atrás que resonaron en la cavidad, se sentó en un poyo de piedra. Con la cabeza gacha y girando nerviosamente la gorra entre las manos, comenzó a rezar. Él no era de recitar oraciones, sino de hablar con Dios igual que haría con un amigo y como a tal acudía con la sola intención de descargar sus inquietudes y sus temores, que eran abrumadores en ese momento.

Muchos todavía estaban convencidos de que se iba a ganar la guerra. Hubert simplemente no pensaba en ello. Quizá porque él estaba convencido de lo contrario y el derrotismo no era un buen aliado cuando no quedaba más remedio que seguir luchando. Era consciente de que se agotaba su tiempo en Francia, de que esa guerra suya de despacho tocaba a su fin y lo que le aguardaba era de nuevo el campo de batalla.

No iba a negar que tenía miedo. Quien ha estado en la guerra y no tiene miedo es un inconsciente o un sanguinario. Aun así, estaba dispuesto a cumplir con su deber incluso con mayor empeño que al principio, porque, en ese momento, se trataba de defender a los suyos y a su país, aunque sólo fueran los restos que ese malnacido de Hitler iba a dejar de él.

Alzó la cabeza y rogó a Dios por que le otorgara fuerzas y le protegiera, por que le permitiera volver a ver a su familia. Le rogó por la paz, aunque después de tantos años haciéndolo en vano, a veces, dudaba de que le escuchase.

Suspiró. La luz cimbreante de las velas proyectaba sombras danzarinas sobre el muro de nichos. Resultaba hermoso en su lúgubre decadencia. Además de los nichos, había hornacinas con tallas de madera policromada que parecían tener siglos de antigüedad. Unos relieves suaves y desgastados representaban a cada uno de los doce apóstoles y coronaban las hornacinas. Sobre el altar se situaba Cristo rey. Le llamó la atención, en aquel lugar cuidado aunque viejo, la gran grieta que recorría un tramo del muro, partiendo en dos una de las hornacinas. Pensó que quizá la voladura de un depósito de armas que había tenido lugar hacía un par de días a pocos kilómetros de allí había hecho retumbar la tierra y, con el efecto de un pequeño terremoto, había causado tal rotura. Según se levantaba para examinarla, oyó pasos a su espalda y se volvió sobresaltado.

El inquietante criado de los Montauban, aún más inquietante en aquel lugar de muerte y sombras, le miraba fijamente.

Hubert distinguió en su mano una caja con aparejos de bricolaje. Seguramente, se disponía a arreglar la grieta.

Se le pasó por la cabeza que aquel mastodonte quisiera acabar con él por profanar un lugar tan sagrado para la familia. Sin embargo, por algún motivo, quizá porque en su rostro de piedra no encontró rastro de animadversión, descartó tal idea. Se relajó.

—Lo siento —vocalizó cada sílaba—. Vi que la cancela estaba abierta y me tomé la libertad de bajar.

La expresión del criado no se alteró ni un ápice. La luz cimbreante, el silencio absoluto, el olor a incienso, humedad y cera. Durante un instante en el que ambos hombres se observaron frente a frente, el tiempo pareció haberse detenido. Hasta que Pascal se apartó a un lado. Y Hubert comprendió que era el momento de marcharse.

Aldara se despertó sobresaltada. Había vuelto a tener pesadillas con la prisión, y los gritos agonizantes de aquel siniestro corredor de celdas aún resonaban en sus oídos. Se deshizo a patadas de la ropa de cama y se secó el sudor del cuello con las manos. Se sentía tan inquieta que sabía que no podría volver a dormirse.

Abandonó el lecho, se dirigió al balcón y corrió las cortinas. Aún no había amanecido, pero el cielo ya empezaba a clarear por el horizonte tomando un color plomizo. Comprobó en el reloj de la cómoda que pasaban cinco minutos de las seis de la madrugada.

Pensando en empezar el día con una infusión, se recogió el pelo en una trenza, se envolvió en una bata ligera, se calzó unas zapatillas y salió del dormitorio en dirección a la cocina.

Le sorprendió encontrarse a Simone ya metida en faena.

—Pero ¿cómo es que baja usted? Haberme pedido la infusión, que ya se la hubiera subido yo.

—No creí que estuviera levantada tan temprano.

La cocinera terminó de cascar un huevo y aventó de un manotazo el aire.

—Es por prepararle algo de desayuno a ese teniente. Tiene que coger un tren a primera hora. Y eso que siempre que madruga más de lo normal me avisa para que no le ponga nada, pero ¿qué? ¿Se va a ir de vacío el muchacho? Será alemán, pero lleva cuatro años en esta casa. Y yo, qué quiere que le diga, soy tan tonta que me preocupo, ya ve usted. No es más que un muchacho... Que Dios y la Francia Libre me perdonen... Total, por un mal café y un par de huevos, ¿qué me cuesta a mí?

Aldara, con el bote de hierbas para la infusión en la mano, hacía rato que no escuchaba la disertación de la cocinera. Su mente se había quedado clavada en una frase: «Tiene que coger un tren a primera hora».

—¿Le ha dicho a dónde iba?

—No.

La cocinera dejó entonces de batir los huevos y se silenció el enérgico golpeteo del tenedor contra el plato.

—¿O sí...? Sí que me lo dijo. A Reims. Me acuerdo porque pensé que hace tiempo que no sé nada de mi prima Céline, que vive en Reims. Debería escribirle, ahora que están las cosas tan revueltas...

—El tren a Reims pasa por Langres, ¿verdad?

—A ver, claro.

La mujer la miró extrañada ante tanta pregunta. Frunció el ceño.

—Válgame, parece que ha visto usted un fantasma. Eso es que le ha caído la sangre a los pies, del ayuno. Ande y siéntese. Voy a subirle la bandeja al teniente. Espérese a que vuelva, que ya le preparo yo la infusión.

Como una autómata, Aldara ocupó la primera silla que alcanzó. Su mente estaba en otro sitio, en el momento en que Lina les contaba a Sabine y a ella los planes para atentar contra un tren de tropas alemán entre Dijon y Langres. A primera hora. Ese mismo día. Un escalofrío le recorrió la espalda.

Simone terminó de revolver los huevos en la sartén, los colocó sobre una tostada, los acompañó con una loncha de queso, vertió el sucedáneo de café humeante en una jarrita de porcelana, dispuso la leche, sacarina, una taza, los cubiertos y una servilleta de lino y, con la bandeja preparada, salió de la cocina moviendo los faldones al ritmo de sus gruesas caderas y esa rodilla que tanta lata le daba.

En cuanto se quedó sola, Aldara se puso en pie, se hizo con un cuchillo que había en la encimera y se encaminó a paso ligero hacia la puerta de atrás. No sabía lo que se proponía hacer exactamente, sólo sabía que tenía que impedir que el teniente Eberhart llegara a coger ese tren.

Fuera de la casa, la mañana ya despuntaba, desplegando un fino manto de rocío. En cuanto traspasó la puerta, la joven sintió su abrazo fresco y húmedo a través de la fina tela del camisón. Se cerró la bata alrededor del pecho y corrió de puntillas sobre la gravilla crujiente hacia el garaje.

Por suerte, a aquellas horas no había demasiada gente por allí; en todo caso, los trabajadores más madrugadores estarían en la bodega, arrancando el día con café y aguardiente. Cruzó la explanada entre edificios con un ademán furtivo y, una vez frente a la cochera, empujó el pesado portalón y se deslizó hacia su interior. Enseguida localizó el automóvil alemán, aparcado junto a los otros dos de la casa, polvorientos y parados desde hacía mucho tiempo por falta de combustible. Se fue derecha al brillante capó negro y lo levantó con decisión. Podría cortar un cable, un tubo… O aflojar un tornillo, una rosca… Sin embargo, ante sus ojos se desplegaba un jeroglífico de cables, tubos, tornillos y roscas que no sabía cómo interpretar.

—Maldita sea... —murmuró con el cuchillo en la mano sin atreverse a hacer nada. ¿Y si dejaba el coche sin frenos y se mataban por la carretera?

Empezaba a ponerse muy nerviosa. El corazón le latía a toda velocidad y el cuchillo se le resbalaba en la mano sudorosa. No contaba con mucho tiempo. Quizá si echaba arena en el depósito de gasolina, o agua, o...

—*Um Himmels Willen!* Pero ¿qué...? ¿Qué demonios hace? ¡Quita de mi coche!

Aldara, tiesa, vio cómo el ordenanza del teniente se dirigía hacia ella con una expresión que mudaba de la confusión a la ira. De pronto inspirada por la desesperación, se agachó y le asestó una rápida cuchillada a un neumático.

—¡Eh! Pero ¿qué hace? ¡Quieta...! *Verdammt!*

Aldara hubiera seguido rajando los demás neumáticos, pero no le dio tiempo antes de que el soldado echara mano de su pistola y la apuntara con ella.

—¡Suelta cuchillo! *Was zum Teufel...?* ¡Suelta!

Aldara obedeció al instante y el cuchillo cayó al suelo con un ruido metálico. El hombre la agarró entonces de un brazo, enfundó de nuevo el arma y la sacó a tirones del garaje.

—¡Vamos! ¡Usted explicas esto a herr *Oberleutnant*! Como él pierde tren por culpa de usted...

El soldado continuó farfullando su indignación en alemán mientras tiraba de la joven hacia la casa, sin que ella se molestase en oponer ninguna resistencia.

Accedieron al recibidor justo en el momento en que el teniente Eberhart bajaba ligero por las escaleras; el cabello aún húmedo y perfectamente peinado, oliendo a loción de afeitado y abrochándose los últimos botones de la guerrera.

El joven se quedó clavado a medio tramo. Estupefacto, intentaba dar un sentido a la grotesca escena que le aguardaba al pie de la escalinata: su ordenanza, colorado y azaroso, sujetando a madame, ataviada de bata y camisón.

El soldado se cuadró y se lanzó a soltar una parrafada en alemán de la que Aldara no necesitó entender una palabra para saber lo que estaba diciendo. La joven se limitaba a observar con la barbilla elevada y cierto aire de altanería la cara del teniente Eberhart mientras escuchaba las explicaciones de su ordenanza. El pobre muchacho no podía disimular su perplejidad. Cuando el soldado se hubo callado, él aún tardó un instante en reaccionar. Finalmente, le habló en un tono tan sosegado como autoritario, a lo que el subordinado respondió con un «*Jawohl, Herr Oberleutnant*!» y un taconazo antes de salir de la casa.

El teniente consultó rápidamente su reloj de pulsera, bajó los escalones que le quedaban y se dirigió a Aldara:

—Madame, ¿sería tan amable de acompañarme al salón, por favor?

Pese a lo cortés de la frase y el gesto que la acompañaba, cediéndole el paso, Aldara supo que no se trataba de una pregunta, sino de una orden. Muy digna y con la vaporosa bata bien cerrada sobre el pecho y ondeando entre sus piernas, cruzó el recibidor, atravesó la puerta del salón y se colocó detrás de una butaca, marcando distancias.

—¿Es cierto que ha saboteado usted mi automóvil?

—Le he rajado una rueda, sí.

—Pero... ¿por qué?

Aldara se encogió de hombros; para entonces ya no se atrevía a mirarle.

—Llámelo acto de resistencia. O terrorismo, como ustedes los alemanes prefieren. Mientras los suyos y los míos se matan entre sí a unos cuantos kilómetros de aquí para ver quién gana esta guerra, una hace lo que puede, por nimio que parezca.

A Aldara le sonaba terriblemente estúpido lo que estaba diciendo, pero ¿qué podía hacer? Sólo quería ganar tiempo; perderlo, más bien. Quizá debería cerrar la boca.

Hubert se pasó la mano por el cabello al tiempo que suspiraba. El desconcierto le hacía impacientarse, enfadarse, notaba cómo se iba calentando como el líquido cerrado dentro de una olla. No se trataba sólo de lo que ella había hecho, por muy incomprensible que fuera, se trataba sobre todo de su actitud displicente y sus palabras sin sentido. Eso era lo que le estaba sacando de quicio. Ni toda su flema alemana iba a poder contenerle.

—¿Está de broma? Tiene que estar de broma... ¿Qué es lo siguiente que tengo que esperar? ¿Laxante en el café? Le advierto que la cicuta sería mucho más eficaz para ayudar a los suyos a ganar la guerra. Con esta chiquillada lo único que va a conseguir ¡es que pierda un maldito tren! ¡Valiente acto de resistencia! ¡El idiota del teniente nazi va a llegar tarde a su reunión en Reims! ¡Bravo por usted!

Aldara se dejó caer en la butaca y se arrebujó contra el respaldo como si eso la resguardara del chaparrón. Hubert, algo más desinflado, se le acercó.

—Y, ahora, ¿qué se supone que tengo que hacer con usted?

—Eso es cosa suya.

Hubert suspiró de nuevo y volvió a consultar su reloj. Lo mejor sería poner fin a aquello. Resultaría mucho más útil irse ya al garaje y ver si Franz necesitaba ayuda para poner el parche en el neumático que seguir allí perdiendo el tiempo como si le hablara a una pared. Tampoco es que fuera a entregarla a la Gestapo por lo que había hecho. Eso sí, se quedaba con las ganas de darle un par de azotes como a una niña malcriada. Más le valía salir de allí cuanto antes para evitar la tentación.

La miró como para ir a decirle algo, pero finalmente desistió. Fue entonces cuando Aldara adivinó las intenciones del teniente de marcharse. Saltó de la butaca como un gato asustado y, a grandes zancadas, se abalanzó sobre la puerta. De un rápido movimiento, la cerró, echó la llave, se la guardó en el puño y se apostó frente a la cerradura.

—¿Qué demonios está haciendo? ¡Deme esa llave!

La joven no se movió ni un ápice; en todo caso, para apretar más la llave en el puño a su espalda.

—¡Démela! ¡No crea que tengo reparo en quitársela yo mismo!

Aldara lo miró desafiante.

—¡Maldita sea! —El teniente se abalanzó hacia ella y empezaron a forcejear—. Suéltela... Vamos, suéltela... Pero ¿qué diablos...? Basta ya de tonterías...

Aldara, aprisionada entre el cuerpo del teniente y la puerta, cada vez tenía menos margen de movimiento. El otro la sujetaba con una mano mientras con la otra buscaba la llave. Era más grande y tenía más fuerza, aunque se notaba que la estaba conteniendo. Aldara entendió que, por las malas, tenía todas las de perder contra él. Una vez más, no era cuestión de pelear por la dichosa llave, no era cuestión de ser razonable, sólo se trataba de ganar tiempo. Y, de pronto, se le ocurrió una forma mejor de hacerlo.

Le besó. Estaban tan cerca que sólo tuvo que buscar la boca del joven y retenerla contra la suya. La confusión hizo que Hubert se rindiera al beso. Cada vez menos agresivo, cada vez más suelto y suave, más entregado. Entre sus labios apenas fluía su respiración agitada mientras el calor se extendía sobre ambos, apresado por la lana del uniforme de él y la seda del camisón de ella. Sus manos descansaban encima del cuerpo del otro, vacilantes. A un mínimo amago de caricia de Hubert en el hombro de Aldara, ella se separó, corrió hacia la ventana y lanzó la llave.

En el colmo del desconcierto, el teniente se limitó a contemplarla: el cabello desordenado, la ropa descolocada, la expresión feroz... Hubert no era capaz de encontrar las palabras para hablar.

—¿Por qué...? —musitó completamente perdido.

Como si el silencio y la indiferencia retadora de ella le hubieran hecho recobrar la lucidez, Hubert se llevó la mano al cinturón y desenfundó su arma. Cogida por sorpresa, la joven apenas tuvo de tiempo de replegarse y, cuando estaba a punto de gritarle que no le disparase, vio cómo el teniente se giraba y volaba la cerradura de un balazo. El estallido y los nervios le provocaron un grito.

Sin ni siquiera volverse a mirarla, el teniente abandonó corriendo el salón.

Las rodillas de Aldara cedieron y cayó allí mismo, sentada en el suelo. Se abrazó las piernas y apoyó la mejilla en ellas. El corazón le latía desbocado y le pitaban los oídos. A su alrededor flotaba un olor a pólvora, madera quemada y loción de afeitar. Se llevó los dedos a los labios. Ardía de deseo y tenía ganas de llorar.

Cuando Hubert llegó al garaje, Franz ya había arreglado el neumático. Sudoroso y jadeante, el joven se metió rápidamente en el asiento trasero del automóvil. El soldado arrancó con un acelerón y un chirrido de ruedas y enfiló la carretera a toda velocidad mientras parloteaba sin cesar.

Pero el teniente no podía escucharle. Su cerebro estaba embotado por la confusión, la ira y el deseo. El pecho le retumbaba, le quemaba la cara y todavía le palpitaba una reciente erección. Volvió la cabeza hacia el cristal de la ventanilla y cerró los ojos. Escondió los labios y se pasó la punta de la lengua entre ellos. Aún parecía notar allí su beso, sus pechos bajo el delgado camisón, sus caderas…

No comprendía por qué le había hecho algo así. Por qué era tan cruel.

Antes de que Franz hubiera detenido el automóvil del todo, Hubert abrió la portezuela y se apeó. Corrió con todas sus fuerzas por la estación hacia el andén y vio al fondo de la vía cómo su tren se alejaba.

Se tomó un instante para recuperar el aliento al tiempo que por la cabeza se le pasaban toda clase de maldiciones. Al cabo, regresó también a la carrera al automóvil.

—Hace parada en Langres. A ver si lo alcanzamos allí. ¡Písele fuerte! —le ordenó a Franz mientras se subía.

Más le valía coger ese tren. No tenían gasolina suficiente para llegar a Reims.

Quedaban unos treinta kilómetros para Langres y estaban a punto de conseguirlo. Hacía poco que habían adelantado el tren; lo habían visto avanzar paralelo a la carretera.

Entonces, pasado Orville, oyeron una fuerte explosión. El ordenanza agachó la cabeza tras el volante y redujo la marcha por instinto, como si el estallido se le viniera encima.

—Por todos los diablos… ¿Qué ha pasado? —acertó a decir.

Hubert se volvió y, por el cristal trasero, divisó la gran columna de humo negro y fuego que se elevaba al cielo.

—¡Pare! ¡Pare!

Franz frenó el automóvil en el arcén y ambos se bajaron con el corazón en un puño. El fragor del brutal incendio llegaba hasta ellos, así como el aire caliente y acre.

—¿Es el tren? ¿Han volado el tren? Dios mío…

Hubert, conmocionado, no pudo ni contestar.

Aldara dejó a un lado la carta que acababa de recibir de Octave y se reclinó desangelada en el respaldo de la butaca. Veintiséis líneas con las mismas palabras de siempre. Veintiséis líneas que se le hacían largas de leer. Se sintió desleal y miserable por ello. Porque la ilusión y el hormigueo habían desaparecido. Porque apenas recordaba la voz ni el rostro de su marido. Porque, en aquel momento, sólo podía pensar en el tren que había saltado por los aires a pocos kilómetros de allí.

Y el teniente Eberhart no había vuelto a casa.

El viento había empujado el humo del siniestro hacia el sur y el cielo sobre el Domaine había adquirido un inquietante color ocre. Y, sin embargo, el teniente Eberhart no había vuelto a casa.

Consumida por la angustia, Aldara notaba todo el cuerpo en tensión. Por eso se sobresaltó al oír la cerradura de la puerta principal. Mas lejos de sentir alivio, su inquietud se acrecentó según escuchaba los pasos metálicos de las botas del teniente; iban de habitación en habitación. La buscaba a ella, estaba segura; y no sabía cómo iba a enfrentarse a él. Ojalá hubiera podido desaparecer tras aquel respaldo.

La encontró al fin, sin lugar a la escapatoria; frente a frente en aquel rincón de la biblioteca donde Jacques le dejaba las cartas de Octave. De algún modo, entonces, Aldara sintió ese alivio postpuesto. Al verle allí, a salvo.

Sin ni siquiera saludarle, aguardó su reacción con temor. No se hizo esperar.

—Usted lo sabía. —Su voz sonó apagada, casi ronca.

Aldara no contestó más que con una mirada de rendición.

—Me ha salvado la vida... Gracias.

La joven esbozó una sonrisa para restar drama al asunto.

—Ayer, usted. Hoy, yo. Estamos condenados a ayudarnos.

—Sí... Condenados.

A Hubert no se le ocurría palabra más acertada para definir su situación. Ciertamente era una condena no poder mostrarle su agradecimiento como deseaba, rodeándola con los brazos y cubriéndola de besos. O sentarse junto a ella y reposar la cabeza en su hombro, en busca del consuelo que ahora tanto necesitaba. Amarla era una condena.

Aldara reparó en el aspecto quebrantado del joven. El rostro desencajado y pálido, la mirada enrojecida y cansada, los hombros caídos, el uniforme desabrochado, manchado y descompuesto, algo extraordinario en él, que siempre lucía impecable.

—¿Se encuentra bien?

No, no se encontraba bien. ¿Cómo encontrarse bien si acababa de regresar del infierno? Franz y él habían sido de los primeros en llegar al lugar del atentado y enfrentarse a un escenario dantesco de vagones en llamas y descarrilados, de cuerpos carbonizados. Además de tropas, el tren transportaba un cargamento de armas y munición que, al explotar, había multiplicado el efecto destructor del ataque. Las víctimas se contaban por centenas. Hasta el último momento, Hubert había estado ayudando a evacuar muertos y heridos. Se sentía agotado y deprimido. Un poco mareado. Sucio. A pesar de habérselas lavado, le parecía que el hollín y la sangre se le habían quedado pegados a las manos como una costra. Le dolía el abdomen de tal modo que apenas podía mantenerse erguido.

Y, sin embargo, estaba vivo.

—Sí... Sí, estoy bien. Si me disculpa.

El teniente se despidió con un breve movimiento de cabeza y se retiró. Aldara permaneció en la butaca, con la mirada perdida en donde había estado él. Sumida en la tristeza.

Agosto de 1944

Adolph Segnitz echó un vistazo al despacho que había ocupado los últimos cuatro años. Se veía frío y desangelado sin los libros, los papeles, las fotos de su familia, el dibujo de su nieta… las muchas cosas que lo habían hecho suyo a lo largo de todo ese tiempo como *Beauftragter* en Beaune. Un tiempo que llegaba a su fin.

Él nunca habría querido desempeñar ese trabajo. Nunca habría querido trabajar para los nazis, pero eso no era posible en la Alemania del Tercer Reich. Enseguida entendió que ser *Beauftragter* era la mejor forma de realizar una labor justa y conciliadora en aquellos tiempos oscuros. A menudo se había visto nadando entre dos aguas, sometido a grandes tensiones al intentar defender los intereses del vino de Borgoña y sus actores, entre los que tenía buenos amigos, frente a las políticas autoritarias y saqueadoras de Alemania. A veces, había tenido que ceder y tomar decisiones que no le había gustado tomar. Sin embargo, al hacer balance final, se sentía satisfecho con el trabajo realizado.

Ahora, nada de eso parecía tener mucho sentido. Se marchaba y dejaba atrás cuatro años que bien podían haberse evitado. Siempre sospechó que Alemania no iba a ganar esa guerra, que la bravuconada y la inconsciencia nazi iban a tener un coste demasiado elevado. Le consolaba creer que en algo había él contribuido a rebajar ese coste.

Lo único que ya deseaba era volver a casa, reunirse con su familia y dedicarse a sus negocios, que durante los años de su ausencia habían quedado en manos de su hijo. Eran muchos los problemas y las incertidumbres que le esperaban al regresar, pero, al menos, estaría junto a los suyos, aguardando el trágico final que abriera paso a un nuevo comienzo.

Unos suaves golpes en la puerta le sacaron de sus reflexiones. De nuevo escuchó el ajetreo del exterior, donde todo el mundo se apresuraba en recoger, empaquetar y preparar la retirada. Se percibía nerviosismo y desánimo en la gente. Incluso a alguna *Helferin* se le escapaban las lágrimas de cuando en cuando y contagiaba a las demás. Era mucho lo que el pueblo alemán cargaba ya sobre sus hombros: la pérdida de seres queridos y hogares, de proyectos e ilusiones. Y, ahora, con la derrota a la vista, ni siquiera habría merecido la pena el sacrificio. A Adolph Segnitz le daba lástima sobre todo la gente joven; ellos eran los que más se habían dejado por el camino. Toda una generación obligada a madurar a marchas forzadas para acabar diezmada. Y no sólo los jóvenes alemanes.

—Ya están separados los archivos que hay que destruir de los que hay que empaquetar. Esta tarde estará todo listo.

Segnitz asintió distraídamente. Pobre Hubert... Se le veía agotado. Los últimos días habían sido frenéticos. El rápido avance de los ejércitos aliados, tanto por el norte desde Normandía como por el sur tras un reciente desembarco de tropas americanas y francesas en la Costa Azul, les había obligado a precipitar su salida. Al día siguiente, partirían con escolta motorizada hacia Alemania. No quería pensar en lo que le esperaba después al chico...

—¿Por qué no te tomas un descanso? He quedado en el restaurante Du Marché a comer con Bouchard —dijo refiriéndose al presidente del Sindicato de Comerciantes, quien le había convocado para la despedida—. Ya sabes lo bien que se come ahí. Ven con nosotros.

—Se lo agradezco mucho, pero aún tengo trabajo que hacer aquí. Quiero echar una mano con los archivos, para que todo esté a tiempo y no haya descuidos.

—Está bien, como quieras.

—Disfrute de su comida.

—No son las mejores circunstancias, pero lo intentaré. Escucha... Aunque, te lo diré varias veces antes de que nuestros caminos se separen, quiero que sepas que ha sido un placer trabajar contigo.

—Gracias, señor. Para mí, además, ha sido un privilegio trabajar con usted. Ojalá volvamos a tener la ocasión de hacerlo. Y, sí, en mejores circunstancias.

—Puedes estar seguro de eso —expresó Segnitz un vehemente deseo más que una convicción.

Claire se había rebozado de tal modo por el barro pretendiendo hacer lo que ella llamaba un pastel de chocolate como los de los cuentos que Aldara decidió llevársela a casa y adelantar el baño. Además, se había levantado un viento muy incómodo y unos grandes nubarrones grises amenazaban con descargar en breve una fuerte tormenta.

—Pero, mami, no me laves el pelo, que me escuecen los ojos —dejaba la niña las cosas claras según entraban por la puerta.

—Lo haré con cuidado y no te escocerán.

—Siempre dices eso y siempre me escuecen.

—Porque no cierras los ojos cuando te aviso.

—Vale. Pero no me laves el pelo.

Aldara no siguió con el debate, ya pelearía con ella en la bañera.

Hacia ella iba derecha cuando notó un fuerte olor a quemado y a gasolina en el primer piso.

—Ve al cuarto de juegos, ¿quieres? Si está allí Helene, pregúntale si, por favor, puede ir llenando la bañera. No te olvides de preguntárselo con educación, ¿de acuerdo?

Claire asintió, dispuesta.

—Si Helene y Sophie aún no han vuelto de visitar a madame Ferrand, espérame allí, que yo voy ahora mismo.

La niña salió corriendo pasillo adelante en dirección al cuarto de juegos. Entretanto, Aldara tomó el camino opuesto, buscando el origen del extraño olor. Había también un poco de humo en el ambiente, algo que a veces ocurría en invierno cuando alguna chimenea no tiraba bien. Pero, en pleno verano, ninguna chimenea estaba encendida. Siguiendo su olfato y el rastro del humo, llegó hasta el despacho de Romain. Allí la humarada se espesaba y, a través de la puerta abierta de par en par, se veía y se escuchaba una desmesurada pira de llamas naranjas y azules ardiendo en la chimenea. Entró.

—¿Qué estás haciendo?

Su cuñado se volvió como una fiera y le dirigió una mirada enajenada, con los ojos muy abiertos como si fueran a salírsele de las órbitas. Aldara supo que había vuelto a beber, y a tomar drogas, seguramente. Junto a él, había un bidón de gasolina.

—No es asunto tuyo. ¡Lárgate! —gruñó.

—La casa está llena de humo y si no controlas ese descomunal fuego vamos a salir todos en llamas.

—¡Me importa un carajo! ¡Lárgate, te he dicho!

El despacho era un caos de cajones, archivos y armarios abiertos. Había papeles por todos lados; Romain los iba apilando y lanzando a un fuego que avivaba con gasolina para que se quemasen rápido y que todo el rastro que quedase de su colaboración con los nazis fuera una montaña de cenizas. Se le veía loco de la desesperación. Y Aldara podía entenderlo.

Los alemanes, ya más que luchar, huían ante el avance de los aliados que, día a día, liberaban a Francia de la ocupación. Los maquis, por su parte, habían incrementado el acoso a los colaboradores y, a río revuelto, se estaban tomando la justicia por su mano. Los mataban sin juicio y sin piedad, del mismo modo que hacían los nazis con los guerrilleros. Los sospechosos de haber confraternizado con el Tercer Reich aparecían en las cunetas acribillados a balazos o ahorcados en los árboles y las farolas. En Beaune y el resto de la Côte d'Or, los objetivos del maquis eran aquellos que se habían hecho inmensamente ricos vendiendo vino francés a los alemanes.

—No pierdas el tiempo con eso y huye cuanto antes. Todo el mundo aquí sabe de tus simpatías, no te valdrá de nada quemar papeles.

—Te crees muy lista, ¿verdad? ¿Cómo coño voy a huir si esos alemanes hijos de perra me han confiscado el automóvil a punta de fusil? ¿Cómo? ¿Eh?

Romain se sentía abandonado y acorralado. Sus amigos alemanes estaban más preocupados de salvar su propio pellejo que el de unos franceses que ya no les eran útiles. Su cuñado se daba cuenta demasiado tarde de que había vendido su lealtad al bando equivocado. Y al tener que afrontar las consecuencias de su decisión, el pánico se había apoderado de él. De manera frenética, seguía alimentando el fuego.

—¡Mami, mami, Helene y Sophie no han llegado todavía!

Aldara contempló contrariada cómo Claire entraba en el despacho. Al parecer, su hija no había entendido sus instrucciones.

—¿No te dije que te quedaras en el cuarto de juegos a esperarme?

Pero la atención de la niña estaba en otra persona, hacia la que corrió a tirar de la chaqueta.

—¡Tío Romain, has venido! ¿Qué me has traído de París?

Él la miró sin verla. Cientos de pensamientos angustiosos enmarañaban su mente y le nublaban la vista todavía más que el humo. Su cuñada tenía razón: no le valdría de nada quemar papeles. Claro, ya se encargaría ella de acusarle para quitárselo de en medio. Esa hija de puta y su pequeña zorrita se iban a quedar con todo lo que era suyo. Ella ganaba.

Levantó a la niña en brazos. A Claire no le hizo gracia. Ella sólo quería el regalo, no le gustaba que su tío la cogiera porque la apretaba demasiado y la agobiaba.

—¿Me has traído un regalo, eh? —se impacientó.

Por toda respuesta, la niña obtuvo una sonrisa de títere y una mirada diabólica.

Al verlo, una sacudida de espanto recorrió el cuerpo de Aldara, quien cruzó rápidamente el despacho para recuperar a su hija y llevársela de allí. En contra de lo que esperaba, Romain no se resistió a dársela y la niña se entregó a sus brazos, asustada y tosiendo, pues cerca de la chimenea, donde estaban, el humo era más denso y picante. La joven se dirigió a la ventana para abrirla y ventilar. Fuera, la tormenta ya descargaba su aguacero entre rayos y truenos. Se asomó un instante para limpiarse la garganta con una bocanada de aire fresco y húmedo.

Romain se le acercó y, al hacerlo, tiró el bidón de gasolina de una patada, pero ni siquiera le prestó atención.

—Eso es lo que tú quieres, claro. Que me vaya y desaparezca, que te deje a ti el camino libre para quedarte con todo lo de esta familia. ¡Qué se puede esperar de una maldita ladrona! —la acusó, explotando de ira.

Aldara no estaba dispuesta a entrar a la provocación y menos con Claire allí. Cogió a la niña de la mano y se dispuso a abandonar el despacho. Pero Romain se precipitó sobre ella y se lo impidió agarrándola de un brazo y tirando con fuerza.

—¿Adónde crees que vas? —gritó.

—¡Suéltame! ¡Está la niña delante!

—¡Al carajo con la niña!

Aldara se sacudía para zafarse, pero cuanto más empeño ponía, más la retorcía él. Mientras, Claire hacía pucheros, asustada.

—¿Dónde están? —Sacudió Romain a su cuñada con violencia.

—¿El qué?

—¡Las malditas botellas! ¡Las botellas de los emperadores! ¿Dónde están?

—¡No lo sé! ¡Te he dicho mil veces que no lo sé!

—¡Mientes!

En el colmo de la ira, Romain la lanzó contra la pared y la agarró del cuello.

—¡Mami! ¡Mami! ¡Déjala! —lloró Claire espantada.

Pero Romain no la escuchaba o le daba igual si lo hacía.

—¡Eres una mentirosa, una ladrona y una puta! —escupió a la cara de Aldara—. ¡Siempre has sabido donde están! ¡Dímelo! ¡Dímelo ya, zorra!

Fuera de sí, el hombre le lanzó una bofetada, que restalló en los oídos de la joven y atajó de golpe los intentos que hasta entonces había hecho por liberarse.

Aturdida, Aldara notaba el escozor del golpe en la cara y los dedos de Romain cada vez más hundidos en la tráquea. Además del dolor que sentía, empezaba a no llegarle el aire a los pulmones.

—¡No me voy a ir de aquí sin lo que es mío! ¿Dónde están, maldita sea?

No hubiera podido decírselo, aunque lo supiera. La joven sentía que se ahogaba mientras, entre sus propios ruidos guturales agónicos, escuchaba el llanto de Claire y eso le causaba aún más angustia. Se le nubló la vista. Fue perdiendo la consciencia.

En ese instante, Pascal entró en el despacho como una exhalación. Al oírlo, Romain aflojó la presión sobre el cuello de su cuñada y se volvió. No le dio tiempo a más antes de que el criado se abalanzase sobre él, lo agarrase por la espalda para separarlo de su presa como si fuera una sanguijuela y, de un puñetazo en la cara, lo lanzase contra la alfombra empapada de gasolina. Quedó tendido en el suelo mientras le manaba sangre de la nariz y la boca.

Pascal se concentró entonces en su señora, quien también yacía inconsciente en el suelo. Claire lloraba y lloraba sin atreverse a acercarse a su madre. El criado hubiera querido atenderla también, pero se sentía desbordado, frustrado de no poder ni siquiera dirigirle unas palabras de consuelo a la niña.

Temiendo por la vida de la joven, la incorporó y comprobó aliviado cómo empezaba a reaccionar a base de bocanadas en busca de aire como los peces fuera del agua. Intentaba hablar, preguntar por Claire, asegurarse de que su hija estaba bien... Comprendiendo su inquietud, Pascal la apoyó suavemente contra la pared y fue a buscar a la pequeña. La llevó junto a su madre, quien la acogió entre los brazos, todavía angustiada.

El criado observaba la escena, complacido, cuando vio cómo la expresión de Aldara mudaba de repente y empezaba a hacerle gestos.

—¡Cuidado! —arrastró la voz por su garganta inflamada.

Pascal se volvió y se encontró de frente con Romain. Por segundos, esquivó el golpe que éste acababa de lanzarle con el atizador. Entonces, ambos hombres se enzarzaron en una brutal pelea entre patadas, puñetazos y arremetidas con el atizador, que los llevó rodando por toda la habitación. Romain tomó ventaja y empujó a Pascal hacia la chimenea con la intención de quemarle la espalda en el fuego que ardía con vigor.

El criado se resistía con todas sus fuerzas, pero empezaba ya a notar un calor intenso en la piel y el olor a pelo quemado. A la desesperada, agarró uno de los troncos de leña a medio arder y golpeó con él a su atacante, quien, como tenía la ropa salpicada de gasolina, se prendió en un segundo igual que una tea.

La habitación se llenó del fragor del fuego y de los gritos histéricos de Romain. Al tirarse al suelo para intentar sofocarlo, las llamas se extendieron de inmediato por la alfombra empapada de gasolina y, desde ahí, a toda velocidad por los muebles, las cortinas y cualquier cosa que pudiera arder.

En un instante, la habitación se había llenado de humo y fuego. Y Pascal había quedado atrapado por las llamas. Con Claire en brazos, dispuesta a sacar a la niña de allí, Aldara observó con impotencia como el criado buscaba una escapatoria como un animal cercado.

—¡No! ¡No! ¡Pascal! —arañó su garganta herida sin poder gritar, mientras lloraba de la desesperación.

El incendio ya lamía las paredes y alcanzaba el techo. El humo todo lo nublaba. Se metía en los ojos y en la garganta y empezaba a ser sofocante. Claire tosía entre lágrimas. Ella, también. Mientras, paralizada por el terror, veía a Pascal rendirse ante el fuego.

Entonces, notó que la agarraban de los hombros, que tiraban de ella para alejarla de allí. Apenas se dio cuenta cuando le cogieron a Claire. Ella sólo podía mirar a la silueta oscura y quebrada de Pascal entre las llamas. Quiso ir hacia él para sacarle del infierno.

—¡No! ¡No! ¡Está ahí dentro! ¡Está dentro! ¡Ayúdenle! ¡Hay que sacarle! ¡Pascal! ¡Pascal! ¡Ayúdenle, por favor! ¡Por favor!

No podía gritar. No podía zafarse mientras la sujetaban con fuerza y la alejaban de allí con palabras que no quería escuchar. Mientras la arrastraban escaleras abajo y la conducían al exterior.

Una vez fuera, Simone la envolvió en un abrazo que tanto la consolaba como la retenía. Y, al fin, se rindió, con una llorosa súplica en los labios.

Era de madrugada cuando consiguieron extinguir el incendio. El fuego había devorado toda un ala de la primera planta y parte de la segunda, llegando incluso hasta el tejado. Entre los restos calcinados, humeantes y goteantes, hallaron los cadáveres crispados de dos hombres como espantosas figuras de carbón.

Decían que gracias al aguacero de la tormenta la tragedia no había sido peor. Al aguacero y a las decenas de personas que, con mangueras, cubos y todo lo que tenían a mano, lucharon contra las llamas hasta que llegaron los bomberos e, incluso, continuaron después ayudándolos.

Lo cierto era que, a pesar de la conmoción y la congoja, Aldara recordaba el frescor de la lluvia cayendo sobre su piel ardorosa y el aire limpio entrando en sus pulmones congestionados, mientras acunaba a Claire entre los brazos.

Aquella noche no pudieron pegar ojo. Aldara se la pasó llorando a la vez que intentaba consolar a Claire. La pequeña estaba todavía nerviosa y asustada; ella, además, no podía soportar la pena. No se quitaba a Pascal de la cabeza, pensando en el sacrificio que el fiel criado había hecho por las dos. Y recordaba todas las veces que la había ayudado y la había protegido, que había estado a su lado cuando todo el mundo parecía haberla abandonado; siempre serio y silencioso y, sin embargo, tierno a su manera. Aquel hombre que la recibiera con recelo, que, al principio, sólo le inspiraba temor y desconfianza, había llegado a convertirse en su mejor aliado, en el depositario de sus secretos, en alguien muy querido. Y ya no estaba. Había perdido la vida por salvársela a ella y a su hija. Y ella no podía sacudirse la espeluznante imagen de Pascal ardiendo entre las llamas.

Ya cuando amanecía, Claire cayó rendida, abrazada a su madre, en una cama de la casa de los Jourdan. Aldara también intentó dormir entonces, pero no podía conciliar el sueño.

—¿A qué vas a ir al *château* ahora? —quiso disuadirla Sabine cuando se enteró de sus intenciones—. ¿Qué vas a hacer allí? Mejor descansa un poco.

—No puedo, Sabine. Si sigo aquí sin hacer nada, dándole vueltas a la cabeza, me voy a volver loca.

La mujer no pudo impedir que se fuera. Una vez en el *château*, los bomberos no la dejaron entrar; todavía les faltaba comprobar que era seguro regresar al resto de la vivienda que no había ardido.

Se quedó allí donde la habían parado. Observando el panorama desolador de la mansión quemada, cuyos perfiles negros, humeantes e irregulares se recortaban dolorosamente contra el cielo azul. Alrededor, se esparcían los muebles y los objetos que se iban rescatando, algunos tan dañados por las llamas y el agua que costaba creer que pudieran volver a usarse. La brisa todavía llevaba el olor del incendio y de todo lo que se había consumido a su paso.

Rendida, Aldara se dejó caer en un baúl cubierto de hollín. Se pasó la mano por la mejilla y el cuello. Aún le costaba tragar y sentía un pálpito doloroso donde Romain había dejado la huella amoratada de sus manos.

Frente a lo que se había convertido en la tumba de su cuñado, Aldara sintió una mezcla de rabia y satisfacción. Ese malnacido había tenido la culpa de semejante tragedia y en nada lamentaba su muerte. Por fin, había regresado al infierno al que pertenecía.

De nuevo, la asaltó el llanto al pensar en todo lo que Romain de Fonneuve se había llevado por delante al regresar al infierno al que pertenecía.

Llevaba así un rato cuando oyó unos pasos sobre la gravilla, inconfundibles ya para ella. Se apresuró a secarse las lágrimas de las mejillas con las manos.

—Teniente… —se le quebró la voz.

La tristeza teñía la expresión del oficial.

—No puedo expresar cuánto lo siento, madame.

Aldara asintió sin poder hablar.

Hubert reparó en las marcas amoratadas de su cuello y en la hinchazón de su rostro. Creyó que estallaría de la impotencia. Qué difícil le resultaba mantener las formas, qué duro era no poder ni siquiera rozarla cuando se hubiera lanzado a acunarla entre los brazos.

La tarde anterior, en cuanto se hubo enterado de que el *château* estaba ardiendo, había corrido hacia allí presa de una angustia que pocas veces había sentido. Una angustia que crecía pavorosamente a medida que se acercaba al foco del humo y las llamas y calibraba la dimensión de la tragedia.

Fue al llegar a la explanada frente a la casa cuando las distinguió entre el humo, el resplandor del fuego y el trajín de cuantos allí estaban. Madre e hija se abrazaban. Estaban vivas, a salvo. Frenó en seco sus pasos y el impulso que a tantos hubiera escandalizado de unirse a ellas en ese abrazo.

Se dio media vuelta, se adentró en el jardín a grandes zancadas y, al resguardo de los setos y los árboles, descargó un llanto desconsolado, mezcla de rabia y alivio.

En ese instante, a pocos pasos de ella, sentía la presión en el pecho de las mismas emociones.

—¿Cómo se encuentra? ¿Cómo está Claire?

—Bien. Las dos, bien. Dentro de lo que cabe... Ella por fin duerme. Yo... —No supo cómo expresar la congoja que sentía en ese momento; no hizo falta, Hubert la leyó en su rostro.

—Romain me preguntó por las botellas —continuó ella—. Las dichosas botellas de los emperadores. Le dije que no sabía dónde estaban. Y, entonces, se volvió loco... ¡Yo no sé dónde están! ¡Se lo hubiera dicho de haberlo sabido! Porque... ¿merece esto la pena? —Abarcó con la mirada el panorama desolador.

Hubert la contemplaba sin saber qué decir. Y ella, con los

ojos clavados en las paredes ennegrecidas del *château*, concluyó con tristeza:

—Escondidas bajo el águila y el león... Ay, Auguste, en qué tragedia ha resultado su misterio...

El águila y el león... Aquellas palabras resultaron de pronto como un santo y seña que pusiera en marcha algún mecanismo en el cerebro de Hubert y las imágenes, los sucesos y las ideas empezaron a conectar con frenesí.

—El águila y el león... —murmuró el joven.

A Aldara le extrañó su gesto, mezcla de asombro y concentración.

—¿Las botellas están escondidas bajo el águila y el león?

—Eso dejó dicho mi suegro en su testamento, sí...

—Yo sé dónde están —afirmó el joven como si ni él pudiera dar crédito a sus palabras—. Creo...

—¿Cómo?

—Las botellas de los tres emperadores. Sé dónde están.

—Pero...

—El águila y el león. Los símbolos. ¿No es así?

—Sí... No lo sé —farfulló Aldara, confusa.

—Sí. Son símbolos iconográficos. Venga conmigo —le pidió Hubert sin poder ocultar su excitación—. Se lo mostraré y comprobaremos si tengo razón.

La cancela que daba acceso a la cripta de la ermita estaba asegurada con un grueso candado, como siempre. Aldara le dio permiso al teniente para volarlo de un disparo, que retumbó en la cavidad del templo y de sus oídos como una bomba y dejó en el aire un tufillo a herrumbre y pólvora.

Franqueado al fin el acceso, penetraron en el panteón oscuro. Guiados por el haz de luz de la linterna del teniente, se encaminaron hasta el fondo del corredor abovedado, donde éste se detuvo. Desde ahí, empezó a apuntar a los relieves de piedra que se repartían por los muros, intercalados entre los nichos, mientras narraba en un susurro reverente que confería mayor profundidad a su voz:

—Estos relieves representan a los doce apóstoles y, además, a Lucas y a Marcos como evangelistas.

Aldara contempló las rudimentarias figuras humanas talladas en la piedra, representadas en un escorzo básico, con sus rostros y sus cuerpos dispuestos de manera semejante, sólo distinguibles en algunos detalles de las barbas, las túnicas, la postura de las manos o lo que sostenían entre ellas.

—Cada uno de ellos posee un símbolo iconográfico —continuó Hubert—. Una imagen que se utiliza para representarlos en las obras artísticas. Por ejemplo, unas llaves para san Pedro, una cruz en forma de T para san Felipe, una maza para Santiago el Menor, el aspa de san Andrés... Todas ellas hacen referencia a los atributos y a la historia del personaje. Pero ahora viene lo interesante. Creo... Puede que la solución a nuestro misterio esté en los símbolos de san Juan y san Marcos.

El teniente hizo una pausa como para darle pie a Aldara a desvelar cuáles eran tales símbolos. Sin embargo, ella aún estaba tratando de asimilar todas las revelaciones.

—El águila y el león —anunció él entonces, con cierto dramatismo.

—Usted cree que...

El joven se desplazó hacia uno de los relieves. Sus pasos decididos resonaron en el mausoleo.

—Este relieve seguramente representa a san Juan porque la figura sostiene un cáliz y un libro, que son dos de sus atributos más habituales, ¿ve? —Señaló con la luz de la linterna

Aldara asintió.

—Hace dos días, estuve aquí por primera vez. Entonces en esta hornacina que hay debajo del relieve había una grieta. Ahora, además, me doy cuenta de que sólo esta hornacina y la contigua están cegadas, hay un fino paramento que las cubre.

Ese mismo día, Pascal me sorprendió aquí abajo. Por supuesto, no le hizo ninguna gracia encontrarme aquí, pero lo importante es que venía a arreglar la grieta, traía las herramientas para hacerlo.

—Bueno, quizá sólo quería mantener el lugar en buen estado. Esta capilla es muy antigua, debe de tener grietas y desperfectos por todas partes.

—Así es y las tiene. Pero Pascal sólo arregló la que estaba aquí, que, como ve, ya no está. Es curioso que, el día antes de mi visita, había explotado el depósito de municiones de Crugey, a unos treinta kilómetros del Domaine. No me extrañaría nada que la explosión hubiera provocado un movimiento de tierras y causado la grieta en un sitio muy poco conveniente: el recubrimiento de esta hornacina bajo el relieve de san Juan. Bajo el águila.

—¿Cree que las botellas están ahí detrás?

—Sí. Parte aquí y parte en esta otra hornacina, bajo el relieve de san Marcos, cuyo símbolo iconográfico es el león. De ahí las prisas de Pascal por tapar la grieta.

—Bajo el águila y el león... Tiene sentido.

—Pero sólo hay una forma de averiguarlo. ¿Me permite? —le solicitó Hubert mostrándole la piqueta que habían cogido del almacén de aperos.

Ella dudó un instante. Le parecía casi blasfemo liarse a golpes con los muros de la cripta y perturbar el descanso de los Montauban allí sepultados. Miró con aprensión los nichos.

—Sí... Supongo que sí. Si es la única manera... —concedió, confiando en que la intuición del teniente resultase acertada.

El joven empezó a golpear el fino recubrimiento de yeso con el mimo de quien desentierra un hallazgo arqueológico. A su espalda, Aldara contemplaba expectante la operación mientras sujetaba la linterna para iluminarle: golpes suaves y cautelosos que apenas alteraban la paz del lugar.

De pronto, Hubert notó algo diferente, un toque menos arenoso y más duro. Se detuvo.

—Creo que aquí hay algo —anunció mientras retiraba los restos del revoco a mano. Una pequeña nube de polvo blanco flotaba alrededor.

Aldara acercó aún más la linterna y, en ese momento, le pareció distinguir un brillo verdoso.

—¡Mire!

Hubert siguió arañando el yeso y, poco a poco, se fue revelando claramente la base de una botella.

—Dios mío... Están aquí. Es cierto que están aquí —murmuró la joven.

Con sumo cuidado, el teniente extrajo la botella. La mantuvo tumbada como si fuera un bebé al que sacaba de su cuna. La admiró brevemente y se la entregó a Aldara de forma casi solemne.

Ella la recogió con las dos manos, le sopló el polvo y, a la luz mortecina de la cripta, leyó la etiqueta como si musitara un responso.

—*Grand Vin de Château Latour*, 1847. —Alzó la vista y miró al teniente, todavía incrédula—. Una de las botellas de la Cena de los Tres Emperadores...

—Y con ella deben de estar todas las demás. Las ocho al completo, conservadas en perfectas condiciones, las mismas de una bodega.

—No era la cripta de la bodega a la que mi suegro se refería. Era a ésta. El águila y el león, dos referencias religiosas que a nadie se nos ocurrieron. Por eso nunca pensamos en la capilla... Y Pascal siempre lo supo —reparó Aldara.

—No es mala idea confiarle un secreto a un sordomudo. Y tan fiel. Nadie mejor que él para preservarlo. Jamás lo reveló.

—Ni siquiera a mí. Si yo lo hubiera sabido, se podría haber evitado toda esta tragedia.

Hubert podía entender las intenciones del criado: sólo había querido proteger a su señora. Tal vez ella no lo necesitase, pero… Es un impulso inevitable cuando se ama a alguien. Bien lo sabía él.

—Me parece que Pascal no sólo quería preservar el legado de la familia, también quería velar por su seguridad. Como se ha demostrado hasta sus últimas consecuencias.

Aldara sintió que las lágrimas volvían a quemarle los párpados.

—Estos vinos tienen casi cien años, ya no se podrán ni beber, ¿qué sentido tiene?

—El sentido que tiene cualquier tesoro. El valor de lo que es único e irrepetible.

—No hay nada más único e irrepetible que una vida humana. No hay nada más valioso —replicó ella con la vista clavada en la botella mientras se secaba las lágrimas con los dedos.

Se encaminaron hacia la mansión en un silencio meditabundo. En el entorno bullía una actividad que contrastaba con su decaimiento. Al trabajo de los bomberos y del personal del Domaine lidiando con los efectos del incendio, se sumaba el de un par de soldados alemanes que sacaban el equipaje del teniente Eberhart y lo cargaban en un automóvil. Franz el ordenanza supervisaba la tarea con el ademán de un general.

Hubert se detuvo a contemplar los alrededores, un último vistazo al que había sido su hogar durante cuatro años. La extensión verde de viñedos que se desplegaba por las colinas y el valle circundantes; el elegante *château* que, aun herido, se alzaba majestuoso; las villas de los alrededores con sus tejados naranjas y sus campanarios como picas, la cordillera de los Alpes borrosa en el horizonte. El sol encendía el panorama entero y prometía un día caluroso que las cigarras ya barruntaban con su canto.

Se volvió entonces hacia Aldara, quien, a su lado, le acompañaba en tal contemplación, aunque su mente parecía hallarse muy lejos de allí. Durante un instante, la observó en silencio, empapándose de ella como quien se sumerge en un oasis antes de emprender la travesía por el desierto. Hasta que llegó Franz a romper el encantamiento.

—*Alles startklar, Herr Oberleutnant.*

—*Ich werde gleich da sein.*

Antes de retirarse, el soldado se cuadró y dedicó un movimiento de cabeza y un «madame» a Aldara. Ella, comprendiendo que se trataba de una despedida, le ofreció una sonrisa triste.

Y a esa sonrisa se quedó de nuevo prendido Hubert, viendo cómo se desvanecía.

—Nos marchamos —confirmó el oficial.

Aldara, que había pensado que ya no podía sentir mayor pena, notó cómo el corazón se le encogía un poco más. Asintió.

—Yo... Le agradezco mucho su hospitalidad durante todo este tiempo.

—No hay de qué, teniente. A pesar de que no eran las mejores circunstancias para nadie, usted nos ha puesto fácil lo que parecía imposible. Sé que muchas veces no he sido justa con usted y le pido disculpas por ello, pero le aseguro que hace mucho que no le considero un enemigo. Todo lo contrario.

Hubert tragó saliva.

—No sabe lo que eso significa para mí... ¿Me despedirá de Claire? Yo no me veo capaz... Dígale que el señor Botón está invitado a la boda del señor y la señora Elefante en la selva de Ceilán y que, como el buen oso no quería dejarla sola, me ha enviado a mí en su lugar.

—Siempre he pensado que nadie como usted para decirle las cosas con un cuento. Va a echarle mucho de menos.

—Yo también a ella.

La joven le tendió la mano y él se la estrechó, despacio,

sintiendo en cada milímetro de la piel el tacto suave y templado de ella.

—Cuídese, teniente. Por favor, cuídese mucho.

—Lo haré.

Antes de soltarla, Hubert dejó en la mano de Aldara un beso largo que ni la falsa cortesía pudo enfriar. Se separó. Y con una última mirada, se dio la vuelta y se alejó. La garganta seca y los ojos húmedos.

Caminó unos pasos con la espalda bien derecha, tratando de recobrar la serenidad.

—¡Teniente!

Se giró.

—Nunca nos presentaron y yo tampoco se lo pregunté, pero... ¿cuál es su nombre?

—Hubert.

—Yo me llamo Aldara.

—Lo sé. Siempre lo he sabido.

Y se despidió con una última sonrisa, que ella le devolvió bañada en lágrimas.

El teniente Eberhart viajó sumido en el silencio todo el trayecto hasta Dijon, donde la comitiva se detuvo para hacer noche en la *Feldkommandantur*. Allí, se entregó al alcohol para poder dormir.

A la mañana siguiente, partieron hacia Haute-Saône con el objetivo de unirse a unas unidades motorizadas de la *Wehrmacht* y, bajo su protección, emprender una rápida retirada hacia Alemania, hostigados por el avance de las tropas aliadas. El viaje discurrió lento y pesado, entre calor y moscas, por carreteras atestadas de todo tipo de medios de transporte: caballos, carretas, bicicletas, motos, automóviles, camiones y hasta carritos de bebé cargados de efectos militares. Los embotellamientos se prolongaban durante horas, dejándolos a merced de los ataques aéreos enemigos. Llegaban a los pueblos temiendo que fueran nidos de la Resistencia y, en el mejor de los casos, eran recibidos con hostilidad. No encontraron un lugar en donde aceptaran servirles la comida. Estaban pagando el precio por la arrogancia opresora de su país hacia los franceses.

Tras más de doce horas para recorrer una distancia que normalmente se hubiera completado en dos o tres, llegaron a Vesoul cuando anochecía. Allí, Adolph Segnitz fue convocado a la *Kommandantur* en cuanto se apeó del automóvil. Un comandante abrumado por la situación le trasladó el mensaje: todos los efectivos militares que le acompañaban debían presentarse de inmediato a la comandancia para su asignación a las correspondientes unidades de combate.

—No he podido hacer nada por evitarlo —se justificó a Hubert con el semblante desolado en un rostro que ya de por sí reflejaba cansancio—. Están buscando hasta debajo de las piedras hombres que puedan combatir. Echan mano de policías, de los guardias de las prisiones, de tropas sin entrenar, de administrativos a los que les dan un arma... Cada unidad es una amalgama de otras muchas dispersas y en retirada. Es una locura. Lo siento mucho, hijo. De verdad que lo siento. Si al menos hubiéramos llegado juntos hasta Alemania...

—No lo sienta. Tiene que ser así. La guerra no ha terminado.

Dos días más tarde, el teniente Hubert Eberhart partía hacia la cordillera de los Vosgos, a sólo cuarenta kilómetros de Alemania. Iba al mando de una compañía de ciento cincuenta soldados pertenecientes a la 198.ª División de Infantería.

Antes de partir, había transmitido a sus tropas las órdenes. No rendirse jamás. Aguantar hasta el último hombre.

En mitad de la noche, una de esas largas noches de calma y vigilia, Aldara se deslizó por la casa como un fantasma hasta la habitación del teniente Eberhart. Quizá el delirio del desvelo la había llevado hasta allí, no había otra explicación para ello. Pues de qué valía ya buscar el rastro de lo que se había extinguido.

La estancia estaba en penumbra, apenas iluminada por la luz de la luna llena que se colaba a través de la ventana abierta. Una luz plateada que bruñía los viñedos y daba sentido al nombre de aquellas tierras.

Recorrió el lugar con la vista, el tacto y el olfato. Abrió cajones y armarios, acarició la superficie de los muebles, la colcha y los almohadones, se miró en el espejo donde él se había mirado y, a su espalda, vio vacío donde antes había habido vida, música y un aroma de madera, hierba y limón. Sólo el movimiento ondulante de los visillos animaba aquella imagen inerte. Entonces, justo bajo las cortinas, se fijó en un cilindro que había sobre el escritorio.

Al acercarse, comprobó que se trataba de un papel enrollado y atado con una cinta azul como la que cerraba las bolsas de caramelos del teniente. Se encontraba sobre una funda y su disco, todo bien colocado en una esquina del escritorio, como un regalo de la noche de Reyes. Encendió la lamparita y, al leer la portada de la funda, se emocionó. No podía ser un descuido haberse dejado la grabación del *Nocturno número 2* de Chopin. Pasó los dedos por el cartón ligeramente polvoriento y lo dejó a un lado para deshacer la cinta que ataba el rollo de papel. Nada más tocarlo, se dio cuenta de que era un papel grueso, de buena calidad, un papel de dibujo. En él estaba trazada a lápiz la silueta de una mujer, el vestido al viento y el rostro vuelto, de modo que el artista conservaba el secreto de su identidad. En una esquina, un verso:

En tus ojos, perdido.
A tu sonrisa, rendido.
Por ti, para siempre condenado.

Condenado… Aldara lo sostuvo con la mano temblorosa, sin poder apartar la vista de aquel testimonio de lo que ella siempre había preferido negar. De lo que él no había querido marcharse sin confesar.

«Quizá en otro tiempo y en otro lugar. Quizá en otra vida…», pensó, retirándose una lágrima de la mejilla.

Septiembre de 1944

En el Domaine se había instalado una calma tensa. Todo parecía suspendido en espera de lo que estaba por venir; salvo la naturaleza, que no entiende de asuntos humanos. En las vides, las uvas seguían madurando, cada vez más dulces y negras. Debido al clima seco y caluroso de las últimas semanas, la vendimia amenazaba con tener que adelantarse y, sin embargo, Aldara no sabía cómo iba a afrontarla cuando los viñedos quizá se convirtieran en un campo de batalla.

Las primeras explosiones se escucharon a comienzo de mes, cuando los aliados ya alcanzaban los alrededores de Chalon-sur-Saône, a treinta kilómetros de allí. A partir de entonces, se sucedió un aterrador canto de artillería que no cesó ni día ni noche. Fue cuando decidieron refugiarse en el sótano del *château* y esperar. Con colchones, provisiones, juegos de cartas, la radio, cuentos para Claire y Sophie... y el señor Botón.

—Mami, cuéntanos el cuento de cuando el señor Botón se alejó de su madre buscando bayas y se perdió en el bosque. Cuéntanoslo como nos lo contaba Yan.

Pero ella no sabía cómo Yan contaba los cuentos. Ella no siempre había querido escucharle.

A medida que pasaban los días, las explosiones se escuchaban más cercanas y frecuentes, mientras su inquietud y su excitación crecía, tan esperanzados ante la próxima liberación como temerosos de una contraofensiva alemana.

Una noche, de repente, se produjo el silencio. Al aguzar el oído, se podía escuchar alguna detonación lejana, pero nada comparable al estrepitoso cañoneo de los días anteriores. Aguardaron al amanecer para asomar la cabeza como animales asustados.

Aldara, Helene, Simone, Jacques y las niñas permanecieron en la explanada frente al *château*, contemplando cómo, por primera vez en semanas, el sol no salía de un horizonte negro. Después, se miraron entre ellos, aturdidos y confusos, en medio de un silencio opresivo porque no les sugería si debían reír o llorar.

En ese momento, el prolongado pitido de un claxon rasgó el aire de la mañana. Al final del camino que llevaba a la mansión, divisaron la nube de polvo que dejaba un automóvil acercándose a toda velocidad. Y poco a poco, distinguieron los tres colores de la bandera francesa ondeando al viento.

—¡Beaune ha sido liberado! ¡Beaune ha sido liberado! —gritaron los que a él iban encaramados.

Entonces Jacques se arrancó a cantar *La marsellesa* a pleno pulmón y todos los demás se le unieron mientras las lágrimas empañaban sus ojos y rodaban por sus mejillas.

Si Aldara no se había equivocado al pasar las hojas del calendario, era 8 de septiembre de 1944.

A final de mes, coincidiendo con el fin de la vendimia, Aldara recibió una postal con una bucólica imagen de la campiña inglesa. En el reverso, había escritas unas pocas líneas con letra redonda y clara:

De momento, ninguna como tú.
Sigo buscando.
¡Viva la Francia libre!

HENRY

Octubre de 1944

Aquel otoño extremadamente frío anticipaba el que sería uno de los inviernos más duros de la historia. Sobre la cordillera de los Vosgos y sus espesos bosques se ceñía una niebla densa y helada, en tanto que la lluvia no había dejado de caer en una semana; gotas como agujas de hielo que parecían atravesar el uniforme y hasta la piel.

Las tropas estaban agotadas y desmoralizadas, los mandos también. Sólo el sentido del deber de proteger a los suyos en su país y el instinto de supervivencia alentaban la lucha. Pero a Hubert cada día le costaba más movilizar a sus soldados, muchos de ellos apenas unos críos, y darles argumentos para que se jugasen la vida. Las rendiciones y las deserciones se multiplicaban.

Llevaban ya casi un mes en aquellas montañas, después de un penoso recorrido por los últimos kilómetros de territorio francés. Hubert había tenido que presenciar cómo las tropas de las SS que los precedían o acompañaban, ebrias de venganza o quizá sólo sadismo, habían masacrado, saqueado, volado y quemado cada población a su paso. Al joven le hervía la sangre ante el reguero de ruinas y matanzas que iban dejando. «Por las mujeres y los niños alemanes asesinados por sus bombas. Por las ciudades alemanas arrasadas», argumentaban. Sin embargo, él pensaba que ejercían su revancha contra el objetivo equivocado.

Después de aquello, pese a las inclemencias del tiempo y las incomodidades del terreno, pese al fuego constante de ametralladoras, morteros, cañones y cazas, él prefería estar apostado en el bosque, combatiendo contra un enemigo uniformado.

Aquella noche, había reunido a cien soldados para lanzar un ataque contra las tropas americanas instaladas en la ladera del monte Avison. Al abrigo de los árboles y de la oscuridad, se dispersaron en torno al enemigo para una operación envolvente.

En su posición, empuñando con fuerza su subfusil MP y con el corazón a punto de salirse por la boca como siempre antes del combate, Hubert contó hasta diez, se santiguó rápidamente y gritó:

—¡Fuego!

Después de cinco horas de ataques y contrataques, de avanzar posición a posición y de agotar un sinfín de cargadores, las defensas americanas comenzaron a ceder y creyó que lo conseguirían. Una columna de blindados de una división panzer se aproximaba por el este para partir el regimiento enemigo en dos y asegurar la toma de la colina. Sin embargo, en ese momento, aparecieron los Thunderbolt y se volvieron las tornas. Acosada por los cazas americanos, que destruyeron varios vehículos, la columna tuvo que dar la vuelta.

Desde su posición en la ladera, tras un parapeto improvisado de arbustos y rocas, Hubert contempló la debacle. Sin embargo, no se dio por vencido. Los batallones americanos diezmados empezaban a dar signos de agotamiento y había que aprovechar su debilidad antes de que les llegaran refuerzos.

Miró a su alrededor. Calculó que contaba con una docena de hombres para asaltar un puesto de ametralladoras a trescientos metros de su posición. Si lo conseguían, uno de los batallones americanos quedaría fuera de juego.

La lluvia retumbaba sobre su casco con un repiqueteo metálico. Sobre el gatillo del subfusil, notaba el dedo ligeramente entumecido por el frío y la humedad. Estiró las manos e intentó en vano secarse la cara con la manga del uniforme mojada. Cambió el cargador del arma. Volvió a ojear la posición enemiga. Sí, podían conseguirlo. Sin pensárselo más, dio la orden de avanzar.

Él mismo saltó del parapeto y corrió hacia el claro, con la vista al frente y esperando a llegar al rango de alcance del arma para abrir fuego.

Entonces, sobre el estruendo del combate, oyó el motor de un Thunderbolt en vuelo rasante. Siguió avanzando. Empezó a disparar. Con la mente y los ojos puestos en el objetivo.

El Thunderbolt soltó una ráfaga de ametralladora. El teniente Hubert Eberhart no miró atrás. Las balas impactaron a su espalda. Tras agitarse con una sacudida como un muñeco de trapo, el joven oficial cayó de bruces sobre la tierra embarrada y cubierta de agujas de pino.

Mayo de 1945

8 de mayo de 1945

Querida Aldara:

El día de la Victoria me coge en Londres y pensando en ti. Si es habitual que no abandones mis pensamientos, con más motivo te llevo conmigo en este glorioso día que tengo la fortuna de vivir gracias a ti.

Las calles son un estallido de gozo, que vuela en el aire con el confeti y explota en el cielo con los fuegos artificiales. Cuánto me gustaría que estuvieras aquí para compartirlo juntos.

Hoy ha sido un día de grandes emociones imposibles de describir con palabras. No sólo es la alegría compartida por el fin de la guerra la que me embarga, también es que he tenido la ocasión de volver a abrazar a mi amigo Chuck. ¿Recuerdas a Charles Stewart, Chuck, mi compañero de vuelo? Tuve que dejarlo entre los hierros del Lancaster cuando nos estrellamos. Creí que no sobreviviría. Y, sin embargo, Dios también tenía reservado un milagro para él.

Los alemanes lo sacaron del avión malherido y lo llevaron a un hospital militar donde tuvieron que amputarle ambas piernas. Después de una larga recuperación lo trasladaron a un campo de prisioneros en Frankfurt y allí ha estado el resto de la guerra hasta que en marzo lo liberaron tropas americanas.

Juntos hemos llorado y celebrado con demasiadas pintas las noticias agridulces que traía. Jackson, el bombardero australiano, y Bradley, el operador de radio canadiense, sobrevivieron al salto en paracaídas. Chuck coincidió con ellos en el campo hasta que los cambiaron a otro más al este. Ruego a Dios por que ya estén en sus casas. Por ellos Chuck se enteró de que los primos McKellar no lo consiguieron. Y es que, al parecer, todos los que se lanzaron cayeron más o menos cerca y lograron reunirse, también los escoceses. Pero la Gestapo dio con el grupo cuando pretendían coger un tren a París. Ambos primos trataron de huir del arresto y, entonces, los abatieron a tiros. Descansen en paz junto con Davies, mi valiente tripulación.

Tengo una sensación extraña en el estómago, de ilusión y miedo al mismo tiempo. ¿Cómo será la vida a partir de ahora, que la guerra ya no la dirige? Quizá sea el alcohol lo que me la produce porque es absurdo tener miedo a vivir en paz.

Te echo de menos, amor mío... Te imagino feliz y hermosa, entre tus viñedos y tus vinos, en compañía de Claire y de tu marido, que pronto regresará a tu lado si no lo ha hecho ya, afortunado él de tenerte.

Aldara... Mi amor de guerra, que con ella acaba sin remedio.

He conocido a una chica. Se parece demasiado a ti como para no quererla. Y en lo que no se parece... aprenderé a quererla también. Ella es mi proyecto para el tiempo de paz. ¿Será eso lo que me da miedo?

No me hagas demasiado caso, es el alcohol, que embrolla mis pensamientos.

Ya me despido. No para siempre, no podría soportarlo. Dime que guardarás una botella de tu mejor cosecha, que escribirás mi nombre sobre la etiqueta y esperarás a descorcharla si voy a visitarte. Algún día iré, cuando ya no seamos jóvenes sin juventud. Cuando la edad nos haya mermado la ilusión, pero aún nos quede el pasado y los días que le robamos a la guerra.

Que la vida te colme de bendiciones, mi Aldara, mi amor.

Henry

Diciembre de 1945

Durante los tres primeros meses desde el fin de la guerra, Aldara esperó el regreso de Octave en cualquier momento. A menudo se sorprendía con la vista puesta en el camino que llevaba a la casa, con el oído en alerta ante cualquier ruido: de la cerradura, de sus pasos, de su voz…

Buena parte de los prisioneros franceses había ido regresando ya. El caudal de retornos del principio se había ido convirtiendo en un goteo según pasaban los meses. Y no había señales de Octave.

La última carta de su marido se remontaba a junio de 1944. Aldara llevaba un año y medio sin saber de él. Acudió al recién creado Ministerio de Prisioneros en busca de noticias, pero allí tampoco se las dieron. Preguntó a los que regresaron, pero nadie pudo ayudarla.

La primavera cedió paso al verano y la vendimia con él. Una de las mejores que se recordaba desde hacía años, como si la naturaleza hubiera premiado la tenacidad de los viticultores ante las adversidades con una cosecha excelente. La cosecha de la victoria. Hubo grandes fiestas por todo lo que no se había celebrado los años anteriores. Y Aldara lo celebró sin Octave.

Llegó el otoño. Y un invierno con prisa tras él. Las primeras nevadas cayeron a primeros de noviembre.

Para entonces, Aldara ya había perdido la esperanza. O, simplemente, se había olvidado de esperar.

Había estado toda la noche nevando y un manto blanco de varios centímetros de espesor cubría los alrededores del Domaine de Clair de Lune hasta allá donde alcanzaba la vista. Al amanecer, aún caía un velo de copos finos como el polvo.

Las viñas dormían bajo la nieve, los vinos lo hacían en la bodega y Aldara se había recluido al amor del hogar y del fuego prendido en la chimenea. A su lado, Claire y Sophie jugaban con la casita de muñecas. Helene se concentraba en su labor de punto para tener a tiempo para Navidad unas chaquetas que les estaba tejiendo a las niñas. Mientras, ella se dedicaba a los preparativos de las fiestas: los aguinaldos de los trabajadores, los regalos de Papá Noel, las comidas especiales…

Debía de ser aquélla una Navidad diferente y, sin embargo, no parecía que fuera a serlo. Había que seguir peleando con el racionamiento para conseguir juguetes, regalos, dulces y hasta un buen asado. Había que seguir lidiando con las pérdidas en una casa cada vez más vacía, donde todavía parecía humear la silueta negra de la esquina arrasada por el fuego. Había que seguir afrontando las ausencias.

La última dolorosa despedida había sido la de Lina. Ella y su marido habían decidido marcharse a México, donde Manuel, a través de un primo que vivía allí, había encontrado trabajo en una planta depuradora. México. Con un océano de por medio. Aldara no sabía cuándo volvería a ver a su amiga. Y, durante aquel último abrazo que se dieron al despedirse, no pudieron parar de llorar.

Tenía la sensación de que el final de la guerra la dejaba cada vez más sola. Los que estaban se habían ido marchando y los que tenían que regresar no regresaban.

Suerte que aún contaba con Sabine. Y con Helene, aunque no sabía hasta cuándo.

Al igual que ella de Octave, Helene no sabía nada de su marido desde que lo deportasen a Alemania. La pobre mujer había contactado con las autoridades francesas, con la Cruz Roja, con cualquier organismo que pudiera darle razón del paradero de Paul. Hasta el momento, no había obtenido más que buenas palabras y miradas compasivas. Mientras, las noticias que llegaban sobre la realidad de los campos de concentración con los que se habían topado las tropas aliadas no podían ser más espeluznantes. Helene ya no sabía qué hacer, ni de dónde sacar el ánimo para no venirse abajo. En cualquier caso, Aldara le había dicho que allí tenía su casa hasta que ella lo decidiese. Gesto que la mujer había agradecido con una sonrisa y muchas lágrimas.

Por descontado que Aldara deseaba que la joven judía encontrase a su marido con vida, pero, entonces, Helene y Sophie se marcharían también. Y ella y Claire se quedarían un poco más solas.

Mientras eso sucediera o no, las dos mujeres se apoyaban mutuamente en su espera desesperada. Y se entregaban a los pequeños rituales del día a día para poder sobrevivir.

La nieve parece tragarse todos los sonidos y devuelve un singular silencio crujiente. Quizá por eso Aldara no lo oyó llegar. Quizá porque había desistido de oírlo y hacía tiempo que tampoco se asomaba a la ventana por si lo divisaba al final del camino. Quizá porque ya no lo esperaba.

Ni siquiera el timbre la sobresaltó. Distraídamente, con la cabeza puesta en unas cuentas, pensó que sería el cartero, o una visita, ojalá que Sabine…

Al rato, levantó la cabeza. Le sorprendió el silencio, más bien un murmullo contenido. Soltó el lápiz, se levantó y salió al recibidor.

—Aldara...

No reaccionó. Se quedó con la vista fija en aquel rostro demacrado y arrugado, en aquella figura escuálida y encorvada que parecía perderse en una chaqueta demasiado grande.

Según lo reconocía, se le aceleró el pulso, se le hizo un nudo en la garganta y se le humedecieron los ojos.

—Octave...

Corrieron el uno hacia el otro y se fundieron en un abrazo que terminó con ambos de rodillas en el suelo intentando hablar, llorar, reír y besarse, todo a un tiempo.

—Creí que... Yo creí que habías... Dios mío, has vuelto —musitaba ella entre los «amor mío» de él, entre las manos que no daban abasto para abarcarse, para reconocerse.

—Te lo prometí. Prometí que volvería. Tú has sido mi razón para sobrevivir.

Octave rompió de nuevo a llorar al repetir cuánto la quería. Aldara estrechó aún más el cuerpo de su marido, que parecía que iba a quebrarse entre sus brazos. Con la barbilla apoyada en su hombro, la joven vio a Claire observándolos desde el umbral de la puerta. La niña se escondía detrás de las piernas de Helene como si estuviera ante un fantasma, sin entender por qué su madre abrazaba a aquel hombre que ciertamente parecía un cadáver.

Julio de 1946

Aldara acarició el cabello lacio y fino de Octave. Cada noche después de cenar se llevaban la botella de vino a medio terminar y se acomodaban en el sofá del salón donde él, presa del agotamiento y la debilidad, se iba deslizando poco a poco entre los almohadones hasta descansar la cabeza en el regazo de su esposa. Allí, cerraba los ojos y dormitaba, retrasando el momento de tener que retirarse al dormitorio. Octave le temía a la noche, a la separación del sueño y a la ausencia de Aldara, aunque yaciera a su lado en la cama.

Ella volvió a peinar con los dedos las mechas canosas de su marido, haciendo que éste se estremeciera con cada caricia.

—Octave... —susurró con dulzura para ocultar la tensión que contenía—. Tenemos que hablar de la carta de Romain. Tenemos que hablar de mí.

Aldara había esperado varios meses para abordar el asunto. Confiaba en que Octave lo sacara. Sin embargo, desde su llegada, su marido sólo parecía rehuir el pasado. Podía entenderlo, ella misma encontraba siempre algún motivo para obviarlo. Tanto el pasado más lejano como el más reciente estaban llenos de verdades que prefería callar. Aun así, sentía que todo lo que callaba le caía como una losa sobre la conciencia y enrarecía su ya de por sí difícil reencuentro. Había cosas que quedarían para siempre encerradas bajo siete llaves en su cajón de los recuerdos, esas que más daño podían hacerle a Octave; pero había otras, las mentiras tejidas por querer ser otra persona, que se había prometido no mantener por más tiempo.

Octave escondió el rostro entre los pliegues de su falda, como buscando estrechar el contacto con ella.

—No... No es necesario. Yo te quiero. Así, ahora. Tú eres la razón para haber sobrevivido al infierno. Tú eres mi razón de ser. Lo demás no importa. No quiero saber más.

—Sí que importa. Es importante para mí. Quiero que estés enamorado de quien soy en realidad, no de una ilusión o de una idea. Dame esa oportunidad. Déjame volver atrás, a ese instante en aquel sencillo restaurante del Clermont-Ferrand en que me miraste a los ojos y me preguntaste qué hacía una muchacha española en Francia.

Aquel recuerdo le arrancó a Octave una sonrisa de nostalgia.

—Ese día que no toqué la comida del plato mientras te escuchaba y me iba enamorando de ti sin remedio.

—Pero yo te mentí, Octave. Déjame sacudirme esa mentira. Déjame ser quien soy y volverte a enamorar.

Octave se incorporó y la observó en silencio un instante. Aldara adivinó cierta lucha en él, como si temiera llevarse una desilusión; como si, en su debilidad, no se sintiera preparado para enfrentarse al desengaño. La joven dudó, lo último que deseaba era herirle. Tal vez su marido tuviera razón, tal vez fuera mejor para ambos poder seguir refugiándose en un mundo de fantasía cuando la realidad los había maltratado tanto. Pero ya era demasiado tarde. Octave llevó la mano a la mejilla herida de su esposa y deslizó repetidamente el pulgar por su cicatriz. Posó la cabeza sobre su pecho sin dejar de acariciarla y habló en voz baja:

—Dime, entonces... ¿Qué hace una muchacha española en Francia?

Fue más sencillo que no la mirase. Se pudo así confesar al vacío mientras apoyaba la mejilla en la mano de Octave; la cicatriz, guardada en su palma.

Al terminar, Aldara se sentía libre y serena. Besó a su marido en la coronilla. Él permanecía inmóvil sobre su pecho, sólo alterado por el ritmo suave de la respiración y esas caricias sobre la cicatriz que no había interrumpido.

—Di algo. Por favor —le rogó Aldara, inquieta ante su silencio.

Octave se colocó cara a cara frente a ella. Esbozó una sonrisa y la envolvió en una mirada que reflejaba cierta ansiedad, como si no encontrase las palabras para expresarse. Aldara vio cómo se le humedecían los ojos. Antes de que las lágrimas brotasen, la besó.

—Te quiero. No sabes cuánto te quiero —musitó, todavía pegado a sus labios.

Noviembre de 1946

El hermoso edificio de los Hospicios de Beaune bullía de actividad y cierto aire festivo con ocasión de la subasta benéfica de vino. Y allí, Adolph Segnitz se encontraba en su salsa. El antiguo *Beauftragter* estaba feliz de regresar a Beaune y, sobre todo, de hacerlo en mejores circunstancias, como el respetado y querido comerciante que siempre había sido y no como el tratante del por fin extinto Tercer Reich.

Le alegraba comprobar que la ciudad, la región y toda Francia, en definitiva, se iban recuperando poco a poco de las heridas de la ocupación y de la guerra. Si bien todavía quedaban pendientes depuraciones y causas contra el colaboracionismo y el antipatriotismo, y aún algunos franceses seguían en la cárcel a espera de juicio por haber traicionado a su país.

A Adolph Segnitz no le habían sorprendido algunos casos. Por ejemplo, el de la familia Perroux. Monsieur Perroux había hecho una fortuna escandalosa vendiendo vino en el mercado negro y abasteciendo de toda clase de bebidas alcohólicas a los hoteles y casinos de la *Wehrmacht* y las SS repartidos por Francia. Segnitz siempre había sabido que, aunque el comerciante cumplía con la cuota oficial, hacía la mayor parte de sus negocios bajo cuerda. En cuanto sus protectores alemanes, de cuya compañía se había jactado todos esos años, se marcharon, la Resistencia lo sacó de su casa y lo sometió a juicio popular y escarnio público en plena calle. Al final, alguien puso orden y lo encarceló, evitando un linchamiento que hubiera acabado en ajusticiamiento. Todavía estaba a la espera de juicio, pero nadie dudaba de que le iban a caer varios años de cárcel y una multa millonaria. Por otra parte, su hija Blandine, que siempre había sido muy popular entre las tropas alemanas, había estado en relaciones con un *Haupsturmführer* de las SS, quien, al regresar a Alemania, la había dejado con un embarazo de seis meses. A ella y a otras mujeres acusadas de cualquier tipo de colaboración con el enemigo, ya fuera de carácter sexual o no, les habían rapado el pelo al cero y las habían paseado por las calles de la ciudad para que la gente se desquitara con ellas al grito de «rameras de los nazis». Al contrario que otras en otros lugares, que habían sido incluso ejecutadas, Blandine había quedado libre tras la humillación y ella y su madre, madame Madeleine Perroux, se habían refugiado en Mónaco, en una espectacular mansión adquirida con los beneficios de los turbios negocios de la familia.

Por fortuna, casos como aquél parecían aislados y, en general, se respiraba en el ambiente la voluntad de dar por fin carpetazo al oscuro pasado y emprender con esperanza el camino de la paz.

Adolph Segnitz estaba disfrutando así del reencuentro con viejos amigos, de poder saludar y ser saludado, despojado de la barrera de su impopular cargo y del estigma del nazismo. Estaba disfrutando de la paz.

Quizá por eso Aldara lo encontró más sonriente y relajado, también un poco más avejentado tras los sinsabores de los últimos años, pero, en conjunto, con mejor aspecto. La joven aprovechó un instante que Octave estaba enredado en una conversación con unos negociantes para acercarse al hombre amable del abrigo Loden.

—¡Madame de Fonneuve! ¡Cuánto me alegro de volver a verla! —le tendió él la mano con afecto—. ¿Cómo está? Ya he sabido del regreso sano y salvo de su marido, ¡qué gran noticia! ¿Cómo se encuentra el nuevo marqués de Montauban?

—Más salvo que sano, a decir verdad. Pero mucho mejor ahora que todo ha pasado y está por fin en casa.

—Estoy seguro de que el hogar y la familia estarán resultando la mejor medicina para él.

—Sí, así es. ¿Y usted? ¿Cómo está? ¿Cómo están los suyos, su hogar…?

—Todos bien, gracias a Dios. Sobre todo, mi familia, que siempre ha sido lo que más me ha preocupado. Por lo demás, ¿qué le voy a contar? La guerra… Justo al poco de mi vuelta, la sede de mi compañía quedó destruida tras un bombardeo, pero nada que no pueda volver a levantarse. Han sido unos años terribles, de pérdidas dramáticas para muchos, pero, al fin, todo ha terminado. Hay esperanza, ¿sabe? Eso es lo importante.

—Ya lo creo.

—Por cierto, he oído que está usted haciendo unos vinos estupendos. Me gustaría que nos reuniésemos a hablar de negocios antes de mi regreso a Alemania, si a usted le parece bien.

—Por supuesto. Siempre ha sido un placer hacer negocios con usted.

Segnitz sonrió agradecido, con la ternura de un abuelo.

—En eso quedamos, entonces. La llamaré. Me ha encantado volver a verla, madame.

Él le tendió la mano de nuevo. Tras un breve titubeo, Aldara se la estrechó y la retuvo después un instante mientras terminaba de decidirse a hacer la pregunta que, en realidad, la había llevado hasta allí.

—El teniente Eberhart… ¿Sabe algo de él?

El semblante del alemán se ensombreció entonces.

—No… No sé nada. No he vuelto a tener noticias suyas desde que nos separamos en Vesoul, poco después de marcharnos de aquí. Tuvo que reintegrarse a una unidad de combate. He tratado de contactar con su familia, pero, al parecer, un obús impactó en su casa y tuvieron que mudarse. Todavía no he conseguido dar con ellos… Claro que eso no quiere decir nada. Ahora, todo es un caos en mi país, es muy difícil localizar a la gente.

—Ya… —murmuró Aldara sin poder ocultar su decepción.

—Pero yo confío. Era un buen chico. Es un buen chico. Estará bien.

Aldara asintió poco convencida.

Sin más que decir, se despidieron con el compromiso de volver a verse. Según Segnitz se alejaba, se acercó Octave. Su marido se colgó de su brazo como siempre solía hacer después de estar mucho tiempo de pie y la besó en la mejilla. Ella forzó una sonrisa para que no se le notase que acababa de recibir malas noticias.

—Ése era Adolph Segnitz, ¿verdad?

—Sí.

—Es un buen hombre.

—Sí lo es.

—¿Y de qué hablabais?

—De nada. Le gustan nuestros vinos y quiere hacer negocios con nosotros.

—¿Y tú qué le has dicho?

—Que sí, por supuesto. ¿Cómo vamos a pagar si no el arreglo del *château*?

Octave envolvió a su mujer en una mirada de arrobo y admiración.

—Eres maravillosa.

Ella le agradeció el cumplido con una sonrisa tibia y le palmeó la mano con ternura.

—Anda, vamos a sentarnos un rato para que no te fatigues demasiado.

Aldara recogió el correo que todos los días Jacques dejaba sobre el escritorio de la biblioteca. Echó un primer vistazo rápido al taco de cartas mientras pensaba que hacía frío en aquella habitación donde ya debería estar encendida la chimenea. Encender las chimeneas era tarea de la criada nueva, una jovencita bastante despistada con la que había que tener mucha paciencia. Tendría que volver a recordarle las instrucciones.

Según cavilaba de tal modo, una de las cartas llamó su atención. Iba dirigida a Romain de Fonneuve. Hacía ya tiempo que no llegaban cartas a nombre de su difunto cuñado. Desde antes del regreso de Octave. Dudó si dejarla aparte para que fuera él quien la abriese. Su marido se había quedado en la cama esa mañana porque no se encontraba bien. No quería molestarle, pero tampoco quería esperar. Sentía curiosidad.

La carta no tenía remitente, pero el sobre estaba preimpreso con la dirección de un hotel de París. Al abrirlo, comprobó que contenía otro sobre. Entonces, dedujo que, desde el hotel, en donde probablemente se había alojado su cuñado durante sus frecuentes y largas estancias en la capital, habían redirigido la carta original. Ésta provenía a su vez de un tal monsieur Hippolyte Lepine, con dirección en Ajaccio, Córcega.

Aldara rasgó el sobre y extrajo un único pliego de un papel delgado y barato, doblado en cuatro. La carta estaba fechada en enero de 1945.

Estimado señor:

Me complace informarle de que, como resultado de mis pesquisas, he localizado a una persona que estuvo al servicio del marqués de Montauban durante su estancia en Villa Mare, sita en la localidad de Saint-Florent.

Se trata de Fiora Banuchi, quien contaba veinte años cuando entró a trabajar como criada en la mencionada residencia, entre noviembre de 1911 y junio de 1912. La señora Banuchi recuerda perfectamente que la familia la componían un matrimonio, el del marqués y su esposa, y una joven, hermana de aquél, que estaba encinta. Recuerda asimismo que, en mayo de 1912, la joven alumbró a un niño y que posteriormente falleció por complicaciones del parto.

El testimonio de la señora Banuchi, quien a cambio de una insignificante suma se ha mostrado dispuesta a colaborar con nuestros intereses, contribuiría sólidamente a su empeño de demostrar que el niño nacido en Villa Mare, Saint-Florent, Córcega, el 16 de mayo de 1912, es en realidad hijo de Marguerite de Fonneuve, quedando así probada la falsedad del documento que lo acredita como hijo legítimo de Auguste y Lucienne de Fonneuve.

Quedo, por tanto, a la espera de sus instrucciones al respecto. Atentamente,

HIPPOLYTE LEPINE
Investigador privado

Aldara tuvo que releer la carta varias veces hasta que, poco a poco, fue comprendiendo su significado y su alcance. Hasta que pudo darle crédito. Lo que de ella se infería era algo tan serio como que Octave no era hijo de Auguste de Montauban, sino su sobrino.

Como en trance, buscó asiento en la silla del escritorio. Con la carta en el regazo y la mirada perdida al frente, le parecía estar viendo a Romain, plantado allí mismo como si acabara de regresar de la tumba, repitiendo aquellas insinuaciones que tantas veces le había hecho y que ella había desdeñado, pero que, ahora, cobraban todo el sentido: «¿Te imaginas que Octave no fuera hijo legítimo de mi padre?».

Se estremeció. Intentó pensar con claridad en las consecuencias de aquella revelación. Para Octave y, sobre todo, para Claire. Las hubiera tenido, y muy graves, de seguir Romain con vida. Pero una vez muerto el que hubiera sido el único heredero legítimo de Auguste, todo recaía de nuevo en Octave, como su sobrino. A efectos prácticos, nada cambiaba.

A pesar del aturdimiento que esa información le causaba, sintió una enorme satisfacción al caer en la cuenta del fracaso póstumo del canalla de su cuñado.

Otra cosa era cómo Octave se podría tomar la noticia. Quebrantado y enfermo como se encontraba, Aldara dudaba de que pudiera enfrentarse al hecho de que su vida entera estaba basada en un fraude de semejante calibre. Octave, que tanto amaba y admiraba a su padre, no podría soportar que éste le hubiera engañado y se vendría abajo.

Siendo así, Aldara se encontraba ante el dilema de guardarse un secreto que no le pertenecía o de poner a su marido frente a una realidad más dolorosa que nada.

No le dio muchas más vueltas. Simplemente, se levantó, se dirigió a la chimenea, cogió el bote de cerillas y, tras dejar la carta en el hogar apagado, le prendió fuego. Se quedó contemplando cómo el papel se convertía en cenizas y humo y cómo con él se quemaban las miserias del pasado.

Una nueva historia comenzaba para la familia Montauban y ella se encargaría de que se escribiera derecha aun con renglones torcidos.

Epílogo

Julio de 1955

Aldara salió de la sala de conferencias del hotel Bellevue de Berna con el cuerpo entumecido después de asistir durante casi dos horas a un coloquio sobre el futuro del mercado internacional del vino, amenizado con los comentarios de su compañero de asiento, un portugués pedante que comerciaba con vinos de Oporto.

Hacía rato que tenía una sed terrible, pero antes de lanzarse a saciarla en la mesa del bufet, quería quitarse de encima al del oporto, que se le había pegado como una lapa a la hora de la comida y, desde entonces, le tiraba los tejos en un portugués españolizado que se suponía que ella debía entender. Con la excusa de empolvarse la nariz, se escabulló hacia el aseo.

Allí permaneció un poco más de tiempo del necesario. Se lavó las manos, estiró los músculos del cuello, se atusó el vestido y el cabello, se retocó el maquillaje... No había podido pegar la hebra con nadie porque era la única mujer del lugar. Con el tiempo, se había acostumbrado a desenvolverse en un mundo de hombres. No había sido fácil. Al principio, la habían menospreciado por sus ideas extravagantes y toda esa historia de la biodinámica que no casaba en un mundo donde la tradición era ley. Pero, sobre todo, la habían menospreciado por ser mujer. Sin embargo, había acabado por ganarse el respeto hasta de los más reticentes elaborando unos vinos de gran calidad. Se sentía especial en aquel dominio de hombres. No obstante, en ocasiones, echaba de menos algo de complicidad femenina.

Cuando hubo calculado que el portugués ya andaría a otra cosa, se dispuso a buscar un buen vaso de algo fresco y dulce. Siguiendo el tintineo de la vajilla y el rumor de las conversaciones, cruzó el pasillo hasta el rellano, un amplio y agradable espacio con sillones y mesas bajas, en el que algunos se habían acomodado a disfrutar del tentempié y la charla.

En ese momento, la figura de un hombre situada al fondo atrajo su atención. Frenó sus pasos y lo observó. Parecía absorto en el bonito panorama de la ciudad antigua al otro lado del ventanal de aquel hotel que hacía honor a su nombre. Por un momento, a Aldara le dio un vuelco el corazón. Luego, dudó. No podía ser. Sólo eran imaginaciones suyas. Se acercó un poco más. El color del cabello, el perfil del rostro medio vuelto, la altura, el porte… Con el corazón acelerado, pensó que estaba alucinando, que sus ojos la engañaban con un espejismo.

—¿Teniente? ¿Teniente Eberhart?

El hombre se volvió con el ceño fruncido y, al instante de verla, su semblante se transformó con una mezcla de estupor y éxtasis.

—Madame… —apenas acertó a decir.

—Dios mío… Es usted…

Hubert no encontraba las palabras ni el aliento. No daba crédito a lo que estaba viendo mientras la recorría de arriba abajo con la mirada. Era la misma mujer que hacía más de diez años había dejado atrás. La misma que llevaba siempre en el recuerdo. Algo más madura y sofisticada pero igual de bella, si no más, con aquel vestido de estilo oriental que se le ceñía a la cintura, allí donde él hubiera deseado llevar las manos para rodearla y fundirse con ella en un abrazo.

—No puedo creerlo —murmuró al fin—. Después de tanto tiempo…

—Yo sí que no puedo creerlo. Estaba segura de que usted... que usted... ¿Cómo es que...? ¿Ha venido al congreso? No le he visto —habló ella atropelladamente a causa de los nervios.

—Acabo de llegar. Ayer perdí el avión y he tenido que coger un tren. Pero, dígame, ¿cómo está usted? ¿Cómo está Claire? ¿Y su marido? ¿Regresó?

—Sí. Sí regresó... Aunque falleció algún tiempo después. Este octubre hará tres años.

Hubert acogió la noticia con una consternación sincera, que se reflejó en su rostro.

—Lo lamento mucho.

Aldara agradeció las condolencias con un gesto triste, si bien enseguida se recompuso para no enturbiar el momento.

—Pero Claire está muy bien. Se ha convertido en una jovencita preciosa. ¿Qué voy a decir yo, que soy una orgullosa madre? ¿Sabe? Todavía conserva al señor Botón. Aunque el pobre está un poco despeluchado. Es un superviviente de sus intensas atenciones.

El teniente rio.

—No sabe lo que me alegra oír eso.

Aquella risa franca lo hizo aún más real y Aldara se estremeció.

—De verdad que, aun teniéndolo delante, me cuesta creer que esté aquí. Le pregunté a herr Segnitz por usted. En noviembre del 46. Me dijo que no sabía nada. Y, por la forma en que lo hizo, yo creí que... Señor... Le daba por muerto.

—Bueno, ya ve que sobreviví. Es una larga historia.

Por un momento se quedaron los dos mudos. Esperando quizá que el otro diera un paso que ninguno se decidía a dar. Finalmente, fue Hubert el que se negó a que aquel milagro se desvaneciese así, sin más.

—Había pensado visitar el jardín botánico. Por dar un paseo. ¿Le gustaría acompañarme?

—Claro que sí, teniente. Me encantaría.

—Lo de teniente hace mucho que quedó atrás. Ahora, es sólo Hubert.

—Hubert... —paladeó ella. Y aquel nombre que él tantísimas veces había escuchado adquirió una nueva dimensión entre los labios de Aldara.

Para cuando llegaron al jardín botánico, caminaban uno pegado al otro como viejos conocidos. Cada poco, Aldara desviaba la vista hacia su acompañante. El tiempo había tratado bien a Hubert Eberhart. A pesar de las penurias, las calamidades y las heridas de la guerra, Aldara observó que había retenido intacto su atractivo, más interesante con el paso de los años. El alemán lucía el mismo porte imponente y elegante que cuando vestía uniforme, tenía el cabello un poco más largo y se le había encanecido en las sienes, pero no se le marcaban más que unas pocas arrugas alrededor de los ojos y en los extremos de la boca, que se acentuaban sobre todo cuando sonreía. Ahora bien, cojeaba visiblemente.

—Aquel caza americano me dejó las piernas como coladores —explicó mientras recorrían los frondosos senderos del jardín botánico, tras relatar sin demasiados detalles su odisea en la cordillera de los Vosgos. A Hubert nunca le había gustado hablar de la guerra—. Aunque siempre he pensado que sigo con vida gracias a que aquel día caí herido y la guerra se terminó para mí. Los americanos me hicieron prisionero y me evacuaron a uno de sus hospitales.

Había perdido tanta sangre que casi se queda en la ambulancia. Después, tuvo que someterse a incontables operaciones para extraerle toda la metralla, de la que todavía conservaba alguna esquirla que se unió a la que ya traía enquistada de Holanda en el abdomen, formando así una curiosa colección de metales de diversas procedencias incrustados en el cuerpo. Sólo después de casi un año de larga y penosa recuperación, logró ponerse en pie con ayuda de unas muletas. Creyó que no volvería a caminar.

—Por suerte, el ejército americano cuenta con unos magníficos médicos y rehabilitadores. A finales del cuarenta y siete, ya corría las calles. Más o menos... Después, me trasladaron a un campo de prisioneros en Bélgica, donde estuve trabajando de supervisor en una explotación de madera, hasta septiembre del cuarenta y ocho, que me liberaron y pude volver a casa.

Se acomodaron en un banco del paseo, junto a unas plantas autóctonas del Himalaya, según rezaban los carteles. Hubert aprovechó para descansar las piernas.

—Después de tantos años, no dejo de preguntarme cada día cómo es que sigo con vida, por qué yo he tenido la suerte que a tantos les ha sido negada.

—De un modo u otro, creo que todos los que hasta aquí hemos llegado nos sentimos así —reflexionó Aldara—. Abrumados por una vida que a veces pensamos que no nos merecemos. Y, pese a ello, ¿nos la hubiéramos querido perder?

Hubert tardó un instante en responder.

—Es ahora cuando empiezo a pensar que no.

Sin proponérselo, como si fuera un recorrido natural, salieron del jardín botánico y se adentraron en el corazón del casco antiguo de Berna. No llevaban un rumbo fijo, sólo dilataban el tiempo de estar juntos, de saber el uno del otro.

—Estará casado y tendrá familia. Sólo había que verle con Claire para saber lo que le gustan los niños.

—Estuve casado durante casi nueve meses. Pero no funcionó. Tampoco tuvimos hijos. La verdad es que ese matrimonio fue un error. Casi un impulso desesperado. Ella lo había perdido todo y yo sentía haber perdido la vida, aunque siguiera respirando. Simplemente, nos agarramos el uno al otro para seguir a flote. Y casi nos vamos juntos a pique. Sólo después admití que nunca estuvimos enamorados.

Angela se llamaba. Hubert la conoció poco después de regresar del campo de prisioneros. Por entonces, aún dolorido y deprimido, no quería moverse de casa; no se hubiera movido ni de la cama. A pesar de ello, o quizá por ello, su madre se empeñaba en arrastrarlo a cualquier lugar en el que se reuniesen más de dos personas. Fue en una de esas reuniones, concretamente jugando al bridge en casa de unos amigos comunes, donde se la presentaron. Y como ninguno de los dos sabía jugar al bridge, acabaron conversando y bebiéndose el alcohol del anfitrión en la cocina. Angela había estudiado Física en Berlín y su tesis doctoral sobre física cuántica la había dirigido el premio Nobel Gustav Hertz. De hecho, habría desarrollado una brillante carrera en el campo de la investigación subatómica de no ser porque el final de la guerra dejó a la capital alemana en ruinas y bajo el control aliado. Angela, además, había perdido a sus padres y a sus dos hermanas en un bombardeo y a su hermano mayor en el frente. Cuando Hubert la conoció, vivía de prestado en Wiesbaden, en casa de una amiga de la escuela que también había perdido a su marido, y daba clases en un instituto de la ciudad. Aquél era un trabajo que la horrorizaba porque ella tenía vocación para la investigación y muy poca paciencia.

Angela era una mujer atractiva y muy inteligente. Y ésas eran las dos únicas virtudes que Hubert podía recordar de ella. Claro que él tampoco se sacudía su parte de culpa; por aquellas fechas, no había quien lo aguantara. Sea como fuere, todavía no se explicaba muy bien cómo habían terminado casándose si nunca habían tenido nada más en común que aquella tarde en que los unió el aburrimiento. ¡A ella ni siquiera le gustaba el vino!

—Quizá porque uno se siente solo y no sabe qué hacer con su vida y piensa que el matrimonio es la solución… No lo sé… El caso es que tan rápido como nos casamos, nos dimos cuenta del error que habíamos cometido. Por suerte, no hizo falta montar escenas ni dramas ni nada de eso. Simplemente llegó un día que Angela me anunció que le había salido un trabajo con el profesor Hertz en un laboratorio de investigación de la Unión Soviética. No se habló más. Firmamos el divorcio y cada uno tiró por su lado: ella con los rusos y yo con los americanos.

—¿Con los americanos?

—Me marché a Estados Unidos. A California. También es una larga historia.

—Cuéntemela.

—Mientras cenamos, si le parece bien. ¿No empieza a tener hambre? Yo estoy muerto de hambre.

Escondida entre calles estrechas, dieron con una pequeña *brasserie* que había sacado unas pocas mesas a la plazuela, aprovechando que la noche era templada. Manteles de cuadros, velas, el borboteo del agua en la fuente; un vecino del edificio escuchaba en la radio música clásica y su melodía se escapaba por la ventana abierta.

—El oficial que me interrogó cuando estuve prisionero de los americanos resultó ser el hijo de unos viticultores del Valle de Napa —retomó Hubert su historia—. No me sacó gran cosa porque yo no sabía gran cosa, pero hicimos buenas migas. Mientras su unidad estuvo destacada donde se encontraba mi hospital, me visitaba de cuando en cuando para traerme bourbon, cigarrillos y chocolate. Hablábamos de vino durante horas. Después de la guerra, mantuvimos el contacto y no sé cómo se fraguó una idea loca. Walter, así se llama, me propuso comprar juntos unas parcelas en California, cerca de las de su familia, que se ofrecían a buen precio. La intención era plantar variedades de uva poco comunes en la zona, como saint laurent y gewürztraminer, y ver qué pasaba.

—¿Y qué paso?

—Pues que, cuando Angela se marchó, yo tampoco tenía mucho que hacer en Alemania. Después de la guerra, el sector del vino estaba atravesando graves problemas. Muchos viñedos y bodegas habían quedado arrasados, faltaba mano de obra, capital... En nuestro caso, mi padre ya lidiaba con todo eso y la verdad es que me dejaba poco espacio para mí. Él siempre fue muy suyo para el negocio. La cuestión es que me pareció buena idea cambiar de aires y hacer algo diferente, hacer algo por mi cuenta y aprender del éxito o del fracaso. Así que me lancé a la aventura. Plantamos las vides y, mientras esperábamos a tener una cosecha decente, fuimos montando una pequeña bodega. Aún hay mucho que mejorar, pero, a día de hoy, mantiene una buena producción: dos tercios de blanco y uno de tinto, toda monovarietal. Ahora, queremos probar a hacer *cuvées* con otras variedades.

—Entonces ¿vive en California?

—Ya no. Hace un año regresé a Wiesbaden. Mi padre falleció y tuve que quedarme para hacerme cargo de la bodega familiar.

Acompañaron la conversación con una buena pieza de lomo de ternera con patatas y salsa bernesa, un plato de quesos y dos botellas de un pinot noir del cantón suizo de Vaud; un vino que, aunque era muy diferente del que se elaboraba en la Côte d'Or, estaba delicioso.

—Ahora que recuerdo, ¿qué fue de aquellas tierras que le alquiló a madame Bernard?

—Ah, van bastante bien. Me dio usted un buen consejo al recomendarme plantar aligoté. A los tres años, ya teníamos una cosecha decente para hacer vino, sobre todo, *crémant*. Y, ahora, bueno, no es que se pueda elaborar un grand cru, pero hay añadas bastante buenas. Prácticamente lo he dejado en manos de los dos hijos mayores de madame Bernard y están haciendo muy buen trabajo. En un par de años, cuando ya estén del todo preparados, tengo pensado rescindir el alquiler y cederles la explotación. Ellos no lo saben, pero deberían estarle muy agradecidos.

—¿A mí? Fue usted quien les alquiló las tierras contra toda razón. Siempre me pareció muy valiente por su parte. Y admirable. Un poco loco también, no le voy a engañar.

—Era un poco loco. Una medida desesperada en tiempos desesperados… ¿Y puede creerse que luego quisieron juzgar a madame Bernard por colaboracionista? ¡Todo porque les había lavado la ropa a los alemanes! Menuda tontería… Tuve que volver a ponerme hecha una furia para que la dejaran en paz. Menos mal que yo no era la única con dos dedos de frente y que otros me apoyaron.

Aldara se concentró en partir un trozo de carne. Hubert soltó los cubiertos y la envolvió en una mirada de admiración que disimuló tras un sorbo de vino.

Cuando iba mediada la segunda botella, Aldara ya sentía la cabeza ligera y la lengua suelta, quizá por eso se sinceró con Hubert como no había hecho antes con nadie, ni siquiera con ella misma.

—El regreso de Octave no fue fácil. Para empezar, el pobre tuvo que asumir demasiadas pérdidas: la muerte de su padre y de Pascal, la traición de su hermano, el incendio de no sólo su hogar, sino del símbolo de su linaje. Luego, estábamos nosotros, nuestro matrimonio. Después de tantos años separados, de tantas cosas que no habíamos compartido y tanto que habíamos cambiado, tuvimos que volver a conocernos de nuevo, a enamorarnos de nuevo. Admito que, al principio, fue como recibir a un completo extraño. Luego, bueno… Octave era una buenísima persona: generoso, atento, paciente, leal… Se hacía querer.

Aldara se llevó la copa de vino a los labios con nostalgia, con cierta amargura, también. Sí que había llegado a querer de nuevo a Octave, pero no como antes. Como aquellos primeros meses de matrimonio en los que se amaron con vehemencia, con pasión. A su regreso, su amor reapareció más pausado, tierno, compasivo... Como un amor de ocaso y no de amanecer. Nunca estuvo segura de que aquel tipo de amor fuera el más adecuado para un matrimonio joven, pero, al menos, la ayudó a entregarse al cuidado de su marido y sostuvo la unión hasta que él murió. Tampoco hubo sexo. Octave lo intentó al principio, pero no era capaz de tener una erección. Ella trató de quitarle importancia, de hacerle creer que le bastaba con los besos y las caricias; él le hizo creer que lo había conseguido.

En realidad, Octave vivió desde su regreso hasta su muerte luchando contra la desesperación y la frustración. Le frustraba no dar la talla en la cama. Le frustraba estar enfermo y débil, no tener casi fuerzas para ayudar en el viñedo y en la bodega, dejar todo el trabajo en manos de ella y no ser capaz de mantener a su familia. Le frustraba no valer como marido ni como padre. Nunca lo mostró abiertamente porque era un hombre contenido y nada posesivo, pero siempre vivió con el temor a que Aldara lo abandonase.

Sí que ella se daba cuenta de que su marido abusaba de los somníferos y los calmantes, pero nunca pensó que le sirvieran para algo más que para aliviar el dolor físico.

—Tampoco fue fácil con Claire. Al principio, la niña no quería ni verle. Tardó más de un año en llamarle papá. «Mamá, ese señor me da miedo», me decía. Cierto que Octave ya no se parecía en nada al joven de las fotografías que yo le había enseñado diciendo que era su padre. Cierto que su aspecto... Bueno... —Sacudió la cabeza como para quitarse de encima el recuerdo—. Pero escucharle decir aquello me daba tanta lástima. Ese rechazo era tan doloroso para su padre... Fueron unos meses muy duros hasta que Claire... digamos que se fue acostumbrando a él. Octave puso todo su empeño en ganársela, con paciencia, con cariño, y lo consiguió. Creo que, al final, y según Claire fue haciéndose mayor y a entender las cosas, empezó a comprender y a querer a su padre. Cuando él murió... En fin... Fue una pena que sucediera en el momento en el que mejor se llevaban. Si Octave hubiera seguido con vida, hubieran llegado a tener una excelente relación padre-hija.

Aldara volvió a beber de la copa que acababa de rellenarle Hubert. Se recostó en la silla, suspiró y volvió a sonreír.

—Lo siento... Creo que estoy bebiendo y hablando demasiado. Hace una noche preciosa, la comida estaba buenísima, el mundo sigue en paz... Y aquí estoy yo, empeñada en deprimirle.

—No me deprime. Me gusta escucharla, aunque no me gusta tanto verla triste. ¿Le apetece un postre? Dicen que no hay nada mejor que el famoso chocolate suizo para levantar el ánimo.

A Aldara se le iluminó la cara sólo con oír la palabra «chocolate». Hubert pidió un pastel al camarero.

—¿Tiene alguna foto de Claire? —le preguntó al cabo—. Me gustaría verla.

—Sí, siempre llevo una.

Aldara abrió el bolso, sacó la cartera y, de ella, una pequeña fotografía. Se la tendió.

—Se la hice el mes pasado, cuando estuvimos en París por su quince cumpleaños.

Hubert admiró la imagen de una jovencita con un parecido increíble a su madre, aunque rubia. No daba la sensación de que posara, sino de que más bien la habían llamado mientras rebuscaba en un puesto de libros de viejo de la *Rive Gauche* y se había vuelto, sorprendiéndola la cámara con un libro en la mano y una sonrisa espontánea.

—Es una belleza —juzgó Hubert—. Ya era una niña preciosa, no esperaba menos de ella.

—Usted siempre fue especial para ella. Le costó mucho aceptar que se había ido y que no iba a volver.

Hubert siguió con la vista puesta en la fotografía para disimular cuán conmovido se sentía por la imagen, por los recuerdos, por las palabras de Aldara.

—Lo bueno de los niños es que, tarde o temprano, acaban olvidando —afirmó.

—Tal vez... Pero ella aún conserva al señor Botón en una estantería de su dormitorio.

Él sólo pudo asentir mientras en la imagen ya no veía a una jovencita, sino a la pequeña que iba corriendo hacia él en cuanto lo sentía llegar.

—Se la ve una muchacha alegre —observó según le devolvía la foto a su madre.

—Es muy alegre. Casi siempre está de buen humor. Al final, nos va bien en nuestro peculiar matriarcado —rio—. Es curioso que el Domaine, que siempre había sido patrimonio de los hombres, es ahora territorio de mujeres. Sobre todo, desde que hace dos años Jacques, el mayordomo, se jubilara y se marchase a vivir a la isla de Oleron con un primo suyo. Ya sólo quedamos mujeres en casa y la que más manda de todas es Simone.

—Me lo creo —rio Hubert como si estuviera viendo a la oronda cocinera, que parecía tener el ceño siempre fruncido—. Simone... ¡Menudo carácter! Y, en el fondo, un pedazo de pan... Por cierto, ¿qué fue de madame Berman y Sophie?

—Las dos siguen en casa. Cuando Helene se enteró de que su marido había muerto en Auschwitz, les ofrecimos quedarse con nosotros, puesto que no tenían otro lugar mejor al que ir y tampoco querían volver a Austria, donde ya no les quedaba nada. Para mí ha sido un alivio tenerlas; ellas son mi familia. Sophie es como una hermana para Claire y Helene lo es para mí, ha sido mi gran apoyo en los momentos más difíciles.

También, Sabine. Siempre que se harta de sus chicos, lo cual ocurre con bastante frecuencia, se viene con nosotras. Tiene dos nietos, hijos de Vincent, pero no se lleva demasiado bien con su nuera.

Para entonces, ya habían traído el postre y Aldara no esperó más a hundir la cuchara en el mullido y cremoso pastel. Mientras, Hubert seguía disfrutando de los últimos sorbos de vino a la vez que se quedaba prendado de los restos de chocolate sobre los labios de ella. Aldara se pasó la servilleta.

—Estaba pensando en el águila y el león —dijo Hubert entonces.

—Ay, Dios mío, ¡dichosas botellas! Ahí están, lo único que ha sobrevivido intacto a la guerra. Al menos, Claire les da valor; su padre se encargó de transmitírselo.

—A menudo he pensado en lo oportuno del símil. No sé si Auguste de Montauban lo haría con intención, pero el águila también representa a Alemania y el león fue durante siglos el emblema del escudo de los condes de Borgoña. Ahora, visto con perspectiva, es incluso una bonita metáfora.

—Sí lo es. Y conociendo a mi suegro no me extrañaría que fuera intencionada. De todos los relieves de los apóstoles y evangelistas, escogió precisamente esos dos símbolos; no creo que fuera casual.

—El águila y el león —repitió Hubert meditabundo—. Usted y yo —se atrevió a decir.

Cohibida, Aldara escondió la mirada en el pastel de chocolate.

—Dudo que mi suegro pensara en eso. Además, yo no soy de Borgoña. Ni siquiera soy francesa.

—Da lo mismo. De hecho, es muy oportuno que sea española. Durante casi dos siglos, el condado de Borgoña perteneció a la monarquía española. De todos modos, eso no es lo más importante. Lo importante es que el león representa la fuerza y el valor. Créame, la representa a usted.

—¿La fuerza y el valor? —repitió ella con una sonrisa desdeñosa—. Sólo es instinto de supervivencia. Siempre lo ha sido. Desde que nací. —Aldara miró fijamente a Hubert—. Usted y yo vivimos juntos situaciones tan extremas... Me vio en mis momentos más bajos, en los más mezquinos, en los más débiles, en los más tristes... Sin pretenderlo pero sin poder evitarlo, llegó a conocerme mejor de lo que nadie me ha conocido. Y, aun así, hay tantas cosas que no sabe de mí.

—Cuéntemelas, entonces.

Ella se llevó la mano a la cicatriz. Lo cierto era que estaba deseando hacerlo.

Hubert hubiera querido cubrir de besos aquella marca sobre la mejilla de Aldara que cerraba una historia y abría otra. Solía ocurrir con las cicatrices, bien lo sabía él. Conmovido por el relato de su origen, la admiraba aún más, si es que eso era posible.

Hacía rato que ya no sonaba la música del vecino, que la velita de su mesa se había consumido y que, en el restaurante, sólo quedaban ellos dos y el pobre camarero, que dormitaba en una esquina. Absortos como estaban el uno en el otro, no se habían dado cuenta de lo tarde que era.

Pagaron la cuenta, se levantaron y, como si hubieran llegado al acuerdo tácito de estirar la noche para que nunca acabase, comenzaron a andar hacia el río, en dirección opuesta al hotel.

Caminaron despacio y en silencio, llevados por el repiqueteo de sus pasos lentos sobre los adoquines de la ciudad vieja y dormida.

Al llegar a los bordes del Aar, Aldara se acodó en la barandilla. Hubert la imitó, colocándose a su lado con la vista perdida en el cauce. Las luces de Berna centelleaban sobre la superficie del río y se oía el agua golpear suavemente contra los diques.

Aldara se notó inquieta. Sabía que cuando el congreso terminase al día siguiente, ellos se despedirían con un apretón de manos y sería difícil que volvieran a verse. Con suerte, coincidirían al año siguiente, durante el próximo congreso. Manteniendo las formas y las distancias. Se negaba a resignarse a eso. La vida se lo había devuelto cuando lo creía perdido. No podía dejar que el milagro fuera en vano. Quería regresar al mismo instante en el que se habían separado y continuar desde ahí.

—Claire no es la única que conserva un recuerdo suyo —dijo sin atreverse a mirarle—. Yo todavía guardo el dibujo que me dejó. Y el disco de Chopin.

Hubert dejó escapar un amago de risa.

—No fue una declaración muy sutil, lo admito. Pero entonces ya no tenía nada que perder. Tampoco que ganar, eso es cierto.

—Han cambiado muchas cosas desde entonces. Yo soy viuda, ya no estamos en guerra...

—Sin embargo, hay cosas que no han cambiado.

Hubert se volvió hacia ella, dispuesto a vencer sus reticencias y sincerarse de una vez por todas.

—Aldara, yo... Sigo perdido en tus ojos, rendido a tu sonrisa... Y completamente enamorado de ti.

Entonces, fue ella la que lo miró, con la emoción brillando en esos ojos y en esa sonrisa. Hubert posó su mano sobre la de Aldara, que descansaba en la barandilla. La observó un instante como si se tratara de una ensoñación y, temiendo que se desvaneciera, se inclinó para fundirse con ella en un beso que llevaba más de diez años queriendo darle.

Aldara se entregó a ese beso que también ella misma había contenido tantas veces. Lo saborearon un rato largo, sin prisa, con deleite. Sus cuerpos cada vez más pegados y más anhelantes. Se separaron un instante para recuperar el aliento.

—Dios mío... Todavía no me hago a la idea de que soy libre de quererte —susurró la joven.

—Inténtalo, al menos —rogó Hubert.

Aldara le acarició con ternura el rostro.

—No hará falta, teniente. Te he querido siempre. Siempre.

Una oleada de dicha dejó a Hubert sin habla. Con la garganta tensa de la emoción, buscó de nuevo sus labios. Y allí se hubiera quedado toda la vida.

Entonces, sí. Por fin, la guerra había terminado.

Agradecimientos

Gracias a mis editores, diseñadores, redactores, a los equipos de marketing, comunicación y comercial, a todos aquellos en Plaza&Janés y Penguin Random House que hacen posible que esta historia viaje de la pantalla de mi ordenador a las estanterías de tantos y tantos lectores. En especial, gracias a mi editor, Alberto Marcos, pues aunque nos conocemos desde hace muchos años, nunca habíamos trabajado un libro juntos y creo que no hemos podido tener mejor estreno; estoy segura de que ésta será la primera de muchas colaboraciones.

Gracias también a mi agente, Justyna Rzewuska, de Hanska Literary and Film Agency, por su apoyo y su confianza, por animarme a pergeñar las mejores historias. Y a mi hermano, Luis Montero, que tiene la habilidad de centrar el texto y a su autora cuando más lo necesitamos.

Y gracias a ti, lector o lectora, que has llegado hasta la última página. Espero que pronto volvamos a encontrarnos en una nueva historia.

CANI DI RAZZA

Luisa Ginoulhiac

LABRADOR

De Vecchi

Progetto grafico e impaginazione: Laura Casagrande

Redazione: Paola Comparetti

Disegni: Archivio Giunti/Alberto Marengoni

Referenze fotografiche:
Archivio Giunti:
Marco Giberti pp. 5, 12, 13, 17, 26, 48, 68, 79, 94, 100, 110, 123, 125;
Paola Visintini (soggetti dell'allevamento "Del Gotha" di Roberto Vincenzi - Trana [TO] e dell'allevamento "Delle Acque Lucenti" - Torino/Roma) pp. 14-15, 28, 39-43, 45b, 49, 57-61, 62b, 63-67, 71-75, 77, 78, 81, 83, 86, 92, 96-98, 102, 104, 106-108, 115, 116, 119-121;
Philippe Rocher pp. 7-9, 11, 16, 18-21, 23, 25, 27, 30, 31, 33, 35-38, 44, 45a, 46, 47, 50, 51, 53-55, 62a, 82, 84, 88, 99, 101, 103, 105, 109, 112, 114, 117, 122, e la foto di apertura dei box "Curiosità"

Per informazioni e segnalazioni:
info.devecchi@giunti.it

www.giunti.it

Via Bolognese 165 - 50139 Firenze - Italia
Piazza Virgilio 4 - 20123 Milano - Italia
Prima edizione: settembre 2011

Ristampa	Anno
6 5 4 3 2	2018 2017 2016 2015

FSC
www.fsc.org
MISTO
Carta da fonti gestite in maniera responsabile
FSC® C023532

Stampato presso Giunti Industrie Grafiche S.p.A. - Stabilimento di Prato

SOMMARIO

INTRODUZIONE

Sono passati diversi anni dalla prima edizione di questo manuale. Da allora gli allevamenti in Italia hanno continuato a crescere, così come i semplici appassionati. Il numero dei labrador nati nel nostro paese è in costante aumento, segno che la domanda da parte del pubblico per questi cani non accenna a diminuire. Si è assistito per altri cani a dei veri e propri boom, legati per esempio a richiami mediatici (pubblicità o film che avevano per protagonisti soggetti di razze particolari), che in seguito però sono calati nella loro diffusione. Per il labrador invece questa flessione non c'è stata.

Le ragioni di questo successo sono dovute ovviamente a tutte le qualità che contraddistinguono i nostri amici dalla coda di lontra, ma anche alla dedizione che gli allevatori, guidati anche da un club di razza particolarmente attivo, hanno dedicato alla selezione di soggetti adatti a svolgere varie discipline, ma soprattutto ad accontentare le esigenze di numerosissime famiglie.

In altri paesi dove la razza era più conosciuta già esisteva questa enorme diffusione dei labrador, e di tutti i retriever in generale, come cani da compagnia. La sua indole amichevole e la sua costante voglia di giocare ne fa il compagno ideale di bambini e ragazzi. Si è inoltre conosciuto maggiormente il labrador come cane da lavoro, non solo nella disciplina del riporto, che sta conoscendo un notevole incremento degli appassionati, ma anche in settori più tecnici e socialmente utili (protezione civile e cani poliziotto e cani guida). L'eclletticità di questi cani fa sì che siano adatti alle più diverse situazioni e vengano dunque apprezzati a 360 gradi.

ORIGINI

Come accade per molte altre razze, le opinioni e le teorie sulle origini del labrador sono controverse; l'ipotesi attualmente predominante indica come luogo d'origine di questi cani l'isola di Terranova. Quindi, contrariamente a quanto si potrebbe credere, il labrador non proviene esattamente dalla omonima regione canadese.

L'antenato del labrador aveva il mantello solitamente nero

Descrizioni di viaggiatori dei primi dell'Ottocento testimoniano l'esistenza di cani dalle caratteristiche simili a quelle del labrador utilizzati dai pescatori sulle coste di Terranova in Canada. Sembra che questi cani derivassero da cani da caccia portati in quei luoghi dai coloni che risiedevano nei porti di Terranova durante la stagione di pesca e che facevano la spola tra il Canada e la Gran Bretagna con i pescherecci carichi di merluzzi.

L'ISOLA DI TERRANOVA

Il *St. John water dog*, antenato del labrador, venne descritto per la prima volta nel 1814 dal colonnello Peter Hawker, uno dei "padri" di questa razza, come "cane eccellente per qualsiasi tipo di caccia, ha il manto solitamente nero e non è più grande di un pointer. È estremamente veloce nella corsa e nel nuoto; ha belle gambe, pelo corto, e la coda non è così arricciata come quella del terranova".

I cani di St. John venivano impiegati sia per la caccia sia per il recupero delle cime in mare poiché erano degli ottimi nuotatori. Esistono fonti inglesi che testimoniano come questo tipo di cane nascesse da incroci tra il cane di Terranova di grossa mole e cani da caccia più piccoli simili al pointer. Questo tipo di accoppiamento avrebbe dovuto avere lo scopo di "costruire" soggetti più agili, "specialisti" nella attività del riporto, con il pelo più corto e con un fiuto migliore del Terranova stesso. Certo è che fu poi l'ambiente particolare in cui questi cani dovettero vivere a consentire la selezione di quei caratteri di robustezza e resistenza che il labrador possiede ancora oggi. Il clima di quelle zone contribuì senza dubbio alla selezione del folto mantello impermeabile all'acqua. Le caratteristiche fisiche di questi animali, descritti con il mantello solitamente nero, corrispondevano a quelle di un cane a pelo raso, non troppo grosso e particolarmente veloce sulla terra e in acqua.

Come i loro antenati, i labrador sono degli ottimi nuotatori

Esistono anche delle raffigurazioni del cane di St. John che lo ritraggono con il pelo e la coda leggermente più arricciati di quelli del labrador attuale, ma nel complesso risultano abbastanza somiglianti.

In realtà a quei tempi non esisteva ancora la distinzione netta tra le due razze attuali, terranova e labrador, e infatti molto spesso i due termini venivano utilizzati indistintamente.

La razza venne probabilmente importata in Inghilterra verso la metà dell'Ottocento attraverso i pescherecci che a quei tempi facevano la spola tra l'isola di Terranova, lungo le cui coste si pescavano i merluzzi, e i porti di Poole nel Dorset e di Clide in Scozia. Non è chiaro però quanto fossero stabilizzati a quel tempo i caratteri della razza.

Secondo gli allevatori inglesi, profondi conoscitori delle regole di selezione, non è possibile infatti che già i pescatori si fossero concessi il lusso di selezionare il mantello totalmente nero o le particolari doti di riportatore che il labrador possiede attualmente.

Molto probabilmente esistevano cani dalla morfologia abbastanza varia, e la selezione operata dai pescatori, in modo ovviamente empirico, riguardava con ogni probabilità solo l'abilità nel lavoro e la resistenza fisica alle intemperie.

Un'altra teoria indica come predecessori del labrador cani provenienti dalle zone costiere del Portogallo del nord, chiamati "cani di castro laboreiro". Si tratta di una razza esistente ancora oggi, ufficialmente riconosciuta, effettivamente somigliante a un brutto labrador, che secondo alcuni potrebbe essere stato importato in Inghilterra grazie ai traffici marittimi tra i due Paesi. Questa ipotesi è però meno accettata dagli esperti.

Curiosità

Originariamente il labrador era di colore nero: sembra che nel 1899 comparve per la prima volta, da genitori entrambe neri, un cucciolo giallo. Pare inoltre che inizialmente questo mantello fosse considerato fuori dallo standard e che i cuccioli venissero soppressi perché atipici. In seguito, fortunatamente, venne riconosciuta anche l'esistenza del mantello giallo.

Il terzo colore del mantello dei labrador, definito attualmente come "cioccolato", inizialmente venne denominato color "fegato". Si tratta di un marrone bruciato molto bello ma difficile da ottenere soprattutto con caratteristiche molto omogenee.

IL CONTRIBUTO INGLESE

Quello che è certo è che la storia più recente di questi cani è tutta inglese; è infatti nota l'antica passione per la cinofilia di questo popolo che si è sempre dedicato all'allevamento e alla selezione delle più disparate razze canine. Pare che, grazie alle loro doti, gli antenati dei labrador vennero subito notati dagli allevatori inglesi e utilizzati per rafforzare le linee di sangue dei cani da riporto. Era infatti loro intento affiancare ai cani da ferma dei cani addestrati solo a riportare.

Fu così che si iniziarono a selezionare i primi labrador, anche se originariamente c'era ancora confusione con il cane di Terranova. In un articolo apparso nel 1870 sull'"Illustrated London News" (il primo settimanale al mondo illustrato, ndr), che riporta osservazioni sull'esposizione canina di Birmingham, si legge un commento a proposito dei terranova che dice: "Sarebbe desiderabile

In origine i labrador erano prevalentemente neri, ma poi si selezionò anche il mantello giallo recessivo

vederli divisi in due classi: il terranova che già conosciamo e il labrador nero carbone che è senz'altro un'altra razza".
Uno dei primi grandi capostipiti a noi noto fu un cane selezionato da Lord Malmesbury di nome Buccleuch Avon, nato nel 1885. Lord Malmesbury donò alcuni discendenti del suo cane ad altri nobili appassionati cacciatori e tra la fine dell'Ottocento e l'inizio del Novecento vennero fissate tutte le attuali caratteristiche del labrador retriever. Altri personaggi importanti nella storia della selezione di questi cani sono stati lo stesso colonnello Hawker, Lord Knutsford, Lord Home e il duca di Bucchleuch.
In Inghilterra ci sono stati solo dieci campioni doppi, cioè sia di bellezza che di lavoro, e tutti discendono da tre stalloni di Lord Malmesbury: Avon, Netherby Boatswain e Smiler.
Il Kennel Club riconobbe ufficialmente la razza nel 1904 e l'associazione di razza fu fondata nel 1916.

Il premio di Best in Show alla famosa esposizione di Crufts in Inghilterra fu assegnato a un labrador per due anni di fila: 1932 e 1933; si trattava del campione Bramshaw Bob allevato dalla contessa Lorna Howe. Tra le persone che contribuirono in modo determinante alla formazione della razza, importantissima fu la signora Gwen Broadley che, lavorando sulle basi già gettate da Lady Howe, produsse cani di grande classe e di ottimo temperamento; non si può parlare di labrador senza ricordare l'affisso di Sandyland che regalò alla razza più di settanta campioni.

In un primo tempo i labrador erano prevalentemente neri, ma piano piano si cominciò a selezionare anche il mantello giallo recessivo. Il merito di aver fondato l'associazione per i labrador gialli spetta alla signora Veronica Wormald nel 1925.

La razza cominciò a diffondersi inizialmente soprattutto nei Paesi anglosassoni, come gli Stati Uniti, dove fu riconosciuta ufficialmente nel 1917, e poi in numerosi altri Paesi.

Lo standard della razza venne redatto dagli allevatori inglesi per la prima volta nel 1887, fissato poi nel 1916 dal neocostituito club, e aggiornato dopo la seconda guerra mondiale.

Lo standard attualmente riconosciuto dalla Federazione Cinologica Internazionale è stato stilato nel 2010.

CARATTERISTICHE FISICHE

Lo standard di una razza rappresenta l'insieme delle caratteristiche morfologiche e caratteriali che dovrebbe possedere il "cane ideale". Sono queste caratteristiche, infatti, che gli consentono di svolgere al meglio la funzione per la quale è stato selezionato. Si tratta comunque di una descrizione astratta, che non

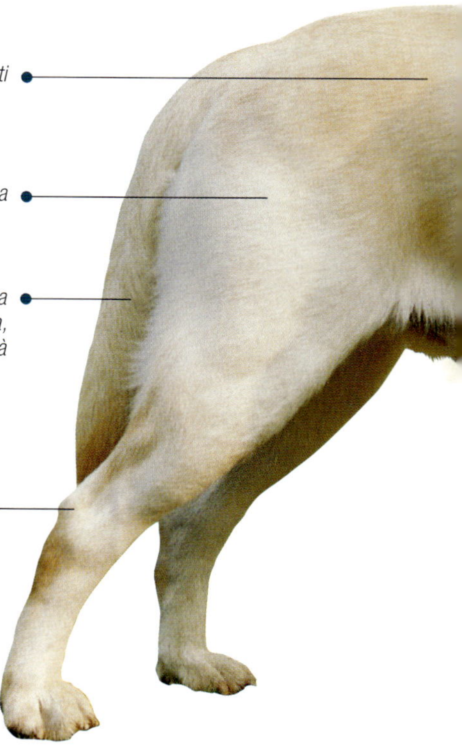

corrisponde a nessun soggetto in particolare. Esso rappresenta il "metro" al quale si devono rifare gli esperti cinofili per valutare gli animali che vengono sottoposti al loro giudizio ma, ancor di più, la guida per gli allevatori nella selezione dei loro cani. Riportiamo di seguito in corsivo lo standard ufficiale del labrador retriever (FCI n° 122), traduzione di quello stilato dalla Federazione Cinologica Internazionale, in vigore dal 2010 a cui segue, in tondo, il commento a cura dell'autore.

L'ASPETTO GENERALE

Di costruzione robusta, compatto, molto attivo (il che esclude eccessivo peso corporeo o sostanza); cranio largo; torace e cassa toracica larghi e alti; rene e posteriore larghi e forti.

Il labrador, come cane da caccia, deve possedere doti di robustezza e resistenza che gli consentano di poter lavorare in condizioni climatiche avverse su ogni tipo di terreno; in particolare deve essere un buon nuotatore per riportare anatre e altri volatili acquatici.

LE CARATTERISTICHE

Di buon temperamento, molto agile. Fiuto eccellente, presa morbida, grande passione per l'acqua. Compagno devoto, che sa adattarsi.

Un labrador deve avere un fiuto insuperabile, un carattere amichevole, un'indole vivace e una vera e propria passione per l'acqua.

La testa del labrador è ben modellata, asciutta, senza guance carnose

IL TEMPERAMENTO

Intelligente, appassionato e disponibile, con gran desiderio di essere gradito. Di natura gentile, non è mai aggressivo o inopportunamente timido.

Nella valutazione di un labrador bisogna tener conto, oltre che delle caratteristiche fisiche, anche di alcuni aspetti caratteriali che ne fanno un buon cane da riporto dal temperamento molto tipico. Un cane bellissimo ma con difetti di carattere viene penalizza-

Il labrador è di indole buona ed è amichevole

to anche nelle esposizioni di bellezza. È un cane molto intelligente che, malgrado la sua irrefrenabile giocosità, risulta facilmente addestrabile.

LA TESTA E IL CRANIO

Cranio largo. Ben modellato, asciutto, senza guance carnose. Stop definito. Tartufo ampio, narici ben sviluppate. Muso potente, non appuntito.

Le caratteristiche della testa sono incentrate sulla funzione che deve svolgere nel riporto; il muso deve essere largo, le mascelle forti e ben sviluppate per poter portare anche volatili piuttosto pesanti.

Nell'insieme la testa deve dare l'impressione di potenza e rotondità senza però essere troppo corta e massiccia. Anche il naso svolge un ruolo fondamentale; il tartufo deve essere largo con narici ampie e livellato con la canna nasale. Lo stop, cioè il

gradino tra naso e fronte, deve essere molto pronunciato, con una decisa interruzione. La canna nasale è parallela alla linea della testa.

GLI OCCHI

Di media grandezza, con espressione intelligente e mite: marrone o nocciola.
Gli occhi e le orecchie devono essere ben protetti per poter lavorare anche su terreni ricoperti da vegetazione fitta: l'occhio deve avere le sopracciglia abbastanza pronunciate e non deve essere sporgente; molto importante è l'espressione del labrador che lo rende tipico: gli occhi devono essere infatti dolci e intelligenti al tempo stesso. La pigmentazione dell'occhio contribuisce molto alla bellezza dello sguardo: per questo occhi troppo chiari, come a volte capita in cani con il mantello cioccolato, sono da considerarsi un difetto.

Gli occhi del labrador esprimono intelligenza e buon carattere

LE ORECCHIE

Non grandi né pesanti. Ricadono contro la testa e sono attaccate piuttosto indietro.
Le orecchie non devono essere troppo grandi e pesanti ma sufficientemente sviluppate da proteggere il condotto uditivo da aria e acqua.

LA BOCCA

Mascelle e denti di media lunghezza, forti e con una perfetta, regolare e completa chiusura a forbice, cioè con denti superiori strettamente sovrapposti agli inferiori e impiantati perpendicolarmente alle mascelle.

Valutando i rapporti tra le due arcate dentarie si parla di chiusura a forbice quando la faccia interna degli incisivi superiori tocca la faccia esterna di quelli inferiori. Si parla di chiusura a tenaglia quando i margini degli incisivi combaciano. In entrambi i casi la lunghezza delle due mascelle, la superiore e l'inferiore, è uguale. Sono considerati difetti la presenza di enognatismo (quando la mandibola è più corta della mascella) e di prognatismo (quando la mascella appare più corta della mandibola). Il labrador dovrebbe possedere una chiusura a forbice. Negli Stati Uniti lo standard prevede invece la chiusura a tenaglia.

IL COLLO

Possente, solido e pulito, esce da spalle ben piazzate.

Il collo appare come la continuazione del tronco sul quale si inserisce senza soluzioni di continuità. Nel complesso il collo del labrador non è né troppo pesante né troppo sottile e di lunghezza proporzionata al corpo.

GLI ARTI ANTERIORI

Diritti dal gomito al suolo, se visti sia dal davanti che di lato. Spalle lunghe e ben oblique. Buona ossatura.

Gli appiombi di un arto sono dati dalla direzione dei suoi raggi ossei rispetto al terreno considerato orizzontale. Considerando il cane di profilo, la verticale abbassata dall'articolazione scapolo-omerale deve cadere a terra toccando la punta delle dita. Se il piede si trova più indietro rispetto a detta verticale, il cane si dice sotto di sé anteriormente o gettato sul davanti. Se il piede si trova più avanti rispetto alla verticale, il cane si dice fuori di sé anteriormente o disteso anteriormente. Questo secondo difetto è molto raro. Nel labrador è molto importante l'inclinazione della spalla; la scapola deve formare con la linea orizzontale un angolo di 45° e con l'omero un angolo di 90°. Dal gomito in giù l'arto deve essere perfettamente diritto sia visto anteriormente sia di profilo. Inoltre gli anteriori chiusi, troppo ravvicinati, sono scorretti perché indicano uno scarso sviluppo del

Il collo è poderoso e appare come la continuazione del tronco

torace. Anche il difetto contrario viene penalizzato, gli arti non devono infatti essere eccessivamente distanziati perché il movimento diventerebbe più goffo e il cane avrebbe più difficoltà anche durante il moto. Il cagnolismo e il mancinismo sono altri due difetti che a volte si possono osservare negli arti anteriori. L'anteriore cagnolo si presenta con i piedi ruotati internamente e i gomiti "scollati" dal torace; il mancinismo è il difetto contrario, cioè i piedi sono ruotati esternamente e i gomiti troppo aderenti al torace.

IL TRONCO

Linea dorsale orizzontale. Rene largo, corto nella sua giunzione col posteriore e forte. Torace ben largo e disceso, con costole ben cerchiate a botte: questo effetto non deve essere prodotto dal fatto di portare un peso eccessivo.

Il labrador ha un torace profondo con buoni muscoli pettorali che gli consentono di nuotare agilmente; il petto tuttavia non deve essere troppo largo perché opporrebbe eccessiva resistenza all'acqua.

Vista dall'alto la regione toracica appare ben sviluppata in larghezza, tanto che il profano ha spesso la tendenza a ritenere i labrador troppo grassi; in realtà è proprio la curvatura delle coste "a botte" che conferisce loro questa tipica forma.

GLI ARTI POSTERIORI

Ben sviluppati, con la groppa non spiovente. Ginocchio ben angolato. Metatarso con garretti ben discesi; i garretti vaccini sono altamente indesiderabili.

La parte posteriore dell'animale è della massima importanza essendo quella che durante l'andatura trasmette l'impulso propulsivo al tronco. Oltre a essere ben angolato al ginocchio, l'arto posteriore deve possedere un'ottima muscolatura sia sulle cosce che sulle natiche. Possibili difetti di appiombo sono costituiti essenzialmente dal cagnolismo (arti ruotati internamente) o, al contrario, dal vaccinismo, in cui i garretti sono rivolti internamente mentre i piedi sono ruotati in fuori. Nel complesso, il posteriore deve essere leggermente più largo rispetto all'anteriore.

I PIEDI

Rotondi e compatti; dita ben arcuate e cuscinetti ben sviluppati.
I piedi del labrador sono stati definiti "palmati" in quanto devono facilitare il cane nel nuoto. In realtà non dobbiamo pensare a un piede "da papera": un piede corretto è rotondo e ben arcuato, non piatto o con dita divaricate; la cute degli spazi interdigitali è ben sviluppata ma gli spazi stessi non devono vedersi. Sono scorretti sia il piede da gatto eccessivamente piccolo, sia il piede da lepre, che è invece lungo e ovalare.

LA CODA

Coda caratteristica, molto spessa alla radice, si assottiglia gradualmente verso la punta. Di media lunghezza, priva di frange ma completamente ricoperta di un pelo corto spesso e denso che le dà un aspetto "rotondo", chiamato "coda di lontra". Può essere portata allegramente, ma mai arrotolata sul dorso.

L'aspetto caratteristico della "coda di lontra" del labrador è dato dal pelo corto, fitto e folto che la ricopre

La coda tipica ha una conformazione larga alla base e progressivamente diventa più sottile verso l'apice: essa è molto importante in quanto svolge la funzione di timone durante il nuoto e di bilanciere durante il riporto.
I principali difetti sono:
- coda troppo sottile;
- coda arricciata all'estremità;
- coda attaccata troppo alta;
- coda con frange.

Può essere portata in alto a bandiera, soprattutto nei soggetti giovani, ma deve mantenere la sua conformazione tipica da lontra. È quasi sempre in movimento!

L'ANDATURA E IL MOVIMENTO

Andatura libera, che ricopre adeguato terreno; movimento diritto e regolare sia degli anteriori che dei posteriori.

IL MANTELLO

Pelo caratteristico; corto e denso, senza ondulazioni o frange, passabilmente ruvido al tatto: sottopelo impermeabile.

IL COLORE

Completamente nero, giallo o marrone (fegato-cioccolato). Il giallo va dal crema chiaro al rossiccio (colore della volpe). Ammissibile una macchiolina bianca sul petto.

LA TAGLIA

L'altezza ideale al garrese è di 56-57 cm per i maschi e di 54-56 cm per le femmine.

I labrador americani sono leggermente più grossi di quelli inglesi, diffusi in Europa: per i maschi lo standard è 57,5-62 cm e per le femmine 55-60 cm.

I DIFETTI

Qualsiasi deviazione da quanto sopra deve essere considerata come difetto e la severità con cui va penalizzata deve essere proporzionata alla sua gravità.
N.B. I maschi devono avere due testicoli apparentemente normali, completamente discesi nello scroto.

NOTE

Attualmente, come già successo per altre razze, si sta creando una separazione sempre più marcata tra le linee dei cani da lavoro e quelli da esposizione, per cui potrà capitare di vedere labrador molto diversi tra loro soprattutto per quanto riguarda la taglia. È comunque auspicabile che questa tendenza non vada oltre i limiti accettabili per non correre il rischio di dimenticare le origini e la vera attitudine di questa splendida razza.

I tre colori caratteristici del mantello

CARATTERE E ATTITUDINI NATURALI

Il labrador è un cane che si può definire "eclettico", nelle sue attitudini e nelle sue funzioni. Non è un caso se, oltre alle sue grandi qualità di cacciatore, questo cane ha primeggiato anche in altri settori. Cane da riporto per eccellenza, possiede un formidabile istinto che, associato alle sue straordinarie capacità di apprendimento, ne fanno un cane da caccia fuori dal comune. Oltre alla caccia, però, ci sono numerose altre attività per cui il labrador si mostra perfetto, grazie al suo temperamento particolarmente equilibrato e alla facilità e all'entusiasmo con cui impara. Il labrador è celebre anche come cane guida per ciechi, campo in cui è utilizzato da molti anni.

IL CARATTERE DEL LABRADOR

Il labrador, se ben trattato, è un cane naturalmente "felice" e lo dimostra in ogni occasione con la sua esuberanza e vitalità. In ogni momento, a meno che non stia dormendo, la sua bella coda è in movimento. Istintivamente è un cane amichevole, che ama le persone, e di conseguenza si fa amare. Una definizione molto efficace di questa razza è quella del cane "desideroso di compiacere". Un labrador è felice quando fa qualcosa per il padrone e il solo premio che richiede è un buffetto amichevole o un "bravo". È un cane che ama essere utile, attivo, e ubbidire al suo padrone.

Il labrador vive bene in gruppo

Allevatori, che ovviamente sono un po' diparte, ma anche proprietari e addestratori concordano nel definire il labrador un cane dal carattere fantastico.

Un cane vivace e affettuoso

Gli allevatori lo descrivono come un cane dal temperamento forte, vivace e allo stesso tempo amabile: vive benissimo in gruppo e, anche se necessariamente viene stabilita una gerarchia, è difficile che non regni l'accordo al suo interno. Allo stesso modo vive in armonia con qualsiasi essere vivente: cane, gatto, cavallo ecc. In particolare adora stare con le persone, è estremamente socievole con chiunque gli presti una minima attenzione e non risparmia le feste per nessuno. Odia invece la solitudine e l'ozio.

Dato il suo buon carattere, non protesterà mai più di tanto se lasciato solo, ma gli allevatori sono del parere che sia un cane destinato a un contatto costante con le persone.

È un cane espansivo e lo dimostra in ogni momento. Questa sua festosità a volte può essere eccessiva, in quanto spesso non sembra rendersi conto della sua potenza e della sua mole. Per questo motivo è necessario fin da piccolo abituarlo a controllare i suoi slanci d'affetto. Un grosso labrador che, prendendo la rincorsa, piazzi le sue potenti zampe sul petto di una persona può talvolta essere frainteso nelle sue intenzioni.

Numerosi proprietari, sia che fosse il loro primo cane sia che ne avessero già avuti altri, hanno affermato di non voler mai più un'altra razza.

> **Nota bene**
>
> Il labrador non ama la solitudine, si adatterà pazientemente se viene lasciato solo, ma se dovete assentarvi per lunghi periodi durante la giornata dovrete eventualmente pensare a procurargli una compagnia.
> L'ideale sarebbe un altro cane, magari della stessa età, con il quale poter giocare.

Il labrador è un cane che fa sentire la sua presenza, è divertente, ha la sua personalità spiccata ed è affettuosissimo. In genere, non sceglie una sola persona come suo padrone nell'ambito della famiglia; si affeziona e sta volentieri con tutti i membri, così come è assolutamente festoso quando viene un estraneo. È un cane che abbaia raramente per difendere il territorio; la guardia non è assolutamente compresa nelle sue abitudini. Abbaia piuttosto per invitare al gioco un altro cane o una persona, abbaia per chiedere qualche cosa, ma se uno sconosciuto entrasse nella sua casa, gli farebbe feste e complimenti come se lo conoscesse da sempre.

Il labrador è un cane molto affettuoso e fa le feste sia ai membri della famiglia sia agli ospiti

Un compagno ideale nella vita quotidiana

Malgrado la sua mole e le sue abitudini "acquatiche" che lo portano a gettarsi in ogni specchio d'acqua o pozza che gli capiti sotto tiro, è un cane che può essere tenuto tranquillamente anche in casa, straordinariamente pulito e composto.

Pur essendo molto esuberante, superate le prime fasi di pazza gioia quando arriva qualcuno o quando "saluta" il suo padrone, il labrador generalmente si abitua a comportarsi correttamente in casa. In genere si accuccia ai piedi del padrone e lì rimane, senza disturbare.

Necessita di un contatto costante con i membri della famiglia e deve essere portato fuori il più spesso possibile. In questo modo ci si accorge che più si sta col cane, si comunica con lui attraverso gesti, espressioni, toni di voce, più il rapporto di reciproca comprensione si fa profondo.

L'unico campo in cui è veramente un "fiasco" è quello della guardia e della difesa, in quanto per sua natura non farebbe male a una mosca: ha dalla sua la mole e il tono di voce, che possono incutere un po' di soggezione a chi non lo conosce, ma in realtà non sa cosa significhi aggredire o mordere una persona.

Arriverete al punto in cui anche senza parlare il cane capirà le vostre intenzioni e, da parte vostra, imparerete a conoscere il "linguaggio" del cane che in maniera costante vi comunicherà le sue esigenze.

Ricordatevi che lui ama stare con voi e in qualunque posto lo portiate si adatterà facilmente. Non preoccupatevi della sua mole;

Curiosità

Uno dei tratti fondamentali della razza, che viene sottolineato molto bene anche nello standard, è la totale assenza di aggressività. Sono poche le situazioni in cui è ammesso che un labrador mostri i denti. Può succedere tra due maschi ma è comunque un comportamento che va scoraggiato in tutti i modi.

Un labrador non dovrebbe mai ringhiare a una persona a meno che non venga deliberatamente minacciato o spaventato da un atteggiamento o da un abbigliamento insolito, ma anche in questo caso comunque l'aggressività deve manifestarsi in modo discreto.

spesso dà molto meno fastidio un grosso labrador accucciato sotto il tavolo del ristorante che il cagnolino tascabile che non sta fermo un attimo.

LE ATTITUDINI NATURALI DEL LABRADOR

UN ECCELLENTE CANE DA CACCIA

Il labrador, come gli altri retriever, possiede un'attitudine innata per il riporto e, se ben impostato, può divenire un ottimo cane da caccia.

È un cane attento a ciò che gli viene insegnato: e lavora volentieri, come se desiderasse apprendere. È serio e non si lascia distrarre facilmente.

Tra i retriever esistono sicuramente cacciatori con un istinto più marcato, come il flat coated o il nova scozia duck tolling, ma il labrador possiede senza dubbio altre qualità che lo hanno portato a diffondersi così ampiamente. È particolarmente indicato

L'attitudine del riporto è innata nel labrador, cane che si presta bene per la caccia a volatili acquatici

per i volatili acquatici, in quanto è un ottimo nuotatore, ama l'acqua e resiste al freddo.

Nel nostro Paese queste qualità stanno finalmente iniziando a essere maggiormente apprezzate, anche se i cacciatori italiani sono ancora affezionati a razze a noi più note. In altri Paesi, in particolare in quelli anglosassoni, ma anche in quelli scandinavi, come pure in Francia e in Svizzera, la razza è notevolmente diffusa e conosciuta tra i cacciatori.

Un cane guida per non vedenti

Il suo temperamento equilibrato è perfetto per il ruolo che il cane per non vedenti deve svolgere: non deve essere distratto da niente e da nessuno durante il suo lavoro, non deve essere aggressivo in quanto deve poter stare in qualsiasi tipo di ambiente a contatto con persone, o con altri cani, infine è anche importante, per la vita sociale dei non vedenti, che attragga l'attenzione per la sua bellezza e non incuta timore agli interlocutori. Il cucciolo destinato a divenire cane guida viene affidato all'età di sei mesi a un addestratore che lo alleva in famiglia per circa altri sei mesi.

Durante questo periodo i cuccioli imparano ad affrontare ogni tipo di situazione della vita di tutti i giorni. Una volta al mese vengono controllati dagli istruttori specializzati della scuola che verificano i loro progressi.

A dodici mesi i cuccioloni vengono restituiti al centro di addestramento per il perfezionamento dove vengono testati severamente per quanto riguarda il carattere e la salute. Solo dopo aver superato questa selezione i cani prescelti iniziano il vero e proprio corso che dura diversi mesi. Nella fase finale si effettua una fase di addestramento insieme al nuovo proprietario non vedente.

Il labrador è perfetto per il ruolo di cane guida per non vedenti

Un cane da compagnia per i portatori di handicap

Il labrador, insieme ad altri retriever, si è dimostrato utilissimo nell'aiutare i portatori di handicap fisici: infatti è in grado di sostituirsi a loro in varie attività.

I cani che vengono addestrati a questa attività particolare possono eseguire fino a cinquanta comandi differenti: raccolgono oggetti caduti per terra, aprono porte, chiamano un ascensore, aiutano a fare la spesa ecc. Anche in questo caso, come per i non vedenti, il supporto psicologico che la persona trae dall'avere un fedele compagno sempre vicino è molto importante. Questo tipo di impiego è stato introdotto circa quindici anni fa negli Stati Uniti e ha riscosso consenso anche in Europa, sebbene non abbia avuto ancora una diffusione analoga a quella dei cani guida.

Un altro impiego dei labrador è quello di cani per non udenti. Essi vengono abituati e addestrati a riconoscere i suoni, come per esempio il pianto di un bambino o anche solo un campanello, e a richiamare l'attenzione del proprietario.

Un cane da ricerca

Come cani da ricerca i labrador vengono sfruttati grazie all'ottimo fiuto e al temperamento intraprendente che li porta a non avere paura di niente.

La ricerca di persone travolte dalle macerie, infatti, a volte implica il superamento di ostacoli pericolosi, e i labrador sono molto adatti a questa attività.

I cani della protezione civile vengono addestrati a camminare su assi sospese nel vuoto, a superare passerelle traballanti, a passare in cunicoli stretti ecc., in modo da simulare un percorso accidentato che potrebbe presentarsi in caso di catastrofe.

In Italia i volontari delle unità cinofile utilizzano ancora in prevalenza pastori tedeschi ma alcuni labrador hanno già cominciato a lavorare; in altri Paesi, dove la razza è più diffusa, questi cani vengono impiegati abbastanza spesso.

Anche per il salvataggio di persone in acqua i labrador affiancano i più noti terranova: sono infatti ottimi nuotatori e non temono assolutamente l'acqua.

Spesso il labrador affianca i terranova per il salvataggio di persone in acqua

L'unico svantaggio che hanno è di avere il pelo corto che non consente alle persone di aggrapparvisi come fanno con il Terranova, ma questa mancanza viene ovviata con l'impiego di una apposita imbracatura.

UN CANE ANTIDROGA E ANTIESPLOSIVI

Infine, un ultimo campo in cui l'olfatto di questi cani viene particolarmente sfruttato è nella ricerca degli stupefacenti o degli esplosivi negli aeroporti.
I cani antidroga vengono inizialmente addestrati a scovare un giocattolo in nascondigli sempre più difficili. Successivamente si associa al giocattolo l'odore della droga, in modo che essi si abituino a cercare gli oggetti con quell'odore in modo da sviluppare un olfatto molto selettivo.
È da sfatare l'idea che i cani vengano drogati per assuefarli agli effetti degli stupefacenti.

COME CAPIRE E FARSI CAPIRE DAL CANE

a cura della prof.ssa Marina Verga

A tutti è capitato di notare la varietà e la diversità di segnali che i cani utilizzano negli incontri sia con gli altri cani che con l'uomo: segnali vocali, come guaire, abbaiare, ringhiare, o segnali visivi, come abbassare le zampe anteriori per "invitare al gioco", tenere le orecchie e la coda abbassate, in posizione di "timore", o scodinzolare, agitando tutto il corpo, in attesa di qualche bocconcino prelibato o di una bella passeggiata.
Tutti questi segnali, e numerosi altri, come quelli olfattivi, trasmessi soprattutto con l'emissione di urina, fanno parte di una sorta di linguaggio, che è poi il "sistema di comunicazione" caratteristico di ogni specie.

A CHE COSA SERVE COMUNICARE

Ovviamente la trasmissione di segnali comporta lo sviluppo di una vita sociale all'interno della quale ogni individuo trova un suo rango e un suo ruolo rispetto agli altri. E ciò è vantaggioso sia per il singolo che per il gruppo; infatti, il primo riesce a trovare meglio, attraverso le indicazioni degli altri, la possibilità di nutrirsi e di accoppiarsi, cioè di sopravvivere e di riprodursi, mentre il secondo riesce a mantenere la sua coesione senza che i suoi componenti lottino continuamente tra loro. Inoltre la comunicazione tra i membri del gruppo sociale permette una migliore difesa dai pericoli, che vengono prontamente segnalati anche a distanza, soprattutto attraverso messaggi acustici. Il cane appartiene a

una specie altamente sociale e come tale ricca di segnali di comunicazione specialmente visivi, acustici e olfattivi.

I cani utilizzano diversi tipi di segnali per comunicare con i propri simili o con l'uomo

I MESSAGGI DEL MUSO

Le espressioni del muso, cioè la cosiddetta maschera facciale, sono fondamentali nel linguaggio del cane, particolarmente in quelle razze che hanno la possibilità di modificare la posizione delle orecchie. Le diverse posizioni delle orecchie, insieme a quelle delle labbra, ci possono rivelare le intenzioni del cane. In sintesi possiamo ritenere che:

- sguardo fisso e attento con pupilla ristretta, magari accompagnato da un brontolio sordo e da un leggero rizzarsi del pelo sul dorso, è segnale di minaccia;
- sguardo abbassato e sfuggente indica solitamente timidezza, ma attenzione, se subentra uno stato di paura vera e propria può diventare progressivamente un segnale di pre-attacco;

- sguardo attento, accompagnato da scodinzolamento, abbaio e parte anteriore del corpo abbassata, può voler dire: "vuoi giocare con me?";
- sguardo languido e quasi implorante, magari con il corpo in posizione di "seduto" significa che il nostro amico sta pazientemente aspettando la sospirata pappa!;
- sguardo "assente", posizione apatica e scarsa reazione ai segnali che gli trasmettiamo possono indicare che "qualcosa non va" a livello organico, che può essere presente una patologia di varia natura o addirittura nervosa; vi sono casi in cui tale sguardo è concomitante a "crisi" nervose vere e proprie, che possono anche comportare episodi di aggressività improvvisa e assolutamente imprevedibile, anche diretta verso persone che l'animale conosce bene, fosse anche lo stesso proprietario o membri della famiglia.

Un tipico esempio di atteggiamento di attesa del pasto

I MESSAGGI DEL CORPO E DELLA CODA

Nel suo insieme tutto il corpo del cane è in grado di trasmettere segnali differenti, sia modificando le posture sia rizzando il pelo, tanto da farlo sembrare aumentato di volume. Il principio generale è semplice: più la figura dell'animale risulta imponente (orecchie diritte, pelo ritto sul dorso, coda portata alta con un movimento rigido, posizione eretta), più è in grado di segnalare il suo stato di dominanza sull'ambiente circostante, compresi gli altri cani o le persone in questo inserite; più la figura risulta invece "rimpicciolita" (coda tra le zampe, orecchie abbassate, posizione semi-accucciata), maggiore è l'intenzione da parte del cane di dichiararsi sottomesso, perdente, o anche "innamorato" nel caso di un maschio che corteggi la femmina in calore.

Non è ancora del tutto chiaro il significato dello scodinzolamento: infatti sappiamo tutti recepire il messaggio del nostro cane che ci viene incontro scodinzolando con il guinzaglio, la ciotola o la pallina in bocca, e interpretarlo come desiderio di andare a spasso o di ricevere la sospirata razione di cibo o di giocare con noi.

Tuttavia il cane spesso scodinzola, magari in maniera più rigida, meno rilassata, anche quando è in situazione di rivalità con altri cani oppure in atteggiamento di pre-aggressività.

Sta di fatto che tale comportamento si manifesta già nel cucciolo durante la poppata o quando, comunque, vi è competizione con i fratelli di nidiata. Con il movimento della coda, quindi, ogni soggetto può segnalare la sua presenza, in quanto scodinzolando il cane sparge all'intorno il proprio segnale olfattivo, che, come vedremo più avanti, è un altro sistema di comunicazione molto importante.

Lo scodinzolare in attesa del gioco o di una ricompensa è peraltro un segnale di tipo infantile che il cane adulto mantiene nei confronti dei suoi simili e dell'uomo.

Curiosità

Secondo alcuni autori la coda potrebbe essere uno strumento di segnalazione a fini sociali o sessuali, in quanto può nascondere o mostrare la zona ano-genitale per stimolarne l'attenzione; uno strumento di segnalazione del "rango sociale" dell'individuo all'interno del gruppo-branco, in quanto l'intensità e l'ampiezza dello scodinzolamento possono indicare il livello di controllo dell'emotività dell'animale.

Il significato dello scodinzolio non è ancora del tutto chiaro

I MESSAGGI "VOCALI"

I messaggi acustici o le "vocalizzazioni" sono usati in larga misura dal cane per comunicare anche a notevole distanza. Sappiamo bene quali cori a più voci si scatenano negli orari più impensati, quando i cani di tutto il vicinato si segnalano l'un l'altro che si è sentito un rumore sospetto nei dintorni o, semplicemente, che sta passando qualcuno davanti a un cancello.

Il cucciolo segnala alla mamma diversi bisogni

E conosciamo bene anche il "parlare furioso" di alcuni cani quando segnalano al proprietario che qualcuno si sta avvicinando alla porta di casa, cosa peraltro naturale in quanto sistema di difesa del territorio da parte dell'animale, ma parecchio fastidiosa, soprattutto per il proprietario stesso e per i suoi vicini di casa!

Tuttavia questo è uno degli scopi della comunicazione acustica: segnalare un pericolo al gruppo, in maniera che si possa preparare alla difesa. Altri sono i messaggi che il cane trasmette a voce e diversi in funzione del tipo di voce utilizzato: il cucciolo segnala alla mamma, con lamentosi guaiti, che ha freddo, fame o bisogno di cure; l'adulto segnala al compagno abbaiando un pericolo o una preda; il maschio segnala alla femmina con una varietà di suoni il proprio "ardore amoroso".

COME COMUNICARE A PAROLE CON IL CANE

È opinione diffusa fra molti proprietari che il cane "capisca" il significato delle parole più diverse e dei discorsi più complessi, tanto da poter instaurare con lui lunghi dialoghi, sia quando si tratta

di premiarlo sia quando gli si manifesta disappunto per un comportamento negativo.
L'unica cosa certa è, in realtà, che il cane impara ad associare un certo nostro segnale a un suo comportamento e successivamente a una nostra risposta a questo: per esempio può associare la parola "vieni" all'atto di avvicinarsi a noi e al fatto di riceverne in premio un bocconcino prelibato; oppure la parola "seduto" al sedersi davanti a noi per ricevere subito dopo una carezza accompagnata da un "bravo!"; o ancora la parola "via!" al suo tentativo di salire sul nostro divano preferito, seguita da un "no!" secco di disapprovazione.
Attraverso tali associazioni si instaura quello che si chiama "apprendimento per condizionamento", e cioè proprio il fatto che il cane impara che c'è relazione tra un certo segnale acustico, il suo comportamento di risposta e ciò che ne consegue, soprattutto se si tratta di un premio.
La parola-segnale corrispondente a ogni messaggio che vogliamo trasmettergli può essere di qualsiasi tipo, l'importante è che per ogni messaggio venga usata sempre la stessa parola, detta con lo stesso tono di voce e accompagnata dagli stessi gesti. Diversamente il nostro amico "andrà in confusione" e non potremo aspettarci che ubbidisca a segnali diversi che vogliono però indicare la stessa cosa!

Il cane impara ad associare un segnale a un suo comportamento

QUANDO IL CANE ABBAIA A SPROPOSITO

Capita spesso che il nostro amico tenti letteralmente di "farci diventare sordi" con il suo abbaiare insistente e capita anche di sentire proprietari disperati sostenere: "Non so più che cosa dargli e che cosa dirgli per farlo smettere di abbaiare". Ora, se consideriamo che l'abbaiare è proprio un sistema di comunicazione, è logica conseguenza aspettarci che la nostra pronta attenzione e immediata risposta al messaggio non solo non lo inibiscano, ma anzi lo incrementino! Sta al proprietario quindi distinguere tra l'abbaiare corretto e quello fastidioso, inutile o inopportuno, prestando attenzione al primo e ignorando il secondo, in maniera

che anche l'animale possa distinguere quando questo suo sistema di comunicazione viene approvato o meno. Per esempio: se abbaia insistentemente dopo averci portato la pallina, non pensiamo che la smetta facendolo giocare, perché prontamente ce la riporterà e ricomincerà ad abbaiare.
Se invece gli insegniamo a ubbidire a un comando che lo faccia stare in silenzio, allora sì che in premio potremo tirare lontano la pallina per farlo giocare!

I SEGNALI OLFATTIVI E LA MARCATURA DEL TERRITORIO

Perché le pipì non finiscono mai? Specialmente se abbiamo un cane maschio, avremo senz'altro notato che, durante la passeggiata quotidiana, se sono presenti altri cani maschi o femmine in calore, soprattutto se ci rechiamo in un ambiente non abituale, è sua premura "marcare" con urina tutti gli oggetti verticali presenti: alberi, ruote di autovetture, angoli di edifici ecc. In questo modo il nostro cane "segnala" agli altri che in quel luogo c'è lui e che, eventualmente, non disdegna il fatto di accoppiarsi con le femmine disponibili. Il messaggio olfattivo si basa sull'emissione di odori tramite urina, feci, saliva e direttamente da ghiandole apposite; nei periodi di calore vengono emessi anche i cosiddetti "feromoni", secrezioni, cioè, con un odore particolare che indica, e viene recepito come tale, disponibilità all'accoppiamento.
La marcatura del territorio è più intensa da parte degli animali "dominanti", per "farsi largo" nei confronti dei "sottomessi" soprattutto dello stesso

L'olfatto del cane è sviluppatissimo, contando su oltre 100 milioni di cellule olfattive

sesso. Tale comportamento può venire parzialmente ridotto dalla castrazione. Spesso anche lo scavare buche nel terreno può costituire un sistema di "marcatura del territorio".

QUANDO IL CANE "SPORCA" IN CASA

La presenza di questo comportamento fastidioso è caratteristica nel cucciolo appena introdotto nell'ambiente di casa e va gradatamente scemando, fino a scomparire, quando l'animale, in seguito alla corretta educazione da parte del proprietario, ha "imparato" che deve "sporcare" solo all'esterno dell'ambiente domestico. Se tale comportamento permane, può essere indice o di stato patologico (il cane è ammalato e non riesce a trattenersi), o di educazione non adeguata, oppure ancora di varie forme di "disturbo comportamentale", come, per esempio, la "sindrome da abbandono" se il cane sporca in casa soltanto quando viene lasciato solo. Un caso particolare è la "minzione da sottomissione": il cane emette piccoli o grandi quantitativi di urina per esempio al nostro rientro, dopo essere restato solo per un periodo più o meno lungo durante la giornata, o quando viene sgridato anche semplicemente a voce, o quando è particolarmente agitato. È questo un fenomeno di carattere emotivo, che non si risolve quasi mai con sistemi punitivi: come nei casi precedenti e in tutti gli altri di "problemi comportamentali" è fondamentale ricercare e capire a fondo le cause che li hanno determinati.

Una volta escluso che il problema dipenda da qualche particolare malattia organica, si può intervenire con una metodologia opportuna onde modificare il comportamento in maniera possibilmente duratura e definitiva.

Per le prime settimane di permanenza in casa, dotate il cane di un giornale dove poter sporcare

QUALCHE REGOLA DI COMUNICAZIONE

Per concludere, occorre fare alcune considerazioni utili per comprendere meglio e imparare a comunicare più efficacemente con il vostro "amico a quattro zampe".

Innanzitutto il cane è un animale "sociale"; i suoi comportamenti sono determinati sia dalle sue caratteristiche di specie e di razza, sia dall'ambiente in cui vive evolvendosi nel tempo, da quando è cucciolo finché è adulto. Quindi, per impostare una corretta educazione al fine di ottenere un animale equilibrato e non nevrotico, è importante iniziare a comunicare con lui e a capirne i messaggi proprio da quando è cucciolo, perché è soprattutto nel primo periodo di vita che ha la massima capacità di apprendimento.

Curiosità

Alcuni sono convinti che il cane "percepisca" il fatto che una persona sia amica oppure abbia timore ecc. Più semplicemente, l'animale può mostrare di aver percepito i messaggi trasmessi dall'uomo con la posizione del corpo, sia essa anche soltanto un atteggiamento rilassato.

Per sottomettere il cucciolo, prendetelo per la collottola

Tenete sempre presenti questi consigli:

- se volete “sottomettere” il cucciolo o l’adulto (sempre che abbiate precedentemente stabilito la vostra “dominanza” nei suoi confronti), prendetelo per la “collottola”, come fa la mamma con i suoi cuccioli;
- guardate direttamente un cane negli occhi, così gli mandate un segnale di “sfida”;
- alcuni stimoli particolari, come cappelli, divise, tute o un abbigliamento strano, diverso dalla “norma”, come pure il camice del veterinario, possono provocare reazioni di paura, fobia o, talvolta, di aggressività nel cane non abituato;
- a volte il cane può reagire negativamente anche a stimoli apparentemente neutri, almeno ai nostri occhi. In genere questo capita perché l’animale associa tali stimoli a esperienze particolarmente negative o traumatiche avute precedentemente;
- non ci si deve avvicinare a un cane estraneo con le braccia alzate, gesticolando animatamente o battendo i piedi;
- ogni “comando” di ubbidienza deve essere dato con un messaggio acustico e visivo sempre uguale. È molto importante, se il cane viene “gestito” da vari componenti della stessa famiglia, che tutti gli diano segnali concordi e che tutti abbiano le stesse reazioni ai suoi comportamenti;
- premi o sgridate (non punizioni troppo violente!) possono essere efficaci solo se seguono immediatamente il comportamento dell’animale e non se vengono dati a distanza di ore o anche di minuti;
- la comunicazione tra il bambino e il cane è di solito molto immediata e reciprocamente valida; tuttavia è bene controllare, soprattutto inizialmente, gli approcci tra i due, onde evitare spiacevoli malintesi da parte di entrambi.

Tra bambini e cani si stabilisce normalmente un buon rapporto immediato

SCELTA DEL CUCCIOLO

Prima di decidere l'acquisto di un labrador dovete porvi alcune domande fondamentali: innanzitutto, conoscete le caratteristiche e le esigenze di un cane di questa taglia e con questo particolare carattere? È importante scegliere una razza non soltanto per sentito dire o perché è "di moda", ma perché siete veramente convinti che sia il cane che fa per voi.

PREPARARSI ALL'ACQUISTO DI UN CUCCIOLO

Tra i criteri di scelta del cucciolo c'è anche quello del colore

Il labrador è un cane docile e paziente, si adatta facilmente a qualsiasi situazione, ma ha bisogno di stare con il padrone e di essere portato all'aria aperta per sfogare la sua naturale vitalità. Si tratta di un impegno che, pur essendo senz'altro maggiore nei confronti di un cucciolo, rimane tale per tutta la durata della vita del vostro compagno.

Altra questione da considerare è se le persone che vi stanno vicino condividono la vostra scelta. In famiglia sono tutti favorevoli ad adottare un cucciolo? Non c'è niente

di peggio, per voi e per il cane, che vivere in una situazione di compromesso forzato con i vicini di casa, con la portinaia o, peggio ancora, con i vostri familiari.
Una volta considerati questi aspetti sarete senz'altro pronti per accogliere il piccolo retriever.

DOVE ACQUISTARE IL VOSTRO CUCCIOLO?

Trattandosi di un animale che diventerà il nostro compagno per diversi anni è importante non acquistare "a scatola chiusa". Per questo motivo, la cosa migliore da fare sarà contattare uno o più allevatori e chiedere un appuntamento. Potrete avere il nominativo degli allevatori riconosciuti dall'ENCI (www.enci.it), che dovrebbero dare garanzia di grande serietà.
Sia che vogliate un buon cane da caccia sia che preferiate un cane da portare in esposizione, oppure semplicemente un fedele compagno, sarà l'allevatore a consigliarvi nella maniera migliore nella scelta.
Per quanto riguarda l'acquisto presso negozi di animali, anche in questo caso è importante che voi sappiate bene cosa volete e conosciate bene le caratteristiche della razza. Pretendete sempre il pedigree badando che compaia il timbro a secco della FCI

(Federazione Cinologica Internazionale). In caso di pedigree stranieri informatevi presso l'ENCI o presso il gruppo cinologico della vostra città se il certificato è riconosciuto anche in Italia. Pretendete inoltre il libretto sanitario delle vaccinazioni, controllate il nome e anche la firma del veterinario, nonché il numero di serie del vaccino usato.

LA VISITA ALL'ALLEVAMENTO

Un cucciolo viene consegnato dall'allevatore al futuro padrone non prima di aver compiuto i due mesi di età

Se l'allevamento che avete scelto non è troppo distante, una prima visita può essere fatta anche quando i cuccioli sono ancora piccoli. In questa occasione non sceglierete già il vostro cane, ma potrete vedere i genitori (almeno la madre e a volte anche il padre) o altri soggetti della stessa origine, verificare le condizioni igieniche e il tipo di allevamento: in genere il vero allevatore, serio e appassionato, seleziona una sola razza, o comunque poche. È importante che i cuccioli vengano allevati a stretto contatto con l'uomo in modo da ricevere l'imprinting necessario; un buon allevatore in genere non consegna i piccoli che dopo due mesi, due mesi e mezzo dalla nascita. In occasione della vostra visita la cosa più importante sarà instaurare un rapporto di reciproca fiducia con chi vi venderà il cane e potrà offrirvi in seguito tutta la consulenza necessaria per qualsiasi problema di alimentazione, educazione, addestramento, riproduzione ecc. Avrete modo di conoscerlo, ma soprattutto di far-

vi conoscere, così che egli stesso sappia consigliarvi l'esemplare a voi più congeniale.
Se avete una famiglia con bambini piccoli, egli sceglierà per voi il cucciolo più tranquillo e meno irruente; se siete un appassionato cacciatore, vi consiglierà invece quello più intraprendente e vivace; se vi piacerebbe in un futuro far riprodurre il vostro cane vi consiglierà la femmina più adatta ecc.
Quando finalmente verrà il fatidico giorno, una volta davanti alla cucciolata vi accorgerete che la scelta non è affatto facile. Tutti i piccoli vi sembreranno talmente adorabili che vi troverete in seria difficoltà. Sarà quindi l'allevatore, che conosce ogni cucciolo e, con vostra sorpresa, lo sa distinguere magari tra altri otto, a illustrarvi i pregi e i difetti di ognuno.
In ogni caso anche voi potrete cimentarvi nella scelta: se avete deciso per una femmina, non guardate i maschi, concentratevi solo sulle femmine; potete far mettere tutti insieme i cuccioli dello stesso sesso e osservarli mentre giocano tra loro, potete chiedere di

prenderli in braccio, di farvi seguire, di vederli fermi e piazzati in posizione da esposizione, di controllare la dentatura, il mantello.
Tenete presente che non tutti gli allevatori gradiscono che degli estranei tocchino i cuccioli, è tuttavia molto importante stabilire un contatto anche fisico con il cane perché tante volte la scelta avviene in modo istintivo senza particolari osservazioni o ragionamenti.
Un cucciolo sano deve essere vivace, non appartarsi né rinunciare al gioco, deve avere un bel mantello folto, lo sguardo vivo e gli occhi limpidi senza lacrimazione eccessiva o muco accumulato intorno agli occhi. Le dimensioni non sono particolarmente importanti; anche in una cucciolata molto omogenea ci possono essere variazioni di uno o due chilogrammi di peso all'età di due mesi senza che questo influenzi necessariamente lo sviluppo futuro. Bisogna però evitare di acquistare il cucciolo più piccolo se la differenza di taglia rispetto ai fratelli risulta eccessiva, nel qual caso è probabile che esso abbia avuto dei problemi durante la crescita.
È opinione diffusa che il cucciolo più grosso sia anche il più bello: questo non è sempre vero; una crescita troppo rapida, o comunque eccessiva rispetto alla media; può, in alcuni casi, portare a soggetti fuori taglia, "esagerati".
Morfologicamente il piccolo labrador deve essere compatto, con arti dall'ossatura robusta e piedi ben sviluppati. Il petto deve essere profondo, la testa quadrata con orecchie di dimensioni non eccessive. Gli occhi a volte non hanno ancora il colore definitivo, ma in un cucciolo di due mesi dovrebbero già essere sufficientemente scuri. Per quanto riguarda il carattere è molto importante che il cucciolo non sia timido, non vi deve ringhiare né tantomeno cercare di mordervi se allungate la mano per accarezzarlo, ma al contrario il buon cucciolo di labrador vi deve venire incontro scodinzolando e non ribellarsi se lo prendete in braccio.

L'istinto del retriever può essere già evidente in tenera età: il piccolo labrador, infatti, adora portare da un posto all'altro oggetti di ogni tipo e potrete vederlo di frequente con in bocca giocattoli, ossa ecc.

MASCHIO O FEMMINA?

In linea generale i maschi dovrebbero essere più vivaci e irruenti e, possedendo anche una costituzione più massiccia richiedono più frequentemente un padrone dal polso fermo; le femmine invece sono solitamente più dolci e tranquille. Bisogna comunque tener presente che esistono delle eccezioni: una femmina dal temperamento espansivo può anche essere molto più vivace di un grosso maschio docile e coccolone. Se non avete la possibilità di controllare con chi si incontra il vostro cane è preferibile acquistare un maschio, eviterete così accoppiamenti indesiderati durante il periodo del calore: se invece il vostro giardino è "inattaccabile" da parte degli spasimanti maschi che inevitabilmente corteggeranno la vostra cagnetta, una femmina potrà andare benissimo, basterà porre un po' di attenzione affinché non sia essa stessa a scappare. Se avete vicini con altri cani tenete presente che il labrador ha, normalmente, un buon carattere e tende a giocare volentieri con i suoi simili. Il maschio può diventare litigioso con cani del suo stesso sesso in presenza di femmine oppure per istinto di territorialità, ma è comunque un'evenienza abbastanza rara. Per quanto riguarda il lavoro, non esistono grosse differenze di capacità tra maschi e femmine; tuttavia la femmina nel periodo del calore deve essere tassativamente lasciata a casa. Se desiderate quindi non avere alcuna interruzione nella vostra attività venatoria dovrete senz'altro orientarvi verso un maschio. Lo stesso discorso vale per la carriera "espositiva": per regolamento ENCI una femmina in calore è esclusa dall'esposizione.

Il cucciolo sano di labrador deve essere vivace e deve già avere l'istinto del riporto

CHE COLORE SCEGLIERE?

La scelta del colore del mantello dipende principalmente dal gusto personale e dalla disponibilità dell'allevatore. Non sempre, infatti, si riesce a trovare il cucciolo del sesso e del colore desiderati.
Prescindendo dal color cioccolato, che è piuttosto raro e particolarmente ricercato, gli altri due colori, senz'altro più comuni, sono entrambi molto belli.
Il mantello nero è meno consigliabile per chi vive in regioni dove il clima è caldo: il nero, infatti, attira i raggi del sole molto più del colore giallo.
Un labrador dal mantello nero lucente è senz'altro uno degli animali più belli da vedere, ma è anche vero che un cane nero, come accade anche per altre razze, deve possedere un profilo perfetto per essere veramente apprezzato.
Per quanto concerne il giallo, può essere più o meno intenso; sono da considerare negativi mantelli bianchi o, al contrario, eccessivamente rossicci.

Il colore del labrador può essere nero, giallo o, più raramente, cioccolato

Non è affatto un mantello più sporchevole del nero ed essendo un carattere recessivo è stato appositamente selezionato dagli allevatori. I cani a mantello giallo presentano più frequentemente una pigmentazione meno marcata del tartufo che, anziché essere nero, può essere marrone o tendere al rosa. In ogni caso la scelta del colore è totalmente una questione di gusto personale e non esiste una varietà più pregiata.

A CHE ETÀ ACQUISTARLO?

L'età migliore per portare a casa il proprio cucciolo è tra i due mesi e i due mesi e mezzo. In questo momento, infatti, i cuccioli sono completamente svezzati e hanno già iniziato il programma vaccinale di base.
Inoltre, dal punto di vista della psicologia canina, questa fase corrisponde al periodo dell'imprinting, quel periodo in cui il cucciolo conosce il mondo e si abitua alle diverse situazioni.

IL PEDIGREE

È un documento ufficiale rilasciato dall'ENCI che attesta e certifica che il cane è iscritto ai libri genealogici.
Infatti quando un cane viene registrato nei Libri Genealogici l'Ente rilascia il certificato d'iscrizione dal quale risultano: il numero d'iscrizione, i dati anagrafici del cane (razza, nome, sesso, data di nascita, colore del mantello, tatuaggio, genealogia), l'allevatore, i nominativi d'eventuali nuovi proprietari.

IL MICROCHIP

È un dispositivo elettronico di identificazione che ha soppiantato il tatuaggio. Di forma cilindrico e di dimensioni molto contenute (11 x 2 mm), viene applicato nel tessuto sottocutaneo del cane dietro l'orecchio sinistro. Al suo interno contiene un codice numerico di 15 cifre. L'applicazione del microchip viene effettuata esclusivamente da veterinari autorizzati e abilitati alla registrazione dell'animale nell'anagrafe canina dei soggetti identificati, una banca dati in grado di fornire online i riferimenti utili in caso di smarrimento del cane.

Se un cucciolo viene portato nella sua nuova casa troppo tardi si corre il rischio che non vi si adatti facilmente. Questo però può accadere se in allevamento non è stato abituato a uno stretto contatto con l'uomo. In genere un buon allevatore si preoccupa di abituare i cuccioli a varie situazioni che incontreranno nel futuro, in modo da renderli equilibrati nel carattere.

SCEGLIERE UN ESEMPLARE PIÙ GRANDE

Non c'è solo il cucciolo tra le possibilità di scelta di chi vuole un cane. Un cucciolone (5-12 mesi) o un adulto (oltre l'anno di vita) rappresentano scelte certamente da considerare: in entrambi i casi si affezioneranno nella stesso identico modo di un cucciolo, pur volendoci un po' più tempo. La scelta di un cucciolone ha come pregi il fatto che non dovrete educarlo a non sporcare in casa, conoscerà già il significato del "no!" o di altri ordini basilari.

Dopo un paio di settimane, o al massimo tre, sarà già affezionato a noi e ci considererà pienamente i suoi padroni e amici.

Con l'esemplare adulto ci vorrà molto probabilmente più tempo; inoltre potrebbe essere più difficile correggere eventuali aspetti comportamentali. Tuttavia il cane ha un notevole senso di adattamento e quindi questo potenziale problema è risolvibile. Inoltre se l'esemplare è equilibrato richiede minori attenzioni e cure di un cucciolo o di un cucciolone. Infine, un adulto dal punto di vista igienico-sanitario correrà minori rischi.

DALL'ALLEVAMENTO A CASA

Allevare un cucciolo di labrador è senz'altro un'esperienza unica; richiede sì tempo e impegno, ma gratifica moltissimo. L'allevamento di un cane non è costituito solo dalla sua alimentazione: comprende infatti l'educazione, la cura per quanto riguarda possibili malattie, l'addestramento, il gioco, le passeggiate, il rap-

porto con gli estranei o con altri animali della casa ecc. Vi accorgerete di quante cose si possono fare con il proprio cane e di quante volte esso sarà in grado di soddisfarvi, soprattutto dal punto di vista emotivo.

AL MOMENTO DELL'ACQUISTO

Dal momento in cui il cucciolo entrerà nella vostra casa, soprattutto se non avete mai posseduto un cane, la vostra vita verrà un po' "rivoluzionata", ma nello stesso tempo acquisterà aspetti nuovi, interessanti e stimolanti.
Il lato affettivo sarà comunque il più importante; acquistando un cucciolo acquisterete infatti un nuovo membro della famiglia.
Al momento dell'acquisto l'allevatore sarà a vostra disposizione per qualsiasi chiarimento in merito all'alimentazione, alle abitudini, all'educazione, alle cure e all'igiene da prestare al cucciolo. Nel caso non sia lui a farlo, dovrete premurarvi innanzitutto che egli vi consegni il libretto sanitario dove saranno segnate le date delle sverminazioni e delle prime vaccinazioni effettuate, nonché le date in cui saranno da richiamare le vaccinazioni stesse a carico vostro.

Sul libretto dovranno essere segnati chiaramente i dati di identificazione del cucciolo, compreso il numero di microchip e, accanto ai tagliandi delle vaccinazioni, la firma del veterinario che le ha eseguite.

Al cucciolo dovrà già essere stato assegnato un numero identificativo abbinato al microchip in quanto, secondo una norma stabilita dall'ENCI, i cuccioli sprovvisti non possono essere iscritti al Libro genealogico. Alcuni allevatori possiedono una sigla di allevamento, mentre per qualunque altro cucciolo di razza, anche allevato da un privato, è obbligatorio il numero assegnato dall'Ente cinofilo.

Il nome del cane potrà essere già stato scelto dall'allevatore, che in genere chiama tutta la cucciolata con la stessa iniziale; in alcuni casi vi sarà concesso di chiamare il cane a vostra scelta seguendo sempre la regola dell'iniziale.

Per i cuccioli acquistati da privati sarà invece più facile poter scegliere il nome. Tenete presente che solo nel caso in cui l'allevatore sia titolare di un affisso il vostro cane si chiamerà con "nome e cognome", in qualsiasi altro caso il cane avrà un solo nome in quanto l'ENCI vieta i nomi composti. Per i cani acquistati all'estero la prassi è diversa e dipende dal paese d'acquisto. In genere, comunque, una volta ricevuto il pedigree originale, se quest'ultimo è accettato dall'ENCI, potrete iscrivere il cane in Italia. In questo caso il cane dovrà essere presentato a un esperto che ne valuta la tipicità; in seguito, il pedigree straniero verrà vidimato con un timbro riportante il numero di LOI, che attesta l'iscrizione del cane al libro delle origini italiano.

Per i cuccioli nati e acquistati in Italia sono necessari alcuni mesi prima di ricevere il pedigree.

Al momento dell'acquisto l'allevatore non ha, infatti, ancora iscritto i cuccioli; questo verrà fatto in un secondo momento, anche se non oltre i tre mesi dalla nascita. Assicuratevi comunque che vi siano mostrate almeno le copie dei pedigree del padre e della madre.

IL VIAGGIO

Il giorno che andrete a prendere il vostro cucciolo dovrete in primo luogo avvisare l'allevatore in modo che lo tenga a digiuno prima del viaggio in macchina.

Premunitevi comunque di fazzoletti di carta, giornali o stracci, utili se dovesse sentirsi male. Portate con voi una borraccia di acqua fresca e una scodella per dargli da bere se facesse caldo.

Non potete andare soli, è meglio che qualcuno guidi in modo che voi possiate occuparvi del cucciolo. Tenete presente che è molto meglio che il piccolo faccia il viaggio in braccio a voi piuttosto che sbatacchiato nel baule della macchina. È la prima volta che si trova solo, senza i suoi fratelli, in un ambiente nuovo e la vostra presenza sicuramente lo rassicurerà. Una volta che si è tranquillizzato o addirittura addormentato potete metterlo ai vostri piedi, sul tappetino davanti al sedile.

Non abbiate paura di viziarlo tenendolo in braccio durante il suo primo viaggio: quando sarà più grandicello e conoscerà bene cosa significa viaggiare in macchina potrete metterlo dove vorrete.

È meglio che il cucciolo faccia il suo primo viaggio in macchina in braccio al proprio padrone

Durante il viaggio, specie se dura più di due ore, fate delle soste per consentire al cucciolo di espletare i suoi bisogni corporali, ma fate attenzione a non lasciarlo in luoghi dove possono essere stati altri cani. Un cucciolo così giovane non è ancora protetto contro le malattie infettive in quanto non può aver già terminato il suo programma vaccinale di base, per cui rischia di contrarre qualche malattia se entra a contatto con i virus dell'ambiente. Inoltre, se non avete un guinzaglio per tenerlo, fate molta attenzione a non lasciarlo scappare.

Non lasciatelo solo in macchina quando vi fermate, soprattutto se fa caldo, e abbiate l'accortezza di tenere sempre il finestrino un po' abbassato.

Se ci sono curve o tornanti guidate sempre molto piano per evitare di farlo vomitare. I cuccioli, come i bambini, sono molto sensibili al mal d'auto.

DOVE ALLOGGIARLO

Prima dell'arrivo del vostro piccolo labrador dovrete provvedere a preparargli quello che sarà il suo "regno", almeno nei primi tempi. Avrà bisogno di una stanza o un recinto dove dormire e mangiare; magari il balcone di casa, se vivete in un appartamento, oppure la lavanderia.

Certo il cane potrà poi girare per tutta la casa, ma è importante che fin dai primi giorni capisca qual è il suo posto.

Qui metterete una brandina o, se si trova all'esterno, una cuccia. È importante che il suo territorio sia delimitato; se intendete tenerlo fuori in giardino potrete costruire una recinzione in modo che non sia libero di distruggere prato, aiuole, piante ecc. Non è un posto dove il cane andrà relegato, ma potrete lasciarvelo qualora doveste assentarvi per qualche ora o durante la notte, quando non potete controllarlo.

Inizialmente potrete anche metterlo a dormire in una cuccia artigianale fatta con una scatola di cartone, oppure un trasportino omologato per i viaggi, oppure abituarlo a dormire su una coperta che diventerà il suo letto dovunque sarà appoggiata.

Il labrador è un cane che si adatta a vivere sia in casa sia in giardino; possiede un pelo folto e una straordinaria resistenza al freddo per cui se acquisterete una cuccia ben isolata da terra, possibilmente di legno, potrà dormire fuori anche in pieno inverno.

Se invece intendete tenerlo in casa, potrete alloggiarlo in una stanza che non venga sempre riscaldata e acquistare una brandina o un cuscino di dimensioni adeguate dove possa dormire. Tenete presente che la sua preferenza sarebbe quella di dormire con voi, ma se questo non è possibile abi-

Si chiama kennel il trasportino utilizzato per i viaggi di cani e gatti

tuatelo fin da piccolo alla sua cuccia e non ci saranno problemi.

Sia chiaro comunque che un cucciolo di poche settimane non può essere lasciato a dormire al freddo, come magari faceva quando era presso l'allevatore poiché il calore della madre e dei fratellini costituiva un ottimo riscaldamento naturale. Se l'acquisto del vostro cane avverrà nei mesi invernali, per un certo periodo dovrete tenerlo in casa o in un altro luogo riscaldato.

Veniamo agli attrezzi necessari. Indispensabili sono le scodelle, di dimensioni medio-grandi perché vadano bene anche quando il cane crescerà. Acquistatene due, possibilmente di acciaio, materiale più igienico di tanti altri e che non può essere rosicchiato. Una sarà utilizzata per l'acqua, che andrà cambiata spesso, e una per il cibo. È molto importante pulire sempre le ciotole prima dell'uso.

Altri accessori sono il collare e guinzaglio, altrettanto indispensabili; per il cucciolo non è necessario acquistare gli articoli più belli sul mercato in quanto in pochi mesi non gli andranno più bene. Quando poi il cane sarà più grande potrete acquistare il guinzaglio e il collare definitivi di buon materiale e rifinitura. Qualche giocattolo di gomma e qualche osso di pelle di bufalo serviranno a tenerlo occupato e lontano dalle vostre scarpe. Infine sarà utile una spazzola morbida per eliminare il pelo morto, un tronchesino per tagliare le unghie e un pettine.

Nota bene

Quando il cucciolo comincerà a girare per casa si dovranno prendere alcune precauzioni importanti sia per la sua incolumità sia per salvaguardare i vostri soprammobili. Innanzitutto dovrete porre attenzione a non lasciare in giro detersivi o flaconi di medicinali o altre sostanze tossiche che possano essere ingerite dal cucciolo; così pure dovranno essere tolte dalla sua portata tutte le piante d'appartamento. Tutti i soprammobili e i tappeti dovranno essere allontanati per qualche mese fino a che il vostro cucciolo non sia divenuto più educato. Abbiate anche cura di nascondere tutti i cavi elettrici eventualmente raggiungibili. Infine evitate di lasciare in giro oggetti di piccole dimensioni che possano essere ingeriti

LA PRIMA EDUCAZIONE

I primi giorni in cui il cucciolo sarà nella sua nuova casa andrà seguito costantemente; è bene perciò andarlo a prendere dall'allevatore quando si è sicuri di avere un po' di tempo libero da dedicargli.

Questo perché se si riesce fin dai primissimi giorni a insegnargli ciò che può e ciò che non può fare egli apprenderà molto velocemente le regole della casa. Se invece non si è presenti per indicargli la "strada da seguire", farà le cose secondo il suo istinto e spesso sbaglierà, ma in quel caso non potrete prendervela con lui perché sarà solo colpa vostra.

Cominciate con l'insegnargli che non deve sporcare in casa. In genere i cuccioli sporcano dopo mangiato o quando si svegliano: in questi momenti quindi dovrete prenderli e portarli fuori dove volete che imparino a sporcare e aspettare con pazienza fino a quando non avranno fatto i loro bisogni. In questo momento dovrete fargli tante feste e complimenti perché capiscano che hanno fatto bene. Se viceversa li cogliete in flagrante a fare pipì in casa, dovrete riprenderli con un "no" secco ma senza infierire o arrabbiarvi più di tanto. Inoltre è perfettamente inutile sgridare il cane per una "marachella" che ha fatto in un altro momento; egli non capirà assolutamente il motivo della sgridata e voi otterrete solo il risultato di farlo divenire più timoroso nei vostri confronti.

Soprattutto nei primi tempi dovrete essere indulgenti e capire che non è facile per un cucciolo di poche settimane adattarsi a quelle che sono le esigenze della specie umana con la quale dovrà convivere.

Occorre riprendere subito il cucciolo colto in flagrante mentre fa pipì in casa, ma senza arrabbiarvi

L'importante è che siate sempre coerenti nelle vostre scelte e che nello stesso modo. Se non si vuole che salga sui divani non glielo si deve mai permettere; se non si vuole che continui a "mendicare" quando si è seduti a tavola, si deve evitare di dargli bocconcini in quel momento ecc. Naturalmente questo vale per i primi mesi di educazione; in seguito, quando il cane avrà ben capito che cosa è giusto e che cosa è sbagliato, si potranno fare degli strappi alla regola senza rischiare di confondergli le idee.

Potrete permettergli di esplorare la sua nuova casa gradualmente giorno per giorno ampliando progressivamente il suo territorio conosciuto: seguitelo in questa sua esplorazione in modo da evitare che anche involontariamente combini disastri. La prima notte è sempre la più tragica, ma se durante il primo giorno il cucciolo ha avuto modo di ambientarsi, in genere, non dovrebbe dare eccesivi problemi.

Potrete, al limite, tenerlo con voi una notte o due per dargli tempo di abituarsi alla nuova casa, ma solitamente non è necessario. Non appena avrà capito dove è la sua cuccia vi si rintanerà volentieri quando sarà stanco.

IL LABRADOR E I BAMBINI

Nei paesi anglosassoni labrador e golden retriever sono considerati i cani "da famiglia" per eccellenza. Questa preferenza è dovuta al fatto che entrambe le razze sono eccezionali con i bambini. La loro naturale socievolezza li porta a giocare volentieri con i "cuccioli a due zampe" e sopportano pazientemente anche giochi piuttosto pesanti. Bisogna però fare attenzione soprattutto con i cuccioloni, che a volte non si rendono conto della loro energia e mole, per cui, specie se i bambini hanno meno di cinque anni, il gioco va sorvegliato da una persona adulta. Viceversa, quando il cucciolo è ancora molto piccolo bisognerà sorvegliare che non siano i bambini a far del male a lui, trattandolo come un giocattolo.

Le prime uscite

Per le prime uscite occorrerà attendere che il cucciolo sia completamente protetto dalle sue difese immunitarie contro le malattie infettive. Ciò avviene quando il cucciolo ha terminato il programma vaccinale di base che solitamente prevede la inoculazione di tre vaccini. Per questo motivo, fino a circa dieci giorni dopo l'ultima vaccinazione, è sconsigliabile portarlo a contatto con altri cani o in luoghi dove abitualmente questi vengono portati.

Primo contatto. Se siete così fortunati da possedere un giardino recintato, il vostro cane potrà uscire tranquillamente; se invece dovrete per forza di cose portarlo fuori, lasciatelo giusto il tempo di fare i suoi bisogni senza che possa scorazzare liberamente.

Il collare. Quando il cucciolo avrà l'età giusta e sarà stato correttamente vaccinato potrete portarlo dove vorrete senza nessun rischio di malattia. Una volta che il cucciolo sarà pronto comincia l'apprendistato con collare e guinzaglio.

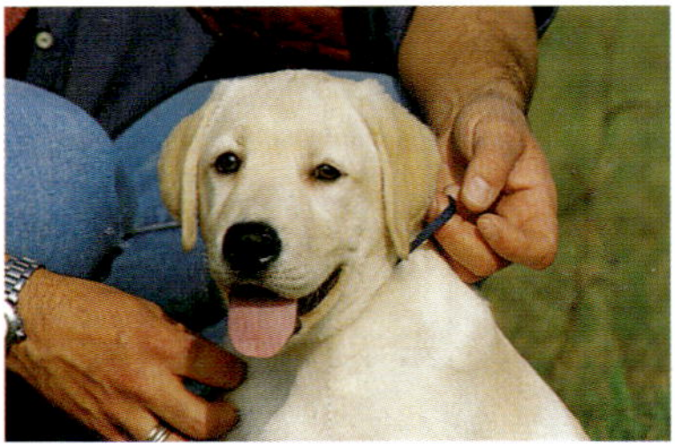

Entrambi devono essere accettati dal cane e non considerati mai una forzatura bensì strumenti che lo tengono in qualche modo in contatto con il proprio padrone. Il collare sarà più semplice da fare accettare: è necessario però che il nostro cucciolo lo accetti con serenità.
A questo proposito è bene giocare con lui o dargli da mangiare subito dopo avergli messo il collare.

Il guinzaglio. Con il guinzaglio invece occorrerà un lavoro più complesso, dato che esso limita la sua libertà d'azione. Occorre quindi che il cucciolo non viva come un momento di stress l'essere attaccato al guinzaglio: perciò le prime volte sarà il caso che lo abituiate al guinzaglio tra le mura domestiche, seguendo il cane anziché costringerlo alla vostra volontà.
Altro accorgimento importante è che l'animale non interpreti il guinzaglio né come un gioco né come uno strumento che possa arrecargli danno: occorre quindi non lasciarlo alla sua mercé né utilizzarlo strattonandolo. Progressivamente dovrete abituare il vostro labrador a essere condotto,

sempre partendo da un primo addestramento domestico, aiutandosi anche con un gioco per far sì che il guinzaglio venga accettato serenamente.

La prima uscita. Una volta che il cane vi seguirà docilmente sarà possibile organizzare le prime uscite. Attraverso questi momenti imparerà a socializzare con altre persone e con i suoi simili. In quest'ultimo caso sarà bene prestare attenzione ai vari incontri, che dovranno avvenire preferibilmente con soggetti già conosciuti per il loro temperamento.

Evitare per i primi incontri che il cucciolo venga aggredito, o anche solo spaventato da altri cani, è molto importante per favorire il suo comportamento fiducioso e la sua possibilità futura di relazionarsi in modo equilibrato con gli altri cani. L'incontro, se possibile, andrebbe fatto con i due cani liberi in modo che possano esprimere tutto il repertorio di segnali di comunicazione, che il fatto di essere legati al guinzaglio potrebbe limitare.

Un oggetto sconosciuto. Durante la passeggiata è possibile imbattersi anche in oggetti o rumori che potrebbero intimorire il cucciolo. In questi casi dovrete rassicurarlo, avvicinandovi all'oggetto e mostrando al labrador che non vi è nulla da temere. In questi casi è meglio ignorare la fonte dello spavento, lasciare al piccolo il tempo di esplorare e premiarlo se si avvicina. Non forzatelo ad avvicinarsi e non rinforzate con eccessive coccole l'atteggiamento di paura. Va dato comunque modo al cane di poter annusare tutto ciò lo circonda: l'olfatto è, dopo la vista, il senso per eccellenza del cane.

ALIMENTAZIONE

I cani vengono considerati come animali carnivori, ma in realtà la convivenza con l'uomo, che ha una storia ormai ultra millenaria, li ha portati a consumare una dieta mista che comprende anche prodotti di origine vegetale. Hanno bisogno di una dieta molto nutriente, ricca di proteine ma anche di carboidrati, vitamine e altri elementi.

PRINCIPI GENERALI

Come tutti gli animali, anche il cane ha bisogno di un costante apporto nutritivo e di essere alimentato correttamente. La masticazione nel cane è molto limitata e la deglutizione è assai rapida. L'alimento, specie quello solido, permane nello stomaco per molto tempo (3-12 ore) e viene trasformato in poltiglia prima di passare nell'intestino dove avviene l'assimilazione. Le sostanze nutritive vengono trasportate, attraverso il sangue, ai vari tessuti che necessitano di essere nutriti.

Per le sue caratteristiche l'apparato digerente del cane permette l'assunzione di pasti abbondanti e un intervallo prolungato tra un pasto e l'altro, in quanto lo svuotamento dello stomaco avviene in maniera lenta.

L'alimento tagliato grossolanamente, anziché triturato, è da preferire. I cani hanno necessità di una dieta concentrata, con tenore nutritivo elevato, ma variabile a seconda della razza, dell'età, dello stato fisiologico (mantenimento, crescita, riproduzione, lattazione) e del clima.

Per ottenere i migliori risultati dobbiamo alimentare i nostri cani in modo da fornir loro i quantitativi adeguati di principi nutritivi: proteine, carboidrati e grassi, oltre che vitamine e minerali. La dieta deve essere ben bilanciata, i vari principi nutritivi devono cioè trovarsi nel giusto rapporto in modo da non essere né in eccesso né in difetto.

Un'alimentazione ottimale è indispensabile per mantenere il cane in buone condizioni di salute, non eccessivamente grasso e neppure magro, e con un bel pelo; questo aspetto è ancora più importante nella fase di crescita del cucciolo, che richiede particolare attenzione e cura. Per alimentare bene i nostri cani è quindi necessario conoscere il significato biologico dei diversi principi nutritivi e le possibili fonti di apporto.

L'alimentazione del nostro cane deve essere completa e bilanciata, con prevalenza di proteine sui carboidrati

L'ENERGIA

Anche durante i momenti di riposo il corpo ha bisogno di energia. I principi nutritivi sono trasportati nelle varie cellule dell'organismo dove, in presenza di ossigeno, vengono trasformate in energia. Durante questo processo di trasformazione viene prodotto anche

Anche durante il riposo il cane ha bisogno di energia

il calore, che permette al cane di mantenere la propria temperatura. Maggiore è l'attività di un animale, più elevata deve essere la quantità di alimento da trasformare in energia. I cuccioli, in particolare, hanno esigenze quasi triple rispetto all'adulto. Il valore energetico di un alimento viene generalmente espresso in energia metabolizzabile (EM).
È misurato in chilocalorie (Cal) o in Mega Joule (Mj). I grassi forniscono un apporto energetico che è circa il doppio di quello degli zuccheri e delle proteine. Un eccesso di energia viene in genere immagazzinato dal corpo sotto forma di depositi di grasso. È pertanto utile pesare i nostri cani a scadenze regolari e annotarne il peso per verificare che non ci sia un progressivo aumento o, viceversa, un normale stato di ingrassamento.

I PRINCIPI NUTRITIVI

Carboidrati o glucidi: sono fonte di energia necessaria al lavoro muscolare e alle varie attività del corpo. Gli zuccheri hanno una diversa struttura: alcuni sono semplici (fruttosio, lattosio ecc.), altri come l'amido sono più complessi. Sia nell'adulto che nel cucciolo un eccesso di saccarosio può non essere ben tollerato e provocare diarrea a causa della scarsa presenza nell'intestino del cane dell'enzima specifico (saccarasi) che ne consente l'assorbimento; parimenti il cane adulto può digerire male il latte vaccino, che è ricco di lattosio, per carenza della lattasi. Tra gli alimenti del cane l'amido è il più importante carboidrato e lo troviamo abbondante nei cereali quali il frumento (pane, pasta), il granoturco (polenta, fiocchi di mais), il riso (normale e soffiato) ecc.
L'amido per essere digerito dal cane deve essere ben cotto o subire altri trattamenti fisici.
La cellulosa, l'emicellulosa e le fibre grezze in genere, contenute in molti vegetali, non sono digerite dal cane, pertanto più elevato è il loro contenuto, minore è il valore energetico del pasto. Tuttavia

la presenza di un po' di fibra nella dieta, specie nei soggetti anziani o sedentari, può essere utile per non farli ingrassare e per mantenere una regolare funzionalità intestinale.

Grassi o lipidi: sono essenziali all'organismo, in quanto costituenti delle cellule. Forniscono al corpo energia e quindi anche calore. Quelli presenti nell'organismo come grassi di deposito (sottocute, periviscerale, intramuscolare) hanno la funzione di riserva energetica a cui l'organismo attinge quando l'apporto alimentare è insufficiente e inoltre agiscono da isolante termico.
Alcuni composti lipidici svolgono importanti funzioni come costituenti cellulari (fosfolipidi, glicolipidi) e bioregolatori (colesterolo, ormoni, vitamine liposolubili, acidi biliari). Sono presenti in tutti gli alimenti e possiamo distinguere quelli di origine vegetale (oli) da quelli di origine animale (strutto, lardo ecc.). La loro presenza nella dieta è indispensabile.

Proteine: sono alimenti plastici che intervengono nella costruzione dell'organismo e servono per la formazione di nuove cellule. Hanno pertanto una funzione essenziale nella formazione, nel mantenimento e nella riparazione dei muscoli, delle ossa e degli organi interni. Il fabbisogno è particolarmente elevato nel cucciolo e durante la crescita. Possono essere di origine animale come quelle presenti nella carne, nel latte, nel pesce e nelle uova o di origine vegetale come quelle della soia, dei piselli, dei fagioli ecc. Il valore biologico delle proteine e la loro utilizzazione dipende dal rapporto tra i vari aminoacidi, composti organici costituenti delle proteine, di vitale importanza nel metabolismo animale. Poiché non vi è la possibilità di immagazzinare gli aminoacidi, questi devono essere forniti con la dieta proteica giornaliera.

Fino a tre mesi di vita il cucciolo fa quattro pasti al giorno, mentre dal quarto al settimo passa a tre

Sali minerali: in funzione della quantità presente nell'organismo si distinguono in macroelementi (calcio, fosforo, zolfo, sodio, cloro, potassio, magnesio) e microelementi (ferro, rame, zinco, manganese, iodio, selenio, cobalto, molibdeno).
Sono costituenti essenziali dei tessuti dell'organismo e hanno funzione sia plastica che bioregolatrice, partecipando a molti processi biochimici e svolgendo funzioni di importanza vitale quali il mantenimento della pressione osmotica e dell'equilibrio acido-basico dei liquidi corporei, la contrazione muscolare, la trasmissione nervosa, la costituzione di alcuni enzimi e ormoni. Prendono parte alla formazione dello scheletro e pertanto sono molto importanti per l'animale in crescita. Sono contenuti nella farina di ossa, nel latte, nel formaggio, nel pesce, nella carne e in molti vegetali. Nell'alimentazione del cane è indispensabile integrare la dieta con l'aggiunta di sali minerali, ed è importante mantenere un corretto rapporto tra alcuni di essi come calcio-fosforo, ferro-rame ecc.

Vitamine: si distinguono in liposolubili (A, D, E, K) e idrosolubili (B1, B2, acido pantotenico, acido nicotinico, B6, acido folico, H, B12, colina, C); agiscono in quantità molto piccole intervenendo in molti processi organici essenziali. La carenza di una o più vitamine può portare a gravi squilibri e disfunzioni. Eccessi di alcune vitamine sono però dannosi e possono provocare seri problemi. Sono in genere prodotte dagli organismi vegetali e sono contenute nel fegato, nelle uova, nei germi dei cereali, nel lievito, negli oli vegetali e animali. Possono facilmente essere distrutte dalla luce e dal calore, pertanto vanno sempre aggiunte alla razione tiepida e non bollente.
Bisogna inoltre fare attenzione al fatto che gli alimenti già pronti spesso contengono le vitamine (dichiarate sull'etichetta): il loro accumulo potrebbe portare a un eccesso dannoso.

GLI ALIMENTI

Carne: può essere di bovino, di pollo o altro. Si può somministrare cruda o scottata a seconda della qualità. Quella di suino va sempre cotta. Il contenuto proteico e quello energetico variano a seconda della percentuale di ossa e di grasso presente. La digeribilità e il valore biologico sono tanto più alti quanto maggiore è la quota di muscolo contenuta e diminuiscono quando vi è una presenza elevata di tendini, cartilagini e collagene in genere. I cani digeriscono anche carne in corso di putrefazione grazie all'elevata quantità di succhi gastrici che sono in grado di produrre. Le frattaglie, costituite da visceri quali cuore, fegato, reni, trippa, milza ecc., in genere sono molto ben appetite dai cani anche se hanno un contenuto proteico inferiore a quello del muscolo. Sono ottimi alimenti specie per i cuccioli e i cani in crescita. È bene che vengano somministrate dopo breve cottura.

Pesce: è più appetito se cotto. È un'ottimo alimento con proteine ben digeribili e di alto valore biologico. È anche ricco di sali minerali e di vitamine. Se ne raccomanda la somministrazione ai cani in crescita. Sono preferibili i pesci magri ma vanno bene anche i pesci essiccati, specie durante l'inverno.

Uova: sono ottimi alimenti, ricchi di proteine a elevato valore biologico, di grassi e di vitamine. Il tuorlo può essere somministrato crudo, mentre l'albume deve essere sempre cotto. Possono sostituire parzialmente la carne e il pesce e sono indicati per i cuccioli, i riproduttori e durante la lattazione.

Latte: è un alimento che apporta proteine di elevato valore biologico, grassi, vitamine e minerali. Alcuni soggetti non lo digeriscono bene per mancanza di lattasi (enzima specifico che scompone il lattosio in zuccheri semplici e quindi digerito).

Lardo, grassi e oli vegetali: ottime fonti caloriche, molto ben appetite dai cani, che tendono a mangiarne più del necessario.

Sono utili al cane che lavora e compie sforzi fisici e in un certo quantitativo sono indispensabili. È consigliabile aggiungere alla razione un poco di olio di oliva o di semi.

Riso e pasta: sono tra le principali fonti energetiche in quanto ricchi di amido. Per essere digeriti devono essere ben cotti.

Pane secco: è un'ottima fonte energetica, generalmente ben appetita dal cane. Deve essere ben secco e non ammuffito, in quanto potrebbe nuocere al vostro cane.

Fiocchi di cereali e riso soffiato: sono ottime fonti energetiche che possono sostituire il riso, la pasta e il pane. Devono subire un adeguato trattamento preventivo per essere ben digeriti dal cane. Sono alimenti voluminosi e leggeri, pertanto nella razione bisogna tener conto del loro peso e non del volume.

Verdura e frutta: hanno un apporto nutritivo scarso, ma il loro contenuto in fibra grezza può essere utile ai cani sedentari che tendono all'obesità o presentano stitichezza.
Possono essere sostituite da qualche cucchiaio di crusca.

Acqua: deve sempre essere a disposizione del vostro cane.

GLI ALIMENTI GIÀ PRONTI

Esiste in commercio una vasta gamma di prodotti, è però importante imparare a conoscere i vari tipi per poterli utilizzare nel migliore dei modi. Un'accurata lettura dell'etichetta presente su ogni confezione di mangime ci può dare utili indicazioni. Se ne possono distinguere tre tipi.

Mangimi semplici: differenti prodotti di origine animale o vegetale (per esempio riso soffiato). Vanno integrati con cibo fresco.

Mangimi completi: sono composti da più prodotti in grado di soddisfare le esigenze nutritive del cane senza l'aggiunta di altro alimento o di integratori.

Mangimi complementari: miscele che presentano elevati contenuti di alcune sostanze (per esempio proteine, minerali ecc.), ma che devono essere associate ad altri alimenti per soddisfare le esigenze nutritive del cane.

La qualità di un mangime dipende dalle materie prime impiegate, dalla formulazione, dai trattamenti tecnologici subiti e dalla forma di presentazione (fioccato, pellettato, estruso, espanso, soffiato, biscotto ecc.) oltre che dalla conservazione. Sull'etichetta sono indicate la data di fabbricazione e di scadenza, le istruzioni per l'uso oltre ai componenti, che devono essere elencati in ordine decrescente di quantità o in percentuale sul contenuto. Devono essere anche riportati i dati analitici che ci informano sui contenuti dei principi nutritivi presenti (acqua, proteina greggia, grassi greggi, cellulosa greggia, ceneri). È inoltre indicata l'integrazione di vitamine e minerali per kg di mangime.

I mangimi già pronti permettono una formulazione della dieta in base ai reali fabbisogni del cane con un corretto rapporto di proteine ed energia, con un'integrazione vitaminica e minerale completa e non in eccesso o in difetto come spesso succede nella preparazione casalinga delle razioni.

Il contenuto analitico di un buon mangime composto integrato completo per cani adulti deve avere le seguenti caratteristiche:

- umidità massima 13%;
- protidi grezzi 22-25%;
- lipidi grezzi 4-8%.

L'ALIMENTAZIONE DEL CUCCIOLO

Il cucciolo necessita di una alimentazione completa e bilanciata senza carenze di vitamine e minerali ma anche senza eccessi.

Dopo il trentesimo giorno comincia a essere svezzato e separato per periodi progressivamente più lunghi dalla madre; tra i 50 e i 60 giorni viene svezzato e alimentato solo artificialmente.

All'inizio dello svezzamento si unisce al latte bovino un poco di carne frullata o macinata fine che può anche essere sostituita da omogeneizzati.

Si passa poi a un'alimentazione più asciutta costituita da: carne e/o pesce di buona qualità; riso ben cotto e/o fiocchi di cereali; latte; un poco di olio; vitamine e minerali.
Latte, carne e pesce devono essere preponderanti sui cereali, costituendo l'80% della razione a 40 giorni e il 60% a 60.
Progressivamente si aumenta la quantità di cereali rispetto alla carne. Questa può essere somministrata cruda, se di buona qualità, ma è meglio scottarla.
Un pasto al giorno può essere costituito da pane biscottato e latte. Durante tutto il periodo di crescita si può dare un tuorlo di uovo crudo tre o quattro volte alla settimana e del formaggio in parziale sostituzione della carne. L'integratore vitaminico-minerale deve contenere livelli adeguati di calcio e di fosforo.

A seconda della vostra disponibilità di tempo e a seconda della vostra preferenza si potrà optare o per una alimentazione casalinga, che ha il vantaggio di poter essere controllata soprattutto negli ingredienti, anche se più difficilmente bilanciabile, oppure per un alimento industriale già pronto per cuccioli, che è senz'altro più comodo, più bilanciato, ma meno "genuino".
In ogni caso durante la crescita sarà buona norma tenere sotto controllo il peso del cucciolo.
Generalmente i piccoli di labrador sono molto voraci; per questo motivo fate particolare attenzione a evitare gli eccessi. Per tenere d'occhio il suo peso dopo i due mesi è consigliabile pesarlo ogni due settimane e annotare le variazioni. In genere i cuccioli crescono dai 700 grammi al chilogrammo ogni settimana: occorre evitare di superare questo ritmo di crescita.
Raramente un cucciolo ingrasserà eccessivamente se sovralimentato, ma tenderà a crescere molto più velocemente e a diventare eccessivamente pesante per il suo apparato scheletrico ancora in via

di formazione e consolidamento. È molto meglio che un cucciolo a sei mesi sia leggermente più piccolo e leggero della media piuttosto che troppo grosso.
Non si deve avere paura che, se la crescita avviene lentamente, il cucciolo non diventi un adulto di taglia normale; semplicemente ci arriverà leggermente più tardi ma correrà minori rischi di sviluppare patologie ossee o articolari tipiche delle razze a rapido accrescimento.
La tendenza attuale, infatti, anche sotto la spinta delle case produttrici di alimenti per animali, è sempre quella di dare troppo piuttosto che troppo poco da mangiare e questo purtroppo ha delle ripercussioni negative sulla crescita armonica del cucciolo.

Nota bene

Presentate al cucciolo la sua scodella e lasciategliela per venti minuti o mezzora al massimo. Se dopo questo tempo non avrà terminato la sua razione ritirate la scodella. È meglio abituarlo a mangiare in orari definiti piuttosto che avere sempre il cibo a disposizione.

L'ALIMENTAZIONE IN ETÀ ADULTA E AVANZATA

Una volta raggiunti i 12-18 mesi di età il cucciolone di labrador raggiunge il peso da adulto. Da questo punto in poi la sua dieta dovrà tenere conto di un maggiore apporto proteico variabile a seconda del tipo di attività svolta dal cane. Se, per esempio, svolge

Nota bene

Il mangime secco, rispetto al cibo casalingo, presenta l'indubbio vantaggio di rendere più semplice ed equilibrato l'apporto di protidi, glucidi e lipidi nella dieta. Rispetto al mangime umido, quello secco seppure meno appetibile è decisamente più economico. Quello umido, infatti, è costituito per la maggior parte da acqua: solo per fare un rapporto, per un pasto paragonabile a quello costituito da 200 g di mangime secco occorre oltre 1 kg di quello umido.

un'attività fisica intensa sarà necessario un apporto di mangime secco con una quota proteica superiore al 25%; se invece l'attività fisica è media, come può essere quella di un cane che vive all'aria aperta tutto il giorno, occorre optare per mangimi secchi con una quota proteica variabile dal 22 al 25% che va ulteriormente diminuita a meno del 22% per cani particolarmente sedentari.

Per quanto riguarda l'alimentazione del cane anziano, essa dovrebbe prevedere un apporto proteico comunque significativo, pari o leggermente inferiore a quella di un soggetto adulto sedentario. Questo perché nel soggetto anziano si verifica una perdita di tessuti magri dell'organismo con la conseguente riduzione di riserve proteiche, presenti a livello muscolare.

Le proteine dovrebbero essere di elevata qualità, per agevolare la digestione. L'età avanzata infatti incide sulle funzionalità dell'apparato digerente e si riduce così la capacità di assimilare il cibo. Inoltre nei labrador occorrerà fare attenzione a somministrare alimenti ricchi di energia per compensare in parte le dimensioni ridotte del tubo digerente e allo stesso tempo ridurre il rischio di torsione dello stomaco. Questo però non significa aumentare la quota lipidica: nel cane anziano il rischio obesità è maggiore dato che il metabolismo rallenta e l'attività fisica si riduce.

FREQUENZA DEI PASTI GIORNALIERI

Mesi	1-3	4-7	8-18	18
Pasti	4	3	2	1 o 2

Le femmine nel secondo mese di gravidanza e in lattazione faranno 2-3 pasti.

IL CANE GRASSO

Per rendervi conto se il vostro cane è grasso:
- osservate i depositi di grasso al garrese, sulla groppa e sul costato;
- pesatelo regolarmente e annotate il peso;
- abolite rigorosamente spuntini;
- resistete allo sguardo supplichevole;
- alimentatelo con diete speciali ipoenergetiche, ma ben bilanciate e con il giusto livello di proteine e di integrazione vitaminico-minerale;
- dategli pasti umidi e con il giusto quantitativo di fibra;
- lasciategli qualche osso finto da rosicchiare;
- accertatevi che non vi siano patologie dovute a disfunzioni ormonali e metaboliche;
- fategli fare più moto.

Sono assolutamente vietati gli avanzi della nostra tavola (quasi sempre troppo grassi anche per un labrador), specie se contengono cibi speziati o piccanti. Proibitissimi i dolci, che fanno male anche a noi ma che sono ancora più dannosi per il cane. La cioccolata è pericolosissima: tre o quattro etti possono addirittura uccidere un cucciolo.

A questo proposito è il caso di prevedere una parte di fibre, per facilitare le funzioni intestinali.
Una dieta ideale dovrebbe quindi prevedere carni bianche, uova (meglio il tuorlo che l'albume), fegato, cereali e crusca.

IGIENE E CURE

Il labrador è una razza rustica che necessita di poche cure particolari; una volta assicurati una alimentazione bilanciata e moto sufficiente, tutto il resto si esaurisce in alcune attenzioni per gli organi più delicati.
Il mantello, anche dei soggetti gialli, ha la straordinaria capacità di rimanere pulito naturalmente, aiutato forse dai frequenti bagni che il nostro amico ama fare. La sua tessitura gli permette di eliminare nel giro di poche ore qualsiasi tipo di sporco o fango.

LA CURA DEL PELO

Per mantenerlo curato sono necessari bagni periodici. Una buona regola è abituare il cane a una spazzolata giornaliera per allontanare il pelo morto: in questo modo eviterete, almeno in parte, di ritrovarvi i peli sparsi per la casa.

Se il cane si è bagnato potete asciugarlo con un asciugamano di spugna o una pelle di daino.
Per spazzolarlo evitate spazzole con denti in acciaio o tipo cardatori che tendono a strappare e quindi a sfoltire il sottopelo; potrete utilizzare a questo scopo una spazzola

Curiosità

Il pelo del labrador è soggetto a un ricambio naturale. Ci sono dei periodi, detti di muta, in cui si verifica un'abbondante caduta del sottopelo. La muta in genere si manifesta con l'arrivo del caldo, nei soggetti che vivono all'aperto: nei cani "casalinghi" questo ciclo può essere alterato dal riscaldamento invernale.

Occorre spazzolare il cane una volta al giorno

con setole naturali e passarla su tutto il cane seguendo la direzione del pelo.

Nota bene

Il labrador non va mai tosato, neanche d'estate. Il folto mantello, infatti, con il suo sottopelo impenetrabile, rappresenta uno strato isolante anche nei confronti del caldo.
L'unica volta in cui è consentito prendere in mano le forbici è per accorciare leggermente i peli della coda dei soggetti da esposizione.

LA CURA DEI DENTI

I denti vanno controllati in maniera periodica per verificarne la pulizia; nel cucciolo inoltre è necessario seguire il cambio dei denti da latte con quelli definitivi perché in alcuni casi si può avere una dentatura doppia (soprattutto nei canini) che ostacola la masticazione.
Il passaggio dalla dentizione da latte a quella definitiva inizia a tre mesi e mezzo e termina a sei mesi, quando anche i canini definitivi hanno raggiunto la loro massima lunghezza. Nel caso non cadano spontaneamente, i denti da latte dovranno essere asportate dal veterinario.
Per quanto riguarda la pulizia esistono attualmente in commercio dentifrici e spazzolini per cani. Tuttavia, se l'alimentazione

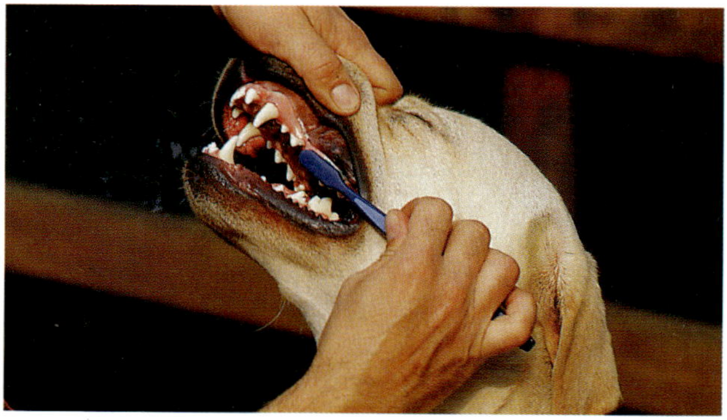

Per tenere puliti i denti del cane basta lavarli una volta alla settimana

non è troppo morbida, non è necessario intervenire tutti i giorni; è sufficiente una volta alla settimana. In ogni caso è importante che il cucciolo si abitui a lasciarsi aprire la bocca e toccare denti e lingua. Un problema frequente, che si manifesta soprattutto nel cane anziano, è la formazione di tartaro che, se eccessiva, può causare gengiviti con alito cattivo e, nei casi più gravi, anche perdita dei denti. In questi casi il veterinario dovrà intervenire per asportare il tartaro.

LA CURA DELLE UNGHIE

Le unghie, soprattutto quelle degli arti anteriori, devono essere tagliate periodicamente. Per far ciò è necessario un tronchesino a ghigliottina, fatto apposta per i cani; la prima volta potete chiedere al veterinario di spiegarvi come fare.

LA CURA DEGLI OCCHI

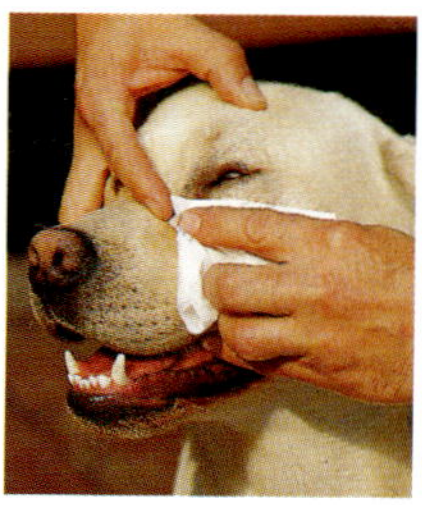

Gli occhi non necessitano di cure particolari; è sufficiente pulirli con un batuffolo di cotone o una garzina imbevuti di acqua borica o acqua bollita con infuso di camomilla agli angoli, dove a volte si accumula un po' di muco. Vanno controllati dal veterinario qualora si presentasse una lacrimazione eccessiva o un arrossamento della congiuntiva.

LA CURA DELLE ORECCHIE

Le orecchie rappresentano un problema particolare in quanto il labrador, come cane a orecchie pendenti e, soprattutto, come cane amante dell'acqua, è soggetto alle otiti. La cura dell'orecchio consiste in una pulizia periodica utilizzando prodotti appositi che hanno la funzione di sciogliere il cerume. Se si applica un prodotto otologico, è sufficiente poi lasciare che il cane si scrolli per allontanare il contenuto dal condotto uditivo. Se invece si dovesse osservare che il cane sbatte frequentemente la testa, si gratta le orecchie ed emana un odore sgradevole sarà preferibile farlo visitare da un veterinario.

L'otite è una patologia frequentemente osservata nel labrador, in quanto è un cane amante dell'acqua

SALUTE

Quando si compera o ci viene regalato un cane, sia esso cucciolo, cucciolone o adulto, il primo istinto è quello di coccolarlo, dimostrargli in ogni modo il nostro affetto. Dobbiamo però ricordarci che contemporaneamente diventiamo responsabili anche del suo stato di salute.
Le malattie e i pericoli sanitari in genere sono molteplici, e quindi si rischia facilmente di sostituire il veterinario in modo empirico, affrettato e soprattutto sbagliato.

IL VETERINARIO

È bene che il veterinario sia l'esperto di riferimento, così come ogni famiglia ha il medico di fiducia a cui affidare la propria salute.
Il veterinario potrà seguire il vostro cane nel tempo con le opportune vaccinazioni e intervenire nei casi di malattia. Il rapporto di fiducia tra voi e lui sarà fondamentale per poter effettuare sempre corrette diagnosi e impostare terapie adatte.
In sua assenza, per estreme urgenze, potrete rivolgervi a strutture di pronto soccorso in grado di intervenire anche di notte.
Oggi tra i veterinari esistono, oltre ai generici, anche gli specialisti, ufficialmente riconosciuti, in clinica degli animali d'affezione. Alcuni di loro sono poi esperti in settori specifici come cardiologia, oftalmologia, traumatologia, omeopatia, oncologia, e altri ancora. È però consigliabile che sia il vostro veterinario a indicare lo specialista da consultare, caso per caso.

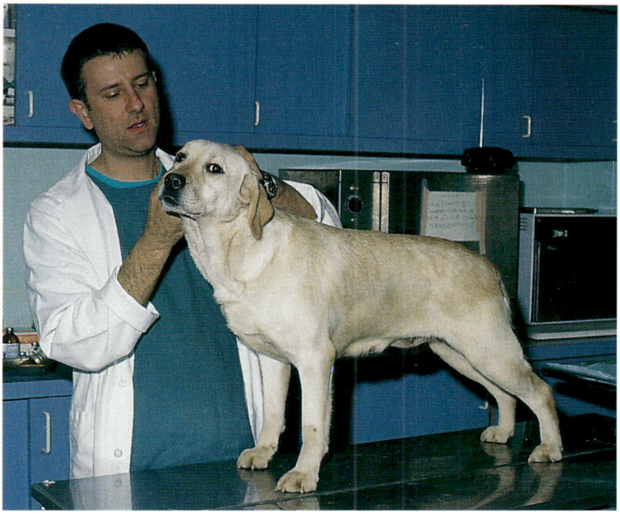

Il veterinario sarà il vostro riferimento per curare le malattie e per effettuare le vaccinazioni

SAPER OSSERVARE I SINTOMI

In ogni modo sarete voi a passare la maggior parte del tempo con il nuovo amico a quattro zampe e quindi osservatelo con attenzione nei momenti principali della giornata: l'alimentazione, la passeggiata, il gioco, il sonno.
Dovete cercare di cogliere quelle piccole variazioni comportamentali e generali che vi metteranno all'erta e vi faranno sospettare uno stato di malessere. Il cane sotto certi aspetti può essere considerato come un neonato che non ha la possibilità di esprimere le sue sensazioni verbalmente ma solo attraverso comportamenti specifici e vocalizzazioni particolari.
Vediamo allora a quali sintomi generali si deve prestare attenzione e, se protratti, consultare il veterinario. Pur essendo un errore pensare di conoscere tutti i sintomi e le malattie del cane e credere di poterle curare da soli, tuttavia è importante sapere quando la situazione richiede un intervento rapido del veterinario. Alcuni sintomi sono infatti segni di gravi patologie.
Alcuni parametri fisiologici di riferimento possono esservi utili per valutare lo stato di salute del cane, che però, ricordiamo, deve essere osservato in condizione di riposo.

Infatti lo sforzo fisico o il gioco possono far accelerare il respiro e le pulsazioni cardiache come alzare la temperatura, senza che questo sia patologico.

QUANDO IL CANE È IN SALUTE

In generale, per valutare se il cane sia in salute occorre prestare attenzione a diversi aspetti. Innanzitutto si osservi il suo comportamento: un cane sano deve essere attento, equilibrato e vivace. Anche l'appetito è un segnale altrettanto utile del suo buon stato di salute: se è presente, adeguato e vigoroso si può ritenere che il cane stia bene come pure se il suo movimento è coordinato, fluido, agile. Infine, anche da come dorme si possono valutare eventuali scompensi: un sonno regolare e non eccessivo può essere interpretato come un segnale positivo.

LE MALATTIE DEL CANE

Il cane può soffrire di svariate malattie, molte delle quali sono di origine specificamente infettiva.

MALATTIE ORGANICHE

Sono quelle che colpiscono un organo specifico o una parte di esso: sono dovute a cause diverse e hanno un decorso non sempre uguale; non sempre sono contagiose; il loro esito dipende direttamente dalla gravità dei sintomi.

MALATTIE INFETTIVE

Di origine virale e batterica; colpiscono generalmente più organi, sono contagiose e spesso mortali; la guarigione dipende dalla gravità dei sintomi e dalla risposta immunitaria del cane; possono essere prevenute con le vaccinazioni.

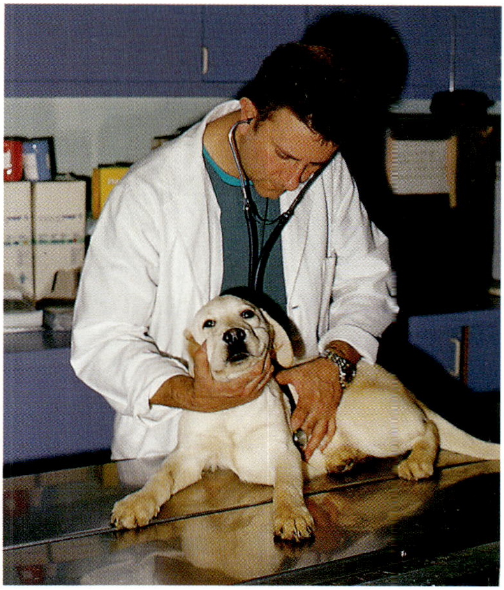

Cimurro

Colpisce i cani di tutte le età: ha un periodo di incubazione di circa 3-7 giorni. Il cane malato può presentare secrezioni oculo-nasali mucopurulente, congiuntivite con fotofobia, tosse con complicanze polmonari fino alla broncopolmonite, gastroenterite, temperatura molto elevata (41°C) nella prima fase della malattia, quasi normale durante lo stadio nervoso, danni irreversibili al sistema nervoso (paralisi agli arti posteriori e tic nervosi). La malattia è frequentemente mortale.

Epatite infettiva virale

Colpisce cani di tutte le età con incubazione da 3 a 9 giorni; rialzo termico all'inizio della malattia; patologie oculari; tonsillite; comparsa di piccolissime emorragie sulla cute addominale; dolorabilità addominale.

MALATTIE INFETTIVE PRINCIPALI

malattia	eziologia	trasmissione	profilassi
cimurro	paramixovirus più batteri	diretta-indiretta molto contagiosa	vaccinazioni
epatite infettiva virale	adenovirus	contatto diretto contagiosa	vaccinazioni
herpesvirus	herpesvirus	intrauterina contatto diretto	vaccinazioni
parvovirosi	parvovirus	molto contagiosa molto resistente	vaccinazioni
tosse dei canili	adenovirus	molto contagiosa	vaccinazioni
rabbia	rabdovirus	contagio per morso	vaccinazioni
leptospirosi	leptospira (varie)	contagio orale	vaccinazioni

Parvovirosi ed herpesvirus colpiscono i cuccioli in maniera particolarmente grave

Herpesvirus

Colpisce anche i neonati in forma quasi sempre letale. Nei cuccioloni possono essere colpiti diversi apparati e si possono manifestare diarrea, vomito, tracheite e sintomatologia nervosa; nell'adulto il sintomo più frequente è una laringo-tracheobronchite accompagnata da rinite; può verificarsi una forma genitale in entrambi i sessi.

Parvovirosi

È forse la più comune tra le patologie infettive del cane. Colpisce prevalentemente i cuccioli. I sintomi della malattia sono: gastroenterite emorragica, vomito, disidratazione e perdita di peso, abbattimento, ipotermia, leucopenia.

Tosse dei canili

È una affezione molto contagiosa alle vie respiratorie, a decorso benigno con tosse. Si propaga rapidamente nei canili e nelle pensioni con elevate concentrazioni di cani.

Rabbia

Trasmessa attraverso il morso infetto di un animale malato, colpisce molti mammiferi selvatici e domestici; viene interessato il sistema nervoso con paralisi progressiva; variazioni del comportamento di entità variabile; nella forma muta, paralisi progressiva dei muscoli della mandibola, corde vocali e altri muscoli della testa con conseguente salivazione abbondante e afonia, incapacità a deglutire e bere; nella forma furiosa compare estrema irrequietezza a cui segue uno stato iperecitativo con abbondante salivazione e ululati. La malattia evolve con una paralisi estesa e con la morte. Può trasmettersi anche all'uomo.

Leptospirosi

Colpisce cani di tutte le età e molte altre specie compreso l'uomo; il topo e il ratto ne sono le principali fonti di contagio. Presenta quadri morbosi di gravità variabile: possono comparire nefrite, congiuntivite, lieve paresi degli arti posteriori, gastrite con vomito, deficit cardiocircolatorio, ittero, raramente broncopolmonite. Il decorso può essere mortale.

Malattie infestive (parassitosi)

Le malattie parassitarie sono sostenute da organismi unicellulari, come i coccidi, o più complessi come i vermi intestinali. I parassiti convivono con il cane in una condizione di equilibrio dinamico che può portare a morte l'animale, nei casi estremi di infestazione. Danneggiando i tessuti o privando il cane di elementi nutritivi lo debilitano fortemente, rendendolo anche più sensibile alle malattie infettive. Il contagio avviene generalmente per assunzione di uova o larve immesse nell'ambiente da altri cani malati. Quindi un costante controllo del proprio cane, oltre a essere un ovvio vantaggio per lui, lo è anche per gli altri, riducendo la carica ambien-

PARASSITI ESTERNI

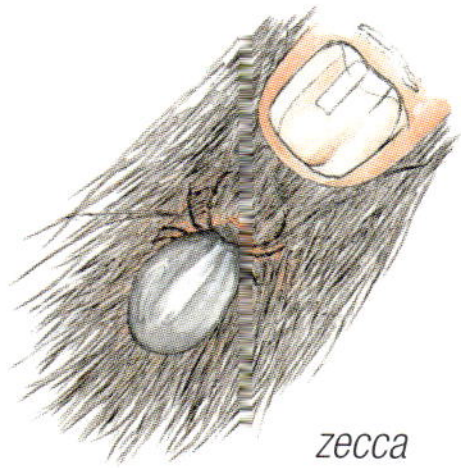

zecca

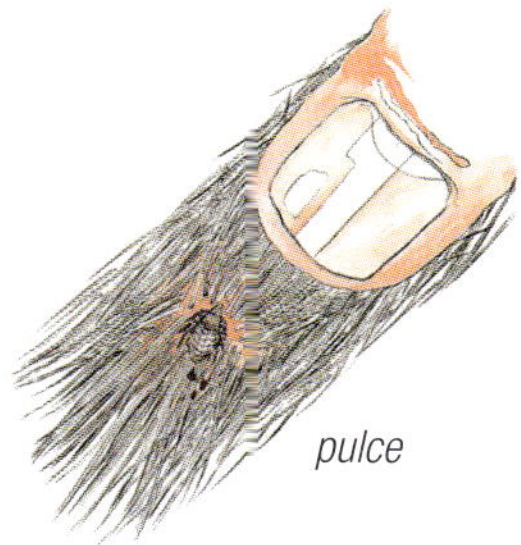

pulce

SINTOMI GENERALI DELLE PIÙ COMUNI PARASSITOSI

parassiti	sintomi	terapie
cutanei	dermatiti superficiali e/o profonde, forfora, pelo opaco, alopecia	polveri, bagni, spugnature, gocce, collarini e altro
intestinali	dimagramento, diarrea, flatulenze, vomito occasionale, pelo opaco	prodotti vari in compresse, gocce, pasta
ematici	insufficienza cardiocircolatoria, anemia grave	varie e complesse
auricolari	otite ceruminosa complicata	gocce auricolari

tale. Alcuni parassiti sono poi pericolosi anche per l'uomo, spesso ospite intermedio (per esempio: la tenia echinococco).
Le terapie, che qui abbiamo riportato in modo puramente indicativo, vengono impostate in base al parassita e all'organo colpito. Ricordate di seguire con attenzione le prescrizioni del veterinario, in quanto il farmaco può essere dannoso anche per il cane.

MICOSI

Sono patologie sostenute da funghi, lieviti e muffe microscopici; sono contagiose per il cane e per l'uomo, soprattutto i bambini (tigna); un'adeguata igiene ambientale e cutanea del cane riduce i rischi di contagio; nella maggior parte dei casi sono curabili; nelle forme più comuni si manifestano con aree alopeciche (perdita di pelo).

MALATTIE CONGENITE

Sono quelle già presenti alla nascita e che vengono determinate per esempio da cause genetiche o da carenze nutrizionali della cagna; gli organi colpiti sono svariati; non sono contagiose; possono o no essere compatibili con la vita del cucciolo.

Nella radiografia qui sotto un caso di grave displasia. In quella a destra le anche del cane sono esenti da displasia: la testa del femore è perfettamente inserita nell'acetabolo

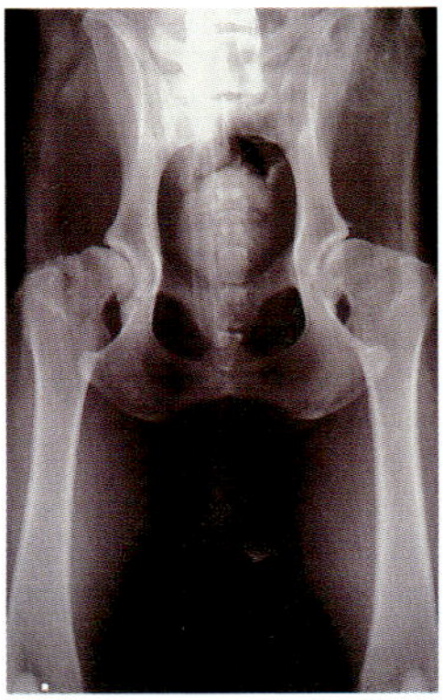

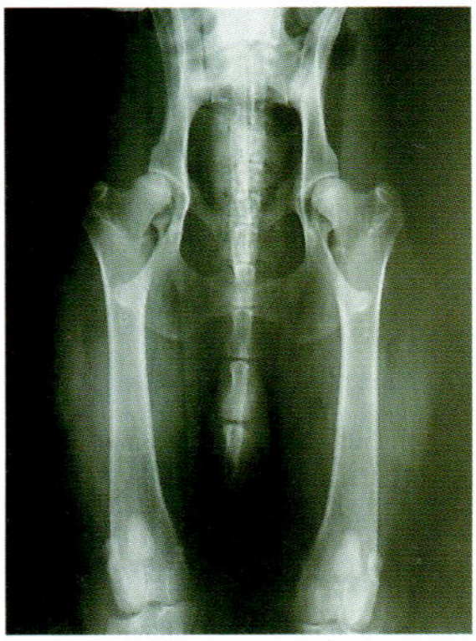

MALATTIE EREDITARIE

Sono patologie causate da particolari geni presenti nei genitori ed ereditati dal cucciolo; possono essere manifeste alla nascita o evidenziarsi successivamente. Il cane potrà in seguito trasmettere ai cuccioli lo stesso difetto. Tra le più conosciute vi sono la displasia dell'anca, le malattie dell'occhio e l'emofilia.
Displasia dell'anca: è una patologia a carico dell'articolazione coxo-femorale che nelle forme più gravi determina zoppia degli arti posteriori in modo più o meno evidente. La causa è da ricercarsi in un'alterata conformazione del giunto articolare con conseguente sublussazione, usura ed erosione della cartila-

gine. Nel tempo la degenerazione porta a fenomeni di artrosi deformante. Pur essendo stata individuata l'origine genetica tuttavia non è stato ancora chiarito il meccanismo di trasmissione. Lo studio della ereditarietà risulta infatti complesso: più geni sembrano essere coinvolti (carattere poligenico) e il loro effetto può essere incrementato da condizioni ambientali di allevamento e di crescita. Il comportamento genetico recessivo può mascherare la presenza del carattere che può non comparire nei genitori e poi ripresentarsi nei figli. Alcune razze sembrano essere più predisposte di altre. La costruzione anatomica, sia ossea che muscolare, in particolare l'ampiezza delle ossa pelviche e la loro inclinazione, ha probabilmente un ruolo importante. La displasia si manifesta con maggior facilità nei soggetti a rapida crescita. L'esame radiografico dell'articolazione coxo-femorale è oggi il mezzo universalmente accettato per identificare i soggetti malati e quelli portatori di lievi anomalie. La radiografia deve essere eseguita da un veterinario esperto, con il cane in anestesia per garantire un adeguato rilassamento muscolare e quindi un corretto posizionamento dorso-ventrale del soggetto.

LE EMERGENZE

Shock

Lo stato di shock si ha quando:
- esiste un grave scompenso cardio-circolatorio;
- è presente vasodilatazione periferica;
- vi è accumulo di sostanze tossiche nei tessuti.

Cause

Forti traumi; emorragie; reazioni anafilattiche; patologie cardiache e neurologiche; tossicosi e disidratazione; scosse elettriche.

Sintomi

Mucose pallide; forte abbattimento; diminuzione della temperatura corporea e tremori muscolari; polso piccolo e frequente; respiro superficiale; perdita di feci e urina; vomito; collasso.

Come intervenire

Tenere il cane al caldo, tranquillo; consultare subito un veterinario, per eventuali infusioni di liquidi o trasfusioni di plasma, somministrazioni di farmaci antishock, antidolorifici, analettici, ossigeno. Il cane deve essere tenuto sotto controllo per alcuni giorni in modo da assicurarsi che il fenomeno sia stato totalmente superato.

Avvelenamenti

Possono essere accidentali o dolosi.

Nel caso vi accorgeste che il cane ha ingerito delle sostanze pericolose potete provocare il vomito somministrando mezzo bicchiere d'acqua in cui sia stato sciolto un cucchiaio da minestra di sale o stimolando il palato e il retrogola. Queste manovre devono essere evitate se il cane ha ingerito acidi o alcali forti o, ancora, oggetti lesivi. Per evitare gli avvelenamenti dolosi è necessario insegnare al proprio cane a rifiutare il cibo offerto dagli estranei e i bocconi abbandonati in giro. Per evitare quelli accidentali vi consigliamo di:

- evitare che il cane ingerisca shampoo e prodotti antiparassitari durante i trattamenti;
- evitare che il cane possa circolare libero in cantine e cortili dove sono stati fatti di recente trattamenti disinfestanti;
- tenere il cane lontano dai liquidi dei radiatori;
- tenere tutti i farmaci, le sostanze velenose e chimiche per uso domestico fuori dalla portata dei cani;

Le punture di api, vespe, tafani e altri insetti di solito hanno effetti lievi e transitori

AVVELENAMENTI ACCIDENTALI O DOLOSI	
titpo di veleno	**sintomi**
organofosforici (antiparassitari)	salivazione, contrazioni muscolari di diversa entità, convulsioni, vomito, diarrea, pupilla chiusa (miosi) non reattiva, broncospasmo, edema polmonare, cianosi
stricnina (ratticida)	convulsioni, dispnea (respirazione irregolare), schiuma alla bocca e asfissia per paralisi spastica dei muscoli intercostali e del diaframma, morte
composti con cianuro (diserbanti)	stordimento, perdita della forza muscolare, respiro boccheggiante e profondo, collasso, morte; l'alito ha l'odore delle mandorle amare
ANTU (potente ratticida)	salivazione profusa, vomito, edema polmonare e dispnea, debolezza muscolare, polso frequente e piccolo (ossia quasi non percepibile al tatto)
dicumarinici (rodenticida)	depressione, febbre, emorragie multiple associate a prolungamento del tempo di coagulazione, ecchimosi sulla superficie cutanea, anemia, polso frequente e debole, emorragie, dispnea, morte
glicole etilenico (anticongelante)	polso frequente, atassia, delirio, dispnea, vomito, anuria (assenza di urine), oliguria (poche urine), disidratazione
farmaci	variabili in funzione del prodotto

- non riporre prodotti pericolosi insieme con gli alimenti;
- non lasciare medicinali alla portata dei cani;
- non lasciare ciotole per cibo o acqua in giardino durante trattamenti antiparassitari;
- eliminare tempestivamente gli animali morti da cortili e giardini (per esempio, topi dopo una derattizzazione).

Punture di insetti

Può succedere che i cani vengano punti da api, vespe, tafani ecc. Le punture, benché dolorose, hanno effetti transitori, talvolta anche lievi. In genere è sufficiente raffreddare la parte con abbondante acqua e somministrare per via parenterale (iniezione) antistaminici. La situazione può essere più grave quando il cane viene punto nel retrogola nel tentativo di mangiare l'insetto. In questo caso la reazione di gonfiore può essere intensa e il rischio di soffocamento grave. Consultare, quindi, immediatamente un veterinario e, se non è possibile, in casi estremi somministrare anche in questo caso antistaminici. Nel caso di punture multiple recarsi subito dal veterinario che potrà intervenire prima che si generi uno shock anafilattico.

Colpo di calore

Si verifica solitamente durante l'estate o nelle stagioni calde, specie quando il cane viene lasciato in macchina con i finestrini chiusi. Per mantenere la propria temperatura corporea il cane generalmente si mette a contatto con superfici fresche e ombrose, non potendo fare questo aumenta la ventilazione polmonare che tuttavia alcune volte non è sufficiente.

I sintomi evidenti sono: barcollamento, aumento considerevole della temperatura rettale, cute calda e asciutta, polso frequente, dispnea, collasso, morte. In presenza di tali sintomi cercare di abbassare la temperatura corporea e superare lo stato di collasso bagnando il cane con acqua fredda, tenendolo a riposo in luogo fresco e ombreggiato. Chiamare con urgenza il veterinario.

Fratture

Le fratture più frequenti sono generalmente quelle degli arti, della colonna vertebrale e della mandibola. Sono solitamente la conseguenza di traumi violenti quali investimenti stradali o cadute dall'alto.

Possono interessare uno o più ossa e, nei casi più gravi, i monconi possono fuoriuscire dalla ferita (frattura esposta).

I sintomi sono zoppicatura con forte dolorabilità, tumefazioni, emorragie, paresi o paralisi e nei casi più gravi stato di shock. In tal caso lasciare il cane più tranquillo possibile, dandogli il tempo di riprendersi dallo spavento e adattarsi al dolore acuto. Nel caso di fratture agli arti cercate di muoverli il meno possibile e, se l'intervento del veterinario non potrà essere immediato, immobilizzate provvisoriamente l'arto con delle stecche di legno o di cartone e delle bende.

Pulite e disinfettate sempre le ferite infette, poi ricopritele con delle garze. Se il cane non sarà in grado di muoversi adagiatelo per terra e trasportatelo con l'ausilio di un telo dal veterinario, avendo cura di non sollecitare la colonna vertebrale. Una visita veterinaria accurata con analisi radiologica è sempre consigliabile anche in caso di traumi leggeri e scarsa sintomatologia, in quanto fratture lievi, se trascurate, possono essere causa di anomalie permanenti.

I CONSIGLI DI PRONTO SOCCORSO

Come comportarsi con un cane traumatizzato

Il cane traumatizzato, generalmente investito da un veicolo, è quasi sempre molto impaurito e disorientato. Per questo motivo è opportuno avvicinarlo con cautela per evitare che la paura aumenti e l'animale tenda a scappare, magari verso vie di fuga non raggiungibili dal soccorritore. Parlategli con voce calma e cercate di rassicurarlo più che obbligarlo a fermarsi. Se invece il trauma è stato particolarmente violento potrebbe essere in stato di shock con forti dolori per le fratture e le contusioni.

Anche in questo caso è opportuno avvicinarsi lentamente parlandogli con molta calma.

Non fate movimenti bruschi e fate attenzione perché per la paura e il dolore potrebbe essere particolarmente irritabile e aggressivo. Come risposta alle vostre cure potreste ricevere un morso. Se ravvisate la necessità metetegli la museruola o un laccio di emergenza prima di spostarlo o sollevarlo. Cercate di restare calmi perché lui sicuramente percepirà il vostro stato di tensione che aumenterà la sua irritabilità. Soccorretelo con delicatezza per non aggravare i traumi che ha subito e fatelo controllare al più presto dal veterinario o presso un centro di pronto soccorso.

IL PRONTUARIO SUL PRONTO SOCCORSO

- Disinfettanti: acqua ossigenata, tintura di iodio, mercurocromo.
- Soluzioni e blandi disinfettanti: soluzione fisiologica, acqua borica.
- Astringenti e antibiotici intestinali.
- Lassativi: olio di vaselina.
- Antiemetici.
- Un antibiotico di emergenza consigliato dal veterinario.
- Compresse di garza, cerotto, garza da 5 cm per fasciature.
- Il numero di telefono del veterinario di fiducia.

Come trasportarlo

Se il cane non è in grado di alzarsi spontaneamente e di camminare dovete cercare di sollevarlo nel modo meno traumatico possibile. I cani di grande mole possono essere trasportati con barelle di emergenza: una coperta, un cappotto, un telo i cui quattro angoli fungano da maniglie.

Fate il minor numero possibile di spostamenti e se le zampe posteriori vi sembrano completamente paralizzate, sospettate un trauma alla colonna vertebrale. In questo caso cercate di non far compiere alla spina dorsale angoli di flessione pericolosi per il recupero della funzionalità del midollo spinale.

Come intervenire su una ferita

Non è possibile trattare specificamente le diverse ferite che un cane può procurarsi giocando, lavorando, a volte anche mangiando. Tuttavia alcune regole generali potrebbero essere di aiuto.
Come prima regola fermate l'emorragia comprimendo la zona della ferita con un fazzoletto o con un telo puliti; se è in corso una emorragia intensa, per esempio nelle ferite alle zampe, cercate di bloccarla facendo pressione al di sopra del taglio. Subito noterete che il flusso diminuisce. Utilizzate, come laccio emostatico, una cintura, un cordino, una cravatta, un fazzoletto che stringerete in modo da poter allentare ogni tanto (10 minuti) la stretta e lasciar circolare un poco il sangue nella zampa. Se invece la ferita è all'addome o al torace cercate di fare compressione con un asciugamano o un telo ripiegati. Nella maggior parte dei casi così facendo si riesce a fermare il sangue, ma alcune volte è necessario che il veterinario suturi il vaso sanguigno reciso per bloccare in maniera definitiva l'emorragia.

Come secondo intervento è necessario disinfettare abbondantemente la ferita e cercare di asportare terra e sporco. Attenzione, il cane irritato potrebbe mordervi; mettetegli la museruola prima di procedere. Sulla ferita così pulita e disinfettata applicate una garza provvisoria che impedisca un nuovo inquinamento e andate dal veterinario che constaterà il danno reale. Nelle ferite agli arti possono essere interessati anche tendini e nervi che devono essere rapidamente suturati per evitare lesioni permanenti.
Se la ferita è quella di una frattura esposta cercate di lavarla con soluzione fisiologica e acqua ossigenata, copritela con una garza e andate immediatamente dal veterinario. I tessuti lesionati sono facilmente infettabili e possono sorgere malattie molto difficili da curare (per esempio l'osteomielite).

Lesioni a occhi, orecchie, naso

I graffi dei gatti e di altri cani possono lesionare la cornea anche in modo grave. Ugualmente pericoloso è il trauma violento in grado di far fuoriuscire il globo oculare dall'orbita. In tutti i casi lavate l'occhio ferito con soluzione fisiologica, acqua borica o, se non avete altro, dell'acqua pulita; tenete l'occhio prolassato umido con un fazzoletto bagnato e correte dal veterinario.
Fate attenzione perché le lesioni agli occhi sono molto dolorose.
Il trauma che capita più frequentemente alle orecchie è la ferita con lacerazione e sanguinamento o l'ematoma interno al padiglione auricolare. Nel primo caso cercate di fermare l'emorragia con una compressione della parte, magari bendando l'orecchio sulla testa e applicando del ghiaccio. Consultate al più presto il veterinario. L'otoematoma solitamente necessita di un trattamento chirurgico da parte del veterinario.
Le emorragie dal naso sono forse quelle più inquietanti per il proprietario.
Il cane in genere sente il sangue che fuoriesce dalle narici e per il fastidio starnuta lanciando goccioline rosse tutt'intorno. La rinorragia può avvenire per avvelenamenti o per piccoli corpi estranei che si sono infilati nel naso e creano una forte irritazione che spinge il cane a starnutire con violenza.
Cercate di fermare il sangue con degli impacchi di ghiaccio e andate dal veterinario.

Ustioni

Le ustioni nel cane non sono molto frequenti, almeno quelle determinate dal fuoco, dato il suo innato istinto a starne lontano. Tuttavia altre possono essere le cause come l'acqua bollente della pentola sul fuoco, oppure sostanze chimiche ustionanti che involontariamente gli cadono addosso. Come primo intervento lavate con abbondante acqua fredda che toglierà la sostanza irritante e raffredderà immediatamente la parte in caso di ustioni da calore. Approntate degli impacchi freddi che terrete sulla parte per ridurre la vasodilatazione. Coprite l'ustione e recatevi dal veterinario che provvederà a controllare lo stato di shock che può generarsi in seguito a una estesa bruciatura.

CONGELAMENTO

Nei nostri climi non è un fenomeno frequente, tuttavia può verificarsi in montagna. Generalmente sono colpiti gli arti e la punta delle orecchie. Portate l'animale in un ambiente riscaldato e copritelo. Massaggiate con delicatezza le parti congelate e cercate di riscaldarle con panni tiepidi o borse di acqua calda. Un colore rosato della cute indicherà la ripresa della circolazione.

SOFFOCAMENTO

È un'emergenza che richiede un intervento tempestivo. Tenete aperta la bocca del cane, che già sta cercando di togliersi l'oggetto estraneo, abbassategli la lingua e guardate in fondo alla gola: se riuscite a vedere l'oggetto estraetelo. Per evitare che il cane vi morda schiacciate delicatamente un po' del labbro tra i denti, questo gli impedirà di chiudere le fauci. Se non vedete nulla e il cane è troppo pesante per essere sollevato per le zampe posteriori e scosso in modo da provocare la fuoriuscita del corpo estraneo, date dei decisi ma non troppo violenti colpi al torace: l'aria espulsa potrebbe smuovere l'oggetto occludente.

CRISI CONVULSIVE ED ECCITATORIE

La crisi convulsiva può avere molte cause e generalmente spaventa il proprietario la prima volta e se è particolarmente intensa. In tali circostanze cercate di tenere il cane in una zona senza spigoli dove possa ferirsi durante la fase convulsiva o eccitatoria. Passata la crisi lasciate l'animale tranquillo in una stanza limitando i rumori e la luce fino a quando si sarà completamente ripreso; copritelo con una coperta. A crisi completamente superata (normalmente dura pochi minuti) portatelo dal veterinario.

COME SOMMINISTRARE LE MEDICINE

Purtroppo un cane malato è già un soggetto irritabile e non sempre è disposto a prendere le medicine di buona voglia. Quindi il primo tentativo va fatto con astuzia, il secondo con decisione. I farmaci per bocca sono di diversi tipi, ma per comodità potremo suddividerli in compresse, capsule, confetti ecc. e farmaci liquidi. Per il primo tipo si può tentare la somministrazione con poco cibo nascondendone il sapore con un alimento particolarmente gradito al cane (formaggio, carne). Se si tratta di polveri o di compresse sbriciolate si può tentare di mescolarli a poca carne dando il resto della razione dopo essersi assicurati che il cane abbia mangiato tutta la prima porzione. Tuttavia ci sono dei casi in cui il farmaco non può essere mescolato all'alimento perché potrebbe rovinarsi, oppure perché ha un sapore talmente forte da essere individuato dal cane e quindi rifiutato. In questo caso aprite la bocca del cane, introducetevi in profondità la compressa richiudendola rapidamente e, tenendo la testa verso l'alto, massaggiate la gola per stimolare la deglutizione. Assicuratevi che il cane abbia inghiottito il farmaco, perché a volte trattiene la pastiglia nell'angolo della bocca per sputarla non appena vi sarete voltati. I farmaci liquidi possono essere somministrati con siringhe private dell'ago, con pompette di gomma o contagocce. Tenete sollevata la testa, inserite la siringa nell'angolo della bocca tra le labbra e fate defluire il prodotto lentamente per permetterne la deglutizione. Non somministrate mai liquidi tenendo forzatamente la bocca aperta: impedendo la deglutizione, potreste provocare il soffocamento.

Nella foto sopra un'iniezione sottocutanea e, sotto, un'iniezione intramuscolare

Farmaci per uso parenterale

Questo tipo di farmaco viene somministrato mediante iniezioni fatte sottocute, in muscolo o in vena. Il proprietario dovrebbe imparare a effettuare quelle sottocute per proseguire le terapie imposte dal veterinario, usando sempre siringhe monouso o sterilizzate. Si deve sollevare una plica di cute lungo il dorso tra il collo e il fianco, disinfettare la cute sollevando il pelo e introdurre la punta dell'ago parallelamente alla spina dorsale del cane. Quindi si va a iniettare il farmaco. Se il prodotto è irritante è meglio farsi aiutare da un'altra persona che tenga fermo il cane.

Farmaci per le otiti

Tenete sollevata la punta dell'orecchio e introducete nel condotto auricolare il contagocce. Lasciate cadere le gocce e poi massaggiate la parte sottostante per distribuire uniformemente il prodotto. Tenete bloccata la testa del cane per qualche minuto altrimenti la scuoterà per liberarsi del farmaco che gli irrita l'orecchio.

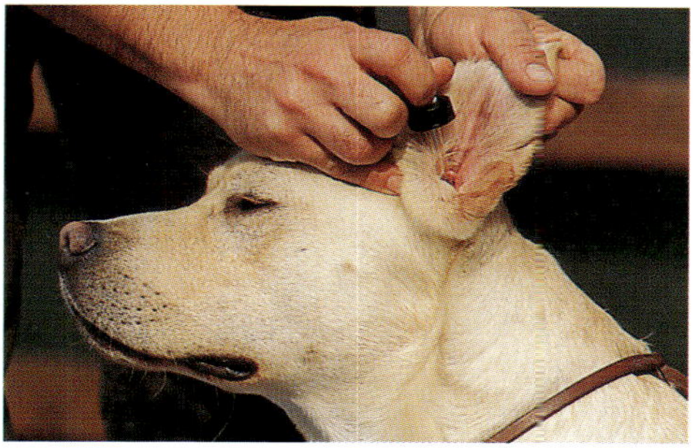

Ecco come mettere le gocce nell'orecchio del labrador

Farmaci per gli occhi

Tenete sollevata la testa del cane e lasciate cadere le gocce di collirio sulla cornea. Se invece dovete somministrare delle pomate abbassate la palpebra inferiore e mettete poca pomata sulla faccia interna. Lasciate richiudere l'occhio e massaggiatelo per distribuire uniformemente la pomata. Asportate l'eccesso rimasto all'esterno con un fazzolettino.

Gli occhi si possono medicare tramite colliri o creme

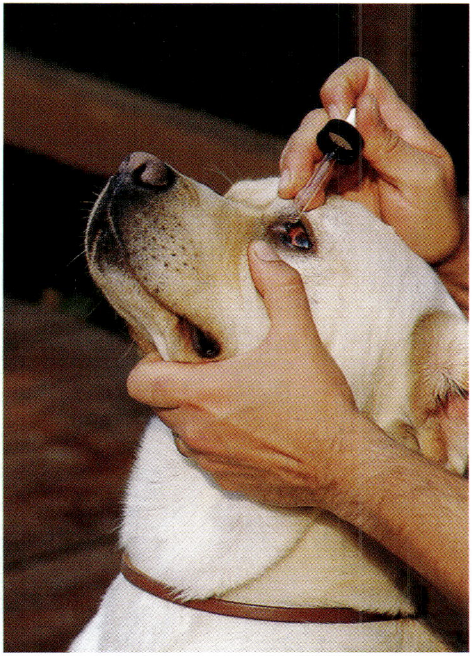

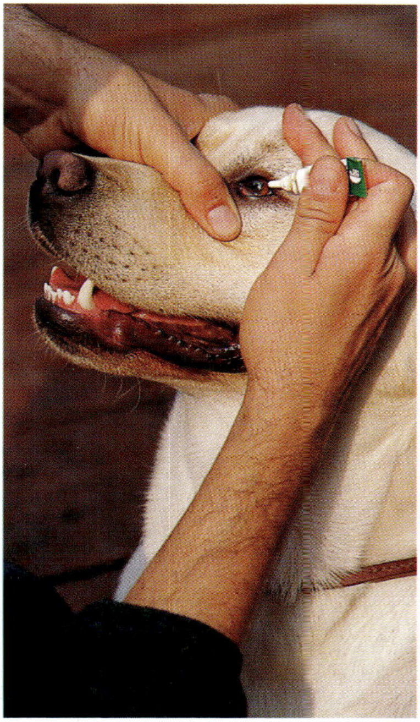

Supposte

L'impiego di supposte nei cani non è molto frequente, tuttavia può essere un intervento necessario per lenire un dolore acuto. In questo caso umidificate la supposta con acqua, sollevate la coda del cane e introducete il prodotto con delicatezza e lentamente senza forzature; spingete in profondità la supposta magari con l'aiuto di un cotton fioc; tenete la coda abbassata sulla zona perianale per qualche minuto per impedire che il cane espella immediatamente il farmaco.

PARAMETRI FISIOLOGICI DI RIFERIMENTO

parametri	cucciolo	adulto
temperatura corporea	38-39 °C	37,5-38,5 °C
frequenza respiratoria (per minuto)[1]	20-22	14-20
pulsazioni cardiache (per minuto)	100-130	60-120

[1] Con temperatura esterna elevata la frequenza aumenta

COME MISURARE...LA TEMPERATURA?

Molti proprietari sospettano un rialzo di temperatura osservando il tartufo (estremità del naso): se non è umido e fresco, pensano che il cane abbia la febbre. Questo non è sempre vero.

In ogno modo è preferibile misurare la temperatura rettale utilizzando un termometro veterinario o pediatrico, lubrificato con olio o crema di vaselina. Sollevare la coda e, sempre tenendo il cane fermo, introdurre il termometro delicatamente (2-3 cm) e attendere 3 minuti circa.

LA RIPRODUZIONE E LA STERILIZZAZIONE

Ultimo argomento, ma non per importanza, in tema di salute è quello relativo alla riproduzione. Al proposito occorre innanzitutto considerare che la scelta dell'accoppiamento più idoneo deve essere fatta con molta cura e con conoscenze specifiche che derivano da un'adeguata preparazione di base e da una buona esperienza.
Se non si è sufficientemente preparati, è bene affidarsi ai consigli di allevatori con esperienza decennale e di indubbia serietà.
È necessario valutare non solo i singoli soggetti, ma anche conoscere le genealogie e i risultati di precedenti accoppiamenti.
I riproduttori devono essere innanzitutto sani e non devono trasmettere anomalie ereditarie (displasia dell'anca, criptorchidismo, ectropion, entropion, sordità, cecità, atrofia progressiva della retina e altre). Devono inoltre presentare adeguate caratteristiche morfologiche e un carattere franco e ben equilibrato. Affrontare gravidanza, parto e soprattutto l'allevamento e lo svezzamento dei cuccioli può

La femmina allatta i suoi cuccioli 40-50 giorni fino allo svezzamento

essere un'esperienza emozionante e assai piacevole, richiede però anche sacrificio e soprattutto disponibilità di tempo e un luogo adeguato. È, inoltre, necessario prevedere in anticipo a chi, o attraverso quali canali, cedere i cuccioli svezzati.

Il cane è una specie monoestro, in cui il calore e l'ovulazione si manifestano in media ogni sei mesi, ma con un'ampia variabilità (5-12 mesi) dovuta sia all'individuo sia all'andamento stagionale. Di solito i canidi selvatici vanno in calore una sola volta all'anno.

Il primo calore compare normalmente tra gli 8 e i 12 mesi, ma si consiglia di far coprire la cagna a partire dal secondo o terzo calore, in quanto l'organismo, spesso, non ha ancora completato la crescita e quindi una gravidanza potrebbe compromettere un normale sviluppo corporeo. I calori si manifestano per tutta la vita della femmina che non presenta menopausa e pertanto non cessano con la vecchiaia. È buona norma non far accoppiare la femmina a ogni calore, ma a calori alterni, in modo da lasciare tempo sufficiente tra una gravidanza e l'altra. Dopo i 7-8 anni, è buona norma non fare più accoppiare le femmine. I vari momenti fisiologici del ciclo riproduttivo sono influenzati da complesse variazioni ormonali. La femmina accetta il maschio esclusivamente durante il periodo dell'estro e generalmente tra il 10° e il 14° giorno, anche se vi sono femmine che accettano il maschio per più giorni e altre per un brevissimo periodo: un giorno o anche meno. Una volta avvenuta la fecondazione, la femmina generalmente non accetta più il maschio.

È possibile identificare il periodo migliore per l'accoppiamento tramite l'esame microscopico di uno striscio vaginale o con l'analisi del progesterone ematico. Anche i maschi raggiungono la maturità sessuale tra gli 8 e i 12 mesi ma si consiglia di farli accoppiare solo dopo l'anno. Sono attratti dall'odore emanato dalle femmine che riescono a percepire anche a distanze considerevoli.

Il maschio è fecondo per tutta la vita, se mantenuto in attività, mentre se un cane non ha mai montato prima dei 4-5 anni, difficilmente potrà riprodurre. Se la vostra intenzione non è né quella di gestire una gravidanza né la conseguente cucciolata, può essere consigliabile la sterilizzazione, intervento ormai di routine.

Tra i vantaggi di avere un cane sterilizzato è da considerare la diminuzione dell'incidenza di alcuni tipi di tumori sia per gli esemplari femmine che per i maschi, e la prevenzione di altre patologie. Anche in questo caso è meglio fare riferimento al proprio veterinario per avere informazioni più approfondite e consigli.

Tutti i cani devono essere educati ed addestrati in modo di non essere causa di problemi, non ferire o minacciare nessuno, né a casa né in un luogo pubblico. In questo modo il vostro compagno potrà seguirvi ovunque, senza limitazioni. Il vostro labrador, una volta addestrato, non vi causerà mai dei problemi, a prescindere dalle situazioni in cui vi ritroverete, e il vostro legame con lui sarà ancora più forte.

IL GIOCO

Potete allenare il cane portandolo con voi a spasso, usando la bicicletta

Il vostro cucciolo per conseguire un giusto sviluppo psicofisico dovrebbe dedicare al gioco parecchie ore al giorno. Questo gioco tuttavia, almeno nei primi sei mesi, dovrà essere necessariamente controllato. Saranno da evitare tutti i giochi troppo violenti, magari con altri cani, le corse sfrenate nei prati, i "su e giù" dalle scale ecc.

Potrete abituarlo a giocare con voi lanciandogli oggetti a breve distanza per farveli riportare o simulando con lui delle lotte da fermo, ma è molto importante che fino a quando non è terminata l'ossificazione vengano evitati tutti i tipi di sforzo che sollecitino in maniera eccesiva lo scheletro e le articolazioni. Il cucciolo dovrebbe essere tenuto a riposo fino a sei mesi. Le passeggiate dovranno essere fatte rigorosamente con il cane tenuto al guinzaglio per evitare che scappi e si metta a correre come un pazzo con altri cani.

Per lo sviluppo dei pettorali occorre far nuotare il labrador il più spesso possibile

Vale quindi questa regola: l'esercizio fisico è necessario, ma deve essere sempre moderato; la muscolatura va sviluppata ma ciò non deve avvenire a discapito di altri organi altrettanto importanti per la locomozione.

Una volta compiuto l'anno di età si potrà iniziare con un programma di allenamento più intenso per favorire lo sviluppo della muscolatura. Potrete portare il cane a correre con voi, magari usando la bicicletta; dovrete, inoltre, farlo nuotare il più spesso possibile per sviluppare i pettorali. È importante dedicarsi al gioco con il cucciolo almeno in due o tre occasioni nell'arco della giornata. In questo modo, lui stesso comincerà a distinguere i momenti in cui deve stare tranquillo da quelli in cui può divertirsi; inoltre, così facendo, si stancherà sufficientemente ed eviterà di combinare guai quando poi sarà lasciato solo.

Il gioco, infine, se ben impostato, può essere la base per l'addestramento futuro di un cane.

L'UBBIDIENZA DI BASE

Sia che vogliate un cane da caccia, da ring o da compagnia, l'ubbidienza di base riveste un'importanza fondamentale: avere il completo controllo sul proprio animale non solo è utile nei rappor-

COSA DEVE SAPER FARE IL CANE UBBIDIENTE

Non è necessario avere un automa al proprio fianco, sono sufficienti alcune regole di base:
1. Camminare correttamente al guinzaglio.
2. Tornare immediatamente vicino al padrone quando viene richiamato.
3. Sedersi o accucciarsi al comando.
4. Rimanere fermo dove viene lasciato al comando "resta" o "fermo".

ti con il prossimo, per rispettare le regole di una civile convivenza, ma può consentirvi di salvargli la vita qualora si presenti una situazione di pericolo.

Ogni cane dovrebbe essere educato e addestrato in maniera tale da non arrecare disturbo, molestie o minacce, né in casa né in un ambiente pubblico. Potrà così seguire il padrone ovunque senza suscitare reclami. Il vostro labrador, una volta addestrato, non vi darà mai problemi, in qualunque posto o situazione vi troviate, e il legame con lui potrà divenire sempre più saldo.

L'insegnamento delle regole di base potrà già iniziare nel momento in cui porterete a casa il vostro cucciolo. Le prime fasi consisteranno nell'insegnargli dove deve sporcare e dove assolutamente non può farlo, con che cosa può giocare e con che cosa no, qual è il suo nome e a che richiamo deve rispondere, quale è la sua cuccia e dove non deve salire ecc.

Fin da piccolo il vostro labrador imparerà a conoscere che cosa vuol dire "no!". Un no secco detto al momento giusto viene compreso rapidamente e serve molto di più di qualsiasi tipo di punizione. Imparate a comunicare con il cane semplicemente con il tono della voce e con qualche gesto ben visibile, senza sberle, sculacciate o "giornalate" sul muso. È molto importante lodarlo diffusamente quando ubbidisce o fa qualcosa di buono. Il cucciolo di labrador è molto socievole e sensibile alle moine e ai complimenti, per cui per rinforzare un comportamento positivo è sufficiente farsi vedere entusiasti e premiarlo giocando con lui, lanciandogli la sua pallina o facendogli fare altre cose a lui gradite. Anche un premio "in natura", come un biscotto per cani, può essere utile se dato al momento opportuno, anche se non deve diventare un'abitudine.

Occorre insegnare al cucciolo fin da subito cosa vuol dire "no!"

Curiosità

La maggior parte dei cuccioli di retriever adora l'acqua, tuttavia il primo impatto non è sempre così facile: anche se istintivamente si sente attratto, a volte il cane può nutrire un certo timore. Per aiutarlo a superare questa fase potete voi stessi entrare in acqua e chiamarlo; se invece la stagione non lo consente, potete dargli il buon esempio grazie a un cane adulto che entri in acqua davanti a lui, oppure potete incoraggiarlo lanciandogli qualche cosa nell'acqua bassa. Il cane non va mai, per nessun motivo, forzato a entrare, perché ciò potrebbe spaventarlo ulteriormente.

Il richiamo

Vediamo ora quali sono le principali regole che il nostro cane dovrà imparare. Innanzitutto l'obbedienza al richiamo: in qualunque momento e qualunque cosa stia facendo il cane deve rispondere prontamento al richiamo del padrone.

È importante abituarlo a un comando unico: di solito il nome del cane è seguito dalla parola "vieni" oppure "qui" oppure "piede" ecc. Il cucciolo di retriever, essendo di natura molto socievole, risponde volentieri al richiamo fin dai primi tempi, ma vi accorgerete che se è impegnato in qualche attività che lo interessa molto non sempre ubbidirà immediatamente. Per questo motivo è utile lodarlo diffusamente quando arriva da voi e soprattutto non "catturarlo" subito. Il guinzaglio può essere poco tollerato dal cucciolo, per cui chiamarlo e legarlo immediatamente può diventare controproducente. Se siete in casa o nel vostro giardino potete ripetere l'esercizio del richiamo più di una volta e ogni volta che il cane vi obbedirà, premiarlo; questa è la prima fase, più semplice: in un secondo tempo potrete iniziare l'esercizio all'esterno. Lasciate il cane libero in un posto senza pericoli e, dopo avergli consentito di perlustrare un po', cominciate con il richiamo che deve essere sempre festoso, mai suonare come un ordine, nelle prime fasi. Ripetete l'esercizio diverse volte e solo alla fine rimettete il guinzaglio.

Quando il cucciolo avrà imparato il suo nome e risponderà abbastanza rapidamente, il richiamo andrà rinforzato in situazioni sempre più difficili. Una cosa molto importante da tener presente è che

Il richiamo si esegue facendo partire il cane dalla posizione seduta

non ci si deve mai mettere nelle condizioni di poter "perdere". Se il vostro cane è impegnato in un gioco sfrenato con un altro cane, oppure si sta divertendo come un pazzo in un laghetto, evitate di chiamarlo se pensate che non ubbidirà. Un cane adulto ben addestrato deve ubbidire anche e soprattutto in situazioni come queste, ma non potete pretendere che lo faccia un giovane e vivace cucciolone. Inoltre, il richiamarlo inutilmente vi farebbe solo innervosire e arrivereste probabilmente al punto di sgridarlo duramente non appena vi capita sotto tiro.

Un'altra cosa che non si deve mai fare è cercare di prendere il cane: è sempre lui che deve venire da voi. Il fatto di essere inseguito viene interpretato come un gioco dal vostro cucciolo, e anche in questo caso, correreste il rischio di perdere la pazienza e di suonargliele quando lo catturate, il che lo renderà sempre più diffidente al vostro richiamo. Egli infatti non capisce il motivo della punizione, non è in grado di associare la fuga con la sgridata, associa semplicemente padrone + richiamo = "botte" e la volta successiva sarà più difficile farlo obbedire al vostro comando.

Il metodo migliore, che richiede però molta pazienza, è quello di allontanarsi dal cane e continuare a richiamarlo fino a che non si decida a venire; lodarlo e accarezzarlo e lasciarlo nuovamente libero. Ripetere l'esercizio due o tre volte per ogni uscita, fino a che non abbia imparato a rispondere prontamente.

Quanto più velocemente verrà da voi, tante più feste dovrete fargli, in modo che per lui sia sempre una gioia tornare dal padrone.

La condotta al guinzaglio

La condotta al guinzaglio rappresenta un secondo punto fermo nell'addestramento di base; il cane deve imparare a camminare accanto al piede sinistro del padrone assecondando le variazioni di andatura ed evitando sia di tirare che di rimanere indietro. A ogni arresto del proprietario dovrebbe inoltre imparare a sedersi.

Il collare viene messo al cucciolo attorno ai due mesi e mezzo, quando comincerà a uscire di casa per le prime passeggiate. Le prime volte sarete voi a doverlo tirare perché il sentirsi legato lo bloccherà inevitabilmente. In questa fase non date mai strattoni bruschi, fate in modo che collare e guinzaglio gli diano meno fastidio possibile. Vedrete che dopo le prime volte, in cui il cane si siederà e non vorrà più fare un passo, oppure si gratterà furiosamente per liberarsi dal collare, pian piano le cose miglioreranno. È necessario avere un po' di pazienza e lasciargli il tempo di abituarsi. Sarebbe utile che fossero due persone a portarlo a spasso le prime volte: uno richiama il cane verso di sé, l'altro lo tiene al guinzaglio. Quest'ultimo deve tendersi solo quando il cane corre troppo in avanti ed essere invece morbido se il cucciolo vi sta vicino.

L'insegnamento della condotta al piede deve sfruttare il principio che il cane si sente a disagio quando si allontana dal padrone e non sente impedimenti quando invece rimane ben vicino al piede. Quando ha preso confidenza con il guinzaglio e si è abituato a farsi legare si può iniziare a fargli capire come deve camminare. Aiutandosi con un collare "a strozzo", che si stringe cioè quando il guinzaglio viene tirato, si inizia a camminare impartendo

Il labrador deve imparare a camminare a fianco del conduttore, con la spalla all'altezza del ginocchio

il comando "piede", "heel" o "fuss", preceduto dal nome del cane; se esso vi sta al fianco senza tirare lo si deve lodare, mentre se inizia a tirare bisogna dare uno strattone al guinzaglio e ripetere il comando. Non è necessario dare degli strattoni potenti, è sufficiente un colpetto secco eseguito tirando il guinzaglio verso destra e non indietro. L'esercizio va ripetuto parecchie volte per ottenere un'andatura perfetta, ma in genere il cane imparerà in breve tempo a camminarvi vicino senza tirare.

Sarà infine indispensabile per il cane da caccia la condotta al piede senza guinzaglio; con questo esercizio il cane deve imparare a camminare accanto a voi come se fosse legato. Le prime volte non sarà facile, ma se procederete per gradi alternando frequentemente con la condotta al guinzaglio, presto il cane imparerà.

Il "resta"

Il "resta" è un altro comando importante che va preceduto dal "seduto" o "terra"; il cane deve imparare a rimanere fermo dove lo avete messo anche se voi vi allontanate o addirittura sparite dalla sua vista. È un comando utile sia durante la caccia, in quanto consente di arrestare il cane fino al momento in cui deve intervenire, ma sia nella vita di ogni giorno, quando avrete bisogno di far rimanere il vostro amico ad aspettare in qualche posto.

Una rappresentazione dell'insegnamento del comando "resta"

Si inizia facendolo sedere o accucciare per terra e gli si impartisce il comando "resta" o "stay", senza guardarlo negli occhi, con voce ferma ma non minacciosa. Il comando può anche essere rinforzato alzando una mano. Ci si allontana quindi dal cane lentamente continuando a ripetere "resta" e dopo qualche metro si ritorna verso di lui. Se non si è mosso, una volta tornati vicino al cane ci si complimenta con lui accarezzandolo; se viceversa si è alzato per seguirvi o, peggio ancora, si è lasciato distrarre da qualche altra cosa, dovrete scandire un secco "no!" e riprenderlo rimettendolo dov'era. L'esercizio va continuato aumentando progressivamente la distanza, fino ad arrivare a scomparire dalla vista del cane, oppure allungando il tempo durante il quale deve restare fermo sul posto. Anche in questo caso è necessaria molta pazienza e non bisogna aver fretta di raggiungere un risultato perfetto in poco tempo.

L'ADDESTRAMENTO ALLA CACCIA

Per quanto riguarda il lavoro di riporto, esistono numerosi esercizi specifici con vari gradi di difficoltà che possono essere eseguiti durante l'addestramento. Non è qui il caso di entrare nel merito di questo argomento che andrebbe affrontato in maniera specifica da un addestratore. Si possono comunque ricordare alcune regole fondamentali: innanzitutto si deve tener presente che per ottenere un buon cane di riporto ci vogliono almeno due anni e mezzo, o anche tre, e non bisogna avere la tentazione di procedere troppo velocemente anche se il cane lavora bene e ci dà molte soddisfazioni.

Esistono numerosi esercizi per il lavoro di riporto

LO SPARO

L'abitudine al colpo di fucile viene fatta con l'aiuto di una persona che si trovi a una certa distanza, mentre voi siete vicini al cane e lo rassicurate. Si inizia a far sentire un colpo sparato da circa 150 metri, seguito da altri mano a mano sempre più vicini; se il cane non mostra di spaventarsi si può procedere ulteriormente, se invece si mostrasse un po' preoccupato e intimidito è meglio sospendere e riprovare un altro giorno, sempre partendo da lontano.
L'introduzione dell'abitudine a fermarsi e sedersi al colpo di fucile avverrà più tardi, quando il cane si sarà ben abituato al rumore e lo considererà una cosa normale.

L'addestramento deve essere sempre graduale: è sbagliato voler mettere il cane alla prova con esercizi complicati quando quelli di base non sono ancora eseguiti perfettamente: potrà infatti riuscire, ma se non ci riuscirà e sfuggirà al vostro controllo avrete fatto un passo indietro anziché un miglioramento. L'addestramento inoltre deve essere costante, ma breve; il cane non è in grado di rimanere concentrato per più di quindici, venti minuti. Effettuare lezioni più lunghe è quindi una perdita di tempo.
Tutto l'addestramento alla caccia si basa sulla possibilità di controllare il cane a distanza. Per fare ciò è necessario insegnargli dei comandi associando alla voce un gesto, come per esempio una mano alzata, o un suono di fischietto che possa essere percepito anche da lontano. Il cane imparerà a fermarsi, a sedersi al comando e si aumenterà la distanza progressivamente fino ad arrivare a lunghezze considerevoli. Anche il richiamo al piede deve essere quanto mai preciso.

Un altro principio basilare che il cane deve apprendere è quello di partire solo se gli viene richiesto: va quindi abituato a veder cadere oggetti davanti a lui, a veder lanciare i riportelli o a qualunque altro movimento, rimanendo fermo al suo posto. Nelle prime fasi di addestramento, quindi, è meglio non essere tentati di far riportare il cane; come regola generale è bene concedere al massimo un riporto per ogni "lezione", anche se durante la stessa il dummy è stato lanciato diverse volte. L'istinto del retriever sarebbe quello di correre immediatamente verso l'oggetto da riportare, ma in una battuta di caccia è fondamentale che sappia stare al suo posto senza disturbare fino a quando non tocca a lui intervenire. Deve essere indifferente al movimento, alla confusione e all'euforia che si incontrano durante l'attività venatoria; deve saper distinguere tra tante parole o gesti quelli che non lo riguardano da quelli rivolti espressamente a lui. Per far ciò dovrete aver cura di dare sempre comandi chiari sia con la voce sia con la gestualità. Non è necessario gridare o fischiare eccessivamente forte, la sola cosa che dovete curare è la "comprensibilità" del vostro comando. Il fischietto può anche essere usato sommessamente; in questo modo se avrete bisogno di rinforzare un comando non farete altro che aumentare l'intensità del richiamo e l'effetto sarà più immediato.

IL RIPORTO ALLA CIECA

Si tratta di un esercizio che va eseguito in fase avanzata dell'addestramento, quando il cane è stato istruito a seguire per la ricerca la direzione indicata dal conduttore. Consiste nel mandare il cane a cercare il dummy precedentemente posizionato in un luogo più o meno nascosto. Il cane deve quindi saper trovare un oggetto che non ha visto cadere e di cui non conosce l'esistenza, basandosi semplicemente sull'invito dato dal conduttore nella direzione in cui deve cercare e sul proprio fiuto.

Un altro punto fondamentale è quello di variare gli esercizi e la sequenza dei comandi in modo da non annoiare il cane. In ogni seduta tutti i comandi vanno ripassati e ripetuti anche più di una volta prima di introdurre qualcosa di nuovo, ma cercate comunque di inserire variazioni negli esercizi già noti al cane, in modo che non si creino delle consuetudini che potrebbero risultare negative.
Al termine di questo capitolo in cui ho elencato solo nozioni generali, vorrei aggiungere che è comunque difficile per un profano improvvisarsi addestratore: è molto utile, invece, affidarsi a un esperto, magari seguendo, con il proprio cane, qualche corso di addestramento, in modo da poter gettare le basi che potranno poi essere sviluppate dal proprietario con un lavoro costante.

IN VIAGGIO COL CANE

Spostarsi col cane mediante l'auto, un pullman, il treno o qualunque altro trasporto presuppone essere preparati adeguatamente sia per un semplice spostamento a breve distanza sia per un viaggio impegnativo. Occorrono accorgimenti diversi per ogni tipo di mezzo di locomozione.

IN AUTO

Il labrador viaggia volentieri. Quando è in macchina in genere sta tranquillo, non è uno di quei cani che tendono a saltare da un sedile all'altro abbaiando come pazzi. Dovrete solo avere un attimo di pazienza per spiegargli dove deve stare e insegnargli che deve scendere solo se glielo si richiede espressamente. Dopo di che potrete affrontare anche viaggi lunghi senza nessun problema.

In viaggio abituatevi sempre a portare con voi una ciotola e dell'acqua fresca. D'estate è prefe-

ribile viaggiare nelle ore meno calde e consentire una buona circolazione d'aria nell'abitacolo tenendo i finestrini leggermente abbassati o accendendo l'aria condizionata.
In macchina il cane potrà stare su una copertina: se possedete una familiare lo abituerete a stare nel vano posteriore usato come portabagagli, mentre se possedete una berlina dovrete insegnargli a stare ai piedi del sedile. Il codice della strada vieta di trasportare animali senza una rete di protezione per il guidatore, per cui evitate almeno di far sedere il cane sul sedile anteriore poiché potreste incorrere in qualche sanzione.
Molto utili, specie se si possiede più di un cane, sono i trasportini da viaggio (Kennel, dal termine anglosassone): si tratta di gabbie di plastica o metalliche che possono essere messe nel bagagliaio delle macchine familiari. Se gli animali sono sistemati nelle gabbie corrono meno pericoli in caso di incidenti o di frenate brusche.

IN CAMPER

Il camper offre al cane maggiori libertà di movimento al cane, rispetto all'auto. È necessario però seguire alcuni consigli e norme di sicurezza per garantire all'animale il migliore comfort.
Prima di tutto abituate il cane progressivamente a viaggiare, cominciando con piccoli tragitti. Evitate di far mangiare il vostro labrador nel momento di partire o immediatamente prima per evitare che possa star male. Il mal d'auto infatti può colpire anche gli animali. È meglio quindi che viaggi a stomaco vuoto o che consumi un pasto leggero qualche ora prima di partire. Fate delle brevi soste ogni 2/3 ore preferibilmente in luoghi dove il cane possa "sgranchirsi le zampe".
Prima di affrontare un viaggio in camper col vostro cane ricordatevi di non lasciare il cane da solo nel camper posteggiato per più di qualche minuto per evitare che soffra l'eccessivo surriscaldamento dell'ambiente. Se necessario, fate in modo che abbia dell'acqua fresca e che il locale sia il più possibile ventilato. Se decidete di trascorrere un po' di giorni in un campeggio ricordatevi, al momento di prenotare, di informarvi circa la possi-

In campeggio il labrador deve essere tenuto al guinzaglio

bilità di soggiornare col cane e quali sono le condizioni specifiche.
Il vostro labrador in campeggio deve essere tenuto al guinzaglio e, in caso di vostra temporanea assenza, deve stare all'interno del camper.
Segnalate in ogni caso i vostri riferimenti su un cartellino (da sostituire a ogni tappa) che indichi l'indirizzo della successiva destinazione e il numero telefonico o del vostro cellulare o di qualcuno in grado di contattarvi.

SUI MEZZI URBANI ED EXTRAURBANI

Il labrador, come sappiamo, è un cane di taglia medio-grande. Ciò potrebbe creare serie limitazioni nella circolazione sui mezzi pubblici, urbani ed extraurbani, le cui regole variano da azienda ad azienda. In ogni caso i cani devono essere muniti di guinzaglio e museruola.

IN NAVE

Anche nel caso di viaggio in nave la possibilità o meno di viaggiare col cane dipende dalla singola azienda. I regolamenti infatti sono piuttosto vari in proposito: alcune compagnie richiedono il libretto sanitario e il certificato di buona salute.
Anche le modalità di alloggio variano: ci sono alcune compagnie che ammettono il cane al seguito dei propri padroni in cabina, altre richiedono che siano sistemati in appositi locali.
In genere quello che viene richiesto è di dotare il cane di guinzaglio e museruola e ciò vale anche per i traghetti.
Considerando l'estrema diversità di indicazioni è consigliabile informarsi prima di partire.

IN TRENO

I cani di qualunque taglia con museruola e guinzaglio sono ammessi sugli Intercity e sugli Espressi, a pagamento, nell'ultimo scompartimento dell'ultima carrozza di seconda classe, mentre non sono ammessi sugli Eurostar.
Il posto di fronte al viaggiatore con il cane non è prenotabile da altri clienti, ma può comunque essere occupato da un altro viaggiatore che tolleri la presenza dell'animale. Sui regionali, sempre a pagamento, i cani devono viaggiare sull'ultima carrozza, ma non nelle ore di punta del mattino, vale a dire dalle 7 alle 9. Nelle cuccette e nei vagoni letto, possono salire solo se si prenota l'intero compartimento.
I proprietari dei cani dovranno sempre essere in grado di esibire il certificato di iscrizione all'anagrafe canina.
Per i viaggi all'estero, in treno, è indispensabile la vaccinazione antirabbica e il passaporto per animali da compagnia.
È il caso di informarsi preventivamente circa i regolamenti delle compagnie estere di trasporto.

IN AEREO

Come per il viaggio in nave, le regole sul trasporto del cane dipendono dalla singola società. Se sono previsti scali intermedi è il caso di informarsi sulle regole vigenti e gli obblighi sanitari del Paese di transito, per evitare spiacevoli conseguenze come il fermo della quarantena.
In ogni caso, quando dovrete prenotare, oltre a dover segnalare la presenza del vostro cane alla compagnia aerea, potrete informarvi sulle modalità di trasporto.
Considerate inoltre che se il peso del labrador più quello del contenitore supera i 10 kg dovrà viaggiare nella stiva pressurizzata in apposite gabbie.
Alcune compagnie garantiscono l'assistenza di personale specializzato, centri di assistenza e di ristoro per gli animali durante gli scali aeroportuali.

ESPOSIZIONI

Le esposizioni canine sono manifestazioni nelle quali i cani, suddivisi in classi per età, sesso ed eventuali titoli, competono tra loro di fronte a un giudice per ottenere varie qualifiche, che dipendono ovviamente dal tipo di esposizione, da quanti cani sono presenti ecc.

Il giudizio viene formulato sulla bellezza e conformazione esteriore del cane in relazione allo standard ufficiale della razza di appartenenza. Il valore assoluto del cane viene espresso con un commento scritto del giudice, riassunto poi in una qualifica finale.

LE DIFFERENTI QUALIFICHE

Nel corso delle esposizioni riconosciute vengono assegnati le seguenti qualifiche.

Eccellente: è la qualifica massima e viene attribuita a quei soggetti che si avvicinano il più possibile allo standard ideale della razza, che si siano presentati in perfette condizioni e che nell'insieme abbiano un aspetto armonico ed equilibrato.
Devono possedere un'andatura brillante, una certa "classe" e, molto importante, le caratteristiche ben evidenti del sesso a cui appartengono.

Aston de l'Étang Balancet, Campione di Francia 2007, ha ottenuto un "Eccellente" in classe di lavoro

Molto buono: viene attribuito a soggetti perfettamente in tipo, in buone condizioni fisiche e nel complesso equilibrati e armonici. Sono tollerati alcuni difetti veniali, ma non morfologici. In ogni caso questa qualifica non può essere attribuita che a un cane di qualità.

Buono: è il giudizio attribuito a cani che posseggono le caratteristiche della razza a cui appartengono, ma che presentano difetti evidenti. I difetti non devono essere redibitori.

Abbastanza buono: viene attribuito a cani sufficientemente tipici, senza però qualità notevoli o in condizioni fisiche non buone.

ESPOSIZIONI, MOSTRE SPECIALI E RADUNI

Le esposizioni si dividono in:

- Locali, provinciali o regionali: in cui non viene autorizzato il rilascio del CAC.
- Nazionali: nelle quali invece i giudici sono autorizzati a rilasciare il CAC.
- Internazionali: nelle quali i giudici sono autorizzati al rilascio del CACIB.
- Generali: quando comprendono tutte le razze.
- Speciali: organizzate a cura della società di razza competente e che si svolgono nell'ambito di esposizioni generali.
- Raduni: prevedono l'esposizione di una sola razza o, come nel caso dei retriever, di più razze affini.

CAC/CACIB: con questi acronimi si identificano i certificati che attestano, il primo a livello nazionale dall'ENCI e il secondo a livello internazionale dalla FCI tramite i kennel dei diversi Paesi, che il soggetto cui vengono assegnati possiede caratteristiche e qualità tali da rispecchiare lo standard ideale della razza. Il primo è l'acronimo di Certificato Attitudine al Campionato, il secondo è, in esteso, il Certificato Attitudine Campionato Internazionale di Bellezza.

Un cane da esposizione deve dunque avvicinarsi il più possibile allo standard della razza: per quanto riguarda il labrador, deve possedere un corretto colore degli occhi, un mantello doppio con pelo e sottopelo, una testa tipica, un'espressione dolce, una buona ossatura e una coda di lontra.

Se al momento dell'acquisto specificherete all'allevatore che intendete portare il vostro cane alle esposizioni egli saprà consigliarvi il cucciolo più promettente in base alla genealogia e anche come morfologia. Non è possibile garantire sul futuro sviluppo di un cucciolo, ma chi ha un occhio esperto potrà senz'altro indirizzarvi correttamente.

LA PREPARAZIONE ALLE ESPOSIZIONI

Se non avete mai partecipato a una mostra canina potete cominciare con l'assistervi, vi renderete conto di come dovrete muovervi nel ring e di come si deve comportare il cane.

È importante cominciare a istruire il cane a casa facendolo camminare al guinzaglio senza tirare: variate le andature, fatelo procedere sia in linea retta sia in cerchio.

Davanti a uno specchio fate piazzare il cane nella cosiddetta posizione "standing", cioè fermo in posa; per fare questo potete attirare la sua attenzione con dei biscottini, senza lasciarlo sedere. Deve rimanere ben piazzato sui quattro arti con la linea dorsale diritta e la coda sulla stessa linea; la testa eretta con lo sguardo e le orecchie in posizione di attenzione. Inoltre il cane va abituato a farsi toccare dal giudice su tutto il corpo, a farsi aprire la bocca per guardare i denti ecc., sempre rimanendo fermo in posizione. Questo tipo di addestramento deve essere fatto gradualmente e risultare gradito al cane: non imponetegli niente, impostate tutto sempre come un gioco premiandolo se si comporta bene.

Curiosità

Il guinzaglio che si usa in esposizione è semplicissimo; in genere è costituito da una corda terminante con un anello che viene passata intorno al collo del cane. In questo modo è possibile allentarlo nel momento in cui il giudice guarderà il vostro cane e stringerlo nuovamente quando il cane verrà fatto camminare. Questo guinzaglio è in realtà molto simile a quello che utilizzano i retrievers in addestramento, solo leggermente più sottile ed elegante.

LA PRIMA VOLTA

Consultando il mensile dell'ENCI potete decidere la data e il luogo dell'esposizione a cui parteciperete. L'iscrizione va spedita entro i termini indicati, compilando un apposito modulo in cui vanno specificati i vostri dati e i dati del cane, nonché la classe in cui intendete iscriverlo. È logico che scegliate di partecipare a un'esposizione quando pensate che il vostro cane sia nelle migliori condizioni fisiche. Nel caso premuratevi di procurarvi il libretto delle qualifiche presso la sezione provinciale dell'ENCI o presso la segreteria stessa dell'esposizione a cui parteciperete. Questo libretto servirà per annotare il giudizio ottenuto e il posto in classifica raggiunto dal vostro cane in ogni esposizione a cui parteciperà.

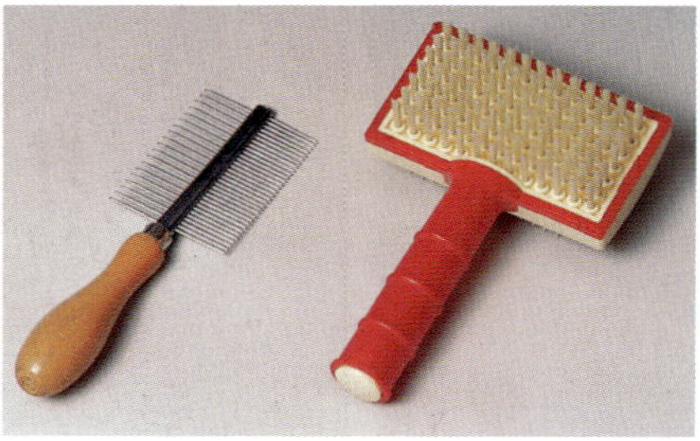

Il giorno della prima mostra preparate in una borsa tutto l'occorrente per il cane, in quanto dovrete trascorrere parecchio tempo all'interno del padiglione di esposizione. Prendete quindi una coperta dove farlo sdraiare, una ciotola per l'acqua ed eventualmente il cibo, una spazzola e uno straccio morbidi, un guinzaglio e qualche biscotto.

Date da mangiare al cane la sera prima ma evitate di dargliene il giorno della mostra perché non stia male durante il viaggio. Se

Meglio evitare di dare da mangiare al cane il giorno della mostra

sarà un po' affamato sarà anche più attento nel ring, nella speranza di ricevere qualche biscotto di quelli che terrete in tasca.
Normalmente vengono messe a disposizione dei partecipanti alle esposizioni delle gabbie in cui mettere i cani, ma se possedete una vostra gabbia sarà senz'altro meglio utilizzare quella.
Appena arrivati alla mostra dovrete ritirare il catalogo con l'elenco di tutti i cani esposti e una busta contenente il vostro numero. Dirigetevi poi verso il numero di ring indicato per il gruppo 8 (cani da riporto, da cerca e da acqua) e informatevi sulla successione delle razze e delle classi. Se non tocca subito a voi entrare, potete far rilassare il cane facendogli fare una passeggiata e poi dargli l'ultimo ritocco con un colpo di spazzola e con uno straccio morbido da passare sul pelo.
Quando verrà chiamata la vostra classe entrate nel ring tranquillamente e disponetevi secondo la numerazione, vicino a tutti gli altri partecipanti.

Olé de l'Étang Balancet, uno splendido esemplare di labrador che ha ottenuto più volte il riconoscimento di Campione internazionale

Appuntatevi sul petto il numero in modo che sia ben visibile e seguite poi le direttive del segretario di ring che vi indicherà come disporvi.
Piazzate il cane di fronte a voi in modo che il giudice lo possa vedere di lato e aspettate che guardi tutti i soggetti insieme. Il giudice potrà chiedere a tutti i partecipanti di compiere un giro al passo attorno a lui e successivamente di aumentare l'andatura.
Quando sarà il turno di esaminare il vostro cane, avvicinatevi al giudice e piazzatelo; rispondete alle domande che il giudice vi potrà fare sul cane e preparatevi a farlo camminare davanti a lui. Non andate mai troppo veloci, ma neanche troppo lenti; il cane deve avere un'andatura sciolta e armonica accanto a voi. In queste fasi, la preparazione fatta a casa si rivelerà molto utile.

Terminato il giudizio, aspettate le decisioni del giudice e se ottenete un buon piazzamento già la prima volta, ringraziate il giudice e complimentatevi con gli altri partecipanti. Se il risultato non è così buono non demoralizzatevi, potete sempre riprovare un'altra volta.

LE CLASSI

Campioni: obbligatoria per i campioni internazionali di bellezza e facoltativa per i campioni stranieri. In questa classe, nelle esposizioni internazionali, può essere disputato il CACIB (Certificato di Attitudine Campionato Internazionale di Bellezza).

Libera: aperta a tutti i cani di almeno quindici mesi di età, esclusi naturalmente i campioni internazionali di bellezza, in questa classe è in palio il CAC (Certificato di Attitudine al Campionato) per le razze non sottoposte a prove di lavoro e il CACIB, solo nelle esposizioni internazionali.

Intermedia: per cani da quindici a ventiquattro mesi.

Lavoro: per cani di almeno quindici mesi e per razze sottoposte alla prora di lavoro. È in palio il CAC. Per essere iscritti in questa classe i cani devono aver superato precedentemente una prova di lavoro.

Giovani: destinata a cani di età compresa tra i nove e i diciotto mesi. In questa classe non viene assegnato né il CAC né il CACIB.

Fuori concorso: i cani iscritti in questa classe possono partecipare al gruppo di allevamento.

INDIRIZZI UTILI

Labrador Club Italiano

Cascina Don Bosco – località Santa Rita
Strada vicinale della Vallazza – 20014 Nerviano (MI)
Tel. 347 0616770 – fax 0521 1852732
www.labradorclubitaliano.com

Retrievers Club Italiano

Via Napoli, 17 – 29019 San Giorgio Piacentino (PC)
Tel. 342 8761130 – fax 0523 1904572
www.retrieversclub.it

Ente Nazionale della Cinofilia Italiana (ENCI)

Viale Corsica, 20 – 20137 Milano
Tel. 02 700203 – fax 02 70020323
www.enci.it

Fédération Cynologique Internationale (FCI)

Place Albert 1er, 13
B-6530 Thuin (Belgio)
Tel. +32 71591238 – fax +32 71592229
www.fci.be

Ente Nazionale per la Protezione Animali (ENPA)

Via Attilio Regolo, 27 – 00192 Roma
Tel. 06 3242873/3242874 – fax 06 3221000
www.enpa.it

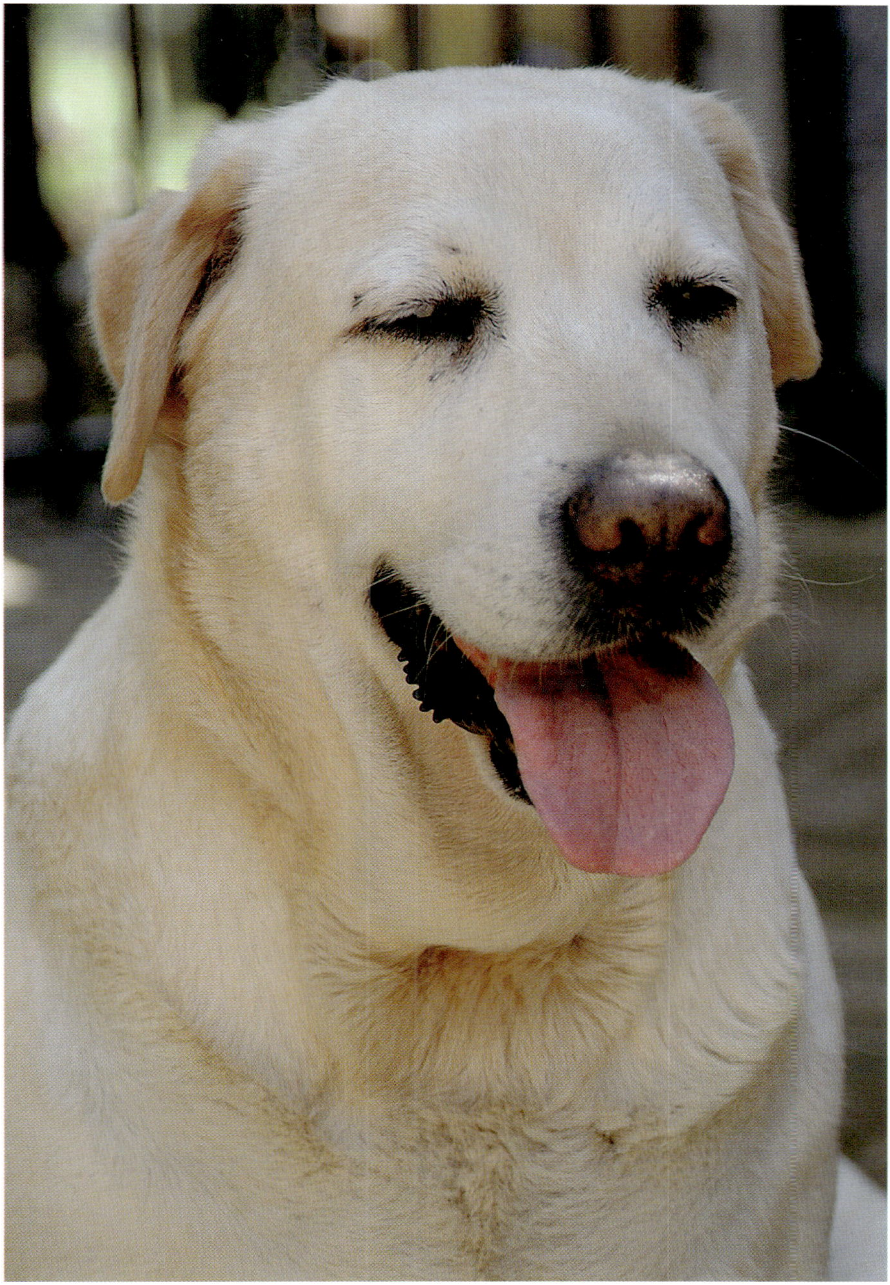

INDICE ANALITICO